2022

Marcelo Barbosa **Sacramone**
Marcelo Guedes **Nunes**
Rodrigo D'Orio **Dantas**
COORDENADORES

RECUPERAÇÃO JUDICIAL E FALÊNCIA

EVIDÊNCIAS EMPÍRICAS

Alberto Haber • **Alessandra** Monteiro Araujo Lima • **Aluísio** de Freitas Miele • **Ana Beatriz** Bitencourt Ramos • **Ana Carolina** Passos Ferreira • **Ana Lívia** Carvalho Silva • **Andressa** Kassardjian Codjaian • **Arthur** Fernandes Guimarães Rodriguez • **Barbara** Gadig • **Beatriz** Cal Tavares • **Beatriz** Nunes Cloud • **Bruno Henrique** Rosa • **Bruno** Nazih Nehme Nassar • **Carlos** Simionato Biziak • **Caroline** Perez Venturini • **Daniel** Souza Araújo • **Diomar** Taveira Vilela • **Edgard** Paiva de Carvalho Junior • **Felipe** Pereira Gallian • **Fernanda** Brotto Gonçalves Ferreira Nabahan • **Fernanda** Costa Neves do Amaral • **Fernando** Lima Gurgel do Amaral • **Filipe** Denki • **Flaviane** Nunes • **Geraldo** Fonseca • **Giuliana** Vitor Tadeucci • **Giuliano** Pugliesi • **Guilherme** Hack Mendes • **Gustavo** Carneio de Albuquerque • **Isabela** Tan Arcuri • **João Vitor** Freitas Oliveira • **José Afonso** Leirião Filho • **Julia** Hermesdorffe • **Juliana** Bumachar • **Juliane** Lima • **Julio** Trecenti • **Laís** Dumitrescu Dias • **Leonardo** Miranda Carnicelli • **Letícia** Ramos Bedim • **Liliane** Gonçalves Matos • **Lucas** Santos Pereira • **Luciana** Celidonio • **Luis** Saboya • **Luiz Otávio** Ventura Silva • **Marcela** Vieira Marconi • **Marcella** Moreira • **Marcelo** Barbosa Sacramone • **Marcelo** Guedes Nunes • **Marcus** Carvalho • **Mariana** Denuzzo Salomão • **Mateus** DambiskiCecy • **Nayara** da Cunha Ramos • **Nicolas** Dutra • **Rafael** Medeiros Mimica • **Raquel** Vedovello • **Rodrigo** D'Orio Dantas • **Rodrigo** Oliveira Giestas Paione • **Rodrigo** Saraiva Porto Garcia • **Ronaldo** Vasconcelos • **Salo** Scherkerkewitz • **Tatiana** Marques Adoglio • **Thais** D'Angelo da Silva Hanesaka

Dados Internacionais de Catalogação na Publicação (CIP) de acordo com ISBD

R311

Recuperação judicial e falência evidências empíricas / Alberto Haber ... [et al.] ; coordenado por Marcelo Barbosa Sacramone, Marcelo Guedes Nunes, Rodrigo D'ório Dantas. - Indaiatuba, SP : Editora Foco, 2022.

464 p. ; 17cm x 24cm.

Inclui bibliografia e índice.

ISBN: 978-65-5515-586-0

1. Direito. 2. Direito empresarial. 3. Lei de recuperação e falência. I. Haber, Alberto. II. Ramos, Ana Beatriz Bitencourt. III. Ferreira, Ana Carolina Passos. IV. Codjaian, Andressa Kassardjian. V. Rodriguez, Arthur Fernandes Guimarães. VI. Gadig, Barbara. VII. Tavares, Beatriz Cal. VIII. Cloud, Beatriz Nunes. IX. Rosa, Bruno Henrique. X. Biziak, Carlos Simionato. XI. Venturini, Caroline Perez. XII. Araújo, Daniel Souza. XIII. Vilela, Diomar Taveira. XIV. Carvalho Junior, Edgard Paiva de. XV. Gallian, Felipe Pereira. XVI. Ferreira, Fernanda Brotto Gonçalves. XVII. Nabahan. XVIII. Amaral, Fernanda Costa Neves do. XIX. Amaral, Fernando Lima Gurgel do. XX. Nunes, Flaviane. XXI. Fonseca, Geraldo. XXII. Pugliesi, Giuliano. XXIII. Mendes, Guilherme Hack. XXIV. Arcuri, Isabela Tan. XXV. Oliveira, João Vitor Freitas. XXVI. Leirião Filho, José Afonso. XXVII. Hermesdorffe, Julia. XXVIII. Bumachar, Juliana. XXIX. Lima, Juliane. XXX. Trecenti, Julio. XXXI. Dias, Laís Dumitrescu. XXXII. Carnicelli, Leonardo Miranda. XXXIII. Bedim, Letícia Ramos. XXXIV. Matos, Liliane Gonçalves. XXXV. Pereira, Lucas Santos. XXXVI. Celidonio, Luciana. XXXVII. Saboya, Luis. XXXVIII. Silva, Luiz Otávio Ventura. XXXIX. Marconi, Marcela Vieira. XL. Moreira, Marcella. XLI. Sacramone, Marcelo Barbosa. XLII. Nunes, Marcelo Guedes. XLIII. Carvalho, Marcus. XLIV. Salomão, Mariana Denuzzo. XLV. DambiskiCecy, Mateus. XLVI. Ramos, Nayara da Cunha. XLVII. Dutra, Nicolas. XLVIII. Mimica, Rafael Medeiros. XLIX. Vedovello, Raquel. L. Dantas, Rodrigo D'Orio. LI. Paione, Rodrigo Oliveira Giestas. LII. Garcia, Rodrigo Saraiva Porto. LIII. Scherkerkewitz, Salo. LIV. Adoglio, Tatiana Marques. LVI. Lima, Alessandra Monteiro Araujo. LVII. Miele, Aluísio de Freitas. LVIII. Silva, Ana Lívia Carvalho. LIX. Nassar, Bruno Nazih Nehme. LX. Denki, Filipe. LXI. Tadeucci, Giuliana Vitor. LXII. Albuquerque, Gustavo Carneio de. LXIII. Vasconcelos, Ronaldo. LXIV. Hanesaka, Thais D'Angelo da Silva. LXV. Título.

2022-2246 CDD 346.07 CDU 347.7

Elaborado por Odilio Hilario Moreira Junior - CRB-8/9949

Índices para Catálogo Sistemático:

1. Direito empresarial 346.07
2. Direito empresarial 347.7

Marcelo Barbosa **Sacramone**
Marcelo Guedes **Nunes**
Rodrigo D'Orio **Dantas**
COORDENADORES

RECUPERAÇÃO JUDICIAL E FALÊNCIA

EVIDÊNCIAS EMPÍRICAS

2022 © Editora Foco
Coordenadores: Marcelo Barbosa Sacramone, Marcelo Guedes Nunes e Rodrigo D'Orio Dantas
Autores: Alberto Haber, Alessandra Monteiro Araujo Lima, Aluísio de Freitas Miele, Ana Beatriz Bitencourt Ramos, Ana Carolina Passos Ferreira, Ana Lívia Carvalho Silva, Andressa Kassardjian Codjaian, Arthur Fernandes Guimarães Rodriguez, Barbara Gadig, Beatriz Cal Tavares, Beatriz Nunes Cloud, Bruno Henrique Rosa, Bruno Nazih Nehme Nassar, Carlos Simionato Biziak, Caroline Perez Venturini, Daniel Souza Araújo, Diomar Taveira Vilela, Edgard Paiva de Carvalho Junior, Filipe Denki, Felipe Pereira Gallian, Fernanda Brotto Gonçalves Ferreira Nabahan, Fernanda Costa Neves do Amaral, Fernando Lima Gurgel do Amaral, Flaviane Nunes, Geraldo Fonseca, Giuliana Vitor Tadeucci, Giuliano Pugliesi, Guilherme Hack Mendes, Gustavo Carneio de Albuquerque, Isabela Tan Arcuri, João Vitor Freitas Oliveira, José Afonso Leirião Filho, Julia Hermesdorffe, Juliana Bumachar, Juliane Lima, Julio Trecenti, Laís Dumitrescu Dias, Leonardo Miranda Carnicelli, Letícia Ramos Bedim, Liliane Gonçalves Matos, Lucas Santos Pereira, Luciana Celidonio, Luis Saboya, Luiz Otávio Ventura Silva, Marcela Vieira Marconi, Marcella Moreira, Marcelo Barbosa Sacramone, Marcelo Guedes Nunes, Marcus Carvalho, Mariana Denuzzo Salomão, Mateus DambiskiCecy, Nayara da Cunha Ramos, Nicolas Dutra, Rafael Medeiros Mimica, Raquel Vedovello, Rodrigo D'Orio Dantas, Rodrigo Oliveira Giestas Paione, Rodrigo Saraiva Porto Garcia, Ronaldo Vasconcelos, Salo Scherkerkewitz, Tatiana Marques Adoglio e Thais D'Angelo da Silva Hanesaka
Diretor Acadêmico: Leonardo Pereira
Editor: Roberta Densa
Assistente Editorial: Paula Morishita
Revisora Sênior: Georgia Renata Dias
Revisora: Simone Dias
Capa Criação: Leonardo Hermano
Diagramação: Ladislau Lima e Aparecida Lima
Impressão miolo e capa: DOCUPRINT

NOTAS DA EDITORA:

Atualizações e erratas: A presente obra é vendida como está, atualizada até a data do seu fechamento, informação que consta na página II do livro. Havendo a publicação de legislação de suma relevância, a editora, de forma discricionária, se empenhará em disponibilizar atualização futura.

Erratas: A Editora se compromete a disponibilizar no site www.editorafoco.com.br, na seção Atualizações, eventuais erratas por razões de erros técnicos ou de conteúdo. Solicitamos, outrossim, que o leitor faça a gentileza de colaborar com a perfeição da obra, comunicando eventual erro encontrado por meio de mensagem para contato@editorafoco.com.br. O acesso será disponibilizado durante a vigência da edição da obra.

Impresso no Brasil (07.2022) – Data de Fechamento (07.2022)

2022

Editora Foco Jurídico Ltda.
Avenida Itororó, 348 – Sala 05 – Cidade Nova
CEP 13334-050 – Indaiatuba – SP

E-mail: contato@editorafoco.com.br
www.editorafoco.com.br

SUMÁRIO

RECUPERAÇÃO JUDICIAL E PRESERVAÇÃO DA EMPRESA: EVIDÊNCIAS EMPÍRICAS SOBRE A EFETIVIDADE DA RECUPERAÇÃO JUDICIAL NA MANUTENÇÃO DA ATIVIDADE ECONÔMICA DAS EMPRESAS

Julio Trecenti

Doutorando em Estatística pelo IME-USP. Secretário-geral da Associação Brasileira de Jurimetria (ABJ). Sócio da Terranova consultoria e da Curso-R treinamentos. Professor auxiliar de Ciência de Dados e Decisão no Insper e professor convidado de Jurimetria na PUC-SP.

Marcelo Barbosa Sacramone

Professor da Pontifícia Universidade Católica de São Paulo. Doutor e Mestre em direito comercial pela Universidade de São Paulo. Ex-Juiz de direito em exercício na 2ª Vara de Falência e Recuperação Judicial do Foro Central da Comarca de São Paulo. Advogado e parecerista.

Marcelo Guedes Nunes

Professor da Pontifícia Universidade Católica de São Paulo. Doutor e Mestre em direito comercial pela Pontifícia Universidade Católica de São Paulo. Advogado em São Paulo. Presidente da Associação Brasileira de Jurimetria.

1. AVALIAÇÃO EMPÍRICA DA RECUPERAÇÃO DE EMPRESAS

O Brasil possui um ambiente macroeconômico instável, que sujeita as empresas ao enfrentamento de crises macroeconômicas periódicas. Fortes retrações do PIB, variações cambiais abruptas e crises de confiança no mercado consumidor atribuem ao mercado brasileiro um nível de risco elevado quando comparado a outros mercados mais estáveis.

A Lei de Recuperação de Empresas e Falência (LREF), Lei 11.101/05, é apresentada, tanto nos meios acadêmicos como para a opinião pública, como a principal, quando não única, resposta legal para o enfrentamento dessas situações. A recuperação judicial é um instituto cujo objetivo é auxiliar empresários a superar um momento conjuntural de crise econômico-financeira. Seu propósito seria assegurar uma solução comum entre devedores e credores para evitar que a atividade seja comprometida em função do prosseguimento das execuções individuais, ou mesmo da liquidação forçada falimentar, diante de problemas apenas circunstanciais ou momentâneos de mercado, e como forma de preservar a fonte geradora de riquezas, inovação, pagamento de tributos e empregos[1].

A despeito de sua centralidade no debate sobre estratégias para a superação de crises e da abundância de dados econômicos e jurídicos sobre o tema, poucos estudos científicos (ou seja, empírico-quantitativos) foram realizados para mensurar os efeitos da LREF e a sua real capacidade de enfrentamento de crises[2]. As discussões acadêmicas em torno de reformas legislativas seguem sem a realização de novos estudos e sem sequer considerar as análises já realizadas. A recente alteração empreendida pela Lei 14.112/2020, que modificou importantes dispositivos da LREF, é um exemplo de alteração legislativa realizada às pressas, de forma intuitiva, que muito poderia ter se beneficiado de uma maior atenção aos estudos empíricos disponíveis.

Com o transcurso de mais de 15 anos da LREF e a sucessiva ocorrência de crises conjunturais nesse período, abriu-se uma valiosa oportunidade de avaliação do cumprimento das metas da LREF para se responder a uma pergunta tão simples quanto fundamental: afinal, a recuperação judicial preservou mesmo as empresas sob a condução do empresário devedor? A lei é capaz de efetivamente salvar empresas em quantidade suficiente para superar crises macroeconômicas?

O propósito deste artigo é apresentar possíveis respostas para essas questões a partir de dados empíricos, levantados e analisados por meio de duas estratégias.

A primeira é a verificação da quantidade de falências requeridas e decretadas no Brasil e a quantidade de recuperações judiciais deferidas após a vigência da

---

1. JACKSON, Thomas. *The logic and limits of bankruptcy law*. Beardbooks, Washington, 2001, p. 15. FLESSNER, Axel, Philosophies of Business Bankruptcy Law: An International Overview, p. 19-28. In: ZIEGEL, Jacob S. (Org.). *Current Developments in International and Comparative Corporate Insolvency Law*, Oxford, Clarendon, 1994, p. 20.

   Para E. Warren, quatro são os objetivos de um sistema de insolvência: The "system aims, with greater or lesser efficacy, toward four principal goals: (1) to enhance the value of the failing debtor; (2) to distribute value according to multiple normative principles; (3) to internalize the costs of the business failure to the parties dealing with the debtor; and (4) to create reliance on private monitoring" (WARREN, Elizabeth. *Bankruptcy policymaking in an imperfect world*, in Michigan Law Review 1993-1994, pp 343-344).

2. Podem ser apontados os estudos de JUPETIPE, Fernanda Karoliny Nascimento, MARTINS, Eliseu, MÁRIO, Poueri do Carmo e CARVALHO, Luiz Nelson Guedes de. *Custos de Falência no Brasil comparativamente aos estudos norte-americanos*, Revista de Direito GV, v. 13, n. 1, São Paulo, 2017, p. 20-48; ARAÚJO, Aloisio P., FERREIRA, Rafael V. X., FUNCHAL, Bruno. *The Brazilian bankruptcy law experience*, in Journal of Corporate Finance 18, Elsevier, 2012, pp. 994-1004; WAISBERG, Ivo; SACRAMONE, Marcelo; NUNES, Marcelo Guedes; TRECENTI, Julio. Atualização da 2ª Fase do Observatório de Insolvência – Recuperação Judicial no Estado de São Paulo, disponível em obs_recuperacoes_abj.pdf (abjur.github.io). Acesso em: 19 abr. 2021.

LREF[3]. Como o objetivo da lei foi evitar que as execuções individuais pudessem comprometer a atividade empresarial a ser preservada, bem como que a recuperação judicial pudesse ser apresentada como uma alternativa à liquidação forçada falimentar, esperamos observar uma quantidade expressiva de recuperações judiciais deferidas em épocas de crise, bem como uma redução ou ao menos estabilização na quantidade de quebras observada no Poder Judiciário nesses mesmos períodos. Em termos quantitativos, o propósito é verificar (1) quão abrangente foi o uso da recuperação judicial pelos empresários, (2) se a LREF induziu o surgimento de uma "taxa natural" de falências no Brasil e (3) se essa taxa é ou não afetada em épocas de crise.

No entanto, tal análise isolada, ainda que a resposta para as três questões seja positiva, é insuficiente para avaliar o sucesso da LREF. A mera preservação formal de um empresário não é garantia da preservação de sua empresa, ou seja, de sua atividade econômica[4]. Há o fundado receio de a recuperação judicial ser utilizada como meio de apropriação de recursos, seja pela liquidação de ativos, seja pelo consumo dos recursos escassos, fora da ordem estabelecida no processo falimentar. Ao invés de recuperar a atividade, o processo seria utilizado para o consumo de parcela relevante dos bens ou de liquidação do estabelecimento e o pagamento de credores em violação ao princípio da paridade de condições, como exigido na liquidação forçada falimentar.

Por essa razão, na segunda etapa do trabalho procuraremos mensurar o nível de atividade econômica das empresas remanescentes após a concessão do benefício da recuperação judicial. A distância entre os níveis de atividade posterior e anterior à recuperação serve como medida do grau de efetividade do benefício: quanto menor a distância, maior a efetividade; quanto maior a distância, mais próxima de uma falência a recuperação judicial estará.

Para medir o nível de atividade econômica remanescente será feita uma comparação entre o nível de recolhimento de tributos estaduais da devedora antes e depois da recuperação judicial. O resultado esperado pelo legislador é uma curva de pagamento de tributos estaduais em formato de "U," indicando um patamar normal de recolhimento antes da crise, seguido de uma queda no período da crise

---

3. Ressalta-se que a decretação da falência também foi concebida como forma de se preservar a empresa. No parecer do Senador Ramez Tebet à Comissão de Assuntos Econômicos do Senado por ocasião do projeto PLC 71/2003, esclareceu-se que o intuito da legislação era: "preservar uma empresa, ainda que haja a falência, desde que se logre aliená-la a outro empresário ou sociedade que continue sua atividade em bases eficientes" (TEBET, Ramez. Relatório apresentado à Comissão de Assuntos Econômicos sobre o PLC n. 71, de 2003. In: MACHADO, Rubens Approbato (Coord.). *Comentários à nova Lei de Falências e Recuperação de Empresas*. 2. ed. São Paulo: Quartier Latin, 2007, p. 394).
4. O conceito de empresa é concebido pela legislação em seu perfil funcional, como atividade (ASQUINI, Alberto. *Profili dell'impresa. Rivista del Diritto Commerciale*, Milano, 1943, v. 4, Primeira Parte, p. 1-20).

e, por fim, após a equalização do passivo, de uma retomada ao patamar normal após a finalização do processo de recuperação judicial.

Quanto mais o nível posterior de recolhimento se aproximar do anterior à recuperação, maiores serão os indicativos de que o instituto induziu a uma efetiva recuperação da atividade econômica. Por outro lado, quanto maior a distância do nível posterior em relação ao anterior, mais próxima estará a recuperação judicial de uma falência.

2. METODOLOGIA

O estudo foi realizado a partir de três bases de dados. A primeira é a base do observatório das recuperações judiciais[5], que contém informações de 1194 processos distribuídos entre 12 de janeiro de 2010 e 27 de dezembro de 2017, atualizados até maio de 2020. Para os fins do estudo, consideramos somente os casos em que o plano de recuperação foi aprovado, envolvendo 548 casos.

A segunda base de dados é a de tributos, fornecida pela Procuradoria Geral do Estado de São Paulo (PGE-SP). A base contém 80.223 dados de pagamentos de tributos de todas as empresas envolvidas nas recuperações judiciais analisadas no observatório, a partir de 2010.

A terceira base de dados contém o volume mensal de pedidos de recuperação judicial e falências decretadas desde 1995 até 2020 em todo o Brasil.

O pagamento de tributos foi utilizado como uma *proxy* da atividade do empresário. A proxy possui vantagens e desvantagens. A principal vantagem é que o pagamento de tributos estaduais como o ICMS é uma consequência direta da circulação (em especial da venda) de produtos, o que contempla uma parte significativa das empresas consideradas no estudo. Com relação às desvantagens, destacamos duas principais.

Primeiro, o tributo de maior interesse, o ICMS, pode não fazer parte das atividades de alguns empresários, como prestadores de serviço. Além disso, diferentes empresários podem ter estratégias diferentes de pagamento de tributos, de forma que a falta de pagamento em determinado período não significa, necessariamente, que não houve atividades no mesmo período. No estudo assumimos como suposição que o efeito de estratégias pontuais de alguns empresários para pagamento de tributos é desprezível.

---

5. O Observatório da Insolvência é um trabalho contínuo da Associação Brasileira de Jurimetria - ABJ em parceria com a Pontifícia Universidade Católica de São Paulo - PUCSP, com o objetivo de acompanhar e estudar o comportamento dos processos judiciais de recuperação judicial e falência no Brasil. O observatório extrai e estrutura dados judiciais para viabilizar estudos empíricos sobre a crise empresarial, que servem de subsídio para a tomada de decisões estratégicas e a elaboração de políticas públicas baseadas em evidências.

A análise considerou somente os casos que tiveram o processamento da recuperação judicial deferido e plano de recuperação aprovado. Foram consideradas três etapas principais: até 5 anos antes do deferimento, entre o deferimento e a aprovação do plano, e até 5 anos após a aprovação do plano. Nos casos em que a informação é incompleta, ou seja, quando não existem dados de antes de 5 anos do deferimento e depois de 5 anos da aprovação, os casos foram considerados com as informações que estão disponíveis. Como uma parte dos processos ainda estava na etapa de cumprimento do plano no momento da realização da pesquisa, as análises separaram casos que tiveram o plano aprovado até meados de 2017, de modo a identificar todos os processos que passaram pelos 2 anos obrigatórios da etapa de cumprimento do plano.

Outro aspecto importante a ser controlado é o porte da empresa. Empresários de maior porte pagam mais tributos, o que poderia distorcer as análises. Por isso, foi necessário empregar uma variável de normalização para ajustar o recolhimento ao porte. Inicialmente, foram consideradas quatro possíveis variáveis de normalização: capital social, faturamento, média de recolhimento de tributos e endividamento. Três das quatro foram descartadas pelas seguintes razões.

O capital social, obtido a partir do cruzamento dos CNPJs com a base pública da Receita Federal do Brasil (RFB), foi descartado por ser um dado histórico não relacionado ao porte da empresa no momento da apresentação do pedido de recuperação judicial.

A informação do faturamento do empresário, colhida dos balanços submetidos para processamento de recuperação judicial, foi descartada porque não estava disponível em todos os casos.

A média de tributos recolhida no período foi descartada pela possibilidade de dar uma ênfase muito elevada a empresários que recolhem poucos tributos estaduais.

Ao final, a variável de normalização escolhida foi o endividamento sujeito à recuperação judicial na data de apresentação do pedido de recuperação, obtido a partir da lista de credores ou quadro geral de credores homologado. Além de ser contemporâneo ao pedido de recuperação, o endividamento está relacionado ao ativo da empresa e com o seu faturamento bruto anual, conforme demonstrado na segunda fase do Observatório da Insolvência[6].

Da combinação dessas análises, esperamos sugerir respostas para as questões levantadas no tópico anterior relacionadas ao que chamaremos de preservação formal e preservação substancial de empresas. A preservação formal consiste na não decretação da quebra do empresário, evitando-se um processo falimentar e promovendo a manutenção formal de um CNPJ ativo.

6. WAISBERG, Ivo; SACRAMONE, Marcelo; NUNES, Marcelo Guedes; TRECENTI, Julio. Atualização da 2ª Fase do Observatório de Insolvência - Recuperação Judicial no Estado de São Paulo, disponível em: obs_recuperacoes_abj.pdf (abjur.github.io). Acesso. em 19 abr. 2021.

Já a preservação substancial consiste na preservação da atividade econômica efetiva sob a condução do empresário devedor, com geração de empregos e pagamento de tributos, em um nível próximo ao existente antes da crise. A distinção é de grande relevância porque o objetivo teleológico da lei para o instituto da recuperação judicial é a preservação da atividade econômica substancial sob a condução da devedora e não apenas a manutenção de uma existência meramente formal.

3. PRESERVAÇÃO FORMAL DA EMPRESA: RESULTADOS DA PRIMEIRA ANÁLISE

A Figura 1 mostra a série histórica de pedidos e de decretações de falência no Brasil de 1995 até dezembro de 2020. A linha pontilhada indica o momento do início da vigência da LREF.

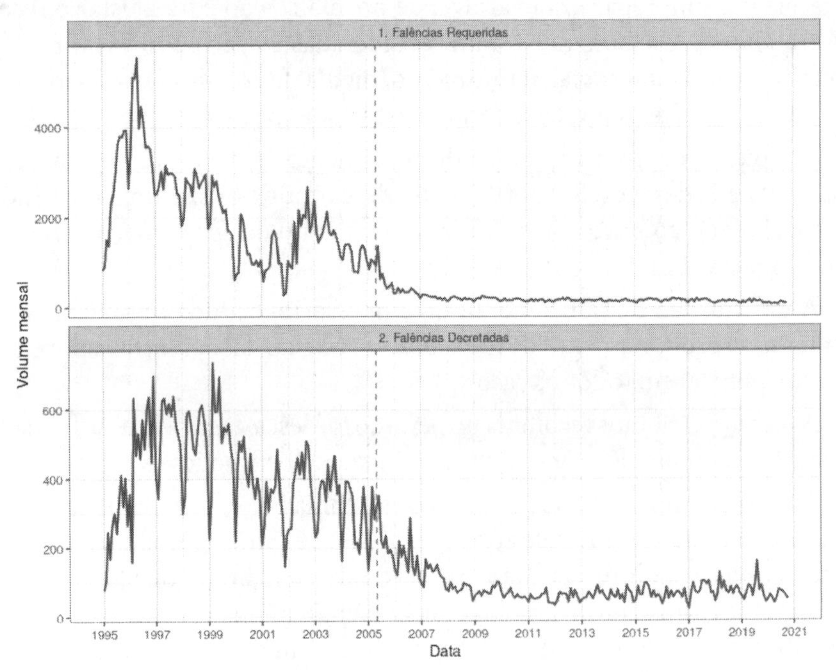

Figura 1: Volume mensal de falências requeridas e decretadas antes e depois do início da vigência da LREF.

Os dados apontam um impacto da LREF nas duas métricas, que descrevem trajetórias de queda a partir de 2005.

As imagens são autoexplicativas. A quantidade de pedidos de falência cai abruptamente até atingir o patamar de pouco menos de 1500 pedidos por ano e estabilizar[7]. A queda poderia ser atribuída principalmente ao artigo art. 94 da

7. Médias calculadas com os dados a partir do ano de 2010, tanto para falências requeridas quanto decretadas.

LREF, que limitou o valor mínimo de um pedido de falência a quarenta salários mínimos. Entretanto, a jurisprudência anterior à promulgação da Lei 11.101/05 consolidou o entendimento de que obrigações de valor não substancial não poderiam ser suficientes para fundamentar pedido de decretação de falência.

O segundo gráfico mostra que a quantidade de decretações de falência também caiu como resultado da LREF, mas descreve uma trajetória diferente. A queda é mais suave e se estende por 4 anos até atingir a média de 72,11 falências decretadas por mês (entre 2015 e 2019) e é uma decorrência da redução na quantidade de pedidos de falência protraída no tempo. Com menos pedidos há menos deferimentos. Suprimidos os casos de abandono e acordos, a quantidade de decretações corresponde a 45,7% dos pedidos e obedece de forma aproximada ao equilíbrio definido por Priest and Klein (1984).

As disfunções na falência geram reflexos nos pedidos de recuperação judicial, que descrevem uma trajetória distinta dos processos falimentares, como mostra a Figura 2.

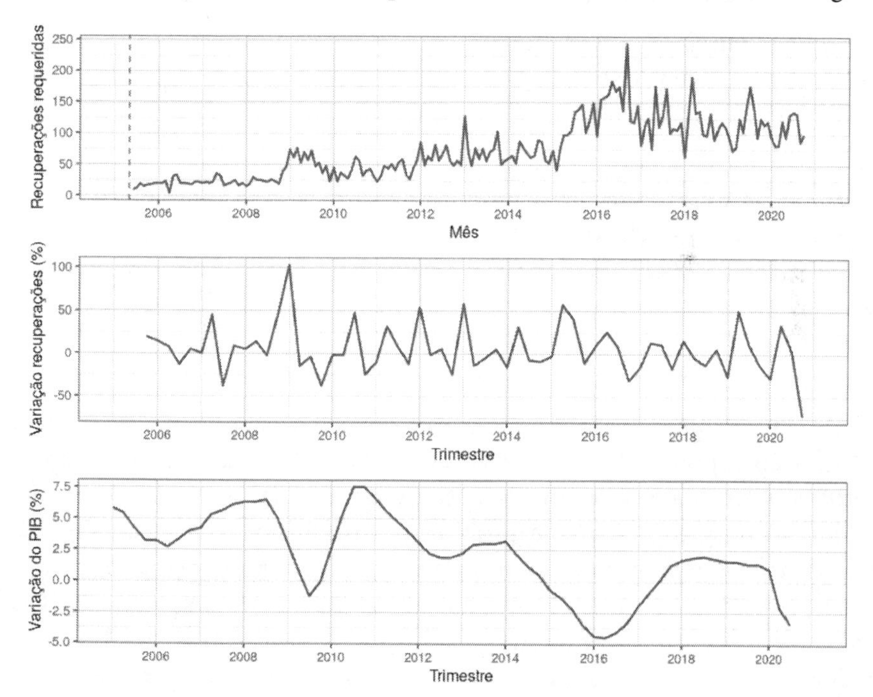

Figure 2: Volume mensal de recuperações requeridas e deferidas depois do início da vigência da LFRJ.

Entre 2005, ano de sua promulgação, e 2008, a recuperação passa por um período de latência, iniciando um acentuado crescimento a partir de 2009, por conta dos reflexos da crise do *subprime* no Brasil. O crescimento prossegue de forma acentuada até início de 2016, porém descreve uma trajetória cuja correlação com a variação trimestral do PIB não é forte. As recuperações judiciais sofrem aumentos posteriores a períodos de retração do PIB e há uma tendência de crescimento entre 2008 e 2020. Com isso, apesar de verificarmos a estabilização dos pedidos de falência mesmo em períodos de crise, essa estabilização não parece associada ao uso da recuperação judicial como remédio de prevenção em momentos de crise.

A análise dos dados nos leva a algumas considerações.

Primeiro, a vigência da LREF está associada a uma acentuada redução na quantidade de pedidos e de decretações de falência. O Brasil apresenta hoje um patamar de pedidos de falência e decretações de quebra baixo quando ponderados em relação às dimensões do mercado brasileiro e à quantidade de empresários registrados. Os patamares de pedidos e de decretações não sofreram aumentos significativos nos períodos de crise macroeconômica, que se seguiram à LREF até 2019. Entre 2005 e 2020, o Brasil passou por duas crises com fortes retrações no PIB em curtos períodos de tempo: 2007-2008 (crise de subprime) e 2014-2015 (crise do impeachment da Dilma).

A queda em si na quantidade de falências pode ser encarada, em uma primeira análise, como algo positivo. Essa conclusão, no entanto, merece aprofundamento.

A falência tem a função social de retirar do mercado os empresários menos competitivos, com a liquidação de seus ativos no melhor valor para não apenas permitir o pagamento dos credores dentro de certos critérios, mas também promover a melhor alocação dos diversos fatores de produção para um empresário arrematante mais eficiente, o que asseguraria melhor condição para promover o desenvolvimento econômico nacional. Assim, em todo mercado saudável, espera-se observar uma certa quantidade de falências resultantes da própria competição que nele se estabelece. Não ter falências ou ter pouquíssimas falências é algo preocupante.

A reduzida quantidade de pedidos de falência no país é um possível resultado da disfunção do processo falimentar e da sua incapacidade de satisfazer os créditos. O processo demora demais, impõe custos e apresenta um retorno pequeno. De acordo com o tópico resolução da insolvência do Relatório Doing Business de 2020[8], realizado pelo Banco Mundial, o Brasil (RJ e SP) apresenta uma taxa de recuperação de crédito de 18,2 centavos para cada dólar americano. Nos países da OCDE a taxa está em 70,2 centavos e na América Latina e Caribe a taxa é de 31,2 centavos por dólar. A duração do processo é estimada em 4 anos, período que aparenta estar subestimado. Daí a recalcitrância dos credores em propor esse tipo de ação e buscar outras formas de solução, incluindo se sujeitar a liquidações irregulares.

Os dados de recuperação judicial também são reveladores e dois pontos devem ser discutidos: de um lado a quantidade de recuperações e de outro o padrão de crescimento.

8. Vide https://portugues.doingbusiness.org/pt/data/exploretopics/resolving-insolvency

No que se refere à quantidade de recuperações, a série histórica mostra um crescimento da utilização da recuperação judicial no mercado desde 2008 de forma consistente. Esse crescimento indica a possibilidade de que empresários que se encontram em crise não por motivos conjunturais, mas por uma inviabilidade estrutural (e que, portanto, são essencialmente irrecuperáveis), possam se utilizar a recuperação judicial para consumir os recursos escassos ou viabilizar uma liquidação de parte substancial de seus ativos fora das regras falimentares, em benefício da devedora e de uma parcela dos credores.

Os impactos da queda no PIB tendem a ser explicitados em ações de insolvência iniciadas após as retrações. Ao mesmo tempo em que os dados não indicam aumentos significativos na quantidade de falências requeridas ou decretadas nos respectivos períodos, observa-se um aumento na quantidade de recuperações judiciais requeridas nos intervalos de tempo associados às crises.

A análise sugere a existência de uma redução na quantidade de falências requeridas e decretadas após a vigência da LREF, com a estabilização em novos patamares mais baixos, bem como indica a ausência de impacto das crises nessas duas quantidades, como esperado pelo legislador.

Do ponto de vista formal, a existência das empresas foi preservada pela LREF. A questão agora diz respeito à preservação substancial das atividades, ou seja, se as empresas que deixaram de ter a sua falência formalmente decretada foram capazes de preservar suas atividades em níveis próximos aqueles existentes antes da recuperação judicial.

4. PRESERVAÇÃO SUBSTANCIAL DA EMPRESA: RESULTADOS DA SEGUNDA ANÁLISE

Para a análise utilizou-se o pagamento de ICMS como referência para o nível de atividade da devedora antes e depois da recuperação judicial. Foi criada uma variável separando os três períodos do processo: antes da distribuição, entre a distribuição e aprovação do plano e depois da aprovação do plano. Os valores em cada período foram somados e divididos pelo tempo total do período, em anos. Os valores pagos foram então divididos pela variável de normalização. Finalmente, para cada intervalo, foi calculado o valor médio das taxas normalizadas, colocadas no intervalo [0,1]. Consideramos apenas processos que possuem dados de recolhimento nos três períodos.

A Figura 3 mostra as taxas de pagamento de ICMS nos três momentos, considerando a dívida para controlar pelo porte da empresa. Os pagamentos sofrem uma abrupta e esperada queda na segunda fase, mas ficam estáveis após a aprovação do plano. Isso poderia indicar uma eventual mudança de atividade dos empresários após o processamento da recuperação judicial.

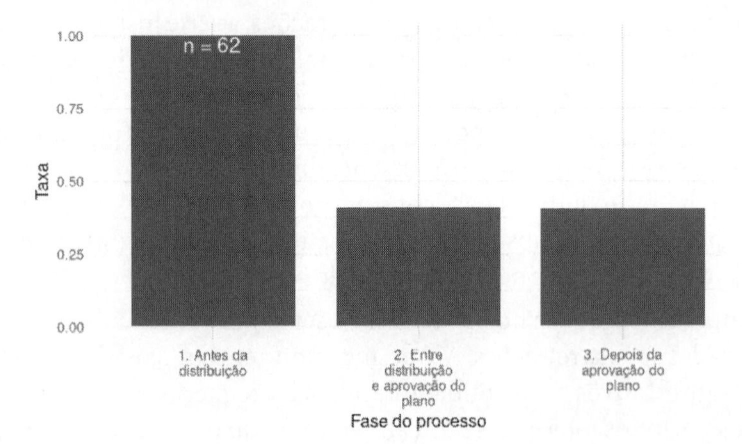

Figure 3: Taxas de pagamento de ICMS em cada momento dos processos, considerando a dívida para controlar pelo porte da empresa. Casos que acabaram em falência foram desconsiderados da análise

A Figura 4 mostra a distribuição das taxas de pagamento de ICMS. Apesar das médias indicadas na figura anterior, é possível observar que os recolhimentos, mesmo normalizados, são concentrados em torno de zero.

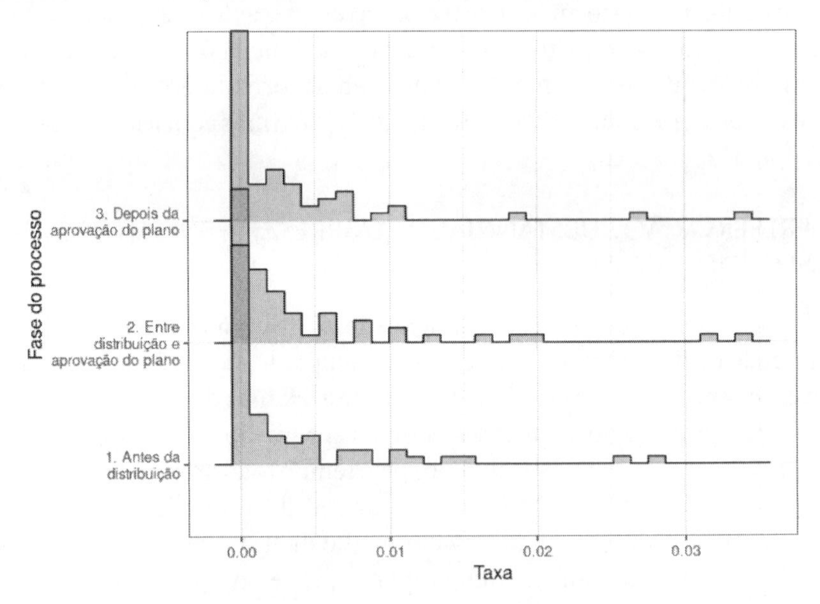

Figure 4: Distribuição das taxas de pagamento de ICMS em cada momento dos processos, considerando a dívida para controlar pelo porte da empresa. Casos que acabaram em falência foram desconsiderados da análise. Para fins de visualização, as 5% maiores taxas foram omitidas do gráfico.

Uma segunda investigação de interesse é verificar os pagamentos de acordo com o status do processo. Os processos foram divididos nos que tiveram a decretação da falência durante o cumprimento do plano de recuperação, nos em que houve o encerramento da recuperação, nos em que ainda há fase de cumprimento até 2 anos e, por fim, nos em que há fase de cumprimento passados 2 anos.

Nesse aspecto, de um universo de planos de recuperação judicial aprovados e com pelo menos dois anos de fiscalização de seu cumprimento, 55,1% (183 planos) encontravam-se em acompanhamento, por ocasião da análise, 24,4% (81 planos) tiveram o encerramento da recuperação judicial sem falência e 20,5% (68 planos) foram convolados em falência[9]. Para fins dessa análise, consideramos somente processos com informações de pagamento de tributo nos três períodos analisados e apenas casos com informações sobre dívidas. Por isso, as proporções observadas nas análises que seguem são diferentes.

A Figura 5 mostra as taxas de pagamento por status do processo cujos tributos puderam ser mensurados, considerando a dívida como variável de normalização. É possível observar que tanto os casos envolvendo fase de acompanhamento inacabada (até 2 anos) quanto os que estão em fase de acompanhamento há muito tempo (mais de 2 anos) tiveram decrescimento nos pagamentos após a distribuição. Nos casos com encerramento sem falência, os pagamentos atingiram valores mais altos que o inicial.

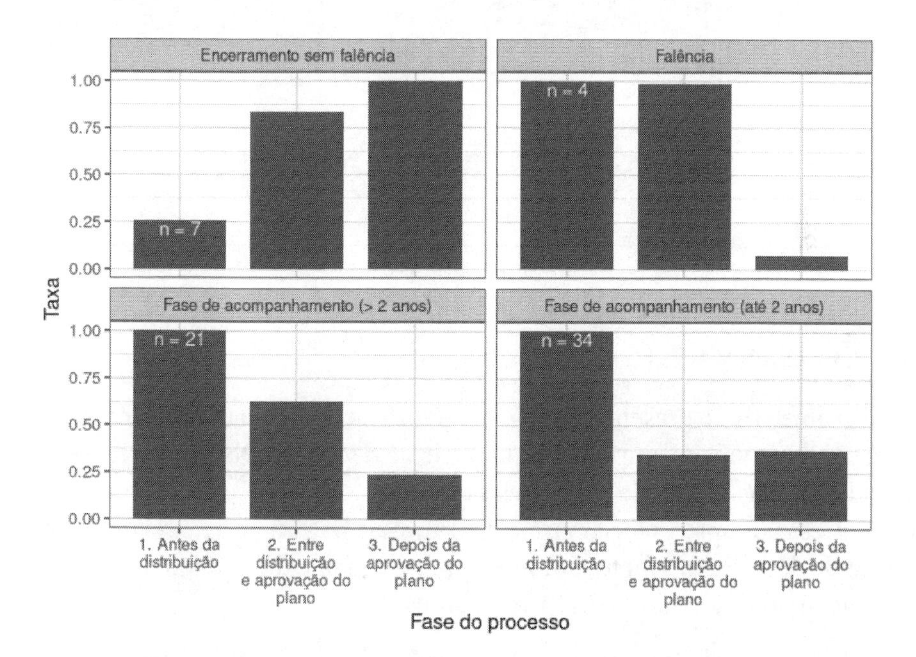

Figure 5: Taxa de pagamento de ICMS nas fases dos processos, separando pelo status dos processos, utilizando a dívida.

9. WAISBERG, Ivo; SACRAMONE, Marcelo; NUNES, Marcelo Guedes; TRECENTI, Julio. Atualização da 2ª Fase do Observatório de Insolvência - Recuperação Judicial no Estado de São Paulo, disponível em obs_recuperacoes_abj.pdf (abjur.github.io). Acesso em: 19 abr. 2021.

A Figura 6 mostra os perfis individuais de recolhimento. O gráfico abre os dados agregados da figura anterior, mostrando, por exemplo, que houve um caso específico que influenciou fortemente nas médias observadas na subpopulação de casos com encerramento sem falência. Assim como na Figura 4, observamos que os dados apresentam grande variação e que as tendências observadas ao calcular as médias devem ser interpretadas com cautela.

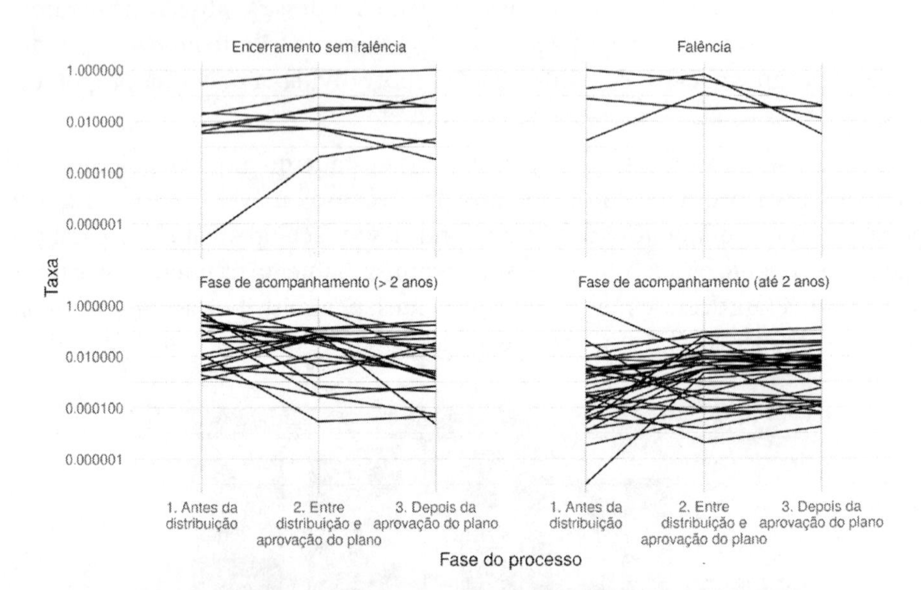

Figure 6: Perfis individuais da taxa de recolhimento de ICMS pela dívida, em cada momento do processo. Cada linha é um processo.

5. CONSIDERAÇÕES FINAIS

O objetivo do presente estudo foi identificar evidências empíricas da recuperação da atividade empresarial, a partir de dados do Observatório da Insolvência e de pagamento de ICMS pelas empresas. A hipótese de pesquisa era que os empresários apresentariam uma dinâmica de pagamento no formato de "U," deixando de pagar os tributos durante o processamento da recuperação e o retorno dos pagamentos após a aprovação do plano.

Pela metodologia utilizada e dados observados, é possível afirmar que existem evidências de que apenas parte dos empresários apresentam o referido comportamento. Foi possível identificar que esses empresários que tiveram a recuperação judicial encerrada retomaram o pagamento dos tributos em patamares similares aos observados nos anos anteriores, ao menos.

A grande maioria, entretanto, desconfirma a hipótese.

Para os empresários com recuperação judicial em curso, houve queda significativa do recolhimento dos tributos. Houve queda durante a negociação do plano de recuperação judicial e os pagamentos anteriores à distribuição da recuperação judicial não foram restabelecidos por ocasião da aprovação do plano.

Pelo observado, ao considerar a dívida como fator para controlar o porte da empresa, existe uma redução da atividade empresarial após a data de referência, embora os resultados sejam diferentes de acordo com o status do processo. Os indícios apontam a possível existência de uma relação inversa entre a extensão do processo recuperacional e a efetiva manutenção da atividade empresarial. Aparentemente, quanto mais se estende o processo, menor será a parcela da empresa recuperada. Essa relação entre tempo e sucesso necessita ser melhor investigada no futuro, em especial considerando as estratégias do legislador para fixação de prazos legais relativos a cada etapa do processo e do judiciário na administração desses eventos: aprovação do plano, permissão para aditamento do plano e encerramento do processo.

Além disso, os resultados obtidos até o momento apresentam grande variação. A distribuição de pagamento de tributos - mesmo normalizada pela dívida - é assimétrica e a quantidade de observações é pequena para identificar tendências de forma robusta. Para novos estudos, recomenda-se considerar outros dados para avaliar a atividade das empresas envolvidas, como quadro de funcionários e recolhimento de tributos federais, além de atualizar os dados da fase de acompanhamento das recuperações.

6. BIBLIOGRAFIA

ARAÚJO, Aloisio P., FERREIRA, Rafael V. X., FUNCHAL, Bruno. The Brazilian bankruptcy law experience. In: *Journal of Corporate Finance* 18, Elsevier, 2012, p. 994-1004.

ASQUINI, Alberto. Profili dell'impresa. *Rivista del Diritto Commerciale*, Milano, 1943, v. 4, Primeira Parte, p. 1-20.

BANCO MUNDIAL. Relatório Doing Business de 2020. Disponível em: https://portugues.doingbusiness.org/pt/data/exploretopics/resolving-insolvency. Acesso em: 17 maio 2021.

FLESSNER, Axel. Philosophies of Business Bankruptcy Law: An International Overview, p. 19-28. In: ZIEGEL, Jacob S. (Org.). *Current Developments in International and Comparative Corporate Insolvency Law*, Oxford, Clarendon, 1994, p. 20.

JACKSON, Thomas. *The logic and limits of bankruptcy law*, Beardbooks, Washington, 2001.

JUPETIPE, Fernanda Karoliny Nascimento, MARTINS, Eliseu, MÁRIO, Poueri do Carmo e CARVALHO, Luiz Nelson Guedes de. Custos de Falência no Brasil comparativamente aos estudos norte-americanos. *Revista de Direito GV*, v. 13, n. 1, p. 20-48, São Paulo, 2017.

PRIEST, George L, and KLEIN, Benjamin. 1984. "The Selection of Disputes for Litigation." *The Journal of Legal Studies* 13 (1): 1-55.

TEBET, Ramez. Relatório apresentado à Comissão de Assuntos Econômicos sobre o PLC n. 71, de 2003. In: MACHADO, Rubens Approbato (Coord.). *Comentários à nova Lei de Falências e Recuperação de Empresas*. 2. ed. São Paulo: Quartier Latin, 2007.

WAISBERG, Ivo; SACRAMONE, Marcelo; NUNES, Marcelo Guedes; TRECENTI, Julio. Atualização da 2ª Fase do Observatório de Insolvência – Recuperação Judicial no Estado de São Paulo, disponível em: obs_recuperacoes_abj.pdf (abjur.github.io). Acesso em: 19 abr. 2021.

WARREN, Elizabeth. Bankruptcy policymaking in an imperfect world. In: *Michigan Law Review* 1993-1994.

CONSIDERAÇÕES SOBRE OS DADOS DA RECUPERAÇÃO JUDICIAL DO PRODUTOR RURAL – DA LEGITIMAÇÃO AO PERFIL DE ENDIVIDAMENTO

José Afonso Leirião Filho

Mestrando em Direito Comercial pela PUC-SP. Professor do Insper e do Instituto Brasileiro de Direito do Agronegócio (IBDA). LL.M em Direito Empresarial pelo CEU Law School. Membro da Comissão Permanente de Direito Falimentar e Recuperacional do IASP, Pesquisador do Núcleo de Estudo e Pesquisa em Insolvência da Pontifícia Universidade Católica de São Paulo (NEPI PUC-SP). Advogado em São Paulo.

Letícia Ramos Bedim

Pós-graduada em Direito Empresarial pela Fundação Getulio Vargas. Pesquisadora do Núcleo de Estudo e Pesquisa em Insolvência da Pontifícia Universidade Católica de São Paulo (NEPI PUC-SP). Advogada em São Paulo.

Ana Beatriz Bitencourt Ramos

Aluna da Faculdade de Direito da Pontifícia Universidade Católica de São Paulo. Pesquisadora do Núcleo de Estudo e Pesquisa em Insolvência da Pontifícia Universidade Católica de São Paulo (NEPI PUC-SP).

Bruno Henrique Rosa

Aluno da Faculdade de Direito da Universidade Presbiteriana Mackenzie. Pesquisador do Núcleo de Estudo e Pesquisa em Insolvência da Pontifícia Universidade Católica de São Paulo (NEPI PUC/SP).

1. INTRODUÇÃO

1.1 Conceitos básicos

A completa compreensão do escopo da presente pesquisa, cujo enfoque é o produtor rural em crise financeira e os documentos utilizados para comprovação do biênio de atividade para deferimento de sua recuperação judicial no Estado de São Paulo, exige prévia contextualização por meio da definição de alguns conceitos básicos. O tema só tem sua relevância devidamente compreendida quando entendido, primeiro, o papel do agronegócio no contexto nacional e o papel desempenhado pelo produtor rural no contexto amplo do agronegócio.

O termo agronegócio tem origem na expressão inglesa *agribusiness*, cunhada pela Universidade de Harvard[1] em 1957. Foi por meio dos estudos desenvolvidos na década de 1950 que restou definida a matriz insumo-produto no âmbito dos negócios agrícolas como a soma das operações de produção, armazenamento, processamento e distribuição de produtos agrícolas e itens beneficiados. A partir do desenvolvimento desse conceito, o agronegócio passou a ser compreendido como uma cadeia complexa de atividades correlacionadas.

Frente ao amplo conceito de atividade econômica atribuído ao agronegócio, cumpre esclarecer que a atividade rural é o corte temático do presente estudo, vez que a atuação do produtor rural está ligada estritamente à atividade de produção rural.

Em conceito, a atividade rural pode ser definida, nos termos da teoria da *agrariedade*[2] como o desenvolvimento de um ciclo biológico, animal ou vegetal, ligado direta ou indiretamente à exploração das forças e dos recursos naturais, com obtenção de frutos de forma direta ou derivados, abrangendo:

> (i) a exploração das atividades agrícolas, pecuária, de extração ou de exploração vegetal e animal;
>
> (ii) a exploração de apicultura, avicultura, suinocultura, sericicultura, piscicultura e de outras espécies de pequenos animais;
>
> (iii) a transformação de produtos agrícolas, sem que sejam alteradas a composição e as características do produto *in natura*, realizada pelo agricultor ou criador, com equipamentos e utensílios usualmente empregados nas atividades rurais, valendo-se de matérias primas produzidas nas áreas exploradas; e
>
> (iv) o cultivo de florestas que se destinem ao corte para comercialização.

---

1. DAVIS, J., GOLDBERG, R. *A concept of agribusiness*. Boston: Harvard University, 1957.
2. CARROZZA, Antonio; ZELEDÓN, Ricardo. *Teoría general e institutos de derecho agrario*. Buenos Aires: Astrea, 1990, p. 319.

Assim, enquanto o agronegócio abarca diversas operações econômicas que, de alguma maneira, se relacionam à matriz insumo-produto no âmbito dos negócios agrícolas (o que inclui as atividades de distribuição, processamento e armazenamento de produtos) e que são realizadas pelos mais diversos agentes de mercado, desde *tradings* a pequenos mercados, a atividade rural é recorte da operação econômica dentro do agronegócio que abrange apenas as etapas de produção e transformação sem alteração das características do produto *in natura*, tipicamente desempenhada pelas agroindústrias e pelo produtor rural.

Diante do escopo definido para a pesquisa, interessa-nos a figura do produtor rural e o tratamento que lhe é dispensado pela legislação.

O produtor rural é a pessoa física que explora atividade rural econômica e organizada, podendo, fazendo uso de regime especial, optar por se inscrever perante o Registro de Comércio (atualmente, a Junta Comercial) e, com isso, atuar como pessoa jurídica, de acordo com os elementos constituidores de firma.

Toda a complexidade da questão está na discussão sobre os efeitos da inscrição do produtor rural perante o Registro de Comércio.

O Art. 971 do Código Civil ("CC")[3] garante ao produtor rural a *faculdade* de se registrar na Junta Comercial. Assim, tratando-se de *faculdade,* dessume-se que o produtor rural tem prerrogativa de atuar sem registro, com benefícios fiscais e maior simplicidade de atuação.

A facultatividade do registro mercantil do produtor rural gerou intenso debate, que culminou na criação de duas correntes interpretativas acerca de sua natureza jurídica: de um lado, há os que defendem ter o registro natureza constitutiva; e, de outro, os que defendem a natureza declaratória do registro empresarial.

A controvérsia se firmou vez que, para o primeiro grupo, o Art. 967 do CC[4] prevê a natureza constitutiva do registro mercantil para os empresários em geral e a parte final do Art. 971 leva à conclusão de que a equiparação entre os regimes do produtor rural sem registro e do empresário tradicional apenas se inicia (com os e efeitos daí decorrentes) depois da inscrição, enquanto que, para uma segunda corrente, a interpretação literal do Art. 971 do CC indica que a caracterização de empresário seria inerente ao produtor rural, de modo que o registo apenas serviria como declaração de uma situação material já consolidada, não implicando a constituição de situação jurídica inédita.

3. "Art. 971. O empresário, cuja atividade rural constitua sua principal profissão, pode, observadas as formalidades de que tratam o art. 968 e seus parágrafos, requerer inscrição no Registro Público de Empresas Mercantis da respectiva sede, caso em que, depois de inscrito, ficará equiparado, para todos os efeitos, ao empresário sujeito a registro."
4. "Art. 967. É obrigatória a inscrição do empresário no Registro Público de Empresas Mercantis da respectiva sede, antes do início de sua atividade"

A análise do conteúdo jurídico desta discussão não integra a presente pesquisa. Todavia, anotar a existência desta discussão é relevante porque os dados coletados indicam que ela influi no comportamento dos produtores rurais, como se verá a seguir.

O Art. 1º da Lei 11.101/2005 ("LRF") [5] dita que os regimes da recuperação judicial e da falência são reservados ao *empresário* e à *sociedade empresária*, o que significa que é indispensável que seja ultimado o registro perante a Junta Comercial competente. A dúvida, em relação ao produtor rural, remanesce em relação à antecedência com que tal registro deve ser feito antes do pedido de recuperação judicial, pois o Art. 48[6] determina que poderá requerer recuperação judicial o devedor que exerça "*regularmente*" suas atividades há mais de 2 anos.

Temos, então, que, enquanto o Código Civil dispõe que o registro perante a Junta Comercial é mera faculdade do produtor rural, a LRF expressamente determina que só é admissível recuperação judicial ao empresário ou sociedade empresária que exerça atividade regular por determinado prazo, sendo exposta a grande questão: o produtor rural seria empresário mesmo antes do registro na Junta Comercial? E, em caso positivo, como seria comprovado o exercício regular das atividades pelo período exigido pela lei?

Diante das lacunas na Lei 11.101/2005 até a reforma pela Lei 14.112/2020, a resposta às questões foi discutida na jurisprudência, após intensas controvérsias nos diversos estados da federação.

Após evolução da questão nos tribunais estaduais, que não encontravam consenso, o Superior Tribunal de Justiça ("STJ"), em decisões proferidas pela maioria em ambas as Turmas de Direito Privado, inicialmente no julgado do *leading case* J. Pupin[7], entendeu que o empresário rural assim se constitui pelo simples exercício da atividade rural, tendo o registro na Junta Comercial natureza jurídica declaratória e efeitos *ex tunc*, de forma que seria admissível a recuperação judicial do produtor rural cujo registro mercantil tenha sido feito há menos de 2 anos, desde que comprovada a existência da atividade rural ao menos por este prazo.

A admissibilidade da recuperação judicial do produtor rural com registro mercantil por prazo inferior a 2 anos, desde que comprovado o exercício da atividade, contudo, não solucionou de forma clara os requisitos de legitimação do produtor rural no Estado de São Paulo, já que subsistiu a discussão sobre a documentação suficiente para a referida comprovação de exercício da atividade,

5. "Art. 1º Esta Lei disciplina a recuperação judicial, a recuperação extrajudicial e a falência do empresário e da sociedade empresária, doravante referidos simplesmente como devedor."
6. "Art. 48. Poderá requerer recuperação judicial o devedor que, no momento do pedido, exerça regularmente suas atividades há mais de 2 (dois) anos (...)".
7. Recurso Especial 1.800.032/MT.

que foram sendo consolidados na prática forense, defronte da documentação extremamente esparsa apresentada pelos produtores, de acordo com os dados aqui compilados e analisados.

1.2 Dados econômicos do agronegócio

Para compreensão da representatividade econômica da pesquisa, foram colhidos dados relativos ao PIB nacional, do Agronegócio e do Agronegócio no Estado de São Paulo[8].

Em análise desses dados, notou-se que o PIB do agronegócio orbita em torno dos 20% de representatividade do PIB Nacional. Ou seja, as atividades que se enquadram no conceito de agronegócio supra estabelecido são responsáveis por aproximadamente um quinto do Produto Interno Bruto nacional anualmente.

Adicionalmente, o Estado de São Paulo – objeto desta pesquisa –, apesar de não ser a maior das potências agro estaduais, tem significativo impacto no PIB do Agronegócio do Brasil.

De acordo com os dados analisados, o PIB do Agronegócio no Estado de São Paulo tem representação mediana de 17,83 pontos percentuais no PIB do Agronegócio nacional:

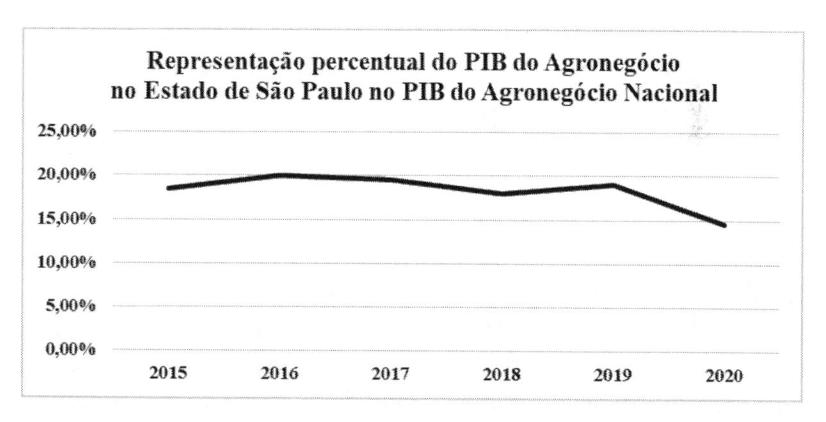

O enfoque da atividade de exploração agrícola no Estado de São Paulo é o cultivo de cana-de-açúcar para produção de etanol e açúcar – dados do CONAB demonstram que, na safra 2019/2020, o Estado de São Paulo permaneceu como o principal produtor de cana no âmbito nacional, sendo responsável por 53,7% da produção brasileira destas *commodities* -, além da exploração de soja, café e outros grãos.

---

8. CEPA (Centro de Estudos Avançados em Economia Aplicada); CNA (Confederação Nacional de Agricultura e Pecuária); e Federação de Indústria do Estado de São Paulo – analisados de 2015 a 2020.

Assim, embora não seja possível afirmar que as conclusões obtidas com a presente análise reflitam, necessariamente, as conclusões que podem ser obtidas com a análise do tema pelos demais tribunais estaduais, é certo que, ainda assim, está demonstrada a relevância deste estudo, diante da sua representatividade econômica.

2. METODOLOGIA DE PESQUISA

2.1 Análise das bases e casos consolidados

Esta pesquisa partiu da análise dos casos compilados na base de dados da Associação Brasileira de Jurimetria ("ABJ") e dos casos compilados na base de dados do Núcleo de Estudos e Pesquisa em Insolvência da Pontifícia Universidade Católica de São Paulo ("NEPI-PUC/SP").

A base de dados da ABJ conta com 1194 casos de recuperação judicial, todos no Estado de São Paulo, abrangendo os anos de 2011 a 2016. Nessa base, em um primeiro momento, foram identificadas as recuperações judiciais vinculadas ao agronegócio e, a partir da análise detalhada das petições iniciais destes feitos, foram identificadas, 6 recuperações judiciais envolvendo partes autodeclaradas "produtores rurais" no polo ativo das petições iniciais.

Já a base de dados vinculada ao NEPI-PUC/SP, que não foi produzida com o rigor metodológico da base ABJ, conta com 423[9] casos de recuperação judicial, ajuizados desde janeiro de 2017 até outubro de 2020. Nessa base, igualmente, primeiro foram identificadas as recuperações judiciais vinculadas ao agronegócio e, posteriormente, todos estes casos foram analisados em maior detalhe, tendo sido identificadas 21 recuperações judiciais contendo partes que se declararam "produtores rurais" nas petições iniciais e integrando o polo ativo.

Quanto ao número de pedidos de recuperações judiciais, nota-se que entre os anos de 2017 e 2020, foram registrados 3 vezes mais casos envolvendo produtores rurais no polo ativo do que entre os anos de 2011 e 2016. Como será mais bem demonstrado no decorrer deste artigo, uma possível explicação para este aumento foi o fato de que a jurisprudência do Tribunal de Justiça do Estado de São Paulo ("TJSP") foi se consolidando quanto aos requisitos de deferimento da recuperação judicial para o produtor rural nos anos de 2016 e 2017, principalmente, de modo que em 2019 – ano de julgamento do caso paradigmático mencionado acima – foram registrados mais pedidos do que nos anos de 2011 a 2017 somados.

Analisadas ambas as bases, foi, então, consolidada a base de casos de recuperação judicial envolvendo produtores rurais (assim declarados na petição inicial) com um total de 27 casos. Dois desses casos tramitaram em autos físicos – um

9. O número era de 422, mas foi adicionado um caso que não figurava na base original.

distribuído no ano de 2011 e, o outro, no ano de 2012 – e, por isso, não foram incluídos em todas as análises a que se propôs a presente pesquisa, por impossibilidade de acesso aos documentos respectivos.

2.2 Método de análise empregado

Esta análise se propôs a traçar o perfil dos documentos apresentados por partes que se declararam produtores rurais em petições iniciais para fins de comprovação do período previsto no Art. 48 da LRF e a investigar a relação entre a documentação e o (in)deferimento do processamento da recuperação judicial. Exceto se declarado de forma diversa na petição inicial, considerou-se que todos os documentos apresentados nas petições iniciais para fins de comprovação do período de atividade, com exceção de procurações, lista de credores e outros documentos não relacionados diretamente com o exercício da atividade empresarial, tinham a intenção de fazer prova do atendimento ao requisito temporal previsto no Art. 48 da LRF.

Conforme mencionado acima, para que fossem traçadas as conclusões aqui demonstradas, foram, *a priori*, analisadas as petições iniciais de todos os casos das bases ABJ e NEPI-PUC/SP, para identificação daqueles meramente relacionados a empresas vinculadas ao agronegócio e daqueles com presença de produtor rural no polo ativo.

Consolidada a base dos casos de produtor rural, procedeu-se a análise de cada um dos processos, de forma que:

(i) por meio de acesso ao *site* do TJSP, foram selecionadas as petições iniciais dos 25 casos – já considerando a exclusão dos 2 processos que tramitaram em autos físicos – para composição do banco de dados, além dos documentos que instruíam a inicial para fins de comprovação do biênio de atividade (de acordo com a declaração dos próprios produtores rurais) e a decisão de deferimento/indeferimento. Em caso de realização de perícia prévia por determinação do juízo, também foram selecionadas tanto as decisões determinando a perícia prévia, quanto o laudo confeccionado pelo administrador judicial;

(ii) também por acesso ao *site* do TJSP, foram reunidos todos os recursos que discutiam o deferimento ou indeferimento da recuperação judicial para os produtores rurais e os respectivos acórdãos de julgamento desses recursos; e

(iii) por meio de acesso ao *site* do STJ, foram analisados os recursos especiais e/ou agravos em recursos especiais eventualmente interpostos, bem como as respectivas decisões monocráticas ou colegiadas proferidas nesses recursos.

3. ANÁLISE DOS DADOS DE PRODUTORES RURAIS NO ESTADO DE SÃO PAULO

Foram analisados, portanto, 27 casos que guardavam relação com a recuperação judicial de produtores rurais. Desses 27 casos, 2 tramitaram em autos físicos e, por isso, a análise documental e de endividamento mostrou-se impossível. Entretanto, mesmo em relação a estes 2 processos, não houve óbice para verificar outras questões, como a interpretação do juízo responsável acerca dos efeitos do registro mercantil, deferimento e eventuais recursos.

A composição do polo ativo das 27 recuperações judiciais não segue exatamente um padrão: em 11 casos, foram constatados apenas produtores rurais; nos demais 16 casos, os produtores rurais dividiam o pedido da recuperação com empresas de estruturas mais sofisticadas, mas com volumes variados de faturamento e complexidade, variando entre agroindústrias e supermercados.

Em relação à atividade agrária desenvolvida pelos produtores rurais, constatou-se que em 5 casos os recuperandos exploram a atividade agropecuária; em outros 5 casos, a atividade preponderante é a pecuária e, em 60% dos processos, *i.e.*, 15 casos, os produtores rurais dedicam-se à atividade agrícola, destacando-se, sobretudo, o cultivo de cana-de-açúcar (9 casos).

3.1 Competência territorial. Art. 3º da Lei 11.101/2005

Todos os pedidos de recuperação judicial analisados neste estudo foram ajuizados em varas cíveis, não especializadas, no interior do Estado de São Paulo, o que não causa surpresas, diante da dinâmica da atividade que se concentra em áreas rurais, distante da capital[10].

Isto, pois o Art. 3º da LRF estabelece que é competente para deferir a recuperação judicial o juízo do local do "*principal estabelecimento*" do devedor. A discussão é pertinente. Por exemplo, no caso do Grupo Moreno,[11] que é um dos processos que compõem o espaço amostral da presente pesquisa, o pedido foi ajuizado na cidade de São Simão, município próximo de uma de suas usinas, a despeito de alguns credores questionarem que toda a estrutura administrativa, operacional e financeira do grupo se concentrava em Ribeirão Preto.

Para resolver esse tipo de impasse, o STJ, alguns anos antes, fixou entendimento segundo o qual o "*principal estabelecimento*" "*é o local onde haja o maior volume de negócios, ou seja, o local mais importante da atividade empresária sob o*

---

10. Evidentemente, a observação desse padrão leva em conta a atividade do produtor rural pessoa física. Pode, todavia, a competência do processamento da recuperação judicial ser distante da área rural se o objeto da análise for tão somente a atividade de uma agroindústria. A título exemplificativo, em meados de 2019, o Grupo Atvos ajuizou o seu pedido de recuperação judicial e, não obstante o grupo ser composto por usinas sucroalcooleiras no interior de São Paulo, Goiás, Mato Grosso e Mato Grosso do Sul, o seu processamento foi deferido na capital do Estado de São Paulo, de onde emanam todas as decisões administrativas, operacionais e financeiras do grupo.
11. Processo 1001008-13.2019.8.26.0589, em trâmite perante a Vara Única da Comarca de São Simão, no Estado de São Paulo.

ponto de vista econômico"[12]. Trata-se, pois, de critério eminentemente econômico. Voltando ao exemplo citado acima, o TJSP, ao constatar que a principal usina do Grupo Moreno se encontrava nos limites da comarca de São Simão, ou seja, em que circulava o maior volume de recursos, manteve a competência do juiz natural.

Nesse sentido, adotando-se a perspectiva econômica, nos parece razoável que a distribuição da recuperação judicial do produtor rural seja realizada na comarca da área rural por ele explorada, salvo se houver outra comarca onde os volumes dos negócios se concentrem em maior quantidade, como é o caso, por exemplo, de um produtor que cultiva a terra e vende o produto dela decorrente em um supermercado de sua propriedade.

3.2 Ano do ajuizamento dos pedidos de recuperações judiciais. Tempos de crises ou de sucessos?

Conforme dito, as bases de dados utilizadas compreendem o período de janeiro de 2011 a outubro de 2020, o que implica 1.617 processos de recuperação judicial. Desses processos, foram feitos 2 recortes, a fim de selecionar os procedimentos vinculados ao agronegócio e os procedimentos de produtores rurais. Os 27 casos de produtores rurais ajuizados entre janeiro de 2011 e outubro de 2020 estão assim distribuídos, por ano:

Ano	Quantidade de Casos
2011	1
2012	1
2015	1
2016	3
2017	3
2018	6
2019	10
2020	2

12. "Conflito de Competência. Agravo Interno. Processamento de julgamento da recuperação judicial. Art. 3º da Lei 11.101/2005. 1. Nos termos do art. 3º da Lei 11.101/2005, o foro competente para o processamento da recuperação judicial e a decretação de falência é aquele onde se situe o principal estabelecimento da sociedade, assim considerado o local onde haja o maior volume de negócios, ou seja, o local mais importante da atividade empresária sob o ponto de vista econômico. Precedentes. 2. No caso, ante as evidências apuradas pelo Juízo de Direito do Foro Central de São Paulo, o principal estabelecimento da recuperanda encontra-se em Cabo de Santo Agostinho/PE, onde situados seu polo industrial e seu centro administrativo e operacional, máxime tendo em vista o parecer apresentado pelo Ministério Público, segundo o qual o fato de que o sócio responsável por parte das decisões da empresa atua, por vezes, na cidade de São Paulo, não se revela suficiente, diante de todos os outros elementos, para afirmar que o "centro vital" da empresa estaria localizado na capital paulista. 3. Agravo Interno não provido." (STJ, 2ª Seção, Agravo Interno no Conflito de Competência 147.714/SP, Relator Ministro Luis Felipe Salomão, julgado em 22 fev. 2017).

Algumas observações são importantes. Em primeiro lugar, apenas duas recuperações judiciais que contavam com autodeclarados produtores rurais no polo ativo da petição inicial foram distribuídas nos anos de 2011 e 2012. Os produtores rurais, naqueles casos, não estavam inscritos na Junta Comercial, tampouco haviam dado entrada no pedido de inscrição, o que lhes retiraria a possibilidade de equiparação ao empresário sujeito a registro do Art. 971 do CC, condição essencial para ter direito às prerrogativas do empresário regular. Como não poderia deixar de ser, o processamento das recuperações judiciais em relação a esses produtores rurais foi indeferido. As respectivas sentenças transitaram em julgado sem interposição de recurso.

De 2013 a 2017, o Brasil atravessava uma crise econômica bastante peculiar. Para se ter ideia, entre janeiro de 2011 e agosto de 2016, contabilizaram-se 1.285 protestos populares[13]. Em 2013, eclodiram manifestações contra o aumento da tarifa de ônibus; em 2014, os brasileiros posicionavam-se contra a realização da Copa do Mundo em razão dos déficits no tesouro nacional.

Nesse período, marcado por políticas econômicas e sociais controversas, o número de pedidos de recuperações judiciais que contavam com produtores rurais no polo ativo da petição inicial foi bastante tímido, de sorte que em 7 anos (2011-2018) houve apenas 9 pedidos, conforme demonstra a tabela *supra*.

Em 2018 e 2019, foram protocolados 16 pedidos de recuperações judiciais enquadradas no escopo desta pesquisa. O aumento de pedidos de recuperação judicial envolvendo produtores rurais no polo ativo da petição inicial certamente é mais visível em 2019, quando 10 ações foram ajuizadas apenas naquele ano.

Duas hipóteses podem justificar esse crescimento em 2018 e 2019. O Tribunal bandeirante, em 2018, consolidou uma jurisprudência no sentido de permitir ao produtor rural a possibilidade de requerer a reestruturação do seu passivo sem a necessidade de realizar registro mercantil com antecedência de 2 anos, desde que comprovado o exercício das atividades por outros meios[14].

Assim, a primeira possível justificativa para esse aumento de pedidos de produtores rurais é a possível aderência dos produtores rurais às novas estratégias processuais. Naquele período, era conveniente requerer a recuperação judicial

13. TATAGIBA, Luciana; GALVÃO, Andreia. Os protestos no Brasil em tempos de crise (2011-2016). In: *Revista do CESOP*, v. 25, n. 1, jan./abr. 2019, pp. 63-96.

14. Ver, nesse sentido, os seguintes julgados: TJSP, 1ª Câmara Reservada de Direito Empresarial, Agravo de Instrumento 2182543-10.2018.8.26.0000, Rel. Des. Hamid Bdine, j. 26 nov. 2018; TJSP, 1ª Câmara Reservada de Direito Empresarial, Agravo de Instrumento 2005580-50.2018.8.26.0000, Rel. Des. Alexandre Lazzarini, j. 09.05.2018; TJSP, 1ª Câmara Reservada de Direito Empresarial, Agravo de Instrumento 2205990-27.2018.8.26.0000, Rel. Des. Cesar Ciampolini, j. 20 fev. 2019; TJSP, 2ª Câmara Reservada de Direito Empresarial, Agravo de Instrumento 2050846-26.2019.8.26.0000, Rel. Des. Maurício Pessoa, j. 24 jun. 2019.

pelo produtor rural, ainda que sem registro com a antecedência de 2 anos, pois o processamento facilmente seria deferido com o aval dos tribunais paulista e superior. Neste ponto, o reflexo endêmico de decisões favoráveis aos produtores rurais pode ter incentivado o comportamento de outros devedores em busca do favor legal para repactuação de dívidas.

Uma segunda hipótese reside no já retratado cenário da crise econômica brasileira, sentida principalmente em 2016 ao menos nos números de processos de recuperação judicial (foi atingido o recorde de pedidos totais, com 1.863 requerimentos). Como já notado por economistas, pode ocorrer que o agronegócio acabe demorando mais para sentir os reflexos de crises econômicas[15], o que pode ter ocorrido em 2018, em especial no âmbito de cultivo da cana-de-açúcar. Como vimos, a atividade de cultivo da cana para produção do açúcar e/ou do álcool está presente em 36% dos casos analisados, número bastante relevante, se considerada toda a gama de possibilidades que o agronegócio oferece.

Neste ponto, relevante rememorar que em 2018, o Brasil experimentou a chamada "crise do etanol".[16] A *commodity* etanol (ETHc1) chegou a ser negociada na Bolsa de Valores por valor 49% maior do que aquele negociado em 2017.[17] Curiosamente, dos 9 casos em que o produtor rural tinha como atividade o cultivo da cana-de-açúcar, 8 foram distribuídos após 2018, o que parece indicar que os efeitos da crise foram sentidos pelos produtores rurais que se viram na necessidade de fôlego judicial para sobreviver ao estado de insolvência.

Em relação ao ano de 2020, o baixo número de recuperações judiciais merece esclarecimentos. No período, o mundo inteiro sentia os efeitos da crise econômica causada pelo vírus Sars-CoV-2 e o Brasil não foi exceção. Todavia, no Brasil, houve flexibilização por parte de credores para renegociar passivos extrajudicialmente. Uma pesquisa elaborada pela Serasa Experian confirma que, durante todo o

---

15. Nesse sentido, v.: EXAME. *"Crise econômica não atingiu a agropecuária, diz André Nassar"*. Disponível em: https://exame.com/economia/crise-economica-nao-atingiu-a-agropecuaria-diz-andre-nassar/. Acesso em 6 out. 2021; FECOMÉRCIO SP. *"Setor de agronegócio se mantém resiliente apesar da crise."* Disponível em: https://www.fecomercio.com.br/noticia/setor-de-agronegocio-se-mantem-resiliente-apesar-da-crise. Acesso em: 06 out. 2021; CANAL RURAL. *"Mesmo com crise, agronegócio projeta desempenho positivo em 2016"*. Disponível em: https://www.canalrural.com.br/noticias/agricultura/mesmo-com-crise-agronegocio-projeta-desempenho-positivo-2016-61128/. Acesso em: 06 out. 2021; AGÊNCIA DA NOTÍCIA. *"Agronegócio foi o menos afetado pela crise em 2016."*. Disponível em: https://www.agenciadanoticia.com.br/noticias/exibir.asp?id=51661¬icia=agronegocio-foi-o-menos-afetado-pela-crise-em-2016. Acesso em: 06 out. 2021.
16. UOL ECONOMIA. *"Por que o etanol está sucateado? Subsídio à gasolina foi uma das causas"*. Disponível em: https://economia.uol.com.br/noticias/redacao/2018/06/16/crise-sucateamento-usinas-etanol-renovabio.htm. Acesso em: 22 de setembro de 2021, às 09h25.
17. A curva de valorização do etanol em 2018 é bastante visível quando comparada com o ano de 2017. A esse respeito, v. INVESTING. *Etanol futuros (ETHc1)*. Disponível em: https://br.investing.com/commodities/ethanol-futures?cid=964525. Acesso em 6 out. 2021.

ano de 2020, o número total de pedidos de recuperações judiciais no Brasil teve queda de 15%, número esse que cresce para 35,5% ao se considerar somente as recuperações judiciais de empresários do setor primário[18].

Além disso, o agronegócio no Brasil cresceu em meio à pandemia. Enquanto outros setores econômicos experienciaram uma derrocada no faturamento, a atividade rural foi responsável pelo equilíbrio do PIB brasileiro. Em 2020, no auge das medidas restritivas de distanciamento e isolamento social, o agronegócio foi responsável por 26,6% do PIB do Brasil, registrando uma alta de 56,59% no setor primário, cuja atividade melhor se adequa à realidade do produtor rural, vez que se realiza "*dentro das fazendas*", conforme explicado no início deste artigo[19].

O que se observa com os números de recuperações judiciais incluídas no escopo deste trabalho distribuídas ao longo de 2011 a 2020 é que a atividade rural parece demorar para sentir os efeitos de crises episódicas, o que não é necessariamente uma regra, mas pode vir a justificar o grande aumento de pedidos nos anos de 2018 e 2019. Não obstante, a consolidação da jurisprudência no âmbito dos tribunais paulista e superior no sentido de facilitar o deferimento de recuperações judiciais aos produtores rurais contribuiu para a aderência desse grupo econômico às reestruturações judiciais. Por fim, a pandemia parece não ter sido, até o presente momento, um grande obstáculo para a atividade agrária.

3.3 Estrutura do endividamento dos produtores rurais e financiamento da atividade rural

Visando investigar o perfil de endividamento dos produtores rurais, foram analisados os valores totais dos créditos submetidos às recuperações judiciais e os 3 maiores créditos sujeitos às recuperações judiciais e, quando possível, aqueles ligados especificamente aos produtores rurais, de acordo com a lista de credores do administrador judicial.

Ao examinar os dados do valor total dos créditos submetidos à recuperação judicial, foi constatado que:

(i) em 12 dos 25 casos analisados – *i.e.*, 48% – o endividamento total sujeito à recuperação judicial era de até R$ 25 milhões;

(ii) houve 4 casos em que o endividamento total sujeito à recuperação judicial está entre 25 e 50 milhões de reais;

18. SERASA EXPERIAN. "*Recuperação judicial tem queda de 15% em 2020, revela Serasa Experian*". Disponível em: https://www.serasaexperian.com.br/sala-de-imprensa/noticias/recuperacao-judicial--tem-queda-de-15-em-2020-revela-serasa-experian/. Acesso em: 24 set. 2021, às 09h00.
19. Confederação da Agricultura e Pecuária do Brasil (CNA). "*PIB do Agronegócio alcança participação de 26,6% no PIB brasileiro em 2020*". Disponível em: https://www.cnabrasil.org.br/assets/arquivos/boletins/sut.pib_dez_2020.9mar2021.pdf. Acesso em: 24 set. 2021, às 09h20.

(iii) em 3 casos, o endividamento total sujeito à recuperação judicial variou entre 50 e 100 milhões de reais;

(iv) foram identificados 2 casos em que endividamento total sujeito à recuperação judicial oscilou entre 100 milhões e 500 milhões de reais; e

(v) por fim, em 4 dos 25 casos analisados – ou seja, em 16% dos casos –, o valor total do endividamento sujeito à recuperação judicial superou o montante de 500 milhões de reais.

As 4 maiores recuperações judiciais analisadas nesta pesquisa, com créditos submetidos ao procedimento concursal com valor superior a 500 milhões de reais, foram as recuperações judiciais do Grupo Agroplanta,[20] cuja atividade principal está vinculada à produção de fertilizantes; do Grupo Terra Forte,[21] cuja atividade principal está vinculada à produção de café; do Grupo Itaiquara,[22] dedicado à produção de fermento biológico, açúcar e álcool; e do Grupo Moreno,[23] cujo objeto social é o cultivo de cana de açúcar para produção de açúcar e álcool.

Mais especificamente, os valores dos endividamentos totais sujeitos à recuperação judicial dos 25 casos analisados estão assim distribuídos:

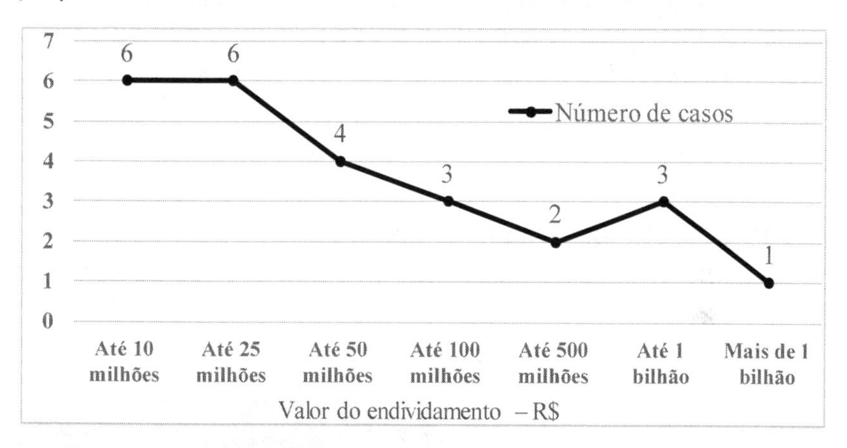

Pela análise dos 3 maiores credores das 25 das recuperações judiciais analisadas a fundo nesta pesquisa[24], foi confirmada a hipótese de que o financiamento da

20. Processo 1002395-68.2019.8.26.0070, em trâmite perante a 1ª Vara Cível da Comarca de Batatais no Estado de São Paulo.
21. Processo 1001471-18.2019.8.26.0568, em trâmite perante a 1ª Vara Cível da Comarca de Campinas no Estado de São Paulo.
22. Processo 1001798-97.2019.8.26.0103, em trâmite perante a Vara Única da Comarca de Caconde no Estado de São Paulo.
23. Processo 1001008-13.2019.8.26.0589, em trâmite perante a Vara Única da Comarca de São Simão, no Estado de São Paulo.
24. Para compilação destes dados, foi analisado o edital do art. 7º, § 2º, da LRF, que traz a Lista de Credores consolidada pelo Administrador Judicial, após a apresentação de habilitações e divergências. Nos casos em que figuram no polo ativo da demanda tanto o produtor rural quanto as agroindústrias e houve consolidação substancial tendo sido apresentada uma única lista de credores, não foi possível discriminar os créditos exclusivamente em face dos produtores, tendo sido analisados os créditos totais submetidos à recuperação judicial.

atividade rural no Estado de São Paulo se dá, majoritariamente, por instituições financeiras e cooperativas.

Ao realizar esta análise, constatou-se que os bancos aparecem como maiores credores em 21 dos 25 casos considerados. Os bancos são classificados tanto como credores de Classe II – Garantia Real, quanto como credores de Classe III - Quirografários, prevalecendo, todavia, a sua classificação como credor titular de crédito com garantia real.

O percentual do crédito bancário nas recuperações aqui analisadas é muito representativo, mesmo quando comparado com o valor total dos créditos submetidos à recuperação. Em nenhum dos 21 casos em que instituições financeiras figuram como pelo menos um dos 3 maiores credores da recuperação, o percentual do seu crédito representou menos do que 10% de todo o passivo submetido ao procedimento concursal.

Em 9 casos, o percentual do crédito bancário representou até 20% dos créditos sujeitos; em 2 casos, o crédito bancário representou até 30% dos créditos totais; em 4 casos o crédito bancário representou até 40% dos créditos totais; em 4 casos, o crédito bancário representou até 50% dos créditos totais; e, finalmente, em 2 casos, o crédito bancário representou mais da metade dos créditos totais submetidos à recuperação judicial.

Graficamente, temos a seguinte situação:

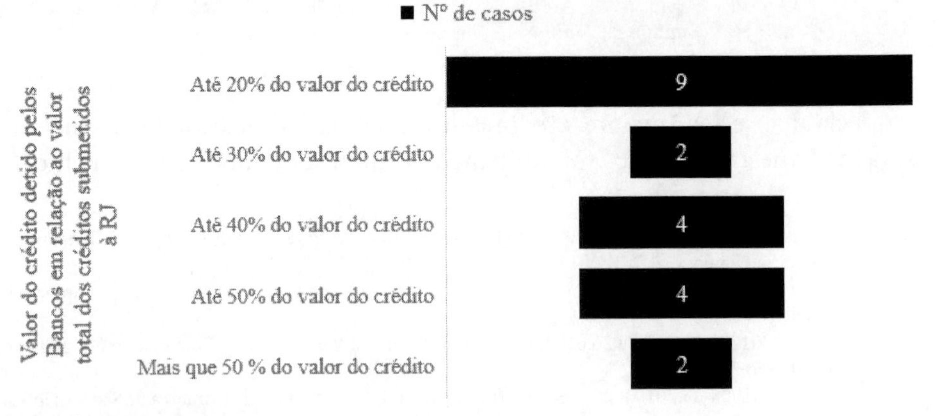

As cooperativas aparecem como titulares de um dos 3 maiores créditos sujeitos à recuperação judicial em 7 dos 25 casos analisados. O número, que corresponde a um percentual de 28%, sugere que as cooperativas também assumem papel relevante no mercado de fomento da atividade rural no Estado de São Paulo.

Outros credores que foram recorrentemente identificados quando da análise do endividamento foram os Fundos de Investimento (3 casos), pessoas físicas vinculadas a recuperações judiciais que contavam apenas com o produtor rural no polo ativo da recuperação (4 casos) e *tradings* (2 casos).

Fato interessante reside no ponto de que, pelas alterações legislativas promovidas na LRF pela Lei 14.112/2020, os créditos advindos de contratos com cooperativas não serão mais incluídos no feito recuperacional, tratando-se de créditos extraconcursais[25]. Diante do grande volume de casos nos quais as cooperativas figuram como um dos 3 maiores credores das recuperações judiciais de produtor rural, conclui-se que a exclusão desses créditos do regime da recuperação financeiras provavelmente impactará de forma relevante o produtor rural que pretenda acessar o favor legal.

Por outro lado, como as cooperativas são importante vetor de financiamento da atividade rural no Estado de São Paulo, esta mudança legislativa tende a facilitar a concessão de crédito nessa modalidade, tendo em vista que, se vier a requerer recuperação judicial, o produtor rural não terá sua dívida com a cooperativa reestruturada no processo coletivo, o que traz maior segurança ao credor.

A Lei 14.112/2020 restringiu também em outros aspectos a possibilidade de submissão de créditos à recuperação judicial de produtores rurais, nos termos do Art. 49 da LRF, conforme se verá mais adiante.

3.4 Espécies de documentações dos produtores rurais: comprovação do exercício da atividade rural

O Art. 48 da LRF estabelece que "*[p]oderá requerer recuperação judicial o devedor que, no momento do pedido, exerça regularmente suas atividades há mais de 2 (dois) anos*". Em relação a esse dispositivo, três são as características mais relevantes: (*i*) ser devedor; (*ii*) ter exercício regular; e (*iii*) estar em atividade há mais de 2 anos.

Conforme já esclarecido anteriormente, em relação ao item (*i*), a própria legislação falimentar designa o devedor como *empresário* ou *sociedade empresária* no Art. 1º. A doutrina já destacava a preferência do legislador em privilegiar a empresa enquanto atividade negocial. Quanto ao empresário individual, se a pessoa natural reunir os requisitos de capacidade e estiver inscrita no Registro Público de Empresas Mercantis, poderá requerer recuperação judicial[26].

25. "Art. 6º A decretação da falência ou o deferimento do processamento da recuperação judicial implica: § 13. Não se sujeitam aos efeitos da recuperação judicial os contratos e obrigações decorrentes dos atos cooperativos praticados pelas sociedades cooperativas com seus cooperados, na forma do art. 79 da Lei 5.764, de 16 de dezembro de 1971, consequentemente, não se aplicando a vedação contida no inciso II do art. 2º quando a sociedade operadora de plano de assistência à saúde for cooperativa médica."

26. Nesse sentido, v. "O art. 1.º da Lei 11.101/2005 insere a concepção em comando legal afinado, em primeiro lugar, com o art. 1.º do Código Civil, segundo o qual "toda pessoa é capaz de direitos e deveres na

O exercício regular, por sua vez, pressupõe que o empresário ou a sociedade empresária seja efetivamente inscrito na Junta Comercial competente, escriture todos os livros empresariais, especialmente os obrigatórios, e faça o levantamento anual dos resultados econômicos da sua atividade negocial (CC, Arts. 967, 1.179 e 1.186, II).

Por fim, em relação ao item (*iii*), a atividade do devedor, para fazer jus ao instituto da recuperação, deve seguir um critério temporal. Para Rachel Sztajn, o prazo de 2 anos "*tem como função evitar oportunismos*"[27]. Já em 2007, se defendia a razoabilidade desse tempo mínimo, superior a "taxa de mortalidade" média das empresas naquela época[28]. Curioso notar que, em uma pesquisa mais recente do IBGE, constatou-se que mais de 60% das empresas cessam suas atividades após 5 anos de atividade[29], o que poderia sugerir a necessidade de revisão deste critério.

Para os fins da presente pesquisa, verificou-se que, para a comprovação da atividade econômica rural regular e por mais de 2 anos, foram apresentados uma série de documentos, conforme gráfico a seguir:

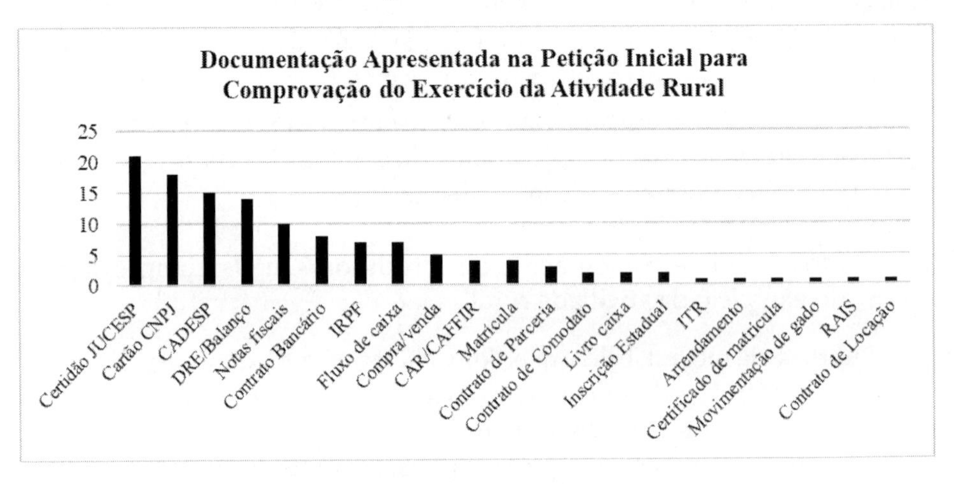

ordem civil". Se essa pessoa, pessoa natural, além dos requisitos gerais sobre capacidade constantes dos arts. 1.º a 10 do Código, reunir os requisitos especiais de capacidade a que aludem os arts. 972 a 980, e, ainda, estiver inscrita no Registro Público de Empresas Mercantis (arts. 967 e 1.150), basta que também preencha as condições mencionadas no art. 48 da Lei comentada para que possa requerer recuperação judicial (porque o caput do dispositivo exige, para tanto, que o devedor "exerça regularmente suas atividades há mais de 2 anos")." (PENTEADO, Mauro Rodrigues. *Comentários à Lei de Recuperação de Empresas e Falência – Lei 11.101/2005*. 2. ed. rev., atual. e ampl. SOUZA JUNIOR, Francisco Satiro de e PITOMBO, Antônio Sérgio A. de Moraes (Coord.). São Paulo: Revista dos Tribunais, 2007, p. 101).

27. SZTAJN, Rachel. *Comentários à Lei de Recuperação de Empresas e Falência – Lei 11.101/2005*. 2ª ed. rev., atual. e ampl. Francisco Satiro de Souza Junior, Antônio Sérgio A. de Moraes Pitombo (Coord.). São Paulo: Revista dos Tribunais, 2007, p. 225.
28. Ibidem.
29. VALOR ECONÔMICO. *"Maioria das empresas fecha as portas após cinco anos, diz IBGE"*. Disponível em https://valor.globo.com/brasil/noticia/2017/10/04/maioria-das-empresas-fecha-as-portas-apos--cinco-anos-diz-ibge.ghtml. Acesso em: 24 set. 2021, às 12h00.

Em suma, tem-se que, dos 25 casos analisados, em 21 os produtores rurais estavam devidamente inscritos na Junta Comercial, mas, desse número, somente 4 produtores rurais possuíam a inscrição mercantil há mais de 2 anos. Desses 4, apenas 1 produtor rural apresentou suas demonstrações financeiras e fluxo de caixa.

Outros dados também chamam a atenção. De plano, destaca-se a alta quantidade de casos em que houve apresentações de Certidão da JUCESP (21 casos) e do Cartão CNPJ (18 casos) por produtores rurais como forma de demonstração do cumprimento do biênio legal.

Esses documentos, sozinhos, nada comprovam, senão que existe registro como pessoa jurídica na junta comercial e que este registro está ativo e regular perante o fisco. Porém, seguindo a linha do entendimento do TJSP, a inscrição poderia se dar às vésperas do pedido, bastando que o exercício e o tempo da atividade rural fossem comprovados por outros meios, daí porque 17 produtores rurais fizeram sua inscrição às vésperas de ajuizar a recuperação judicial.

Em 15 casos, houve a apresentação do Cadastro de Contribuintes de ICMS do Estado de São Paulo ("CADESP"). Trata-se de um cadastro público, sincronizado com a Receita Federal do Brasil, com a Secretaria da Fazenda e do Planejamento do Estado de São Paulo, bem como como a Junta Comercial do Estado de São Paulo. A inscrição do produtor rural, neste caso, é obrigatória para aqueles que têm interesse de circular mercadorias de forma habitual[30].

A inscrição no CADESP indica que o produtor rural circula mercadorias, *i.e.*, que exerce atividade de comercializar produtos a terceiro. Em todos os 15 casos em que este documento foi apresentado, o cadastro havia sido realizado há mais de 2 anos da data do pedido de recuperação, o que, de alguma forma, demonstra o exercício de atividade pelo tempo mínimo exigido pela lei.

Além da inscrição no CADESP, em 10 casos foram juntadas notas fiscais de insumos comercializados pelos produtores rurais ou para os produtores rurais. Também são documentos fiscais e que, a despeito da ausência de previsão legal, parecem indicar, de forma mais fidedigna, que houve atividade rural pretérita.

As demonstrações de resultados e os balanços patrimoniais foram juntados em 56% dos casos, o que causa certa surpresa. Em estruturas menos complexas de atividades econômicas, não se espera que produtores rurais façam o levantamento contábil anualmente.

Dentre a documentação juntada nos casos analisados, o documento que melhor comprova o exercício e o tempo da atividade rural pela pessoa física

30. AGRO 2.0. *"CADESP é área de tributos que inclui produtores rurais no ICMS"*. Disponível em: https://agro20.com.br/cadesp/#o-que-e-cadesp. Acesso em: 24 set., às 14h30.

é o Imposto de Renda da Pessoa Física ("IRPF"), dada a sua complexidade e quantidade de informações disponíveis. Apenas em 7 casos (28%) houve essa apresentação. Em 2 casos, também foram juntados livro-caixa do produtor rural, documentação contábil necessária à atuação de produtores com faturamentos mais expressivos[31].

O processo com maior endividamento analisado nesta pesquisa, *i.e.*, do Grupo Moreno, cuja estrutura da atividade econômica tinha maior complexidade, relacionou 9 produtores rurais na reestruturação. Houve apresentação de certidão da JUCESP, com inscrição às vésperas do pedido, cartão CNPJ, e contratos de operações bancárias em que as pessoas físicas figuravam tão somente como garantidoras.

Destacam-se, ainda, casos em foram apresentados contratos bancários nos quais os produtores rurais pessoas naturais prestaram garantias fidejussórias, com o objetivo de buscar a comprovação do exercício da atividade rural por mais de 2 anos. Dos 8 casos em que foram apresentados os contratos bancários, em 8 houve deferimento em primeira instância; contra estes deferimentos, houve 7 casos de interposição de recursos de agravo de instrumento e, em todos os recursos, houve a manutenção da decisão de origem pelo TJSP.

Foi determinada a realização de perícia prévia em 7 dos casos abrangidos por esta pesquisa, o que representa 28% do total de processos cuja análise foi possível.

Dos 25 casos analisados, foram verificados 21 tipos diferentes de documentos juntados no intuito de comprovar o exercício da atividade rural por pessoa física há mais de 2 anos. Significa que, em se tratando de produtores rurais, a documentação apresentada nos casos analisados foi sempre esparsa e não seguiu um padrão mínimo, o que, em última análise, privilegia a insegurança jurídica.

3.5 Deferimentos e recursos: prerrogativas dos produtores rurais

Foi possível analisar todos os 27 casos que atenderam aos critérios para inclusão nesta pesquisa em relação às decisões proferidas pelos juízes e pelas juízas de primeira instância.

Visualmente, eis o cenário dos deferimentos do processamento da recuperação judicial do produtor rural em primeira instância:

31. Receita bruta total acima de R$ 4.800.000,00 por ano, conforme determinação expressa da Instrução Normativa SRF 1.903, de 24 jul. 2019.

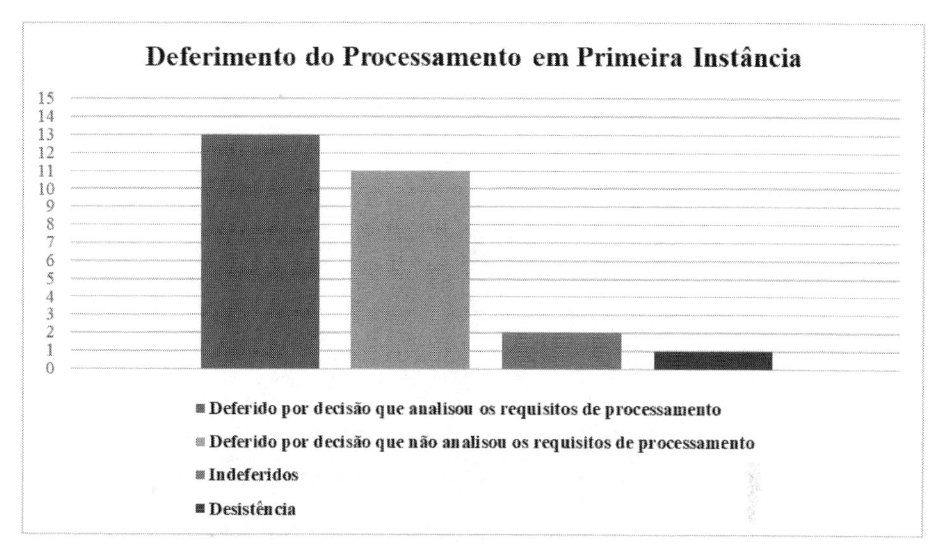

Como se viu, em primeiro grau, foram proferidas 13 decisões que deferiram o processamento da recuperação judicial, e o fizeram por meio de uma análise dos requisitos legais. Também foram proferidas 11 decisões de deferimento que não analisaram o mérito do da discussão sobre a legitimidade do produtor rural, tendo em conta a data de seu registro mercantil, *i.e.*, foram proferidas decisões genéricas que não se atentaram aos requisitos de documentações que a legislação e a jurisprudência preveem – curiosamente, em 4 destes casos, houve determinação de realização de perícia prévia, embora a decisão de deferimento não tenha se aprofundado nas conclusões desta análise.

Os 2 casos em que houve indeferimento do pedido de recuperação judicial já foram mencionados anteriormente: são pedidos ajuizados nos anos de 2011 e 2012 e o indeferimento se deu porque os produtores rurais não possuíam registro na Junta Comercial.

Em 1 caso, não foi proferida qualquer decisão de deferimento, na medida em que houve a desistência do pedido dos produtores rurais após a juntada do relatório de perícia prévia pelo administrador judicial. O relatório apontava a deficiência de documentos.

No âmbito do TJSP, a situação caminha para o mesmo sentido:

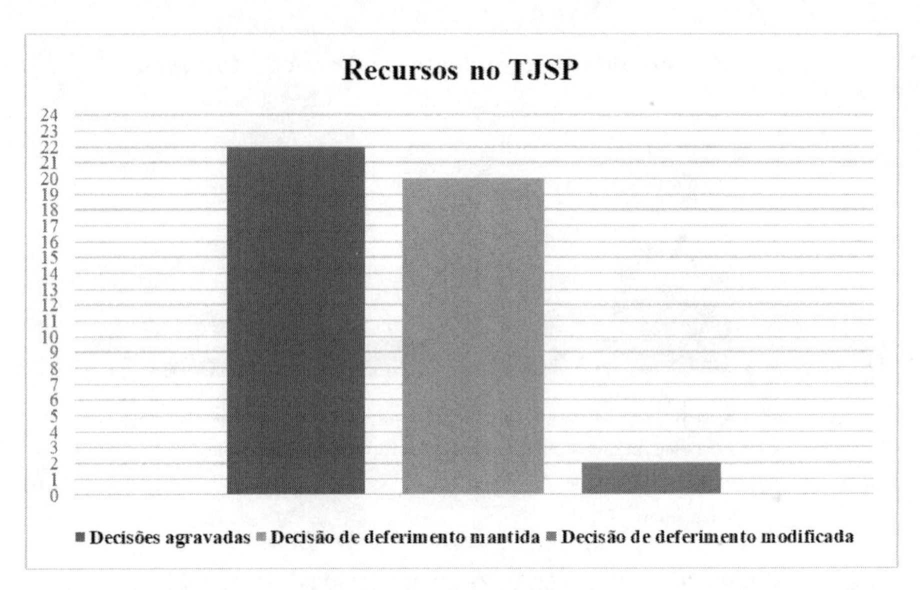

Conforme se constata do gráfico acima, das 24 decisões de deferimento em primeira instância, 22 foram objeto de recurso de agravo de instrumento e 1 foi objeto de impetração de mandado de segurança. Essa última, como era de se esperar, foi extinta por inadequação da via eleita. Em relação aos 22 agravos de instrumento, 90% (20 casos) não foram providos, de modo que as decisões de deferimento proferidas em primeira instância foram mantidas.

As 2 decisões que foram reformadas dizem respeito ao pedido de recuperação judicial do Grupo Campofert[32] e do Grupo Tropdan[33]. No primeiro caso, a despeito da comprovação da atividade rural por mais de 2 anos, o registro na Junta Comercial estava irregular, visto que havia sido cancelado anos antes do pedido; e, no segundo caso, apesar da regularidade do registro mercantil, não foi comprovado o exercício da atividade rural de 2 dos 4 produtores rurais que requereram a recuperação judicial.

No STJ, o cenário não é diferente. Veja-se, a seguir, o gráfico ilustrativo:

32. Processo 1000202-82.2018.8.26.0210, em trâmite perante a 1ª Vara Cível da Comarca da cidade de Guaíra, no Estado de São Paulo.

33. Processo 1002041-55.2016.8.26.0294, em trâmite perante a 1ª Vara Cível da Comarca da cidade de Jacupiranga, no Estado de São Paulo.

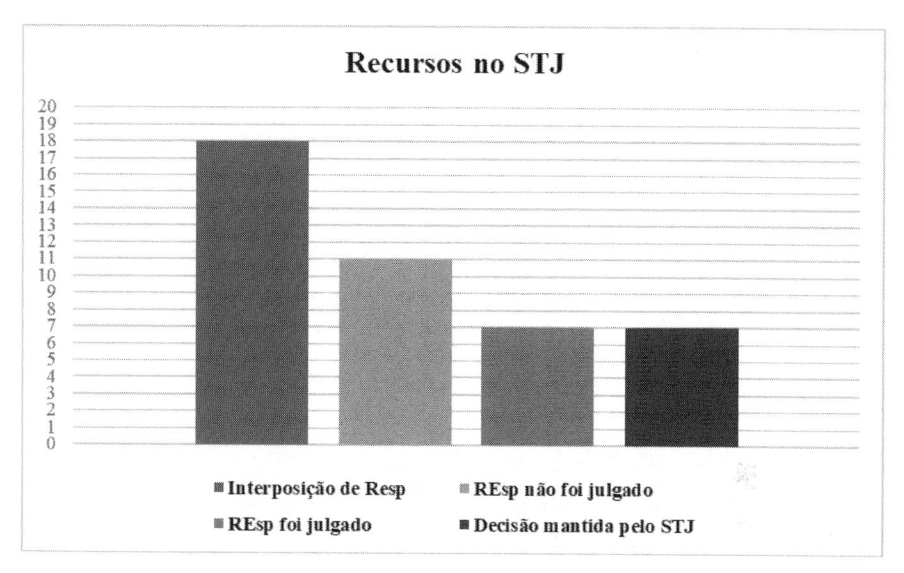

Das 20 decisões que mantiveram o deferimento do processamento da recuperação ao produtor rural, 18 foram objeto de recurso especial. Houve 7 casos apreciados pelo tribunal superior e a decisão, igual nos 7 casos, foi de manutenção do processamento da recuperação judicial. Os outros 11 casos não foram julgados por diversos motivos (desistência do recorrente, acordo entre credor e devedor, não preenchimento dos requisitos de admissibilidade ou não conclusão do julgamento até a data da presente pesquisa).

Em síntese, foram analisados 27 casos de pedidos de recuperação judicial que continham partes autodeclaradas produtores rurais no polo ativo da petição inicial. Dentre estes, em 24 houve o deferimento do processamento do pedido em primeira instância, tendo sido interpostos recursos de agravo de instrumento perante o TJSP em 22 casos, que modificou decisões de apenas 2 casos. No STJ, foram interpostos recursos especiais em 18 casos, nos 7 em que houve julgamento, houve manutenção da decisão de origem.

Os dados coletados indicam que o TSP, e ao que foi possível avaliar, também o STJ, mantiveram linhas de entendimento tendentes a autorizar o processamento de recuperações judiciais de produtores rurais, inobstante a existência de discussão doutrinária sobre a natureza do registro mercantil. Isto, como dito, sugere a hipótese de que, ante uma maior facilidade de acesso ao favor legal, os produtores rurais tenham buscado com maior frequência o instituto, mesmo sem carrear documentação confiável à comprovação do exercício de atividade rural pelo prazo legal.

4. A REFORMA DA LEI 11.101/2005 PELA LEI 14.112/2020: NECESSÁRIA REVISITAÇÃO DOS DADOS NO FUTURO

Em 2021, entrou em vigor a Lei 14.112/2020, responsável por ampla reforma na LFR, inclusive no âmbito da reestruturação da atividade de produção rural.

Os dados da presente pesquisa são de 2011 a 2020, o que implica dizer que todos os casos tramitaram antes da entrada em vigor desta reforma e que é possível que as hipóteses e conclusões previstas neste estudo sejam drasticamente alteradas.

Referida lei trouxe disposições a respeito dos créditos sujeitos à recuperação judicial do produtor rural. O Art. 49, §§ 6º, 7º, 8º e 9º, da LRF, e Art. 11, da Lei 8.929/94, assim estabelecem:

> "Art. 49. Estão sujeitos à recuperação judicial todos os créditos existentes na data do pedido, ainda que não vencidos.
>
> (...) § 6º Nas hipóteses de que tratam os §§ 2º e 3º do art. 48 desta Lei, somente estarão sujeitos à recuperação judicial os créditos que decorram exclusivamente da atividade rural e estejam discriminados nos documentos a que se referem os citados parágrafos, ainda que não vencidos.
>
> § 7º Não se sujeitarão aos efeitos da recuperação judicial os recursos controlados e abrangidos nos termos dos arts. 14 e 21 da Lei 4.829, de 5 de novembro de 1965.
>
> § 8º Estarão sujeitos à recuperação judicial os recursos de que trata o § 7º deste artigo que não tenham sido objeto de renegociação entre o devedor e a instituição financeira antes do pedido de recuperação judicial, na forma de ato do Poder Executivo.
>
> § 9º Não se enquadrará nos créditos referidos no *caput* deste artigo aquele relativo à dívida constituída nos 3 (três) últimos anos anteriores ao pedido de recuperação judicial, que tenha sido contraída com a finalidade de aquisição de propriedades rurais, bem como as respectivas garantias."
>
> "Art. 11, da Lei n. 8.929/94. Não se sujeitarão aos efeitos da recuperação judicial os créditos e as garantias cedulares vinculados à CPR com liquidação física, em caso de antecipação parcial ou integral do preço, ou, ainda, representativa de operação de troca por insumos (barter), subsistindo ao credor o direito à restituição de tais bens que se encontrarem em poder do emitente da cédula ou de qualquer terceiro, salvo motivo de caso fortuito ou força maior que comprovadamente impeça o cumprimento parcial ou total da entrega do produto."

Em primeiro lugar, os créditos detidos em face do produtor rural só estarão sujeitos aos efeitos da recuperação se decorrerem exclusivamente da atividade rural e estiverem devidamente contabilizados. Trata-se, à evidência, de critérios cumulativos.

Neste ponto, a doutrina vem asseverando a possibilidade de condutas oportunistas por parte dos devedores. Com efeito, o produtor rural, caso pretenda beneficiar credores indevidamente, poderá escolher qual crédito quer ver submetido em eventual pedido de recuperação judicial e, a partir dessa escolha, contabilizar o passivo conforme lhe aprouver[34].

O crédito rural oficial, aquele decorrente do controle governamental[35], estará excluído da recuperação judicial se não for renegociado com a instituição financeira antes do pedido. Além disso, também não se sujeitam aos efeitos do procedimento concursal os créditos e as respectivas garantias relativos à dívida constituída nos 3 últimos anos anteriores ao pedido de recuperação, com o fim de viabilizar a aquisição de propriedades rurais. Os créditos decorrentes de atos cooperativos praticados pelas sociedades cooperativas com seus cooperados também não se sujeitam aos efeitos do concurso, conforme Art. 6º, § 13, da LRF. Nota-se, portanto, intensa desidratação dos créditos sujeitos ao concurso.

Por fim, a Lei 14.112/2020 alterou a Lei 8.929/94 ao instituir que créditos decorrentes da Cédula de Produto Rural com liquidação física e nas hipóteses de antecipação de preço ou operações de *barter* também não se sujeitam aos efeitos da recuperação judicial. Esse crédito, de grande relevância para o custeio da atividade de produção rural, origina-se ou da antecipação do preço da produção rural pelo investidor, ou do fornecimento de insumos para posterior permuta em produtos[36].

Coincidentemente, de acordo com os dados dessa pesquisa, instituições financeiras - especialmente bancos - e cooperativas, figuram entre os maiores credores dos produtores rurais, diante do financiamento da atividade rural pelos recursos oferecidos por esses credores, o que sugere uma maior dificuldade no futuro para reestruturações similares às analisadas, haja vista a não sujeição de parte relevante desses créditos, além de outros também excluídos por opção legislativa.

Será interessante, no futuro, revisitar essa pesquisa para atualizá-la com os dados dos anos vindouros. Como será composto o passivo sujeito do produtor rural? Haverá uma adequação da atividade rural no sentido de contabilizar todas as dívidas? Haverá flexibilização sobre o que deve ser entendido como crédito que decorre exclusivamente da atividade rural? Os recursos controlados e que foram renegociados por uma condição desvantajosa ao produtor rural serão submetidos ao concurso? As garantias concedidas em detrimento do crédito que financiou a aquisição de propriedades rurais serão consideradas bens essenciais? O quadro de credores será o mesmo? Estes são questionamentos cujas respostas somente o tempo trará.

34. SACRAMONE, Marcelo Barbosa. Op. cit., p. 272.
35. Esse controle diz respeito à "disponibilização de recursos, as taxas de juros e demais questões relacionadas ao financiamento rural. Os recursos têm origem diversa, mas dentre elas as dotações orçamentárias atribuídas aos órgãos do Sistema Nacional de Crédito Rural, bem como o percentual obrigatório dos depósitos à vista imposto às instituições financeiras e que deverão ser destinados ao crédito rural oficial." (SACRAMONE, Marcelo Barbosa. Op. cit., p. 140).
36. BARROS NETO, Geraldo Fonseca de. *Reforma da Lei de Recuperação Judicial e Falência*: comentada e comparada. Rio de Janeiro: Forense, 2021, p. 75.

Prosseguindo, o Art. 48 da LRF trouxe novas disposições em relação aos documentos que devem ser, obrigatoriamente, apresentados para a comprovação do tempo de exercício da atividade rural pelo produtor rural que quiser se valer da recuperação judicial:

> "Art. 48. Poderá requerer recuperação judicial o devedor que, no momento do pedido, exerça regularmente suas atividades há mais de 2 (dois) anos e que atenda aos seguintes requisitos, cumulativamente:
>
> (...) § 2º No caso de exercício de atividade rural por pessoa jurídica, admite-se a comprovação do prazo estabelecido no caput deste artigo por meio da Escrituração Contábil Fiscal (ECF), ou por meio de obrigação legal de registros contábeis que venha a substituir a ECF, entregue tempestivamente.
>
> § 3º Para a comprovação do prazo estabelecido no caput deste artigo, o cálculo do período de exercício de atividade rural por pessoa física é feito com base no Livro Caixa Digital do Produtor Rural (LCDPR), ou por meio de obrigação legal de registros contábeis que venha a substituir o LCDPR, e pela Declaração do Imposto sobre a Renda da Pessoa Física (DIRPF) e balanço patrimonial, todos entregues tempestivamente.
>
> § 4º Para efeito do disposto no § 3º deste artigo, no que diz respeito ao período em que não for exigível a entrega do LCDPR, admitir-se-á a entrega do livro-caixa utilizado para a elaboração da DIRPF.
>
> § 5º Para os fins de atendimento ao disposto nos §§ 2º e 3º deste artigo, as informações contábeis relativas a receitas, a bens, a despesas, a custos e a dívidas deverão estar organizadas de acordo com a legislação e com o padrão contábil da legislação correlata vigente, bem como guardar obediência ao regime de competência e de elaboração de balanço patrimonial por contador habilitado."

Se o produtor rural atuar na condição de pessoa jurídica, deverá apresentar a Escrituração Contábil Fiscal ("ECF") ou por registros contábeis que a substitua.

Se atuar como pessoa física, devem ser apresentados: (*i*) o Livro Caixa Digital do Produtor Rural ("LCDPR") ou registro contábil que o substitua; (*ii*) a Declaração do Imposto sobre a Renda da Pessoa Física ("DIRPF"); e (*iii*) balanço patrimonial, todos entregues tempestivamente.

Entre 2011 e 2020, houve 7 casos de produtores rurais que apresentaram a DIRPF. Ainda, 14 trouxeram documentos contábeis, incluindo o balanço patrimonial, a despeito da imprecisão e insegurança de alguns desses documentos e inexistência de demonstração de entrega tempestiva. Por fim, apenas em 2 processos, os produtores rurais juntaram o Livro Caixa do Produtor Rural. Nota-se, portanto, que será necessária intensa adaptação dos produtores rurais pessoas naturais na condução de suas atividades caso precisem eventualmente se valer do favor legal. A recuperação judicial, portanto, apesar de possuir caminho livre ao produtor rural, demanda a atuação com elementos mínimos de firma e escrita contábil regular para acesso.

5. CONCLUSÃO

A situação da recuperação judicial do produtor rural na vigência dos mais de 15 anos da Lei 11.101/2005 foi marcada por controvérsias e insegurança jurídica, o que culminou em uma reforma legislativa. Esta pesquisa demonstrou, quanto à discussão da tese de admissibilidade da recuperação judicial pelo produtor rural, que o TJSP consolidou seu entendimento rapidamente – o que, por um lado, não contribuiu para gerar insegurança jurídica em relação ao mérito da discussão, mas, por outro, permite a argumentação no sentido de que houve incentivo ao ajuizamento de pedidos de recuperação judicial no Estado.

Como se viu, de janeiro de 2011 a outubro de 2020, 27 recuperações judiciais foram ajuizadas por produtores rurais no Estado de São Paulo. Na grande maioria dos casos, as instituições financeiras foram listadas como detentoras dos maiores créditos sujeitos.

O número de pedidos teve um aumento expressivo em 2019, quando a jurisprudência do tribunal bandeirante já havia se consolidado para autorizar o produtor rural a requerer recuperação judicial sem que se tenha sido registrado há mais de 2 anos na Junta Comercial.

A pesquisa demonstrou que, em 27 casos, foram utilizados 21 tipos de documentos diferentes para se comprovar o exercício da atividade rural por mais de 2 anos, com relativamente baixa repetição de documentos entre os casos, o que sugere inconsistência na interpretação do conceito de "atividade rural", especialmente diante das críticas que podem ser feitas em relação ao conteúdo de cada um destes documentos, fato este que gera incerteza, para o credor, de quais produtores rurais poderiam se enquadrar nos requisitos da lei e fazer jus à recuperação judicial.

6. REFERÊNCIAS BIBLIOGRÁFICAS

BARROS NETO, Geraldo Fonseca de. *Reforma da Lei de Recuperação Judicial e Falência*: comentada e comparada. Rio de Janeiro: Forense, 2021.

CARROZZA, Antonio; ZELEDÓN, Ricardo. *Teoría general e institutos dederecho agrario*. Buenos Aires: Astrea, 1990.

DAVIS, J., GOLDBERG, R. *A concept of agribusiness*. Boston: Harvard University, 1957.

SACRAMONE, Marcelo Barbosa. *Comentários à Lei de Recuperação de Empresas e Falência*. 2. ed. São Paulo: Saraiva, 2021

SOUZA JUNIOR, Francisco Satiro; PITOMBO, Antônio Sérgio A. de Moraes (Coords). *Comentários à Lei de Recuperação de Empresas e Falência – Lei 11.101/2005*. 2. ed. rev., atual. e ampl. São Paulo: Revista dos Tribunais, 2007.

TATAGIBA, Luciana; GALVÃO, Andreia. Os protestos no Brasil em tempos de crise (2011-2016). In: *Revista do CESOP*, v. 25, n. 1, jan./abr. 2019, p. 63-96.

NÚCLEO DE ESTUDOS DE PROCESSOS DE INSOLVÊNCIA – CONSOLIDAÇÃO SUBSTANCIAL: ANÁLISE DE DADOS COLETADOS DA ASSOCIAÇÃO BRASILEIRA DE JURIMETRIA ("ABJ") DOS ANOS DE 2018, 2019 E 2020

Andressa Kassardjian Codjaian

Graduada pela Pontifícia Universidade Católica de São Paulo. Especialista em Direito Empresarial pela Fundação Getúlio Vargas. Advogada. Membro da Comissão Permanente de Estudos de Direito Falimentar e Recuperacional do Instituto dos Advogados de São Paulo, gestão 2022-2024. Membro do Centro de Mulheres na Reestruturação Empresarial.

Fernanda Brotto Gonçalves Ferreira Nabahan

Graduada pela Universidade Presbiteriana Mackenzie. Membro do IWIRC Brasil (International Women's Insolvency & Restructuring Confederation). Advogada.

Fernanda Costa Neves do Amaral

Mestre em Direito Comercial pela Pontifícia Universidade Católica de São Paulo. Especialista em Direito Empresarial Econômico pela Fundação Getúlio Vargas. Advogada. Sócia do Freitas Leite Advogados em São Paulo. Professora do Insper São Paulo, Uni-Secovi e PUC COGEA.

Guilherme Hack Mendes

Graduado em Direito pela Pontifícia Universidade Católica de São Paulo. Advogado.

Liliane Gonçalves Matos

Doutoranda em Direito Constitucional pela Universidade de Fortaleza. Mestre em Direito Constitucional pela Universidade de Fortaleza. Especialista em Direito Empresarial e Processo Empresarial pela Universidade de Fortaleza. Especialista em Direito Tributário e Processo Tributário pela Universidade de Fortaleza. Bolsista FUNCAP/CAPES. Advogada. Coordenadora da Área Societária na R. Saldanha. Professora do Direito Comercial.

1. DADOS LEVANTADOS

O objeto do estudo aqui retratado foi a verificação empírica de decisões expressas a respeito da consolidação substancial em processos de recuperação judicial processados no Estado de São Paulo em determinado período. Os processos analisados, dado o período abrangido pela pesquisa, são, portanto, anteriores à alteração da Lei 11.101/2005 (LRE) promovida pela Lei 14.112/20, que disciplinou, passando a prever expressamente, a possibilidade de consolidação processual, que significa o litisconsórcio ativo, e a consolidação substancial, que reúne passivos e ativos de um grupo de sociedades, como se fossem uma só.

De início, foram analisadas as bases de dados da Associação Brasileira de Jurimetria ("ABJ") dos anos de 2018, 2019 e 2020, até a data base de dezembro de 2021, a fim de localizar os processos de Recuperação Judicial ajuizados em litisconsórcio ativo.

Constatou-se o ajuizamento de 333 pedidos de recuperação judicial, sendo 163 em litisconsórcio, o que representa 48,94% dos casos, divididos da seguinte forma:

- 2018, 100 pedidos de recuperação judicial, sendo 61 em litisconsórcio;
- 2019, 100 pedidos de recuperação judicial, sendo 47 em litisconsórcio;
- 2020, 133 pedidos de recuperação judicial, sendo 55 em litisconsórcio

Dentro dos 163 pedidos de recuperação judicial, foi deferido o processamento da recuperação judicial em litisconsórcio ativo em 140 casos, enquanto em 23 casos não houve o deferimento do processamento da recuperação judicial, em razão de: (a) convolação em falência antes mesmo do deferimento da recuperação judicial; (b) indeferimento da recuperação judicial pelo fato da petição inicial ser inepta, isto é, não apresentar os requisitos necessários para análise do pedido; e (c) desistência do pedido de recuperação judicial antes da decisão que analisa o seu processamento.

A admissão do litisconsórcio é praticamente incontroversa, a ponto de ser quase unânime. Em 95,8% dos pedidos formulados por mais de um autor, o litisconsórcio foi admitido, sendo que este índice não variou significativamente das varas comuns para as especializadas. Nos que diz respeito aos outros 4,2% o pedido de litisconsórcio foi, ou indeferido, houve a desistência das requerentes do pedido de recuperação judicial, ou o houve desistência pelas demais requerentes, destituindo o conceito de polo ativo múltiplo do processo de recuperação judicial.

A taxa total de deferimento, considerando varas comuns e especializadas, foi de 68,8%, enquanto nas especializadas e nas comuns as taxas foram de 74,9% e 54,7%, respectivamente.

Os processos sem litisconsórcio ativo foram eliminados, pois não seriam úteis para análise que se propõe.

2. QUESTÕES NORTEADORAS

Antes da exposição dos dados obtidos com a presente pesquisa, importante delimitar as questões que nortearam o presente artigo. Desse modo, vale reforçar que só foram analisados os casos com mais de uma parte no polo ativo da relação jurídica – a chamada consolidação processual ou litisconsórcio processual ativo.

Com essa base delimitada, buscou-se analisar os seguintes pontos:

1. Em quantos casos nos quais houve consolidação processual ocorreu a consolidação substancial?
2. Quantos desses casos nos quais houve consolidação substancial foi proferida decisão expressa, e em quantos casos houve a denominada "consolidação silenciosa"?
3. Nos casos em que houve decisão expressa sobre a consolidação substancial, quais foram os critérios levados em consideração para que fosse proferida a decisão – tanto favorável como desfavorável – bem como quais foram os requisitos mais predominantes nas decisões.

Além das questões acima indicadas, também foi considerada como bússola para o presente artigo os dados envolvendo vara de tramitação dos processos indicados na primeira triagem, bem como um comparativo entre os números dos últimos 10 (dez) anos, para que fosse possível verificar a linha de crescimento no que tange aos números de recuperações judiciais ajuizadas em litisconsórcio ativo.

Por fim, e considerando o advento da Lei 14.112/20, que inseriu no ordenamento jurídico recuperacional os critérios caracterizadores de uma consolidação substancial, a pesquisa buscou analisar como esses requisitos já vinham sendo utilizados no Judiciário, e como a formação de precedentes pelos tribunais pode ter influenciado a alteração legislativa.

3. CONSOLIDAÇÃO PROCESSUAL X CONSOLIDAÇÃO SUBSTANCIAL

A reunião de diversas empresas em grupos empresariais, que se interligam por diversos fatores de interesses em comum, não é novidade. Uma crise econômica que afete uma empresa poderá afetar todas as demais, haja vista a relação de interdependência das empresas dentro do grupo empresarial, de forma que muitas vezes pensar em uma solução individual não é suficiente.

Uma das soluções previstas para o soerguimento de uma empresa em crise econômico- financeira é a recuperação judicial, disciplinada pela LRE.

Todavia, a LRE, quando promulgada, disciplinou a recuperação judicial de tão somente um empresário ou sociedade empresária, sendo omissa quanto à possibilidade de ajuizamento do pedido por várias empresas em litisconsórcio ativo.

Em consonância com o art. 113 do Código de Processo Civil, litisconsórcio é a comunhão de duas ou mais pessoas no mesmo processo, em conjunto, no polo ativo ou passivo, em razão de *comunhão de direito ou de obrigações relativamente à lide*; *conexão pelo pedido ou pela causa de pedir* ou *afinidade de questões por ponto comum de fato ou de direito*. Portanto, percebe-se que o litisconsórcio não é uma simples cumulação subjetiva de sujeitos, mas sim uma multiplicidade de sujeitos vinculada com certa afinada objetiva[1].

A doutrina e jurisprudência foram as responsáveis por disciplinar a matéria, analisando os casos concretos e utilizando-se das normas processuais, aceitando a possibilidade de os empresários do mesmo grupo requererem recuperação judicial em litisconsórcio ativo, também conhecido como consolidação processual.

A consolidação processual permite, portanto, a reunião de empresários de um mesmo grupo econômico no polo ativo do processo, sem afastar a personalidade jurídica de cada empresário. Visa à economia processual e à celeridade, além de garantir que não serão proferidas decisões conflitantes e que os atos processuais ocorrerão coordenados (como a apresentação do plano de recuperação judicial, realização de assembleia geral de credores, computo do *stay period* etc.). Nas palavras de Sheila C. N. Cerezetti e Francisco Satiro:

> Com efeito, a consolidação processual permite o alinhamento das mais diversas fases na caminhada processual da recuperação judicial das devedoras. Pode-se, assim, falar na atuação de apenas um administrador judicial, na reunião conjunta de comitê de credores, na simplificação da apuração de créditos, na facilitada troca de informações para que se obtenha precisa compreensão da situação societária e financeira das devedoras, e na adoção dos mesmos prazos processuais para os importantes momentos da recuperação, tais como para apresentação das relações de credores e dos planos de recuperação judicial, bem como para a realização de assembleia de credores para deliberação sobre proposta das devedoras.[2]

Antes da alteração da LRE pela Lei 14.112/20, era usual que, diante do deferimento do processamento da recuperação judicial de um grupo de sociedades em litisconsórcio, ativo houvesse a apresentação de plano de recuperação judicial único para todas as empresas requerentes, que seria deliberado em uma única assembleia geral de credores, mediante relação de credores unificada[3].

1. MARINONI, Luiz Guilherme. ARENHART, Sérgio Cruz. *Curso de Processo Civil*: Processo de Conhecimento. 7. ed. São Paulo: Revista dos Tribunais, 2008, p. 166.
2. CEREZETTI, Sheila C. Neder. Grupos de Sociedades e Recuperação Judicial: o indispensável encontro entre direitos societário, processual e concursal. In: Processo Societário YARSHELL, Flávio Luiz; PEREIRA, Guilherme Setoguti J. (Coord.). São Paulo: Editora Quartier Latin, 2015. v. 2, p. 764.
3. Neste sentido, julgados do Tribunal de Justiça do Estado de São Paulo: Agravo de Instrumento: 2215135-49.2014.8.26.0000; Agravo de Instrumento: 0281187-66.2011.8.26.0000; Agravo Regimental Cível: 2084295- 14.2015.8.26.0000; Agravo de Instrumento: 2178366-42.2014.8.26.0000; Agravo de Instrumento: 0007217- 51.2010.8.26.0000; Agravo de Instrumento: 0188755-62.2010.8.26.0000. Disponível em: https://esaj.tjsp.jus.br/cposg/open.do?gateway=true.

Nessa linha, o Desembargador Carlos Alberto Garbi, no julgamento do Agravo de Instrumento n. 2094959-07.2015.8.26.0000, interposto nos autos da recuperação judicial do Grupo OAS, assim consignou:

> No caso, verifica-se que o pedido de formação de litisconsórcio pelas recuperandas está evidentemente fundamentado no inciso I, do referido art. 46, que trata da hipótese de litisconsórcio quando "houver comunhão de direitos e obrigações relativamente à lide". (...) E o exame dos autos revela que a comunhão de direitos e obrigações entre as agravadas está bem caracterizada a justificar a manutenção do litisconsórcio ativo por elas pleiteado. As agravadas reconheceram fazer parte de um grupo empresarial de fato denominado Grupo OAS. A formação do grupo empresarial é fenômeno que vem sendo observado principalmente no decorrer do último século, com o desenvolvimento da atividade capitalista e a necessidade de reunião de esforços para o fim empresarial comum, qual seja o lucro (...) A integração das empresas agravadas num mesmo grupo empresarial, de forte atuação na área de infraestrutura do país, por certo foi considerada como fator relevante pelos credores nos contratos por eles celebrados, inclusive naqueles envolvendo a captação de investimentos e concessão de créditos. (...) Portanto, admitido em princípio o litisconsórcio ativo no pedido de recuperação judicial, penso que restaram bem evidenciados no caso os motivos legitimantes para a manutenção das empresas requerentes no polo ativo. A integração de todas num mesmo grupo empresarial - situação de amplo conhecimento dos credores e certamente por eles sopesada ao negociar com as recuperandas - somada à forte interligação subjetiva e negocial existente entre as agravadas, condizem com a comunhão de interesses prevista no art. 46, inc. I, da Lei nº 5.869/1.973, a autorizar a manutenção de todas as requerentes no polo ativo do pedido. (...) O que justifica o litisconsórcio na recuperação judicial é a necessidade de superação das dificuldades das empresas. Portanto, somente aquelas que se encontram em dificuldades, ou ligadas a outras que enfrentam dificuldades, devem participar da recuperação. Acrescente-se, por evidente, que a recuperação judicial não importa em desconsideração da personalidade jurídica e consequentemente o alcance do patrimônio dos controladores das empresas. (...) demitido o litisconsórcio ativo entre as empresas recuperandas, por conta da comunhão de interesses e obrigações reconhecida, não há razão justificante para a apresentação de planos separados, porquanto a pluralidade ativa somente tem proveito acaso as massas sejam mantidas unidas. Tendo sido reconhecida a integração das agravadas em parte do grupo empresarial que enfrenta crise econômico-financeira (incluindo suas causas) e reconhecida a interligação entre as empresas, configurando verdadeiro e intransponível entrelaçamento negocial, se mostra pouco proveitoso, e até inviável, a apresentação de planos separados ante a impossibilidade de se delimitar as responsabilidades individuais de cada devedora diante da pletora de credores.

Isso significava dizer que, além de se admitir a consolidação processual, estar-se-ia admitindo a consolidação substancial, que, em apertada síntese, significa a união de ativos e passivos do grupo econômico para pagamento de todos os credores do grupo, reunidos em uma única lista de credores, com a análise de um único plano de recuperação judicial:

> Uma vez compreendida a denominada consolidação processual, com facilidade se pode perceber não apenas a utilidade, mas também os seus limites. Se o processamento conjunto de pedidos de recuperação judicial tem o condão de facilitar o alcance de bons resultados,

ele peca por ser incapaz de justamente ir além de uma solução apenas formalmente una. Hipóteses há em que o bom equacionamento da crise demanda medida de agregação mais profunda. Esta medida é comumente chamada de "consolidação substancial" e foi inicialmente desenvolvida pela jurisprudência norte-americana. Em linhas gerais, ela consiste na consolidação - total ou parcial - das dívidas concursais e ativos das sociedades, que passam a responder perante todo o conjunto de credores, desconsiderando-se o fato de que cada devedora teria gerado um específico passivo.[4]

No mesmo sentido, o professor Daniel Carnio Costa, no processo de recuperação judicial 1062847-56.2016.8.26.0100, assim dispôs acerca da matéria:

A consolidação substancial consiste na utilização do patrimônio de todas as empresas pertencentes ao grupo econômico para o pagamento de todos os credores do grupo econômico, desconsiderando-se a personalidade jurídica ou a autonomia existencial de cada uma das empresas componentes do grupo econômico. (...) Dentre os critérios normalmente utilizados observam-se a interconexão entre as empresas, a confusão patrimonial, aunidade de comando e de direção, a unidade financeira do grupo, a existência de garantias cruzadas entre as empresas do grupo, a descapitalização grosseira de uma das empresas do grupo em favor de outras empresas do mesmo grupo, além dos prejuízos e/ou benefícios decorrentes da consolidação para a maioria credores. No direito brasileiro, dá-se a consolidação substancial quando as empresas do grupo econômico se apresentam como um bloco único de atuação e são vistas pelo mercado como um a unidade para fins de responsabilidade patrimonial, observando-se confusão patrimonial e utilização abusiva da separação de personalidades jurídicas em prejuízo dos credores.[5]

Em que pese o fim da autonomia patrimonial, os principais fundamentos utilizados pelos devedores para a aplicação da consolidação substancial eram a existência de caixa único, confusão patrimonial e identidade de sócios. Sheila Cerezetti e Francisco Satiro destacam que a assunção dessas premissas pelos devedores indica "*inexistir preocupação com os efeitos adversos que podem resultar do reconhecimento da confusão patrimonial, em especial o abuso de personalidade jurídica a justificar a sua desconsideração pela autoridade judicial (art. 50 do Código Civil)*".

Na prática, percebe-se que a aplicação desse instituto era baseada e permitida na união de ativos e passivos de determinado grupo econômico para pagamento de todos os credores do grupo, reunidos em uma única lista de credores.

Porém, no decorrer dos anos, a doutrina e a jurisprudência começaram a questionar a aplicação automática da consolidação substancial sempre que verificada a consolidação substancial, na medida em que esta não decorre automaticamente da consolidação processual, conforme bem pontuado pelo Enunciado

4. CEREZETTI, Sheila C. Neder. Grupos de Sociedades e Recuperação Judicial: o indispensável encontro entre direitos societário, processual e concursal. In: YARSHELL, Flávio Luiz; PEREIRA, Guilherme Setoguti J. (Coord.). Processo Societário. São Paulo: Quartier Latin, 2015. v. 2, p. 764.

5. TJSP. Processo 1062847-56.2016.8.26.0100. 1ª Vara de Falências e Recuperações Judiciais do Foro Central da Comarca da Capital/SP. Juiz Sentenciante Daniel Carnio Costa. Julgado em: 07.11.2016.

98, da "III Jornada de Direito Comercial": *"a admissão pelo juízo competente do processamento da recuperação judicial em consolidação processual (litisconsórcio ativo) não acarreta a automática aceitação da consolidação substancial"*. Ao editar referido Enunciado, apresentou-se a seguinte justificativa:

> Para lidar de maneira adequada com a crise econômico-financeira de grupos societários no sistema concursal brasileiro, a despeito da omissão legal acerca da matéria, a doutrina e a jurisprudência construíram soluções baseadas na utilização de medidas conjuntas de reestruturação empresarial pelas devedoras: a consolidação processual e a consolidação substancial na recuperação judicial. É preciso ressaltar, todavia, que ambas não se confundem. Pelo contrário, apresentam contornos distintos, com efeitos absolutamente diversos no procedimento. A consolidação processual consiste na unificação meramente formal de procedimentos da recuperação judicial de cada sociedade que compõe o grupo, a partir do mecanismo processual do litisconsórcio facultativo comum. Trata-se de medida de conveniência administrativa e economia processual, a permitir redução de custos e conferir maiores chances de êxito aos esforços de superação das dificuldades enfrentadas. O simples processamento conjunto dos pedidos de recuperação judicial, porém, não tem o condão de afetar direitos e responsabilidades de credores e devedoras. Somente a consolidação substancial pode abarcar a excepcional integração de ativos e também dos passivos concursais. Considerando-se a tutela da personalidade jurídica e da separação patrimonial, gravemente atingida pela consolidação substancial, tem-se que sua aplicação é restrita a situações excepcionais. Evidentemente, assim, da consolidação processual não decorre, em caráter automático, a consolidação substancial, cuja adoção acarreta consequências muito mais gravosas.

Marcelo Barbosa Sacramone posicionou-se da mesma maneira, e ressaltou que a consolidação substancial, com a unificação dos ativos e passivos dos litisconsortes, poderá ser pleiteada pelos credores, ainda que não seja verificada a "disfunção das personalidades jurídicas":

> A consolidação substancial, entretanto, é medida excepcional. Não é decorrência natural do litisconsórcio ativo (consolidação processual) e com ele não se confunde. A unificação do tratamento entre os litisconsortes exige decisão judicial e a demonstração de que presente a situação excepcional de não respeito à autonomia das personalidades jurídicas das sociedades integrantes do grupo, o que deve ser avaliado no caso a caso. Apenas quando presente a demonstração dessa disfunção das personalidades jurídicas é que o Magistrado deverá determinar, de ofício ou mediante requerimento dos interessados, a consolidação substancial, tratamento unificado dos ativos e passivos de todas as sociedades integrantes do grupo. Nada impede, por outro lado, que a consolidação substancial seja deliberada pelos credores. Ainda que ausentes os critérios da disfunção das personalidades jurídicas, como acima especificados, os devedores poderão pretender a unificação dos ativos e passivos dos litisconsortes. Como qualquer outro meio de recuperação judicial proposto no plano de recuperação judicial, deverão os credores aceitar por deliberação assemblear dos credores de cada um dos litisconsortes, mediante a aprovação por quórum qualificado (art. 45).[6]

6. SACRAMONE, Marcelo Barbosa. *Comentários à Lei de recuperação de empresas e falência*. São Paulo: Editora Saraiva, 2018. p. 201.

Não obstante, dos 140 (cento e quarenta) processos analisados, verificou-se que em 81 (oitenta e um) nunca houve qualquer decisão judicial expressa sobre a consolidação processual, o que representa 57,85% dos casos.

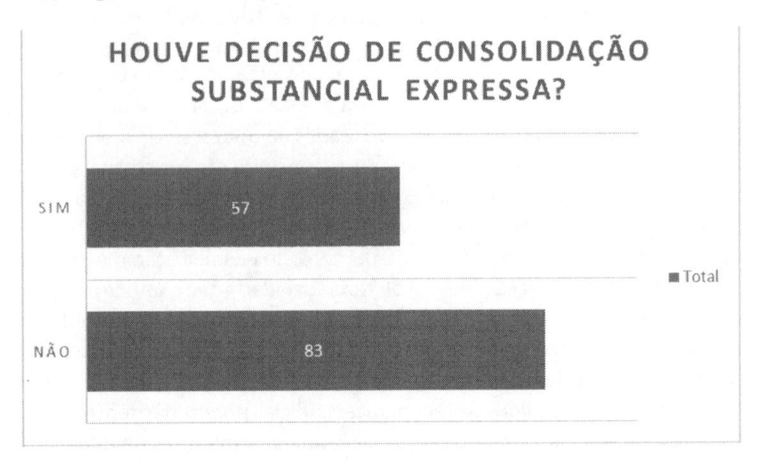

Figura 1: Número de decisões em que se analisou a aplicação do instituto da consolidação substancial ao longo da pesquisa

Percebeu-se, ainda, que a média de processos sem a análise da possibilidade de consolidação substancial se manteve a mesma durante os anos de 2018, 2019 e 2020:

Ano	Pedidos ajuizados em litisconsórcio	Consolidação substancial sem decisão	%
2018	54	35	64,81%
2019	45	25	55,55%
2020	41	21	51,21%

No que diz respeito à forma de negociação dos planos de recuperação, um aspecto importante que foi captado pela pesquisa foi a expressiva presença automática de consolidação substancial. Dentro deste universo de 81 (oitenta e um) processos, os devedores apresentaram um único plano de recuperação judicial em 100% dos casos. Dentre eles, identificamos 52 (cinquenta e dois) processos cujo plano já havia sido votado em assembleia geral de credores, e em todos os casos isso ocorreu em assembleia unificada para todas as recuperandas.

Em 22 (vinte e dois) processos, o plano de recuperação judicial ainda não havia sido objeto de votação, mas igualmente há apenas um plano nos autos para todas as devedoras.

Em 3 (três) processos, as devedoras apresentaram um plano para todas as devedoras e o plano sequer sofreu objeção, seguindo para a homologação pelo juiz, nos termos dos artigos 55 e 58 da LRF.

Em 1 (um) processo, o plano foi aprovado por adesão dos credores por termo apresentado nos autos, conforme autoriza o art. 45-A da LRE.

Em 2 (dois) processos, o plano ainda não foi votado pelos credores, mas há decisão estabelecendo que a consolidação substancial será submetida à assembleia geral de credores, que ainda não ocorreu.

Por fim, em 1 (um) processo, a recuperanda apresentou apenas um plano de recuperação, houve apenas uma assembleia geral de credores convocada para deliberação, mas, naquela oportunidade, a recuperanda confessou falência e sua quebra foi decretada.

Partindo para um maior nível de detalhamento acerca das consolidações substanciais, identificamos aquelas situações em que a consolidação substancial foi apreciada em uma decisão judicial. De todos os 140 processos analisados, em 59 processos (42,14%) detectamos a existência de decisão que avaliou se a recuperação judicial ajuizada em litisconsórcio ativo possuía ou não elementos que permitissem a aplicação do instituto da consolidação substancial.

Ano	Pedidos ajuizados em litisconsórcio	Consolidação substancial com decisão
2018	54	19
2019	45	20
2020	41	20

De mais a mais, quando comparamos os dados coletados na presente pesquisa com aqueles publicados na 2ª fase do Observatório da Insolvência[7], percebemos um considerável aumento no percentual dos processos nos quais se decidiu acerca da consolidação substancial.

Conforme já apontado, enquanto na presente pesquisa verificou-se que 42,14% dos processos tiveram decisão acerca da consolidação substancial, na coleta de dados da 2ª fase do Observatório da Insolvência foi apontado o percentual de apenas 11,17% dos processos com decisão acerca da aplicação do mesmo instituto (sendo 16 casos nas varas comuns – 8,93%, e 4 casos na vara especializada – 2,24%).

Observa-se que há um grande crescimento no número de casos nos quais se analisou a aplicabilidade da consolidação substancial. Tal fato demonstra, indiscutivelmente, que a aplicação do instituto passou a ser avaliada de modo mais frequente e com mais atenção pelos juízes. Se antes Cerezetti e Souza Júnior apontavam em seu artigo acerca da "silenciosa 'consolidação' da consolidação substancial", basean-

7. O Observatório da Insolvência analisou os processos de recuperações judiciais distribuídas nas Comarcas do Estado de São Paulo entre janeiro de 2010 e julho de 2017. Disponível em https://abjur.github.io/obsFase2/relatorio/obs_recuperacoes_abj.pdf

do-se no fato de que, em razão dos custos impostos ao tratamento individualizado dentro do procedimento de recuperação judicial, existiria a possibilidade de que se prevalecesse uma consolidação substancial[8] sem análise dos juízes, agora, com base no crescente número apontado, o cenário parece estar se modificando.

4. CONSOLIDAÇÃO SUBSTANCIAL: ANÁLISE E CRITÉRIOS PREDOMINANTES

Como mencionado, o banco de dados é composto por 140 (cento e quarenta) processos de recuperação judicial ajuizados em litisconsórcio ativo. Destes, em apenas 59 (cinquenta e nove) casos houve decisão de consolidação substancial. Tal situação corresponde ao percentual de 42,14% dos casos analisados.

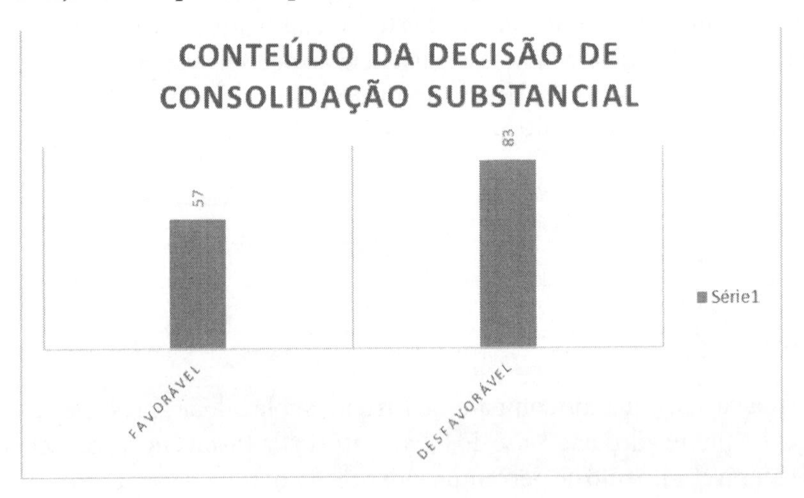

Figura 2 : Quantidade de Recuperações Judicial com decisão acerca da consolidação substancial

O número é alto quando observado que a base utilizada no presente artigo contém processos distribuídos entre os anos de 2018 e 2020. Isto porque, embora os requisitos da consolidação substancial tenham sido definidos na LRE apenas em 2020, a partir da publicação da Lei 14.112/20, a jurisprudência e a doutrina já tratavam do assunto. Assim, com fundamento no artigo 113 do Código de Processo Civil combinado com os artigos. 28 do Código de Defesa do Consumidor e artigo 50 do Código Civil, o instituto da consolidação substancial era aplicado em casos excepcionais.

Cerezetti e Souza Júnior[9] sustentam que uma das formas possíveis para que se proceda à consolidação substancial é mediante a aprovação, pelos credores, da

8. CEREZETTI, Sheila Christina Neder; SOUZA JÚNIOR, Francisco Satiro de. A silenciosa "consolidação" da consolidação substancial. Revista do Advogado, São Paulo, v. 36, n. 131, p. 219, 2016.
9. CEREZETTI, Sheila Christina Neder; SOUZA JÚNIOR, Francisco Satiro de. Op. cit., 2016.

unificação dos ativos e passivos do grupo econômico como forma de soerguimento de um plano de recuperação judicial. Ora, a Recuperação Judicial *"visa atender, dentre outras finalidades, aos interesses dos credores (artigo 47 da Lei 11.101/2005), que diretamente se traduz na viabilização, com maior ou menor grau de sacrifício da percepção de seus respectivos créditos"*[10]. Assim, como os credores mensuraram os riscos na contratação cabe a eles deliberar sobre a matéria.

Em outras palavras, a consolidação voluntária é aquela em que o devedor requer a consolidação substancial e os credores decidem por aceitar ou não a proposta de plano unitário pelo grupo. De fato, esta deveria ser a regra na matéria. A realidade, todavia, não é tão simples como se apresenta, pois, existem situações em que a Lei impõe a consolidação substancial.

O art. 69-J da LRE[11] determina que caso haja interconexão e confusão entre ativos ou passivos dos devedores de modo que não seja possível identificar a sua titularidade sem excessivo dispêndio de tempo ou de recursos, cumulativamente com a ocorrência de duas hipóteses das quatro elencadas nos incisos[12], deve o magistrado, de ofício ou a requerimento das partes, determinar a consolidação substancial do grupo[13]. Nesses casos, não há discricionariedade sobre a implementação da medida. É o verdadeiro litisconsórcio necessário.

Ocorre que, ao se consolidar substancialmente, não se está apenas permitindo economia processual, amplia-se todo o centro de imputação de responsabilidade. O devedor deixa de ser a pessoa jurídica individual e passa a ser o colegiado de sociedades integrantes do grupo. Veja que a diferença da consolidação obrigatória para a voluntária está, apenas, na figura do tomador da decisão. A primeira será exercida pelos devedores na Assembleia Geral de Credores (AGC), já a segunda, terá a participação do juiz para proferir a decisão.

---

10. CAMPINHO, Sérgio. *Estudos e pareceres*. Progresso: Rio de Janeiro, 2021, p. 290.
11. Ao se analisar o artigo 69-J percebe-se que o legislador busca proteger os credores caso as relações intersociais sejam tão complexas que o processamento em separado poderia prejudicar os credores. Assim, a Lei determinar que cumulativamente à confusão patrimonial e ao desrespeito à personalidade jurídica se ocorrer, no mínimo duas das seguintes hipóteses: a) existência de garantia cruzada; b) relação de controle ou de dependência; c) identidade total ou parcial do quadro societário; e, d) atuação conjunta no mercado; o magistrado deve determinar a consolidação substancial.
12. No mesmo sentido Sacramone para quem a alteração legal com a inclusão do art. 69-J, contudo, de forma criticável, caracteriza a possibilidade de consolidação excepcional em determinadas hipóteses, mas sem atenção à exigência de que haja conhecimento pelos devedores a respeito da confusão patrimonial dos devedores e de forma a se presumir que mensuração os respectivos riscos contratuais com base nesse conhecimento. SACRAMONE, Marcelo Barbosa. *Comentários à Lei de Recuperação de Empresas e Falência*. 2. ed. São Paulo: Saraiva, 2021, p. 383.
13. Para Sacramone, a consolidação substancial se justifica diante do "'intransponível entrelaçamento negocial' entre as sociedades e do conhecimento dos credores a ponto de mensurarem o risco de forma única para todo o grupo e, não apenas por integrarem grupo societário. SACRAMONE, Marcelo Barbosa. Op. cit., 2021, p. 383.

Para além da discussão sobre a participação dos credores na deliberação, comporta aqui verificar quais os fundamentos foram utilizados quando o magistrado proferiu decisão de consolidação substancial nos processos de Recuperação Judicial que compõem a base analisada. O que se pode observar é que das 57 (cinquenta e sete) decisões que se debruçaram sobre a análise da consolidação substancial, 54 (cinquenta e quatro) foram favoráveis à consolidação substancial, 3 (três) foram desfavoráveis, 1 (uma) parcialmente favorável[14] e 1 (uma) parcialmente desfavorável[15].

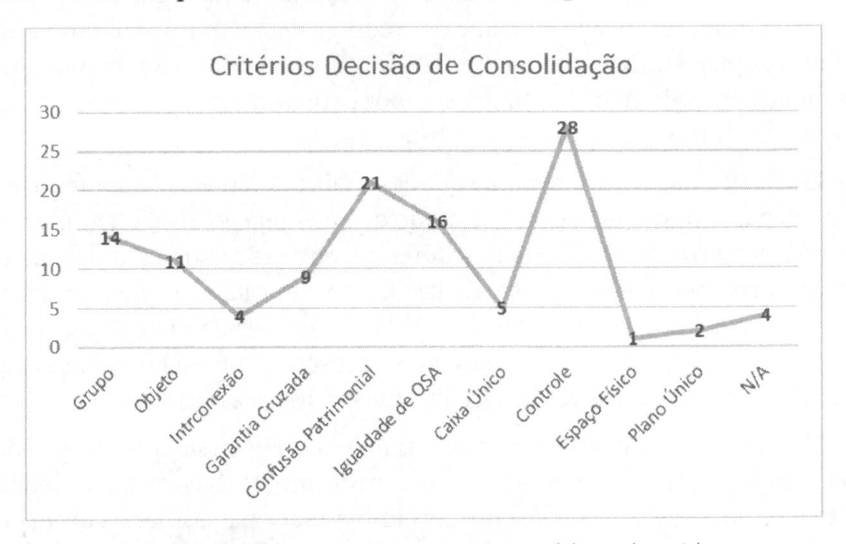

Figura 3: Frequência de motivos que autorizam a consolidação substancial

Os critérios utilizados pelos magistrados não foram unânimes, muito menos utilizou-se de um único fundamento. É possível, todavia, verificar a predominância da alegação de controle, igualdade no quadro social, confusão patrimonial e a existência de grupo. A análise dos magistrados, por ser anterior à alteração da LRE, naturalmente deixou de atender à determinação legal já que além da existência de controle e de confusão deve haver a cumulação de, pelo menos, dois dos critérios elencados nos incisos.

Embora mais da metade das decisões tenha deferido a consolidação substancial, em 3 (três) situações houve indeferimento da medida. Os julgadores cumularam os critérios hoje estabelecidos no artigo 69 – J da Lei 11.101/2005 com: a) ser

14. SÃO PAULO. TJSP. Processo 1001230-07.2019.8.26.0160. Neste caso, a decisão de consolidação foi aprovada apenas para 2 empresas do grupo, quanto às demais a competência para deliberação da matéria seria dos credores. Disponível em: esaj.tjsp.jus.br. Acesso em 17 set. 2021.
15. SÃO PAULO. TJSP. Processo 1035200-47.2020.8.26.0100. Neste caso, há decisão parcialmente desfavorável, pois o TJSP vedou a consolidação substancial entre algumas SPE's que estavam no polo passivo dada a ausência de preenchimento dos requisitos necessários para consolidação substancial, ou seja, entendeu-se que haveria autonomia empresária, sem confusão patrimonial ou reconhecimento de sociedade única pelos credores. Disponível em: esaj.tjsp.jus.br. Acesso em 17 set. 2021.

função da AGC e/ou b) causar prejuízo aos credores por atingir o direito de voto como principal argumento para o indeferimento da consolidação substancial.

Dada a relevância da medida e a extraordinariedade da decisão, abaixo analisamos 2 (dois) processos para averiguar os motivos que levaram os julgadores a indeferir a pedido de consolidação substancial. Por isso, passa-se a discorrer sobre as especificidades de cada caso.

4.1 Processo 1103257-54.2019.8.26.0100

No caso da recuperação judicial do Grupo Renova, em trâmite perante a 2ª Vara de Falências e Recuperações Judiciais de São Paulo/SP, o plano de recuperação judicial apresentou como proposta a consolidação substancial das sociedades integrantes do grupo. Esta medida foi impugnada pelo credor bancário, BNDES. Como fundamento de sua pretensão, o BNDES alegou:

> (i) diversas sociedades Recuperandas, em sua maioria Sociedades de Propósito Específicos - SPEs, são patrimônios afetados para diferentes projetos, sem nenhuma relação entre si; (ii) no caso de Alto Sertão III não se poderia falar de confusão financeira, visto que o projeto conta com contabilidade segregada e contrato de financiamento próprio, estando a realização de eventuais mútuos intercompany condicionada à prévia autorização do BNDES; (iii) no caso de Alto Sertão III cada SPE possui seus próprios aerogeradores, contratos de arrendamento dos terrenos, autorizações da ANEEL, conexões com o sistema de distribuição de energia, contratos de operação e manutenção de equipamentos, o que demonstraria uma necessária independência operacional; (iv) inexiste caixa único, visto que todos os recursos provenientes do financiamento do projeto Alto Sertão III, notadamente os provenientes do financiamento do BNDES, foram totalmente aplicados no referido projeto, por expressa determinação contratual; (v) a consolidação dos créditos de todos os projetos do grupo prejudicaria sobremaneira os credores/financiadores de tais projetos (principalmente os de Alto Sertão III), cuja definição dos riscos inerentes ao financiamento não levou em conta as demais dívidas (BRASIL, e-saj, p. 16.787).

As recuperandas impugnaram os argumentos do BNDES e afirmaram que todas as sociedades do grupo guardavam intrínseca ligação financeira e operacional, se subdividindo apenas para otimizar as funções necessárias à concretização da sua atividade-fim. Apontou ainda que:

> b) a Administradora Judicial concluiu pela existência dos requisitos autorizadores da consolidação substancial; c) inexistência de "Patrimônio de Afetação" sobre o projeto Alto Sertão III, que trata-se de projeto em desenvolvimento, como qualquer outro; d) as próprias receitas que advirão do projeto Alto Sertão III, ao invés de servirem à retroalimentação do próprio projeto, não são segregadas de nenhuma forma das demais receitas do Grupo Renova, visto que parte da energia que será produzida pelas SPEs que compõem o Projeto Alto Sertão III é comercializada pela Renova Comercializadora, outra empresa que compõe o Grupo Renova e que não possui nenhuma vinculação específica com o Projeto Alto Sertão III; e) A existência de contabilidade própria não é um requisito considerado pela jurisprudência para verificação da consolidação substancial; f) foram direcionados recursos advindos das receitas dos demais projetos operacionais e aportes de capital

(o financiamento do BNDES foi quase todo consumido pelos juros e amortizações das dívidas) para continuidade do projeto Alto Sertão III; g) As contas de Alto Sertão III motivaram substancialmente os pedidos de empréstimos na modalidade DIP 6. (BRASIL, e-saj, p. 16.787).

O magistrado da 2ª Vara de Recuperação Judicial e Falência decidiu que caberia apenas à Assembleia Geral de Credores deliberar sobre o tema. Isto porque a consolidação substancial pode causar redução no poder de voto de algum credor em relação ao que exercia perante sua devedora originária. Assim, neste caso, seria possível a consolidação de parte das sociedades, já que havia sociedades com segregação dos riscos em relação aos demais empreendimentos do Grupo Renova[16].

4.2 Processo 1009760-83.2018.8.26.0564

No caso da recuperação judicial da empresa Masipack Indústria e Comercio de Máquinas Automáticas S/A e Outros, em trâmite perante a 2ª Vara Cível do Foro de São Bernardo do Campo, o magistrado, quando da decisão de processamento da recuperação judicial entendeu que a mera existência de grupo, de pronto, implicaria na consolidação substancial dos ativos e passivos. Irresignado, o credor, em sede de embargos de declaração, refuta a consolidação substancial. Alega que a decisão que deferiu o processamento da recuperação judicial foi obscura ao autorizar o processamento em litisconsórcio necessário e equivocada pois, diante de grupo, presumiu a responsabilidade solidária.

O credor debruçou-se sobre a diferença entre os institutos de consolidação processual e material. Alertou para a necessidade de configuração de certos requisitos para que a consolidação substancial se opere, tais como *"a necessidade de pronunciamento do administrador judicial e, também, sobre a posterior submissão da questão à deliberação em assembleia geral de credores"* (BRASIL, 2018, p. 489)[17]. Por fim, requereu a revisão da decisão.

Instado a se manifestar, o magistrado deliberou sobre os pontos trazidos nos Embargos de Declaração. Manteve a decisão proferida quando do processamento, por acreditar que a existência de grupo refletido no centro único de decisões e de operações, bem como na igualdade de objeto social das empresas do grupo. Para ele, estas situações, por si só, já implicariam *"na apresentação de um plano unitário e tratamento igualitário entre os credores componentes de cada classe, ainda que emanadas de pessoas jurídicas distintas integrantes do grupo"*.

---

16. Este foi o caso do projeto Alto Sertão III. O magistrado ponderou que a) se o financiamento que ele concedeu foi para a implantação de um único projeto, segregado dos demais; b) se o projeto tinha caixa próprio; se a garantia real recaía sobre os equipamentos e máquinas utilizados especificamente em tais projetos; c) se havia proibição de uso dos recursos para projetos distintos; é porque o BNDES confiou na autonomia e independência das sociedades do grupo. (SÃO PAULO. TJSP, e-saj, p. 16.789)
17. SÃO PAULO. TJSP. Processo 1009760-83.2018.8.26.0564. Disponível em: esaj.tjsp.jus.br. Acesso em 17 set. 2021.

Continuou decidindo que *"eventual constatação posterior de que uma ou outra empresa constante do polo ativo não integra o grupo, ou seja, não há a consolidação substantiva, é de ser apreciada oportunamente"*. Destacou que os meios de provas a serem usados para afastar a consolidação deveriam ser baseados *"em relatórios e provas suficientes da alegada autonomia patrimonial e obrigacional da respectiva pessoa jurídica"*. Assim, o magistrado tratou a consolidação substancial como se processual fosse.

5. A EVOLUÇÃO DO AJUIZAMENTO DAS RECUPERAÇÕES JUDICIAIS: DO AUMENTO/DIMINUIÇÃO DAS RECUPERAÇÕES JUDICIAIS DE GRUPOS ECONÔMICOS

Outro ponto que foi objeto da análise dos dados foi a evolução dos números de casos de recuperações judiciais ajuizadas em litisconsórcio processual ativo, desde o ano de 2011 até 2020. Pelo que se verifica do gráfico abaixo, o número de casos de litisconsórcio processual nos casos de recuperação judicial progrediu de forma crescente, até atingir o pico de 61% em 2018.

Após 2018 o número se estabilizou, sendo que os casos de litisconsórcio ativo passaram a representar em torno de 40% das recuperações judiciais ajuizadas, com alguma variação (41% em 2019 e 47% em 2020).

Isso representa um aumento percentual no ajuizamento de recuperações judiciais de grupos econômicos, que saiu de uma média de 20% com uma variação de 10 pontos percentuais, tanto para mais como para menos, durante o período de 2011 a 2017, até o *boom* de 2018, e estabilização a partir de 2019 – conforme se identifica no gráfico abaixo.

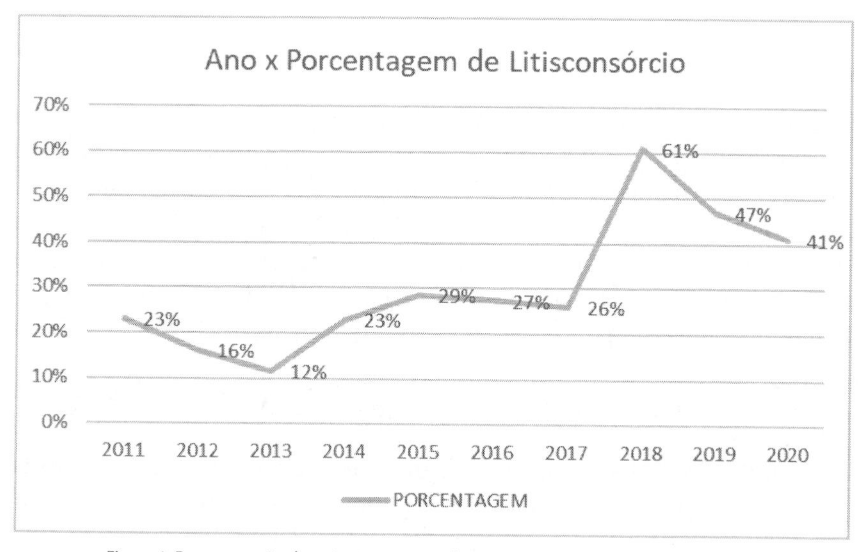

Figura 4: Representação da variação percentual no ajuizamento de recuperação judicial em litisconsórcio ativo por ano, de 2011 a 2020

O gráfico abaixo demonstra a evolução em números absolutos, tanto nos casos de recuperação judicial como um todo, como nos casos de recuperação judicial em litisconsórcio ativo, a cada ano, partindo de 2011 e terminando em 2020, demonstrando que, muito embora 2018 seja o ano em que, percentualmente, foram identificados mais casos de litisconsórcio ativo, o ano não supera todos os demais em números absolutos.

Figura 5: Representação da variação em números absolutos de casos de recuperação judicial ajuizados e casos de litisconsórcio ativo, por ano

O que se detectou na análise dos dados foi que o ápice dos casos de litisconsórcio ativo (2018, com 61% dos casos sendo em litisconsórcio ativo) não coincide com o aumento de casos de ajuizamento de recuperações judiciais em números absolutos.

Analisando o gráfico acima é notório que os números de recuperações judiciais ajuizadas entre 2011 e 2016 são maiores que em 2018 (ano do aumento de casos ajuizados em litisconsórcio ativo), enquanto que, no que tange ao número de litisconsórcios ativos, o ano de 2016 ainda tem um número absoluto maior que 2018 (67 casos e 61 casos, respectivamente), mas que, proporcionalmente, 2018 representa valores maiores para recuperações judiciais de grupos econômicos (independente dos números absolutos).

6. DAS VARAS DE TRAMITAÇÃO DAS RECUPERAÇÕES JUDICIAIS

Dos 140 casos analisados, um dado que foi observado é o local de tramitação dos processos de recuperação judicial ajuizados em litisconsórcio ativo, visando identificar se seriam as varas especializadas ou as varas comuns que teriam a maior concentração de processos com esta característica.

O que se verificou foi que, dos 140 processos analisados, 103 estão em tramitação em varas comuns, o que representa um percentual de 74% e, portanto, a maioria. Em contrapartida, os processos que tramitam nas varas especializadas (que incluem as Varas de Recuperação Judicial e Falência de São Paulo/SP e as Varas Regionais Empresariais e de Conflitos Relacionados à Arbitragem da 1ª Região Administrativa Judiciária – Grande São Paulo ("RAJ")) representam apenas 26% dos processos analisados.

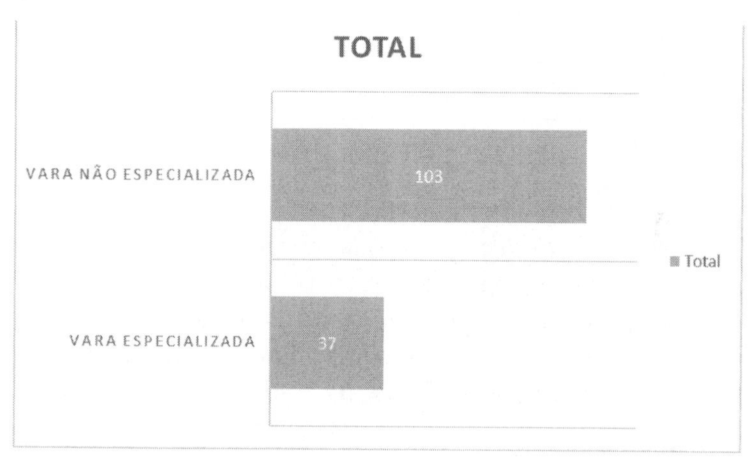

Figura 6: Número de processos de recuperação judicial que tramitam perante varas especializadas e varas comuns

Destaca-se também que, em 62,13% dos 103 casos de recuperação judicial em trâmite perante as varas comuns, não foi proferida decisão sobre a consolidação substancial, ocorrendo a chamada consolidação substancial silenciosa – significando 64 processos. Em paralelo, em 37,86% dos casos – significando 39 processos –, houve decisão expressa, conforme se verifica do gráfico apresentado abaixo.

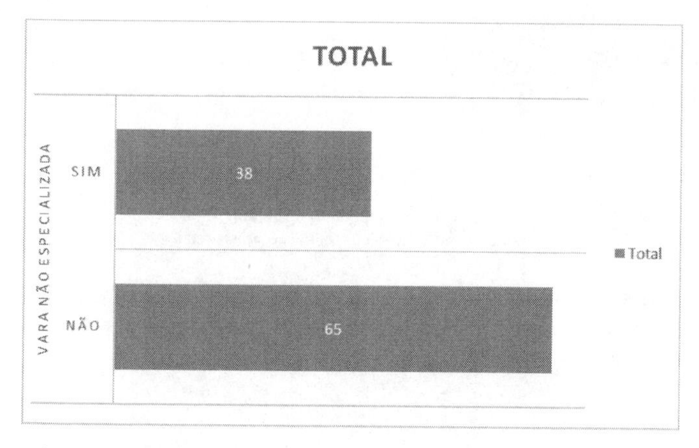

Figura 7: Número de processos de recuperação judicial que tramitam perante varas não especializadas, nas quais houve decisão expressa sobre a consolidação substancial.

A diferença entre os números encontrados ainda é mínima, em especial quando analisado ano a ano como a consolidação substancial foi aplicada –com ou sem decisão:

Vara	Ano	Decisão (sim/não)	Nº	%
Comum	2018	Não	31	70,45%
Comum	2018	Sim	13	29,54%
Comum	2019	Não	22	53,65%
Comum	2019	Sim	19	46,34%
Comum	2020	Não	11	61,12%
Comum	2020	Sim	7	38,89%

Em paralelo, o número de casos que tramitam nas varas especializadas, nos quais houve decisão expressa sobre a consolidação substancial representam 54,05% (20 casos do total de 37) dos casos em litisconsórcio ativo em tramitação nessas varas - praticamente empatando com o número de casos nos quais não houve decisão, correspondente a 45,94% (17 casos).

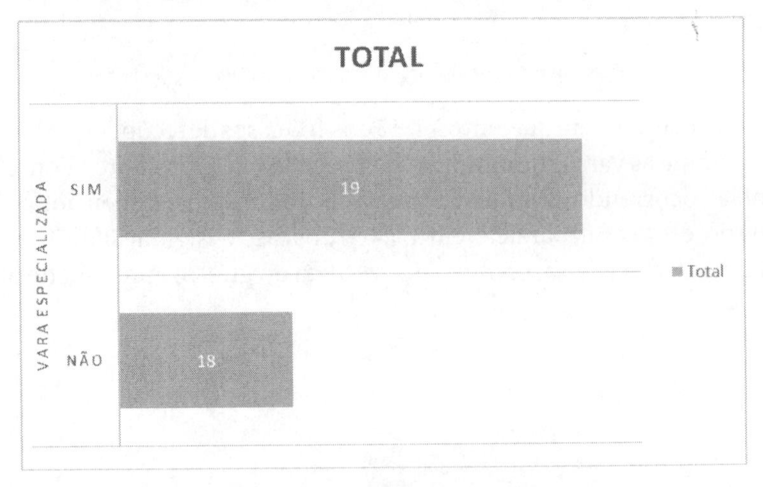

Figura 8: Número de processos de recuperação judicial que tramitam perante varas especializadas, nas quais houve decisão expressa sobre a consolidação substancial.

Ao se analisar a evolução ano a ano, percebe-se a tendência da vara especializada de possuir mais decisões sobre a consolidação substancial:

Vara	Ano	Decisão (sim/não)	Nº	%
Especializada	2018	Não	4	40%
Especializada	2018	Sim	6	60%
Especializada	2019	Não	2	50%
Especializada	2019	Sim	2	50%
Especializada	2020	Não	10	43,47%
Especializada	2020	Sim	13	56,52%

Verifica-se, da análise dos dados que, muito embora a tendência antes de 2018 fosse a de se aplicar a consolidação silenciosa, conforme se verificou do primeiro relatório da ABJ sobre o Observatório de Insolvência[18] e no artigo dos Professores Sheila Cerezetti e Francisco Satiro Junior[19], as varas comuns passaram a se espelhar nas varas especializadas, proferindo um maior número de decisões expressas sobre consolidação substancial.

Ano	Tipo de Vara	Tipo de consolidação	N	%
2011 a 2017	Comum	Consolidação substancial com decisão	16	12,40%
2018 a 2020	Comum	Consolidação substancial com decisão	39	37,86%
2011 a 2017	Comum	Consolidação substancial sem decisão	113	87,6%
2018 a 2020	Comum	Consolidação substancial sem decisão	64	62,13%
2011 a 2017	Especializada	Consolidação substancial com decisão	4	8,00%
2018 a 2020	Especializada	Consolidação substancial com decisão	20	54,05 %
2011 a 2017	Especializada	Consolidação substancial sem decisão	46	92,00%
2018 a 2020	Especializada	Consolidação substancial sem decisão	17	45,94%

Ao comparar-se os processos ajuizados nos períodos de 2011 a 2017 e 2018 a 2020, percebe- se que o número de processos em que se verificou a consolidação substancial sem decisão sobre o tema diminuiu consideravelmente (nas varas comuns a queda foi de 87,6% para 62,13%; enquanto na vara especializada a queda foi de 92% para 45,94%).

7. CONCLUSÃO

Com base nos dados levantados e acima demonstrados, verifica-se que muito antes das alterações legislativas trazidas pela Lei 14.112/20 entrarem em

18. https://abj.org.br/pdf/ABJ_resultados_observatorio_1a_fase.pdf
19. CEREZETTI, Sheila Christina Neder; SOUZA JÚNIOR, Francisco Satiro de. A silenciosa "consolidação" da consolidação substancial. *Revista do Advogado*, São Paulo, v. 36, n. 131.

vigor, o Judiciário já aplicava diversos dos critérios, hoje inseridos no artigo 69-J, da LRE, para ponderar e decidir sobre a consolidação substancial em casos de litisconsórcio processual ativo.

Diante disso, e com a inclusão da Seção IV-B, no Capítulo III da LRE, entendemos que o número de recuperações judiciais nas quais a denominada consolidação substancial silenciosa ocorre tende a diminuir drasticamente, ou mesmo deixar de acontecer, uma vez que passou a ser preceito legal a necessidade de decisão expressa sobre a consolidação substancial, seja ela excepcionalmente proferida pelo magistrado, ou pelos credores do devedor, em sede de assembleia geral de credores.

Tal previsão legal, segundo a análise dos dados, também tende a aumentar o número de decisões tomadas pelos credores em assembleia geral que, conforme demonstrado acima, ainda ocorre de forma escassa, em especial se comparado com as consolidações substanciais decididas pelo juízo, ou processadas sem manifestação expressa, de forma silenciosa.

8. REFERÊNCIAS BIBLIOGRÁFICAS

ASSOCIAÇÃO BRASILEIRA DE JURIMETRIA (ABJ). *Observatório da Insolvência*: Primeira Fase. NUNES, Marcelo Guedes (ABJ); WAISBERG, Ivo (PUC-SP); SACRAMONE, Marcelo (PUC-SP) e CORRÊA, Fernando (ABJ) (Coords.). Disponível em: https://abj.org.br/cases/insolvencia/. Acesso em: 18 fev. 2022.

ASSOCIAÇÃO BRASILEIRA DE JURIMETRIA (ABJ). *Observatório da Insolvência*: Segunda Fase. NUNES, Marcelo Guedes (ABJ); WAISBERG, Ivo (PUC-SP); SACRAMONE, Marcelo (PUC-SP) e CORRÊA, Fernando (ABJ) e TRECENTI, Julio (ABJ) (Coords.). Disponível em: https://abj.org.br/cases/2a-fase-observatorio-da-insolvencia/. Acesso em: 18 fev. 2022.

BEZERRA FILHO, Manoel Justino. *Lei de Recuperação de Empresas e Falência*. São Paulo. 15. ed. Revista dos Tribunais, 2021.

CEREZETTI, Sheila C. Neder. Grupos de Sociedades e Recuperação Judicial: o indispensável encontro entre direitos societário, processual e concursal. In: YARSHELL, Flávio Luiz; PEREIRA, Guilherme Setoguti J. (Coord.). *Processo Societário*. São Paulo: Editora Quartier Latin, 2015. v. 2, p. 764.

CEREZETTI, Sheila Christina Neder; SOUZA JÚNIOR, Francisco Satiro de. A silenciosa "consolidação" da consolidação substancial. *Revista do Advogado*, São Paulo, v. 36, n. 131, p. 216-223.

COSTA, Daniel Carnio; MELO, Alexandre Correa Nasser de. *Comentários à Lei de Recuperação de Empresas e Falência*. Curitiba. Juruá Editora, 2021.

MAMEDE, Gladston. *Direito empresarial brasileiro*: falência e recuperação de empresas. 11. ed., rev., atual., ampl. Rio de Janeiro: Atlas, 2020.

MARINONI, Luiz Guilherme. ARENHART, Sérgio Cruz. *Curso de Processo Civil*: Processo de Conhecimento. 7. ed. São Paulo: Revista dos Tribunais, 2008, p. 166.

NEGRÃO, Ricardo. *Falência e recuperação de empresas*: aspectos objetivos da lei 11.101/2005. 6. ed. São Paulo: Saraiva Educação, 2019.

SACRAMONE, Marcelo Barbosa. *Comentários à Lei de Recuperação de Empresas e Falência.* 2. ed. São Paulo: Saraiva, 2021, pp. 466 e 467.

VASCONCELOS, Ronaldo et al. (Coord.). Reforma da lei de Recuperação e Falência – Lei 14.112/2020. VASCONCELOS, Ronaldo; PIVA, Fernanda Neves; BRAGANÇA, Gabriel José de Orleans de; HANESAKA, Thais D'Angelo da Silva e SANT'ANA, Thomaz Luiz (Coord.). Sao Paulo: Editora IASP, 2021.

JURISPRUDÊNCIA:

SÃO PAULO. TJSP. Agravo de Instrumento 2094959-07.2015.8.26.0000, Relator Carlos Alberto Garbi; Órgão Julgador: 2ª Câmara Reservada de Direito Empresarial; Foro Central Cível - 1ª Vara de Falências e Recuperações Judiciais; Data do Julgamento: 05 out. 2015; Data de Registro: 20 out. 2015. Acesso em 17 set. 2021. Disponível em: https://esaj.tjsp.jus.br/cposg/search.do?conversationId=&paginaConsulta=0&cbPesquisa=NUMPROC&numeroDigitoAnoUnificado=2094959-07.2015&foroNumeroUnificado=0000&dePesquisaNuUnificado=2094959-07.2015.8.26.0000&dePesquisaNuUnificado=UNIFICADO&dePesquisa=&tipoNuProcesso=UNIFICADO.

SÃO PAULO. TJSP. Processo 1062847-56.2016.8.26.0100, 1ª Vara de Falências e Recuperações Judiciais do Foro Central da Comarca da Capital/SP. Juiz Sentenciante Daniel Carnio Costa. Julgado em: 07 nov 2016. Disponível em: <https://esaj.tjsp.jus.br/cpopg/show.do?processo.codigo=2S000LFOL0000&processo.foro=100&processo.numero=1062847-56.2016.8.26.0100&uuidCaptcha=sajcaptcha_b76f763f3898426eb96481b9521a282e>

SÃO PAULO. TJSP. Processo 1009760-83.2018.8.26.0564. 2ª Vara Cível de São Bernardo do Campo/SP. Juiz Sentenciante Mauricio Tini Garcia. Acesso em 17 set. 2021. Disponível em: https://esaj.tjsp.jus.br/cpopg/show.do?processo.codigo=FO0009ABS0000&processo.foro=564&processo.numero=1009760-83.2018.8.26.0564&uuidCaptcha=sajcaptcha_62135a72d97b400d925c7793ffdee4d3.

SÃO PAULO. TJSP. Processo 1001230-07.2019.8.26.0160. 1ª Vara Cível de Descalvado/SP. Juiz Sentenciante Énderson Danilo Santos De Vasconcelos. Acesso em 17 set. 2021. Disponível em: <https://esaj.tjsp.jus.br/cpopg/show.do?processo.codigo=4G0000KCZ0000&processo.foro=160&processo.numero=1001230-07.2019.8.26.0160&uuidCaptcha=sajcaptcha_2edf2a953ea3466ea6bcf348a8ee3851>

SÃO PAULO. TJSP. Processo 1103257-54.2019.8.26.0100. 2ª Vara de Falências e Recuperações Judiciais do Foro Central da Comarca da Capital/SP. Juiz Sentenciante Paulo Furtado de Oliveira Filho. Acesso em 17 set. 2021. Disponível em: https://esaj.tjsp.jus.br/cpopg/show.do?processo.codigo=2S0015CS90000&processo.foro=100&processo.numero=1103257-54.2019.8.26.0100&uuidCaptcha=sajcaptcha_362ea2776726405f912afd9d4cafd5aa.

SÃO PAULO. TJSP. Processo 1035200-47.2020.8.26.0100. 1ª Vara de Falências e Recuperações Judiciais do Foro Central da Comarca da Capital/SP. Juiz Sentenciante Joao De Oliveira Rodrigues Filho. Acesso em 17 set. 2021. Disponível em: https://esaj.tjsp.jus.br/cpopg/show.do?processo.codigo=2S0018XBC0000&processo.foro=100&processo.numero=1035200-47.2020.8.26.0100&uuidCaptcha=sajcaptcha_1d5308f3f63641d2878ce4c9f87ee32d.

LEGISLAÇÃO:

BRASIL. *Lei 11.101, de 9 de fevereiro de 2005*. Regula a recuperação judicial, a extrajudicial e a falência do empresário e da sociedade empresária. Disponível em: http://www.planalto.gov.br/ccivil_03/_ato2004-2006/2005/lei/l11101.htm. Acesso em: 21 out. 2021.

A MEDIAÇÃO INCIDENTAL NA RECUPERAÇÃO JUDICIAL: UMA ANÁLISE SOBRE OS CUSTOS ENVOLVIDOS E OS MOMENTOS MAIS ADEQUADOS

Edgard Paiva de Carvalho Junior

Advogado. Graduado em Direito pela Universidade Federal de Ouro Preto. Pós-graduação em Direito Processual pela PUC Minas. MBA em Gestão Empresarial pela FGV/SP. Mestrando em Direito Comercial pela PUC-SP.

1. INTRODUÇÃO

Tratar sobre negociação em situações de insolvência, seja de forma extrajudicial ou judicial, antecedente ou incidental, deveria ser inerente ao processo, vez ser esse o cerne dos institutos da recuperação judicial e da falência.

O conflito existente entre devedores e credores, especificamente sob a ótica do Princípio da Preservação da Empresa e de sua função social, é o eixo central da recuperação judicial que visa buscar meios de superação da crise econômico-financeira a fim de se garantir a manutenção da fonte de produção de riquezas, emprego e tributos provenientes da atividade empresarial.

Dessa forma, os métodos alternativos de resolução de conflitos, também denominados de *Alternative Dispute Resolution* (ADR), tais como a arbitragem, mediação e conciliação deveriam, de imediato, ser reconhecidos como ferramentas – embora não as únicas, tampouco as mais adequadas em todos os casos - de viabilização de negociações dos planos de recuperação para empresas que efetivamente tenham condições de se manterem economicamente viáveis.

No entanto, não obstante o Brasil já ter caminhado diversos passos no sentido da positivação da cultura da pacificação em detrimento da cultura da sentença, como bem nomeia Kazuo Watanabe[1], o assunto no âmbito da insolvência merece aprofundamento.

1. WATANABE, Kazuo. Cultura da Sentença e da Pacificação. In: *Estudos em homenagem à professora Ada Pellegrini Grinover*. São Paulo: DPJ, 2005.

Não isenta de críticas, Fabio Ulhoa Coelho enxerga que a mediação foi a grande aposta da Lei 14.112/20, com a intenção de se reduzir a quantidade de processos de recuperação judicial, bem como mitigar os conflitos paralelos à discussão do plano, aumentando a aderência dos credores ao plano do devedor[2].

Fato é que as alterações legislativas trazidas na reforma da Lei de Falências e Recuperação Judicial (Lei 11.101/05) não enfrentaram questões fundamentais que poderiam, talvez, melhor delinear o papel da mediação e conciliação na recuperação judicial, tampouco os momentos mais relevantes de sua aplicabilidade.

O processo legislativo brasileiro, por vezes amparado em exemplos estrangeiros, acaba por disciplinar institutos sem o devido apego material e processual.

Apenas a título de exemplo, o novo Art. 20-B[3], traz diversas hipóteses de aplicação da mediação e da conciliação na recuperação judicial, deixando de fora a que parece ser a finalidade do processo em si: a negociação para viabilização da aprovação do plano de recuperação judicial por credores e devedora.

A lei prevê algumas situações de negociações bilaterais em um processo que, essencialmente, é multipartes. Ao se privilegiar as negociações bilaterais – que já estão mais bem delineadas em lei específica (Lei 13.140/15), o legislador, mais uma vez, utiliza de uma nova lei para reforçar o que já existe no ordenamento, mas que por outras razões culturais mais complexas e não enfrentadas, ainda são pouco eficazes.

Ao que parece, a inserção da mediação e conciliação, antecedente ou incidental, além de dizer o óbvio, pois os referidos métodos alternativos já vinham sendo utilizados, especialmente em grandes processos de recuperação judicial, deixou lacunas relevantes que precisarão ser aprofundadas.

Antes de adentrar no tema e buscar nos parcos dados que nortearão a defesa de oportunidades de utilização da mediação e conciliação nos processos de recu-

2. COELHO, Fabio Ulhoa. *Comentários à Lei de Falências de Recuperação de Empresas*. 14 ed. São Paulo: Thomson Reuters Brasil, 2021, p. 95.
3. 'Art. 20-B. Serão admitidas conciliações e mediações antecedentes ou incidentais aos processos de recuperação judicial, notadamente:

   I – nas fases pré-processual e processual de disputas entre os sócios e acionistas de sociedade em dificuldade ou em recuperação judicial, bem como nos litígios que envolverem credores não sujeitos à recuperação judicial, nos termos dos §§ 3º e 4º do art. 49 desta Lei, ou credores extraconcursais;

   II – em conflitos que envolverem concessionárias ou permissionárias de serviços públicos em recuperação judicial e órgãos reguladores ou entes públicos municipais, distritais, estaduais ou federais;

   III – na hipótese de haver créditos extraconcursais contra empresas em recuperação judicial durante período de vigência de estado de calamidade pública, a fim de permitir a continuidade da prestação de serviços essenciais;

   IV – na hipótese de negociação de dívidas e respectivas formas de pagamento entre a empresa em dificuldade e seus credores, em caráter antecedente ao ajuizamento de pedido de recuperação judicial.

peração judicial, é preciso compreender a necessidade de validação dos métodos autocompositivos para além da positivação existente.

2. O INÍCIO DO CONFLITO ANTES DA ATUAÇÃO JURISDICIONAL

Não obstante se tratar aqui de relações empresariais e que se pressupõe um nível mais elevado de profissionalismo, há que se destacar que, por detrás das pessoas jurídicas em litígio, estão pessoas naturais dotadas de suas convicções subjetivas a respeito da situação sob análise.

A existência de um conflito tem como premissa a percepção de lesão e a definição clara do suposto ofensor. Felstiner, Abel e Sarat delimitam as etapas de uma disputa como sendo *naming*, *blaming* e *claiming*, traduzidas por nomear, responsabilizar e reivindicar[4].

No processo de recuperação judicial, os credores já se encontram numa situação de insatisfação com a devedora pela inadimplência, responsabilizando-a pelo estado de pré-insolvência que culminou na suspensão de eventuais ações judiciais legítimas que visavam a consecução de seus créditos.

Embora inevitável, o conflito é dinâmico, podendo, na medida da forma com que é tratado, ser transformado no decorrer do caminho, ampliando as zonas de divergência ou reduzindo o distanciamento dos interesses.

Nessa linha, os métodos alternativos de conflito poderiam ser efetivos, especialmente para evitar a judicialização. Mariana Hernández Crespo afirma que, nos Estados Unidos, as *ADR* representam uma alternativa à solução judicial, não obstante dentro de um sistema legal[5].

No Brasil, a tentativa de se criar uma ferramenta antecedente à recuperação judicial, não obstante não seja o tema específico em discussão, parece ter sido elaborada de forma inapropriada e inócua.

Se o desenvolvimento de uma ferramenta eficaz que pudesse evitar o litígio judicial fosse corretamente pensada, o verdadeiro objetivo da Lei de Falências e Recuperação Judicial estaria atingido sem que o Judiciário tivesse que intervir na equalização da alocação de poderes entre devedora e credores para solucionarem seus entraves.

4. FELSTINER, William L. F.; ABEL, Richard L.; SARAT, Austin. The Emergence and Transformation of Disputes: Naming, Blaming, Claiming... Law & Society Review, vol. 15, 3/4, Special Issue on Dispute Processing and Civil Litigation (1980-1981), p. 631. In: TAKAHASHI, Bruno. *Jurisdição e Litigiosidade: partes e instituições em conflito*. Orientador Carlos Alberto de Salles. São Paulo, 2019.
5. CRESPO, Mariana Hernández. A systemic perspective on ADR in Latin America: enhancing the shadow of the Law through citizen participation. *Cardozo Journal of Conflict Resolution*, v. 10, 2008.

Do contrário, ao que parece, além de não corroborar para o fim de se criar um ambiente de negociação prévio à judicialização, o inciso IV[6] e o parágrafo 1º[7] do Art. 20-B, se utilizado, têm potencial de gerar mais sobrecarga ao Judiciário.

Sob o manto de ser uma solução prévia ao processo de recuperação judicial, o legislador encontrou no ajuizamento de uma tutela de urgência, portanto uma demanda judicial, o meio adequado para a concessão de um prazo de 60 (sessenta) dias de suspensão das execuções dos credores, a fim de se viabilizar um ambiente de negociação.

A análise judicial para deferimento, assim como eventual recurso, seja pela devedora em caso de indeferimento, seja pelos credores no deferimento, por si só, contrariam a finalidade do instituto.

Ademais, o instituto não traz qualquer mecanismo de imposição da decisão da maioria à minoria. A apreciação precária da situação econômico-financeira da devedora em sede liminar tende a favorecer a utilização do instituto tão somente com a finalidade de se garantir a suspensão por 60 (sessenta) dias das execuções ou, até mesmo, para se garantir um fôlego para preparação de documentos para um futuro ajuizamento da recuperação judicial.

A redução das zonas de divergências não parece encontrar na mediação e conciliação antecedente um bom espaço para se desenvolver, vez que, em sendo um processo judicial, a confidencialidade restará prejudicada e a situação da devedora exposta, contribuindo para o maior tensionamento nas negociações.

Por ser recente, ainda não existem números que demonstrem o quanto a previsão de mediação e conciliação antecedentes tendem a não apresentar qualquer relevância.

Assim, além do ambiente extrajudicial, resta à mediação e conciliação denominada incidental, ou seja, no curso do processo de recuperação judicial, alguns papeis relevantes.

Conforme conclui Bruno Takahashi, o tratamento do conflito envolve três movimentos relevantes: *dar um passo atrás, indo do litígio judicial para o conflito; olhar para os lados, vendo as diversas instituições (processos decisórios) disponíveis*

---

6. V – na hipótese de negociação de dívidas e respectivas formas de pagamento entre a empresa em dificuldade e seus credores, em caráter antecedente ao ajuizamento de pedido de recuperação judicial.
7. § 1º Na hipótese prevista no inciso IV do caput deste artigo, será facultado às empresas em dificuldade que preencham os requisitos legais para requerer recuperação judicial obter tutela de urgência cautelar, nos termos do art. 305 e seguintes da Lei 13.105, de 16 de março de 2015 (Código de Processo Civil), a fim de que sejam suspensas as execuções contra elas propostas pelo prazo de até 60 (sessenta) dias, para tentativa de composição com seus credores, em procedimento de mediação ou conciliação já instaurado perante o Centro Judiciário de Solução de Conflitos e Cidadania (Cejusc) do tribunal competente ou da câmara especializada, observados, no que couber, os arts. 16 e 17 da Lei 13.140, de 26 de junho de 2015.

além do Judiciário; e observar quem está presente, notando a dinâmica das partes em ação[8].

É preciso avaliar a natureza dos conflitos, a busca por um ambiente adequado e extra processo que garanta os requisitos fundamentais da mediação e conciliação, tais como a voluntariedade, confidencialidade e confiança[9]. Além disso, é preciso escolher o momento adequado no processo de recuperação judicial para que as partes consigam atingir a finalidade que se espera.

3. A MEDIAÇÃO E CONCILIAÇÃO NO PROCESSO DE RECUPERAÇÃO JUDICIAL E O IMPACTO NOS CUSTOS DE TRANSAÇÃO

3.1 A positivação há muito consolidada

A legislação brasileira, ainda que diante da característica adversarial de seus institutos e da academia que, inevitavelmente, alimenta a cultura contenciosa no país, tem evoluído com a regulamentação de novos modelos de justiça. O estudo do "tribunal multiportas", originado pelo professor Frank Sander, da Escola de Direito de Harvard, na *Pound Conference*, em abril de 1976, pode ser considerado um divisor de águas.

No Brasil, já em 1.996, a Lei 9.307/96 foi promulgada para tratar sobre as arbitragens. No âmbito da recuperação judicial e falências, somente em 2019, por meio da recomendação 58 do CNJ[10], buscou-se incentivar os Magistrados para que promovam, sempre que possível, nos termos da Lei 13.105/2015 e da Lei 13.140/2015, o uso da mediação, de forma a auxiliar a resolução de todo e qualquer conflito entre o empresário/sociedade, em recuperação ou falidos, e seus credores, fornecedores, sócios, acionistas e terceiros interessados no processo.

Antes disso, o Código de Processo Civil (Lei 13.105/15) estabeleceu nos § 2º e §3º do artigo 165 a definição da conciliação e da mediação no Brasil. De igual forma, a Lei 13.140/15, dispunha sobre a mediação entre particulares como meio de solução de controvérsias e sobre a autocomposição de conflitos no âmbito da administração pública.

3.2 A análise econômica

A análise econômica do Direito traz importantes ensinamentos sobre a intersecção do Direito e da economia, especialmente trazendo à baila, com Ro-

8. TAKAHASHI, Op. cit., p. 255.
9. COELHO, Op. cit., p. 97.
10. https://atos.cnj.jus.br/atos/detalhar/3070. Acesso em: 18 set. 2021.

nald Coase, o conceito de que as "*sociedades empresárias devem ser tidas como entidades que pertencem ao sistema econômico em si, ao passo que sua existência só se justificaria devido à presença "dos custos de transação*"[11].

Nessa relação, interessante observar que a economia pode ser um importante elemento para se compreender o comportamento humano na medida em que constrói seus processos de tomada de decisão[12].

Gregory Mankiw afirma que a ciência econômica pode ser traduzida por dez princípios de macro e microeconomia, vez que, em regra, os recursos não estão todos disponíveis e que a cada escolha tem um custo. Para o presente estudo, interessa observar o quarto princípio que afirma que as pessoas reagem a incentivos[13].

Nessa linha, o ambiente estaria criado para que credores e devedora fossem incentivados, baseados na legislação já existente, a se utilizarem de métodos alternativos que trarão ganhos mútuos, celeridade e eficiência[14].

3.3 O impacto da mediação nos custos de transação

Uma das maiores críticas da aplicação da mediação e conciliação no processo de recuperação judicial envolve os custos do procedimento a serem suportados pela devedora numa fase de crise. Fábio Ulhoa Coelho afirma categoricamente que a mediação representaria um acréscimo de custos, o que reduziria a capacidade da devedora em fazer uma proposta satisfatória para reestruturação do passivo[15].

Vicenzo Florenzano leciona sobre *o conceito econômico de eficiência na alocação de recursos escassos, tendo em vista a maximização da riqueza*[16]. No caso da recuperação judicial, parece não haver dúvida de que os recursos da devedora são restritos e demandam uma alocação racional.

É certo que quanto maior o processo de recuperação judicial, mais complexo e mais elevado o custo de transação[17] envolvido. A quantidade de credores afeta

---

11. BONILHA, Alessandra Fachada. A mediação como ferramenta de gestão e otimização de resultado na recuperação judicial. *Revista de Arbitragem e Mediação*, v. 57, ano 15, p. 385-410. São Paulo: Ed. RT, abr-jun. 2018.
12. BONILHA, Op. cit., p. 400.
13. MANKIW, N. Gregory. *Introdução à economia*: princípios de micro e macroeconomia. Rio de Janeiro: Elsevier, 2001. p. 5.
14. BONILHA, Op. cit., p. 400.
15. COELHO, Op. cit., p. 95.
16. FLORENZANO, Vicenzo D. Teoria Pura do Direito versus Análise Econômica do Direito. *Revista de Direito da Faculdade Mineira de Direito*, v. 8, n 15, 1º sem. 2005. p. 257.
17. De acordo com Robert Cooter e Thomas Ulen:
"Coase usou o termo 'custos de transação' para designar os custos da comunicação, bem como vários outros custos que iremos expor mais tarde. Na verdade, ele usou o termo 'custos de transação' para abranger todos os impedimentos à negociação. Pressupondo-se esta definição, a negociação é ne-

a complexidade da negociação, bem como a litigiosidade entre as partes podem ser obstáculos capazes de elevar os custos envolvidos, pois, nesse caso, afasta-se a racionalidade que seria o norte para a busca de uma solução que atenda a maioria.

Entretanto, utilizando-se da teoria de Coase, é possível concluir que uma negociação bem-sucedida pode reduzir os custos de transação envolvidos, o que agrega ao escopo principal da recuperação judicial.

Há que se avaliar, portanto, a proporção dos custos de mediação face a sua capacidade de reduzir os custos de transação e não os aumentar, pois dessa forma dar-se-á espaço ao "Teorema de Hobbes"[18].

Nessa linha, é possível concluir que a mediação e a conciliação não são ferramentas cabíveis a todo e qualquer processo de recuperação judicial em curso. Não é pressuposto de redução de litigiosidade e instrumento para desafogar o Judiciário, mas somente faz sentido se representar a redução dos custos envolvidos.

Embora não se tenha dados a serem analisados e que consigam demonstrar os custos envolvidos nos procedimentos de mediação e conciliação, especialmente se comparados aos valores envolvidos nas recuperações judiciais, alguns parâmetros de honorários já foram estabelecidos.

Numa recente decisão, a Juíza da 2ª Vara Regional Empresarial e conflitos de Arbitragem da 1ª RAJ do Tribunal de São Paulo, Andréa Galhardo Palma, bem destacou que a fixação dos honorários ao mediador deve ter como parâmetro, principalmente o princípio da continuidade da atividade empresarial desenvolvida[19].

Ademais, o próprio TJSP já elaborou a Resolução 809/2019 que estabeleceu parâmetros de remuneração aos conciliadores e mediadores judiciais, considerando as horas envolvidas e a complexidade do processo.

O desafio está em se definir parâmetros mais objetivos que possam delinear, com base no histórico de processos, os casos futuros em que se deve – ou não – fazer

---

cessariamente bem-sucedida quando os custos de transação são iguais a zero. Podemos resumir este resultado formulando a seguinte versão do Teorema de Coase:

Quando os custos de transação são nulos, um uso eficiente dos recursos resulta da negociação privada, independentemente da atribuição jurídica de direitos de propriedade.

(...) A negociação privada vai cuidar de questões como quais coisas podem ser possuídas, o que os donos podem e não podem fazer com sua propriedade, e assim por diante. Ao especificar as circunstâncias sob as quais o direito de propriedade não é importante para o uso eficiente de recursos, o Teorema de Coase especifica implicitamente quando o direito de propriedade é importante. Para tornar este aspecto mais explícito, propomos o seguinte corolário para o Teorema de Coase:

Quando os custos de transação são suficientemente altos para impedir a negociação, o uso eficiente dos recursos dependerá da maneira como os direitos de propriedade são atribuídos. COOTER, Robert; ULEN, Thomas. *Direito & Economia*. Trad. Luis Marcos Sander, Francisco Araújo da Costa. 5. ed. Porto Alegre: Bookman, 2010. p. 102-103.

18. COOTER, Robert; ULEN, Thomas. Op. cit., p. 110.
19. Autos 1062599-51.2020.8.26.0100. Fls. 1952/1953.

uso da mediação e da arbitragem, levando em consideração os custos envolvidos e os potenciais resultados observados.

4. OS MOMENTOS MAIS ADEQUADOS DE SE UTILIZAR A MEDIAÇÃO E CONCILIAÇÃO NA RECUPERAÇÃO JUDICIAL

O Art. 20-B elenca quatro momentos principais em que são admitidas a mediação e a conciliação, quais sejam, nas disputas entre os sócios e acionistas (inciso I); litígios que envolverem credores não sujeitos à recuperação judicial (inciso I); em conflitos que envolverem concessionárias de serviços públicos (inciso II); na hipótese de haver créditos extraconcursais contra empresas em recuperação judicial durante período de vigência de estado de calamidade pública (inciso III); e na negociação de dívidas e respectivas formas de pagamento entre a empresa em dificuldade e seus credores, em caráter antecedente ao ajuizamento de pedido de recuperação judicial (inciso IV).

Ao que parece, o legislador observou o que ocorreu na recuperação judicial do Grupo OI e positivou as hipóteses como sendo os momentos mais relevantes a se incentivar a mediação e a conciliação.

Aqui cabe registrar, inclusive, a crítica quanto à classificação do que ocorreu na Recuperação Judicial do Grupo OI como sendo mediação. Como assevera Fabio Ulhoa Coelho, na verdade, embora indiscutível seus resultados positivos, *o que se chamou de mediação, foi, na verdade, um procedimento de pagamentos antecipados*[20], uma oferta pública.

No entanto, embora exitosos no caso supramencionado, não significam ser essas quatro as marcações temporais mais relevantes num plano abstrato. Todas as situações descritas na reforma de 2020 representam, na essência, relações bilaterais que não precisam de positivação para viabilizar um ambiente de negociação.

A complexidade da Recuperação Judicial reside principalmente no fato de se tratar de uma demanda coletiva e não bilateral. Dessa forma, merece crítica a perda da oportunidade do legislador ao não trazer outros momentos ainda mais relevantes aos que foram positivados pela Lei 14.112/20.

4.1 Mediação e conciliação na fase de aprovação do plano de recuperação judicial

A segunda fase do observatório da Insolvência, uma iniciativa do Núcleo de Estudos de Processos de Insolvência - NEPI da PUC/SP e da Associação Brasileira de Jurimetria – ABJ, fez um levantamento de dados relevantes sobre as empresas

20. COELHO, Op. cit., p. 95.

em recuperação judicial, sendo possível extrair alguns dados fundamentais para sustentar a pertinência de se adequar melhor os momentos de se buscar a mediação.

O estudo demonstra que, a partir do deferimento da recuperação judicial, ao invés do prazo máximo de 180 (cento e oitenta) dias, o denominado *stay period*, o tempo mediano até a deliberação definitiva sobre o plano de recuperação judicial foi de 506 (quinhentos e seis) dias[21].

Ademais, observou-se que foram as suspensões das Assembleias Gerais de Credores um dos fatos da *alta duração dos processos*. Nesse sentido, a mediação e a conciliação podem ser ferramentas eficazes que viabilizem um processo de negociação mais eficaz, podendo criar espaços para que os credores efetivamente se envolvam na discussão do plano antes de ser colocado em votação.

4.2 Mediação e conciliação na discussão sobre a consolidação substancial

Segundo Sheila C. Neder Cerezetti, *em linhas gerais, a consolidação substancial consiste na consolidação – total ou parcial – das dívidas concursais e ativos das sociedades, que passam a responder perante todo o conjunto de credores, desconsiderando-se o fato de que cada devedora teria gerado um específico passivo*[22].

Conforme estudos do Observatório da Insolvência, foi identificado um percentual de 74,6% de planos únicos votados com a consolidação substancial. Entretanto, não se pode dizer com certeza que esse número representa – necessariamente – uma observância à autonomia da vontade dos credores.

Para embasar tal afirmação, tem-se o estudo elaborado por Adriana Valéria Pugliesi e Bianca Barcena Calvo, que buscou analisar a jurisprudência do Tribunal de Justiça de São Paulo, especialmente no que tange ao caráter negocial – ou não – da consolidação substancial.

No estudo[23], foram analisados 35 (trinta e cinco) julgados, sendo 32 (trinta e dois) advindos de agravos de instrumento e 3 (três) embargos de declaração, chegando-se à conclusão de que *o assunto da consolidação substancial não está pacificada na jurisprudência do TJSP, sendo possível identificar julgados defendendo a consolidação substancial (ou não) (i) através da deliberação a ser realizada pelos credores reunidos em AGC, ou (ii) através do controle jurisdicional.*

---

21. Disponível em: https://abjur.github.io/obsFase2/relatorio/obs_recuperacoes_abj.pdf. Acesso em: 23 out. 2021.
22. CEREZETTI, Sheila C. Neder. *Grupos de sociedades e recuperação judicial*: o indispensável encontro entre direitos societário, processual e concursal. In: YARSHELL, Flávio Luiz; PEREIRA, Guilherme Setoguti J. (Coord.). Processo societário. São Paulo: Quartier Latin, 2015. v. II. p. 764.
23. PUGLIESI, Adriana Valéria. CALVO, Bianca Barcena. Consolidação substancial e o caráter negocial da recuperação judicial: análise da jurisprudência do tribunal de justiça do estado de São Paulo. *Revista de Direito Recuperacional e Empresa*, v. 11/2019, jan.-mar. 2019.

Nesse estudo, das 35 (trinta e cinco) decisões analisadas no bojo de 5 (cinto) recuperações judiciais em curso no TJSP, concluiu-se que em 40% delas a consolidação substancial não foi sequer objeto de deliberação pelos credores.

Fato é que, pela complexidade da decisão e o impacto para os credores, não podendo, ainda, a consolidação substancial simplesmente beneficiar apenas uma das partes em detrimento de todas as outras, é que essa seria um dos momentos relevantes que se deve considerar a utilização da mediação e conciliação.

4.3 O negócio jurídico processual para estender o prazo de apresentação do plano de recuperação judicial com o fim de viabilizar a mediação e conciliação

Pode-se definir o elemento fundamental do negócio jurídico processual como sendo a *exteriorização de vontade do sujeito, mediante exercício de autorregulamentação da vontade, dentro dos limites preestabelecidos pelo sistema, para escolher entre as categorias jurídicas processuais e, no que for possível, escolher o conteúdo e estruturação das relações jurídicas processuais*[24].

Ademais, é certo que a legislação processual civil é fonte subsidiária aplicável nos casos de recuperação judicial e falência, conforme prevê o art. 189[25].

Com base nisso, acredita-se que o legislador da reforma de 2020, poderia ter trazido mais segurança jurídica e garantido a possibilidade de transação entre os participantes da recuperação judicial, com posterior homologação judicial, sobre temas específicos que trariam mais eficiência ao plano.

O observatório da Insolvência mostrou uma média de 58 dias (varas comuns) e 54 dias (varas especializadas) até o deferimento da recuperação judicial. Da decisão de deferimento, há a determinação de que seja apresentado o plano de recuperação judicial, impreterivelmente, em 60 dias.

O prazo curto não abre tantas possibilidades para que se discuta, logo de início, o plano inicial a ser apresentado, levando a devedora, por vezes, apresentar algo totalmente dissociado das expectativas dos credores.

Paulo Furtado de Oliveira Filho acredita ser *possível que mediações e conciliações possam resultar em negócio jurídico processual que discipline matéria que não*

24. BONFIM, Daniela Santos. A legitimidade extraordinária de origem negocial. In: CABRAL, Antonio do Passo. NOGUEIRA, Pedro Henrique (Coords.). *Negócios processuais*. 2 ed. rev., atual. e ampl. Salvador: JusPodivm, 2016. p. 454-455).
25. Art. 189. Aplica-se, no que couber, aos procedimentos previstos nesta Lei, o disposto na Lei 13.105, de 16 de março de 2015 (Código de Processo Civil), desde que não seja incompatível com os princípios desta Lei. (Redação dada pela Lei 14.112, de 2020).

seja regida por norma de ordem pública[26], trazendo como exemplo justamente a fixação de um prazo maior para apresentação do plano, desde que seja respeitado o "stay period".

Ao viabilizar um período mais alinhado com o porte do plano a ser apresentado, mediante envolvimento dos credores para elaboração do plano por intermédio da mediação e conciliação, por certo que o tempo, a litigiosidade e as suspensões de AGC poderiam ser significativamente reduzidas.

5. CONCLUSÃO

Os métodos alternativos de conflitos já demonstram de forma irrefutável sua relevância para a consolidação de uma cultura de pacificação no país. Inquestionável, ainda, que o processo de recuperação judicial, fundamentalmente de caráter negocial, tenha total aderência à arbitragem, mediação e conciliação.

Não obstante o legislador brasileiro tenha deixado passar a oportunidade de fortalecer as ferramentas de mediação e conciliação nas recuperações judiciais e falências, trazendo dispositivos tímidos e inusuais para tratar da matéria, além de deixar de fora os momentos mais relevantes em que essas práticas seriam mais efetivas, mesmo que sem dados suficientes, a prática demonstra que há uma evolução em curso.

É possível perceber até mesmo algumas decisões[27] do Judiciário, catalisado pela pandemia da Covid-19, ao fomentar a utilização da mediação na recuperação judicial com a possibilidade da conversão do procedimento de recuperação judicial em extrajudicial, respeitados limites legais, o consenso entre as classes de credores e o *par conditio creditorum*.

São importantes indícios de que a mediação e conciliação – embora, repita-se, não seja aplicável a qualquer processo de recuperação judicial em razão dos custos envolvidos – representam um passo para garantir um melhor saneamento na assimetria das informações entre devedora e credores, elevando a chance de êxito do processo de soerguimento da atividade empresarial.

---

26. FILHO, Paulo Furtado de Oliveira. Das conciliações e das mediações antecedentes ou incidentais aos processos de Recuperação Judicial. In: OLIVEIRA FILHO, Paulo Furtado de (Coord.). *Lei de Recuperação e Falência. Pontos relevantes e controversos da reforma pela Lei 14.112/20*. São Paulo: Editora Foco: 2021.
27. 1014128-03.2020.8.26.0068 (Requerente: CASA J. NAKAO LTDA. – decisão fls. 309); 1061507-38.2020.8.26.0100 (Requerente: Giacomello Marmores e Granitos Eireli e outros – decisão fls. 766); 1002406-51.2020.8.26.0268 (TJSP – Requerente: Mservice Comércio de Estrutura Metálicas e Artefatos de Concreto Ltda e outros – decisão fls. 238); 1000385-29.2020.8.26.0260 (TJSP – Requerente: Barone Indústria e Comércio e Importação Eireli – decisão fls. 503); 10003 77-18.2021.8.26.0260 (TJSP – Requerente: Le Postiche –_ Le Sac Comercial Center Couros Ltda. – decisão fls. 845); 1000480-25.2021.8.26.0260 (TJSP – Requerente: Pombo Indústria Comércio e Exportação Ltda. – decisão fls. 39).

MEDIAÇÃO NA RECUPERAÇÃO JUDICIAL

Ana Carolina Passos Ferreira

Bacharel em Direito na Universidade Presbiteriana Mackenzie. Membro do Núcleo de Estudos de Processos de Insolvência – NEPI – São Paulo. Pesquisadora na área de insolvência empresarial. E-mail: ninapassosf@hotmail.com.

Mateus DambiskiCecy

Acadêmico de Direito na Universidade Federal do Paraná (UFPR). Membro do Núcleo de Estudos de Processos de Insolvência – NEPI – São Paulo. Pesquisador na área de insolvência empresarial. E-mail: mateuscecy00@gmail.com.

Rodrigo D'Orio Dantas

Advogado, mediador, árbitro e administrador judicial. Especialista, mestre e doutor em Direito pela PUC-SP. Psicanalista com mestrado na UK John Kennedy, e pós-doutorando no Instituto de Psicologia da USP. Membro do Núcleo de Estudos de Processos de Insolvência – NEPI – São Paulo. Pesquisador na área de insolvência empresarial. E-mail: rdorio@gmail.com.

Tatiana Marques Adoglio

Advogada. Mestranda em Direito Comercial na PUC São Paulo – Membro do Núcleo de Estudos de Processos de Insolvência – NEPI – São Paulo. Pesquisadora na área de direito comercial e insolvência empresarial. E-mail: tatiana@gla.adv.br

1. INTRODUÇÃO

A crise da empresa sempre foi uma constante no Brasil. Mesmo fora do contexto da pandemia que se alastrou no mundo em março de 2020, segundo indicadores do Serasa Experian, o Brasil já apresentava um número histórico de 6,2 milhões de empresas inadimplentes no mês de janeiro do mesmo ano[1], demonstrando que o contexto de crise sanitária só veio a agravar uma crise econômica pré-existente no país. A mesma base de dados registrou um aumento

1. SERASA EXPERIEN. Indicadores Econômicos. Disponível em https://www.serasaexperian.com.br/conteudos/indicadores-economicos/e https://www.serasaexperian.com.br/images-cms/wp-content/uploads/2021/01/INAD_PJ_NOVO-6.xls. Acesso em 09 out. 2021.

progressivo de 25% da demanda das empresas por crédito no primeiro semestre 2021, constatando que a queda do fluxo de caixa se tornou realidade de uma considerável parcela dos empresários brasileiros.[2]

Por outro lado, analisando os indicadores econômicos do primeiro semestre de 2021, momento em que havia uma grande expectativa pelo aumento do número de recuperações judiciais requeridas diante dos efeitos da pandemia e da reforma da Lei 11.101/2005 (LREF) em dezembro de 2020, notou-se uma baixa de requerimentos de recuperação judicial que não se observava desde o ano 2014[3].

Nesse sentido, é importante colocar "em análise" a relevância do instituto da insolvência empresarial na economia do país, vez que seus efeitos, tanto no regime recuperacional, como no falimentar, atingem não apenas as empresas devedoras e seus credores, mas também a todos os aspectos sociais que as norteiam, como trabalhadores, consumidores e todos os fatores inseridos à sua volta.

Dessa forma, dos dados sobrelevados, algumas hipóteses podem ser colocadas em debate: *(i)* a pandemia gerou um recorde de inadimplência empresarial no Brasil; *(ii)* mesmo após a reforma da LREF, a recuperação judicial não se mostra como um mecanismo atrativo de reestruturação do empresário em dificuldades; *(iii)* inobstante o aumento da procura por crédito nos primeiros meses de 2021, outros meios de reestruturação vêm sendo utilizados pelo empresário em crise.

Tendo em vista as questões acima levantadas, além do evidente aumento da complexidade dos procedimentos recuperacionais, a mediação e a conciliação foram novos institutos inseridos na reforma da Lei 11.101/2005, objetivando, principalmente, a construção de resoluções mais céleres e equilibradas ao soerguimento econômico da empresa em dificuldades.

Embora a mediação pudesse ser utilizada como meio alternativo para resolução de conflitos em qualquer esfera, já que devidamente autorizada pelo § 3º do artigo3º do Código de Processo Civil[4], bem como pela Lei 13.140 de 2015, que regulamentou o procedimento de mediação judicial e extrajudicial como mecanismo de solução consensual de controvérsias, fato é que a reforma de 2020, através da introdução de secção exclusiva sobre o tema, bemcomo a pandemia,

2. SERASA EXPERIEN. Indicadores Econômicos. Disponível em https://www.serasaexperian.com.br/conteudos/indicadores-economicos/e https://www.serasaexperian.com.br/images-cms/wp-content/uploads/2021/01/IDC_EMPRESAS-7.xls. Acesso em 09 out. 2021.
3. SERASA EXPERIEN. Indicadores Econômicos. Disponível em https://www.serasaexperian.com.br/conteudos/indicadores-economicos/e https://www.serasaexperian.com.br/images-cms/wp-content/uploads/2021/01/FACONS-10.xls. Acesso em 09 out. 2021.
4. Art. 3º Não se excluirá da apreciação jurisdicional ameaça ou lesão a direito

   § 3º A conciliação, a mediação e outros métodos de solução consensual de conflitos deverão ser estimulados por juízes, advogados, defensores públicos e membros do Ministério Público, inclusive no curso do processo judicial.

acabaram por impulsionar a instauração de procedimentos de mediação e conciliação nas recuperações empresariais, tanto judicial quanto extrajudicialmente.

Dentro desse contexto, o presente artigo visa a demonstrar o processo de evolução da aplicação da mediação em processos de recuperação judicial no Brasil, demonstrando a construção normativa e prática que contemplam a matéria.

2. DA MEDIAÇÃO NA RECUPERAÇÃO JUDICIAL

A aplicação da mediação nos processos de recuperação judicial passou por uma evolução normativa até a entrada em vigor da Lei 14.112/2020, que introduziu na LREF disposições específicas acerca da utilização dos métodos adequados de solução de conflitos nos processos de insolvência.

Perpassando a última década, a tendência por essa aplicação se iniciou gradualmente a partir de 2010, com a Resolução 125 do CNJ[5]. A referida orientação, mesmo sem menção específica aos processos de recuperação judicial, estimulava a busca por soluções consensuais, introduzindo uma verdadeira política judiciária nacional de incentivo às ferramentas autocompositivas. Essa regulamentação também orientava os Tribunais de Justiça à criação dos Núcleos Permanentes de Métodos Consensuais de Solução de Conflitos (NUPEMEC) e de Centros Judiciários de Solução de Conflitos e Cidadania (CEJUSC), que vieram a ter considerável importância no âmbito empresarial após a reforma de 2020 da LREF.

No entanto, como já mencionado, foi em 2015 que a mediação passou a ser positivada no ordenamento jurídico, à luz de dois importantes marcos: a Lei 13.140/2015 (Lei de Mediação) e o Código de Processo Civil de 2015 (CPC).

A Lei de Mediação veio a complementar a então Resolução 125 do CNJ, criando um sistema de métodos consensuais de solução de conflitos até então não disciplinado normativamente, inovando também ao regular a mediação extrajudicial[6]. O CPC, por sua vez, muito embora também não dispusesse expressamente sobre a seara da insolvência empresarial, concedeu à mediação maior propriedade ao exarar, para além do dever de cooperação das partes, que "o Estado promoverá, sempre que possível, a solução consensual dos conflitos" (art. 3º, § 2º).

É necessário observar que, até então, não existia regulamentação que contemplasse especificamente a mediação aplicada aos processos de recuperação

---

5. CONSELHO Nacional de Justiça. *Resolução n 125, de 29 nov 2010*. Disponível em: https://www.cnj.jus.br/wp-content/uploads/2011/02/Resolucao_n_125-GP.pdf. Acesso em 09 out. 2021.
6. TARTUCE, Fernanda. *O novo marco legal da Mediação no direito brasileiro*. p. 2. Disponível em: http://www.fernandatartuce.com.br/o-novo-marco-legal-da-mediacao/. Acesso em: 30 set. 2021.

judicial, sendo essa conjugação fundamentada de uma maneira implícita ao teor da Lei de Mediação[7].

A partir de 2016, que, ao promover a I Jornada Prevenção e Solução Extrajudicial de Litígios, o Centro de Estudos Judiciários do Conselho da Justiça Federal (CEJ/CJF), em parceria com o Superior Tribunal de Justiça (STJ), aprovou uma série de enunciados que tinham por objetivo incentivar a mediação, conciliação e arbitragem.

Dos enunciados aprovados, o Enunciado 45 dispôs os seguintes termos: "*a mediação e conciliação são compatíveis com a recuperação judicial, a extrajudicial e a falência do empresário e da sociedade empresária, bem como em casos de superendividamento, observadas as restrições legais.*"[8]

O Enunciado 45, como um verdadeiro marco da temática, não tardou para demonstrar seus primeiros resultados práticos. No ano seguinte, em 2017, o TJRJ autorizou a realização de sessões de mediação no processo de recuperação judicial do Grupo Oi, resultando em efeitos frutíferos à negociação entre recuperanda e credores estratégicos[9]. Na mesma senda, o TJSP deferiu a realização de sessões de mediação no processo de recuperação judicial do Grupo Saraiva em 2018, sendo outro marco importante dessa aplicação.

Com a experiência prática que vinha sendo delineada com a aplicação da mediação nos processos de insolvência, em 2019, o Conselho Nacional de Justiça assinou a Recomendação 58[10].

7. A partir do contido no art. 3º da Lei de Mediação, "pode ser objeto de mediação o conflito que verse sobre direitos disponíveis ou sobre direitos indisponíveis que admitam transação", estando consequentemente abarcado nesse objeto o crédito submetido ao processo de insolvência.
8. CJF ENUNCIADOS. Disponível em https://www.cjf.jus.br/enunciados/enunciado/900#:~:text=A%20media%C3%A7%C3%A3o%20e%20concilia%C3%A7%C3%A3o%20s%C3%A3o,superendividamento%2C%20observadas%20as%20restri%C3%A7%C3%B5es%20legais. Acesso em 10 nov. 2021.
9. Segundo Antonio Evangelista de Souza Netto e Samantha Mendes Longo (2020), "sabendo-se que a recuperação judicial do Grupo Oi conta, como dito, com mais de 55 mil credores; um passivo de aproximadamente R$ 64 bilhões; mais de 30 mil incidentes processuais em curso; mais de 450 mil folhas, o que equivaleria a mais de 2.000 volumes, caso o processo fosse físico; verifica-se que os procedimentos de mediação foram essenciais não só para a aprovação do plano de recuperação judicial, mas também para o regular andamento do processo" (p. 155).(*Revista Semestral De Direito Empresarial* n. 24 Publicação do Departamento de Direito Comercial e do Trabalho da Faculdade de Direito da Universidade do Estado do Rio de Janeiro Rio de Janeiro Janeiro / Junho de 2019 Disponível em https://rsde.com.br/wp-content/uploads/2021/10/RSDE-24-completa-emendada.pdf. Acesso em 10 nov. 2021)
10. Ementa: Recomenda aos magistrados responsáveis pelo processamento e julgamento dos processos de recuperação empresarial e falências, de varas especializadas ou não, que promovam, sempre que possível, o uso da mediação. (CONSELHO NACIONAL DE JUSTIÇA. *Ementa 58 de 22 out. 2019*. Disponível em https://atos.cnj.jus.br/atos/detalhar/3070. Acesso em 10 jan. 2022)

Essa orientação, além de orientar os magistrados à promoção, sempre que possível, da mediação nos processos de recuperação judicial, também delimitou quais temas da esfera de insolvência empresarial podem ser objetos de mediação.

Ademais, a Recomendação 58, como grande marco que atine ao assunto, também dispôs sobre como deve ser realizada a nomeação do mediador no âmbito do processo e, acima de tudo, quais são as competências e momentos em que o mediador deve atuar para um bom aproveitamento da ferramenta autocompositiva na recuperação judicial.

Em 2020, já diante das nefastas consequências da pandemia, alguns Tribunais começaram a projetar iniciativas de instalação de CEJUSCs voltados a processos empresariais, considerando a alta taxa de insolvência que se presenciou à época.

Acompanhando essa tendência, o CNJ aprovou a Recomendação 71[11], a qual recomenda a implementação dos CEJUSCs Empresariais, visando ao tratamento adequado de conflitos que envolvam a matéria empresarial.

Nesses centros, há espaço para a realização de mediações, conciliações e negociações individuais ou coletivas, de maneira presencial ou virtual, estando expressamente autorizada, também, a atuação de câmaras privadas na busca pelo tratamento adequado às demandas empresariais, ainda que não judicializadas.

Dentre as empreitadas dos Tribunais de Justiça, destaca-se o Provimento CG 19/2020 do TJSP[12], que dispõe sobre a criação do projeto-piloto de mediação pré-processual para o apoio à renegociação de obrigações de matérias empresarial em decorrência dos efeitos da pandemia.

Trata-se de um grande avanço que abarca a participação Judiciário como um verdadeiro intermediador e legitimador do processo de negociação. Segundo a Juíza da 2ª Vara Regional Empresarial e de Conflitos Relacionados à arbitragem do Tribunal de Justiça de São Paulo, Dra. Andréa Galhardo Palma, trata-se de uma via que objetiva a aproximação das partes pela atuação do mediador, o qual pode tanto ser nomeado pelo juiz quanto pelas partes, de uma forma acessível a todos os interessados.[13]

11. Ementa: Dispõe sobre a criação dos Centros Judiciários de Solução de Conflitos e Cidadania – Cejusc Empresarial e fomenta o uso de métodos adequados de tratamento de conflitos de natureza empresarial (CONSELHO NACIONAL DE JUSTIÇA. *Ementa 71 de 05 ago. 2020*. Disponível em https://atos.cnj.jus.br/atos/detalhar/3434. Acesso em 05 nov. 2021).
12. TRIBUNAL DE JUSTIÇA DO ESTADO DE SÃO PAULO. *Provimento CG 19/2020*. Disponível em https://www.tjsp.jus.br/Download/Portal/Coronavirus/Comunicados/ProvimentoCG19-2020.pdf. Acesso em 19 nov. 2021.
13. PALMA, Andréa Galhardo. A mediação na recuperação judicial: um instrumento adequado a empresas em crise? In: CUNHA, Fernando Antonio Maia da; LAZZARESCHI NETO, Alfredo Sérgio (Org.). *Direito Empresarial Aplicado*. São Paulo: QuartierLatin, 2021. p. 61.

Por fim, a reforma da LREF no segundo semestre de 2020, através da Lei 14.112/2020, também é considerada como um dos principais marcos de conjugação da mediação na recuperação judicial. Dentro do contexto descrito, com o objetivo de combater a busca tardia pela superação da crise empresária, inspirado na Diretiva 2019/1023 da União Europeia, o legislador introduziu na LREF ferramentas de pré-insolvência ao empresário em dificuldades.

Diferentemente dos aparatos judiciais já existentes, nos quais era requisito primordial a existência de uma crise econômico-financeira[14], no caso da pré-insolvência o empresário se encontra em um estado de insolvência iminente, isto é, através de um julgamento de probabilidade e plausibilidade, o devedor prevê antecipadamente que não terá condições financeiras de cumprir suas obrigações existentes no momento de seus vencimentos.[15]

Para tanto, nos artigos 20-A a 20-D da LREF, foi projetado um sistema pautado em ações judiciais desburocratizadas, com uma intervenção mínima do Poder Judiciário, no qual o devedor fica protegido por uma ordem judicial cautelar de suspensão das ações executivas durante a fase de negociação prévia, anteriormente ao próprio pedido de recuperação judicial.

Com o intermédio da mediação e da conciliação na LREF, conduzidas por profissionais capacitados e com o respiro concedido pela suspensão dos atos expropriatórios, o empresário pode renegociar seus débitos com credores estratégicos, independentemente da eventual concursalidade do crédito e sem a necessidade de uma ação judicial própria de recuperação judicial ou extrajudicial, permitindo um tratamento precoce de baixo custo e com menor potencial lesivo à empresa em crise comparativamente à opção pela recuperação judicial.[16]

Nota-se, dessa forma, que a evolução normativa da mediação aplicada à recuperação judicial tem sido frutífera na última década. Além dos benefícios registradose da compatibilidade na aplicação prática dessa conjugação, a escalada cronológica narrada demonstra que muito além de fortalecer a busca por soluções consensuais, a mediação pode figurar como verdadeira ferramenta de preservação do agente empresário economicamente viável que se encontra em crise, conforme comprovado na análise empírica que será demonstrada mais adiante.

14. O art. 51 da LRE destaca que "A petição inicial de recuperação judicial será instruída com: I – a exposição das causas concretas da situação patrimonial do devedor e das razões da crise econômico-financeira;"
15. CARDOZO, Virginia S. Bado. Insolvenciainminente y situación económica difícil: Recepción de lapre-insolvenciaenelDerechouruguayo. *Revista de laFacultad de Derecho*, Montevideo, n. 48, 2020. p. 11.
16. COSTA, Daniel Carnio. Os mecanismos de pré-insolvência como estratégia contemporânea de tratamento da crise da empresa. *In*: CUNHA, Fernando Antonio Maia da; LAZZARESCHI NETO, Alfredo Sérgio (Org.). *Direito Empresarial Aplicado*. São Paulo: QuartierLatin, 2021. p. 133-145.

Nessa linha, o presente artigo pretende, através de um exame empírico, a análise em números quanto aos potenciais efeitos da utilização da mediação em processos de recuperação judicial, especificamente naqueles que tramitam nas Varas Especializadas perante o Tribunal de Justiça do Estado de São Paulo (TJSP). Ao final, propõe-se traçar potenciais conclusões através dos resultados obtidos.

3. BASE DE DADOS PESQUISADOS E POSSÍVEIS REFLEXÕES

Primeiramente, destaca-se que os resultados obtidos no presente ensaio decorreram de duas bases de dados pesquisadas, quais sejam: *(i)* a base comparativa do banco de dados obtidos pelo "Observatório da Insolvência", que é uma iniciativa acadêmica do Núcleo de Estudos de Processos de Insolvência (NEPI) da PUCSP – Pontifícia Universidade Católica de São Paulo em conjunto com a Associação Brasileira de Jurimetria (ABJ), e *(ii)* a base de dados levantada a partir de pesquisa realizada nas varas especializadas do TJSP, como será mais abaixo demonstrada.

A base de dados do Observatório foi constituída mediante a análise de 1.194 processos de recuperação judicial distribuídos nas Comarcas do Estado de São Paulo entre janeiro de 2010 e julho de 2017, realizado pelo "Observatório de Insolvência", em relatório publicado no dia 20 de maio de 2021.

No estudo feito pelo Observatório, não foram diferenciados os processos em que houve a mediação judicial, uma vez que tal procedimento passou a ganhar um pouco mais de presença no Poder Judiciário Brasileiro com a promulgação da Lei de Mediação e da previsão no Código de Processo Civil de 2015, como acima mencionado.

Sendo assim, a segunda base de dados decorreu de pesquisa fonética realizada, no sistema E-Saj do TJSP – Tribunal de Justiça de São Paulo, e perante as varas únicas, especializadas e na 1ª Região Administrativa Judiciária – RAJ (considerada pelo TJSP vara competente para julgar processos falimentares[17]) -, em que foram encontradas 16 recuperações judiciais que tiveram a nomeação de mediador no curso do processo recuperacional.

Destes 16 processos, destaca-se que *(i)* 4 (quatro) processos a empresa/grupo devedor se recusou a instaurar o procedimento de mediação; *(ii)* 1 (um) processo se encontra suspenso, em razão dos recursos interpostos em face da decisão de processamento ainda estarem pendentes de julgamento no Superior Tribunal de Justiça; *(iii)* 6 (seis) já tiveram instalação de AGC, sendo que 1 (um) deles ainda não teve o plano votado[18]; e *(iv)* 5 demandas ainda estão em trâmite sem a instalação de Assembleia Geral de Credores (AGC) para a deliberação do plano.

---

17. https://www.tjsp.jus.br/Noticias/Noticia?codigoNoticia=59258&pagina=1. Acesso em 09 out 2021.
18. AGC suspensa até o fechamento da base de dados de levantamento do artigo.

Esses dados são mais bem refletidos no gráfico abaixo:

Iniciativa para instaurar a mediação

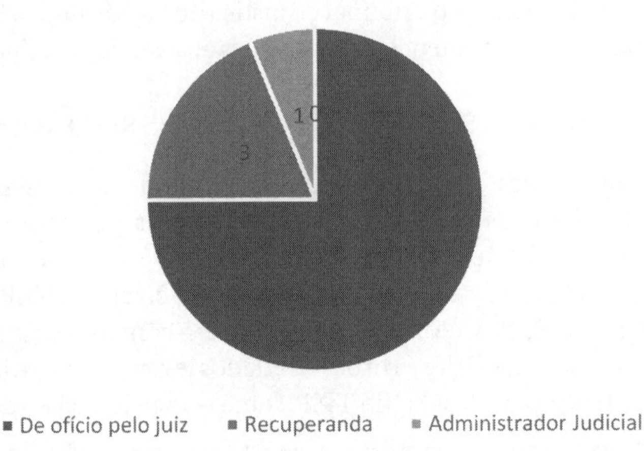

Dos 16 processos que tiveram a nomeação de mediador, constatou-se que na grande maioria dos casos a nomeação se deu de ofício pelo juiz, logo na decisão de deferimento do processamento da recuperação judicial, aferindo-se uma iniciativa "contida" das partes em instaurar o procedimento de mediação.

Processos com deferimento da mediação

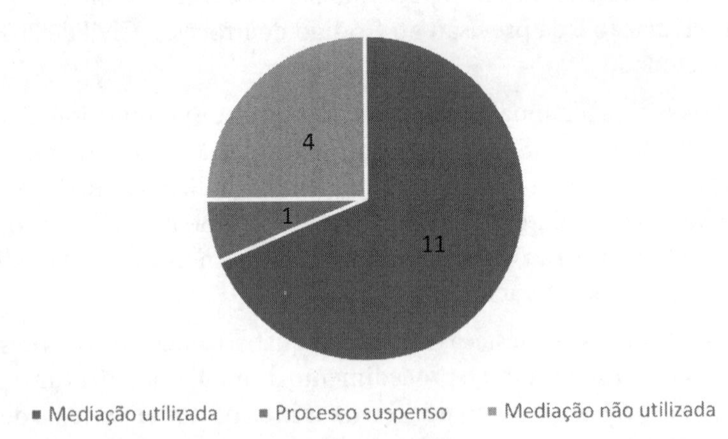

Assim, a base de dados que seria utilizada para verificar eventual alteração nas estatísticas obtidas pelo Observatório de Insolvência, nos casos em que houve mediação, partiria dos seguintes processos: (i) 6 que já tiveram instalação de AGC, sendo que 1 (um) deles ainda não teve o plano aprovado; e (ii) 5 que ainda estão em trâmite sem a designação de Assembleia Geral de Credores (AGC) para a deliberação do plano.

Todavia, tendo em vista que, dos 11 processos em que houve a realização da mediação, 5 deles ainda não houve a instalação da AGC, e considerando que a mediana do prazo até então ultrapassado desses processos é inferior à mediana dos 6 processos restantes em que houve a referida instalação[19], a base de comparação com os dados obtidos pela citada pesquisa será delimitada por esses 6 processos, sendo que todos tramitam em varas especializadas na Comarca da Capital de São Paulo, seja na 2ª Vara de Falências e RJ do TJSP[20], seja na 2ª Vara Regional de Competência Empresarial e de Conflitos Relacionados à Arbitragem da 1ª RAJ do TJSP[21].

Não obstante a isso, nota-se pela pesquisa do Observatório que, para a apuração das medianas dos prazos dos processos *(i)* do deferimento do processamento até a instalação da AGC, e *(ii)*do deferimento até a votação em AGC, foram desconsiderados "*casos que faliram antes da primeira AGC, faliram durante a negociação ou que ainda estão em negociação*"[22] – dispensando, nessa lógica, também os processos em que ainda não se instalou a AGC.

Passa-se, então, a análise comparativa entre a base de dados do Observatório e da pesquisa.

Um dos principais objetivos da pesquisa e respectiva comparação é verificar se a mediação impactou no tempo de duração do processo de recuperação judicial, mais precisamente se houve alteração no período entre o deferimento do processamento da recuperação judicial até aprovação do plano e, ainda, questões relacionadas às assembleias gerais de credores.

Para fins de constituição da base comparativa para o presente artigo, os critérios analisados foram:

- Prazo entre o deferimento do processamento da recuperação judicial e a instalação da AGC;
- Prazo entre o deferimento do processamento da recuperação judicial e a aprovação do plano;

---

19. Tomando como data final o dia 08/10/2021 para a obtenção do período transcorrido desde o deferimento do processamento da recuperação judicial, não tendo havido, ainda, a instalação da AGC dessas 5 recuperações judiciais, a mediana encontrada foi de 260,5 dias, ou seja, menor do que os 270 dias já encontrados nos casos em que já houve a primeira AGC pós mediação.
20. Processo 1119642-14.2018.8.26.0100 (autor: Saraiva e Siciliano S.A. e Saraiva S/A Livreiros Editores); processo 1110406-38.2018.8.26.0100 (autor: Livraria Cultura S/A e 3h Participações S/A); processo 1050778-50.2020.8.26.0100 (Construções, Engenharia e Pavimentação Enpavi Ltda.).
21. Processo 1061507-38.2020.8.26.0100 (autor: Giacomello Marmores e Granitos Eireli); processo 1062599-51.2020.8.26.0100 (autor: Komodus Logistica Ltda [Grupo Logika]); processo 1014128-03.2020.8.26.0068 (autor: Casa J. Nakao Ltda).
22. ASSOCIAÇÃO BRASILEIRA DE JURIMETRIA. Do deferimento até a aprovação do plano. In: *Observatório da Insolvência*, 2022. Disponível em https://abjur.github.io/obsFase2/relatorio/aprovacao.html#aprova%C3%A7%C3%A3o-por-cram-down. 30 mar 2022.

- Número de suspensões das AGCs e tempo médio de duração;
- Objetos da mediação.

O primeiro tema a ser comparado, então, é o tempo decorrido entre o deferimento do processamento da recuperação judicial até a primeira AGC.

Nesse ponto, o Observatório apurou que, no desfecho mediano, ocorreu 327 dias após o deferimento da recuperação nas varas especializadas e 456 dias até a realização da primeira AGC nas varas comuns[23].

Ao comparar o lapso temporal da vara especializada com os dados obtidos nos processos em que ocorreu a mediação, conclui-se que a instalação da AGC nos processos em que houve a mediação foi mais célere, tendo transcorrido 17,43% de tempo a menos do que em uma recuperação em que não há mediação, já que a mediana encontrada foi de 270 dias, conforme gráfico abaixo:

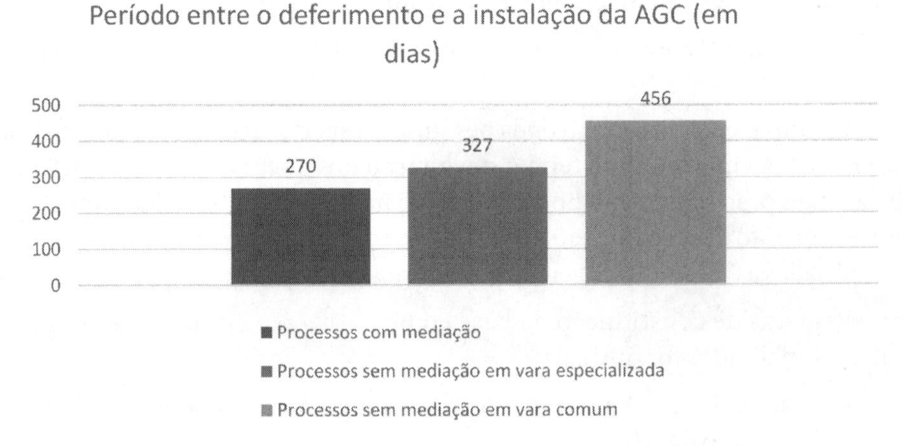

No tocante ao número de sessões de AGC, considerando eventuais suspensões, a ABJ não diferenciou em sua pesquisa os processos que tramitam em vara comum e especializada. Houve apenas sinalização de que o principal fator causador do aumento do tempo de duração do procedimento falimentar seria o número de suspensões das sessões assembleares.

Segundo o estudo do Observatório de Insolvência, a mediana de suspensões das AGC foi de 3 sessões em todos os processos levantados, enquanto nos processos em que houve mediação, a mediana encontrada foi de apenas 2 sessões.

23. WAISBERG, Ivo; SACRAMONE, Marcelo Barbosa; GUEDES NUNES, Marcelo e CORRÊA, Fernando. *Recuperação Judicial no Estado de São Paulo* – 2ª Fase do Observatório de Insolvência – p. 29.

Ao refletir o resultado, as informações obtidas junto ao Observatório, em comparação com os dados levantados no presente estudo[24] foi:

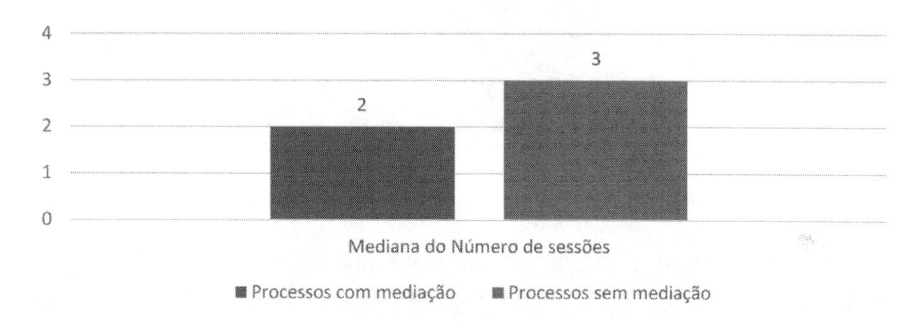

Por mais que o Observatório não tenha exposto a mediana do número de dias de suspensão – tão somente indicou que há uma variação média de 451 até 734 dias -, o presente estudo encontrou,nos processos analisados em que houve a mediação, a mediana do período entre a instalação da AGC e data em que o plano foi aprovado, obtendo-se o resultado de 61 dias[25] de suspensão para a negociação efetiva entre as partes.

Ao trazer o tema para os casos em que não houve nenhuma suspensão de AGC, ou seja, casos em que o plano de recuperação judicial foi aprovado na primeira assembleia instalada, tem-se que a mediação contribuiu substancialmente para que os credores aprovassem sem necessidade de eventual suspensão, conforme gráfico abaixo descrito:

24. Para fins desse levantamento de dados, houve a exclusão da Recuperação Judicial 1061507-38.2020.8.26.0100, em tramite perante a 2ª Vara Regional de Competência Empresarial e de Conflitos Relacionados à Arbitragem da 1ª RAJ, requerida pelo Grupo Giacomello, em função da não ocorrência ainda da AGC para a deliberação do novo PRJ apresentado.

25. Para fins desse levantamento de dados, houve a exclusão da Recuperação Judicial 1061507-38.2020.8.26.0100, em tramite perante a 2ª Vara Regional de Competência Empresarial e de Conflitos Relacionados à Arbitragem da 1ª RAJ, requerida pelo Grupo Giacomello, em função da não ocorrência ainda da AGC para a deliberação do novo PRJ apresentado

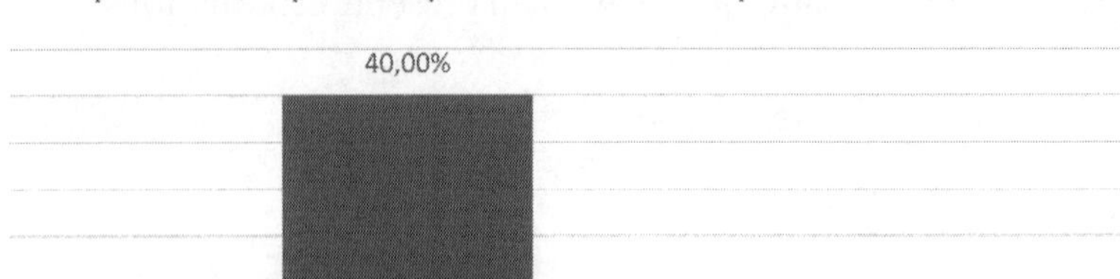

Pela mesma pesquisa do Observatório, após a análise do tempo de suspensão entre AGCs, restou concluído que o tempo mediano até a deliberação definitiva sobre o plano de recuperação judicial é de 506 dias.

Trazendo tal questão na especificidade das varas, foi apurado que o tempo mediano nas varas comuns é maior do que a mediana geral, representando o valor de 553 dias. Já nas varas especializadas, o prazo mediano apurado foi de 384 dias.

Comparado o dado da vara especial com os processos em que a mediação ocorreu[26], obteve-se o resultado refletido no gráfico abaixo:

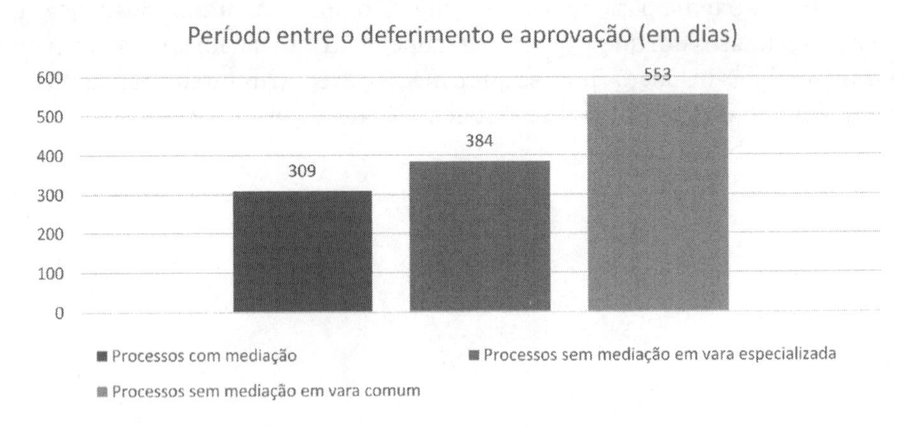

Assim, pode-se concluir que, quando há a instauração de mediação em processos de recuperação judicial que tramitarem em varas especializadas, o tempo

26. Para fins desse levantamento de dados, houve a exclusão da Recuperação Judicial 1061507-38.2020.8.26.0100, em tramite perante a 2ª Vara Regional de Competência Empresarial e de Conflitos Relacionados à Arbitragem da 1ª RAJ, requerida pelo Grupo Giacomello, em função da não ocorrência ainda da AGC para a deliberação do novo PRJ apresentado.

para a aprovação do PRJ é 19,54% mais célere em comparação às recuperações que não utilizarem a mediação.

Por fim, passando-se para um cenário mais amplo, analisou-se o objeto das mediações ocorridas em todos os 16 processos obtidos junto à pesquisa no E-Saj, quando foi possível detectá-lo.

Notou-se uma diversidade de objetos nos procedimentos de mediação, de forma que todas as classes foram, de alguma maneira, objeto destas sessões.

Constatou-se que não houve um padrão na utilização da mediação como mecanismo de resolução em uma única classe, ou seja, os objetos das mediações foram variados entre os processos, sendo utilizada na negociação de créditos trabalhistas[27], créditos com garantia real[28], créditos quirografários[29], créditos de microempresas/empresas de pequeno porte[30] e, por fim, de créditos extraconcursais[31].

É importante destacar a não possibilidade de mensurar, em números, a frequência de utilização da mediação em cada uma das classes, haja vista que essa informação, em razão da confidencialidade do procedimento de mediação, somente é publicizada no processo em que houve o resultado frutífero a partir do termo de mediação.

Contudo, pode-se atribuir que tal variação traz ao instituto algumas prévias conclusões, quais sejam:

(i) Meio resolutivo de alta complexidade com múltiplos focos de interesse;

(ii) Separação por grupos de atores específicos com posições e interesses similares e

(iii) Implicação não apenas da ocorrência da negociação entre as partes, mas, possivelmente, da facilitação do solucionamento dos conflitos.

Portanto, mesmo que a aplicação da mediação tenha ocorrido em processos recentes, pode-se dizer que a instauração do referido instituto jurídico proporciona celeridade ao procedimento recuperacional, mitigando, assim, um dos maiores problemas da recuperação, que é a longa tramitação até a efetiva concessão.

Por mais que o presente estudo não tenha analisado processos ajuizados em comarcas do interior, que tramitam em varas comuns, por ausência de resultado efetivo para fins comparativo na pesquisa realizada no sistema E-Saj do TJSP,

27. A exemplo, processo 1019551-68.2018.8.26.0114 (Recuperanda: Viracopos).
28. A exemplo, processo 1061507-38.2020.8.26.0100 (Recuperanda: Enpavi Ltda).
29. A exemplo, processo 1092381-06.2020.8.26.0100 (Recuperanda: Grupo Nova Noiva).
30. A exemplo, processo 1014128-03.2020.8.26.0068 (Recuperanda: Casa J. Nakao Ltda).
31. A exemplo, processo 1110406-38.2018.8.26.0100 (Recuperanda: Livraria Cultura S/A).

há uma específica recuperação judicial neste contexto, que vale tecer algumas considerações.

Foi encontrada uma recuperação judicial, requerida no interior de São Paulo, mais especificamente na Comarca de Campinas que, apesar da presença da mediação e da aprovação do plano de recuperação, tal processo restou excluído para fins de composição da presente análise, ante à peculiaridade em que foi instaurada a mediação[32].

Tal processo foi a Recuperação Judicial do Grupo Viracopos, autuada sob o 1019551-68.2018.8.26.0114, em tramite perante a 8ª Vara Cível da Comarca de Campinas/SP.

Sua exclusão se deu ainda pelo fato de que a mediação foi instaurada no âmbito do Poder Judiciário Trabalhista, em momento posterior à homologação do plano de recuperação judicial, com o principal objetivo de instaurar uma "política de acordos trabalhistas" e liquidar os créditos detidos em face de Viracopos na Classe I, dentro das condições previstas no plano, habilitando todas as transações em um único incidente processual, o qual foi autuado sob o 1021649-55.2020.8.26.0014, apensado ao processo principal.

O pagamento desses acordos se deu por meio dos recursos obtidos com os contratos de concessão e do *Project Finance*, celebrados entre o Grupo Viracopos e seus credores financeiros, em que se estabeleceu o teto de R$ 58.000.000, como forma de garantir a liquidez necessária para os pagamentos dos acordos e, ainda, garantir que Viracopos tivesse condições de participar da relicitação do Aeroporto Internacional de Campinas – Viracopos, nos termos do artigo 14, § 2º, da Lei 13.448/17 e do artigo 3º do Decreto 9.957/19.

Por mais que tal processo não tenha sido constituído na base dos processos examinados para o presente estudo, a mediação foi importante para promover um encerramento mais célere à recuperação.

A homologação do PRJ do Grupo Viracopos ocorreu na data de 18/02/2020, não tendo sido interposto nenhum recurso contra a decisão de concessão da recuperação. Visando a dar prosseguimento no cumprimento do plano, a referida política de acordos foi instaurada no mês de junho (tanto no âmbito da Justiça trabalhista, como no ajuizamento do incidente perante o Juízo Universal).

Diante da necessidade de extinção do procedimento recuperacional para que o Grupo Viracopos participasse da relicitação, em 04/12/2020 foi apresentado pelas recuperandas o pedido de encerramento do processo de recuperação, cumulado com o pedido de aditivo das condições de pagamento do crédito devido única e

32. Como já salientado, a subpopulação adotada consistiu apenas nas mediações de varas especializadas.

exclusivamente em favor da Financiadora de Estudos e Projetos - FINEP, uma vez estarem cumpridas as obrigações previstas no plano, inclusive com a quitação das transações celebradas no âmbito da Justiça do Trabalho.

Após o parecer favorável da Administradora Judicial, o Juízo Universal encerrou a recuperação judicial do Grupo Viracopos no dia 09/12/2020, ou seja, quase 10 (dez) meses após a concessão da recuperação.

Este dado demonstra que a mediação, além de ser um fator contributivo para um encerramento mais célere dos procedimentos de insolvência, apresente característica de atemporalidade, podendo ocorrer em qualquer momento de um processo de recuperação judicial.

Mesmo sendo um meio ainda definido por muitos como "alternativo de resolução de conflitos", e ainda pouco utilizado nas demandas de recuperação judicial, pode-se notar que nos casos em que houve a utilização da ferramenta, é constatável uma redução temporal na tramitação do procedimento de recuperação judicial como um todo.

4. CONCLUSÃO

Não obstante o pequeno universo de processos de recuperação judicial que utilizaram a mediação, foi possível observar um reflexo da evolução histórica da conjugação entre a mediação e a recuperação judicial nos resultados levantados.

Nota-se que o Estado passou a enxergar a mediação como mecanismo catalisador e elemento diferencial para a celeridade do procedimento e efetividade à tutela a ser prestada nos processos.

Das orientações e normativas examinadas, foram instituídos, no Brasil, verdadeiros marcos atinentes à matéria, como o Código de Processo Civil de 2015, a Lei de Mediação e a Recomendação 58 do CNJ, que oficializaram o estímulo à autocomposição nos processos de recuperação judicial através da ferramenta da mediação.

Ademais, dos dados obtidos, notou-se um evidente incentivo dos magistrados atuantes em varas especializadas de recuperação judicial na nomeação do mediador nas demandas analisadas.

Embora a mediação resguarde a autonomia das partes para instituírem e participarem do procedimento, essa preponderância da atuação do Judiciário, além de estar em compasso com o teor do § 3º do art. 3º do CPC, também compreende o processo de evolução de normativas ainda recentes, como a Lei de Mediação (2015), Recomendação 58 do CNJ (2019) e a reforma da LREF (2020).

Vislumbra-se a tendência, cada vez mais, da iniciativa de instauração da mediação partir autonomamente das partes, já tomando em consideração os benefícios que os métodos autocompositivos podem trazer aos processos de insolvência.

Sob o aspecto temporal dos processos, comprovou-se uma tendência de maior celeridade nos processos de recuperação judicial que utilizaram a recuperação judicial, quando comparados aos que não se valeram da ferramenta.

Com grande impacto na fase deliberativa do processo, constatou-se que as demandas que se valeram da mediação tiveram maior celeridade, tanto no período entre o deferimento e a instalação da AGC, como no período entre o deferimento e a aprovação do plano de recuperação judicial.

Ainda, consignou-se na pesquisa realizada uma clara diminuição do número de suspensões de AGCs quando comparados aos processos que não utilizaram a mediação, comprovando ser um mecanismo não apenas apto a contribuir com a celeridade dos processos, mas com ao próprio alinhamento dos interesses de todas as partes envolvidas no contexto de crise da empresa.

Em relação aos objetos de mediação, ou seja, à matéria que foi negociada nas sessões realizadas, constatou-se um amplo espectro de assuntos discutidos. Isso porque todas as quatro classes de credores foram identificadas ao menos uma vez nos processos examinados, além dos créditos extraconcursais

No entanto, diante da confidencialidade inerente ao procedimento e por considerável parcela das sessões ainda estarem em curso, não foi possível levantar a frequência de objetos de mediação. De toda sorte, as considerações traçadas comprovam a mediação como sendo uma ferramenta compatível aos processos de insolvência, capaz de se moldar aos diferentes tipos de negociação que naturalmente estão abarcadas no bojo de um processo de recuperação judicial.

Mesmo com as conclusões traçadas sendo prematuras emrazão do período analisado e do pequeno universo de processos identificados, a mediação se coloca como elemento de destaque nos processos que restaram examinados. Os dados levantados buscaram sublinhar uma tendência à identificação dos benefícios ora analisados no presente trabalho, de forma a propor um primeiro passo a futuras pesquisas e debates que relacionados à matéria.

5. REFERÊNCIAS BIBLIOGRÁFICAS

ASSOCIAÇÃO BRASILEIRA DE JURIMETRIA. Do deferimento até a aprovação do plano. In: *Observatório da Insolvência*, 2022. Disponível em https://abjur.github.io/obsFase2/relatorio/aprovacao.html#aprova%C3%A7%C3%A3o-por-cram-down. 30 mar 2022.

CARDOZO, Virginia S. Bado. Insolvenciainminente y situación económica difícil: Recepción de lapre- insolvenciaenelDerechouruguayo. *Revista de laFacultad de Derecho*, Montevideo, n. 48, 2020. p. 11.

CJF ENUNCIADOS. Disponível em https://www.cjf.jus.br/enunciados/enunciado/900#:~:text=A%20media%C3%A7%C3%A3o%20e%20concilia%C3%A7%C3%A3o%20s%C3%A3o,-superendividamento%2C%20observadas%20as%20restri%C3%A7%C3%B5es%20legais. Acesso em 10 nov. 2021.

CONSELHO Nacional de Justiça. *Resolução n 125, de 29 nov 2010*. Disponível em: https://www.cnj.jus.br/wp-content/uploads/2011/02/Resolucao_n_125-GP.pdf. Acesso em 09 out. 2021.

CONSELHO NACIONAL DE JUSTIÇA. *Ementa 58 de 22 out. 2019*. Disponível em https://atos.cnj.jus.br/atos/detalhar/3070. Acesso em 10 jan. 2022

CONSELHO NACIONAL DE JUSTIÇA. *Ementa 71 de 05 ago. 2020*. Disponível em https://atos.cnj.jus.br/atos/detalhar/3434. Acesso em 05 nov. 2021.

COSTA, Daniel Carnio. Os mecanismos de pré-insolvência como estratégia contemporânea de tratamento da crise da empresa. In: CUNHA, Fernando Antonio Maia da; LAZZARESCHI NETO, Alfredo Sérgio (Org.). *Direito Empresarial Aplicado*. São Paulo: QuartierLatin, 2021. p. 133-145.

PALMA, Andréa Galhardo. A mediação na recuperação judicial: um instrumento adequado a empresas em crise? In: CUNHA, Fernando Antonio Maia da; LAZZARESCHI NETO, Alfredo Sérgio (Org.). *Direito Empresarial Aplicado*. São Paulo: QuartierLatin, 2021. p. 61.

REVISTA SEMESTRAL DE DIREITO EMPRESARIAL 24 Publicação do Departamento de Direito Comercial e do Trabalho da Faculdade de Direito da Universidade do Estado do Rio de Janeiro. Rio de Janeiro, jna.-jun. 2019 Disponível em https://rsde.com.br/wp-content/uploads/2021/10/RSDE-24-completa-emendada.pdf. Acesso em 10 nov. 20.21

SERASA EXPERIEN. Indicadores Econômicos. Disponível em https://www.serasaexperian.com.br/conteudos/indicadores-economicos/ e https://www.serasaexperian.com.br/images-cms/wp-content/uploads/2021/01/INAD_PJ_NOVO-6.xls. Acesso em 09 out. 2021.

SERASA EXPERIEN. Indicadores Econômicos. Disponível em https://www.serasaexperian.com.br/conteudos/indicadores-economicos/ e https://www.serasaexperian.com.br/images-cms/wp-content/uploads/2021/01/IDC_EMPRESAS-7.xls. Acesso em 09 out. 2021.

SERASA EXPERIEN. Indicadores Econômicos. Disponível em https://www.serasaexperian.com.br/conteudos/indicadores-economicos/ e https://www.serasaexperian.com.br/images-cms/wp-content/uploads/2021/01/FACONS-10.xls. Acesso em 09 out. 2021.

TARTUCE, Fernanda. *O novo marco legal da Mediação no direito brasileiro*. p. 2. Disponível em: http://www.fernandatartuce.com.br/o-novo-marco-legal-da-mediacao/. Acesso em: 30 set. 2021.

TRIBUNAL DE JUSTIÇA DO ESTADO DE SÃO PAULO. *Provimento CG 19/2020*. Disponível em https://www.tjsp.jus.br/Download/Portal/Coronavirus/Comunicados/ProvimentoCG19-2020.pdf. Acesso em 19 nov. 2021.

TRIBUNAL DE JUSTIÇA DO ESTADO DE SÃO PAULO. *Órgão Especial aprova inclusão de competência falimentar nas Varas Regionais Empresariais da 1ª RAJ*. Disponível em: https://www.tjsp.jus.br/Noticias/Noticia?codigoNoticia=59258&pagina=1. Acesso em 09 out 2021.

WAISBERG, Ivo; SACRAMONE, Marcelo Barbosa; GUEDES NUNES, Marcelo e CORRÊA, Fernando. *Recuperação Judicial no Estado de São Paulo* – 2ª Fase do Observatório de Insolvência – p. 29.

LEI 11.101/2005 RECUPERAÇÃO JUDICIAL E FALÊNCIA RESTRIÇÃO À CONSTRIÇÃO DE BENS E A SUSPENSÃO QUANTO AOS COOBRIGADOS

Tatiana Marques Adoglio

Advogada. Mestranda em Direito Comercial na PUC São Paulo – Membro do Núcleo de Estudos de Processos de Insolvência – NEPI – São Paulo. Pesquisadora na área de direito comercial e insolvência empresarial. E-mail: tatiana@gla.adv.br

1. INTRODUÇÃO

A Lei 11.101, de 9 de fevereiro de 2005[1], que regula a recuperação judicial, a extrajudicial e a falência do empresário e da sociedade empresária, teve origem em projeto de lei elaborado por Comissões constituídas no âmbito do Ministério da Justiça, e pretendeu substituir a Lei de Falências (Decreto-Lei 7.661, de 21 de junho de 1945[2]) e a legislação subsequente que regia a matéria.

O item 9 (nove) da exposição de motivos[3], dispôs que a proposta visava, "primordialmente, proteger credores e devedores, salvaguardando, também a empresa."

Depreende-se, portanto, daquela *novatio legis*, que seu objetivo foi tentar salvaguardar a empresa que estivesse passando por dificuldades financeiras, para que ela pudesse continuar suas atividades econômicas, mantendo e gerando empregos, contribuindo para a conservação da economia e, consequentemente, para atividade econômica do país.

Foi a partir desta lei que a crise do devedor passou a ser vista como uma consequência normal do exercício da atividade econômica e não mais como uma simples desonestidade do empresário.

1. Disponível em: vil_03/_ato2004-2006/2005/lei/l11101.htm.
2. Disponível em: http://www.planalto.gov.br/ccivil_03/decreto-lei/del7661.htm.
3. Disponível em: https://www2.camara.leg.br/legin/fed/lei/2005/lei-11101-9-fevereiro-2005-535663-exposicaodemotivos-150148-pl.html.

Segundo João Vicente Pedrotti[4]:

> "A partir da referida lei, passou-se a compreender a crise como um fenômeno econômico e inerente a atividade (e não como consequência de atos fraudulentos ou de má-fé do devedor), que deve ser superada ou ao menos ofertada esta possibilidade, tendo em vista o relevante papel que a atividade possui na economia."

O suporte estatal colocado à disposição da empresa em crise, através da promulgação da Lei 11.101/2005, foi construído a partir de um princípio que encontrou sua primeira guarida em 1988, com a promulgação da Constituição Federal, por meio do artigo 170[5], que dispõe os princípios gerais da atividade econômica do país. Este princípio é chamado de "função social da empresa".

E para que a empresa em recuperação judicial possa continuar cumprindo sua função social, deve-se tentar, ao máximo, preservar suas atividades, sendo conclusão lógica deste princípio a restrição à constrição dos seus bens, pois sem eles a empresa em recuperação não poderá continuar suas atividades.

Para que seus bens não sejam constritos, a Lei 11.101/2005 prescreveu a correspondente suspensão das ações judiciais que possam, de alguma forma, descumprir esta condição tão importante para o seu soerguimento.

No entanto, não há, a princípio, qualquer justificativa em suspender as ações judiciais contra aqueles que figuram como garantidores das operações da empresa em crise, como os avalistas e fiadores, motivo pelo qual estes não podem se utilizar das benesses da lei, apesar de haver casos em que isso acontece, conforme se pretende fazer uma breve compilação neste artigo.

2. DA PROTEÇÃO DA ATIVIDADE ECONÔMICA

É quase intuitivo pensar que uma empresa que exerce qualquer atividade econômica gera empregos, distribui renda a todos os seus colaboradores, beneficia o seu entorno e a comunidade à sua volta, impactando financeira e economicamente o país.

---

4. PEDROTTI, João Vicente. "Sobre a recuperação judicial para atividades não empresariais. *Revista Consultor Jurídico*, 29 jul. 2021, 19h17.
5. Art. 170. A ordem econômica, fundada na valorização do trabalho humano e na livre iniciativa, tem por fim assegurar a todos existência digna, conforme os ditames da justiça social, observados os seguintes princípios: I. – soberania nacional; II. – propriedade privada; III. – função social da propriedade; IV. –. livre concorrência; V. –. defesa do consumidor; VI. –. defesa do meio ambiente; VII. –. redução das desigualdades regionais e sociais; VIII. –. busca do pleno emprego; IX. – tratamento favorecido para as empresas brasileiras de capital nacional de pequeno porte.
   Parágrafo único. É assegurado a todos o livre exercício de qualquer atividade econômica, independentemente de autorização de órgãos públicos, salvo nos casos previstos em lei.

Proteger esta empresa é proteger uma coletividade impactada por ela. Fabio Ulhôa Coelho, conceituando o principio da preservação da empresa, aduz:

> "O princípio da preservação da empresa, o que se tem em mira é a proteção da atividade econômica, como objeto de direito cuja existência e desenvolvimento interessam não somente ao empresário, ou aos sócios da sociedade empresária, mas a um conjunto bem maior de sujeitos. Na locação identificadora do princípio, "empresa" é o conceito de sentido técnico bem específico e preciso. Não se confunde nem com o seu titular ("empresário") nem com o lugar em que explorada ("estabelecimento empresarial"). O que se busca preservar, na aplicação do princípio da preservação da empresa, é, portanto, a atividade, o empreendimento."[6].

Por isso, quando uma empresa está enfrentando alguma dificuldade, "tais como crises econômicas, financeiras, contábeis e políticas, inclusive *interna corporis*"[7], que possa prejudicar o bom andamento de suas atividades e consequentemente impactar a renda dos trabalhadores que ali exercem atividade laboral, impactando o seu entorno, ela deve ser protegida.

Isso porque não é apenas a empresa que será prejudicada caso não seja mais possível a manutenção de sua atividade econômica, mas todos que, de alguma forma, se beneficiam dela.

Esta proteção, como não poderia deixar de ser, advém do poder público de diversas formas, sendo que uma delas é o exercício da atividade do legislativo, neste caso, através da promulgação da Lei nº 11.101/05, que dispõe sobre o procedimento que deverá ser seguido para proteger a atividade econômica da empresa em dificuldades financeiras.

Maria Cláudia Felten explica:

> "As empresas atuam com liberdade frente à livre iniciativa, sendo que a intervenção do Estado é realizada como instrumento para alcançar o desenvolvimento econômico e social. O Estado interfere nas atividades econômicas interagindo no mercado, definindo e estabelecendo as regras para maior eficiência dos processos econômicos, mas também como produtor de bens públicos. Essa interferência se opera pela regulação pública da economia, pelo conjunto de medidas legislativas, administrativas e convencionadas, que o Estado, por si ou por delegação, determina, controla ou influencia o comportamento dos agentes econômicos.[8]"

---

6. COELHO, Fábio Ulhôa. *Curso de direito comercial*: direito de empresa, p. 79
7. BUSHATSKY, Daniel Bushatsky. Princípio da preservação da empresa. Enciclopédia jurídica da PUC-SP. Celso Fernandes Campilongo, Alvaro de Azevedo Gonzaga e André Luiz Freire (Coords.). Tomo: Direito Comercial. Fábio Ulhoa Coelho, Marcus Elidius Michelli de Almeida (Coord. de tomo). São Paulo: Pontifícia Universidade Católica de São Paulo, 2017. Disponível em: https://enciclopediajuridica.pucsp.br/verbete/220/edicao-1/principio-da-preservacao-da-empresa.
8. FELTEN, Maria Claudia.. "A função social da empresa e o princípio da solidariedade social". *Revista Jus Navigandi.*

   https://jus.com.br/artigos/66847/a-funcao-social-da-empresa-e-o-principio-da-solidariedade-social. - Publicado em: jun. 2018.

Entender que uma empresa em dificuldades financeiras deve simplesmente encerrar suas atividades, ou ser jogada à sua própria sorte, permitindo que os seus credores busquem individualmente satisfazer seus próprios créditos, em detrimento da continuidade da sua atividade econômica, é permitir que o país não evolua economicamente, também deixando de atrair investidores, deixando de ser um país competitivo, impactando na qualidade de vida de toda população.

Ademais, a diversidade de credores de uma empresa em crise, se esta pudesse ser individualmente acionada por suas dívidas, permitiria que os mais abastados financeiramente ou com maior capacidade técnica, se sobrepusessem no recebimento de seus créditos sobre os credores hipossuficientes, prejudicando ainda mais a qualidade de vida da comunidade.

Como exemplo, os bancos, que possuem maior capacidade técnica e financeira, teriam condições infinitamente maiores de receber seus créditos do que os empregados das empresas em dificuldades, já que mais carentes de recursos para buscar o judiciário de forma mais adequada e defender os seus direitos.

Por estes motivos, é de grande valor a existência de uma lei especial que regule o procedimento a ser seguido nos casos em que uma empresa se encontra em dificuldades financeiras e entre em recuperação judicial.

Apesar da euforia que advém da existência de um procedimento especial na lei, a busca incondicional pela sobrevivência da empresa, através da efetiva aplicação da lei de recuperação judicial e falência, também é alvo de críticas de alguns estudiosos, que entendem que algumas empresas podem não possuir condições de manter as suas atividades, não merecendo a proteção e os benefícios da lei.

Neste sentido, o custo estatal e processual envolvido na tentativa de recuperar a empresa em crise, no obscurantismo de preservá-la, pode custar mais caro aos entes envolvidos do que simplesmente se ela encerrasse suas atividades, prejudicando o próprio mercado e, consequentemente, a economia do país.

Nas palavras de Manoel Justino Bezerra Filho[9]:

> "A recuperação judicial destina-se às empresas que estejam em situação de crise econômico-financeira, com possibilidade, porém, de superação; pois aquelas em tal estado, mas em crise de natureza insuperável, devem ter a falência decretada, até para que não se tornem elemento de perturbação do bom andamento das relações econômicas do mercado. Tal tentativa de recuperação prende-se como já lembrado acima, ao valor social da empresa em funcionamento, que deve ser preservado não só pelo incremento da produção, como, principalmente, pela manutenção do emprego, elemento de paz social." (7. ed., p. 133/134).

9. "*Lei de Recuperação de Empresas e Falência Comentada*, ed. Revista dos Tribunais", 7. ed. p. 133/134.

Não obstante esse entendimento, que encontra certa coerência, fato é que a preservação da atividade econômica da empresa em crise, com a restrição à constrição dos seus bens através da suspensão das ações judiciais contra si, é essencial para que ela possa, com alguma possibilidade de sucesso, soerguer.

Esta previsão, inclusive, está explícita no artigo 47 da Lei 11.101/2005, *in verbis:*

> "Art. 47. A recuperação judicial tem por objetivo viabilizar a superação da situação de crise econômico-financeira do devedor, a fim de permitir a manutenção da fonte produtora, do emprego dos trabalhadores e dos interesses dos credores, promovendo, assim, a preservação da empresa, sua função social e o estímulo à atividade econômica."

Este princípio, segundo a Jurisprudência, deve ser o princípio norteador de todo o processo recuperacional.

E para que a empresa possa ser preservada, ela precisa manter sua atividade econômica, ainda que de maneira parcial. Para o efetivo exercício de sua atividade, as empresas em recuperação judicial se utilizam de seus próprios bens, sendo intuitivo pensar que aqueles que restaram nesta fase de dificuldades, provavelmente, são os bens essenciais à sua atividade econômica, para a produção ou circulação de seus bens ou seus serviços, conforme conceito legal de empresário[10].

Se os bens detidos pela empresa em dificuldades fossem inúteis ou desnecessários à consecução do seu objeto social, provavelmente já teriam sido alienados anteriormente à recuperação judicial, para formar caixa e evitar a bancarrota. Por este motivo, é bastante provável que os bens não essenciais à atividade empresarial já tenham sido alienados quando a empresa ingressa com pedido de recuperação judicial.

E justamente porque a empresa precisa destes bens para exercer sua atividade fim, cumprir sua função social e se preservar, para beneficiar todo o seu entorno e a economia do país, a sua proteção merece ser regulada, justamente como previu a Lei 11.101/2005, através de vários dispositivos que restringem a constrição de seus bens, essenciais à consecução do seu objeto social.

E em respeito a este princípio, os entes que estejam envolvidos em operações que possam prejudicar a empresa também devem ser protegidos, por extensão à proteção concedida à atividade empresarial.

---

10. Art. 966. Considera-se empresário quem exerce profissionalmente atividade econômica organizada para a produção ou a circulação de bens ou de serviços.
Parágrafo único. Não se considera empresário quem exerce profissão intelectual, de natureza científica, literária ou artística, ainda com o concurso de auxiliares ou colaboradores, salvo se o exercício da profissão constituir elemento de empresa.

No entanto, o mesmo não acontece com relação aos coobrigados pelas obrigações da empresa em recuperação judicial. Dependendo da relação que o coobrigado tem com a empresa, na qualidade de sócio ou de terceiro independente, bem como da garantia que o obriga, se por meio de aval ou fiança, as proteções não podem ser estendidas *in totum*, conforme veremos mais adiante.

3. DA SUSPENSÃO DAS AÇÕES E EXECUÇÕES EM FACE DO DEVEDOR

A redação original do artigo 6º da Lei 11.105/2005 dispunha que "A decretação da falência ou o deferimento do processamento da recuperação judicial *suspende o curso* da prescrição e *de todas as ações e execuções em face do devedor*, inclusive aquelas dos credores particulares do sócio solidário."

A Lei 14.112, promulgada em 24 de dezembro de 2020, alterou a Lei 11.101/2005, reestruturando o *caput* do artigo 6º, esclarecendo melhor as hipóteses de suspensão das ações e das execuções contra os devedores sujeitos à recuperação judicial ou à falência, declinando somente aquelas relativas a créditos ou obrigações sujeitos à recuperação judicial ou à falência, conforme o quadro comparativo abaixo:

Lei 11.101/2005		**Alterações implementadas pela Lei 14.112/2020**	
Art. 6º	A decretação da falência ou o deferimento do processamento da recuperação judicial suspende o curso da prescrição e de todas as ações e execuções em face do devedor, inclusive aquelas dos credores particulares do sócio solidário.	Art. 6º	A decretação da falência ou o deferimento do processamento da recuperação judicial implica:
I	Sem correspondência	I	**suspensão do curso da prescrição das obrigações do devedor sujeitas ao regime desta Lei;**
II	Sem correspondência	II	**suspensão das execuções ajuizadas contra o devedor, inclusive daquelas dos credores particulares do sócio solidário, relativas a créditos ou obrigações sujeitos à recuperação judicial ou à falência;**
III	Sem correspondência	III	**proibição de qualquer forma de retenção, arresto, penhora, sequestro, busca e apreensão e constrição judicial ou extrajudicial sobre os bens do devedor, oriunda de demandas judiciais ou extrajudiciais cujos créditos ou obrigações sujeitem-se à recuperação judicial ou à falência.**

Pela redação anterior, não restava esclarecido que somente as ações e execuções que tivessem por objeto créditos sujeitos à recuperação judicial ou à falência, deveriam ser suspensas, apesar de ser uma conclusão lógica advinda da interpretação sistemática da lei.

A esta suspensão também faz menção o artigo 52, inciso III da Lei, que dispõe que o juiz determinará "a suspensão de todas as ações ou execuções contra o devedor, na forma do art. 6º"[11], com o deferimento do processamento da recuperação judicial.

11. III – ordenará a suspensão de todas as ações ou execuções contra o devedor, na forma do art. 6º desta Lei, permanecendo os respectivos autos no juízo onde se processam, ressalvadas as ações previstas nos §§ 1º, 2º e 7º do art. 6º desta Lei e as relativas a créditos excetuados na forma dos §§ 3º e 4º do art. 49 desta Lei;

As ressalvas são as ações judiciais ainda ilíquidas[12], as ações trabalhistas ainda em fase de impugnação no juízo especializado[13], as ações cujo objeto seja crédito fiduciário, de arrendador mercantil, do proprietário ou do promitente vendedor de imóvel cujos respectivos contratos contenham cláusula de irrevogabilidade ou irretratabilidade, contrato de venda com reserva de domínio[14], crédito por adiantamento sobre contrato de câmbio[15] e as ações cujos créditos tenham natureza fiscal[16].

Importante consignar, mais uma vez, que as ações judiciais contra os avalistas e fiadores do devedor sujeito aos efeitos da recuperação judicial não estão sujeitas à suspensão, conforme disposição expressa do artigo 49, § 1º[17]. No entanto, há pequena controvérsia sobre a extensão dos efeitos da recuperação judicial, quanto à suspensão das ações, também a favor destes coobrigados, conforme se verá mais adiante.

Conclui-se, portanto, que a saída obtida pelo legislador para evitar a constrição dos bens da empresa em recuperação judicial, a permitir seu soerguimento, foi a previsão de suspensão das ações judiciais que possam, de alguma forma, desrespeitar este princípio tão importante para que o objetivo da lei seja alcançado.

No caso da empresa falida, a restrição à constrição dos bens tem lugar para permitir o recolhimento de todos eles para a partilha entre os credores.

Segundo Marcelo Barbosa Sacramone:

> "A universalidade do juízo falimentar é concebida para que um único órgão possa arrecadar todos os bens, liquidá-los e partilhar o produto entre os diversos credores em igualdade de condições na mesma classe.[18]"

A suspensão das ações judiciais contra a empresa devedora, além de objetivar a manutenção de sua atividade econômica, como alhures mencionado, também objetiva insculpir certa organização no procedimento recuperacional.

---

12. § 1º do art. 6º.
13. § 2º do art. 6º.
14. § 7º- A do art. 6º e § 3º do art. 49.
15. § 7º- A do art. 6º e § 4º do art. 49.
16. § 7º-B do art. 6º
17. Art. 49. Estão sujeitos à recuperação judicial todos os créditos existentes na data do pedido, ainda que não vencidos.

    § 1º Os credores do devedor em recuperação judicial conservam seus direitos e privilégios contra os coobrigados, fiadores e obrigados de regresso.
18. SACRAMONE, Marcelo Barbosa. "*Comentários à Lei de recuperação de empresas e falência*". 2. ed.. São Paulo: Saraiva Educação, 2021, p. 90.

Assim, o Juízo universal também permite uma recuperação judicial organizada através da análise e promulgação de decisões judiciais no âmbito de um único processo, evitando maiores delongas.

Se o Juiz de cada ação judicial contra a empresa devedora tivesse a eventual discricionariedade de determinar a constrição de bens através de decisão judicial isolada, o processo de recuperação judicial sofreria tumulto processual ainda maior, através de prováveis impugnações de objeto diverso da matéria da recuperação judicial, fazendo com que o Judiciário desviasse seus esforços para apreciar questões que não aproveitariam aos demais credores ou à recuperação judicial em si.

Ainda assim, o processo de recuperação judicial é deveras moroso. Estudo de 906 processos de recuperação judicial distribuídos nas Comarcas do Estado de São Paulo entre janeiro de 2010 e julho de 2017, realizado pelo "Observatório de Insolvência" da "Associação Brasileira de Jurimetria" - ABJ, em conjunto com o "Núcleo de Estudos de Processos de Insolvência" - NEPI, da PUC - Pontifícia Universidade Católica de São Paulo, concluiu que "o tempo da primeira AGC[19], no desfecho mediano, ocorreu 314 dias após o deferimento da recuperação nas varas especializadas" e 433 dias até a realização da primeira AGC nas varas comuns[20].

Pela mesma pesquisa, o tempo mediano até a deliberação definitiva sobre o plano de recuperação judicial foi de 517 dias[21], ou seja, um prazo bastante elevado para quem se utiliza de um procedimento totalmente especialmente regulado em lei.

Além disso, a suspensão das execuções "é motivada pela tentativa da lei de criar (...) um ambiente institucional para a negociação entre credores e devedor"[22].

Na falência, como antes mencionado, o Juízo é chamado de "universal", "o único competente para conhecer todas as ações sobre bens, interesses e negócios do falido (art. 96)"[23].

O prazo de duração desta suspensão, na redação anterior da Lei 11.101/2005, era de 180 (cento e oitenta) dias, contado do deferimento do processamento da recuperação.

19. Assembleia Geral de Credores.
20. WAISBERG, Ivo; SACRAMONE, Marcelo Barbosa; GUEDES NUNES, Marcelo e CORRÊA, Fernando.. *Recuperação Judicial no Estado de São Paulo* – 2ª Fase do Observatório de Insolvência – p. 29. file:///Users/tati/Downloads/2%20%C2%AA%20fase%20-%20observat%C2%B4prio%20-%20Recuperacao_Judicial_no_Estado_de_Sao_Paulo.pdf.
21. Ibidem.
22. Ibidem, p. 91.
23. Ibidem, p. 90.

Apesar da previsão de que este prazo seria improrrogável, o que se viu, na prática, foi a sua flexibilização pela jurisprudência, com a prorrogação do *stay period*, em razão das delongas do processo judicial, como vimos no estudo do Observatório de Insolvência acima mencionado.

No entanto, a flexibilização do prazo pelo Judiciário perpassava a hipótese de o devedor não ter contribuído para o retardamento do feito, bem como na relevante circunstância de que a suspensão deveria contar com a concordância de credores que representassem mais da metade do valor total dos créditos presentes à assembleia-geral, nos termos da regra geral do art. 42[24].

No entendo, a Lei 14.112, promulgada em 24 de dezembro de 2020, incorporou o que já vinha sendo admitido pela jurisprudência, adicionando o § 4º ao artigo 6º, incluindo a previsão de prorrogação excepcional do *stay period*, pelo mesmo prazo, uma única vez e "desde que o devedor não haja concorrido com a suspensão do lapso temporal."[25]

Ainda assim, a positivação da possibilidade de extensão do prazo de suspensão das ações contra a empresa devedora, ainda que louvável, provavelmente não solucionará adequadamente os percalços advindos da necessidade de se prolongar ainda mais este período, pois como já mencionado, a mesma pesquisa coletada pelo "Núcleo de Estudos de Processos de Insolvência"- NEPI concluiu que o tempo mediano até a deliberação definitiva sobre o plano de recuperação judicial daqueles processos analisados, foi de 517 (quinhentos e dezessete dias) dias, ou seja, quase 3 (três) vezes mais do que o prazo de suspensão permitido pela lei, ainda que dobrado.

Este dado demonstra que, provavelmente, a nova lei não obstará novos pedidos de extensão deste prazo, a ser manejado pela devedora, tendo deixado de solucionar a questão como deveria.

A nova lei também previu consequências da não observância deste prazo, hipóteses de não aplicação do *stay period* e delimitou o início de sua contagem, conforme quadro comparativo abaixo:

---

24. Art. 42. Considerar-se-á aprovada a proposta que obtiver votos favoráveis de credores que representem mais da metade do valor total dos créditos presentes à assembléia-geral, exceto nas deliberações sobre o plano de recuperação judicial nos termos da alínea *a* do inciso I do *caput* do art. 35 desta Lei, a composição do Comitê de Credores ou forma alternativa de realização do ativo nos termos do art. 145 desta Lei.
25. Art. 6º, § 4º Na recuperação judicial, as suspensões e a proibição de que tratam os incisos I, II e III do *caput* deste artigo perdurarão pelo prazo de 180 (cento e oitenta) dias, contado do deferimento do processamento da recuperação, prorrogável por igual período, uma única vez, em caráter excepcional, desde que o devedor não haja concorrido com a superação do lapso temporal.

Lei 11.101/2005		Alterações implementadas pela Lei 14.112/2020	
§ 4º	Na recuperação judicial, a suspensão de que trata o **caput** deste artigo em hipótese nenhuma excederá o prazo improrrogável de 180 (cento e oitenta) dias contado do deferimento do processamento da recuperação, restabelecendo-se, após o decurso do prazo, o direito dos credores de iniciar ou continuar suas ações e execuções, independentemente de pronunciamento judicial.	§ 4º	Na recuperação judicial, as suspensões e a proibição de que tratam os incisos I, II e III do **caput** deste artigo perdurarão pelo prazo de 180 (cento e oitenta) dias contado do deferimento do processamento da recuperação, prorrogável por igual período, uma única vez, em caráter excepcional, desde que o devedor não haja concorrido com a superação do lapso temporal.
§ 4º-A	Sem correspondência	§ 4º-A	O decurso do prazo previsto no § 4º deste artigo sem a deliberação a respeito do plano de recuperação judicial proposto pelo devedor faculta aos credores a propositura de plano alternativo, na forma dos §§ 4º, 5º, 6º e 7º do art. 56 desta Lei, observado o seguinte:
I	Sem correspondência	I	as suspensões e a proibição de que tratam os incisos I, II e III do caput deste artigo não serão aplicáveis caso os credores não apresentem plano alternativo no prazo de 30 (trinta) dias, contado do final do prazo referido no § 4º deste artigo ou no § 4º do art. 56 desta Lei;
II	Sem correspondência	II	as suspensões e a proibição de que tratam os incisos I, II e III do caput deste artigo perdurarão por 180 (cento e oitenta) dias contados do final do prazo referido no § 4º deste artigo, ou da realização da assembleia geral de credores referida no § 4º do art. 56 desta Lei, caso os credores apresentem plano alternativo no prazo referido no inciso I deste parágrafo ou no prazo referido no § 4º do art. 56 desta Lei.

Outra modificação relevante adotada pela nova lei, foi a adoção de posição já pacificada pelo STJ, fixando em dias corridos a contagem do prazo do *stay period*. Esta nova disposição foi refletida no art. 189.[26]

O chamado *stay period,* nome que se dá às suspensões das ações contra os devedores, repita-se, tem por objetivo conceder um prazo para que a empresa endividada possa projetar o seu plano de recuperação judicial e negociá-lo com os credores, no caso da recuperação judicial.

4. DA SUSPENSÃO DAS AÇÕES CONTRA OS COOBRIGADOS

Como antes mencionado, embora a lei não preveja a suspensão das ações contra os sócios coobrigados, que não sejam devedores solidários da empresa devedora, mas ao contrário, autoriza a manutenção regular das ações judiciais e correspondentes constrições, conforme artigo 49, §1º da lei, fato é que há decisões judiciais que vêm estendendo esta proteção também contra esses devedores, conforme veremos mais adiante.

Esta é a previsão legal:

"Art. 49. Estão sujeitos à recuperação judicial todos os créditos existentes na data do pedido, ainda que não vencidos.

§ 1º Os credores do devedor em recuperação judicial conservam seus direitos e privilégios contra os coobrigados, fiadores e obrigados de regresso."

---

26. Art. 189. Aplica-se, no que couber, aos procedimentos previstos nesta Lei, o disposto na Lei nº 13.105, de 16 de março de 2015 (Código de Processo Civil), desde que não seja incompatível com os princípios desta Lei.

§ 1º Para os fins do disposto nesta Lei:

I. – todos os prazos nela previstos ou que dela decorram serão contados em dias corridos; e

Os coobrigados são os avalistas, fiadores ou qualquer interveniente garantidor de determinada operação financeira da empresa devedora.

Estas garantias de terceiros, na sua maior parte, são obrigações autônomas, no sentido de que o coobrigado é considerado o devedor principal da obrigação, podendo ter seus bens excutidos antes mesmo do devedor principal.

Quando se trata de um terceiro garantidor, que em nada se relaciona com a empresa devedora, não há dúvidas de que eventual ação movida contra si não se suspende com a recuperação judicial da empresa devedora.

Pequena controvérsia existe, no entanto, quando o coobrigado é sócio da empresa devedora, pois a letra fria da lei não prevê a suspensão das ações contra o sócio não solidário, mas ao contrário, autoriza a manutenção regular das ações e constrições, conforme previsão do artigo 49, §1º.

Ademais, a manutenção das ações judiciais contra os coobrigados, ainda que sócios, parece estar pacificada no STJ, tendo inclusive sido objeto da Súmula 581, que assim dispõe:

> "A recuperação judicial do devedor principal não impede o prosseguimento das ações e execuções ajuizadas contra terceiros devedores solidários ou coobrigados em geral, por garantia cambial, real ou fidejussória."

Isso significa dizer que, mesmo que o devedor principal esteja em recuperação judicial, os coobrigados podem ser cobrados pelo credor. Esta cobrança perdura mesmo com a aprovação do plano de recuperação judicial, sob o fundamento de que a natureza jurídica da novação que advém da aprovação do plano na recuperação judicial é diferente da natureza jurídica da novação disciplinada pelo Código Civil.[27]

Segundo Vitor Hugo Pelles[28]:

> "se a novação civil faz, como regra, extinguir as garantias da dívida, inclusive as reais prestadas por terceiros estranhos ao pacto (art. 364 do Código Civil), a novação decorrente do plano de recuperação traz, como regra, ao reverso, a manutenção das garantias (art. 59, caput da Lei 11.101/05), as quais só serão suprimidas ou substituídas "mediante aprovação expressa do credor titular da respectiva garantia", por ocasião da alienação do bem gravado (art. 50, §1º)".

---

27. REsp 1.333.349-SP, Relator: Min. Luis Felipe Salomão, Quarta Turma, Publicado: 02 fev. 2015.
28. https://www.migalhas.com.br/depeso/303794/recuperacao-judicial---breves-consideracoes-sobre-decisao-do-stj-que-considerou-exclusao-de-garantias-reais-previstas-no-plano-de-recuperacao-judicial Recuperação judicial. – Breves considerações sobre decisão do STJ que considerou exclusão de garantias reais previstas no plano de recuperação judicial.

Ocorre que a suspensão das ações contra o sócio coobrigado e não solidário encontra alguma defesa, sendo possível encontrar decisões judiciais isoladas que permitem a interpretação extensiva do *stay period* a estes sujeitos.

Um dos fundamentos é que a maior parte dos credores da recuperação judicial são as instituições financeiras, que quiçá na integralidade das operações detidas com a empresa devedora, condicionam o negócio jurídico entabulado ao aval ou à fiança do sócio, que se torna coobrigado, não sendo razoável que este sócio não se beneficie da suspensão legal, se a beneficiada pela operação foi a empresa.

Outro entendimento pela suspensão das ações também contra o sócio coobrigado, tem seu fundamento no lastro financeiro que sustenta o coobrigado, que advém da empresa devedora, ou seja, o sócio coobrigado sobrevive às custas da renda obtida da empresa devedora, de forma que constranger o seu patrimônio fará com que ele busque repor sua renda às custas da empresa devedora, que não deveria aumentar as suas despesas em meio à uma crise financeira.

Outras decisões judiciais justificam a suspensão das ações também contra os sócios coobrigados, no sentido de que embora não sejam solidários pela obrigação, avalizaram operação em benefício da empresa em recuperação judicial, o que justificaria a obtenção do benefício concedido a ela.

Por outro lado, o prosseguimento das ações contra os sócios garantidores, por óbvio, trarão ainda mais dificuldades à própria empresa em recuperação judicial, já que para colocar em prática o seu plano de recuperação, os sócios devem estar pessoal e individualmente envolvidos e desejosos de soerguer a sociedade empresária.

Neste sentido, é difícil imaginar um empresário endividado e em dificuldades financeiras, correndo o risco de perder o seu patrimônio por ter sido avalista ou fiador da empresa da qual é sócio, direcionando seus esforços para recuperar a empresa em crise, para cumprir o máximo das obrigações possíveis com os credores, sabendo que provavelmente não lhe sobrará recursos para repor o seu próprio patrimônio, que foi perdido a favor da empresa em recuperação.

Há também o forte argumento de que, com a aprovação do plano de recuperação judicial, e sendo o crédito sujeito a ela, o seu pagamento deverá ocorrer nos seus termos, exclusivamente.

Para Caroline Borges Pantoja, "permitir que as dívidas sejam exigidas de terceiros garantidores é, no mínimo incoerente, de modo que na prática, de um lado concede o benefício legal e, de outro lado, retira o mesmo "benefício", não permitindo que a devedora e seus gestores, por exemplo, tenham o "fôlego" pretendido e criado pela lei.[29]"

---

29. Suspensão de ações e execuções também contra os coobrigados e avalistas de empresa recuperanda: a interpretação que deve ser dada à Lei 11.101/2005: https://www.marcosmartins.adv.br/pt/suspensao-

Já no julgamento de Agravo de Instrumento pelo Tribunal Regional Federal da 3ª Região, este entendimento restou fundamentado no prejuízo direcionado à própria empresa em recuperação, pois o coobrigado integrará, futuramente, a lista de credores, para se ver ressarcido da expropriação sofrida a favor da devedora:

> "Sendo assim, diante da expressa vedação legal de prosseguimento da execução contra a devedora principal – em recuperação judicial – não há que se falar na constrição de bens integrantes do patrimônio da empresa agravante. Da mesma forma, *não se mostra razoável que o patrimônio dos avalistas seja atingido por dívidas da devedora principal quando a sociedade empresarial já se encontra em recuperação judicial.*
>
> Com efeito, não se ignora a previsão contida no artigo 899 do Código Civil que estabelece que o avalista se equipara àquele cujo nome indicar, tampouco o disposto no artigo 49, § 1º da Lei 11.101/05 segundo o qual "Os credores do devedor em recuperação judicial conservam seus direitos e privilégios contra os coobrigados, fiadores e obrigados de regresso".
>
> Cabe lembrar, no entanto, que para a viabilização da recuperação judicial o legislador permitiu a adoção de condições e prazos especiais de pagamento, criando à empresa as condições mínimas necessárias à manutenção de suas atividades ao mesmo tempo em que cumpre com suas obrigações comerciais.
>
> *A exegese de que o benefício da recuperação judicial se estende aos avalistas baseia-se em interpretação finalística e sistemática do ordenamento que regula essa espécie de favor legal.*
>
> Sob a ótima finalística, pouco sentido teria o reconhecimento da pertinência da recuperação judicial, comprovação do plano de pagamento, etc. e, de outro giro, permitir que a mesma dívida seja exigida de terceiros garantidores que, ao fim e ao cabo, satisfazendo a dívida, poderão exigi-la, por inteiro, da empresa em recuperação judicial."[30]

Depreende-se do julgamento que a suspensão teria lugar apenas até a aprovação do plano e seu cumprimento, havendo a retomada das ações judiciais contra os coobrigados caso o plano seja descumprido.

Entendimento similar também é encontrado nos Tribunais de Justiça de São Paulo e do Rio de Janeiro.

No Tribunal de Justiça de São Paulo, o Relator Souza Lopes, da 17ª Câmara de Direito Privado, concedeu efeito suspensivo a agravo de instrumento manejado por sócio garantidor de empresa em recuperação judicial, determinando que "em caso de recuperação judicial, a suspensão da execução em relação à empresa também se estende aos *sócios garantidores*."

-de-acoes-e-execucoes-tambem-contra-os-coobrigados-e-avalistas-de-empresa-recuperanda-a-interpretacao-que-deve-ser-dada-a-lei-11-101-2005/#_ftn1.

30. Agravo de instrumento (202) 5011394-30.2019.4.03.0000, Relator: Gab. 02. – Des. Fed. Wilson Zauhy – Julgamento 12 fev. 2020 – TRF3.

O fundamento foi de que "o sócio sobrevive da renda que obtém da empresa", de forma que, "se a pessoa jurídica está em dificuldades econômicas, o sócio está na mesma situação.[31]"

Já em seu voto, consignou que:

> "(...) não vejo como se possa concluir que toda vez que o garantidor ou devedor solidário for sócio de empresa devedora, não seja beneficiado pelo advento da novação oriunda da recuperação judicial.
>
> *Assim afirmo porque se o sócio sobrevive da renda que obtém da empresa, por certo que se a pessoa jurídica está em dificuldades econômicas, o sócio está na mesma situação.*
>
> E não é só. O credor que celebra contrato nestes moldes, tendo como garante o sócio da pessoa jurídica, sabe que, em caso de quebra, o sócio estará falido, logo, exigir que, na recuperação judicial, a execução prossiga contra o sócio garantidor da dívida, não se mostra correto, pois, estar-se-ia, de forma indireta, levando o sócio ao desespero e à falência já que sobrevive, como já afirmado, daquilo que produz na sociedade recuperanda e, se esta se encontra "doente", com certeza a "doença" também contamina e abate o sócio.

A decisão também se fundamentou no entendimento de que o coobrigado, naquele caso, não possui obrigação autônoma, ao consignar que "Não se pode olvidar, outrossim, que a *finalidade do garante* é assumir a obrigação caso o devedor principal não consiga fazê-lo, *o que é bem diferente* de possibilitar o pagamento em novo prazo e outros valores", ou seja, o coobrigado não se responsabilizaria como se devedor principal fosse, o que sabidamente não acontece em todos os casos.

Este entendimento também foi construído sob a fundamentação de que, "do contrário, somente os créditos *não garantidos* poderiam compor o quadro da empresa em recuperação, aliás, qual a razão de se incluir tal crédito no quadro se o credor vai exigir do garante os valores nos prazos originários?"

Por fim, o Relator concluiu que "a suspensão e a novação decorrentes da recuperação judicial *atingem o crédito, a relação obrigacional num todo*, de sorte a impedir a execução até que esgotado o prazo de suspensão decorrente da recuperação judicial.", consignando respeitar as posições contrárias e reconhecendo as exceções, mas que no caso em concreto "não foram demonstradas".

Já no Tribunal de Justiça do Rio de Janeiro, foi possível encontrar decisões entendendo que o prosseguimento das ações judiciais contra o sócio garantidor é onerá-lo mais do que a própria recuperanda. Vejamos:

> "Apelação civil. Execução por título extrajudicial. Recuperação judicial homologada. Suspensão das ações e execuções. Devedores solidários sócios da empresa em recuperação

31. Processo 2190096-11.2018.8.26.0000, Agravo de Instrumento, Relator Souza Lopes, 17ª Câmara de Direito Privado do Tribunal de Justiça de São Paulo, 13 set. 2018.

judicial. Inteligência do art. 6º da Lei 11.101/05. Prazo de 180 dias. Natureza não peremptória. Circunstâncias fáticas relevantes. Manutenção da decisão.

Se a finalidade do plano de recuperação é organizar o quadro de credores da empresa, de modo a estabelecer um cronograma possível de ser realizado, não é razoável permitir que as execuções possam prosseguir quando aquele crédito já está relacionado e programado para pagamento.

Cogitar o prosseguimento dos processos de execução contra o sócio garante é privilegiar a contraditória situação onde o sócio seria responsabilizado de forma mais onerosa do que a própria empresa, beneficiada pela suspensão das ações e execuções.

O prazo de 180 dias, estabelecido no § 4º do art. 6º da Lei 11.101/05, não pode receber interpretação dissociada do escopo finalístico previsto pela própria norma.

Havendo plano de recuperação aprovado, em curso regular, e, não se podendo imputar à empresa em recuperação, eventual atraso no saneamento do caixa a permitir o início ou a retomada dos pagamentos, o mero transcurso dos 180 dias não libera os credores a promover execuções individuais, diante da natureza não peremptória do prazo.

Precedentes neste sentido no STJ.

Conhecimento e desprovimento do recurso."

(TJ/RJ, AI 0062152-02.2011.8.19.0000, Nona Câmara Cível, Rel. Des. Rogério de Oliveira),

No entanto, referidas decisões parecem isoladas da maior parte da Jurisprudência, que entende que os coobrigados não devem ter as ações contra si suspensas, nos exatos termos da lei.

5. DA SUPRESSÃO DAS GARANTIAS PELA APROVAÇÃO DO PLANO RECUPERACIONAL

Outra forma da suspensão das ações judiciais contra os coobrigados passou a ser verificada através da aprovação do plano de recuperação judicial contendo cláusula de supressão das garantias e da desoneração dos coobrigados.

Na maior parte das vezes, o plano contendo referida cláusula não foi aprovado por todos os credores, o que acabou gerando discussões judiciais objetivando a invalidação de sua disposição pelos credores prejudicados.

A supressão das garantias e a desoneração dos coobrigados impedem os credores de darem prosseguimento às ações judiciais contra estes sujeitos, que sabidamente são, na sua maioria, sócios da empresa em recuperação judicial.

A justificativa a permitir a supressão das garantias pelo plano, com a respectiva extinção das ações judiciais contra os coobrigados, é que o cumprimento do plano de recuperação judicial, com o respectivo pagamento dos credores, quitará a obrigação do coobrigado.

Por outro lado, a justificativa de quem defende a ilegalidade desta supressão tem esteio no artigo 49, § 1º da Lei 11.101/05, que seria claro no sentido de que "os credores do devedor em recuperação judicial conservam seus direitos e privilégios contra os coobrigados, fiadores e obrigados de regresso".

Para eles, o plano de recuperação judicial contendo supressão das garantias não poderia conter previsão diversa do que dispõe, explicitamente, a própria lei, a não ser que os credores afetados concordem com esta supressão.

O Tribunal de Justiça de São Paulo, por sua vez, sumulou este entendimento, através da edição da Súmula 61:

> "Na recuperação judicial, a supressão da garantia ou sua substituição somente será admitida mediante aprovação expressa do titular."

Por outro lado, a supressão das garantias pelo plano de recuperação judicial também foi declarada válida pelo Tribunal de Justiça de São Paulo, mas sob outro fundamento. No referido julgamento, entendeu-se que o credor deixou de se opor à aprovação do plano no momento oportuno, configurando concordância tácita à sua proposição[32].

Argumento a favor de que a supressão das garantias contida no plano de recuperação judicial não descumpre previsão explícita da lei, é a disposição do § 2º do mesmo artigo 49 da lei, que prevê a possibilidade de flexibilização da suposta regra geral, ao dispor que "As obrigações anteriores à recuperação judicial observarão as condições originalmente contratadas ou definidas em lei, inclusive no que diz respeito aos encargos, *salvo se de modo diverso ficar estabelecido no plano de recuperação judicial.*"

Nesta disputa, há voto em julgamento do STJ entendendo pela legalidade da supressão das garantias, ainda que o credor afetado não tenha votado a favor na Assembleia Geral de Credores, por se tratar de direito disponível[33]. Veja:

> *"(...) 2. Como direito disponível, mostra-se absolutamente possível (e, portanto, não contrário ao ordenamento jurídico) o estabelecimento, no plano de recuperação judicial, de cláusula que estabelece a supressão das garantias fidejussórias.*
>
> Afinal, se a cláusula supressiva fosse contrária ao direito posto e, portanto, inválida, não poderia produzir efeitos nem sequer àqueles que com ela consentiram expressamente, o que, como assinalado, refugiria sobremaneira da natureza do direito em análise e, principalmente, dos contornos efetivamente gizados na Lei 11.101/05.
>
> Como se constata, a divergência que se coloca não seria propriamente quanto à validade, em si, da cláusula supressiva, mas sim quanto aos seus efeitos e a sua extensão, devendo-se

32. TJSP; Apelação Cível 1053517-30.2019.8.26.0100; Relator (a): Roberto Mac Cracken; Órgão Julgador: 22ª Câmara de Direito Privado; Foro Central Cível. – 19ª Vara Cível; Data do Julgamento: 11 fev. 2021; Data de Registro: 23 fev. 2021).
33. REsp 1.850.287/SP, Rel. Ministra Nancy AndrighI, Rel. p/ Acórdão Ministro Marco Aurélio Bellizze, Terceira Turma, julgado em 1º dez, 2020, DJe 18 dez, 2020.

perquirir, a esse propósito, o modo eleito pela lei para legitimar as deliberações correlatas, a qual se vale do critério majoritário, levando-se em conta, como deveria ser, o valor, a importância do crédito na correspondente classe.

(...) 3.1 Conservadas, em princípio, as condições originariamente contratadas, no que se inserem as garantias ajustadas, a lei de regência prevê, expressamente, a possibilidade de o plano de recuperação judicial, sobre elas, dispor de modo diverso (§ 2º, do art. 49 da Lei n. 11.101/2009). É na exclusiva hipótese de haver aprovação pela assembleia geral de credores, com detida observância ao quórum legal, que a aludida cláusula supressiva produz efeitos para todos os credores indistintamente da correspondente classe. [...]

Não obstante o esforço daqueles que militam a favor da legalidade da supressão das garantias dos credores, o entendimento não é unânime, sendo que no mesmo julgamento, houve voto divergente, proferido pela Ministra Nancy Andrighi, que entendeu que "a supressão das garantias somente pode ser admissível na hipótese de haver anuência prévia dos respectivos titulares, consubstanciada na manifestação expressa, em assembleia de credores, favorável à proposta de soerguimento apresentada pelo devedor que contenha tal previsão."

A obrigatoriedade da anuência do titular da garantia também foi exigida em outro julgamento, proferido recentemente no STJ, cuja ementa assim consignou[34]:

"(...) 3. *A cláusula que estende a novação aos coobrigados é legítima e oponível apenas aos credores que aprovaram o plano de recuperação* sem nenhuma ressalva, não sendo eficaz em relação aos credores ausentes da assembleia geral, aos que abstiveram-se de votar ou se posicionaram contra tal disposição.

4. A anuência do titular da garantia real é indispensável na hipótese em que o plano de recuperação judicial prevê a sua supressão ou substituição. (...)"

Contra aqueles que militam a favor da impossibilidade de supressão das garantias, sob qualquer hipótese, o Relator Ministro Ricardo Villas Bôas Cueva, declarou válida a cláusula, no julgamento do REsp 1.700.487-MT, ainda que entendendo necessária a anuência dos credores atingidos, sob o fundamento de que não esbarrou em qualquer "das hipóteses estabelecidas no artigo 166 do Código Civil de nulidade de negócio jurídico". Vejamos trecho do seu voto:

"A princípio, não há falar em nulidade da cláusula, visto não esbarrar em nenhuma das hipóteses estabelecidas no artigo 166 do Código Civil de nulidade do negócio jurídico: (i) ser celebrado por pessoa absolutamente incapaz; (ii) for ilícito, impossível ou indeterminável o seu objeto; (iii) for o motivo determinante, comum a ambas as partes, ilícito; (iv) não revestir a forma prescrita em lei; (v) for preterida alguma solenidade que a lei considere essencial para sua validade; (vi) tiver por objetivo fraudar lei imperativa, e (vii) ser taxativamente declarado nulo por lei, ou proibir-lhe a prática, sem impor sanção.

---

34. REsp 1794209 / SP,. Recurso Especial 2019/0022601-6 Ministro Ricardo Villas Bôas Cueva,. S2,. Segunda Seção, Julgamento 12 maio 2021.

A cláusula também não encontra óbice nas situações de anulabilidade do negócio jurídico elencadas nos artigos 138 e ss. do Código Civil. Portanto, trata-se de negócio jurídico válido, sendo necessário perquirir acerca de sua eficácia, especialmente no que concerne aos credores ausentes e aos presentes na assembleia que não votaram ou votaram contrariamente à aprovação do plano."

Como dito, foi exigida a concordância dos credores atingidos pela supressão das garantias para o reconhecimento da sua licitude, tendo em vista que o artigo 361 do Código Civil dispõe que a novação não se presume, de forma que "inexistindo manifestação do titular do crédito com inequívoco ânimo de novar em relação às garantias, não se mostra possível afastar a expressa previsão legal de que a novação não se estende aos coobrigados (art. 49, § 1º, da Lei 11.101/05)."

No entanto, forte argumento a favor da possibilidade de supressão das garantias através de cláusula inserta em plano de recuperação judicial devidamente homologado, é a possibilidade de apresentação de plano alternativo pelos credores, que foi inserida na Lei 11.101/05 pela Lei 14.112/2020.

Isso porque é obrigatória a supressão das garantias na apresentação do plano alternativo pelos credores, de acordo com a nova redação da lei, o que demonstra que se trata de direito disponível, passível, portanto, de negociabilidade. Veja:

Art. 56. Havendo objeção de qualquer credor ao plano de recuperação judicial, o juiz convocará a assembléia-geral de credores para deliberar sobre o plano de recuperação.

(...) § 6º O plano de recuperação judicial proposto pelos credores somente será posto em votação caso satisfeitas, cumulativamente, as seguintes condições:

(...) V - **previsão de isenção das garantias pessoais prestadas por pessoas naturais** em relação aos créditos a serem novados e que sejam de titularidade dos credores mencionados no inciso III deste parágrafo ou daqueles que votarem favoravelmente ao plano de recuperação judicial apresentado pelos credores, não permitidas ressalvas de voto; e"

Além disso, não se pode perder de vista que os maiores credores das empresas em recuperação judicial são exatamente aqueles que possuem garantias contra os coobrigados, quais sejam, as instituições financeiras.

Por este motivo, não parece adequado que todos os credores dos coobrigados não se subordinem ao plano de recuperação judicial que contenha cláusula de supressão das garantias, ainda que não a tenham aprovado.

Isso porque os credores já estarão se beneficiando dos pagamentos aprovados pelo plano, não merecendo tratamento diferenciado dos demais credores apenas porque possuem uma garantia contra um coobrigado.

As estatísticas demonstram pouca utilização deste recurso. O mesmo estudo do "Observatório de Insolvência" alhures mencionado,[35] concluiu que apenas 16,2% dos planos apresentou a previsão de liberação de terceiros garantidores.

Segundo os responsáveis pela análise dos dados, é provável que o número seja baixo em razão da fixação da jurisprudência sobre a ineficácia de tal disposição nos últimos anos frente aos credores que não concordarem expressamente com a cláusula.

6. CONCLUSÃO

Realmente não faltam motivos para estender o *stay period* aos sócios da empresa em recuperação judicial, quando coobrigados pelas suas operações, sendo avesso ao próprio soerguimento da atividade empresarial desenvolvida impor ao sócio ônus mais gravoso do que à própria empresa.

Quando o sócio garantidor assume a posição de coobrigado, o faz a favor da manutenção da atividade empresarial, que por sua vez beneficia todo o ecossistema econômico do país, motivo pelo qual não deveria ser prejudicado.

Ademais, esta proteção serviria de incentivo ao empreendedorismo, fomentando ainda mais a atividade econômica, trazendo mais riqueza ao país.

A empresa brasileira é financiada pelos grandes agentes econômicos, tais como as instituições financeiras, de forma que, sem a devida proteção ao sócio, quando garantidor, não haverá motivo para que ele invista no empresariado, o que deixará de fomentar a atividade econômica e, consequentemente, trará prejuízos a toda a população.

No entanto, não é esta a preocupação do legislador, que sabidamente funciona através de forças obscuras que deságuam em legislações protecionistas. Este também não é o entendimento predominante que se vê nos Tribunais brasileiros, que se atentam à letra fria da lei, deixando de fazer uma interpretação sistemática para buscar o bem da comunidade e a extensão destes benefícios a longo prazo.

Por fim, com relação aos terceiros coobrigados, que não se relacionam com a empresa em recuperação judicial, não há dúvidas que se arriscaram voluntariamente ao garantir operações comerciais frente a credores com quem negociaram adequadamente, de forma que não há, decerto, nenhum motivo para que tenham as ações contra si suspensas.

---

35. WAISBERG, Ivo; SACRAMONE, Marcelo Barbosa; GUEDES NUNES, Marcelo e CORRÊA, Fernando.. *Recuperação Judicial no Estado de São Paulo* – 2ª Fase do Observatório de Insolvência – p. 29. file:///Users/tati/Downloads/2%20%C2%AA%20fase%20-%20observat%C2%B4prio%20-%20Recuperacao_Judicial_no_Estado_de_Sao_Paulo.pdf.

7. BIBLIOGRAFIA

BEZERRA FILHO, Manoel Justino, "*Lei de Recuperação de Empresas e Falência Comentada*, ed. Revista dos Tribunais", 7. ed.

BUSHATSKY, Daniel Bushatsky. Princípio da preservação da empresa. Enciclopédia jurídica da PUC-SP. Celso Fernandes Campilongo, Alvaro de Azevedo Gonzaga e André Luiz Freire (Coords.). Tomo: Direito Comercial. Fábio Ulhoa Coelho, Marcus Elidius Michelli de Almeida (Coord. de tomo). São Paulo: Pontifícia Universidade Católica de São Paulo, 2017.

COELHO, Fábio Ulhôa, Curso de direito comercial: direito de empresa, 19. ed. Revista dos Tribunais;

FELTEN, Maria Claudia. "A função social da empresa e o princípio da solidariedade social". *Revista Jus Navigandi*, Publicado em jun. 2018.

PEDROTTI, João Vicente, "Sobre a recuperação judicial para atividades não empresariais". *Revista Consultor Jurídico*, 29 jul. 2021.

SACRAMONE, Marcelo Barbosa. "*Comentários à Lei de recuperação de empresas e falência*". 2. ed. São Paulo: Saraiva Educação, 2021.

WAISBERG, Ivo; SACRAMONE, Marcelo Barbosa; GUEDES NUNES, Marcelo e CORRÊA, Fernando. Recuperação Judicial no Estado de São Paulo – 2ª Fase do Observatório de Insolvência.

A PRORROGAÇÃO DO PRAZO DE SUSPENSÃO DAS AÇÕES E EXECUÇÕES EM FACE DO DEVEDOR E A DURAÇÃO DAS ASSEMBLEIAS GERAIS DE CREDORES – UM ESTUDO SOBRE A PRÁTICA DOS PROCESSOS DE RECUPERAÇÃO JUDICIAL DISTRIBUÍDOS NO ESTADO DE SÃO PAULO E A ADEQUAÇÃO AOS TERMOS LEI 14.112 DE 24 DE DEZEMBRO DE 2020

Felipe Pereira Gallian

Pós-graduando em Direito Contratual pela Pontifícia Universidade Católica de São Paulo (PUC-SP), bacharel em Direito pela Faculdade de Direito da Universidade Presbiteriana Mackenzie. E-mail: felipepgallian@gmail.com.

Carlos Simionato Biziak

Graduando em Direito pela Faculdade de Direito da Universidade Presbiteriana Mackenzie. E-mail: carlos.asb@hotmail.com.

João Vitor Freitas Oliveira

Graduando em Direito pela Faculdade de Direito da Universidade Presbiteriana Mackenzie. E-mail: joao.vitorfreitas@hotmail.com.

Leonardo Miranda Carnicelli

Graduando em Direito pela Faculdade de Direito da Universidade Presbiteriana Mackenzie. E-mail: leonardo_miranda@live.com.

1. INTRODUÇÃO AO ESTUDO

O advento da Lei 14.112 de 24 de dezembro de 2020 ocasionou significantes alterações sistemáticas no tratamento da empresa em crise no direito brasileiro. É certo dizer que a reforma da Lei 11.101 de 9 de fevereiro de 2005, além de trazer diversas inovações procedimentais aos processos de recuperação judicial e falências, acabou por positivar diversos entendimentos já pacificados na jurisprudência das cortes superiores e dos tribunais pátrios, os quais, conforme será exposto adiante, muitas vezes mostravam-se completamente contrários ao próprio texto da lei.

Nesse sentido, o presente estudo debruçou-se sobre a modificação legislativa realizada sobre o tratamento dado ao período de suspensão das ações e execuções em face do devedor, com a inserção de uma nova redação ao § 4º do artigo 6º, e a inclusão do § 9º ao artigo 56 na lei, o qual passou a dispor sobre o prazo de encerramento das deliberações assembleares nos processos de recuperação judicial.

Para tanto, foi realizado um levantamento de dados previamente selecionados, os quais serão tratados mais a frente, sobre diversos processos de recuperação judicial distribuídos na capital e nas comarcas do interior do Estado de São Paulo, entre os anos de 2011 e 2017. O universo inicial dos processos foi retirado da base de dados da 2ª Fase do Observatório da Insolvência[1], iniciativa da Associação Brasileira de Jurimetria (ABJ) com o Núcleo de Estudos de Processos de Insolvência (NEPI). A partir da análise individual dos referidos processos, foram considerados, para o estudo sobre a prorrogação do prazo o qual alude o §4º do artigo 6º da Lei 11.101 de 2005, apenas aqueles em que efetivamente houve deferimento do pedido de prorrogação do prazo de ações e suspensões em face das devedoras, que totalizou o número 248 processos.

Por outro lado, no que diz respeito a análise realizada sobre a duração média das deliberações em assembleia geral de credores, foi realizada análise sobre todas as ações judiciais da base de dados, nas quais foi possível o acesso[2], o que totalizou o universo final de 619 processos. Realizado este levantamento, passou-se a tratar sobre as informações a serem buscadas de forma individualizada, em cada uma das ações judiciais.

Na pesquisa realizada sobre os processos em que houve prorrogação do prazo do artigo 6º, §4º da Lei 11.101/05, foram analisados, de forma específica: o local de distribuição dos processos (interior ou capital); a fundamentação da decisão judicial que prorrogou o prazo do período de suspensão das ações e execuções em

1. Disponível em: https://abj.org.br/cases/2a-fase-observatorio-da-insolvencia/. Acesso em 10 out. 2021.
2. Foram desconsiderados para fins de verificação de dados o total de 203 processos, em razão de restrições na visualização dos autos, nos casos de segredo de justiça, de autos físicos ou de números inexistentes (sem padrão CNJ).

face das devedoras; a interposição de recursos sobre a referida decisão e o resultado destes; se o pedido de recuperação judicial foi distribuído em litisconsórcio ativo; o passivo declarado na relação de credores do Administrador Judicial, a qual alude o artigo 7º, §2º da Lei 11.101 de 2005; e os desfechos das negociações, a saber, se houve aprovação do plano apresentado pela devedora ou se foi decretada a falência.

No que diz respeito ao tratamento dos dados para a verificação da duração média das assembleias gerais de credores, sobre o universo final da base, além do aproveitamento das verificações realizadas sobre o local de distribuição dos processos, dos pedidos em litisconsórcio ativo, do passivo declarado pelo Administrador Judicial e do desfecho das negociações, foi realizada a análise sobre a quantidade de dias passados entre a instalação da assembleia geral de credores, tal como enunciado no §9º do artigo 56 da Lei 11.101 de 2005.

O levantamento das informações em referência buscava responder os questionamentos e as hipóteses formuladas antes mesmo da coleta dos dados, baseadas, principalmente, na visão empírica sobre os processos de recuperação judicial. Certamente, a principal questão a ser respondida com a pesquisa tratava-se do próprio objeto do estudo em questão, a saber, verificar se a reforma da Lei 11.101 de 2005, no que tange a alteração da regra sobre a prorrogação do prazo de suspensão das ações e execuções em face do devedor, e da inclusão do prazo de encerramento da assembleia geral de credores, estaria alinhada à realidade e à prática recorrente dos processos de recuperação judicial.

Com efeito, foram levantadas hipóteses no decorrer da pesquisa, que em alguns casos chegaram a se confirmar, principalmente no que diz respeito a assunção de que a prorrogação do prazo do artigo 6º, § 4º da Lei 11.101 de 2005 era mais frequente nos juízos do interior do que na capital e que tal prorrogação contribuía com o desfecho desejado do processo de soerguimento. Outras hipóteses, conforme se verá adiante, chegaram a ser refutadas pelo resultado da pesquisa, como por exemplo, a presunção de que o total do passivo das empresas em recuperação judicial guardava direta relação com a duração dos trabalhos assembleares.

Outrossim, ao final, a análise foi divida e apresentada sob diferentes óticas, desde uma demonstração mais ampla, sobre a divisão geral entre processos em que houve ou não a prorrogação do prazo do artigo 6º, § 4º da Lei 11.101 de 2005, e em que comarca teria sido mais frequente a referida concessão, até os dados mais específicos, como foi o caso das fundamentações das decisões, a quantidade de prorrogações e a relação destas com os desfechos das negociações nos processos de recuperação judicial analisados.

Da mesma forma procedeu-se com o tratamento dos dados referentes à duração das assembleias gerais de credores, que também partiram do sentido amplo, ou seja, da própria verificação da quantidade de dias passados desde a instalação até o desfecho em cada um dos processos, e a análise das médias, medianas e modas de dias nos juízos da capital e do interior levando-se em consideração as variantes selecionadas, a saber, a distribuição em litisconsórcio ativo e a dívida declarada na relação de credores apresentada pelo Administrador Judicial.

2. DOS FUNDAMENTOS PARA A PRORROGAÇÃO DO PERÍODO DE SUSPENSÃO DAS AÇÕES E EXECUÇÕES EM FACE DO DEVEDOR

Assim como já introduzido, o advento da Lei 14.112 de 2020, ao introduzir uma nova redação ao §4º do artigo 6º da Lei 11.101 de 2005, a qual passou a dispor a respeito da possibilidade de prorrogação do prazo de suspensão das ações e execuções em face do devedor, acabou por positivar a jurisprudência que já havia sido pacificada tanto no Superior Tribunal de Justiça, como nos demais tribunais pátrios.

Isto porque, nos termos em que foi redigido originalmente, o dispositivo legal que tratava a respeito do prazo de suspensão e execuções das ações não abria margens para a possibilidades de prorrogações, sendo expresso em sua redação que *a suspensão de que trata o caput deste artigo em hipótese nenhuma excederá o prazo improrrogável de 180 (cento e oitenta) dias*[3]. Todavia, em diversas situações, consoante se verifica no estudo em questão, o prazo de cento e oitenta dias não se mostrava suficiente para que as devedoras negociassem com seus credores os termos do plano de recuperação judicial a ser apresentado.

Por este motivo, com o intuito de preservar a empresa e assegurar o melhor resultado tanto para a devedora como para os credores sujeitos ao concurso, a jurisprudência passou a adotar o entendimento de que seria possível a prorrogação do período de suspensão das ações e execuções em face do devedor, nos casos em que a insuficiência do prazo de cento de oitenta dias não pudesse ser imputada à devedora[4]. Tal entendimento passou a integrar a jurisprudência do Superior Tribunal de Justiça[5] e no Tribunal de Justiça do Estado de São Paulo, foi matéria para a redação de um dos enunciados do Grupo de Câmaras Reservadas de Direito Empresarial[6].

---

3. BRASIL. Lei 11.101, de 9 de fevereiro de 2005. Disponível em: http://www.planalto.gov.br/ccivil_03/_ato2004-2006/2005/lei/l11101.htm Acesso em 10 out. 2021.
4. SACRAMONE, Marcelo Barbosa. *Comentários a Lei de Recuperação de Empresas e Falências*. 2 ed. São Paulo: Saraiva, 2021, p. 93.
5. STJ, Quarta Turma, AgInt no AREsp 1.356.729/PR, Rel. Ministro Marco Buzzi, DJe 11 out. 2019; STJ, Quarta Turma, AGInt no Agravo em REsp 443.665/RS, Rel. Min Marco Buzzi, DJe 15 set. 2016; STJ, Quarta Turma, AGInt no Agravo em REsp 887.860/RS, Rel. Min. Raul Araujo, DJe 23 ago. 2016.
6. Enunciado IX: A flexibilização do prazo do 'stay period' pode ser admitida, em caráter excepcional, desde que a recuperanda não haja concorrido com a superação do lapso temporal e a dilação se faça por prazo determinado. Disponível em: https://www.tjsp.jus.br/Download/Rodape/GrupoCamarasEmpresariaisEnunciados.pdf Acesso em 10 out. 2021.

Nada obstante, a preservação da empresa, quando relacionado na jurisprudência como fundamento para a flexibilização do prazo de prorrogação do artigo 6º, § 4º da Lei 11.101 de 2005, objetiva, fundamentalmente, nas palavras de Sheila Cerezetti "*o resguardo de uma organização, que abrange inúmeros interesses e cujo o fundamento de existência refere-se exatamente ao respeito a esses mesmos interesses*"[7]. Assim, em resguardo não só a atividade empresarial em si, mas também ao melhor interesse dos credores, a jurisprudência, posteriormente positivada na reforma da Lei 11.101 de 2005, passou a admitir tal prorrogação.

No entanto, conforme é possível observar durante todo o processo até a consolidação do referido entendimento, a prorrogação do referido prazo de cento e oitenta dias de suspensão das ações e execuções em face do devedor não deve ser admitida de forma automática. Neste ponto, tanto os julgadores como os legisladores observaram o importante fato de que, apesar de possível a referida prorrogação, ante a particularidade de alguns casos que envolvem negociações mais complexas e morosas, deve a devedora sempre contribuir com o bom andamento do processo de recuperação judicial, sendo certo que, caso esta tenha contribuído com o esgotamento do prazo do artigo 6º, § 4º da Lei 11.101 de 2005, a prorrogação não deve ser deferida.

Isto posto, o resultado obtido na análise das decisões que deferiram a prorrogação do período de suspensão das ações e execuções em face do devedor, demonstra que, de fato, a jurisprudência positivada na reforma legislativa introduzida pela Lei 14.112 de 2020, já vigorava de forma efetiva, tanto nos juízos da capital, quanto nos do interior. Conforme se observou no estudo realizado, a imensa maioria das prorrogações, independentemente da comarca de origem, foram justificadas sobre a necessidade do atendimento ao princípio da preservação da empresa, combinado ao fato condicionante, de que as devedoras não teriam concorrido para o esgotamento do prazo de cento e oitenta dias de suspensão das ações[8].

Destaca-se ainda que, por se tratar de processos distribuídos muito antes da reforma da Lei 11.101 de 2005, foi possível verificar casos em que houve a prorrogação do período de suspensão por motivos diferentes daqueles acima enunciados, como foi o caso de alguns processos em que a decisão careceu de fundamentação específica[9], ou, para justificar a prorrogação, os magistrados to-

7. CEREZETTI, Sheila Cristina Neder. *A recuperação judicial de sociedade por ações. O princípio da preservação da empresa na lei de recuperação judicial e falência*. São Paulo: Malheiros, 2012, p. 214-215.
8. Ao todo, houve 217 processos em que houve prorrogação do período de suspensão das ações e execuções em face dos devedores, o qual alude o artigo 6º, § 4º da Lei 11.101/05, fundamentados no princípio da preservação da empresa e em situações em que houve reconhecimento de que as devedoras não contribuíram com o esgotamento do referido prazo. Deste número, 37 processos foram distribuídos na capital do Estado de São Paulo e os outros 180 em comarcas do interior.
9. Verificado em 16 processos distribuídos nas comarcas do interior do Estado de São Paulo.

maram como base aspectos práticos e individuais do próprio processamento da recuperação judicial, como por exemplo, situações em que foi reconhecida a alta complexidade nas negociações das devedoras junto aos seus credores[10], ou em casos em que houve demora por parte do Administrador Judicial na apresentação da relação de credores do artigo 7º, § 2º da Lei 11.101 de 2005[11].

Com efeito, em que pese a diversificação de motivos, conforme acima exposto, é possível concluir que, ao final, todas estas questões guardam relação com a necessidade de se verificar se houve concorrência das devedoras com o esgotamento do prazo de suspensão das ações e execuções. Assim, ao reformar a redação do dispositivo em referência, preocupou-se também o legislador em insculpir o caráter de exclusividade da prorrogação e limitá-la à uma única vez, por igual período[12].

Assim, sobre este ponto, infere-se que a reforma da Lei 11.101 de 2005 levou em consideração a prática anterior dos processos de recuperação judicial, pelo menos sobre aqueles distribuídos no Estado de São Paulo. Isto porque, apesar de o fundamento da preservação da empresa ser, de certa forma, implícito, para a justificar a prorrogação do prazo de cento e oitenta dias, por igual período, de suspensão das ações e execuções em face do devedor, é notável que a nova redação do §4º do artigo 6º da Lei 11.101 de 2005, dada pela Lei 14.112 de 2020, preocupou-se, fundamentalmente, em não contribuir com qualquer interesse oportunista por parte das devedoras, as quais deverão demonstrar que não contribuíram para a superação de tal lapso temporal.

3. DA ANÁLISE SOBRE A INCIDÊNCIA DA PRORROGAÇÃO DO *STAY PERIOD* E SUAS CARACTERÍSTICAS

Consoante já introduzido, por meio da análise da base de dados da 2ª Fase do Observatório da Insolvência, referente aos processos de recuperação judicial distribuídos entre os anos de 2011 e 2017, foi possível tecer algumas considerações a respeito da sistemática da prorrogação do período de suspensão das ações e execuções e face da devedora, o chamado *stay period*, e seus efeitos práticos no procedimento recuperacional.

---

10. Verificado em 3 processos distribuídos na capital e em 4 processos distribuídos nas comarcas do interior do Estado de São Paulo.
11. Verificado em 1 processo distribuído na capital e em 2 processos distribuídos nas comarcas do interior do Estado de São Paulo.
12. Neste sentido, a nova redação do §4º do artigo 6º da Lei 11.101 de 2005 dispõe do seguinte: "Na recuperação judicial, as suspensões e a proibição de que tratam os incisos I, II e III do caput deste artigo perdurarão pelo prazo de 180 (cento e oitenta) dias, contado do deferimento do processamento da recuperação, prorrogável por igual período, uma única vez, em caráter excepcional, desde que o devedor não haja concorrido com a superação do lapso temporal.".

Do universo de 616 processos analisados, verifica-se que apenas em 248 destes houve prorrogação do prazo do artigo 6º, § 2º da Lei 11.101 de 2005, contra as outras 368 ações judiciais em que não houve tal concessão. Assim, em termos de porcentagem, trata-se de 60% dos casos em que houve prorrogações do referido prazo, contra 40% em que o não houve sua extensão, o que demonstra que, apesar de, em um primeiro momento, a doutrina concursal e o posicionamento dos tribunais aparentassem caminhar no sentido de que prorrogação do *stay period* possuiria caráter excepcional, na prática sua ocorrência já se apresentava de forma frequente.

Partindo-se para uma análise mais específica sobre dados coletados, relevante também se mostrou necessário verificar a especialidade ou não das varas em que tramitaram (ou ainda tramitam) os processos em pauta. Para realizar tal recorte, levou-se em conta as varas das comarcas da Capital e do interior do Estado de São Paulo, resultando em dados extremamente relevantes, haja visto que, do universo de 616 processos, 169 destes tramitaram nas varas especializadas do Fórum Central da Capital do Estado de São Paulo, dentre os quais, apenas em 46 recuperações judiciais houve a prorrogação do período de suspensão, representando a proporção de 27% do universo analisado.

Do outro lado, dos 450 processos que tramitaram nas varas do interior, em 247 processos não houve prorrogação do *stay period*, o que representa uma proporção de 55%, ao passo que, em 202 processos, o magistrado deferiu o pedido de prorrogação do período de suspensão de ações e execuções em face das devedoras, o que representa a relevante porcentagem de 45%. Desse modo, ao se comparar a proporção da incidência do número de processos em que houve a prorrogação do *stay period* em trâmite na capital e no interior, percebe-se que na segunda houve frequência consideravelmente maior (27% na capital e 45% no interior). Tais fatos nos levam a crer que a matéria é tratada com mais diligência nas varas especializadas, o que é evidenciado ainda mais nas justificativas para a concessão da prorrogação, o que será melhor detalhado nos tópicos adiantes.

Além disso, a análise dos processos de Recuperação Judicial demonstra que, ao elaborar a Lei 11.101/2005, o legislador deixou de prever mecanismos que possibilitassem a flexibilização do *stay period*, o que, de acordo com os dados ora expostos, condizem com a necessidade real do procedimento recuperacional. Sob essa perspectiva, tudo indica que a mudança legislativa trazida pela Lei 14.112/2020, que alterou o artigo 6º, § 4º da LFR e positivou a possibilidade de prorrogação do *stay period* por mais 180, desde que o devedor não tenha concorrido praticado atos para o esgotamento do prazo, se mostra em consonância com a prática do processo recuperacional e com o posicionamento de parte dos tribunais.

Nesse sentido, importante trazer trechos de artigo[13] elaborado por Laura Patella e Gabriela Ristow, abaixo transcritos:

> "A mudança parece coincidir com o entendimento jurisprudencial sobre o tema assentado até então, reconhecendo a necessidade de conceder ao Judiciário a possibilidade de intervir nessa questão. De outro lado, o legislador segue preocupado com os excessos que poderiam advir da flexibilização ampla dessa regra, de modo que limitou o prazo da prorrogação e os fundamentos para o seu pedido, evitando que o devedor possa cometer abusos na condução da recuperação judicial.
>
> Por fim, outro fundamento que também deve ser considerado para a prorrogação da suspensão das ações e execuções é o entendimento atualmente firmado na jurisprudência do Superior Tribunal de Justiça sobre o destino das ações e execuções contra o devedor uma vez concedida a recuperação judicial. Segundo o tribunal superior, "A novação resultante da concessão da recuperação judicial após aprovado o plano em assembleia é sui generis, e as execuções individuais ajuizadas contra a própria devedora devem ser extintas, e não apenas suspensas". Diante desse entendimento, o juízo competente também deve considerar a proximidade desse evento para prorrogar ou não o período de suspensão. Por exemplo, não faria sentido que o juízo autorizasse os credores a perseguirem o seu crédito na via individual se o plano de recuperação judicial já foi aprovado em assembleia geral de credores e está pendente apenas a sua homologação pelo juízo. Nesse cenário, ainda que ultrapassado o prazo fixado para a suspensão, o juízo deveria determinar a sua prorrogação, evitando a retomada de ações e execuções que serão extintas logo em seguida, com a decisão de concessão da recuperação judicial.
>
> Em conclusão, a evolução da doutrina e da jurisprudência sobre o tema demonstra uma necessidade de flexibilizar a rigidez com a qual o legislador tratou o tema na Lei 11.101/2005, em especial quando comprovado que a demora no processamento da recuperação judicial não se deu em razão da negligência do devedor, mas pela complexidade e burocracia que envolve o processo de recuperação judicial brasileiro. Nesse sentido, a proposta de alteração da Lei 11.101/2005 parece ter acolhido o entendimento atualmente prevalecente, permitindo a prorrogação do prazo de cento e oitenta dias, com a indicação dos requisitos para o seu pedido e de um limite máximo para a prorrogação."

Desse modo, é possível sugerir que a alteração da Lei de Recuperação de Empresas e Falências, ao possibilitar a concessão de prazo adicional de suspensão das ações e execuções em face das devedoras, após uma análise particular a cada caso, aproximou-se ao princípio da preservação da empresa e concedeu maior segurança jurídica àquelas empresas que realmente buscam a superação da situação de crise econômico-financeira.

Por outro lado, ao garantir aos credores a possibilidade de apresentação de plano de recuperação judicial alternativo, tal como previsto no artigo 6º, §4º-A da Lei 11.101/05, estabeleceu-se um mecanismo de penalização aos devedores que se utilizarem do subterfúgio da prorrogação do *stay period* astuciosamente, como será mais bem abordado no tópico abaixo.

---

13. RISTOW, Gabriela. PATELLA, Laura. Os Prazos na Lei de Recuperação Judicial: Análise da Evolução dos Prazos para o *Stay Period*, para Apresentação do Plano de Recuperação Judicial e para a Convocação de Assembleia Geral de Credores. In: *Processo Societário IV*. São Paulo: Quartier Latin, 2021, p. 518-520.

4. DA ANÁLISE SOBRE O NÚMERO DE PRORROGAÇÕES NOS PROCESSOS DE RECUPERAÇÃO JUDICIAL

Outro ponto de extrema relevância para o presente estudo é o número de prorrogações verificadas nos processos analisados. Dos 248 processos em que houve a prorrogação do período de suspensão, em 202 recuperações judiciais verificou-se apenas uma prorrogação do *stay period*.

Nada obstante, no restante dos processos analisados, foi possível encontrar casos em que houve até quatro prorrogações do período de suspensão das ações e execuções. Em 42 processos, houve duas prorrogações do prazo do artigo 6º, §2º da Lei 11.101 de 2005, ao passo que, verificou-se apenas 2 processos com três prorrogações e outros 2 processos com quatro prorrogações.

Sob uma perspectiva mais específica, destes 46 processos de recuperação judicial em que houve a prorrogação do *stay period* nas varas da Capital, 41 deles tiveram apenas uma suspensão, ou seja, representantes da proporção de 89% dos casos analisados. As 5 ações judiciais restantes, tiveram duas prorrogações, perfazendo cerca de 11% do total. Por outro lado, nas comarcas do interior, dos 202 processos analisados, em 161 destes houve apenas uma prorrogação, resultando na proporção de cerca de 80% dos casos. Por fim, verificou-se ainda 37 recuperações judiciais com duas prorrogações do prazo de *stay period*, e apenas 4 ações em que houve três ou quatro prorrogações do referido prazo. Neste sentido, verificou-se novamente a maior tendência de flexibilização na concessão do instituto do *stay period* nas varas judiciais das comarcas do interior do Estado de São Paulo.

Outrossim, em resposta aos resultados obtidos neste estudo, é possível sugerir que a reforma trazida pela Lei de Recuperação de Empresas e Falência, que, de certa forma, uniformizou a prorrogação única do instituto em tela pelo período máximo de 180 dias, pode pôr fim à possibilidade de concessão de prorrogação de maneira indiscriminada, conforme verificado em alguns casos analisados, sobretudo nas varas comuns do interior.

Sobre o tema, inovou a reforma da Lei ao trazer a possibilidade de apresentação e deliberação de um plano de recuperação por iniciativa dos credores, o que pode ser um estímulo ao correto atendimento ao prazo do *stay period*, ao passo que gera um tipo de penalização ao devedor que utiliza tal prazo com intenções protelatórias. Assim, imperioso trazer as considerações de Assione Santos e Luis Miguel Roa Florentin[14], acerca da mencionada inovação legal:

---

14. SANTOS, Assione. FLORENTIN, Luis Miguel Roa. Os Créditos Garantidos por Cessão Fiduciária na Reforma da Lei de Falências. In: *Reforma da Lei de Recuperação e Falência (Lei 14.122/2020)*. São Paulo: Editora IASP, p. 118-119.

"Têm-se, ademais, frente as reflexões até então trazidas, que o exame do tema principal deste artigo ("constrição de bens") passa obrigatoriamente pela análise de outros dois temas a ele correlatos, quais sejam, (i) o período de blindagem que na práxis se convencionou chamar no Brasil de stay period; e (ii) pelo conceito de bem essencial e os limites de sua aplicação dentro do processo recuperacional.

São temas relacionados que afetam diretamente a constrição de bens na recuperação judicial, impedindo o alcance dos atos de constrição sobre bens e direitos do devedor em recuperação em determinado período (stay period) ou mesmo sem um pronunciamento do juízo do processo de recuperação (sobre a essencialidade de um bem).

(...)

A possibilidade de apresentação do plano de iniciativa dos credores, trazida pela reforma, acaba por alterar a natureza contratualista do plano que legitimava a novação e a vinculação da devedora a seus termos, cujo descumprimento resvalaria na sua falência. A aprovação de um plano pelos credores, proposto por eles mesmos, parece se justificar como uma derradeira tentativa de evitar a falência, mormente diante do requisito para a sua formulação, constante do inciso VI do § 64, do art. 56, que condiciona o plano de iniciativa de credores à "não imposição ao devedor ou a seus sócios de sacrifício maior do que aquele que decorreria da liquidação na falência".

5. DA ANÁLISE SOBRE OS FUNDAMENTOS PARA A PRORROGAÇÃO DO PERÍODO DE SUSPENSÃO DAS AÇÕES E EXECUÇÕES EM FACE DO DEVEDOR

Assim como já introduzido, o advento da Lei 14.112 de 2020, ao introduzir uma nova redação ao § 4º do artigo 6º da Lei 11.101 de 2005, a qual passou a dispor a respeito da possibilidade de prorrogação do prazo de suspensão das ações e execuções em face do devedor, acabou por positivar a jurisprudência que já havia sido pacificada tanto no Superior Tribunal de Justiça, como nos demais tribunais pátrios.

Isto porque, nos termos em que foi redigido originalmente, o dispositivo legal que tratava a respeito do prazo de suspensão e execuções das ações não abria margens para a possibilidades de prorrogações, sendo expresso em sua redação que *a suspensão de que trata o caput deste artigo em hipótese nenhuma excederá o prazo improrrogável de 180 (cento e oitenta) dias*[15]. Todavia, em diversas situações, consoante se verifica no estudo em questão, o prazo de cento e oitenta dias não se mostrava suficiente para que as devedoras negociassem com seus credores os termos do plano de recuperação judicial a ser apresentado.

Por este motivo, com o intuito de preservar a empresa e assegurar o melhor resultado tanto para a devedora como para os credores sujeitos ao concurso, a juris-

15. BRASIL. Lei 11.101, de 9 de fevereiro de 2005. Disponível em: http://www.planalto.gov.br/ccivil_03/_ato2004-2006/2005/lei/l11101.htm Acesso em 10 out. 2021.

prudência passou a adotar o entendimento de que seria possível a prorrogação do período de suspensão das ações e execuções em face do devedor, nos casos em que a insuficiência do prazo de cento de oitenta dias não pudesse ser imputada à devedora[16]. Tal entendimento passou a integrar a jurisprudência do Superior Tribunal de Justiça[17] e no Tribunal de Justiça do Estado de São Paulo, foi matéria para a redação de um dos enunciados do Grupo de Câmaras Reservadas de Direito Empresarial[18].

Nada obstante, a preservação da empresa, quando relacionado na jurisprudência como fundamento para a flexibilização do prazo de prorrogação do artigo 6º, § 4º da Lei 11.101 de 2005, objetiva, fundamentalmente, nas palavras de Sheila Neder Cerezetti[19] *o resguardo de uma organização, que abrange inúmeros interesses e cujo o fundamento de existência refere-se exatamente ao respeito a esses mesmos interesses*. Assim, em resguardo não só a atividade empresarial em si, mas também ao melhor interesse dos credores, a jurisprudência, posteriormente positivada na reforma da Lei 11.101 de 2005, passou a admitir tal prorrogação.

No entanto, conforme é possível observar durante todo o processo até a consolidação do referido entendimento, a prorrogação do referido prazo de 180 dias de suspensão das ações e execuções em face do devedor não deve ser admitida de forma automática. Neste ponto, tanto os julgadores como os legisladores observaram o importante fato de que, apesar de possível a referida prorrogação, ante a particularidade de alguns casos que envolvem negociações mais complexas e morosas, deve a devedora sempre contribuir com o bom andamento do processo de recuperação judicial, sendo certo que, caso esta tenha concorrido com o esgotamento do prazo do artigo 6º, §4º da Lei 11.101 de 2005, a prorrogação não deve ser deferida.

Isto posto, o resultado obtido na análise das decisões que deferiram a prorrogação do período de suspensão das ações e execuções em face do devedor, demonstra que, de fato, a jurisprudência positivada na reforma legislativa introduzida pela Lei 14.112 de 2020, já vigorava de forma efetiva, tanto nos juízos da capital, quanto nos do interior. Conforme se observou no estudo realizado, a imensa maioria das prorrogações, independentemente da comarca de origem,

---

16. SACRAMONE, Marcelo Barbosa. Comentários a Lei de Recuperação de Empresas e Falências. 2 ed. São Paulo: Saraiva, 2021, p. 93.
17. STJ, Quarta Turma, AgInt no AREsp 1.356.729/PR, Rel. Ministro Marco Buzzi, DJe 11 out. 2019; STJ, Quarta Turma, AGInt no Agravo em REsp 443.665/RS, Rel. Min Marco Buzzi, DJe 15 set. 2016; STJ, Quarta Turma, AGInt no Agravo em REsp 887.860/RS, Rel. Min. Raul Araujo, DJe 23 ago. 2016.
18. Enunciado IX: A flexibilização do prazo do 'stay period' pode ser admitida, em caráter excepcional, desde que a recuperanda não haja concorrido com a superação do lapso temporal e a dilação se faça por prazo determinado. Disponível em: https://www.tjsp.jus.br/Download/Rodape/GrupoCamarasEmpresariaisEnunciados.pdf Acesso em 10 out. 2021.
19. CEREZETTI, Sheila Cristina Neder. *A recuperação judicial de sociedade por ações. O princípio da preservação da empresa na lei de recuperação judicial e falência*. São Paulo: Malheiros, 2012, p. 214-215.

foram justificadas sobre a necessidade do atendimento ao princípio da preservação da empresa, combinado ao fato condicionante, de que as devedoras não teriam concorrido para o esgotamento do prazo de cento e oitenta dias de suspensão das ações[20].

Destaca-se ainda que, por se tratar de processos distribuídos muito antes da reforma da Lei 11.101 de 2005, foi possível verificar casos em que houve a prorrogação do período de suspensão por motivos diferentes daqueles acima enunciados, como foi o caso de alguns processos em que a decisão careceu de fundamentação específica[21], ou, para justificar a prorrogação, os magistrados tomaram como base aspectos práticos e individuais do próprio processamento da recuperação judicial, como por exemplo, situações em que foi reconhecida a alta complexidade nas negociações das devedoras junto aos seus credores[22], ou em casos em que houve demora por parte do Administrador Judicial na apresentação da relação de credores do artigo 7º, § 2º da Lei 11.101 de 2005[23].

Com efeito, em que pese a diversificação de motivos, conforme acima exposto, é possível concluir que, ao final, todas estas questões guardam relação com a necessidade de se verificar se houve concorrência das devedoras com o esgotamento do prazo de suspensão das ações e execuções. Assim, ao reformar a redação do dispositivo em referência, preocupou-se também o legislador em insculpir o caráter de exclusividade da prorrogação e limitá-la à uma única vez, por igual período[24].

Assim, sobre este ponto, infere-se que a reforma da Lei 11.101 de 2005 levou em consideração a prática anterior dos processos de recuperação judicial, pelo menos sobre aqueles distribuídos no Estado de São Paulo. Isto porque, apesar de o fundamento da preservação da empresa ser, de certa forma, implícito, para a justificar a prorrogação do prazo de cento e oitenta dias, por igual período, de suspensão das ações e execuções em face do devedor, é notável que a nova redação do

---

20. Ao todo, houve 217 processos em que houve prorrogação do período de suspensão das ações e execuções em face dos devedores, o qual alude o artigo 6º, § 4º da Lei 11.101/05, fundamentados no princípio da preservação da empresa e em situações em que houve reconhecimento de que as devedoras não contribuíram com o esgotamento do referido prazo. Deste número, 37 processos foram distribuídos na capital do Estado de São Paulo e os outros 180 em comarcas do interior.
21. Verificado em 16 processos distribuídos nas comarcas do interior do Estado de São Paulo.
22. Verificado em 3 processos distribuídos na capital e em 4 processos distribuídos nas comarcas do interior do Estado de São Paulo.
23. Verificado em 1 processo distribuído na capital e em 2 processos distribuídos nas comarcas do interior do Estado de São Paulo.
24. Neste sentido, a nova redação do §4º do artigo 6º da Lei 11.101 de 2005 dispõe do seguinte: "Na recuperação judicial, as suspensões e a proibição de que tratam os incisos I, II e III do caput deste artigo perdurarão pelo prazo de 180 (cento e oitenta) dias, contado do deferimento do processamento da recuperação, prorrogável por igual período, uma única vez, em caráter excepcional, desde que o devedor não haja concorrido com a superação do lapso temporal.".

§4º do artigo 6º da Lei 11.101 de 2005, dada pela Lei 14.112 de 2020, preocupou-se, fundamentalmente, em não contribuir com qualquer interesse oportunista por parte das devedoras, as quais deverão demonstrar que não contribuíram para a superação de tal lapso temporal.

6. DA ANÁLISE SOBRE O DESFECHO DA ASSEMBLEIA GERAL DE CREDORES SOB A ÓTICA DA PRORROGAÇÃO DO PERÍODO DE SUSPENSÃO

O período de suspensão das ações e execuções no curso do processo de recuperação judicial, segundo muitos doutrinadores, é um procedimento necessário para o aumento da probabilidade de recuperação da empresa.[25] Dessa forma, a suspensão das medidas constritivas em face do devedor é considerado instrumento indispensável para o atingimento da finalidade dos sistemas de recuperação judicial, fazendo parte, inclusive de diversos sistemas concursais ao redor do mundo e recomendada em princípios e diretrizes de organizações internacionais.[26]

Por isso, é tamanha a relevância e importância de tal instrumento, pois é imprescindível para o atingimento da finalidade[27] do próprio instituto da recuperação judicial, qual seja, ajudar empresas viáveis, mas em crise, a superar o momento de dificuldade, de forma a preservar sua atividade empresarial, os empregos dos trabalhadores, a circulação de bens e serviços, a geração de riquezas, recolhimento de tributos, dentre outros benefícios econômicos e sociais que decorrem da atividade empresarial saudável.[28]

Nesse sentido, a suspensão das ações de execução em face do devedor, segundo Sheila Neder Cerezetti:

> "(i) permite que tome forma processo coletivo para lidar com a crise identificada; (ii) serve para assegurar que os titulares de créditos possam ser tratados de forma equitativa, protegendo-os e evitando que iniciativas individuais afetem os bens da recuperanda; (iii) confere tranquilidade à devedora pala avaliar as circunstancias em que se encontra e para desenvolver estratégias adequadas de negociação com seus credores e de reestruturação do seu passivo e/ou da atividade; (iv) majora o poder de barganha atribuído à devedora em relação aos seus credores, ora impedidos de utilizar ações de cobrança ou execução para pressionar aquela

---

25. ABRÃO, Nelson. *O Novo Direito Falimentar*. São Paulo: Ed. RT, 1985, páginas 78-159.
26. WORLD Bank, *Principles for effective insolvency and creditor/debtor regimes*, 2016, página 22 (disponível em http://pubdocs.worldbank.org/en/919511468425523509/1CR-Principles-Insolvency-Creditor--Debtor-Regimes-2016.pdf, acessado em 10 out. 2021).
27. "(...) finalidade legal de um instituto jurídico, ou seja, o bem ou valor em razão do qual existe, segundo a lei, esse conjunto estruturado de normas" (COMPARATO, Fábio Konder. Estado, Empresa e Função Social. In: RT 732 (1996), p. 41).
28. COSTA, Daniel Carnio. Recuperação Judicial – procedimento, Tomo Direito Comercial. *Enciclopédia Jurídica da PUCSP*, 2018, p. 1 (disponível em https://enciclopediajuridica.pucsp.br/verbete/214/edicao-1/recuperacao-judicial-procedimento, acessado em 09 out. 2021).

ou promover o desmonte do seu estabelecimento; e, por fim, (v) facilita a manutenção das atividades da devedora viável durante o processo, não obstando a finalidade precípua da recuperação judicial."[29]

A partir dessa análise, verifica-se que a Lei 11.101/05 pretendeu criar um ambiente estimulador da negociação entre a empresa em crise e seus credores, como forma de instituir meios das partes criarem um ambiente de cooperação, visando à busca de uma solução para a crise da empresa, solução esta que seja adequada ao mercado e que, por isso, busque o atingimento de resultados econômicos eficientes.[30] Nesse sentido, fica claro que as consequências do período de suspensão das ações de execução, assim como os benefícios angariados ao devedor por meio de tal instituto, permeiam o aspecto negocial da recuperação judicial e visam acarretar a superação da crise por meio da aprovação do plano de recuperação judicial pela Assembleia Geral de Credores.

É nesse contexto que antes da alteração promovida pela Lei 14.112, muito se discutia sobre a viabilidade e efetividade da prorrogação do período de suspensão previsto no artigo 6º, § 4º da Lei 11.101/05. Para muitos doutrinadores, a retomada das ações de execução após o decurso de 180 dias caso o plano não tenha ainda sido apreciado pela Assembleia Geral de Credores em razão de fatos não imputáveis à devedora, violaria o princípio da razoabilidade e preservação da empresa[31], o que passou a ser adotado majoritariamente pela jurisprudência[32].

Buscando verificar a efetividade da prorrogação do período de suspensão para atingimento da finalidade do próprio instituto da recuperação judicial e utilizando-se de uma análise jurimétrica da base de dados dos processos de recuperação judicial no Estado de São Paulo, distribuídos entre 2011 e 2017, foi possível auferir as seguintes considerações a respeito de tal prorrogação: dos 616 processos analisados, verifica-se que em 248 houve prorrogação do período de suspensão, enquanto que em 370 deles a prorrogação não ocorreu.

29. CEREZETTI, Sheila Neder. *Parecer jurídico no âmbito do Agravo de Instrumento* 2145603-12.2019.8.26.0000, fls. 3.238, TJSP, Câmara Reservada de Direito Empresarial.
30. "A nova Lei cria dispositivos que estimulam a negociação entre devedor e credores, de forma a encontrar soluções de mercado para empresas em dificuldades financeiras. O objetivo central é viabilizar a continuidade dos negócios da empresa enquanto unidade produtiva, mantendo assim a sua capacidade de produção e de geração de empregos, oferecendo condições para que as empresas com viabilidade econômica encontrem os meios necessários para a sua recuperação, a partir das negociações com seus credores". (LISBOA et al, 2005, página 9).
31. AYOUB, Luiz Roberto e CAVALLI, Cássio. *A construção jurisprudencial da Recuperação Judicial de Empresas*, Ed. Forense, 2013, p. 154/155.
32. Enunciado 42, lavrado por ocasião da realização da I Jornada de Direito Comercial do CJF, de teor seguinte: "O prazo de suspensão previsto no art. 6º, § 4º, da Lei 11.101/2005 pode excepcionalmente ser prorrogado, se o retardamento do feito não puder ser imputado ao devedor".

Ao analisar o desfecho das Assembleias Gerais de Credores nos 248 processos em que houve a prorrogação do período de suspensão, foi possível verificar que em 194 deles o Plano de Recuperação Judicial foi devidamente aprovado pelas classes presentes, o que representa um percentual de 78% do total de processos analisados em que houve a prorrogação. Em 29 deles (12% dos processos), o plano foi reprovado em Assembleia. Outros 12 processos (5% dos processos), nos quais a prorrogação foi deferida, ainda se encontram em negociação, não havendo, até o momento, qualquer deliberação dos credores em Assembleia. Em 7 processos desse total (3% dos processos), o devedor faliu antes mesmo da deliberação da Assembleia de Credores. Em 3 processos o Plano de Recuperação Judicial foi aprovado sem que houvesse a convocação de Assembleia e em outros 3 processos, a recuperanda faliu durante as negociações, ou seja, após a instalação da assembleia, mas antes de sua deliberação. Tais casos representam, respectivamente, 1% do total dos processos em que a prorrogação do período de suspensão foi deferida.

Já ao analisar o desfecho das Assembleias Gerais de Credores, nos outros 370 processos em que não houve a prorrogação do período de suspensão, foi possível verificar que a taxa de aprovação do Plano de Recuperação Judicial em Assembleia Geral de Credores foi de 56% representado por 206 processos. Em 72 processos houve a falência da recuperanda antes da primeira Assembleia, o que representa 20% do total dos processos em que não houve a prorrogação do período de suspensão. Outros 36 processos, em torno de 10% do total, ainda estão em negociação. Em 26 processos (7% dos processos), o Plano de Recuperação Judicial foi reprovado. Em 19 processos o plano foi aprovado sem Assembleia e em 9 processos o devedor faliu durante as negociações, representando 5% e 2% dos processos, respectivamente.

Como resultado dessa análise, foi possível verificar que a taxa de aprovação do Plano de Recuperação Judicial foi de 78% quando houve a prorrogação do período de suspensão, em face de 56% nos processos em que não houve prorrogação do período de suspensão, o que corrobora com a ideia de que uma maior proteção conferida pelo período de suspensão poderia acarretar maior viabilidade negocial à recuperanda e, consequentemente, o aumento das chances de aprovação do Plano de Recuperação Judicial.

Outro ponto que merece destaque, é a taxa de falência antes da instalação da Assembleia Geral de Credores, de forma que nos processos em que houve a prorrogação do período de suspensão, em 3% houve falência, enquanto nos processos em que não houve a prorrogação do período de suspensão, tal percentual foi fortemente majorado, alcançando 20% dos processos.

Nesse sentido e a partir de uma análise das finalidades da prorrogação do período de suspensão antes da reforma trazida pela Lei 14.112/2020, é possível concluir que o maior prazo negocial, com as ações constritivas suspensas, foi efetivo para o atingimento de tais finalidades, sendo, portanto, viável a positivação da possibilidade de prorrogação do período de suspensão por mais 180 dias, além dos 180 dias iniciais.

7. DA ANÁLISE SOBRE OS RECURSOS CONTRA DECISÃO QUE PRORROGOU O PERÍODO DE SUSPENSÃO

A partir de uma análise dos agravos de instrumento interpostos em face da decisão que prorroga o período de suspensão, foi possível verificar que nos 248 processos em que houve a prorrogação do período de suspensão das ações de execução, em 147 processos houve a interposição de agravo contra a decisão que prorrogou tal prazo. Dentre os 147 recursos, 30 foram providos, o que representa 30% do total dos agravos interpostos. Em 28 recursos, o pedido foi parcialmente deferido, para modificar ou diminuir o prazo prorrogado pela primeira instância, o que representa 19% do total dos processos em que houve a interposição de agravo de Instrumento.

Por outro lado, em 61% dos processos, que representam 89 recursos de agravos de instrumento, o recurso foi desprovido pelo Tribunal de Justiça do Estado de São Paulo, para manter a decisão de prorrogação do período de suspensão provido em primeira instância.

Tais dados de recursos clareiam o entendimento firme do Tribunal acerca do prazo de suspensão previsto no artigo 6º, § 4º, da Lei 11.101/2005, de que este poderia ser excepcionalmente prorrogado, se o retardamento do feito não pudesse ser imputado ao devedor.

8. A ASSEMBLEIA GERAL DE CREDORES E A INCLUSÃO DO ART. 56, § 9º, COM A LEI 14.112/2020

A recuperação judicial, por se tratar, em última análise, de uma negociação entre o devedor e seus credores, tem por objetivo encontrar um "ponto de equilíbrio" entre as partes que integram o processo. Tendo em vista que os credores também são partes interessadas na superação da crise, a eles foram atribuídas as tomadas das principais decisões que afetarão diretamente o curso do procedimento e o desfecho desejado, que é a superação da crise econômico-financeira do devedor.

Neste sentido, a Assembleia Geral de Credores (art. 35, LRF) consiste na formação da vontade dos credores, mediante reunião destes com o(s) devedor(es) e o Administrador Judicial para que sejam tomadas as principais decisões na Recuperação Judicial e na Falência. Segundo o disposto no artigo 35, I, da Lei 11.101 de 2005, na recuperação judicial, a Assembleia Geral de Credores terá por atribuição a deliberação sobre a aprovação, rejeição ou modificação do plano de recuperação judicial apresentado pelo devedor; a constituição do Comitê de Credores, a escolha de seus membros e sua substituição; o pedido de desistência do devedor, nos termos do § 4º do art. 52 da LRF; o nome do gestor judicial, quando do afastamento do devedor; alienação de bens ou direitos do ativo não circulante do devedor (quando não prevista no plano de recuperação judicial); e qualquer outra matéria que possa afetar os interesses da coletividade de credores.

Por outro lado, no que diz respeito ao processo falimentar, dispõe o art. 35, II, da LRF que a Assembleia Geral de Credores terá por atribuição deliberar sobre a constituição do Comitê de Credores; a adoção de outras modalidades de realização do ativo, na forma do art. 145; e qualquer outra matéria que possa afetar os interesses dos credores.

Com efeito, é certo dizer que a Assembleia Geral de Credores é um dos principais foros de deliberações para a tomada de decisões estratégicas nos processos de recuperação judicial e de falência, onde serão expressadas as vontades individuais de cada credor, e, concomitantemente, formados os anseios da coletividade de credores[33].

Com o advento da Lei 14.112/2020, houve a inserção do § 9º no artigo 56, o qual dispõe que "*na hipótese de suspensão da assembleia-geral de credores convocada para fins de votação do plano de recuperação judicial, a assembleia deverá ser encerrada no prazo de até 90 (noventa) dias, contado da data de sua instalação*".

Assim, é certo dizer que, ao inserir a referida disposição, o legislador procurou evitar o prolongamento e a elevada extensão das deliberações em assembleia geral de credores, que vêm ocorrendo desde então, conforme será demonstrado no presente estudo. Com efeito, é importante consignar que o referido dispositivo legal faz menção expressa tão somente sobre as assembleias convocadas para fins de deliberação e votação do plano de recuperação judicial, ou seja, a princípio, o referido prazo de 90 (noventa) dias só valeria para os trabalhos assembleares que tenham a referida finalidade.

Neste sentido, o objetivo desta parte da pesquisa, voltada à análise das prorrogações das deliberações assembleares nos processos de recuperação judicial, foi justamente analisar se o prazo de 90 dias, agora disposto em lei, para encerramento da assembleia geral de credores, se mostraria razoável na prática. Para tanto, consoante introduzido, realizou-se uma análise sobre o universo de 462 processos, retirados da base de dados da ABJ, referentes a 2ª Fase do Observatório da Insolvência, ajuizados no Estado de São Paulo entre os anos de 2011 e 2017.

33. SCALZILLI et al. *Recuperação de empresas e falência*: Teoria e prática na Lei 11.101/05. 3 ed. rev, atual, ampl. São Paulo: Almedina, 2018.

Dentre os processos que foram analisados nesta fase, 431 deles tiveram suas Assembleias Gerais de Credores convocadas para fins de votação do plano. Nada obstante, desses 431 conclaves, observou-se que em 246 deles, a Assembleia Geral de Credores foi encerrada em apenas 1 dia[34]. Assim, verificou-se que a grande maioria dos conclaves tiveram seus desfechos nos dias das suas instalações, o que se mostrou bastante alinhado ao princípio da celeridade processual, tão prezado aos processos de recuperação judicial.

Por outro lado, nos 185 casos em que não houve o encerramento em um único dia, o resultado que se obteve foi o seguinte: em 19 dos processos analisados, as deliberações assembleares duraram de 2 a 30 dias; em outros 89 processos, o tempo variou de 31 a 90 dias de duração; em 40 processos, o período registrado ficou entre 91 a 180 dias, ou seja, já acima do prazo estabelecido em lei; em 28 outros feitos, a duração variou entre 180 a 360 dias; e, por fim, em 9 destas ações judiciais, os trabalhos assembleares perduraram por mais de 360 dias, em evidente contramão à celeridade visada nos processos de recuperação judicial.

Dessa forma, em termos percentuais, ao considerar o universo dos processos analisados nesta fase da pesquisa, percebeu-se que em 82% dos casos a duração das Assembleias Gerais de Credores foi inferior a 90 dias, contra 18% das ações em que houve a extrapolação do prazo legal fixado no §9º do artigo 56 da Lei 11.101 de 2005. Assim, é certo dizer que o resultado em referência sugere que, em que pese tenha se verificado a superação do prazo fixado em lei, o prazo de 90 dias parece ser razoável para uma efetiva deliberação assemblear.

No entanto, a dúvida que resta a ser respondida diz respeito à sanção que será aplicada nos casos em que o referido prazo não for respeitado, visto que a lei não estipulou de forma expressa qualquer penalidade. Não obstante, a convolação em falência parece ser uma sanção exagerada, principalmente nos casos em que o motivo do não atendimento ao prazo legal não puder ser atribuído à devedora.

Por outro lado, afastando-se da visão das deliberações assembleares como ato processual e assumindo-se a negociação entre o devedor e seus credores, de forma ampla, foi realizado o cálculo da média e da mediana do tempo, em dias, entre o deferimento do processamento da recuperação judicial até a primeira convocação da Assembleia Geral de Credores dos processos em que os trabalhos assembleares atenderam ao prazo de 90 dias. Com efeito, a média dos dias de deliberação nestes casos, ficou em torno de 423 dias, e a mediana em 353 dias. Vale consignar que, a média nesse corte dos processos em que o prazo de 90 dias foi atendido reduziu em 45,20%, a mediana, por sua vez, diminui para 13,69%.

34. Trata-se de Assembleias Gerais de Credores que foram instaladas e encerradas em primeira convocação, independentemente do resultado da votação, seja pela aprovação ou rejeição do plano de recuperação judicial apresentado pelas devedoras.

Uma das hipóteses levantadas durante a pesquisa foi a possível relação entre o tempo de duração da assembleia para votação do plano e o valor do passivo das empresas Recuperandas. Segundo a referida conjectura, uma empresa com um passivo maior resultaria em maior complexidade nas negociações, o que poderia acarretar uma maior demora nas negociações assembleares. Contudo, com o resultado da pesquisa, percebeu-se que não existe tal relação: muitas empresas que possuíam um passivo relativamente baixos tiveram o encerramento dos trabalhos assembleares após passado muito tempo de sua instalação, assim como, em contrassenso, diversas empresas com um passivo substancioso tiveram suas assembleias encerradas já em suas instalações ou em prazos inferiores àquele estabelecido no §9º do artigo 56 da Lei 11.101 de 2005.

Consoante mencionado na introdução deste trabalho, outra hipótese levantada no decorrer do estudo, foi a possível diferença entre o tempo de duração entre assembleias realizadas em processos em trâmite nas varas judiciais das comarcas do interior do Estado São Paulo e em processos que tramitam nas varas da comarca da Capital. O resultado da pesquisa mostrou que a média entre a duração da Assembleia Geral de Credores realizada em processos no interior e na capital são bem semelhantes: nas comarcas do interior do Estado, a média girou em torno de 49 dias, e na comarca da Capital, a média foi de 47 dias. Esses dados sugerem que a tese levantada, de que o prazo estabelecido pelo art. 56, § 9º se mostra razoável, poderá ser confirmada, visto que a média geral é bem inferior a 90 dias.

Com efeito, outra hipótese formulada inicialmente, diz respeito à eventual relação entre os processos distribuídos em litisconsórcio ativo e o tempo médio de duração das assembleias. Assim, foi assumido que o fato de que os passivos mais elevados poderiam resultar em uma negociação mais complexa, e, do mesmo modo, a presença de mais de uma empresa Recuperanda no polo ativo do processo concursal também poderia ocasionar uma maior demora na deliberação em Assembleia Geral de Credores. Contudo, da mesma forma que o passivo não guarda relação com a média de duração dos trabalhos assembleares, também não há o que se falar em interferência no prazo de encerramento da Assembleia Geral de Credores decorrente de processos em que há litisconsórcio ativo. Com efeito, a média de duração dos processos em que houve litisconsórcio ativo e em que havia apenas uma Recuperanda foi a mesma, girando em torno de 49 dias.

Outro dado muito relevante levantado pela pesquisa foi o tempo entre o deferimento e a primeira AGC (dessa vez considerando a primeira convocação, e não a instalação de fato). Obteve-se uma média de 772 dias (772 dias na capital e 773 dias no interior) e uma mediana de 409 dias (409 na capital e 410 no interior). No entanto, é importante frisar que, em alguns processos o tempo entre o deferimento da recuperação judicial e a primeira convocação da AGC foi exorbitante, o que elevou de forma significativa a média dos dias.

Por fim, o resultado da mediana mostra que, mesmo com a influência dos processos em que o tempo entre o deferimento do processamento da recuperação judicial e a primeira assembleia na média de duração geral, o referido período ainda é significantemente extenso, haja visto que, tal medição resultou em um pouco mais de duas vezes o prazo estabelecido em lei para o período de suspensão das ações e execuções em face do devedor, o que poderia servir de justificativa para eventuais pedidos de prorrogação do *stay period* em muitos processos de recuperação judicial.

9. CONCLUSÃO

Diante de todo o exposto no presente estudo, uma vez realizada a detida análise jurimétrica sobre os dados coletados nestes 619 processos de recuperação judicial distribuídos entre os anos 2011 e 2017 nas varas judiciais das comarcas do interior e da Capital do Estado de São Paulo, foi possível constatar que, em grande parte, a reforma da Lei de Recuperação de Empresas e Falência, atendeu à prática verificada nos processos de soerguimento distribuídos nas cortes bandeirantes.

Outrossim, foi possível verificar que, de fato, as teses fixadas na jurisprudência recorrente dos tribunais estaduais e das cortes superiores de justiça foram fundamentais e em muito influenciaram na elaboração e reforma dos dispositivos legais tratados no presente estudo, inseridos no texto da Lei 11.101 de 2005, principalmente no que diz respeito aos fundamentos, condições e fixação dos novos prazos, tanto no que diz respeito à prorrogação do período de suspensão de ações e execuções em face das devedoras, bem como do prazo para encerramento das Assembleias Gerais de Credores que tenham como ordem do dia a deliberação do plano de recuperação judicial.

Todavia, tal como demonstrado no decorrer do presente estudo, tanto no que diz respeito ao prazo de *stay period*, quanto aquele referente ao encerramento da Assembleia Geral de Credores, o atendimento das condições fixadas após a reforma da Lei 11.101 de 2005 ainda não se mostra unânime. Em todas as fases e divisões da pesquisa, foi possível observar casos em que houve evidente incongruência com os parâmetros agora fixados em lei, seja por não atendimento aos fundamentos legais, ou por extrapolação excessiva de prazos, os quais, apesar de representarem a minoria dos processos analisados, ainda assim não podem ser desconsiderados.

Neste sentido, diante de todo o exposto, do presente estudo foi possível constatar que uma detida análise jurimétrica sobre os processos de recuperações judiciais, além de demonstrar de forma efetiva a prática processual nas mais diversas situações, comarcas e contextos, em muito pode contribuir e servir de subsídio para a elaboração de eventuais reformas na lei, que sejam cada vez mais eficazes e que contribuam para um bom desenvolvimento do instituto do direito das empresas em crise, em benefício das empreses que buscam o soerguimento por meio do processo de recuperação judicial.

COOBRIGADOS E A SUPRESSÃO DE GARANTIAS FIDEJUSSÓRIAS EM PROCESSO DE RECUPERAÇÃO JUDICIAL

Geraldo Fonseca

Mestre e Doutor pela PUC-SP. Professor da PUC-Campinas. Advogado.

Caroline Perez Venturini

Graduada e pós graduada pela PUC-Campinas. Advogada.

Isabela Tan Arcuri

Graduada pela PUC-SP. Advogada.

Luiz Otávio Ventura Silva

Graduando pelo Mackenzie-SP (conclusão 12/2021).

Nayara da Cunha Ramos

Graduada pela PUC-GO. Advogada.

1. CONTEXTUALIZAÇÃO: A EVOLUÇÃO DA JURISPRUDÊNCIA SOBRE A SUPRESSÃO DAS GARANTIAS NA RECUPERAÇÃO JUDICIAL

Como regra, a recuperação judicial do devedor não abrange os terceiros garantidores, de modo que são preservadas as obrigações perante coobrigados, fiadores e obrigados de regresso, como consta do art. 49, § 1º, da Lei 11.101/2005.

A questão tem grande relevância prática diante da recorrência de garantias prestadas por sócios do devedor em recuperação. Pretensão frequente dos coobrigados era a ampliação do *stay period*, o período de suspensão das execuções previsto no art. 6º da Lei 11.101/2005, aos processos dirigidos contra os coobrigados por dívidas do devedor em recuperação.

A repetibilidade de pedidos de suspensão de execuções contra os garantidores levou o Superior Tribunal de Justiça a julgar a matéria na forma de recurso especial repetitivo (Tema 885) adotando o Recurso Especial 1.333.349/SP como representativo da controvérsia. A tese firmada pela Corte Superior rechaçou a possibilidade de suspensão das execuções:

> "A recuperação judicial do devedor principal não impede o prosseguimento das execuções nem induz suspensão ou extinção de ações ajuizadas contra terceiros devedores solidários ou coobrigados em geral, por garantia cambial, real ou fidejussória, pois não se lhes aplicam a suspensão prevista nos arts. 6º, caput, e 52, inciso III, ou a novação a que se refere o art. 59, caput, por força do que dispõe o art. 49, § 1º, todos da Lei n. 11.101/2005."[1]

Passados dois anos da formação da tese, e a despeito de seu julgamento na forma de recurso repetitivo, os pedidos de suspensão de execuções perseveraram, a ponto de o Superior Tribunal de Justiça editar a Súmula 581, repetindo a tese firmada no Tema 885:

> "A recuperação judicial do devedor principal não impede o prosseguimento das execuções nem induz suspensão ou extinção de ações ajuizadas contra terceiros devedores solidários ou coobrigados em geral, por garantia cambial, real ou fidejussória."[2]

Superada a questão sobre a possibilidade de suspensão das execuções contra os coobrigados, outra controvérsia surgiu, agora sobre os efeitos da novação pela aprovação do plano de recuperação.

Afinal, se o plano de recuperação judicial altera as obrigações anteriores (art. 49, § 2ºhttp://www.planalto.gov.br/ccivil_03/_ato2004-2006/2005/lei/l11101.htm - art49%C2%A72, da Lei 11.101/2005), a aprovação de plano contendo cláusula de extinção das garantias faria suprimir a responsabilidade dos garantidores.

É certo que, para a supressão da garantia real em caso de alienação de bem gravado, é indispensável a aprovação do credor titular da garantia; contudo, a lei é omissa em relação à cláusula de supressão das garantias pessoais. Com efeito, a regra geral de para aprovação do plano é de maioria de votos em cada uma das classes, como dispõe o art. 45 da Lei 11.101/2005. A aprovação por maioria dos credores de plano contendo cláusula de supressão das garantias prevaleceria sobre a discordância do credor titular da garantia?

A conclusão da 3ª Turma do Superior Tribunal de Justiça, no julgamento do Recurso Especial n. 1.700.487/MT, por maioria de votos (3x2), foi por validar a

1. BRASIL. Superior Tribunal de Justiça, Segunda Sessão, REsp 1.333.349/SP, rel. Min. Luis Felipe Salomão, j. 26 nov. 2014.
2. BRASIL. Superior Tribunal de Justiça, Segunda Sessão, Súmula 581, j. 14 set. 2016.

precisão de extinção das garantias, independentemente da irresignação do credor por elas favorecido.[3]

A decisão não pacificou o entendimento da Corte: ainda perdurava o questionamento se a Assembleia Geral de Credores poderia deliberar sobre a supressão de garantias para os credores dissidentes.

O tema voltou à pauta em 12 de maio de 2021, quando a Segunda Sessão julgou o Recurso Especial 1.794.209/SP e decidiu que a anuência do credor é imprescindível para a supressão de garantias reais e fidejussórias prevista no plano de recuperação judicial.[4]

Portanto, segundo o entendimento da Corte Superior, a supressão de garantias prevista no plano de recuperação judicial não se aplica aos credores que não concordaram expressamente com tal disposição. O entendimento foi firmado no sentido de que a anuência do titular da garantia real ou fidejussória é indispensável para que o plano de recuperação judicial possa estabelecer a sua supressão ou substituição, não sendo eficaz em relação aos credores que não participaram da assembleia geral de credores, que se abstiveram de votar ou se posicionaram contra tal disposição.

Dada a controvérsia sobre o tema, mostrou-se pertinente investigar (i) a recorrência de pedidos de supressão das garantias, (ii) o posicionamento dos juízos recuperacionais por ocasião da homologação dos planos e (iii) a fundamentação utilizada pelos juízes para homologar ou rechaçar a cláusula de supressão.

Para tanto, foram analisados todos os processos de recuperação judicial ajuizados entre 2017 e 2020 no Estado de São Paulo que, por ocasião da pesquisa concluída em junho de 2021, já tinham plano de recuperação judicial aprovado, segundo dados coletados pela Associação Brasileira de Jurimetria (ABJ) e pelo Núcleo de Estudos e Pesquisas em Insolvência da Pontifícia Universidade Católica de São Paulo (NEPI-PUC/SP).

2. ANÁLISE DOS DADOS COLETADOS PELO NEPI-PUC/SP E ABJ

O método de pesquisa, na primeira fase, partiu da análise de todos os processos de recuperação judicial ajuizados entre os anos de 2017 e 2020 no Estado de São Paulo, com a identificação dos casos em que já havia plano de recuperação judicial aprovado, o que correspondeu a 227 processos.

Na sequência, investigou-se quais planos de recuperação judicial continham cláusula de supressão de garantias, chegando-se a 137 dos 227 processos

3. BRASIL, Superior Tribunal de Justiça, Terceira Turma, REsp n. 1.700.487/MT, rel. p/ acórdão Min. Marco Aurélio Bellizze, j. 02 abr. 2019.
4. BRASIL. Superior Tribunal de Justiça, Segunda Sessão, REsp 1.794.209/SP, rel. Min. Ricardo Villas Bôas Cueva, j. 12 maio 2021.

inicialmente destacados. A primeira conclusão, portanto, é que 60% dos planos aprovados previam a extinção das garantias.

PLANOS APROVADOS QUE POSSUEM CLÁUSULA DE SUPRESSÃO DE GARANTIAS PESSOAIS E FIDEJUSSÓRIAS

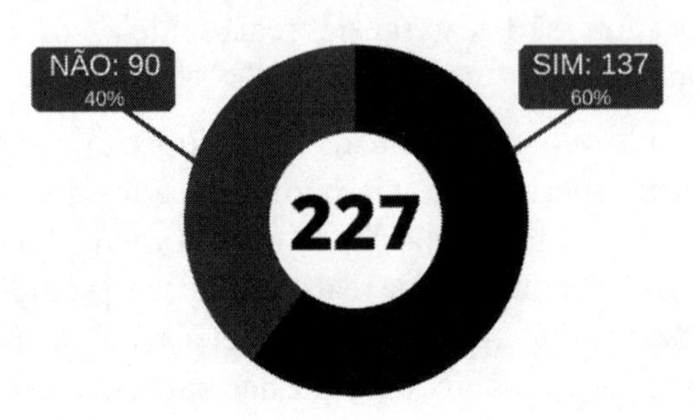

Dentre os 137 planos de recuperação aprovados pelos credores com cláusula de supressão, 61 aguardavam homologação judicial, e 76 (55%) já haviam sido homologados judicialmente.

PLANOS DE RECUPERAÇÃO JUDICIAL APROVADOS E COM DECISÃO HOMOLOGATÓRIA

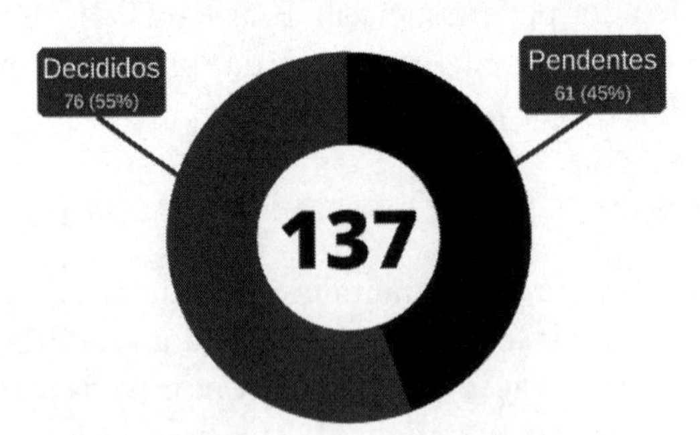

Na segunda etapa de análise jurimétrica, o foco recaiu nos 76 processos cujo plano aprovado pelos credores com cláusula de mediação veio a ser homologado. A questão investigada foi a decisão acerca da supressão das garantias, passando as decisões homologatórias a serem classificadas em três grupos: (i) decisões omissas quanto à cláusula de supressão, correspondendo a 34 casos (44,7%); (ii) decisões homologaram o plano com exclusão da cláusula de supressão, tida por nula/ineficaz, somando 33 casos (43,4%); e, por fim (iii) decisões de homologação expressa da cláusula de supressão independentemente da concordância do credor titular da garantia, que foram 9 (11,8%).

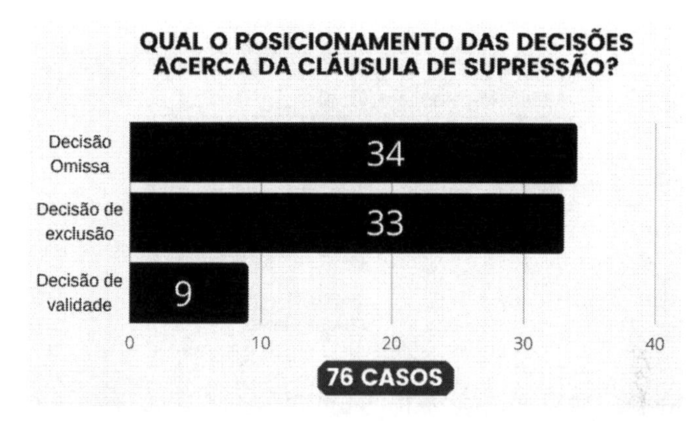

A terceira fase da pesquisa investigou os fundamentos utilizados pelos juízes para afastar ou validar a cláusula de supressão das garantias. A pesquisa identificou todos os fundamentos legais e jurisprudenciais de cada decisão. Para a exclusão da cláusula, predominou a Súmula 581 do Superior Tribunal de Justiça e o art. 49, § 1º, da Lei 11.101/2005:

Por sua vez, para as decisões que homologaram o plano de recuperação judicial e declararam expressamente a validade da cláusula, foram utilizados como embasamento o acórdão de quatro recursos especiais diferentes:

ARGUMENTOS UTILIZADOS PARA EMBASAR A VALIDADE DA CLÁUSULA DE SUPRESSÃO DE GARANTIAS REAIS E FIDEJUSSÓRIAS

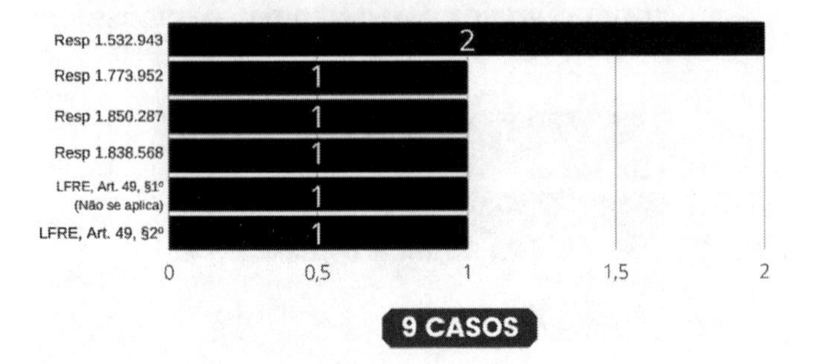

3. ANÁLISE DE DADOS EM VARAS ESPECIALIZADAS (CAPITAL E RAJ)

No intuito de trazer elementos comparativos e complementares, os dados coletados foram separados também para analisar somente os casos que tramitam perante as varas especializadas, que são as Vara de Falências e Recuperações Judiciais da Capital e as Varas Regionais Empresariais e de Conflitos Relacionados à Arbitragem (1ª RAJ).

Com isso, dos 137 planos de recuperação judicial que havia previsão da cláusula de supressão de garantias reais e fidejussórias, que já foram aprovados em assembleia geral de credores, 24 tramitaram em varas especializadas, sendo certo que apenas 11 desses já possuíam decisão homologatória.

PLANOS DE RECUPERAÇÃO JUDICIAL APROVADOS E COM DECISÃO HOMOLOGATÓRIA NAS VARAS ESPECIALIZADAS

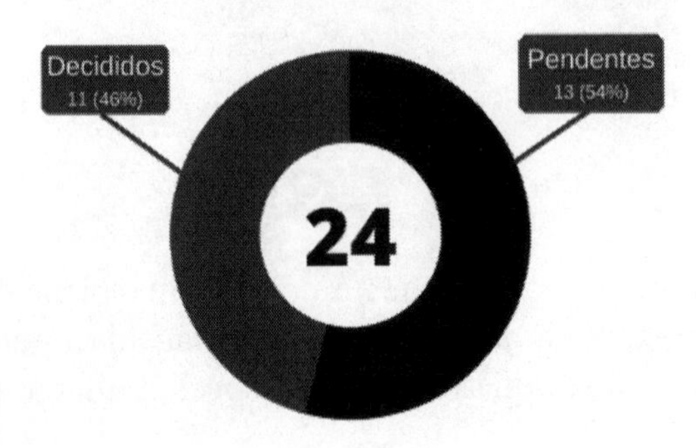

Dentre as 11 recuperações judiciais cujo plano já havia sido homologado, 9 decisões foram omissas quanto à cláusula de supressão, enquanto uma a homologou expressamente e uma a excluiu.

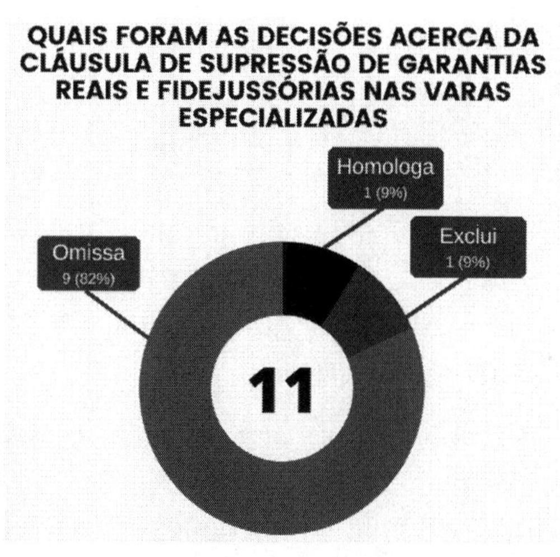

4. CONCLUSÕES

A Lei 11.101/2005 possui diversas previsões expressas no sentido de que os credores da empresa em recuperação judicial conservam integralmente os seus direitos contra os garantidores e coobrigados desta.

Apesar disso, conforme foi demonstrado no presente trabalho através do levantamento empírico realizado, constatou-se que planos de recuperação com previsão de supressão de garantias foram homologados por decisões omissas em relação a tal disposição ou, ainda, por decisões que decidiram pela validade dessa previsão.

Ressalta-se que o recente julgamento do Recurso Especial 1.794.209/SP no âmbito Segunda Seção do Superior Tribunal de Justiça não foi proferido em sede de julgamento de recursos repetitivos, não tendo efeito vinculante a esse respeito em relação aos Tribunais Estaduais.

A falta de uniformização do controle de legalidade em relação às cláusulas de supressão de garantias produz efeitos absolutamente diversos em processos de recuperação judicial, o que afeta a segurança jurídica dos credores e do mercado como um todo.

CRÉDITOS NÃO SUJEITOS À RECUPERAÇÃO JUDICIAL DO PRODUTOR RURAL – DADOS, HIPÓTESES E A REFORMA PELA LEI 14.112/2020

José Afonso Leirião Filho

Mestrando em Direito Comercial pela PUC-SP. Professor do curso de Direito do Agronegócio do Insper e do Instituto Brasileiro de Direito do Agronegócio (IBDA). LL.M em Direito Empresarial pela CEU *Law School*. Membro da Comissão Permanente de Direito Falimentar e Recuperacional do IASP e do NEPI da PUC-SP. Advogado em São Paulo.

1. INTRODUÇÃO

O objetivo desta investigação reside na tentativa de analisar – principalmente a partir de dados relacionados às fontes de financiamento da atividade rural no país e de informações existentes no Poder Judiciário a respeito das recuperações judiciais de produtores rurais e agroindústrias – as hipóteses adotadas pelo legislador que culminaram na reforma do regime de sujeição de créditos relacionados à atividade rural pela Lei 14.112/2020, que alterou a Lei 11.101/2005 (LRE).

De importante esclarecimento, nessa linha, que a pesquisa e o texto buscarão não seguir a linha dogmática[1], mas uma abordagem direcionada, na medida do possível, à estatística[2], com a tentativa de mensurar e correlacionar dados pelo método da jurimetria[3], para se buscar reflexões a partir de dados disponíveis.

Antes de adentrar em específico aos dados levantados, parece fundamental a investigação precedente do cenário atual de financiamento da atividade de produção rural.

1. Este autor enfrentou o tema sob esse prisma em "O novo regime de sujeição de créditos na reestruturação da atividade de produção rural". In: VASCONCELOS, Ronaldo et al. (Coord.). *Reforma da Lei de Recuperação e Falência – Lei 14.112/2020*, São Paulo: Editora Iasp, 2021, p. 689-707.
2. Isto, pois o artigo segue a abordagem empregada na disciplina "*Direito da Insolvência, a reforma da Lei 11.101/2005 pela Lei 14.112/2020*", do curso de Mestrado em Direito Comercial da PUC-SP, que privilegia uma visão empírica das problemáticas enfrentadas pelo regime de insolvência empresarial, com o fito de fomentar discussões críticas a respeito das falhas atuais do sistema e das alterações legislativas recentes, fora do campo da mera opinião pessoal do aluno.
3. https://abj.org.br/conteudo/jurimetria/, consultado em 09 set. 2021.

A importância se dá pela posição de destaque que o agronegócio tem reiteradamente ocupado na economia, com indicação, entre 2015 e 2020, de patamares constantes de aproximadamente 20% (vinte por cento) do PIB[4]. Essa evolução se deve a desenvolvimento que culminou em uma nova realidade ao setor, com a integração da produção rural à agroindústria através da industrialização, das evoluções tecnológicas e estruturais do agronegócio que foram responsáveis por ganhos de produção e pelo cada dia maior destaque no comércio internacional de grãos.

A visão moderna de agronegócio, dessa forma, conforme explorado por consagrados autores[5], trata de uma cadeia integrada de atividades econômicas, uma rede de negócios, representadas pela produção agrícola, pecuária, aquicultura, pesca e silvicultura, com a agroindústria, logística e distribuição de alimentos, comercialização interna e internacional, bolsas de mercadorias, políticas públicas, atingindo, por fim, os consumidores finais.

Inobstante a modernização do conceito de *agribusiness*, essencial à adequada compreensão da questão é a definição de atividade agrária, que segue linha instituída por CARROZZA, a chamada "Teoria da Agrariedade", que relaciona a atividade ao:

> (...) desenvolvimento de um ciclo biológico, concernente tanto à criação de animais como de vegetais, que surge ligado direta ou indiretamente ao uso das forças e dos recursos naturais, resultando na obtenção de frutos (vegetais ou animais) destináveis ao consumo direto, como tais, ou derivados de várias transformações.[6]

O elemento da *agrariedade* é importante ao exercício de compreensão de alteração realizada pela reforma legislativa quanto ao regime de créditos, dado que a legislação falimentar não define atividade rural. Contudo, o termo não é estranho ao ordenamento, conforme denota previsão da Lei 8.023/1990[7], complementada

---

4. CEPEA (Centro de Estudos Avançados em Economia Aplicada) e CNA (Confederação Nacional de Agricultura e Pecuária).
5. Vide DAVIS, J. H.; GOLDBERG, R. A. *A concept of agribusiness*. Boston: Harvard University, 1957. p. 156; DRUMMOND, H. Evan; GOODWIN, John W. ***Agricultural Economics***. Londres: Pearson Prentice Hall, 2004. p. 1 e 2.
6. CARROZZA, Antonio; ZELEDÓN, Ricardo. *Teoría general e institutos de derecho agrario*. Buenos Aires: Astrea, 1990, p. 319.
7. Art. 2º Considera-se atividade rural:
   I – a agricultura;
   II – a pecuária;
   III – a extração e a exploração vegetal e animal;
   IV – a exploração da apicultura, avicultura, cunicultura, suinocultura, sericicultura, piscicultura e outras culturas animais;
   V – a transformação de produtos decorrentes da atividade rural, sem que sejam alteradas a composição e as características do produto in natura, feita pelo próprio agricultor ou criador, com equipamentos

pela Lei 9.430/1996[8]. Referidas balizadas são relevantes ao entendimento da nova exceção criada pelo legislador ao restringir os créditos que serão submetidos ao procedimento de recuperação judicial do produtor rural, no caso, apenas aqueles relacionados à atividade rural.

2. DADOS DO FINANCIAMENTO DA ATIVIDADE RURAL NO BRASIL

O financiamento do agronegócio, a partir do desenvolvimento econômico ocasionado pela industrialização, comercialização e exportação de *commodities* agrícolas, impulsionados por aumentos importantes nos níveis de produção de grãos, acarretou reflexos em políticas públicas.

A repercussão também atingiu as normas jurídicas relacionadas ao setor, com destaque à criação dos títulos privados de financiamento do agronegócio (Lei 11.076/2004), com vistas ao fomento à fonte privada de financiamento das atividades ultimadas antes, dentro e depois da porteira, em oposição ao crédito controlado com intensa intervenção governamental presente na economia brasileira desde a criação da Carteira de Crédito Rural e Agroindustrial do Banco do Brasil (1937), com unificação no SNCR – Sistema Nacional de Crédito Rural[9] no ano de 1965, até meados da década de 1990, que segue desempenhando papel importante, mas com função diversa.

A criação dos títulos do agronegócio, títulos de crédito, aliada às reformas[10] da Lei 8.929/1994, que criou a Cédula de Produto Rural (CPR), representam a instituição de um novo sistema de crédito rural em regime de economia de livre mercado que, portanto, deve contar com preponderância de participação do crédito privado para o seu fomento. Essa mudança é incentivada por novas políticas públicas, focadas em pequenos produtores rurais, enquanto instituições financeiras privadas, em especial, desempenham o papel de financiar a agricultura comercial e a agroindústria[11].

---

e utensílios usualmente empregados nas atividades rurais, utilizando exclusivamente matéria-prima produzida na área rural explorada, tais como a pasteurização e o acondicionamento do leite, assim como o mel e o suco de laranja, acondicionados em embalagem de apresentação.

8. Art. 59. Considera-se, também, como atividade rural o cultivo de florestas que se destinem ao corte para comercialização, consumo ou industrialização.
9. Conforme a Lei 4.829/1965, considera-se crédito rural o fornecimento de recursos financeiros por entidades públicas e estabelecimentos de crédito particulares a produtores rurais ou a suas cooperativas para aplicação exclusiva em atividades que se enquadrem nos objetivos indicados na legislação em vigor (artigo 2º).
10. Realizadas pela Lei 10.200/2001 e Lei 13.986/2020.
11. Nessa linha e com amplo panorama sobre a questão, em especial relacionada à importância da Cédula de Produto Rural (CPR), vide BURANELLO, Renato. *Cédula de Produto Rural. Mercados agrícolas e Financiamento da produção.* São Paulo: Editora Thoth, 2021, p. 309.

O gráfico abaixo denota a participação percentual do crédito controlado *vis a vis* a evolução dos índices de produção agrícola no país, entre 1966 e 2000:[12]

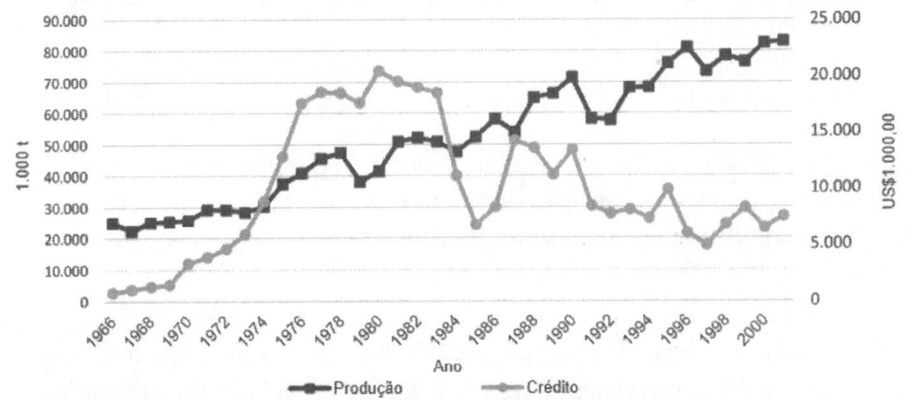

Figura 2 - Evolução da Produção Agrícola em Comparação ao Crédito Rural, Brasil, 1966 a 2000.
Fonte: Elaborada pelo autor a partir de Terra (2002).

Observe-se que a partir de 1990 (a CPR foi criada em 1994), a participação do crédito rural subsidiado nos níveis de produção agrícola sofreu queda contínua e relevante, enquanto a produção se manteve crescente, como tem ocorrido até os presentes dias.

Nessa mesma linha, CASTRO apresenta gráfico fornecido pela Bolsa de Mercadorias e Futuros, em que se verifica o efeito da Lei 11.076/2004 e dos títulos privados no panorama geral de emissão de títulos do agronegócio em apenas seus primeiros anos de vigência:

12. CASTRO, Paulo Roberto Valério. Do Estado Ao Mercado: a trajetória do crédito rural brasileiro e as diversas fontes de financiamento, período colonial ao século XXI. In: *Informações Econômicas*, SP, v. 47, n. 3, jul.-set. 2017.

TABELA 1
Títulos do agronegócio registrados na BM&F e Cetip – Brasil (2003-2012)

Ano	CPR		CDA-WA[1]		CDCA		LCA		CRA		**Total [2]**	
	Número de registros	Valor (R$ milhões)[1]	Número do registros	Valor (R$ milhões)	Número de registros	Valor (R$ milhões)	Número de registros	Valor (R$ milhões)	Número de registros	Valor (R$ milhões)	**Número de registros**	**Valor (R$ milhões)[2]**
31.12.2003	18.156	1.047	0	0	0	0	0	0	0	0	**0**	**0**
31.12.2004	41.213	3.187	0	0	0	0	0	0	0	0	**0**	**0**
31.12.2005	34.723	2.457	22	0	25	29	19	30	0	0	**66**	**59**
31.12.2006	16.051	1.257	520	0	212	637	30	19	0	0	**762**	**656**
31.12.2007	11.753	1.120	808	0	537	2.266	496	2.401	0	0	**1.841**	**4.668**
31.12.2008	10.282	1.396	769	0	639	1.734	3.604	10.317	1	1	**5.013**	**12.052**
31.12.2009	8.936	1.056	222	0	478	1.663	4.679	9.516	10	23	**5.389**	**11.202**
31.12.2010	8.073	884	155	0	405	1.428	9.846	13.419	19	156	**10.425**	**15.004**
31.01.2011	8.829	953	117	0	444	1.493	10.174	13.122	19	158	**10.754**	**14.775**
28.02.2011	9.550	1.007	117	0	442	1.479	10.642	13.048	22	211	**11.223**	**14.741**
31.03.2011	10.199	1.067	127	0	437	1.467	11.199	13.639	24	314	**11.787**	**15.424**
30.04.2011	10.668	1.101	194	0	424	1.483	11.790	15.693	27	330	**12.435**	**17.511**
31.05.2011	10.890	1.125	153	0	414	1.481	13.358	17.589	27	333	**13.952**	**19.403**
30.06.2011	11.044	1.283	198	0	441	1.899	13.697	17.838	28	337	**14.364**	**20.074**
30.07.2011	10.670	1.087	220	0	436	1.708	14.514	18.676	24	328	**15.194**	**20.712**
31.08.2011	9.853	1.190	244	0	430	1.650	15.439	19.988	11	312	**16.124**	**21.950**
30.09.2011	7.018	1.027	240	0	410	1.682	16.678	22.581	11	315	**17.339**	**24.578**
31.10.2011	6.858	1.018	253	0	396	1.622	17.683	23.448	11	318	**18.343**	**25.388**
30.11.2011	7.040	1.044	213	0	390	1.704	18.844	24.104	10	318	**19.457**	**26.126**
31.12.2011	7.386	1.052	176	0	368	1.588	19.815	26.689	12	345	**20.371**	**28.622**
31.01.2012	7.886	1.292	167	0	361	1.604	20.593	26.626	12	348	**21.133**	**28.578**
29.02.2012	8.258	1.385	163	0	371	1.540	21.139	27.422	12	351	**21.685**	**29.313**
31.03.2012	7.819	1.210	137	0	366	1.428	21.827	28.627	12	354	**22.342**	**30.409**

Fonte: BM&FBovespa e Cetip.
Notas: [1] Cetip não disponibiliza valores.
[2] Valores não contemplam os negócios com CPR registrados na Cetip e CDA/WA registrados na BM&FBovespa e Cetip.

Outro indicador importante à verificação da composição do financiamento do setor, em especial com olhos na atividade de produção rural – dado que parte relevante das alterações da LRE pela Lei 14.112/2020, além de focar nos requisitos instrumentais de acesso do produtor rural ao regime de insolvência, se deu em matéria dos créditos sujeitos ao processo concursal – se concentra em estatísticas gerais de financiamento.

A título de ilustração, vejamos os dados disponíveis atinentes à evolução do financiamento da soja no Estado do Mato Grosso. A razão do exemplo se explica pelo protagonismo da soja brasileira na produção mundial[13] e no mercado de exportação, que é líder absoluta há alguns anos, tendo o Estado do Mato Grosso como seu maior produtor[14]:

13. Fonte: www.conab.gov.br, consultado em 12 set. 2021.
14. Vide: https://www.embrapa.br/web/portal/soja/cultivos/soja1/dados-economicos, consultado em 12 set. 2021.

Produção Soja Mundo milhões toneladas							
País/Safra	2019/20	2020/21 fev.	2020/21 mar.	Variação (a/c)		Variação (b/c)	
	(a)	(b)	(c)	Abs.	(%)	Abs.	(%)
Brasil	128,50	133,00	134,00	5,50	4,28	1,00	0,75
Estados Unidos	96,67	112,55	112,55	15,88	16,43	0,00	0,00
Argentina	48,80	48,00	47,50	-1,30	-2,66	-0,50	-1,04
China	18,10	19,60	19,60	1,50	8,29	0,00	0,00
Outros	46,93	47,93	48,18	1,25	2,66	0,25	0,51
Total	339,00	361,08	361,82	22,83	6,73	0,75	0,21
Fonte: Usda-mar./21							

Vistos dados econômicos referentes ao cultivo do grão e sua comparação aos demais países produtores, passa-se a avaliar o gráfico a seguir, que trata justamente da evolução da composição do financiamento da produção da soja entre 2008 e 2018:

Gráfico 1 - Evolução do *funding* da soja de 2008 a 2018.

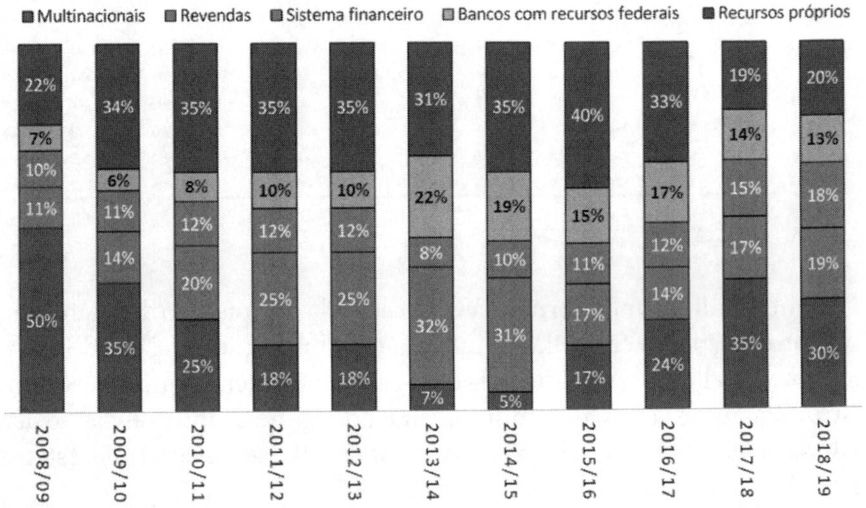

Ao nos depararmos, portanto, com a composição do *funding* de soja, conforme dados do Instituto Matogrossense de Economia Agropecuária – IMEA[15], é possível observar a tendência que reflete o dito até agora no que tange à maior participação de recursos privados livres em detrimento do percentual representado pelos recursos subsidiados federais ao financiamento da atividade em tela. Outro dado relevante é a baixa capitalização do produtor rural em especial nos anos de 2018 e 2019, que precisou recorrer ao mercado para financiar, respectivamente, 81% e 80% de seu custeio, com aumento de seu endividamento.

15. /Funding_Soja_2018.pdf, consultado em 12 set. 2021.

Trata-se, aqui, de um dado específico ao produtor de soja, mas que serve de referência ante a dificuldade de padronização das informações e diante da multiplicidade de atividades e culturas agrícolas, cada uma contando com especificidades inerentes.

Em um primeiro momento, importante consignar que, a despeito de não haver até o momento dados organizados a respeito de recuperações judiciais no agronegócio, a pesquisa realizada aponta algumas informações disponíveis e que podem se correlacionar a essa dificuldade de custeio da produção, no nosso exemplo, de soja no Mato Grosso. Isto, pois os Indicadores Econômicos da SERASA Experian apontam o ano de 2016 como recorde de pedidos de recuperação judicial desde a vigência da LRE, totalizando 1.863 (um mil oitocentos e sessenta e três) pedidos, sendo possível correlacionar o *boom* de casos à crise no Governo Dilma e às quedas abrutas do PIB nos anos de 2015 e 2016, com intensa retração da economia.

No âmbito do agronegócio, notou-se especialmente após 2016 aumento acentuado de pedidos de recuperação por produtores rurais e empresas relacionadas à agroindústria, destacando-se os números do MT ante a importância do estado e volume de negócios realizados, como deixa claro o protagonismo na produção/exportação da soja.

Esse aumento de pedidos de recuperação judicial no Mato Grosso pode ser comprovado por estudos esparsos, como exemplifica parecer jurídico emitido em 2019 por Flávia Trentini no âmbito de recurso em trâmite perante o Superior Tribunal de Justiça (AgInt 431272/2019), em que, ao analisar as decisões inclusive do Tribunal de Justiça do Mato Grosso sobre a admissibilidade do pedido de recuperação judicial por produtores rurais no estado, deu conta de que, de um total de 75 (setenta e cinco) acórdãos proferidos entre 2005 e 2019 no Tribunal de Justiça do Mato Grosso, 31 (trinta e um) foram proferidos no ano de 2016 (ano do maior número histórico de requerimentos) e 24 (vinte e quatro) foram proferidos em 2018, representando esses dois anos somados 73,3% do total de recursos.

Em paralelo, um dos grupos do Núcleo de Estudo e Pesquisa em Insolvência da Pontifícia Universidade Católica de São Paulo (NEPI), iniciativa capitaneada pelo Prof. Dr. Marcelo Barbosa Sacramone, coordenado por este autor e cujos dados serão em parte abordados neste texto, analisou bases de processos de recuperação judicial do Estado de São Paulo[16] que também demonstram aumentos sensíveis no número de casos a partir especialmente de 2018.

---

16. Para fins de transparência, foram analisadas bases de processos de recuperação judicial (i) da Associação Brasileira de Jurimetria – ABJ, relacionada ao intervalo entre 2011-2016; e (ii) do NEPI, referente ao intervalo entre 2017 e 2020, este último ano com dados incompletos. Ou seja, todos os processos são anteriores à reforma legislativa.

Não obstante a pesquisa estar centrada na documentação relacionada à legitimação do produtor rural ao pedido de recuperação judicial pela comprovação do biênio de atividade antes da reforma pela Lei 14.112/2020, foi possível indicar que de um total de 1.617 (um mil seiscentos e dezessete) processos referentes às duas bases de dados analisadas, 165 (cento e sessenta e cinco) casos são relacionados às diversas atividades que integram o agronegócio, enquanto 27 (vinte e sete) casos são de produtores rurais. Desses, 21 (vinte e um) casos foram requeridos após 2017 e 16 (dezesseis) apenas entre 2018/2019.

Trata-se, é verdade, de números tímidos se comparados à realidade Brasil, em especial ante a especificidade das atividades de produção rural em São Paulo[17], sendo prova disso dado que atesta que as atividades mais desempenhadas pelos produtores rurais em recuperação judicial no estado foram de cultivo de cana de açúcar (36% dos casos). Não obstante tal fato, o crescimento de pedidos de recuperação no biênio 2018/2019 pode refletir acirramento da crise no setor, bem como pode ter sofrido impactos pelos efeitos endêmicos de decisões dos tribunais estaduais que passaram a afrouxar as barreiras de acesso do produtor rural ao regime de insolvência[18].

Outra fonte de dados para reflexão é a nota técnica econômico-financeira solicitada pela ABIOVE – Associação Brasileira das Indústrias de Óleos Vegetais, em 2019. Trata-se de associação participante, como diversas outras, das discussões setoriais com o Ministério da Economia que culminaram na reforma da LRE no agronegócio e que, para embasar seus pleitos, solicitou estudo a consultoria especializada, referente às recuperações judiciais no Agronegócio, amplamente divulgada à época ("Nota Técnica")[19].

Na referida nota, de conotação econômica, mas com dados relevantes ao campo da insolvência, a consultoria afirma que "eventuais problemas de liquidez, normalmente decorrentes de quebra de safra, sempre foram tratados diretamente entre as próprias partes, bilateralmente" e continua "comum nesses casos a revisão por parte dos credores das operações sob risco de liquidação através do parcelamento em várias safras do cumprimento da obrigação original"[20].

---

17. O PIB do Agronegócio no Estado de São Paulo, representa, de acordo com mediana data base 2015-2020 do CEPEA, 17,83% do PIB do Agronegócio Nacional.
18. A discussão jurisprudencial foi dirimida pelo Superior Tribunal de Justiça em dois recursos julgados, cada um, por uma das Turmas de Direito Privado (REsp 1.800.032/MT e REsp 1.811.953/MT) cujo entendimento indicou não ser necessário o registro mercantil pelo prazo de 2 anos para fins de legitimação do produtor ao ajuizamento de recuperação judicial.
19. Vide exemplo em https://www.sna.agr.br/recuperacao-judicial-no-campo-ameaca-pilares-do-agronegocio-como-a-cpr/, acessado em: 12 set. 2021.
20. MB Associados. *Recuperações Judiciais no Agronegócio*, 09 out. 2019, p. 3.

Segue a nota mais à frente, em que é citada a alegada ruptura e o pano de fundo da discussão na jurisprudência, que não são objeto deste estudo, mas que foram, conforme será visto nos comentários ao trâmite legislativo, o ponto de partida para as alterações:

> No entanto, nos últimos anos a partir de 2016, alguns produtores rurais pessoas físicas têm, subitamente, se registrado como pessoa jurídica e ingressado na justiça com pedidos de recuperação judicial (...) a mudança do regime de pessoa física para pessoa jurídica é uma decisão irracional do ponto de vista econômico, pois, como já mencionado, o novo regime obrigaria ao pagamento de impostos maiores e a obrigações acessórias bem mais vastas.[21]

De mais relevante está o trecho a seguir em que, ao explicar os contratos a termo próprios do setor, em que há aquisição de parte da safra futura do produtor, com antecipação parcial ou total do preço e assunção, pelo comprador, de compromissos – principalmente no caso tradings – no mercado nacional e internacional, como forma de fomento à atividade de produção rural. Nesse ponto, a Nota Técnica aponta que:

> (...) tem sido comum nos pedidos de recuperação judicial que o estoque da própria safra a ser colhida seja considerado bem essencial[22][23], impedindo que o adquirente que antecipou recursos tenha acesso ao produto que de fato já é seu. Havendo a inadimplência na entrega da safra vendida, todos os demais compromissos assumidos pela comercializadora ficam sem possibilidade de serem cumpridos, a menos que se compre novamente o produto no mercado.[24]

A partir desse pano de fundo, a Nota Técnica avalia casos selecionados, bastante conhecidos no setor, com o fito de tentar demonstrar o alegado "enorme

---

21. Idem, p. 3.
22. O tema essencialidade é questão relevante aos processos de recuperação, em especial no agronegócio, haja vista a prevalência de garantias que recaem sobre áreas rurais e produtos agropecuários. A controvérsia neste ponto se dá ante as correntes de compreensão do termo "bem de capital essencial" pela jurisprudência, que é passível de críticas. Este autor apresenta seu ponto de vista sobre o tema em artigo escrito em parceria com GALUBAN NETO, Galuban, "A essencialidade do bem de capital na Recuperação Judicial – uma visão crítica da jurisprudência brasileira e caminhos possíveis". In: *Revista Brasileira de Direito do Agronegócio*, São Paulo, Editora Thoth, v. 2, 2º semestre de 2019. Ainda sobre o tema, cita-se meros exemplos de decisões que ignoram o conceito de bem de capital, calcando-se apenas na seara da essencialidade (TJSP, Agravo de Instrumento 2200162-89.2014.8.26.0000, Des. Rel. Eduardo Siqueira, j. 28 dez. 2015) e, de outro lado, que fixam a premissa de a proteção trazida pela parte final do §3º do artigo 49 é consequência da existência de um bem de capital (TJSP, Agravo de Instrumento 2012974-11.2018.8.26.0000, Des. Rel. Araldo Telles, j. 23 abr. 2018).
23. Sobre a aplicação do conceito de bens de capital a estoque (qualificação em que se inserem os produtos agrícolas), SACRAMONE indica que "os bens de estoque, assim, por serem destinados à alienação, ainda que imprescindíveis à atividade empresarial, não foram considerados pelo legislador como bens de capital e, por isso, poderiam ser livremente retomados pelo proprietário". (SACRAMONE, Marcelo Barbosa. *Comentários à Lei de Recuperação de Empresas e Falência*, 2. ed. São Paulo: Saraiva Educação, 2021. p. 263).
24. Idem, p. 5.

benefício econômico" aos produtores em tais casos específicos, com a conclusão expressa no texto de que "a recuperação judicial de pessoa física reduzirá a disponibilidade de crédito o que acarretará diminuição no ritmo de crescimento da agricultura brasileira"[25].

Abaixo, o resumo dos dados analisados pela Nota Técnica, exame que, segundo a metodologia mencionada, se deu a partir da verificação dos dados presentes nos autos dos processos em questão:

2.6. Resumo dos casos selecionados

Grupo	Área plantada (ha.)	Ativo imobilizado + investimentos - R$		valor da dívida - Grupos II e III - R$	valor presente da dívida implícito na RJ	benefício econômico para o devedor - R$
J. Pupin	76.000	1.438.875.440	*	1.329.000.000	17%	1.103.000.000
Vigolo	240.000	3.272.607.000	*	1.783.000.000	40%	1.070.000.000
Itaquerê	53.531	1.150.257.000	**	476.000.000	15%	400.000.000
Ilmo da Cunha	16.760	nd		394.000.000	17%	327.000.000
Nicoli	17.200	nd		131.000.000	18%	107.000.000

* O valor dos ativos de J. Pupin e de Vigolo são valores históricos e, portanto, não refletem o real valor de mercado
O grupo Vigolo apresentou outras dívidas (extraconcursal, pessoas físicas e outra) que somam R$ 1 bilhão adicionais
** O grupo Itaquerê realizou uma revaliação dos ativos recetemente, devendo o valor apresentado refletir o valor de mercado

[26]

Os dados acima, utilizados de forma exemplificativa no estudo dos referidos economistas, mas afirmados como sendo padrões das recuperações judiciais no setor, fomentaram a conclusão do citado estudo sobre os impactos das recuperações judiciais sobre o mercado de crédito ao produtor rural.

Dentre as principais conclusões mencionadas estão: aumento de taxas de financiamento; necessidade de reforço de garantias aos financiamentos setoriais, com menções expressas aos riscos representados à CPR, ante os pleitos de essencialidade sobre produtos comprados antecipadamente e frustração dos credores; o recrudescimento das exigências societárias e contábeis pelo produtor rural, que historicamente apresenta pouca documentação formal ao acesso à recuperação judicial.

Neste último item, afirma a nota pela necessidade de "várias outras informações e análises hoje dispensadas, incluindo, a partir de certos volumes, a apresentação de demonstrações financeiras auditadas por empresa de qualidade reconhecida" o que culminaria na "exigência de que o produtor rural seja organizado como empresa para poder apresentar informações melhor organizadas é a perda dos enormes benefícios fiscais que possui na condição de pessoa física"[27].

25. Idem, p. 24.
26. MB Associados, Nota Técnica à ABIOVE, de 09 out. 2019.
27. Idem, p. 19.

Além desses pontos, a Nota Técnica se encerra com a afirmação de que o produtor encontrará, caso mantido o cenário de 2019, maiores restrições de acesso a crédito.

Esses impactos foram medidos de forma estimada e não serão aqui explorados em detalhe, apenas fazendo-se referência à conclusão do trabalho, de que

> os resultados econométricos demonstram inequivocamente que a elasticidade entre crédito e crescimento da produção agrícola brasileira é praticamente igual a 1. O resultado é bastante intuitivo: para se produzir mais é preciso investir em terra, máquinas, benfeitorias, fertilizantes, agroquímicos, mão-de-obra. Todos esses insumos requerem crédito para permitir que a safra gire continuamente. Expansão da produção requererá crédito adicional. elasticidade igual a 1 implica que são proporcionais o crescimento da produção agropecuária e do crédito rural. Para 10% de queda na disponibilidade de crédito haverá redução de 10% na produção agrícola.[28]

Sem o objetivo de entrar no mérito das conclusões ou da representatividade de dados retirados de número limitado de casos como fotografia da recuperação judicial no setor, as reflexões imputadas pelo estudo, *vis a vis* as opções legislativas adotadas na reforma da LRE relacionada ao produtor rural parecem ter se baseado, ao menos em alguma parcela, em impressões como as veiculadas na Nota Técnica exemplificada acima, o que se deu de forma ampla no noticiário especializado[29]. É o que se passa a analisar.

3. CRÉDITOS NÃO SUJEITOS À RECUPERAÇÃO JUDICIAL DO PRODUTOR RURAL

A reforma da LRE pela Lei 14.112/2020 no âmbito do agronegócio se deu em especial pela Emenda 11, apresentada na Câmara dos Deputados pelo Deputado Alceu Moreira (MDB/RS), então presidente da Frente Parlamentar da Agropecuária (FPA), em momento avançado do trâmite legislativo do Projeto de Lei 6.229/2005, de relatoria do Deputado Hugo Leal (PSD/RJ), que acabou por aglutinar diversos projetos de lei relacionados à LRE e compor a extensa reforma.

A referida emenda, praticamente aprovada em sua integralidade, não contou com justificativa em seu texto, o que dificulta a análise por este estudo; quanto ao parecer proferido em plenário pelo Relator (Deputado Hugo Leal – PSD/RJ), disponível no site da Câmara dos Deputados, consignou-se:

28. Idem, p. 23.
29. Vide outros exemplos: https://valor.globo.com/agronegocios/noticia/2019/06/17/recuperacoes-judiciais-de-produtores-alteram-matriz-de-credito-a-soja.ghtml; https://www12.senado.leg.br/noticias/materias/2019/10/16/recuperacao-judicial-para-ruralistas-pode-gerar-colapso-alertam-especialistas; https://www.jota.info/opiniao-e-analise/artigos/recuperacao-judicial-do-produtor-rural-incertezas-e-reducao-de-credito-20052020; acessados em 12 set. 2021.

> A Emenda 11, apresentada pelo Deputado Alceu Moreira, foi objeto de uma ampla negociação envolvendo a Frente Parlamentar da Agricultura e o Governo que, após intensos debates e reuniões travadas no âmbito do Ministério da Economia e do Ministério da Agricultura, Pecuária e Abastecimento, resultou numa proposta amadurecida, consubstanciada na referida emenda, razão pela qual decidimos acolhê-la para superar as questões judiciais e trazer maior segurança jurídica aos agentes econômicos envolvidos em alguns processos recentes de pedidos de recuperação judicial por parte de produtores rurais, que têm sido apresentados em alguns Tribunais no País." (sublinhado no original).

Como se observa da justificativa de acolhimento da emenda, foi apontada a existência de debates – mediados no âmbito principalmente do Ministério da Economia e do MAPA – com o fito de trazer maior segurança jurídica aos agentes econômicos implicados em casos de recuperação judicial no setor. Nota-se que, inobstante a menção à amplitude da negociação, que ao que consta culminou nas previsões mencionadas a seguir, bem como à composição encontrada entre representantes do setor, parece lícito concluir que não houve estudo de dados para subsidiar a reforma legislativa, como é de praxe ocorrer no país. Ou seja, a reforma foi baseada em hipóteses e compreensões adotadas pelo legislador.

Ainda, também importante ao setor e ao regime de créditos sujeitos, mas não direcionada especificamente ao agronegócio, foi a emenda 13, que culminou na alteração referente aos contratos e obrigações decorrentes de atos cooperativos.

A justificativa apresentada pelo autor, Deputado Arnaldo Jardim (Cidadania/SP), também disponível do site da Câmara dos Deputados, trata das peculiaridades societárias das cooperativas e da alegação de que

> na prática, o agente econômico beneficiário da norma que seja associado a uma cooperativa e deixe de cumprir obrigações assumidas perante esta, em última análise, estará descumprindo uma obrigação consigo mesmo, haja vista que sua relação com a cooperativa é de natureza eminentemente societária.

A justificativa foi acatada pelo legislador, sem grandes comentários, conforme se observa de outro trecho do relatório da lavra do Deputado Hugo Leal (PSD/RJ):

> A Emenda 13 propõe a inclusão de um novo § 6º ao art. 49 para não sujeitar aos efeitos da recuperação judicial os contratos e obrigações decorrentes dos atos cooperativos praticados pelas sociedades cooperativas com seus cooperados. Pelas peculiaridades que caracterizam as operações realizadas no âmbito das cooperativas (que são centenas em nosso País), entendemos ser apropriada a sugestão proposta pela emenda, pelo que decidimos acolhê-la mediante a inclusão de um novo § 15 ao art. 6º da Lei, nos termos da SAG anexa.

Não está disponível também no que tange à Emenda 13 qualquer estudo ou dado estatístico que tenha sido analisado para justificar a opção legislativa incorporada à LRE.

Partindo-se do material disponível a respeito do processo legislativo, adentremos às alterações, aqui concentradas no regime de sujeição de créditos ao produtor rural a partir da reforma, lembrando-se que o ponto de partida da Emenda 11 foi a ratificação da possibilidade de requerimento de recuperação judicial pelo produtor rural pessoa natural, desde que presentes os requisitos instrumentais necessários à comprovação do biênio de exercício regular da atividade rural (§§ 2º e 3º do artigo 48, LRE).

Portanto, no que tange ao regime dos créditos sujeitos, a opção legislativa parte da determinação de sujeição ao concurso apenas dos créditos que decorram exclusivamente da atividade rural desempenhada por pessoa física ou jurídica e que estejam devidamente contabilizados:

> Art. 49 (...)
>
> § 6º Nas hipóteses de que tratam os §§ 2º e 3º do art. 48 desta Lei, somente estarão sujeitos à recuperação judicial os créditos que decorram exclusivamente da atividade rural e que estejam discriminados nos documentos a que se referem os citados parágrafos, ainda que não vencidos.

Neste ponto, além das previsões referidas no parágrafo, o também inédito §5º que passa a integrar o artigo 48, indica as balizas de atendimento dos §§ 2º e 3º do mesmo artigo[30].

Na sequência, os novos parágrafos no artigo 49 excluem do concurso (i) os créditos controlados, ou crédito rural, exceto os financiamentos que não tenham sido objeto de renegociação entre o devedor e a instituição financeira antes do pedido de recuperação judicial; e (ii) as dívidas constituídas nos três anos anteriores ao pedido de recuperação judicial, desde que contraídas com o fito de aquisição de propriedades rurais, inclusive as garantias atreladas:

> § 7º Não se sujeitarão aos efeitos da recuperação judicial os recursos controlados e abrangidos nos termos dos arts. 14 e 21 da Lei 4.829, de 5 de novembro de 1965.
>
> § 8º Estarão sujeitos à recuperação judicial os recursos de que trata o §7º deste artigo que não tenham sido objeto de renegociação entre o devedor e a instituição financeira antes do pedido de recuperação judicial, na forma de ato do Poder Executivo.
>
> § 9º Não se enquadrará nos créditos referidos no caput deste artigo aquele relativo à dívida constituída nos 3 (três) últimos anos anteriores ao pedido de recuperação judicial, que tenha sido contraída com a finalidade de aquisição de propriedades rurais, bem como as respectivas garantias.

---

30. § 5º Para os fins de atendimento ao disposto nos §§ 2º e 3º deste artigo, as informações contábeis relativas a receitas, a bens, a despesas, a custos e a dívidas deverão estar organizadas de acordo com a legislação e com o padrão contábil da legislação correlata vigente, bem como guardar obediência ao regime de competência e de elaboração de balanço patrimonial por contador habilitado.

A desidratação dos créditos sujeitos ao concurso seguiu com a alteração da Lei 8.929/1994 pela reforma (Emenda 11), para que os créditos e as garantias vinculados à Cédula de Produto Rural - CPR, com liquidação física, em caso de antecipação parcial ou integral do preço, ou, ainda, representativa de operação de troca por insumos (*barter*), não se sujeitem à recuperação judicial. Houve aqui veto da Presidência da República, sob o argumento de que a matriz de crédito do setor seria prejudicada, todavia, o veto foi parcialmente derrubado pelo Congresso Nacional, estando mantida a seguinte redação:

> Art. 11. Não se sujeitarão aos efeitos da recuperação judicial os créditos e as garantias cedulares vinculados à CPR com liquidação física, em caso de antecipação parcial ou integral do preço, ou, ainda, representativa de operação de troca por insumos (barter), subsistindo ao credor o direito à restituição de tais bens que se encontrarem em poder do emitente da cédula ou de qualquer terceiro, salvo motivo de caso fortuito ou força maior que comprovadamente impeça o cumprimento parcial ou total da entrega do produto.

Quanto à alteração à Lei 8.929/1994, ressalta-se que redação similar e o objetivo de prever a extraconcursalidade aos créditos vinculados à CPR foi discutida no Projeto de Lei que culminou na Lei 13.986/2020. Contudo, a redação final da chamada "Lei do Agro" acabou por não contar com a previsão, mas tão somente com a inclusão de parágrafo único ao seu artigo 5º, em que a questão da declaração de essencialidade é tratada[31].

Por fim, conforme adiantado, a Emenda 13 incluiu - com direito a veto presidencial derrubado pelo Congresso - novo parágrafo ao artigo 6º da Lei 11.101/2005, o qual exclui aos efeitos da recuperação judicial os contratos e as obrigações decorrentes dos atos cooperativos praticados pelas sociedades cooperativas com seus cooperados, alteração importante ante o papel do cooperativismo no setor. Observe-se a previsão original do projeto:

> § 13. Não se sujeitam aos efeitos da recuperação judicial os contratos e obrigações decorrentes dos atos cooperativos praticados pelas sociedades cooperativas com seus cooperados, na forma do art. 79 da Lei 5.764, de 16 de dezembro de 1971, consequentemente, não se aplicando a vedação contida no inciso II do art. 2º quando a sociedade operadora de plano de assistência à saúde for cooperativa médica.

Da análise das alterações acima listadas, parece evidente que a opção legislativa que por um lado positivou o posicionamento majoritário dos Ministros do STJ a respeito da admissibilidade da recuperação judicial do produtor rural a partir de um registro cuja natureza é meramente declaratória (é verdade que com restrições documentais de acesso bastante relevantes), acabou por adotar dire-

31. Parágrafo único. A informação eventualmente prestada pelo emitente sobre a essencialidade dos bens móveis e imóveis dados em garantia fiduciária a sua atividade empresarial deverá constar na cédula a partir do momento de sua emissão.

cionamento em prol da desidratação dos créditos sujeitos ao concurso. A medida em questão, somada aos demais créditos não sujeitos (propriedade fiduciária e demais exceções do artigo 49, §§ 3º e 4º e crédito tributário), inegavelmente limita de forma importante o alcance do processo concursal ao produtor rural[32].

Sem entrar no mérito propriamente dogmático das alterações e inclusive das possíveis críticas a alterações como a da exclusão do concurso dos créditos contabilizados, que pode inclusive gerar insegurança e propiciar comportamentos oportunistas e estratégicos aos devedores que deliberadamente escolherem não contabilizar determinados créditos[33], o que pode se concluir é que as conclusões de estudos como a Nota Técnica mencionada foram em boa parte consideradas pelo legislador.

Neste ponto, importante a reflexão sobre se as hipóteses e intenções defendidas aparentemente por uma maioria dos representantes do setor com a mencionada finalidade de mitigar insegurança jurídica e risco de crédito – lembrando-se que representantes dos produtores rurais também participaram ativamente das discussões – e que culminaram nessas alterações, de fato acarretarão os resultados esperados.

Seguindo adiante, não obstante a ausência de justificativa na Emenda 11, a reforma foi comemorada pelo autor integrante do legislativo[34], com comentário de que seria "certamente uma grande vitória do agro e principalmente uma vitória da segurança jurídica, com a redução de risco do crédito brasileiro" e que as novas previsões promoveriam "melhora [n]a qualidade de crédito. O custo do crédito está muito ligado ao risco, se não tem o risco o crédito fica mais barato".

Segundo as afirmações dos legisladores, portanto, o racional, não obstante a preocupante ausência da análise de dados ao longo do trâmite legislativo que subsidiem empiricamente as impressões veiculadas e em parte positivadas, foi o de proteger parte dos vetores do financiamento diante da abertura expressa em lei à possibilidade de pedidos de recuperação judicial de produtores rurais, com destaque à questão dos produtos atrelados às CPRs físicas e endividamento dos

32. A opção legislativa é objeto de crítica de parte da doutrina pela possibilidade de esvaziamento da recuperação judicial, que visa à superação da crise via negociação coletiva. (SACRAMONE, Marcelo Barbosa. *Comentários à Lei de Recuperação de Empresas e Falência*. 2. ed. São Paulo: Saraiva Educação, 2021. p. 272).

33. Sobre comportamentos estratégicos e a legislação de insolvência, WARREN traz importante lição: "Bankruptcy law does not eliminate strategic behavior, however, and sometimes it fosters new stratagems and delays. Opportunities for strategic delay are in some instances the result of poorly considered Code provisions; in others, they are the unavoidable consequence of a careful balance between debtor and creditor power." (WARREN, Elizabeth. *Bankruptcy Policymaking in an Imperfect World*. In: *Mich. L. Rev*. 92 (1993-1994), p. 349).

34. Vide https://www.canalrural.com.br/noticias/agricultura/senado-recuperacao-judicial-produtores-rurais/, consultado em 15 set. 2021.

produtores concentrado em aquisição de terras, com casos concretos de posterior pedido de recuperação judicial com vistas à manutenção praticamente total do patrimônio do devedor e frustração em cadeia de obrigações fundamentais à manutenção do equilíbrio no mercado de crédito agropecuário.

Ou seja, as alterações aparentemente se basearam em hipóteses verificadas em determinados casos concretos, conforme exemplifica a Nota Técnica, mas não comprovadas por dados que atestem o perfil de endividamento mencionado como uma constante. A reavaliação a ser realizada no futuro deverá responder se o perfil do produtor rural que conta com imobilização exacerbada de seu patrimônio e baixa liquidez de fato se comprova na maior parte dos casos e se de fato parte relevante dos casos do setor traz pleitos de essencialidade da produção de grãos, à revelia dos compromissos constituídos perante credores, em prejuízo da cadeia integrada de relações jurídicas do agronegócio. Ademais, a mencionada proteção ao mercado de crédito, se de fato correlacionada às alterações promovidas, promoverá aumento na oferta e/ou barateamento do crédito ao produtor rural.

3.1 Perfil de endividamento do produtor rural nas recuperações judiciais do Estado de São Paulo

Como mencionado alhures, ao longo da elaboração deste artigo, o grupo do NEPI se debruçou sobre 27 (vinte e sete) recuperações judiciais requeridas por produtores rurais no Estado de São Paulo e implementou pesquisa a partir da análise da totalidade de processos recuperacionais no Estado, computados de janeiro de 2011 a outubro de 2020.

Não obstante as ressalvas já mencionadas a respeito das características da atividade rural no Estado de São Paulo, a pesquisa – que é focada na documentação apresentada pelo produtor rural para a comprovação do biênio de atividade rural[35] – também adentrou pontualmente em outras informações relevantes, em parte exploradas pela presente análise.

De mais relevante está a constatação a respeito da estrutura de endividamento do produtor rural nos casos estudados. Essa avaliação se deu a partir da análise do endividamento total dos recuperandos em 25 (vinte e cinco) processos eletrônicos no que tange aos créditos sujeitos ao processo concursal, bem como dos três maiores créditos sujeitos a cada recuperação judicial. As informações refletem as listas de credores publicadas na forma do artigo 7º, §2º da LRE.

35. O artigo produzido pelo grupo do NEPI encontra-se no prelo. O resultado das pesquisas realizadas pode ser conferido em seminário promovido pela Escola Superior da Advocacia da OAB de Goiás, https://www.youtube.com/watch?v=Eb-23MSVSas, acessado em 09 nov. 2021.

Os dados levantados indicam que em 21 (vinte e um) dos 25 (vinte e cinco) acasos analisados as instituições financeiras figuram entre os três maiores credores do procedimento, com classificação nas classes II e III, destacando-se a presença na classe com garantia real. Ou seja, os bancos figuram entre os principais credores em 84% (oitenta e quatro por cento) das recuperações judiciais de produtores rurais no Estado de São Paulo. Em seguida, as cooperativas apresentam posição de destaque, seguidas de fundos de investimento, multinacionais e *trading companies.*

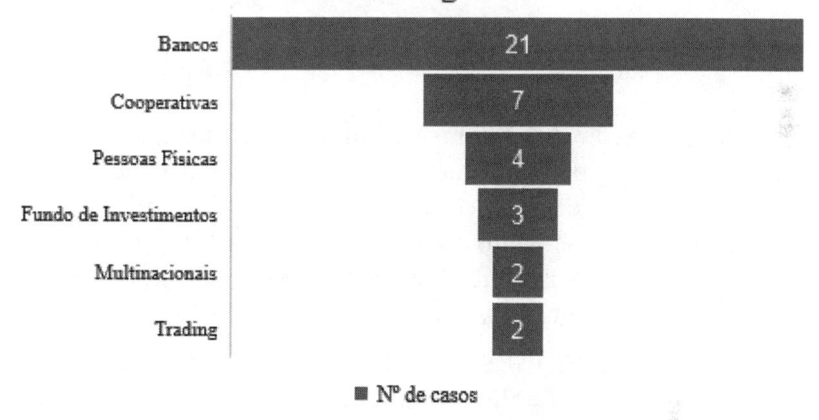

A pesquisa também avançou na análise comparativa entre os créditos detidos pelas instituições financeiras e o valor total dos créditos sujeitos às recuperações judiciais da base de estudos. Da apreciação dos dados se abstraiu que em todos os casos da base as instituições financeiras representaram ao menos 10% (dez por cento) do total do passivo sujeito ao concurso. Ainda, em 10 (dez) dos 25 (vinte e cinco) casos analisados, o crédito bancário representa ao menos 40% (quarenta por cento) da totalidade dos créditos sujeitos. Vide abaixo gráfico produzido pelo grupo responsável pelo estudo e que denota a intensa participação do crédito bancário nas recuperações judiciais dos produtores rurais:

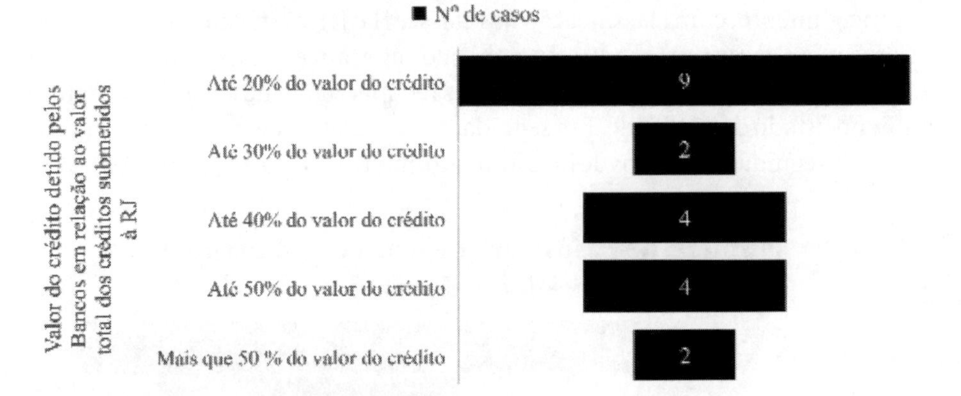

Os dados acima conversam com o desenho demonstrado no item 3 a respeito dos principais vetores do financiamento da atividade rural, dado que os bancos – seja via crédito oficial ou operações de financiamento privado – ocupam posição de relevo no financiamento do setor. A posição das cooperativas também não parece ser circunstancial, dado que o cooperativismo tem sido cada dia mais relevante no financiamento do agronegócio[36].

A posição de destaque desses credores, se correlacionada às alterações promovidas pelo legislador da Lei 14.112/2020, denota que o produtor rural que buscar a recuperação judicial como forma de reestruturação poderá ter problemas que ultrapassam as barreiras documentais para a comprovação do binômio de atividade rural.

Isto, pois há alterações que atingem diretamente parte relevante dos créditos de titularidade desses financiadores, com destaque para (i) os §§7º e 9º do artigo 49, que excluem do concurso os créditos controlados, exceto aqueles que não tenham sido objeto de renegociação antes do pedido de recuperação judicial e as dívidas constituídas nos três anos anteriores ao pedido de recuperação judicial, desde que contraídas à aquisição de propriedades rurais; e (ii) o § 13 ao artigo 6º da Lei 11.101/2005, o qual exclui aos efeitos da recuperação judicial os contratos e as obrigações decorrentes dos atos cooperativos praticados pelas sociedades cooperativas com seus cooperados.

Diante das alterações, diversas questões merecem ser colocadas: ante o novo regime de créditos sujeitos ao produtor rural conforme a reforma legislativa seriam

36. Sobre a relevância do cooperativismo ao setor, vide entrevista do presidente da OCB (Organização das Cooperativas Brasileiras), https://summitagro.estadao.com.br/agro-no-brasil/especiais/governo-vai-cada-vez-menos-financiar-o-agronegocio/, consultado em 09 nov. 2021.

ajuizadas hoje as 21 (vinte e uma) recuperações judiciais analisadas pelo NEPI? Os altos custos inerentes às recuperações judiciais, as conhecidas dificuldades de acesso a crédito pelos recuperandos, as necessidades de choques de gestão, dentre outras barreiras, justificariam a utilização do instituto pelo produtor rural? A exclusão dos créditos mencionados do concurso protegerá os interesses dos credores agora extraconcursais?

São algumas das muitas questões que parecem fazer sentido serem levantadas, em especial em um momento de importantes alterações legislativas. Não se pode perder de vista, ainda, que o processo concursal, conforme WARREN[37], tem importantes funções quanto à alocação de eficiência e proteção do valor do negócio em crise. Nesse ponto, é lícito questionar se a opção legislativa de exclusão de parte de credores chave do procedimento concursal será eficiente aos próprios credores na recuperação de seus créditos ou se trará reflexos deletérios ao valor agregado do negócio em crise e às taxas de recuperação. O questionamento se dá pelo fato de que diversos *stakeholders* relevantes poderão buscar execuções individuais de seus créditos, o que pode dificultar a própria efetividade dessas medidas, sem falar na possibilidade de o Judiciário impedir investidas individuais com o argumento de proteção da efetividade do processo concursal.

Com as informações acima descritas, buscou-se demonstrar que as opções legislativas da reforma almejaram exceptuar do concurso credores que ocupam posições de relevo no financiamento da atividade rural, de modo que é essencial uma nova análise de processos posteriores à vigência da Lei 14.112/2020 para se comparar dados e reflexos, em busca do aprimoramento do regime de insolvência e de uma adequada impressão dos efeitos gerados pelas reformas legislativas ultimadas.

4. CONCLUSÃO

A presente análise buscou, a partir de dados existentes sobre o financiamento da atividade rural e de recuperações judiciais analisadas anteriormente à reforma, aprimorar a compreensão dos operadores do direito a respeito das alterações legislativas realizadas pela Lei 14.112/2020, bem como avaliar hipóteses e reflexos que tais alterações podem acarretar às novas recuperações judiciais de produtores rurais.

37. "The rules that govern the management of a failing business affect the value of the business. Congress recognized that, if legal rules make it difficult for a troubled firm to survive or if they increase the costs of operation, value will necessarily decline sharply when a firm is in trouble. Conversely, if the rules give the business opportunities to re organize its debt and offer protection from collecting creditors, the rules will prop up the value of the troubled business". (WARREN, Elizabeth. Bankruptcy Policymaking in an Imperfect World. *Michigan Law Review*, v. 92, issue 2 (1993), p. 344).

Como mencionado, a análise de dados poderia ter sido adotada como premissa da reforma da legislação falimentar, como é salutar que ocorra nas legislações que têm a possibilidade de afetar ambientes econômicos, sob pena de se criar distorções não adequadamente avaliadas no primeiro momento, a despeito de eventuais boas intenções e experiências do legislador no tema. Não sendo a realidade do presente caso e ante a recente reforma, é salutar que em anos posteriores seja ultimada nova pesquisa com o fito de comparar os dados ora apresentados e outros que surjam nesse ínterim às (possíveis) novas recuperações judiciais e estruturas de endividamento dos produtores rurais.

5. REFERÊNCIAS

BURANELLO, Renato. *Cédula de Produto Rural. Mercados agrícolas e Financiamento da produção.* São Paulo: Editora Thoth, 2021.

BURANELLO, Renato e LEIRIÃO FILHO, José Afonso. "O novo regime de sujeição de créditos na reestruturação da atividade de produção rural". In: VASCONCELOS, Ronaldo et al. (Coord.). *Reforma da Lei de Recuperação e Falência – Lei 14.112/2020.* São Paulo: Editora Iasp, 2021.

CASTRO, Paulo Roberto Valério. Do estado ao mercado: a trajetória do crédito rural brasileiro e as diversas fontes de financiamento, período colonial ao século XXI. In: *Informações Econômicas*, SP, v. 47, n. 3, jul.-set. 2017.

CARROZZA, Antonio; ZELEDÓN, Ricardo. *Teoría general e institutos de derecho agrario.* Buenos Aires: Astrea, 1990, p. 319.

DAVIS, J. H.; GOLDBERG, R. A. *A concept of agribusiness.* Boston: Harvard University, 1957.

DRUMMOND, H. Evan; GOODWIN, John W. *Agricultural Economics.* Londres: Pearson Prentice Hall, 2004.

MATTOS, Eduardo da Silva e PROENÇA, José Marcelo Martins. *Recuperação de Empresas*: (in) utilidade de métricas financeiras e estratégias jurídicas. Rio de Janeiro: Lumen Juris, 2019, p. 3.

MB Associados. *Recuperações Judiciais no Agronegócio*, estudo encomendado pela ABIOVE, 2019.

SACRAMONE, Marcelo Barbosa. *Comentários à Lei de Recuperação de Empresas e Falência.* 2. ed. – São Paulo: Saraiva Educação, 2021. p. 272).

WARREN, Elizabeth. Bankruptcy Policymaking in an Imperfect World. In: *Mich. L. Rev.*, 92 (1993).

A RECUPERAÇÃO JUDICIAL E OS DIREITOS DECORRENTES DE ACORDOS PARASSOCIAIS

Marcela Vieira Marconi

Mestranda em Direito Comercial na Pontifícia Universidade Católica de São Paulo (PUC-SP, ingresso em 2021). Especialista em Direito Societário (INSPER-SP, 2021). Especialista em Arbitragem (PUC-SP, 2020), Advogada associada do BVZ Advogados da área de contencioso, arbitragem e insolvências. E-mail para contato mvmarconi.adv@outlook.com.

1. INTRODUÇÃO – OS PACTOS PARASSOCIAIS E SEUS EFEITOS

O direito societário, como um ramo do direito comercial, tradicionalmente tem se dedicado a disciplinar a relação entre as sociedades e o mundo exterior, a partir do foco na existência de um estatuto ou um contrato social.

Tais instrumentos, altamente regulamentados e inerentes à própria constituição das sociedades, fixam as suas estruturas, determinam questões básicas de relacionamento entre os seus integrantes e servem de parâmetro para sua interação com os agentes de mercado.

Ocorre que a configuração do relacionamento societário interno à sociedade possui maior grau de sofisticação e demanda a resolução de questões práticas complexas, para as quais o estatuto ou o contrato social, com sua função organizativa do exercício da atividade empresarial, ou mesmo a lei, abstrata e geral, não apresentam resposta.

A complexidade dessas relações internas à sociedade é amplamente afetada pela evolução da economia, que possibilita a elaboração de negócios jurídicos estruturados e diversos, compelindo os agentes econômicos a estipularem os mais variados ajustes sobre o seu relacionamento, resultando em previsões cada vez mais engenhosas e sofisticadas.

Nesse cenário, observa-se um crescente fenômeno de contratualização do direito societário, no qual, para além dos contratos sociais e estatutos, os pactos parassociais (acordos de sócios ou acordos de acionistas) têm assumido grande relevância para regular o exercício de direitos dos sócios ou acionistas, baseados em sua participação na sociedade.

Os efeitos dos pactos parassociais, como contratos multilaterais, em teoria, são restritos à esfera jurídica de seus signatários. Mas é cediço que, na prática, sua concretização pode esbarrar em interesses de terceiros relacionados, ou não, à própria sociedade.

No âmbito das recuperações judiciais, onde os interesses a serem compostos são os da preservação da empresa[1] em sintonia com a satisfação de seus credores, muitas vezes as resoluções encontradas não condizem com as disposições dos pactos parassociais sobre os direitos de sócios/acionistas. Dessa dissonância surgem conflitos complexos, que contrapõem a extensão do instituto recuperacional com as disposições internas, prévia e licitamente acordadas entre os integrantes da companhia em crise, e que são o alvo da análise pretendida no presente artigo.

2. RELAÇÃO ENTRE O DIREITO SOCIETÁRIO E AS RECUPERAÇÕES JUDICIAIS

Apesar de as recuperações judiciais dizerem respeito à relação da empresa em crise com os credores e o mercado, a sua inter-relação com o direito societário é evidente, e é explicitada pelo próprio ordenamento jurídico.

A título de exemplo inicial, o artigo 122, IX, da Lei 6.404/76 ("LSA"),[2] aplicável às sociedades anônimas e subsidiariamente também às sociedades limitadas, estabelece a competência exclusiva da assembleia geral para deliberar sobre a autorização para os administradores requererem a recuperação judicial ou autofalência da companhia.

Assim, ao receber o pedido de recuperação judicial, o magistrado deverá analisar não somente os requisitos objetivos elencados pelos incisos do artigo 51 da Lei 11.101/05 ("LFRJ"),[3] mas também a observância dessas formalidades deliberativas, conforme exigido expressamente pela legislação societária.

---

1. "A LFRJ, nesse ponto, rompe com a dinâmica das legislações anteriores para considerar a superação da crise econômico-financeira como modo de satisfação não apenas de interesses de credores e devedores, o que uma solução simplesmente liquidatória já poderia assegurar. Reconhece-se que a preservação da empresa e sua função social assegura também o atendimento dos interesses de terceiros, dos empregados, dos consumidores e de toda a nação". (SACRAMONE, Marcelo Barbosa. *Comentários à Lei de Recuperação de Empresas e Falência*. 2. ed. São Paulo: Saraiva Educação, 2021, p. 240).
2. Art. 122 Compete privativamente à assembleia geral: (...) IX – autorizar os administradores a confessar falência e a pedir recuperação judicial;
3. Art. 51. A petição inicial de recuperação judicial será instruída com:

   I – a exposição das causas concretas da situação patrimonial do devedor e das razões da crise econômico-financeira;

   II – as demonstrações contábeis relativas aos 3 (três) últimos exercícios sociais e as levantadas especialmente para instruir o pedido, confeccionadas com estrita observância da legislação societária aplicável e compostas obrigatoriamente de:

   a) balanço patrimonial;

Em acréscimo, o artigo 50, da LFRJ,[4] ao apresentar os meios de recuperação

---

b) demonstração de resultados acumulados;

c) demonstração do resultado desde o último exercício social;

d) relatório gerencial de fluxo de caixa e de sua projeção;

e) descrição das sociedades de grupo societário, de fato ou de direito;

III – a relação nominal completa dos credores, sujeitos ou não à recuperação judicial, inclusive aqueles por obrigação de fazer ou de dar, com a indicação do endereço físico e eletrônico de cada um, a natureza, conforme estabelecido nos arts. 83 e 84 desta Lei, e o valor atualizado do crédito, com a discriminação de sua origem, e o regime dos vencimentos;

IV – a relação integral dos empregados, em que constem as respectivas funções, salários, indenizações e outras parcelas a que têm direito, com o correspondente mês de competência, e a discriminação dos valores pendentes de pagamento;

V – certidão de regularidade do devedor no Registro Público de Empresas, o ato constitutivo atualizado e as atas de nomeação dos atuais administradores;

VI – a relação dos bens particulares dos sócios controladores e dos administradores do devedor;

VII – os extratos atualizados das contas bancárias do devedor e de suas eventuais aplicações financeiras de qualquer modalidade, inclusive em fundos de investimento ou em bolsas de valores, emitidos pelas respectivas instituições financeiras;

VIII – certidões dos cartórios de protestos situados na comarca do domicílio ou sede do devedor e naquelas onde possui filial;

IX – a relação, subscrita pelo devedor, de todas as ações judiciais e procedimentos arbitrais em que este figure como parte, inclusive as de natureza trabalhista, com a estimativa dos respectivos valores demandados;

X – o relatório detalhado do passivo fiscal; e

XI – a relação de bens e direitos integrantes do ativo não circulante, incluídos aqueles não sujeitos à recuperação judicial, acompanhada dos negócios jurídicos celebrados com os credores de que trata o § 3º do art. 49 desta Lei.

4. Art. 50. Constituem meios de recuperação judicial, observada a legislação pertinente a cada caso, dentre outros:

I – concessão de prazos e condições especiais para pagamento das obrigações vencidas ou vincendas;

II – cisão, incorporação, fusão ou transformação de sociedade, constituição de subsidiária integral, ou cessão de cotas ou ações, respeitados os direitos dos sócios, nos termos da legislação vigente;

III – alteração do controle societário;

IV – substituição total ou parcial dos administradores do devedor ou modificação de seus órgãos administrativos;

V – concessão aos credores de direito de eleição em separado de administradores e de poder de veto em relação às matérias que o plano especificar;

VI – aumento de capital social;

VII – trespasse ou arrendamento de estabelecimento, inclusive à sociedade constituída pelos próprios empregados;

VIII – redução salarial, compensação de horários e redução da jornada, mediante acordo ou convenção coletiva;

IX – dação em pagamento ou novação de dívidas do passivo, com ou sem constituição de garantia própria ou de terceiro;

X – constituição de sociedade de credores;

XI – venda parcial dos bens;

XII – equalização de encargos financeiros relativos a débitos de qualquer natureza, tendo como termo inicial a data da distribuição do pedido de recuperação judicial, aplicando-se inclusive aos contratos de crédito rural, sem prejuízo do disposto em legislação específica;

judicial, elenca diversas possibilidades regidas pela legislação societária e cujas aprovações, muitas vezes, estarão atreladas às previsões contratuais internas à recuperanda.

Entre tais meios relacionados diretamente à legislação societária, encontram-se: (Inciso II) a cisão, a incorporação, a fusão e a transformação da sociedade, a constituição de subsidiária integral, e a cessão de cotas ou ações; (Inciso III) a alteração do controle societário; (Inciso IV) a substituição parcial dos administradores da companhia ou a modificação de seus órgãos administrativos; (Inciso V) a concessão, aos credores, de direito de eleição de administradores ou de direito de veto a matérias específicas;(Inciso VI) o aumento do capital social; (Inciso XV) a emissão de valores mobiliários; dentre outras.

A demonstrar a relevância desses meios de recuperação, levando em conta as recuperações judiciais distribuídas nas Varas Especializadas da Capital do Estado de São Paulo entre os anos de 2010 e 2017, cujos planos foram aprovados, constatou-se que mais de 40% (quarenta por cento) deles possuíam previsão referente a transformações societárias (Inciso II), mais de 24% (vinte e quatro por cento) previam aumento de capital social (Inciso VI), e mais de 20% (vinte por cento) estabeleciam a alteração do controle societário (Inciso III).[5]

Apesar de não serem meios de recuperação tão utilizados quanto a concessão de prazos de carência e deságios que, no contexto anterior, alcançam o altíssimo resultado de 98,4% (noventa e oito vírgula quatro por cento), é visível que estas são opções bastante consideradas quando da elaboração de planos de recuperação judicial.

Ao instituir tais meios atrelados às relações societárias, o artigo 50 da LFRJ autoriza sua utilização desde que seja "*observada a legislação pertinente a cada caso*". E, no que diz respeito à cisão, incorporação, fusão ou transformação de sociedade, constituição de subsidiária integral ou cessão de cotas ou ações, o inciso

---

XIII – usufruto da empresa;

XIV – administração compartilhada;

XV – emissão de valores mobiliários;

XVI – constituição de sociedade de propósito específico para adjudicar, em pagamento dos créditos, os ativos do devedor.

XVII – conversão de dívida em capital social;

XVIII – venda integral da devedora, desde que garantidas aos credores não submetidos ou não aderentes condições, no mínimo, equivalentes àquelas que teriam na falência, hipótese em que será, para todos os fins, considerada unidade produtiva isolada.

5. Dados obtidos em: MENDES, Max Magno Ferreira; SACRAMONE, Marcelo Barbosa. Meios de Soerguimento da Empresa em Crise na Recuperação Judicial. In: YARSHELL, Flávio Luiz; PEREIRA, Guilherme Setoguti J. (Coord.). *Processo Societário IV*. São Paulo: Quartier Latin, 2021, p. 853-867

II do referido dispositivo afirma que devem ser "*respeitados os direitos dos sócios, nos termos da legislação vigente*".

Em paralelo às disposições legais, o professor Marcelo B. Sacramone esclarece que as operações societárias, como meios de recuperação judicial, somente produzirão efeitos jurídicos caso sejam respeitados os quóruns relacionados a cada um dos tipos societários, bem como todos os demais requisitos definidos na legislação societária.[6]

Scalzilli, Spinelli e Tellechea complementam ao afirmar que as disposições do artigo 50 traduzem exatamente o cuidado do legislador, no sentido de ser necessária prudência para que os planos de recuperação judicial não colidam com as normas societárias específicas de cada meio de recuperação judicial adotado.[7]

Em outras palavras, a legislação falimentar não se propõe a substituir as regras societárias, muito menos deixa a critério exclusivo do devedor a irrestrita imposição de reorganização societária. Ao contrário, o respeito à legislação e às deliberações societárias deriva essencialmente da lei e não deve ser afastado por imposição de cláusula do plano de recuperação judicial, ainda que aprovado pela unanimidade de credores.

Esse entendimento parece ser o mais acertado, posto que a LFRJ e a LSA são normas que regulam sistemas especiais, entre as quais inexiste qualquer hierarquia, nos termos da Constituição Federal. Sendo assim, não haveria razão para que os acordos decorrentes da legislação falimentar, quais sejam, os planos de recuperação judicial, pudessem desrespeitar a legislação societária contida na LSA.

Observa-se, contudo, que a LFRJ não possui uma disposição específica quanto à necessidade de os planos de recuperação judicial observarem os direitos dos sócios/acionistas previstos em acordos parassociais anteriormente firmados.

Nesse sentido, dentre as pouquíssimas doutrinas que abordam o referido tema em específico, Ricardo Tepedino afirma que os meios de recuperação judicial devem obedecer, além da legislação societária, os eventuais acordos de sócios referentes ao exercício do poder de voto.[8]

---

6. SACRAMONE, Marcelo Barbosa. *Comentários à Lei de Recuperação de Empresas e Falência*. 2. ed. São Paulo: Saraiva Educação, 2021, p. 280.
7. SCALZILLI, João Pedro. SPINELLI, Luis Felipe. TELLECHEA. *Rodrigo. Recuperação de empresas e falência*: teoria e prática da Lei 11.101/2005. São Paulo: Almedina, 2016. p. 303.
8. "é a lei falimentar que regula, por exemplo, como se dá a inclusão, no Plano de Recuperação, de uma cisão ou da emissão de debêntures, mas isso de nenhum modo permite a efetivação de uma ou de outra sem obediência às prescrições da lei societária, bem como das regras estatutárias e de disposições de eventual acordo de voto." (O Direito Societário e a Recuperação Judicial. In: VENANCIO FILHO, Alberto. LOBO, Carlos Augusto da Silveira. ROSMAN, Luiz Alberto Colonna (Coord.). *Lei das S.A. em seus 40 anos*. São Paulo: Forense, 2017. p. 587.)

Apesar de o autor não mencionar expressamente os demais direitos dos sócios/acionistas que podem decorrer de acordos parassociais, entende-se que o posicionamento adotado por Ricardo Tepedino é no sentido de defender a totalidade de tais direitos, adicionais às previsões expressas da LSA, estejam eles previstos em quaisquer espécies de acordos parassociais.

Em complemento, Carlos Alberto Carmona, em parecer apresentado no pleito recuperacional da companhia Oi S.A., em que ocorreu embate entre a vontade dos acionistas e os termos do plano de recuperação judicial, afirmou que não seria possível que o plano de recuperação judicial impusesse, por si, medidas que dependam da formação de vontade dos sócios/acionistas integrantes da sociedade recuperanda.[9]

Essa intepretação, condizente com a ausência de colisão ou de hierarquia entre a LFRJ e a LSA, a princípio, também aparenta ser a mais correta, e pode ser extraída de uma análise socioeconômica do direito.

Isso porque a fixação de direitos e obrigações dos sócios e acionistas possui, dentre outros objetivos, um propósito socioeconômico de conferir maior segurança e previsibilidade aos investidores e, assim, estimular o investimento nas sociedades brasileiras.

Cientes de que a legislação societária lhes será devidamente aplicável, bem como o serão os termos dos acordos parassociais de que forem signatários, os investidores, ao avaliarem as oportunidades de negócio, com certeza estarão mais propensos a realizá-las.

Em última linha, portanto, o respeito aos direitos dos sócios/acionistas previstos em pactos parassociais é capaz de fomentar investimentos e, por conseguinte, a economia brasileira como um todo.

Ao passo que, ao contrário, o afastamento generalizado dos direitos de sócios/acionistas frente a um plano de recuperação judicial em sentido diverso, sem que haja uma previsão legislativa específica quanto à forma de resolução dessa espécie de embate, pode resultar em grande imprevisibilidade e insegurança jurídica aos investidores, desestimulando os investimentos na economia nacional.

Considerando a inexistência de um regramento específico a esse respeito atualmente, nos cumpre analisar qual tem sido a posição do poder judiciário frente a tais situações de embate, e qual a legitimidade dos argumentos que têm sido utilizados para sustentá-la.

---

9. CARMONA, Carlos Alberto. *Parecer apresentado no âmbito do Agravo de Instrumento 0017198-21.2018.8.19.0000*, p. 20.

3. O CONFLITO ENTRE PACTOS PARASSOCIAIS E RECUPERAÇÕES JUDICIAIS NA PRÁTICA: CASOS RANUKA E DASLU

No âmbito das recuperações judiciais, não são raras as situações em que os interesses de sócios/acionistas da sociedade não condizem com os interesses dos credores desta. As razões são evidentes, uma vez que os credores buscam satisfazer seus créditos, enquanto os sócios/acionistas, apesar de desejarem a continuidade da empresa a longo prazo, visam, principalmente, a obtenção de seus lucros e dividendos.

Tanto é verdade, que a LFRJ, em seu artigo 43, buscando evitar a interferência negativa de sócios/acionistas na tentativa de soerguimento da companhia, veda o voto de credores que sejam sócios ou acionistas da sociedade, quando detentores de mais de 10% (dez por cento) de seu capital social,[10]para aprovação de plano de recuperação judicial.

Contudo, a situação é mais complexa quando esse embate decorre das disposições de um acordo anteriormente firmado entre sócios/acionistas, frente às disposições desejadas e votadas pelo colegiado de credores em um plano de recuperação judicial.

Com a reforma na legislação recuperacional, a previsão é de que essas situações complexas de embate se repitam com ainda mais frequência, posto que não só a sociedade, cujos interesses se presume estarem mais relacionados aos de seus sócios/acionistas, poderá apresentar seu plano de recuperação judicial, mas também os próprios credores poderão apresentar plano alternativo a este.[11]

De qualquer forma, até a presente data, há dois casos emblemáticos de conflito entre as disposições de acordos parassociais e planos de recuperação judicial, quais sejam, o do Grupo Renuka[12] e o do Grupo Daslu,[13] cuja análise se faz necessária à compreensão do entendimento do poder judiciário a esse respeito.

---

10. Art. 43. Os sócios do devedor, bem como as sociedades coligadas, controladoras, controladas ou as que tenham sócio ou acionista com participação superior a 10% (dez por cento) do capital social do devedor ou em que o devedor ou algum de seus sócios detenham participação superior a 10% (dez por cento) do capital social, poderão participar da assembléia-geral de credores, sem ter direito a voto e não serão considerados para fins de verificação do quórum de instalação e de deliberação.
11. Art. 56 § 4º Rejeitado o plano de recuperação judicial, o administrador judicial submeterá, no ato, à votação da assembleia-geral de credores a concessão de prazo de 30 (trinta) dias para que seja apresentado plano de recuperação judicial pelos credores. (Redação dada pela Lei 14.112, de 2020).
12. 1ª Vara de Falências e Recuperações Judiciais do Foro Central Cível de São Paulo. 1099671-48.2015.8.26.0100; e TJ-SP – 2ª Câmara Reservada de Direito Empresarial – Agravo de Instrumento 2257715-26.2016.8.26.0000.
13. 1ª Vara de Falências e Recuperações Judiciais do Foro Central Cível de São Paulo. 0024498-11.2010.8.26.0100; TJ-SP – Câmara Reservada à Falência e Recuperação – Agravo de Instrumento 0154311-66.2011.8.26.0000; e STJ – Terceira Turma – REsp 1539445 / SP.

No caso do Grupo Renuka, o plano de recuperação judicial previa, como meio de recuperação, a reorganização societária, incluindo o aumento de capital da social da Renuka do Brasil S/A ("Renuka Brasil").

No entanto, nos termos do estatuto social da Renuka Brasil, combinados com os termos do acordo de acionistas firmado anteriormente entre seus acionistas minoritários, era imprescindível que estes aprovassem essa espécie de reorganização societária da companhia.

Desta forma, em Assembleia Geral de Credores ("AGC") do Grupo Renuka, a Halpink Consultoria e Assessoria Empresarial Ltda. ("Halpink"), detentora de 40,6% (quarenta vírgula seis por cento) do capital social da Renuka Brasil, sustentou a imprescindibilidade de sua prévia aprovação para a eficácia do plano de recuperação judicial.

Os argumentos não impediram a aprovação do plano de recuperação judicial, que foi questionada pela Halpink. Em primeira instância, não foram deferidos os argumentos da Halpink contrários à aprovação do plano, ante os entendimentos de que ela estaria abusando de sua posição de acionista minoritária, e de que a sua atuação seria contrária aos interesses sociais.

Foi interposto agravo de instrumento, e o Tribunal de Justiça manteve a decisão de primeira instância, por compreender que seria legítimo suprimir a necessidade de aprovação do acionista minoritário para fins de aumento do capital social, pois essa medida seria compatível com a situação econômica da empresa à época e não significaria diluição injustificada.

Assim, o Tribunal de Justiça fez prevalecerem as regras do plano de recuperação judicial ao arrepio dos direitos de acionistas previstos em acordo parassocial, e a justificativa para tanto foi a de que o aumento do capital social da Renuka Brasil teria sido "*o caminho encontrado pela companhia para a superação da crise*", ao passo que a Halpink estaria buscando apenas fazer prevalecerem seus próprios interesses.

No caso do Grupo Daslu, por sua vez, o plano de recuperação judicial previa a criação de nova sociedade que receberia ativos do Grupo Daslu, inclusive a referida marca, que era o principal ativo construído ao longo das décadas de existência das empresas do grupo.

Contudo, havia um memorando de entendimentos e um acordo de acionistas, firmados no âmbito de uma das companhias do grupo, qual seja, a Lommel Empreendimentos Comerciais S.A ("Lommel"), que continham, dentre outras disposições, (i) o direito de veto dos acionistas minoritários no que tange à aprovação de uma eventual recuperação judicial ou extrajudicial que envolvesse a Lommel, (ii) a preservação da participação acionária dos minoritários, e (iii) a participação destes em eventuais negócios futuros que envolvessem a marca Daslu ou qualquer outro ativo intangível do Grupo Daslu.

Desta feita, em AGC do grupo Daslu, alguns acionistas minoritários da Lommel se manifestaram em oposição ao plano de recuperação judicial, sob o argumento principal de que ele não previa o cumprimento das obrigações assumidas no memorando de entendimentos e no acordo de acionistas em questão.

Tais manifestações não impediram a aprovação do plano de recuperação judicial que, questionada pelos acionistas minoritários da Lommel, foi mantida pelo juízo de primeiro grau e também pelo Tribunal de Justiça de São Paulo, em sede de agravo de instrumento.

O Tribunal de Justiça de São Paulo afirmou que as discussões societárias deveriam ser dirimidas em processo próprio e autônomo, e não na própria recuperação judicial. Ressaltou também, contudo, que os interesses dos acionistas minoritários não poderiam se sobrepor "*ao princípio da preservação da empresa e de sua função social*", tampouco aos interesses da coletividade dos credores, que optaram por aprovar o plano em AGC.

Ante o recurso especial interposto pelos acionistas minoritários, o Superior Tribunal de Justiça manteve a decisão do Tribunal de Justiça de São Paulo, ressaltando que o plano de recuperação judicial aprovado pela coletividade de credores se sobrepõe aos interesses dos acionistas minoritários.

A análise dos dois casos, portanto, leva à conclusão de que judicialmente têm prevalecido as disposições do plano de recuperação judicial, mesmo quando opostas aos direitos de sócios/acionistas dispostos em acordos parassociais. Dentre os principais argumentos utilizados para sustentar as decisões, estão os princípios da soberania da AGC e da necessidade de preservação da empresa, cuja análise se pretende a seguir.

4. PRINCÍPIOS UTILIZADOS PARA FUNDAMENTAR AS DECISÕES DOS CASOS EMBLEMÁTICOS

Nas decisões dos casos emblemáticos analisados, um dos principais fundamentos encontrados é o de que a AGC é soberana, e que são os credores, pela lógica da LFRJ, os legitimados para decidirem sobre o futuro da empresa, de modo que devem prevalecer as suas decisões.

Nesse sentido, o poder judiciário sequer poderia reavaliar o plano de recuperação judicial aprovado pelos credores, não obstante as alegações de violações aos direitos de sócios/acionistas decorrentes das previsões de acordos parassociais.

A esse respeito, o doutrinador Eduardo Secchi Munhoz afirma que o legislador acertou ao reduzir as funções do magistrado, que deve atuar como expectador das negociações dos credores das empresas recuperandas.[14]

Não se discorda do entendimento doutrinário e jurisprudencial no sentido de que o poder judiciário deveria se ater a controlar a legalidade do plano de recuperação judicial aprovado, sem adentrar à uma análise econômico-financeira sobre seu conteúdo. Contudo, questiona-se se esse argumento poderia efetivamente ser aplicado quando demonstrada a violação aos direitos dos sócios/acionistas, previstos em acordo parassocial anterior ao plano de recuperação judicial.

Não haveria, nesse caso, uma evidente ilegalidade, passível de apreciação e resolução pelo poder judiciário?[15] Ou as deliberações da AGC se sobrepõem legitimamente aos direitos contratuais dos sócios/acionistas da sociedade em recuperação?

O argumento que complementou a supremacia da AGC na fundamentação dos casos analisados é o do princípio da preservação da empresa, disposto nos termos do artigo 47 da LFRJ,[16] em defesa à sobrevivência das empresas, como células essenciais da economia, e detentoras de relevante função social.

Tal princípio é dotado de extrema relevância, pois se entende que, ao explorarem a sua atividade e buscarem a obtenção de lucro, as empresas promovem interações econômicas com outros agentes do mercado, gerando empregos, pagando tributos e movimentando a economia do país como um todo.

Por essa razão, desde a edição da LRFJ, se entende que o princípio da preservação da empresa deve nortear a interpretação da lei e a busca pela resolução,

---

14. "A rigidez do sistema brasileiro quanto à matéria, vale observar, segue a recomendação de parte da doutrina internacional no sentido de que, em países com sistema judiciário ineficiente, a concessão de excessivo poder de barganha ao devedor pode levar a soluções contrárias ao interesse da sociedade – manutenção de empresas inviáveis -, recomendando-se, em consequência, a outorga de maior proteção ao interesse dos credores. (...)
No modelo ora implantado, o juiz não exerce um papel de árbitro dos diversos interesses em jogo, capaz de decidir de acordo com o melhor interesse da sociedade, premissa adotada no modelo francês, mas confia-se na negociação direta entre os diversos titulares de interesse, observados os parâmetros definidos na lei, como modelo ideal para se encontrar a solução mais eficiente e benéfica para a sociedade." (Comentários aos artigos 55 a 69. In: SOUZA JR., Francisco Satiro de; PITOMBO, Antonio Sérgio A. de Morais. *Comentários à Lei de Recuperacão de Empresas e Falências*. 2. ed. São Paulo: Revista dos Tribunais, 2007. p. 275 e 281.).
15. Art. 5º, XXXV, da CRFB/1988: Todos são iguais perante a lei, sem distinção de qualquer natureza, garantindo-se aos brasileiros e aos estrangeiros residentes no País a inviolabilidade do direito à vida, à liberdade, à igualdade, à segurança e à propriedade, nos termos seguintes: XXXV – a lei não excluirá da apreciação do Poder Judiciário lesão ou ameaça a direito.
16. Art. 47. A recuperação judicial tem por objetivo viabilizar a superação da situação de crise econômico-financeira do devedor, a fim de permitir a manutenção da fonte produtora, do emprego dos trabalhadores e dos interesses dos credores, promovendo, assim, a preservação da empresa, sua função social e o estímulo à atividade econômica.

em caso de conflitos. Ivo Waisberg e Arnoldo Wald esclarecem inclusive, que os princípios do artigo 47 poderão, em casos concretos, ensejar a flexibilização de determinadas normas.[17]

No mesmo sentido, Scalzilli, Spinelli e Tellechea afirmam que a solução de controvérsias deve utilizar o referido artigo 47 como fundamento, para que sejam propostas soluções interpretativas tendentes à preservação da empresa economicamente viável e de seus efeitos positivos à população em geral.[18]

Tais posições doutrinárias, contudo, não defendem que a preservação da empresa deverá se sobrepor, de qualquer forma e a qualquer tempo, aos direitos contratuais de terceiros, ou dos sócios/acionistas das empresas em recuperação judicial. Defender algo nesse sentido seria o mesmo que defender (d.m.v. equivocadamente) que existe uma hierarquia estanque entre a legislação recuperacional e a societária.

Em verdade, o princípio da preservação da empresa muitas vezes é utilizado como pretexto para que sejam desconsiderados direitos societários, e até direitos decorrentes da própria legislação falimentar, viabilizando a aprovação de planos de recuperação judicial que não deveriam ser aprovados em situações de normalidade, ante o temor exacerbado da falência.

Diz-se exacerbado porque a falência não deveria ser vista como um grande prejuízo coletivo, posto que ela poderia permitir que o conjunto de bens que compõem a empresa passasse para as mãos de um terceiro, que retomasse a atividade empresarial, e garantisse empregos, circulação de riquezas e arrecadação tributária, além do respeito aos direitos contratuais de seus sócios/acionistas.

E à companhia que não desejasse falir, portanto, caberia a elaboração e negociação de um plano de recuperação judicial cujos termos, além de financeiramente viáveis, não fossem contrários aqueles acordados em seu âmbito interno, por meio de acordos parassociais legitimamente firmados entre seus sócios/acionistas.

A esse respeito, Fabio Ulhoa Coelho sugere uma ponderação casuística, de modo que os direitos dos sócios/acionistas poderiam ser restringidos pelo juízo recuperacional somente nos casos em que efetivamente configurassem uma exploração indevida da vulnerabilidade da empresa.[19]

---

17. Os princípios do art. 47 poderão, em casos concretos, ensejar ao juiz a possibilidade de flexibilizar certas normas para atender aos fins colimados no artigo em comento e na Constituição. (...) De forma geral, na interpretação da nova legislação pelo juiz da recuperação, os princípios ganharão destaque. Na ocorrência de omissões ou conflitos, as diretrizes do art. 47 deverão ser chamadas a participar do processo de integração da norma. (Comentários ao artigo 47. In: CORREA-LIMA, Osmar Brina, CORREA-LIMA, Sérgio Mourão (Coord.). *Comentário à Nova Lei de Falência e Recuperação de Empresas*. Rio de Janeiro: Forense, 2008.)
18. SCALZILLI, João Pedro. SPINELLI, Luis Felipe. TELLECHEA, Rodrigo. *Recuperação de empresas e falência*: teoria e prática da Lei 11.101/2005. São Paulo: Almedina, 2016. p. 76/77.
19. "não se pode pretender que o exercício dos direitos societários dos acionistas minoritários de sociedade anônima em recuperação estaria sempre condicionado ao controle jurisdicional do juízo recuperacio-

Em outras palavras, a defesa dos sócios/acionistas pelos seus direitos contratuais não deveria sempre ser considerada como um abuso, a ser coibido em favor da preservação da empresa recuperanda.

É evidente que a LFRJ deve ser interpretada sob o princípio geral de preservação da empresa, posto que o impulso à recuperação de empresas economicamente viáveis foi o objetivo central na elaboração da lei e dos seus mecanismos como um todo.

Todavia, tal princípio, assim como o princípio da supremacia da AGC, não deve ser utilizado irrestritamente para permitir situações descabidas, que favoreçam apenas os credores das recuperandas, mas prejudiquem os direitos de toda outra coletividade.

Sobre a utilização indevida de princípios para que sejam derrogadas normas ou acordos considerados inconvenientes ao incerto sentimento de justiça, Ricardo Tepedino alerta para a necessidade de cuidado, sob pena de o aplicador da lei substituir a vontade do ordenamento jurídico pela sua própria.[20]

Por tais motivos, considera-se que os casos emblemáticos analisados, ao utilizarem os referidos princípios para desconsiderarem os direitos de sócios/acionistas decorrentes de acordos parassociais, partiram de premissas distorcidas e podem configurar precedentes perigosos à segurança jurídica inerente às relações societárias.

Entende-se que o princípio da preservação da empresa e o princípio da soberania da AGC devem, sim, nortear a interpretação da LFRJ e a solução de conflitos no âmbito recuperacional e falimentar. Todavia, cabe aos agentes do processo, principalmente ao juízo, a tarefa de regular o procedimento segundo uma lógica socioeconômica, na qual terceiros não sejam indevidamente prejudicados pela tentativa de soerguimento das companhias.

Nesse sentido, tais princípios não deveriam figurar como pretexto irrestrito para que sejam judicialmente desconsideradas as intervenções de sócios/acionistas

---

nal. Mas, também, descabe o entendimento de que o juízo recuperacional não pode obstar o exercício destes direitos, quando revelam a exploração indevida da vulnerabilidade momentânea da sociedade em recuperação judicial, dando ensejo a um temor consistente de que poderá inviabilizar a superação da crise (prejudicando, com isso, credores, trabalhadores, consumidores etc." (*Temas de Direito da Insolvência*: Estudos em homenagem ao Professor Manoel Justino. São Paulo: Editora RT, 2005. p. 397).

20. "Em realidade, o que aqui se dá combate é o subversivo emprego de um princípio de direito para se derrogar normas que o aplicador da lei reputa inconvenientes à realização de seu sentimento de justiça, substituindo a vontade da lei pela sua, num julgamento por equidade que o direito só admite em hipóteses excepcionais, e que, como alertava Caio Mário, costuma revelar 'tendências legiferantes do julgador, que, pondo de lado o seu dever de aplicar o direito positivo, com ela acoberta sua desconformidade com a lei." (O Direito Societário e a Recuperação Judicial. In: VENANCIO FILHO, Alberto. LOBO, Carlos Augusto da Silveira. ROSMAN, Luiz Alberto Colonna (Coord.). *Lei das S.A. em seus 40 anos.* São Paulo: Forense, 2017. p. 596).

na negociação e implementação do plano de recuperação judicial, quando visem a preservação de seus direitos decorrentes de acordos parassociais legitimamente firmados em momento anterior à própria recuperação judicial.

5. O ABUSO DO DIREITO DE VOTO

Parte da fundamentação do acórdão do caso do Grupo Renuka se baseou também na afirmação de que teria havido abuso de direito dos acionistas minoritários que, para defenderem seus direitos decorrentes de pactos parassociais, se opuseram aos planos de recuperação judicial aprovados em sede de AGC.[21]

O conceito de abuso, na seara societária, advém das disposições do artigo 115 da LSA, segundo o qual, "*o acionista deve exercer o direito a voto no interesse da companhia*" e "*considerar-se-á abusivo o voto exercido com o fim de causar dano à companhia ou a outros acionistas*".[22]

A despeito das discussões quanto à impossibilidade ou anulabilidade do voto exercido de forma abusiva nos termos do artigo 115 e parágrafos, da LSA, o fato é que este conceito tem sido aplicado de forma extensiva às discussões em recuperações judiciais, para invalidar os pleitos dos sócios ou acionistas, quando seus interesses se opõem aos interesses dos credores.

Remanesce a discussão quanto à possibilidade de classificar como abusivas todas as posições de sócios ou acionistas que sejam contrárias à aprovação dos planos de recuperação judicial, uma vez que tal posicionamento poderá ensejar a convolação em falência da sociedade. A esse respeito, Marcelo Vieira von Adamek

---

21. "Vê-se, sim, comportamento abusivo da agravante, acionista minoritária que insistentemente busca apenas a prevalência de seus interesses, olvidando-se que a companhia está em processo de recuperação judicial." (TJ-SP – 2ª Câmara Reservada de Direito Empresarial – Agravo de Instrumento 2257715-26.2016.8.26.0000).

22. Art. 115. O acionista deve exercer o direito a voto no interesse da companhia; considerar-se-á abusivo o voto exercido com o fim de causar dano à companhia ou a outros acionistas, ou de obter, para si ou para outrem, vantagem a que não faz jus e de que resulte, ou possa resultar, prejuízo para a companhia ou para outros acionistas.

§ 1º o acionista não poderá votar nas deliberações da assembléia-geral relativas ao laudo de avaliação de bens com que concorrer para a formação do capital social e à aprovação de suas contas como administrador, nem em quaisquer outras que puderem beneficiá-lo de modo particular, ou em que tiver interesse conflitante com o da companhia.

§ 2º Se todos os subscritores forem condôminos de bem com que concorreram para a formação do capital social, poderão aprovar o laudo, sem prejuízo da responsabilidade de que trata o § 6º do artigo 8º.

§ 3º o acionista responde pelos danos causados pelo exercício abusivo do direito de voto, ainda que seu voto não haja prevalecido.

§ 4º A deliberação tomada em decorrência do voto de acionista que tem interesse conflitante com o da companhia é anulável; o acionista responderá pelos danos causados e será obrigado a transferir para a companhia as vantagens que tiver auferido.

pondera que a abusividade não poderá ser considerada de forma generalizada, devendo haver uma análise casuística dos direitos e deveres envolvidos.[23]

A LFRJ, em seu artigo 39, §6º,[24] possui um conceito próprio de abusividade, aplicável ao voto dos credores, segundo o qual, somente será considerado voto abusivo e, portanto, passível de anulação, aquele "*manifestamente exercido para obter vantagem ilícita para si ou para outrem*".

Ora, os credores são os detentores primários do poder de chancelar um plano de recuperação judicial, ou rejeitá-lo, podendo ensejar a falência da sociedade cuja recuperação era pretendida. Se, para classificar o seu voto como abusivo, se faz necessária a existência de um objetivo ilícito, por qual razão a caracterização da abusividade da manifestação de sócios ou acionistas da recuperanda dispensaria tal ilicitude?

Resta evidente, portanto, que o conceito de abusividade, assim como os princípios da soberania da AGC e da preservação da empresa, tem sido utilizado de forma genérica nas decisões em casos de embate entre os interesses dos credores e os direitos de sócios/acionistas da sociedade recuperanda, com o objetivo de evitar sua falência a qualquer custo.

Compreende-se a necessidade de ser verificado o eventual caráter abusivo nas manifestações de sócios/acionistas da sociedade quanto aos planos de recuperação judicial, justamente para que se evite a falência de empresas recuperáveis, quando a preservação dos interesses de tais sócios/acionistas não for legítima ou justificável.

Contudo, a utilização do conceito aberto de abusividade existente na legislação societária tem viabilizado a desconsideração dos interesses dos sócios/acionistas de forma ampla e infundada, sem uma análise devidamente aprofundada quanto às questões fáticas inerentes a tais direitos, legitimamente fundamentados em pactos parassociais.

---

23. "Aqui, o bloqueio do minoritário pode ter como conseqüência direta a eliminação da possibilidade de recuperação e, portanto, o decreto de falência da sociedade, com a quase certa perda de todo o capital investido pelos sócios. Ainda assim, não se pode aprioristicamente qualificar de abusiva a posição daquele que se opõe à continuidade da empresa ou daquele que entende preferível não prolongar a sua agonia, quando o resultado da liquidação ainda pode ser positivo ou antes que haja o crescimento de determinada parcela do passivo (como o trabalhista, por exemplo) pelo qual, na prática desvirtuada do foro, poderão ser chamados a responder não apenas a sociedade e os seus administradores, mas até mesmo os seus sócios. Sempre, pois, haverá a necessidade de averiguar a decisão em seu merecimento, pois o mero resultado não é suficiente para qualificar de abusiva a oposição dos sócios." (*Abuso de minoria em direito societário*. São Paulo: Malheiros, 2014, fls. 270.)
24. Art. 39, § 6º O voto será exercido pelo credor no seu interesse e de acordo com o seu juízo de conveniência e poderá ser declarado nulo por abusividade somente quando manifestamente exercido para obter vantagem ilícita para si ou para outrem.

Nas decisões dos dois casos emblemáticos analisados verifica-se que, para o afastamento dos direitos dos sócios/acionistas da sociedade, sequer foi primariamente analisada a possibilidade de a previsão do plano de recuperação judicial que os viola ser substituída por outra que também viabilizasse a recuperação da sociedade.

6. CONCLUSÕES

Em primeiro lugar, a inter-relação entre o direito societário e o recuperacional/falimentar é evidente e decorre de diversas disposições legais inerentes aos dois âmbitos. Tais disposições, inclusive, levam ao entendimento de que os regulamentos podem coexistir de forma harmônica, inexistindo qualquer subordinação formal entre a LRFJ e LSA.

Ademais, ao se analisar os termos dos dois ordenamentos, não se encontram disposições conflitantes que impliquem a necessidade de que uma se sobreponha à outra, ou que sejam derrogados direitos de uma espécie para que outros permaneçam.

Nesse cenário, o procedimento da recuperação judicial, que compreende negociações cuja legalidade é supervisionada pelo juízo, deveria compatibilizar os diversos interesses das partes nele envolvidas, mesmo ante o possível embate entre os interesses dos credores e os interesses dos sócios/acionistas das empresas recuperandas.

Não obstante, na prática, os princípios da soberania da AGC e da preservação da empresa, extremamente relevantes à interpretação da LFRJ, muitas vezes são utilizados como argumento para que sejam desconsiderados os direitos dos sócios/acionistas das sociedades.

Em paralelo, por vezes se caracteriza como abusiva a manifestação dos sócios/acionistas da sociedade, em razão de o seu resultado ser a desaprovação do plano de recuperação judicial proposto, sem que sequer sejam devidamente analisadas as especificidades do caso ou a possibilidade de substituição das previsões do plano apresentado.

Tais circunstâncias foram verificadas de forma bastante emblemática nos casos do Grupo Renuka e do Grupo Daslu, nos quais as disposições dos planos de recuperação judicial se sobrepuseram integralmente aos direitos dos acionistas, decorrentes de acordos parassociais legitimamente firmados em momento anterior.

É fácil de se reconhecer que, em determinadas circunstâncias, a busca pela conciliação dos diversos interesses envolvidos na recuperação judicial pode prejudicar o seu andamento, em prejuízo ao soerguimento das empresas em crise, mesmo que não haja qualquer ilegalidade.

As objeções trazidas por sócios/acionistas, contudo, não podem ser afastadas indistintamente por serem consideradas como abusos de direitos, ou intervenções indevidas. Cada objeção merece ser analisada casuisticamente, de modo que somente sejam afastadas aquelas efetivamente abusivas, não somente pela sua capacidade de ensejar a falência da sociedade.

O simples afastamento dos direitos de sócios/acionistas, com base em princípios gerais da LFRJ e em um conceito aberto de abusividade, é capaz de causar enorme insegurança jurídica às relações societárias e comerciais, posto que os investidores jamais poderão ter certeza quanto ao respeito dos termos firmados entre eles e os demais sócios/acionistas em acordos parassociais.

Assim, entende-se que, para que seja legítima a derrogação dos direitos de sócios/acionistas decorrentes de acordos parassociais, sob os argumentos da supremacia da AGC e da preservação da empresa em recuperação, deveria haver, senão a devida análise casuística dos embates, uma regulamentação minuciosa e específica a esse respeito, com a indicação de quais as situações e de qual forma tal derrogação poderia ocorrer.

Informados quanto ao risco de as disposições dos pactos parassociais serem violadas em hipótese de divergência com os interesses dos credores da sociedade no âmbito da recuperação judicial, os investidores poderiam ponderar corretamente os riscos antes de tomarem quaisquer decisões sobre seus recursos.

Desse modo, mesmo que ainda houvesse algum prejuízo às intenções de investimento e ao mercado de forma geral, ao menos seria criada uma maior segurança jurídica em torno do assunto, ao invés de se permitir que as situações de embate nesse sentido sejam resolvidas em desfavor aos sócios/acionistas, sob nenhum critério jurídico.

7. REFERÊNCIAS BIBLIOGRÁFICAS

ADAMEK, Marcelo Vieira von. *Abuso de minoria em direito societário*. São Paulo: Malheiros, 2014.

AMORIM, Pedro Henrique Vizotto. Análise de julgado: o conflito entre a supremacia dos preceitos constitucionais, principiológicos e legais e a soberania da Assembleia Geral de Credores na recuperação judicial. In: *Revista de Direito Bancário e do Mercado de Capital*, ano 16, n. 59, p. 407/424, jan.-mar. 2013.

AYOUB, Luiz Roberto. CAVALLI, Cássio. *A construção jurisprudencial da Recuperação Judicial de empresas*. 3. ed. Rio de Janeiro. (2017).

BATISTA Carolina Soares João; CAMPANA, Paulo Fernando Filho; CEREZETTI, Sheila Cristina Neder; MIYAZAKI, Renata Cume. A prevalência da vontade da Assembleia geral de credores em questão: o Cram Down e a apreciação judicial do plano aprovado por todas as classes. *Revista de Direito Mercantil, Industrial, Econômico e Financeiro*, 143 (2006).

BEZZERA FILHO, Manoel Justino. *Lei de Recuperação de Empresas e Falência Comentada*. 13. ed. RT, (2018).

BRANCO, Gerson Luiz Carlos. O poder dos credores e o poder do juiz na falência e na recuperação judicial. *Revista dos Tribunais*, n. 936, São Paulo, out. 2013.

CASTRO, Rodrigo R. Monteiro de. ARAGÃO, Leandro Santos de (Coord.). *Direito Societário e a Nova Lei de Falências e Recuperação de Empresas*. São Paulo: Quartier Latin, 2006

CAVALLI, Cassio. Plano de Recuperação Judicial. In: COELHO, Fabio Ulhoa (Org.). *Tratado de Direito Comercial*. São Paulo. Saraiva. (2015). v. 7.

CEREZETTI, Sheila Christina Neder. *A Recuperação Judicial de Sociedade por Ações*: O princípio da preservação da empresa na Lei de Recuperação Judicial e Falência. São Paulo: Malheiros, 2012.

COELHO, Fabio Ulhoa. *Comentários à lei de falências e Recuperação de Empresas*. São Paulo. Revista dos Tribunais. (2018).

CORREA-LIMA, Osmar Brina, CORREA-LIMA, Sérgio Mourão (Coord.). *Comentário à Nova Lei de Falência e Recuperação de Empresas*. Rio de Janeiro: Forense, 2008.

DE LUCCA, Newton. DOMINGUES, Alessandra de Azevedo (Coord.). *Direito Recuperacional*: Aspectos teóricos e práticos. São Paulo: Quartier Latin, 2009.

GARDINO, Adriana Valéria Pugliesi. *Direito Falimentar e preservação da empresa*. São Paulo: Quartier Latin, 2013

MACHADO, Nelson Marcondes. A Assembleia Geral de Credores e seus conflitos com a Assembleia Geral de Acionistas. In: *Direito Societário e a nova Lei de Falências e Recuperação de Empresas*. Quartier Latin. (2006).

MENDES, Max Magno Ferreira; SACRAMONE, Marcelo Barbosa. Meios de Soerguimento da Empresa em Crise na Recuperação Judicial. In: YARSHELL, Flávio Luiz; PEREIRA, Guilherme Setoguti J. (Coord.). *Processo Societário IV*. São Paulo: Quartier Latin, 2021, p. 853-867.

MUNHOZ, Eduardo Secchi. Anotações sobre os limites do poder jurisdicional. In: *RDBMC*, 36, abr.-jun. 2007.

NEGRÃO, Ricardo. *A Eficiência do Processo Judicial na Recuperação de Empresa*. Saraiva. (2010).

PERIN JUNIOR, Ecio. *Preservação da empresa na Lei de Falência*. São Paulo: Saraiva, 2009.

SACRAMONE, Marcelo Barbosa. *Comentários à Lei de Recuperação de Empresas e Falência*. 2. ed. São Paulo: Saraiva Educação, 2021, p. 240.

SCALZILLI, João Pedro. SPINELLI, Luis Felipe. TELLECHEA, Rodrigo. *Recuperação de empresas e falência: teoria e prática da Lei 11.101/2005*. São Paulo: Almedina, 2016.

SOUZA JUNIOR, Francisco Satiro de. PITOMBO, Antonio Sérgio A. De Moraes (Coords). *Comentários à Lei de recuperação de empresas e falência*: Lei 11.101/2005 – artigo por artigo. 2. ed. São Paulo: Revista dos Tribunais, 2007.

TEPEDINO, Ricardo. O Direito Societário e a Recuperação Judicial. In: VENANCIO FILHO, Alberto. LOBO, Carlos Augusto da Silveira. ROSMAN, Luiz Alberto Colonna (Coord.). *Lei das S.A. em seus 40 anos*. São Paulo: Forense, 2017. p. 585-599.

WAISBERG, Ivo. REZENDE, Horácio Halfeld. *Temas de Direito da Insolvência*: Estudos em homenagem ao Professor Manoel Justino. São Paulo: Editora RT, 2005.

LEVANTAMENTO JURISPRUDENCIAL

2ª Vara de Falências e Recuperações Judiciais do Foro Central Cível de São Paulo. 1085795-50.2020.8.26.0100.

1ª Vara de Falências e Recuperações Judiciais do Foro Central Cível de São Paulo. 1099671-48.2015.8.26.0100.

TJ-SP - 2ª Câmara Reservada de Direito Empresarial - Agravo de Instrumento 2257715-26.2016.8.26.0000

1ª Vara de Falências e Recuperações Judiciais do Foro Central Cível de São Paulo. 0024498-11.2010.8.26.0100

TJ-SP - Câmara Reservada à Falência e Recuperação - Agravo de Instrumento 0154311-66.2011.8.26.0000

STJ - Terceira Turma - REsp 1539445 / SP

A CONVERSÃO DE DÍVIDA EM CAPITAL COMO MEIO DE RECUPERAÇÃO JUDICIAL

Mariana Denuzzo Salomão

Mestranda em Direito Comercial pela Pontifícia Universidade Católica de São Paulo, sob a orientação do Prof. Dr. Marcelo Sacramone. Especialista em Direito Societário pela Fundação Getulio Vargas de São Paulo. *Master Business Administration* (MBA) em Administração de Organizações pela FEAUSP- RP. Advogada. Sócia do escritório Brasil Salomão e Matthes Advocacia.

I. INTRODUÇÃO

O advento da Lei 14.112/2020 positivou posicionamentos adotados pela jurisprudência, visando conferir segurança jurídica ao mercado, além de buscar a implementação de melhorias no procedimento regulado pela Lei 11.101/2005.

Sem adentrar ao mérito de benefícios ou prejuízos da reforma da Lei de Recuperação de Empresas, o presente artigo tratará da positivação da conversão de dívida em capital como meio de recuperação judicial, que foi introduzida na reforma através da criação do inciso XVII do artigo 50 da Lei 11.101/2005.

II. OS MEIOS DE RECUPERAÇÃO JUDICIAL ATÉ ENTÃO UTILIZADOS

Os meios de recuperação judicial previstos no artigo 50, além de mero rol exemplificativo, sempre foram utilizados de maneira combinada, no intuito de proporcionar legalidade às proposituras do devedor na forma de estruturar sua recuperação judicial.

A conversão da dívida em capital como meio de recuperação judicial, não é novidade na realidade da insolvência empresarial, pois sua utilização ocorria através da combinação do inciso VI, aumento de capital com o inciso IX, que trata da dação em pagamento.

Na prática, a jurisprudência demonstra que os planos de recuperação judicial previam a realização do aumento de capital da sociedade devedora (inciso VI), ou de outra sociedade veículo ou controladora da devedora, através da emissão de novas ações, que seriam dadas em pagamento (inciso IX) aos credores como forma de saldar a dívida existente.

Dessa forma expressa, ao que parece, se trata de uma operação simples de aumento de capital com a entrega das ações como dação em pagamento, quitando a dívida do devedor para com os credores. No entanto, como demonstraremos ao longo deste trabalho, existem várias questões que surgem dessa operação, que não foram resolvidas pela positivação deste não tão novo meio de recuperação judicial previsto agora no inciso XVII do artigo 50.

III. A CONVERSÃO DA DÍVIDA EM PARTICIPAÇÃO SOCIETÁRIA

O plano de recuperação judicial é apresentado aos autos[1] pela recuperanda, com o intuito de trazer aos credores um projeto de recuperação, dispondo sobre quais serão as formas encontradas para a superação da crise econômico-financeira da sociedade devedora.

Como mencionado, o artigo 50 da LRF contempla um rol exemplificativo a respeito das possibilidades de estruturação do planejamento necessário para a superação da crise da empresa.

Para Fabio Ulhoa Coelho[2], o plano de recuperação judicial é a parte mais importante do processo de recuperação judicial.

O plano de recuperação deve apresentar a proposta do devedor aos credores, a fim de que, com seu pleno cumprimento, efetive-se a superação da crise da empresa, possibilitando a continuidade de suas atividades de maneira regular.

Por ser um planejamento estruturado para a superação da crise, o plano de recuperação judicial é apresentado pelo devedor[3], que é o legítimo conhecedor das condições da crise e das possibilidades de sua superação, e, portanto, quem estaria verdadeiramente em condições de propor algo factível ao processo de soerguimento da empresa.

Contudo, nem sempre as condições idealizadas pelo devedor são implementadas ou mesmo passíveis de implementação e por isso, o plano de recuperação

1. No prazo improrrogável de 60 (sessenta) dias após a deferimento do processamento do pedido de recuperação judicial.
2. "Depende exclusivamente dele a realização ou não dos objetivos associados ao instituto, quais sejam, a preservação da atividade econômica e cumprimento de sua função social. Se o plano de recuperação é consistente, há chances de a empresa se reestruturar e superar a crise em que mergulhara. Terá, nesse caso, valido a pena o sacrifício imposto diretamente aos credores e, indiretamente, à toda a sociedade brasileira."
3. Sem adentrar a essa alteração prevista na lei, existe hipótese legal recente a respeito da possibilidade de apresentação do plano de recuperação judicial pelos credores, em situação bastante específica prevista no artigo 56, § 4º da LRF.

acaba sofrendo alterações, na busca de torná-lo passível de cumprimento e se afastar a possibilidade de convolação da recuperação judicial em falência.

Nesta busca de se evitar a falência, que sabidamente é mais penosa e não consegue colocar fim às dívidas da empresa[4], muitas vezes o plano de recuperação sofre aditamentos e tentativas de prolongamento de suas condições, na esperança de que a situação econômico-financeira melhore e se consiga superar a crise.

Independentemente do momento, seja na apresentação do plano de recuperação, ou em seus eventuais ou necessários aditamentos, os meios de recuperação judicial disponíveis são os mais variados e a previsão da lei é diretriz para que a recuperanda se valha de diversas possibilidades para promover a sua recuperação e superar a crise econômico-financeira.

Como se sabe, a crise desencadeia um descompasso entre as obrigações a serem cumpridas pela devedora e o ingresso de capital na sociedade, de forma a propiciar o pagamento das dívidas e ainda restar condições de investimento.

Por isso a entrada de capital na sociedade é das principais formas de se planejar a recuperação das empresas, assim como a redução de passivo, obviamente não através só do pagamento das dívidas.

Apesar disso, dados coletados por Max Magno Ferreira Mendes[5], evidenciam que os planos de recuperação judicial, em sua esmagadora maioria, se valem, em 98,70% dos casos por ele analisados, da concessão de prazos e condições especiais para pagamentos das obrigações vencidas e vincendas como meio de recuperação judicial. Em 40,20% os planos de recuperação judicial previram a dação em pagamento ou a novação da dívida, em 24,30% a previsão foi de aumento de capital, evidenciando que a utilização da conversão de dívida em participação societária já era muito utilizada, no entanto sob a rubrica de previsão de aumento de capital com a dação em pagamento.

Os dados são relativos a processos em tramitação antes de entrada em vigor da Lei 14.112/2020, portanto não contam com a informação a respeito da conversão da dívida em capital, contudo demonstram as diversas hipóteses que estão à disposição do devedor para a reorganização de suas dívidas.

4. Segundo o estudo da Jupetipe, os custos da falência representam 89,91% do valor do ativo final, ou seja, nada resta para saldar as dívidas com os credores, porque tais custos consomem os poucos ativos que restam para serem liquidados. Em média, 12,4% de toda a dívida da falida fora ressarcida aos credores. (JUPETIPE, Fernanda Karoliny Nascimento; MARTINS, Eliseu; MÁRIO, Poueri do Carmo; CARVALHO, Luiz Nelson Guedes. Custos de falência no Brasil comparativamente aos estudos norte-americanos. *Revista Direito GV*, SÃO PAULO, v. 13, n. 1, 20-48, jan.-abr. 2017.

5. MENDES, Max Magno Ferreira. SACRAMONE, Marcelo Barbosa. In: *Meios de soerguimento da empresa em crise na recuperação judicial*. Dados coletados de processos eletrônicos de recuperação judicial distribuídos entre janeiro de 2010 a julho de 2017 nas duas Varas Especializadas da Capital do Estado de São Paulo.

Há possibilidades inúmeras, até que conjuguem a hipótese de ingresso de capital na sociedade com a redução da dívida, não necessariamente pelo seu pagamento, como é o caso da emissão de debêntures conversíveis em ações, em que a companhia emite os títulos de dívida, que geram ingresso de recursos na recuperanda com a previsão de conversão dos títulos em participação societária, e com isso se obtém o melhor dos dois mundos. Segundo os dados levantados, a emissão de valores mobiliários (prevista no inciso XV) foi utilizada em 12,10% dos casos analisados.[6]

Apesar de ser uma forma de conversão de dívida em capital, a emissão de valores mobiliários, como as debêntures, já contava com previsão na LRF[7] desde sua promulgação em 2005 e, portanto, não será objeto de análise do presente trabalho, que se limita a tratar das questões atinentes à conversão da dívida em capital prevista no inciso XVII, com a redação trazida pela reforma da LRF.

A conversão da dívida em capital se mostra não só como um meio de recuperação judicial, mas como uma questão de governança da crise, que deve acontecer de maneira mais profunda e estruturada, pois afeta não só a relação dos credores com a sociedade recuperanda, mas também a relação dos sócios com a recuperanda.

Ao propor no plano de recuperação que os credores aceitem o pagamento da dívida através de sua conversão em capital social[8], o devedor poderia incorrer na violação do princípio constitucional da livre associação, previsto no inciso XX do artigo 5º da Constituição Federal. Isso porque, a aprovação do plano de recuperação que contiver tal previsão, poderia vincular mesmo aqueles credores que não participaram de sua aprovação, obrigando-os a se tornarem sócios da empresa recuperanda (ou de outra empresa veículo por ela utilizada) sem que desejassem fazer parte daquela sociedade.

A esse respeito parece já ter sido resolvida a questão, inclusive pelo Superior Tribunal de Justiça[9], ao reconhecer que não há violação ao direito de livre associação, pois o credor não é obrigado a se associar, podendo negociar as ações recebidas através da conversão da dívida, sem que se submeta à condição de sócio acionista da companhia em recuperação judicial.

---

6. Idem ibidem.
7. Art. 50, inciso XV.
8. E aqui concordamos com o posicionamento do Prof. Fabio Ulhoa Coelho, que a redação da lei incorre numa imprecisão, pois o correto seria a conversão da dívida em participação societária e não capital social. (COELHO, Fabio Ulhoa, Comentários à Lei de Falências e de Recuperação de Empresas. 14 ed. rev. atual. e ampl. São Paulo: Thomson Reuters, 2021.
9. REsp 1.927.268 de relatoria do Min. Marco Aurélio Bellizze de 09 ago. 2021.

Ainda assim, os direitos societários envolvidos na conversão da dívida em participação societária devem ser observados e respeitados, pois o direito de preferência dos sócios decorre da vontade das partes e tem como função a proteção econômica de um investimento ou possível investimento[10], especialmente se prevista no estatuto social da companhia ou em acordo de acionistas devidamente arquivado na sede da companhia.

Diante da necessidade de observância ao direito de preferência, fica evidente que a conversão da dívida deverá ser deliberada na companhia, ratificando-se a alteração do capital social promovida pelo plano de recuperação judicial, a fim de que os sócios deliberem se desejam acompanhar o aumento com a conversão da dívida ou se serão diluídos e de que forma.

Não bastasse a observância do direito de preferência, se fará necessária também o cumprimento de eventuais limites de diluição das participações dos sócios em relação aos aumentos de capital – neste caso, de conversão da dívida.

É importante que o plano de recuperação judicial que contemple a conversão da dívida, faça constar a necessidade de ratificação pela assembleia de sócios da própria conversão, para que ela seja efetivamente implementada com eficácia plena.

Inobstante a observância das questões atinentes às sociedades por ações, é importante fazer este mesmo exercício em relação às sociedades limitadas, estas que são o tipo societário predominante no país e que não se veem livre do enfrentamento da crise.

O tipo societário inspira algumas peculiaridades que, muito embora a sociedade limitada possa se valer da aplicação supletiva da legislação das sociedades por ações, algumas particularidades se impõem sobre a análise da conversão da dívida em participação nas limitadas.

IV. A CONVERSÃO DA DÍVIDA EM PARTICIPAÇÃO NAS SOCIEDADES LIMITADAS

Se mostra relevante tal análise e como ponto de atenção sob a ótica doutrinária, pois, ao passo que se esteja diante de uma sociedade por ações em recuperação judicial, o entendimento do Tribunal de Justiça de São Paulo acerca da não violação à liberdade de associação pode ser aplicado sem questionamentos. No

10. WAISBERG, Ivo. Direito de preferência na alienação de ações. Enciclopédia jurídica da PUC-SP. CAMPILONGO, Celso Fernandes; Gonzaga, Alvaro de Azevedo e FREIRE, (Coords.). Tomo: Direito Comercial. COELHO, Fábio Ulhoa; ALMEIDA, Marcus Elidius Michelli de (Coord. de tomo). São Paulo: Pontifícia Universidade Católica de São Paulo, 2017. Disponível em: https://enciclopediajuridica.pucsp.br/verbete/256/edicao-1/direito-de-preferencia-na-alienacao-de-acoes.

que diz respeito à recuperanda ser uma sociedade limitada, é preciso se observar a presença do que a clássica doutrina denomina *affectio societatis*, e atualmente denominado como o fim comum[11].

Isso porque as sociedades limitadas, apesar de serem sociedades empresárias, são sociedades em que a participação do sócio no negócio, muitas das vezes, é condição para o desenvolvimento de sua atividade, pois nelas ainda permanece o caráter pessoal do tipo societário. O ingresso de terceiros aos quadros das sociedades limitadas é, em sua esmagadora maioria, restrito à deliberação de sócios e a prática mostra que os contratos sociais e acordos de quotistas cada vez mais criam mecanismos e vedações ao ingresso de terceiros à sociedade em caso de alienação de quotas.

No caso da conversão de dívida, ainda se está diante não só da necessidade de se respeitar o direito do sócio de associar-se apenas àquele com quem deseja e possui interesses em comum, mas também ao direito do credor de não ser obrigado a ingressar em sociedade com a qual não tenha qualquer afinidade com os sócios.

O caráter personalíssimo da sociedade limitada, mesmo em sociedades de grande porte – seja em faturamento ou em quantidade de sócios, ainda é caráter de seleção de ingresso e permanência.

Há sociedades limitadas em que é vedado o ingresso de herdeiros, por exemplo, a fim de se proteger o negócio e somente dele participar quem guarde afinidade com os sócios e que tenha efetivamente condições de contribuir com sua manutenção e seu crescimento, perpetuando-o.

Deste modo, considerando o respeito às previsões de direito de preferência dos sócios, tendo esta etapa superada pelos sócios, é preciso analisar a conversão da dívida em capital pelo viés do credor, pois além de não ser obrigado a se associar, é preciso também que se considere a liberdade de alienação da participação societária, assim como a liquidez para a alienação.

Diz-se isso porque ainda que seja superada a questão do direito de preferência, ou seja, que os sócios concordem com a emissão de novas quotas para a dação em pagamento destas aos credores da recuperanda, os credores terão a mesma liquidez para alienar suas participações no mercado?

A mera conversão de dívida em participação societária deve ser planejada e realizada de modo a permitir que se atinja seu objetivo final, qual seja, a redução do passivo negociado, sem questionamentos posteriores.

11. ADAMEK, Marcelo Vieira von; FRANÇA, Erasmo Valladão. A. e. N. *"Affectio societatis": um conceito jurídico superado no moderno direito societário pelo conceito de fim social.* 'In': *Revista de Direito Mercantil Industrial, Econômico e Financeiro*, v. 149/150, p. 108-130, 2009.

A falta de liquidez no mercado para as participações societárias em sociedades limitadas coloca uma dificuldade na realização da conversão da dívida para estes tipos societários, que são os mais utilizados no Brasil[12], depois dos microempresários individuais. Os dados do Governo Federal para o primeiro quadrimestre de 2021 mostraram que, das 17.173.284 sociedades ativas no país, 69,63% são microempresários individuais, 23,10% são sociedades limitadas, 5,73% são empresas individuais de responsabilidade limitada (EIRELI), 0,98% são sociedades por ações, 0,35% são outros tipos de sociedades e 0,19% são cooperativas.

O credor pode ter interesse na participação societária, na expectativa de ganhos futuros, quando a sociedade superar a crise e voltar a ter lucro e conseguir se reposicionar no mercado, porém a incerteza do retorno de seu crédito e os riscos da atividade empresária colocam a utilização deste meio de recuperação em dúvida.

V. A ISENÇÃO DE RESPONSABILIDADE PELAS DÍVIDAS ANTERIORES

Como atrativo aos credores a reforma da LRF previu a isenção de responsabilidade dos credores por quaisquer dívidas anteriores ao ingresso através da conversão da dívida em capital. E do mesmo modo, em caso de desconsideração da personalidade jurídica da recuperanda, os credores sócios advindos da conversão de suas dívidas em participação societária também não serão atingidos, a menos que tenham participado do ato abusivo ou dele tenham se beneficiado[13].

Apesar dos atrativos existentes nas disposições da LRF, a conversão da dívida em participação pode deixar de ser um atrativo aos credores por causa do deságio sobre o valor do crédito e por causa da desvalorização da participação societária no momento de venda.

Vários planos de recuperação preveem a constituição de mandatários ou comissários que ficarão responsáveis pela negociação e venda das ações obtidas através da conversão. Essa possibilidade é bastante interessante para os casos das sociedades por ações, que como mencionado, possuem maior liquidez para a venda no mercado das participações, e ainda se tornam mais atrativas pelo fato de os credores poderem contar com a especialidade na operação do mercado.

Aos credores que não desejarem alienar suas ações, ou mesmo para o caso dos credores de sociedades limitadas, permanece o receio de que os sócios da sociedade

12. BRASIL. Ministério da Economia. Secretaria Especial de Desburocratização, Gestão e Governo Digital. Secretaria de Governo Digital e Departamento Nacional de Registro Empresarial e Integração. Mapa de empresas, boletim do 1º Quadrimestre/2021. Acesso em: 03 out. 2021. Disponível em: https://www.gov.br/governodigital/pt-br/mapa-de-empresas/boletins/mapa-de-empresas-boletim-do-1o-quadrimestre-de-2021.pdf.

13. SACRAMONE, Marcelo Barbosa. *Comentários à Lei de recuperação de empresas e falência*. 2 ed. São Paulo, Saraiva: 2021. p. 285.

recuperanda, e até mesmo os seus administradores, que podem ser os responsáveis pelo agravamento da crise da empresa, continuem a administrar a sociedade e seus recursos, devendo os credores se submeterem às tomadas de decisão da gestão.

Neste ponto é que repousa uma inquietude em relação aos credores concordarem com a conversão de dívida em participação, pois a conversão pode implicar em alteração de controle da sociedade e o credor pode ser considerado controlador para fins de responsabilização perante os demais credores. Lógico, que a posição de sócio controlador não está voltada apenas para a participação societária, mas pela condição que se impõe na condução dos negócios.

Contudo, ao sopesar a condição de conversão em relação à participação societária, há que se considerar o efetivo risco de responsabilização, e este é um fator preponderante também para a aceitação da conversão.

A permanência na sociedade nestas condições impõe um grande sacrifício aos credores? É sacrifício maior que a convolação em falência da recuperanda e recebimento de quase nada (a depender da classe do crédito)?

A questão é que, ao que nos parece, para os credores, é melhor receber mal e com risco, do que deixar converter a recuperação judicial em falência e não receber nada, evidentemente, sem o risco de responsabilização perante os demais credores, ou seja, com o risco de ser sócio da recuperanda e não com o risco de ser controlador.

A situação do credor neste caso é de optar pelo incerto, sem saber o futuro da sociedade, mas com a garantia legal de não incorrer na sucessão, que ver a recuperanda falir e da liquidação não restar absolutamente nada para saldar seu crédito.

VI. DADOS DOS PLANOS DE RECUPERAÇÃO NO TRIBUNAL DE JUSTIÇA DE SÃO PAULO

Para embasar as conclusões do presente trabalho, realizou-se uma pesquisa booleana, que se baseia na teoria dos conjuntos, se valendo da combinação de palavras-chave para alternância, adição ou negação entre os termos, a fim de filtrar um resultado esperado.

Feito isso no sistema de processos eletrônicos do Tribunal de Justiça de São Paulo, foi necessário utilizar as expressões "conversão" e "dívida" e "recuperação" e "judicial", e também das expressões "conversão" e "participação" e "recuperação" e "judicial", além da utilização das expressões entre as aspas, para o filtro mais específico, no caso de "conversão em dívida" e "conversão em participação".

Como resultado de tal pesquisa no âmbito da segunda instância, especificamente nas Câmaras Reservadas de Direito Empresarial, realizou-se uma limpeza da base de dados recebida e chegou-se a uma base de 14 casos em primeira instância, que continham recursos no Tribunal em que os acórdãos trataram das expressões pesquisadas.

Verificados os 14 processos mencionados, 3 deles não eram processos eletrônicos e foram desconsiderados para efeitos da pesquisa. Dos 11 casos restantes, 3 estavam sob segredo de justiça e, portanto, sem acesso aos processos e 1 foi convertido em falência e, por isso, também foram desconsiderados.

Dos 7 casos restantes, verificou-se que 3 não tratavam de conversão de dívida no plano de recuperação, sendo que a pesquisa em segunda instância os colocou no rol de casos, por conta de uma citação doutrinária nos acórdãos que utilizava os termos pesquisados, e por isso, também foram desconsiderados.

Avaliando então, os 4 casos restantes[14], se verificou que os planos de recuperação judicial previram expressamente a possibilidade de conversão da dívida em participação societária, sendo que, em um deles, a previsão se deu de forma genérica, sem expressamente tratar da conversão para uma determinada classe de credores, fazendo referência apenas à possibilidade de se valer de tal meio de recuperação.

Nos demais casos, as previsões foram expressas, um deles direcionando expressamente a possibilidade de conversão aos credores quirografários e com garantia real. Neste caso, a previsão de conversão faria com que os acionistas da Companhia fossem reduzidos a 19,20% de participação e os credores, sendo o maior deles do BNDES, passassem a deter 80,20% de participação. Este plano foi aprovado em Assembleia Geral de Credores e homologado judicialmente.

No que diz respeito aos outros 2 casos, a previsão de conversão se dava em relação aos credores trabalhistas e microempresários e empresários de pequeno porte, e foram planos de recuperação aprovados em assembleia e homologados.

Nenhum dos 4 planos analisados continha previsão de alternativa aos credores listados para a conversão de dívida, ou seja, os credores tinham a opção de aprovar ou rejeitar o plano apenas, sem que lhes fossem dadas alternativas para o recebimento do crédito que não fosse a participação em uma sociedade da recuperanda.

Outro dado importante de ser mencionado é que, mesmo nos casos em que a aprovação em assembleia não se deu pela unanimidade na classe, aqueles credores minoritários que foram dissidentes na votação, foram dragados e com

14. Processo 1010111-27.2014.8.26.0037, Recuperação Judicial da Inepar; Processo 1030930-48.2018.8.26.0100, Recuperação Judicial da Eternit; Processo 1003745-84.2016.8.26.0462, Recuperação Judicial da Unidas; e Processo 1001538-52.2018.8.26.0136, Recuperação Judicial da Usina Rio Pardo.

base no quórum previsto na LRF[15], foram obrigados a acatar a decisão da maioria, mesmo tendo interposto recurso contra a decisão homologatória do plano, ou seja, ainda que haja discordância, por todas as razões que se expôs neste trabalho para a aceitação da conversão em participação, com os riscos a ela inerentes, nos casos analisados, a conversão foi implementada.

Por fim, cabe mencionar que destes 4 casos em que o plano de recuperação previu teve aprovação da conversão da dívida em participação societária, 2 deles são sociedades por ações de capital aberto, 1 é uma sociedade por ações de capital fechado e 1 é sociedade limitada.

VII. CONCLUSÕES

A conversão da dívida em participação, além de observar a legislação societária, deve também buscar respeitar o princípio da *par conditio creditorium*, qual seja, do tratamento paritário dos credores. Como todas as proposições realizadas no plano de recuperação, a proposta de conversão da dívida em participação deve ser realizada respeitando as condições de igualdade aos credores da classe em que se propõe tal instrumento.

Independentemente da classe do crédito, existem questões que afetam o seu pagamento através da conversão em participação, tais como as ações da companhia em recuperação judicial sofrerem desvalorização ou a necessidade de contratação de um mandatário para a negociação das ações ocasionar custo ao credor que reduz ainda mais seu crédito.

É evidente que a operação da conversão pode ser utilizada como meio de fraude contra os credores em abuso de direito, e é por isso que o plano de recuperação não é imune à verificação pelo magistrado em exercício ao controle de legalidade.

O controle se faz necessário a fim de conferir a segurança jurídica que a homologação do plano confere aos credores, sendo garantia contra abuso de direito. Por isso que o equilíbrio é fundamental na negociação dos créditos e o respeito ao princípio do tratamento paritário dos credores se faz relevante, a fim

15. Art. 45. Nas deliberações sobre o plano de recuperação judicial, todas as classes de credores referidas no art. 41 desta Lei deverão aprovar a proposta.

§ 1º Em cada uma das classes referidas nos incisos II e III do art. 41 desta Lei, a proposta deverá ser aprovada por credores que representem mais da metade do valor total dos créditos presentes à assembleia e, cumulativamente, pela maioria simples dos credores presentes.

§ 2º Nas classes previstas nos incisos I e IV do art. 41 desta Lei, a proposta deverá ser aprovada pela maioria simples dos credores presentes, independentemente do valor de seu crédito. (Redação dada pela Lei Complementar 147, de 2014)

§ 3º O credor não terá direito a voto e não será considerado para fins de verificação de quorum de deliberação se o plano de recuperação judicial não alterar o valor ou as condições originais de pagamento de seu crédito.

de que o procedimento encoraje e incentive outras empresas em crise a se valerem a recuperação judicial para a busca da superação da crise.

A busca do equilíbrio contratual para evitar abuso de direito e o controle de legalidade do plano são ferramentas essenciais para evitar o abuso e o desequilíbrio da solução.

Tudo isso é bastante encorajador e pode ser tido como incentivo, até se crê que seja essa a intenção do legislador. A questão que fica é se na prática as ações emitidas pela companhia em recuperação judicial serão efetivamente vendidas, como forma de fazer chegar recurso aos credores que as aceitaram, mas optaram por não fazer parte da sociedade em recuperação.

Torna-se a questionar: a solução estruturante para as companhias abertas parece ser solução, mas e as companhias fechadas com caráter de sociedade de pessoas e as próprias sociedade limitadas? Como se verão nessa situação? E os credores, que não terão liquidez?

Segundo se observou, de acordo com dados dos meios de recuperação e a pouca utilização da ferramenta de conversão, combinado com os dados sobre os tipos societários ativos no país, evidenciando que as sociedades limitadas representam apenas 23,10% das sociedades ativas, pode-se inferir que o procedimento da recuperação judicial é destinado à uma fatia das empresas ativas do país, e não se trata da maior fatia, posto que o instituto é bem melhor utilizado e aproveitado às sociedades por ações, que representam 0,98% das sociedades ativas no Brasil, como mencionado.

Com isso, verifica-se que a solução estruturante da conversão da dívida em capital não se aplica a um universo gigantesco de sociedades em recuperação judicial, pois do ponto de vista prático, não se apresenta como uma forma de viabilizar a recuperação da devedora de fato, pela falta de liquidez e possibilidade de negociação das quotas no mercado.

A solução seria, então, constituir uma sociedade por ações aberta, a fim de que fosse possível realizar a negociação no mercado de valores mobiliários das ações oriundas da conversão de dívida? Se sim, a qual custo? A sociedade em recuperação judicial certamente está passando pelo momento de insolvência em crise por descompasso de caixa e a crise é econômico-financeira, ou seja, terá ela condições de custear o oneroso processo de abertura de capital, a quem sequer estava em posição de companhia aberta? Isso sem falar na necessidade de implementação de regras mínimas de Governança Corporativa para o lançamento de ações no mercado.

São inúmeras as questões que surgem da avaliação do inciso XVII do artigo 50 da LRF, e por se tratar de positivação do que a jurisprudência já aceitava pela prática, ainda demandará tempo para se observar se essa solução é realmente aplicável a essa parcela enorme de sociedades limitadas que ainda dominam o mercado brasileiro, e se será possível encontrar uma forma de aplicação desta previsão de forma a torná-la factível e segura aos credores.

Os dados levantados para o presente trabalho são parcos, e evidenciam que, mesmo para uma fatia pequena do mercado de sociedades por ações, em 3 delas a conversão de dívida em participação foi utilizada e aprovada pelos credores, enquanto para a sociedade limitada, somente uma delas se valeu deste meio de recuperação.

As opções previstas no referido artigo 50 podem e são utilizadas de forma criativa e combinada para buscar a melhor solução para a recuperação da empresa. Mas a questão que fica sem resposta é: qual foi a utilidade de positivar a conversão da dívida em participação na reforma da LRF, se tal ferramenta já era utilizada através da combinação do aumento de capital com a dação de participação em pagamento da dívida? Infelizmente, como a gama de possibilidade para a utilização combinada de tais meios é infinita, não será possível confirmar se nos 24,30% de casos em que houve previsão de aumento de capital, e nos 40,20% dos casos em que houve dação em pagamento, havia mais casos de conversão de dívida que justificassem a positivação deste meio de recuperação.

Até que seja possível se levantar e analisar tais dados, se é que isso será possível, fica mais uma vez a impressão de que a reforma da lei sem o levantamento de dados capazes de fundamentar ou justificar a proposta legislativa é inócua e não promove a melhoria do sistema.

VIII. BIBLIOGRAFIA

ADAMEK, Marcelo Vieira von; FRANÇA, Erasmo Valladão. A. e. N. "Affectio societatis": um conceito jurídico superado no moderno direito societário pelo conceito de fim social. 'In:' *Revista de Direito Mercantil Industrial, Econômico e Financeiro*, v. 149/150, p. 108-130, 2009.

BRASIL. Ministério da Economia. Secretaria Especial de Desburocratização, Gestão e Governo Digital. Secretaria de Governo Digital e Departamento Nacional de Registro Empresarial e Integração. *Mapa de empresas, boletim do 1º Quadrimestre/2021*. Acesso em: 03 out. 2021. Disponível em: https://www.gov.br/governodigital/pt-br/mapa-de-empresas/boletins/mapa-de-empresas-boletim-do-1o-quadrimestre-de-2021.pdf.

COELHO, Fabio Ulhoa, *Comentários à Lei de Falências e de Recuperação de Empresas*. 14. ed. rev. atual. e ampl. São Paulo: Thomson Reuters, 2021.

JUPETIPE, Fernanda Karoliny Nascimento; MARTINS, Eliseu; MÁRIO, Poueri do Carmo; CARVALHO, Luiz Nelson Guedes. Custos de falência no Brasil comparativamente aos estudos norte-americanos. *Revista Direito GV*, São Paulo. v. 13, n. 1, 20-48, jan.-abr. 2017.

MENDES, Max Magno Ferreira. SACRAMONE, Marcelo Barbosa in *Meios de soerguimento da empresa em crise na recuperação judicial*. Dados coletados de processos eletrônicos de recuperação judicial distribuídos entre janeiro de 2010 a julho de 2017 nas duas Varas Especializadas da Capital do Estado de São Paulo.

SACRAMONE, Marcelo Barbosa. *Comentários à Lei de recuperação de empresas e falência*. 2. ed. São Paulo, Saraiva: 2021. p. 285.

WAISBERG, Ivo. *Direito de preferência na alienação de ações*. Enciclopédia jurídica da PUC-SP. CAMPILONGO, Celso Fernandes; Gonzaga, Alvaro de Azevedo e FREIRE, André Luiz (Coords.). Tomo: Direito Comercial. COELHO, Fábio Ulhoa; ALMEIDA, Marcus Elidius Michelli de (Coord. de tomo). São Paulo: Pontifícia Universidade Católica de São Paulo, 2017. Disponível em: https://enciclopediajuridica.pucsp.br/verbete/256/edicao-1/direito-de-preferencia-na-alienacao-de-acoes.

WAISBERG, Ivo; SACRAMONE, Marcelo; NUNES, Marcelo Guedes; CORRÊA, Fernando. *Recuperação Judicial no Estado de São Paulo*: 2ª Fase do Observatório de Insolvência. Acesso em: 03 out. 2021. Disponível em: https://abjur.github.io/obsFase2/relatorio/obs_recuperacoes_abj.pdf.

A ALIENAÇÃO DE ATIVOS: UMA PERSPECTIVA DA EFETIVIDADE

Alberto Haber

Mestrando em Direito Civil pela Pontifícia Universidade Católica (PUC-SP). Graduado pela Pontifícia Universidade Católica (PUC-SP). Advogado.

1. INTRODUÇÃO

O objetivo do presente artigo é tratar acerca da efetividade dos instrumentos de alienação de ativos no âmbito dos procedimentos recuperacionais ou falimentares, aliado ao propósito central de analisar se a reforma da Lei 11.101/05, diante das implicações e consequências, especialmente diante da inclusão do art. 60-A. Nesse sentido, o exame recai sobretudo em duas hipóteses: se a alteração, por um lado, trouxe mudanças ao procedimento anterior ou, por outro lado, apenas assegurou o entendimento jurisprudencial que se consolidou sobre a natureza e abrangência das Unidades Produtivas Isoladas (UPIs).

Ao fim e ao cabo, a segunda resposta é intuitiva, mas não pacífica. O propósito da análise aqui sugerida, portanto, é certamente menos alternativa e mais obrigatória.

A partir disso, ainda antes de adentrar nos pormenores do presente artigo. Ao julgar pela matéria que será declinada ao longo do presente, é impossível deixar de lado o "paradigma da insolvência", se permite-se assim colocar, elaborado por Thomas H. Jackson[1], entre a liquidação integral dos ativos da empresa em um primeiro momento ou se a manutenção de certos ativos no patrimônio do devedor, podem concretizar eventual satisfação maior do débito.

A depender do caso concreto, esse binômio ou paradigma, interesse do credor/interesse do devedor, tem relevância especial em procedimentos recuperacionais, pela necessidade de satisfazer os credores ponderada à observância do princípio da preservação da empresa, dada eventual essencialidade do ativo.

1. JACKSON, Thomas H. The logic and limits of bankruptcy law. Cambridge, Mass.: Harvard University Press., 1986.

A lógica da insolvência é a operação dessa dicotomia ou a ponderação desses interesses concorrentes, a qual é evidenciada sempre no momento da alienação de ativos do devedor a fim de satisfazer seus credores. Essa busca constante por meios mais eficientes de alienação de ativos do devedor é uma das fundações para se atingir o equilíbrio do binômio ou meios mais eficientes capazes de que o devedor seja menos afetado pela dispersão de seu patrimônio.

Evidentemente, no que tange à alienação de ativos, a recuperação judicial e a falência têm premissas diametralmente opostas, principalmente porque, na recuperação judicial não há a arrecadação de todos os ativos da recuperanda, posto que alguns ativos são essenciais à preservação da atividade empresarial.

Na falência, por sua vez, todos os ativos da massa falida devem ser submetidos ao pagamento dos credores.

A efetividade da alienação de ativos passa, impreterivelmente, por uma análise sobre o impacto da venda desses ativos em comparação ao passivo da recuperanda ou massa falida.

Para tanto, o presente artigo busca investigar a partir da análise de dados disponibilizados pelo Núcleo de Estudos de Processos de Insolvência, os elementos essenciais para a visualização das repercussões da alienação de ativos dentro dos procedimentos recuperacionais e falimentares. Procura-se fazer um breve cotejo das consequências, amparadas nos dados anteriores, da aglutinação de ativos em UPIs ou da venda individualizada desses ativos.

É cediço, contudo, que a aglutinação de bens em unidades produtivas isoladas implicaria em uma maximização do valor dos ativos caso venham a ser realizados, sendo tal afirmativa parte da investigação que ora se propõe.

Por outro lado, a "Segunda Fase do Observatório da Insolvência"[2] demonstrou que a modalidade de venda de ativos via UPI ainda não é bastante admitida nos Planos de Recuperação:

A análise aponta que menos de 20% dos planos contam com a previsão de alienação de ativos via UPI. Veja-se a tabela elaborada:

Tabela 8.2: Previsão de venda de UPI no plano de recuperação judicial.

Previsão de venda de UPI	Frequência	%	% (dos casos com informação)
Não	402	73,4%	81,2%
Sim	93	17,0%	18,8%
Sem informação	53	9,7%	-
Total	548	100,0%	100,0%

2. ABJ. Observatório da Insolvência. Disponível em: https://abjur.github.io/obsFase2/relatorio/obs_recuperacoes_abj.pdf. Acesso em 10 nov. 2021.

Para tanto, o estudo ainda se aprofundou em analisar a quantidade de procedimentos em que a venda das UPIs previstas de fato efetivou-se:

Tabela 8.3: Percentual de venda de UPI calculado sobre aqueles processos que previram venda de UPI.

Vendeu UPI	Frequência	%
Não	57	61,3%
Sim	36	38,7%
Total	93	100,0%

Feita essa breve introdução das premissas e questões que o presente artigo irá se pautar, a parte inicial apresentará um breve apanhado de noções gerais e dogmáticas dos temas articulados e, por fim, será exposto o cotejo dos dados coletados pertinentes à análise proposta.

2. NOÇÕES GERAIS E BREVES APONTAMENTOS ACERCA DA ALIENAÇÃO DE ATIVOS

É certo afirmar que a satisfação dos credores de empresas em recuperação judicial e massas falidas têm como única forma capaz de realizá-la a transferência de bens e ativos das devedoras para os credores.

Para tanto, o legislador tanto na Lei 11.101/05, como na Reforma se preocupou em maximizar os ativos do devedor, de tal maneira que eles fossem capazes de satisfazer os credores e, em contrapartida, não liquidar a empresa devedora.

A adoção de princípios que tornam a transferência dos ativos mais céleres e efetivas decerto tem como fundamento evitar aprofundadas e longas crises da empresa, bem como evitar desvalorização dos ativos.

Nesse sentido, já escreveu Fábio Ulhôa Coelho[3]:

> A experiência demonstrou que a demora na realização do ativo representa um desastre para a comunidade de credores. É extremamente difícil e cara a adequada fiscalização e conservação dos bens do falido. Quando não são roubados, os bens se deterioram pela falta de manutenção.

Para tanto, como mecanismos aptos à realização dos ativos da recuperanda ou da falida, a Lei 14.112/2020 tratou, entre outras novidades, de delimitar expressamente o conceito de Unidades Produtivas Isoladas, em um primeiro momento faz-se impositiva uma análise concreta do conceito de UPIs, posto que o conceito de ativos suis generis são de conhecimento geral e inequívoco.

3. COELHO, Fabio Ulhoa. Comentários à nova lei de falências e de recuperação de empresas: (Lei n. 11.101). 2. ed. São Paulo: Saraiva, 2005. p. 362.

Nessa toada e em primeiro lugar, Ruy de Mello Junqueira Neto[4] tratou de exaurir o tema, mesmo que ainda antes da edição da Lei 14.112/20, tratando de opor o entendimento doutrinário relevante.

Marcelo Barbosa Sacramone[5], por um lado, apontava que as UPIs deveriam ser entendidas na mesma leitura do art. 1.142 do Código Civil que trata do estabelecimento empresarial

Por outro, Ivo Waisberg[6] lecionava que se trataria de um conceito jurídico indeterminado.

Prossegue o autor, ao demonstrar precedente do Tribunal de Justiça de São Paulo[7], que as UPIs podem ser formadas em aglutinação, não necessariamente por bens corpóreos, mas direitos ou ativos intangíveis da devedora que tenham valor, como, por exemplo: nome e marca, direito de registro de produtos, entre outros.

O legislador tratou ainda de delimitar que a venda desses ativos poderá ser realizada conjunta ou isoladamente, o que também demonstra o interesse do legislador em privilegiar a eficiência dos processos de liquidação das UPIs.

Nesse sentido, importante destacar a lição da autorizada doutrina[8]:

> O objetivo da alienação da unidade produtiva isolada é a maximização do valor dos ativos. Ao estabelecer que a unidade produtiva isolada poderá abranger "bens, direitos ou ativos de qualquer natureza, tangíveis ou intangíveis", leva-se em conta o aviamento, ou seja, a organização dos elementos integrantes do ativo e sua capacidade de gerar lucro ao adquirente.

Ao final, concluiu o autor que toda essa discussão sequer seria importante caso fosse aprovado o art. 60-A – objeto do presente artigo – na medida em que ficará consignada a abrangência e caracterização das UPIs.[9] A saber:

4. JUNQUEIRA NETO, Ruy de Mello. A Unidade Produtiva Isolada – UPI: Conceito, tratamento legal e questões relacionadas. Dissertação de Mestrado. PUC-SP. 2019.
5. SACRAMONE, Marcelo Barbosa. Comentários à lei de recuperação judicial e falências. São Paulo. Saraiva, 2018 apud JUNQUEIRA NETO, Ruy de Mello. A Unidade Produtiva Isolada – UPI: Conceito, tratamento legal e questões relacionadas. Dissertação de Mestrado. PUC-SP. 2019.
6. WAISBERG, Ivo. Da não sucessão pelo adquirente por dívidas trabalhistas e tributárias na aquisição de unidades produtivas isoladas perante a Lei 11.101. Revista de Direito Empresarial e Recuperacional, Florianópolis. Conceito Editorial, v. 1, n. 0, p. 159-171, jan./mar. 2010 apud JUNQUEIRA NETO, Ruy de Mello. A Unidade Produtiva Isolada – UPI: Conceito, tratamento legal e questões relacionadas. Dissertação de Mestrado. PUC-SP. 2019.
7. Agravo de Instrumento 2095938-27.2019.8.26.0000 apud JUNQUEIRA NETO, Ruy de Mello. A Unidade Produtiva Isolada – UPI: Conceito, tratamento legal e questões relacionadas. Dissertação de Mestrado. PUC-SP. 2019.
8. COSTA, Daniel Carnio; MELO, Alexandre Correa Nasser de. Comentários à Lei de recuperação de empresas e falência: Lei 11.101, de 09 de fevereiro de 2005. Curitiba, Juruá, 2021, p. 177.
9. JUNQUEIRA NETO, Ruy de Mello. A Unidade Produtiva Isolada – UPI: Conceito, tratamento legal e questões relacionadas. Dissertação de Mestrado. PUC-SP. 2019.

Art. 60-A. A unidade produtiva isolada de que trata o art. 60 desta Lei poderá abranger bens, direitos ou ativos de qualquer natureza, tangíveis ou intangíveis, isolados ou em conjunto, incluídas participações dos sócios.

Diante da inclusão do art. 60-A na LRF, o entendimento acerca da abrangência dos bens que podem ser aglutinados em unidades produtivas isoladas.

Nesse sentir, outra alteração relevante da nova Lei é a restrição das modalidades de alienação de ativos, que antes eram possíveis, mediante o leilão, pregão e propostas fechadas – responsáveis por 24% das formas com as quais os ativos foram alienados – e agora, é admitido somente o leilão eletrônico.

Sob o ponto de vista comercial, se por um lado, para potenciais adquirentes a compra de ativos aglutinados pode ser mais interessante, por outro, pode significar uma certa restrição aos potenciais adquirentes, uma vez que se estará mais restrito a empresas do mesmo ramo da recuperanda.

Scalzilli, Spinelli e Tellechea[10], ainda antes da Reforma da Lei, já antecipavam que existe um valor agregado aos ativos quando vendidos em bloco, na medida em que há "um encadeamento negocial e estrutural, que lhe outorga mais eficiência empresarial, valorizando os ativos, tangíveis e intangíveis, que ali se encontram"[11]

E daí se extrai a possibilidade de maximização dos ativos em comparação quando alienados de maneira destacada.

A contrário sensu, a alegação de que a venda individualizada de bens pode permitir que mais potenciais adquirentes passem a participar dos leilões de tais bens, e a considerar a modalidade de leilão como a única admitida pela lei, de tal maneira que mais proponentes significam, necessariamente, mais lances e maior incremento no valor de leilão do imóvel, nos parece pouco convincente.

3. A ALIENAÇÃO DE ATIVOS – UMA ANÁLISE DE EFETIVIDADE

Feitas essas breves considerações acima, especialmente no que tange, a alienação de unidades produtivas isoladas no âmbito de recuperações judiciais, passará o presente artigo a investigar as conclusões fundadas em dados oferecidos pela Associação Brasileira de Jurimetria (ABJ), bem como em coleta própria.

Como método de pesquisa para os dados coletados é necessário ressaltar que para fins de coleta de dados foram pesquisados no sistema do Tribunal de

---

10. SCALZILLI, João Pedro, TELLECHEA, Rodrigo. Recuperação de empresas e falência: teoria e prática na Lei 11.101/2005. São Paulo: Almedina, p. 841 apud COSTA, Daniel Carnio; MELO, Alexandre Correa Nasser de. Comentários à Lei de recuperação de empresas e falência: Lei 11.101, de 09 de fevereiro de 2005. Curitiba, Juruá, 2021, p. 283.
11. COSTA, Daniel Carnio; MELO, Alexandre Correa Nasser de. Comentários à Lei de recuperação de empresas e falência: Lei 11.101, de 09 de fevereiro de 2005. Curitiba, Juruá, 2021, p. 283.

Justiça de São Paulo os vocábulos: "alienação", "ativos", "leilão, "UPI", "proposta", "arrematação", "avaliação" e "laudo". Em seguida, foi feita pesquisa mediante a indicação de número de folhas no sistema a fim de localizar eventuais propostas e valores de avaliação dos bens alienados.

Pois bem. De antemão, vale ressaltar que os dados coletados se demonstraram surpreendentes, na medida em que se constatou que, em média, no âmbito de recuperações judiciais, os ativos foram alienados em média em 126% dos respectivos valores de avaliação, contudo, em média, representaram em muitos casos menos de 5% do passivo da recuperanda.

Em procedimentos falimentares, o resultado se apresentou pouco menos otimista, na medida em que, em média, os ativos foram vendidos por cerca de 68,65% do valor de avaliação.

Ainda assim, necessário constatar que cerca de 53% dos bens foram alienados em terceira hasta, sendo 27% em segunda hasta, por, no mínimo 50% do valor de avaliação.

Por outro lado, em que pese a difícil constatação quantitativa com relação aos leilões infrutíferos, pode-se afirmar que muitos assim o são por ausência de lances, sejam eles em bens blocados ou individualizados.

Nesta esteira, em 93 recuperações judiciais no Estado de São Paulo em que foram constituídas UPIs, apenas em 38% delas essas UPIs foram alienadas, dentre as quais, cerca de 41% eram compostas de imóveis, sejam antigas unidades fabris da devedora, sejam dos quais a recuperanda não exercia qualquer atividade. Ademais, pouco mais de 38% das UPIs alienadas eram formadas por bens móveis, i.e. maquinário e equipamento para produção inclusive, em poucos casos, estoque de produtos da própria devedora. Por fim, cerca de 7% das alienações se referem a direitos, marca e nome da recuperanda.

Em que pese a alienação de UPIs ou os ativos destacados tenham a dupla finalidade de garantir o pagamento de parte dos credores, bem como diminuir os gastos e garantir certo fluxo de caixa para a recuperanda, o problema se apresenta pela baixíssima taxa de recuperação de ativos das empresas devedoras, de tal maneira que se demonstram pouco hábeis à satisfação do passivo judicializado.

Desse ponto de vista, especialmente da nova abrangência das UPIs, a efetividade perante os procedimentos recuperacionais e falimentares, tendo em vista que o entendimento posto na reforma da lei já era amplamente admitido nos Tribunais.

A hipótese que se levanta fica ainda mais interessante quando se observa que a reforma da lei previu expressamente a impossibilidade de sucessão dos bens alienados em recuperação judicial ou falência de modo a garantir os bens livres de ônus ao adquirente, pois, ao contrário, diversas operações se tornariam inviáveis pelo desinteresse de eventuais adquirentes.

Ademais, conforme constatado na Primeira Fase do Observatório[12] da Insolvência, apenas 53,2% dos planos preveem a alienação de ativos em geral, o que reflete baixa adesão dos planos de recuperação judicial ao mecanismo de alienação via UPIs.

Essa avaliação à tona duas constatações:

(i) relevante parte das empresas ainda procuram saldar as dívidas e promover o processo de soerguimento via fluxo de caixa e

(ii) a venda de ativos é a única alternativa diversa para arrecadação de ativos.

Em conseguinte, diante dos dados apresentados acima, a baixa efetividade da alienação de ativos, seja com relação a repercussão da realização em vista ao passivo, bem como a baixa taxa de alienação em si, significam necessariamente relevante culpa para a inefetividade dos procedimentos recuperacionais.

Em outras palavras, os instrumentos mais utilizados pelas recuperandas para viabilizar crédito, sejam eles soerguimento via fluxo de caixa e alienação de ativos, são claramente ineficientes para o seu fim.

A análise acerca da repercussão da regra de não sucessão, por sua vez, é um pouco nebulosa, na medida que ainda é impossível mensurar a consequência para a valorização do ativo.

Na linha do quanto já afirmado por MUNHOZ[13], a não sucessão do adquirente permite que as vendas realizadas sirvam para a captação de recursos para pagamento de dívidas trabalhistas e tributárias. Além de, como já reconhecido por Ruy de Mello Junqueira Neto, "a transferência de bens a um terceiro com capacidade de continuar desenvolvendo a atividade faz com que aumentem as chances de empregos serem mantidos, tributos pagos e que a atividade continue gerando riqueza"[14].

Por outro lado, a considerar que a devedora tenha passivo judicializado e tal transferência de ativos possa caracterizar fraude à execução, considerando que

12. ASSOCIAÇÃO BRASILEIRA DE JURIMETRIA – Observatório da Insolvência – Primeira Fase – htps://abj.org.br/pdf/ABJ_resultados_observatorio_1a_fase.pdf. Acesso em: 11 nov. 2021
13. MUNHOZ, Eduardo Secchi. In: Comentários à lei de recuperação de empresas e falência. SOUZA JUNIOR, Francisco Satiro, PITOMBO, Sérgio A. de Moraes (Coord.) São Paulo: RT, 2007.
14. JUNQUEIRA NETO, Ruy de Mello. A Unidade Produtiva Isolada – UPI: Conceito, tratamento legal e questões relacionadas. Dissertação de Mestrado. PUC-SP. 2019, p. 72.

tal transferência se dará fora do procedimento de recuperação judicial, pois caso contrário, como apontam Scalzilli, Spinelli e Tellechea[15].

Nesse sentido, a disposição legal acerca da inaplicabilidade do conceito de preço vil aos ativos alienados aliado ao §1° do art. 143, incluído pela Lei 14.112/20 pode significar mais um mecanismo de atração de adquirentes para os ativos da devedora.

4. CONCLUSÕES

Diante disso, em que pese as alterações propostas pela Lei 14.112/20 confiram mais segurança ao potencial adquirente, não nos parece que elas sejam capazes de alterar o dramático rumo dos procedimentos recuperacionais e falimentares.

Inclusive, pode se cogitar, as UPIs têm finalidade de permitir melhorar as condições de alienação, diante do complexo de bens que constituem o bloco de ativos. Ainda, com a finalidade de diminuir os custos da empresa, ainda assim, a baixa adesão dos planos de recuperação judicial para com o sistema de alienação dos ativos via UPI, ainda não se demonstraram excessivamente eficientes – com a nova Lei 14.112/20, espera-se mais aderência diante da clareza do conceito e de suas repercussões para o adquirente.

Posto isso, a em que pese a Lei 14.112/20 ter alterado/consolidado o conceito de UPI e a não sucessão do adquirente, bem como sua forma de alienação, parece-nos insuficiente, ainda mais quando se verifica que o sistema de alienação desses ativos ainda não é plenamente utilizado.

Em que pese as alterações legislativas e a inovação em formas de operacionalizar um procedimento de insolvência no qual todos os interesses estejam albergados pela proposta de satisfação dos credores, a bem da verdade é que tais inovações ainda não são capazes de garantir que o procedimento seja eficaz.

Por outro lado, a decretação da falência não deve ser encarada como o fracasso do processo de soerguimento, muito porque desde o início a empresa não era mais economicamente viável, seja pela atuação em mercado decadente, seja por anos de má-administração. A essa altura, a razão pouco importa.

Nessa esteira, a legislação tem promovido encaminhamento em direção de uma tentativa de, pelo menos, que se mantenham vivos os ativos e atividade da empresa, alienando-os e evitando que pereçam ou percam consideravelmente seu valor.

---

15. "(...) havendo disposição de bens em conformidade com o plano de recuperação, nenhum credor da recuperanda poderá alegar eventual fraude à execução, desde que o plano tenha sido aprovado pelos credores e homologado judicialmente." SCALZILLI, João Pedro, TELLECHEA, Rodrigo. Recuperação de empresas e falência: teoria e prática na Lei 11.101/2005. São Paulo: Almedina, p. 308 apud JUNQUEIRA NETO, Ruy de Mello. A Unidade Produtiva Isolada – UPI: Conceito, tratamento legal e questões relacionadas. Dissertação de Mestrado. PUC-SP. 2019.

Por fim, deve-se considerar que dificilmente se encontrará sistema de alienação de ativos plenamente eficaz, contudo, o principal desafio constatado é ainda: maximizar a valorização dos ativos, bem como facilitar e tornar interessante a sua aquisição.

5. REFERÊNCIAS

ASSOCIAÇÃO BRASILEIRA DE JURIMETRIA – Observatório da Insolvência – Primeira Fase. https://abj.org.br/pdf/ABJ_resultados_observatorio_1a_fase.pdf. Acesso em: 11 nov. 2021.

ASSOCIAÇÃO BRASILEIRA DE JURIMETRIA – Observatório da Insolvência – Segunda Fase. https://abjur.github.io/obsFase2/relatorio/obs_recuperacoes_abj.pdf. Acesso em: 10 nov. 2021.

BULGARELLI, Waldírio. Sociedades comerciais: empresa e estabelecimento. 5. ed. São Paulo: Atlas, 1993.

COELHO, Fabio Ulhoa. Comentários à nova lei de falências e de recuperação de empresas: (Lei n. 11.101). 2. ed. SP: Saraiva, 2005.

COSTA, Daniel Carnio; MELO, Alexandre Correa Nasser de. Comentários à Lei de recuperação de empresas e falência: Lei 11.101, de 09 de fevereiro de 2005. Curitiba: Juruá, 2021.

JACKSON, Thomas H. The logic and limits of bankruptcy law. Cambridge, Mass.: Harvard University Press, 1986.

JUNQUEIRA NETO, Ruy de Mello. A Unidade Produtiva Isolada – UPI: Conceito, tratamento legal e questões relacionadas. Dissertação de Mestrado. PUC-SP. 2019.

MUNHOZ, Eduardo Secchi. In: SOUZA JUNIOR, Francisco Satiro, PITOMBO, Sérgio A. de Moraes (Coord.). Comentários à lei de recuperação de empresas e falência. SP: RT, 2007.

NEGRÃO, Ricardo. Aspectos objetivos da lei de recuperação de empresas e falências. São Paulo: Editora Saraiva, 2010.

PAIVA, Luiz Fernando Valente de. Direito falimentar e a nova lei de falências e recuperação de empresas. São Paulo: Quartier Latin, 2005.

SCALZILLI, João Pedro, TELLECHEA, Rodrigo. Recuperação de empresas e falência: teoria e prática na Lei 11.101/2005. São Paulo: Almedina.

SIMÃO FILHO, Adalberto (Coord). Comentários à nova lei de recuperação judicial e de falências. São Paulo: Quartier Latin, 2005.

TOLEDO, Paulo F.C. S. de; ABRÃO, Carlos H. (Coords.). Comentários à lei de recuperação de empresas e falência. São Paulo: Editora Saraiva, 2005.

A EFETIVIDADE DA ALIENAÇÃO DE UNIDADE PRODUTIVA ISOLADA COMO MEDIDA DE RECUPERAÇÃO DA EMPRESA: UMA ANÁLISE EMPÍRICA

Laís Dumitrescu Dias

Advogada e mestranda em Direito Comercial da Faculdade de Direito da Universidade de São Paulo.

Beatriz Nunes Cloud

Advogada. Graduada em Direito pela Pontifícia Universidade Católica de São Paulo (2020) e Pós-Graduanda em Direito Societário pelo Insper.

Nicolas Dutra

Graduado em Direito pela Faculdade de Direito da Universidade de São Paulo.

Giuliano Pugliesi

Graduando em Direito pela Faculdade de Direito da Universidade de São Paulo.

1. INTRODUÇÃO

O instituto da recuperação judicial, norteado pelo princípio da preservação da empresa, enunciado no art. 47[1] da Lei 11.101/2005 ("LFR"), propõe-se a combater a crise econômico-financeira que acomete o devedor por meio da renegociação coletiva do seu passivo, para assim viabilizar a preservação da atividade empresária como fonte produtora, a manutenção do emprego e dos interesses dos credores[2].

1. *Art. 47. A recuperação judicial tem por objetivo viabilizar a superação da situação de crise econômico-financeira do devedor, a fim de permitir a manutenção da fonte produtora, do emprego dos trabalhadores e dos interesses dos credores, promovendo, assim, a preservação da empresa, sua função social e o estímulo à atividade econômica.*
2. Em que pese haja divergências acerca de delimitação do conceito do princípio da preservação da empresa na doutrina e na jurisprudência, para os fins deste artigo, tal princípio é tomado como a intenção da

Esta dinâmica pressupõe que a empresa recuperanda disponha de recursos financeiros para o seu soerguimento. Estes são indispensáveis para que possa fazer frente ao cumprimento efetivo das obrigações previstas no plano de recuperação judicial ("PRJ"), garantir o adimplemento de seus custos operacionais e obrigações corriqueiras e, consequentemente, a retomada do curso normal de suas atividades.

Ocorre que a empresa em crise está sujeita a limitações à obtenção de novos recursos. Seja por instituições financeiras ou por investidores em geral, fato é que a nomenclatura "em recuperação judicial" traz uma série de efeitos negativos, vindo acompanhada de um estigma generalizado de insucesso e impactando diretamente a imagem da empresa no mercado em geral[3]. Como resultado, a tentativa de se obter capital para os fins supramencionados pode vir a se tornar um verdadeiro empecilho.

Diante desse obstáculo, a recuperanda poderá recorrer a outros meios para obter recursos financeiros. Uma dessas formas alternativas é a alienação de parte

---

lei em garantir a proteção do núcleo da atividade econômica da recuperanda e, consequentemente, a manutenção de suas atividades, conforme ensina Fábio Ulhoa Coelho: "O princípio da preservação da empresa, o que se tem em mira é a proteção da atividade econômica, como objeto de direito cuja existência e desenvolvimento interessam não somente ao empresário, ou aos sócios da sociedade empresária, mas a um conjunto bem maior de sujeitos. Na locação identificadora do princípio, "empresa" é o conceito de sentido técnico bem específico e preciso. Não se confunde nem com o seu titular ("empresário") nem com o lugar em que explorada ("estabelecimento empresarial"), O que se busca preservar, na aplicação do princípio da preservação da empresa, é, portanto, a atividade, o empreendimento" (COELHO, Fábio Ulhoa. *Curso de Direito Comercial*: Direito de Empresa. 16. ed. São Paulo: Editora Saraiva, 2012, p. 79). Nesse mesmo sentido, Waldo Fazzio Junior aponta que: "A recuperação judicial não se restringe à satisfação dos credores nem ao mero saneamento da crise econômico-financeira em que se encontra a empresa destinatária. Alimenta a pretensão de conservar a fonte produtora e resguardar o emprego, ensejando a realização da função social da empresa, que, afinal de constas é mandamento constitucional" (FAZZIO JUNIOR, Waldo. *Lei de falência e recuperação de empresas*. 5. ed. São Paulo: Atlas, 2010, p. 113).

3. Tais efeitos devem-se, em parte, à má fama da ineficiência e insegurança jurídica do instituto da concordata, hoje inexistente, que ainda permeiam a mentalidade do mercado quando o assunto é concessão de crédito, conforme afirma Newton De Lucca: "Outro aspecto que não pode ser olvidado está relacionado à mentalidade do investidor e/ou fornecedor de crédito brasileiro, que precisa acreditar no instituto da recuperação de empresa, tal como previsto em nossa legislação, e que se afasta – e muito, da concordata. Para isso, o manejo responsável do instituto tem influência na concessão de crédito porque gera segurança jurídica, que, por si só, já constitui incentivo ao investimento, diante da certeza potencial da recuperação do crédito." (DE LUCCA, Newton. Dez anos de vigência da Lei 11.101/2005: há motivos para comemorar? In: CEREZETTI, Sheila C. Neder e MAFFIOLETTI, Emanuelle Urbano (Coords.). *Dez Anos da Lei 11.101/2005*: Estudos Sobre a Lei de Recuperação e Falência. São Paulo: Almedina, 2015, p. 101-102). Ademais, há ainda prejuízos advindos de uma associação popularmente feita entre a recuperação judicial e a falência, a qual é, contudo, equivocada, visto que enquanto a primeira busca o efetivo soerguimento da empresa em crise, garantindo a ela proteção jurídica e mecanismos para o soerguimento, a última é um instituto liquidatório, no qual se busca, por meio da liquidação dos ativos do falido, a satisfação do crédito dos credores (SCALZILLI, João Pedro et al. *Recuperação de Empresas e Falência*: Teoria e Prática na Lei 11.101/2005. 3. ed. São Paulo: Almedina, 2018, p. 562).

de seus bens, nos termos do artigo 50, XI[4], da LFR que poderá ser feita, mais especificamente, na forma de unidades produtivas isoladas ("UPI"), em conformidade com os artigos 60[5] e 60-A[6] da LFR.

A opção de alienação de determinados ativos da empresa, especialmente na forma de UPIs, pode ser atrativa por muitos motivos. Além de criar a possibilidade de geração de caixa de forma rápida, independente, e sem o comprometimento da atividade produtiva, em certos casos pode representar a eliminação de custos, como no caso da venda de parques industriais e áreas inutilizadas pela recuperanda, bem como conjunto de bens que não sejam mais de utilidade para a recuperanda, apesar de ainda serem produtivos de alguma forma, que representam custos de armazenamento e manutenção[7].

É certo que o instituto da UPI já foi objeto de muitos estudos e comentários por parte da doutrina especializada no que diz respeito ao seu prisma teórico. Há diversos debates quanto à sua natureza, conceituação, formas de alienação, bem como outros aspectos legais, como a ausência de sucessão de obrigações pelo adquirente da UPI. Entretanto, muito pouco se discute a respeito dos resultados práticos da sua aplicação, e do seu real impacto no soerguimento da recuperanda. Em outras palavras, no que pese as múltiplas e válidas discussões teóricas sobre o assunto, não há estudos profundos relacionando a aplicabilidade de tais premissas teóricas observadas na prática quando da ocorrência de alienação de UPIs.

---

4. *Art. 50. Constituem meios de recuperação judicial, observada a legislação pertinente a cada caso, dentre outros:*

   XI – venda parcial dos bens;
5. *Art. 60. Se o plano de recuperação judicial aprovado envolver alienação judicial de filiais ou de unidades produtivas isoladas do devedor, o juiz ordenará a sua realização, observado o disposto no art. 142 desta Lei.*

   Parágrafo-único. O objeto da alienação estará livre de qualquer ônus e não haverá sucessão do arrematante nas obrigações do devedor de qualquer natureza, incluídas, mas não exclusivamente, as de natureza ambiental, regulatória, administrativa, penal, anticorrupção, tributária e trabalhista, observado o disposto no § 1º do art. 141 desta Lei.
6. *Art. 60-A. A unidade produtiva isolada de que trata o art. 60 desta Lei poderá abranger bens, direitos ou ativos de qualquer natureza, tangíveis ou intangíveis, isolados ou em conjunto, incluídas participações dos sócios.*

   Parágrafo único. O disposto no caput deste artigo não afasta a incidência do inciso VI do caput e do § 2º do art. 73 desta Lei.
7. Tratando da alienação de ativos, e, especificamente, de unidades produtivas isoladas, Marcelo Sacramone destaca a importância do instituto: "Um dos meios de recuperação judicial mais utilizados para a reestruturação do empresário e a obtenção de capital é a alienação de bens próprios, que permite ao empresário concentrar seus recursos no desenvolvimento da atividade empresarial mais lucrativa e reduzir os custos de manutenção e conservação de uma estrutura sem maior utilidade ou lucratividade. A alienação garante também o atendimento da preservação da empresa e de sua função social. A aquisição de estabelecimento permite que o arrematante desenvolva a atividade empresarial de modo mais eficiente com o ativo adquirido, com a manutenção dos postos de trabalho, fornecimento dos produtos aos consumidores, circulação de riqueza etc." (SACRAMONE, Marcelo Barbosa. *Comentários à Lei de Recuperação de Empresas e Falência*. 2. ed. São Paulo: Saraiva, 2021, p. 342).

Com base nessa indagação, realizou-se levantamento empírico de processos ajuizados perante o Tribunal de Justiça de São Paulo, cuja metodologia será explicada de forma detalhada mais adiante, por meio do qual se procurou levantar dados a respeito *(i)* da real frequência com a qual esse instituto é implementado; *(ii)* de quais os principais empecilhos práticos para sua implementação e *(iii)* da associação entre a venda de UPIs e impacto para um desfecho favorável, ou seja, um encerramento da recuperação judicial sem a decretação de falência, entre os casos analisados.

O presente artigo não se propõe a apresentar soluções, mas sim relatar os resultados obtidos por meio desse estudo empírico, e apresentar as conclusões extraídas a partir de tais dados, bem como as principais indagações que emergem desses resultados, que sirvam de substrato para futuras discussões.

2. BREVES CONSIDERAÇÕES TEÓRICAS SOBRE O CONCEITO DE UNIDADE PRODUTIVA ISOLADA

Antes de adentrar o aspecto prático desse estudo, cumpre tecermos breves considerações a respeito do conceito de UPI, na forma como esse instituto é compreendido na doutrina e na LFR, visto que esse conceito impactará de forma direta as diretrizes adotadas para realização do estudo empírico, e consequentemente as suas conclusões.

Anteriormente à reforma da LFR, proporcionada pela Lei 14.112/2020, não havia uma definição legal do conceito de UPI. Com isso, desenvolveram-se duas principais correntes doutrinárias acerca da definição de UPI, sendo elas: *(i)* UPI como estabelecimento; e *(ii)* UPI como conceito jurídico indeterminado.

No tocante à primeira corrente, cabe discorrer brevemente sobre o conceito estabelecimento previsto na legislação brasileira, que sustenta a teoria de UPI como estabelecimento. O Código Civil estabelece em seu art. 1.142. que "*considera-se estabelecimento todo complexo de bens organizado, para exercício da empresa, por empresário, ou por sociedade empresária*[8]". Ou seja, estabelecimento significa o

8. Para Maria Helena Diniz: "Estabelecimento é o complexo de bens de natureza variada, materiais (mercadorias, máquinas, imóveis, veículos, equipamentos etc.) ou imateriais (marcas, patentes, tecnologia, ponto etc.) reunidos e organizados pelo empresário ou pela sociedade empresária, por serem necessários ou úteis ao desenvolvimento e exploração de sua atividade econômica, ou melhor, ao exercício da empresa. Constitui uma universalidade de direito. Como se pode inferir do enunciado no artigo sub examine, trata-se de elemento essencial à empresa, pois impossível é qualquer atividade empresarial sem que antes se organize um estabelecimento, que é o centro de suas decisões, pois nele atua o empresário e a sociedade empresária." E mais: "O estabelecimento empresarial pode ser objeto unitário de direitos e de negócios jurídicos, translativos ou constitutivos, desde que sejam compatíveis com a sua natureza. Tal ocorre por integrar o patrimônio empresário e da sociedade empresária, sendo, portanto, uma garantia aos seus credores. Consequentemente, pode constituir objeto de negócios jurídicos efetivados pelo empresário ou pela sociedade empresária, que podem dele livremente dispor,

conjunto de bens ou coisas que tem como fim permitir o desenvolvimento de uma atividade por uma empresa ou por um empresário. Importante destacar que o estabelecimento não se confunde com o local físico do exercício da atividade empresarial. Nesse sentido, Fábio Ulhoa Coelho define o estabelecimento como "*o conjunto de bens que o empresário reúne para a exploração de sua atividade econômica*"[9].

Em relação aos bens que integram o estabelecimento, em linha com o entendimento da doutrina especializada, a composição se divide em bens móveis corpóreos (tais como maquinário, mobiliário e outros itens) e bens móveis incorpóreos (direitos reais sobre marcas, patentes, propriedade comercial, entre outros)[10].

Com base nessa noção de estabelecimento, parte da doutrina entende que a UPI seria sinônimo desse conceito jurídico. A respeito desta primeira corrente, Marcelo Barbosa Sacramone diz que:

> *"A Unidade Produtiva Isolada (UPI) era conceituada originalmente como complexo de bens organizado pelos empresários e utilizado para o desenvolvimento da empresa ou de bem imprescindível para o desenvolvimento da atividade pelo empresário"*[11].

Nesta mesma linha, Paulo Fernando Campos Salles de Toledo e Bruno Poppa também entendem que a UPI é sinônimo de estabelecimento:

> *"A expressão unidade produtiva isolada, utilizada pela LRE, indica todos os requisitos para ser reconhecida como estabelecimento: a unidade do estabelecimento é exprimida pelo complexo de bens que o forma, jungidos sob uma comum destinação, que é a atividade produtiva, atributo da empresa"*[12].

De outro lado, seguindo a segunda corrente, há quem entenda que a UPI é um conceito jurídico indeterminado. Sendo assim, a definição do que efetivamente poderia ser enquadrado como UPI depende de cada caso concreto. Acerca do conceito jurídico indeterminado, Barbosa Moreira diz que:

> *"Nem sempre convém, e às vezes é impossível, que a lei delimite com traços de absoluta nitidez o campo de incidência de uma regra jurídica, isto é, que descreva em termos pormenorizados e exaustivos todas as situações fáticas a que há de ligar-se este ou aquele efeito no mundo jurídico"*[13].

---

atendendo a certos requisitos. Pode ser, portanto, objeto de: trespasse, permuta, dação em pagamento, doação, arrendamento ou locação, usufruto, comodato, sucessão falencial, sucessão causa mortis etc." (DINIZ, Maria Helena. *Código Civil anotado*. 10. ed. São Paulo: Saraiva, 2004, p. 798)

9. COELHO, Fábio Ulhoa. *Curso de direito comercial*. 6. ed. São Paulo: Saraiva, 2002, v. 1. p. 91.
10. CAVALLI, Cássio Machado. O Direito de Empresa no Novo Código Civil. In: *Revista AJURIS – Associação dos Juízes do Rio Grande do Sul*, Porto Alegre, 93, mar. 2004.
11. SACRAMONE, Marcelo Barbosa. *Comentários à Lei de Recuperação de Empresas e Falência*. 2. ed. São Paulo: Saraiva, 2021, p. 181.
12. Comentários aos art. 35 a 69. *In TOLEDO*, P. F. C. S. de; ABRÃO, C. H. (Coord.). *Comentários à Lei de Recuperação de Empresas e Falências*. 5. ed. rev., atual e ampl. São Paulo: Saraiva, 2012, p. 230.
13. BARBOSA MOREIRA, José Carlos. Regras da Experiência e Conceitos Juridicamente Indeterminados. In: *Temas de Direito Processual – 2ª série*. São Paulo: Saraiva, 1988. No mesmo sentido, Ivo Waisberg

Um dos argumentos utilizados pelos que enxergam a UPI como conceito jurídico indeterminado é o de que a vontade do legislador não foi de restringir a UPI apenas ao conceito de estabelecimento comercial, pois se essa fosse sua vontade, haveria previsão legal expressa nesse sentido. Nessa perspectiva, Gabriel Buschinelli argumenta que:

> *"(...) Parece compreender que a intenção, no âmbito do processo de recuperação judicial, foi de buscar de forma abrangente abarcar diversas realidades econômicas produtivas que não necessariamente preencheriam os requisitos para que fossem consideradas estabelecimentos empresariais, como poderia ser o caso, por exemplo, de unidades de produção agrícola. Quotas ou ações de controle de sociedades que exercem atividade produtiva, nesse sentido, parecem passíveis de serem abarcadas pelo conceito"*[14].

A louvável tentativa da doutrina especializada em definir os limites conceituais da UPI nos parece ter sido superada após a recente reforma da lei falimentar, que trouxe previsão legal sobre o referido conceito, por meio da Lei 14.112/2020 que incluiu o art. 60-A na LFR e trouxe uma definição mais clara de UPI, quais sejam quaisquer *"bens, direitos ou ativos de qualquer natureza, tangíveis ou intangíveis, isolados ou em conjunto, incluídas participações dos sócios"*.

O referido dispositivo afasta questionamentos acerca de quais bens podem ou não ser enquadrados dentro do conceito de UPI. Por mais que se extraia do Projeto de Lei 4.458/2020 que a principal intenção do legislador ao criar essa definição fosse superar eventuais questões envolvendo a sucessão de passivos[15], trazendo maior segurança jurídica ao comprador, fato é que a inserção do dispositivo também ampliou o leque de possibilidades de alienação de bens pela recuperanda nessa modalidade. Observa-se, portanto, que o conceito de UPI não ficou restrito ao estabelecimento comercial, uma vez que poderá abranger quaisquer bens, direitos ou ativos, desde que sejam produtivos, ou seja, desde que tragam algum resultado econômico para a recuperanda.

---

entende que o conceito de UPI será definido pelo juiz na aplicação da lei em cada caso concreto, de modo que, poderia ser caracterizada como UPI um estabelecimento comercial, um conjunto deles ou vários ativos que não configurem um estabelecimento (WAISBERG, Ivo. Da não sucessão pelo adquirente por dívidas trabalhistas e tributárias na aquisição de unidades produtivas isoladas perante a lei 11.101/2005. *Revista de Direito Empresarial e Recuperacional*. Florianópolis: Conceito Editorial, v. 1, p. 163-164.)

14. BUSCHINELLI, Gabriel Saad Kik. *Compra e Venda de Participações Societárias de Controle* (Doutorado em Direito) – Faculdade de Direito da Universidade de São Paulo, São Paulo. 2017.

15. Nesse sentido, confira-se trecho do Projeto de Lei 4.458/2020 a respeito do novo dispositivo: "A seção também traz uma explícita conceituação de UPI, delimitando claramente os tipos de ativos que podem ser alienados durante a RJ, reduzindo a insegurança jurídica observada em casos onde haveria sucessão de passivos e ampliando o leque de opções para recuperação da empresa devedora." (Projeto de Lei 10.220/2018. Brasília, 3 de maio de 2018, p. 68. Disponível em <https://www.camara.leg.br/proposicoesWeb/prop_mostrarintegra;jsessionid=A5FF35FDAE21CC8DB011E12D873E77CC.proposicoesWebExterno1?codteor=1658833&filename=PL+10220/2018> Acesso em: 20 out. 2021).

Sendo assim, conforme será explicado detalhadamente adiante, o presente estudo adotou, para fins de análise, o conceito de UPI como qualquer bem produtivo da recuperanda que viesse a ser alienado na forma do art. 60, desprezando-se eventual diferenciação entre bens corpóreos ou incorpóreos, individuais ou conjuntos, para fins dessa análise.

3. ANÁLISE EMPÍRICA

3.1 Metodologia utilizada

Para a realização do levantamento empírico a respeito da previsão e efetiva alienação de bens e de UPIs, os autores utilizaram base de dados fornecida pela Associação Brasileira de Jurimetria ("ABJ"), contendo o número de todos os processos de recuperações judiciais ajuizadas na comarca da capital do estado de São Paulo entre 2010 e 2017. Foram selecionados os processos que tiveram seus PRJs aprovados e que continham previsão de alienação de ativos e/ou alienação de UPIs.

O procedimento para seleção de tais processos deu-se da seguinte forma, refletida na Figura 1 abaixo:

(i) primeiro, separou-se, recorrendo à base da dados da ABJ, todos os pedidos de recuperação judicial ajuizados na comarca da capital do estado de São Paulo entre 2010 e 2017, totalizando 358 processos;

(ii) dentre estes, foram selecionados todos aqueles cujos planos de recuperação foram aprovados, totalizando 156 processos;

(iii) desses 156 processos, excluiu-se aqueles cujos autos são físicos, o que inviabilizaria a sua análise integral, dado que este estudo foi realizado durante a pandemia do COVID-19, que restringiu a possibilidade de acesso aos autos em cartório; e cujos PRJs não contêm previsão de alienação de ativos, ainda que genérica, e/ou de alienação de UPIs, restando um total de 85 processos; e

(iv) por fim, foram analisados na íntegra os autos de primeira instância desses 85 processos, em busca de petições, decisões e outros documentos que evidenciassem um processo de alienação de UPIs, e que demonstrassem a efetiva venda até três anos após a homologação do plano de recuperação[16].

Para fins desse trabalho, quando da análise desse universo de 85 processos, foram considerados todos os atos processuais praticados até 17.10.2021.

16. Limitou-se a análise dos autos a até 3 anos após a homologação do PRJ, pois tal período é próximo ao tempo médio até o encerramento de uma recuperação judicial sem falência, o que pressupõe, portanto, o cumprimento do PRJ, conforme dados extraídos da 2ª Fase do Observatório da Insolvência (WAISBERG, Ivo; SACRAMONE, Marcelo Barbosa; NUNES, Marcelo Guedes; CORRÊA, Fernando. Recuperação Judicial no Estado de São Paulo – 2ª Fase do Observatório de Insolvência. Disponível em: https://abj.org.br/cases/2a-fase-observatorio-da-insolvencia/. Acesso em 20 out. 2021).

Total de pedidos de RJ ajuizados na capital entre 2010 e 2017	**358**
Processos com PRJs aprovados	156
Processos com PRJs aprovados com cláusula de alienação de ativos e/ou alienação de UPI	85

Figura 1 – Síntese do espaço amostral analisado

Considerou-se que houve venda em casos em que há notícia, nos autos de primeira instância, da concretização de venda sem desistência ou reversão por decisão judicial de primeira ou segunda instância, dentro de três anos após a homologação do PRJ. Também foram considerados como critérios para aferição da ocorrência de venda os casos em que *(i)* pelo menos uma UPI foi vendida e *(ii)* houve venda de ativos operacionais, de forma que casos de venda de ativos não produtivos, tais como sucata ou imóveis ociosos, não foram consideradas.

Não foram consideradas informações externas aos autos de origem, isto é, não se considerou discussões a respeito destes temas em grau recursal que não foram noticiadas nos autos de primeira instância.

Com base nos critérios acima expostos, considerando-se o total de 85 processos analisados, verificou-se que apenas em 10 efetivamente ocorreu a alienação de ativos ou de UPIs, de modo que em 75 processos, apesar da existência expressa de cláusula no PRJ tratando a respeito da alienação de ativos ou de UPI como forma de recuperação da empresa, não houve alienação.

A fim de avaliar a eficiência e impacto da alienação da UPI no soerguimento da empresa, com relação aos processos em que houve alienação, foram observados *(i)* o valor da avaliação dos bens, em comparação com o efetivo valor da venda; *(ii)* a área de atuação da empresa recuperanda e *(iii)* os tipos dos bens alienados.

Já no que diz respeito aos processos em que não houve alienação, buscou-se analisar de forma detalhada o motivo do insucesso da venda, bem como aferir se ao menos houve tentativa de venda.

Havendo alienação de UPI ou não, foram levantadas também informações quanto ao desfecho do processo, a fim de observar possíveis relações entre a alienação de UPIs e o encerramento da recuperação judicial sem convolação em falência, ou seja, um cenário que consideramos como favorável, de efetivo soerguimento por meio da recuperação judicial.

3.2 Síntese dos resultados da pesquisa

A partir da análise realizada, serão expostas abaixo as principais conclusões extraídas dos processos analisados, considerando o espaço amostral de um total de 85 processos, divididos entre casos em que se observou a concretização de venda das UPIs e casos em que não houve venda.

3.2.1 Casos em que não houve venda

Foram localizados 75 casos em que não houve venda, representando 88,24% do total de casos analisados. A fim de analisar as razões por trás dessa estatística, os 75 casos foram agrupados em dois subgrupos, quais sejam casos em que houve ou não tentativa de venda.

Quanto ao primeiro subgrupo, entre esses 75 casos, em 64 deles [85,33%] sequer houve tentativa de venda de UPI. Nesse sentido, foram considerados como casos em que não houve tentativa aqueles em que não foram localizadas quaisquer petições ou decisões mencionando a possibilidade ou iniciativa da recuperanda em alienar ativos que se enquadrassem nessa modalidade.

No que diz respeito ao segundo subgrupo, em 11 [14,66%] casos entre os 75, verificou-se a ocorrência de tentativa de alienação de UPI pela recuperanda, aqui considerada como mínimos esforços por parte da recuperanda para concretizar a venda.

Em 5 [6,67%] casos observou-se a concessão de autorização judicial para a venda e até mesmo a apresentação de proposta por interessado, porém a alienação simplesmente não avançou, por razões não esclarecidas. Em 1 [1%] dos casos, a venda dependia de fatores externos, que não se concretizaram impedindo a realização dos ativos, pois o conjunto de bens que seria componente da UPI se encontrava alienado fiduciariamente a um terceiro, que por sua vez não liberou o ônus sobre os bens, de forma que a venda se tornou impossível. Finalmente, em 1 [1%] dos casos, o procedimento de alienação ainda estava em curso quando da data da análise, de modo que a venda da UPI ainda não havia sido concluída.

Por fim, em apenas 4 [5,33%] dos casos em que houve tentativa, o processo de alienação de UPI chegou a um estágio próximo à sua concretização, qual seja a realização de leilão ou audiência. Todavia, em todos esses casos a não concretização da venda se deu por ausência de interessados. Nesse sentido, observa-se que em todos os casos houve múltiplas tentativas de alienar os bens, sem que, contudo, nenhuma delas restasse positiva.

- Ausência de interessados
- Não houve tentativa
- Negociações não avançaram
- Outros

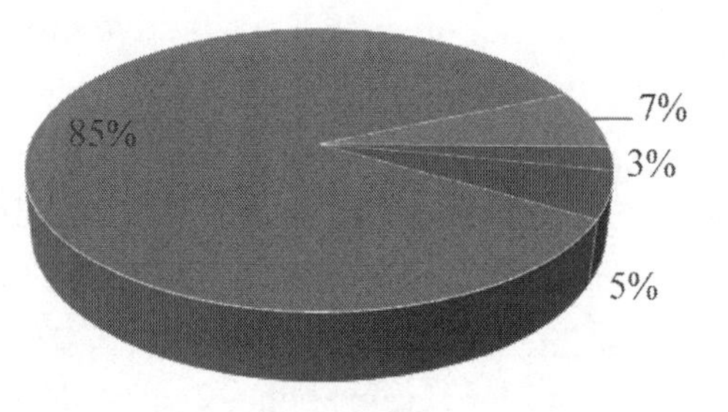

Figura 2 – Análise das razões envolvidas na não concretização da venda de UPIs

No que tange ao desfecho do processo, a incidência de decretação de falência entre o total de casos em que não houve venda é de 30%, sendo que essa porcentagem é composta por 27% de casos em que sequer houve tentativa de venda e 3% de casos em que houve ao menos uma tentativa.

3.2.2 *Casos em que houve venda*

Foram localizados 10 casos em que houve venda, representando 11,76% do total de casos analisados. Entre esses 10 casos, 7 possuíam, no PRJ analisado, cláusula com previsão específica de venda de UPI, e não somente cláusula genérica referente à alienação de ativos.

Quanto aos tipos de bens alienados, estes podem ser divididos em 3 grupos, a saber *(i)* bens imóveis; *(ii)* bens móveis e *(iii)* direitos. Em 2 casos, identificou-se que a UPI consistia em conjunto de bens móveis e imóveis. Nos demais casos, a venda de bens móveis, imóveis e direitos deu-se de forma segregada.

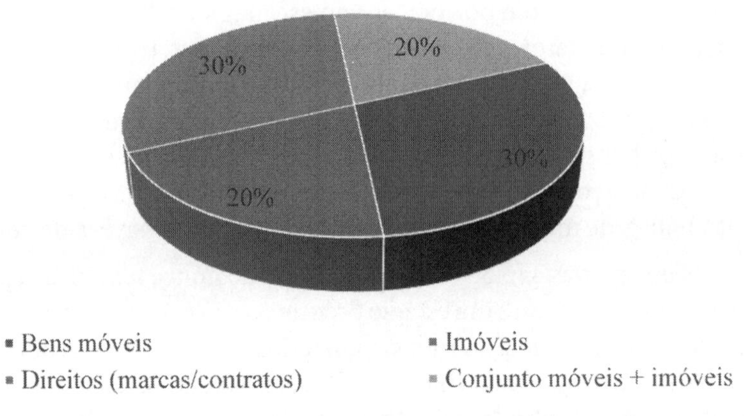

Figura 3 – Análise da composição das UPIs nos casos em que houve venda

No segundo grupo (*bens móveis*), os bens móveis consistiam em (*i*) maquinário industrial ou agrícola; (*ii*) ativo biológico e (*iii*) ações de titularidade da recuperanda.

No terceiro grupo (*direitos*), houve a venda de (*i*) direitos de marca; (*ii*) direitos creditórios oriundos de recolhimento de empréstimo compulsório e (*iii*) direitos oriundos de contratos de franquia.

Por fim, no que diz respeito ao desfecho dos processos, constatou-se a decretação de falência em apenas 2 casos, de forma que os demais seguem em curso ou encerrados, representando uma incidência de 20% de decretação de falência entre os casos em que houve a venda efetiva de UPI.

3.2.3 Análise dos resultados

De início, salta aos olhos o fato de que a previsão de venda de UPI em PRJs é rara, e a concretização da sua venda mais incomum ainda: de um total de 358 processos inicialmente selecionados, apenas 85 continham previsão de venda de UPI ou venda de ativos, sendo que em apenas 10 casos verificou-se a concretização da venda. Esse número representa apenas 2,59% do total de processos inicialmente analisados. Sendo assim, chama a atenção a míngua aplicação concreta de um instituto que pode ser muito relevante para a obtenção de recursos por parte da recuperanda, impactando diretamente no seu soerguimento.

De modo geral, o número de processos estudados que de fato avançaram para uma fase final de alienação de ativos é diminuta, representando, em conjunto com os casos em que houve a efetiva alienação da UPI, apenas 16% do total de processos analisados, o que denota a existência de dificuldades práticas por partes da recuperandas para implementação da venda de UPI, que serão a seguir exploradas.

Entre os casos em que não houve venda, denota-se um alto número de casos em que sequer houve tentativa de alienar bens via UPI, mesmo considerando que o espaço amostral selecionado abrangia casos em que o PRJ era expresso a respeito da possibilidade de venda de ativos como ferramenta de soerguimento da recuperanda.

Já no que diz respeito aos casos em que houve tentativa, porém não houve venda, as principais razões que levam à não concretização da venda são *(i)* o desinteresse injustificado da recuperanda em seguir com o processo de venda e *(ii)* a ausência de interessados nos bens alienados.

Quanto ao ponto (i), pela mera análise dos autos sem qualquer justificativa, não é possível afirmar de forma precisa quais seriam os aspectos que afetam de forma negativa o interesse em promover a alienação de UPI. Entretanto é possível traçar algumas hipóteses que justifiquem esse desinteresse, que pode estar atrelado a múltiplos fatores.

Um aspecto comumente observado entre recuperandas é a desestruturação organizacional e administrativa da empresa durante o período de recuperação judicial, que permeada de muitas outras obrigações, pode acabar não priorizando a venda de ativos via UPI como forma de obter recursos, já que muitas vezes esta pode ser complexa e exigir tratativas que demandam tempo e custos das recuperandas.

Outro provável motivo pode estar atrelado aos demais problemas identificados no estudo, tais como a ausência de interessados após múltiplas tentativas de venda de bens, que podem ser vistos, aos olhos de outras recuperandas, como um desestímulo para seguir com a venda, processo este que além de demandar custos e tempo, conforme já mencionado, poderá restar infrutífero.

Quanto aos casos em que houve venda, observou-se que mesmo antes da inserção do art. 60-A na LFR, alguns bens que não se enquadrariam no tradicional conceito de estabelecimento foram alienados nessa modalidade. O espectro de tipos de bens alienados identificado foi bastante diverso. Nesse sentido, é importante considerar que há múltiplos fatores que podem afetar a atratividade dos compradores, tais como estado do bem, sua localização, valores de avaliação, de forma que por este breve estudo não foi possível classificar uma classe única de bens que possa ser destacada como atrelada a uma maior taxa de sucesso de venda.

De modo geral, notou-se, especificamente no que diz respeito à cláusula de alienação de UPI, duas tendências, quais sejam (i) previsão genérica de alienação de UPI ou bens, apenas assumindo-a como uma possibilidade, sem contudo trazer maiores especificações sobre quais bens se pretendia alienar ou sobre o processo de venda em si; e (ii) previsão específica de alienação de UPI, sendo que em alguns casos eram trazidos detalhes a respeito dos bens a serem alienados e procedimento a ser seguido, tais como forma de cálculo para avaliação dos bens, prazo para concretização da operação, entre outros.

Nesse sentido, depreende-se que, neste segundo grupo, a alienação de UPI representava instrumento substancial para o soerguimento da recuperanda. Essa tendência pode ser observada pelos casos em que houve venda, em que 70% possuíam, no PRJ analisado, cláusula com previsão específica de venda de UPI. Pode-se dizer, portanto, que o planejamento e organização da recuperanda para a constituição da venda de UPI é elemento atrelado ao sucesso desse tipo de operação.

Por fim, no que diz respeito ao desfecho processual, observa-se que a incidência de quebra nos casos em que houve venda de UPI é relativamente menor do que nos casos em que não houve venda, demonstrando uma tendência de que a venda de UPI pode, de fato, auxiliar na obtenção de um desfecho positivo, conforme demonstra a figura a seguir:

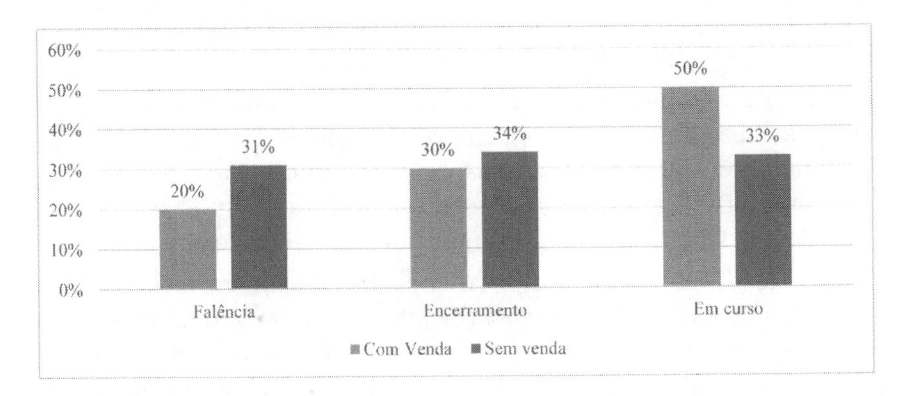

Figura 4 – Análise comparativa do desfecho processual dos casos analisados em relação à concretização da venda de UPIs

Essa constatação, entretanto, não é absoluta, representando apenas uma tendência, visto que a quebra pode estar também ligada a muitas outras razões supervenientes à simples obtenção de recurso para alívio do caixa. Em outras palavras, em certas situações, a obtenção de novos recursos, ainda que benéfica, poderá não ser suficiente para superar todos os demais aspectos estruturais que culminaram na situação de crise da recuperanda, de forma que a falência poderá ser inevitável.

4. CONCLUSÕES

A alienação de UPIs é tema recorrente de comentários entre autores da doutrina falimentar e na academia em geral. De forma frequente são explorados os seus aspectos mais teóricos, em especial a questão relacionada à sucessão de ônus e passivos por eventual adquirente. A discussão é mais do que válida, porém, diante dos dados levantados por meio desse estudo, parece ser importante um breve recuo antes de adentrar questões teóricas.

Isso porque a aplicação prática desse instituto se mostrou, por meio desse estudo, muito rara, revelando uma tendência de desencorajamento das recuperandas de ao menos iniciar eventual processo de venda, bem como de dar seguimento ao processo uma vez iniciado.

Diante desse cenário, como já ressaltado anteriormente, ao tratar do projeto de lei que deu origem à recente alteração da LFR, o legislador concentrou-se no aspecto técnico do instituto da UPI, ao definir expressamente seu conceito e a questão envolvendo sucessão de passivos, a fim de torná-la, em tese, mais atrativa. Por mais que a sucessão seja um aspecto que sem dúvidas influencia na escolha do adquirente por seguir com a compra do bem, nos parece que vale a preocupação em investigar como esse instituto poderia se tornar mais atrativo quanto à sua execução.

Dessa forma, o legislador parece ter deixado de levar em consideração os aspectos práticos envolvendo a matéria, tais como uma análise mais profunda a respeito das principais dificuldades enfrentadas para a constituição da UPI e seus aspectos operacionais. Em outras palavras, a reforma da LFR em tese tornou o instituto da UPI mais atrativo para investidores, porém, na prática, esse breve estudo sugere que o problema pode não ser exatamente sua atratividade, mas sim as dificuldades em torno da sua implementação.

Em suma, ao que nos parece, em face dos resultados obtidos por essa pesquisa, hoje a UPI é apenas mais uma opção subutilizada no "menu" de formas de obtenção de recursos oferecido pela LFR, muito embora haja nesse instituto um interessante potencial para alívio de caixa.

Esse breve estudo, até o presente momento, cingiu-se aos processos ajuizados na comarca da capital do estado de São Paulo, porém já demonstrou que a aplicação do instituto de UPI infelizmente ainda é uma alternativa raramente utilizada pela maioria das empresas em crise. Como uma etapa futura, espera-se expandir a coleta das variáveis elencadas para processos ajuizados no estado de São Paulo como um todo, a fim de identificar outros potenciais problemas práticos enfrentados para a implementação e venda de UPIs.

5. REFERÊNCIAS BIBLIOGRÁFICAS

CAVALLI, Cássio Machado. O Direito de Empresa no Novo Código Civil. In: *Revista AJURIS – Associação dos Juízes do Rio Grande do Sul*, Porto Alegre, 93, mar. 2004.

COELHO, Fábio Ulhoa. *Curso de direito comercial*. 6. ed. São Paulo: Saraiva, 2002.

COELHO, Fábio Ulhoa. *Curso de Direito Comercial: Direito de Empresa*. 16. ed. São Paulo: Editora Saraiva, 2012.

COMENTÁRIOS aos art. 35 a 69. In: TOLEDO, P. F. C. S. de; ABRÃO, C. H. (Coord.). *Comentários à Lei de Recuperação de Empresas e Falências*. 5. ed. rev., atual e ampl. São Paulo: Saraiva, 2012.

DE LUCCA, Newton. Dez anos de vigência da Lei 11.101/2005: há motivos para comemorar? In: CEREZETTI, Sheila C. Neder e MAFFIOLETTI, Emanuelle Urbano (Coords.). *Dez Anos da Lei 11.101/2005*: Estudos Sobre a Lei de Recuperação e Falência. São Paulo: Almedina, 2015.

DINIZ, Maria Helena. *Código Civil anotado*. 10. ed. São Paulo: Saraiva, 2004.

PROJETO de Lei 10.220/2018. Brasília, 3 de maio de 2018, p. 68. Disponível em https://www.camara.leg.br/proposicoesWeb/prop_mostrarintegra;jsessionid=A5FF35FDAE21CC8DB011E12D873E77CC.proposicoesWebExterno1?codteor=1658833&filename=PL+10220/2018. Acesso em: 20 out. 2021.

SACRAMONE, Marcelo Barbosa. *Comentários à Lei de Recuperação de Empresas e Falência*. 2. ed. São Paulo: Saraiva, 2021.

SCALZILLI, João Pedro et al. *Recuperação de Empresas e Falência*: Teoria e Prática na Lei 11.101/2005. 3. ed. São Paulo: Almedina, 2018.

WAISBERG, Ivo. Da não sucessão pelo adquirente por dívidas trabalhistas e tributárias na aquisição de unidades produtivas isoladas perante a lei 11.101/2005. In: *Revista de Direito Empresarial e Recuperacional*. Florianópolis: Conceito Editorial, v. 1, p. 163-164.

WAISBERG, Ivo; SACRAMONE, Marcelo Barbosa; NUNES, Marcelo Guedes; CORRÊA, Fernando. *Recuperação Judicial no Estado de São Paulo* – 2ª Fase do Observatório de Insolvência. Disponível em: https://abj.org.br/cases/2a-fase-observatorio-da-insolvencia/. Acesso em: 20 out. 2021.

A CESSÃO DE CRÉDITO E AS INOVAÇÕES TRAZIDAS PELA LEI 14.112/2020: ESTUDO DE SUAS IMPLICAÇÕES

Beatriz Cal Tavares

Advogada. Mestranda em Direito Civil na Pontifícia Universidade Católica de São Paulo. Especialista em Direito Empresarial pela Fundação Getúlio Vargas. Graduada em Direito pela Universidade Estadual de Londrina, e-mail: biacaltavares@gmail.com.

INTRODUÇÃO

O presente trabalho tem como intuito analisar as alterações na legislação de recuperação judicial e falência trazidas pela Lei 14.112/2020, no tocante às cessões de crédito, com o objetivo de identificar quais os seus efeitos perante o procedimento recuperacional e falimentar.

Para tanto, o estudo visou apresentar o conceito e implicações da cessão de crédito no âmbito do direito das obrigações, diferenciando-a dos institutos análogos e elucidando os requisitos para sua celebração, bem como as formas de eficácia desta perante o cedente, cessionário, devedor e terceiros.

A partir disso, o trabalho expõe especificamente acerca da cessão de crédito no processo de recuperação judicial e falência, apresentando as razões que motivam os credores a cederem os seus créditos e o perfil dos possíveis interessados em adquiri-los, como também os motivos que os impulsionam para tanto e as relevantes questões envolvendo o direito de voto.

Após, o artigo elucida quais foram as alterações da Lei 11.101/05 introduzidas pela Lei 14.112/2020, no que diz respeito às cessões de crédito, estando estas disciplinadas no § 7º do art. 37 e §5º do art. 83 da LRF. O primeiro dispositivo passou a prever como obrigatória a imediata comunicação ao juízo concursal acerca da celebração da cessão de crédito; já o segundo, ao contrário do revogado artigo 83, §4º, o qual previa que os créditos trabalhistas cedidos passariam a ser classificados como quirografários, inovou ao disciplinar que todos os créditos cedidos serão mantidos na mesma classe originária, inclusive, os trabalhistas.

Assim, para fins de analisar sua efetividade prática, o artigo se volta ao estudo destes dispositivos de forma individual, mediante a elucidação das contribuições doutrinárias sobre o tema e a análise de 09 recuperações judiciais tramitadas na capital paulista, com intuito de aferir qual era o tratamento dado às cessões de créditos nos processos anteriormente à vigência da nova lei.

Deste modo, o estudo busca, mediante a análise dos objetivos por detrás destes novos dispositivos e a elucidação prática das cessões de crédito nas recuperações judiciais, identificar se ditas inovações constituíram em relevante papel nos processos regidos pela Lei de recuperação judicial e falências.

1. A CESSÃO DE CRÉDITO: CONCEITO E IMPLICAÇÕES

A cessão de crédito, disciplinada nos artigos 286 e 289 do Código Civil, é o negócio jurídico bilateral pelo qual o credor (*creditor*) transfere ou aliena a outra pessoa sua qualidade creditória junto ao devedor, implicando a transferência do direito de crédito, de seus acessórios e de suas garantias[1]. Neste sentido, leciona Serpa Lopes:

> "(...) a cessão de crédito é um negócio jurídico não criador de obrigações, senão de transmissão. Por essa transmissão o credor originário é substituído pelo adquirente do crédito, enquanto este permanece objetivamente inalterado, como inalterada, subjetivamente, a posição do devedor como tal.[2]

Na cessão de crédito, portanto, há a transmissão da titularidade de um crédito, havendo uma substituição pessoal, passando o antigo credor à posição de cedente, substituindo-o pelo cessionário, o qual passa a ser novo credor, sem alteração do conteúdo obrigacional. Nas palavras de Paulo Nader:

> A característica fundamental da cessão de crédito consiste na continuidade da relação obrigacional. A troca de credor não faz surgir uma outra obrigação. Conseguintemente, permanecem inalteráveis as garantias, privilégios e eventuais exceções ou defesas. Se o negócio jurídico original padeceu de algum vício, este poderá ser invocado em ação judicial, não obstante a cessão de crédito realizada.[3]

---

1. AZEVEDO, Álvaro Villaça. *Curso de direito civil:* teoria geral das obrigações e responsabilidade civil. 13. ed. São Paulo: Saraiva Educação, 2019, p. 92.
2. LOPES, M. M. Serpa. *Curso de Direito Civil.* v. II. Rio de Janeiro: Freitas Bastos, 1955, p. 519.
3. NADER, Paulo. *Curso de direito civil:* obrigações. 9. ed. Rio de Janeiro: Forense, 2019, p. 210.

Quanto aos pressupostos referentes à constituição da cessão de crédito, o negócio é classificado como abstrato, voluntário e consensual. Abstrato, visto que prescindível identificar a sua causa, senão a existência do crédito; voluntário, já que pressupõe a vontade das partes; e consensual, em razão da transmissão do crédito ocorrer com a declaração de vontades.[4]

Negócio jurídico que é, a cessão de crédito pressupõe o preenchimento dos requisitos de validade alinhados nos incisos I e II do art. 104 do Código Civil: "I) agente capaz e II) objeto lícito, possível, determinado ou determinável". A propósito, Giorgio Giorgi adverte para o fato de que a cessão de crédito, sendo uma convenção, deve atender a todos os requisitos necessários à formação dos contratos[5].

Necessário, porém, diferenciar a cessão de crédito dos institutos similares, tais como, a sub-rogação e a novação, conforme assevera Álvaro Villaça:

> A relação jurídica sofre um estremecimento, com essa substituição pessoal, mas permanece, não se extingue. Daí a diferença com a novação subjetiva, em que existe troca de sujeitos, mas com o nascimento de uma nova obrigação. Também o mesmo ocorre na sub-rogação, em que existe extinção obrigacional por pagamento. Cessão de crédito não se confunde, também, com novação, uma vez que nesta, por convenção das partes, surge outra obrigação em substituição à anterior.[6]

Desse modo, tanto na cessão de crédito como na sub-rogação e novação subjetiva haverá a substituição do credor; contudo, na cessão de crédito o vínculo obrigacional permanece, enquanto na sub-rogação o novo credor (sub-rogado) efetiva o pagamento em favor do devedor, extinguindo-se a relação obrigacional; e, na novação subjetiva, ocorre a substituição dos sujeitos e a criação de nova obrigação.

Sobre o tema, Marcelo Sacramone e Fernanda Piva explanam acerca da diferenciação entre a cessão de crédito e a sub-rogação, evidenciando que na primeira inexiste a extinção da obrigação do devedor, pois "o crédito anteriormente existente é simplesmente transferido ao cessionário"; o que não se confunde com a sub-rogação, prevista como modalidade de adimplemento da obrigação[7]. Neste sentido, os autores apresentam a definição de sub-rogação:

---

4. MIRAGEM, Bruno. *Direito das Obrigações*. 3. ed. Rio de Janeiro: Forense, 2021, p. 150.
5. GIORGI, Giorgio. *Teoria delle Obbligazioni nel Diritto Moderno Italiano*, 3. ed., Firenze, Fratelli Cammelli, 1891, p. 69.
6. AZEVEDO, Álvaro Villaça. Op. cit., p. 92.
7. PIVA, Fernanda Neves; SACRAMONE, M. B. O pagamento dos débitos da recuperanda: a sub-rogação e o direito de regresso na recuperação judicial. In: Guilherme Setoguti; Flávio Luiz Yarshell. (Org.). *Processo Societário III*. Sao Paulo: Quartier Latin, 2018, v. 1, p. 493.

> Opera-se a sub-rogação quando um terceiro juridicamente interessado paga uma dívida, em nome próprio, e passa a substituir o credor na titularidade do crédito perante o devedor principal. Na sub-rogação legal, o solvens pode ser pessoa que paga a dívida de um devedor comum ao credor que teria direito de preferência, adquirente do imóvel ou aquele que paga para não ser privado de direito sobre imóvel. (...). Nessas hipóteses, não há vontade de aquisição por transferência do crédito titularizado pelo credor originário[8].

Quanto à eficácia da cessão de crédito, é oportuno ressaltar que a manifestação de vontade, uma vez firmada, produz os efeitos entre as partes; no entanto, somente será eficaz perante o devedor quando este estiver devidamente notificado (art. 290 CC). A este respeito, leciona Clóvis Bevilàqua:

> em relação ao cedente e ao cessionário, a cessão produz os seus efeitos, desde que é celebrada. Mas, em relação ao devedor, não pode ela ter eficácia, senão depois que este a conhece. Se assim fosse, seria o devedor prejudicado; porque, na ignorância de estar o crédito transferido, poderia pagar ao credor originário, e esse pagamento feito de boa-fé seria considerado inoperante. Ou o prejudicado seria o cessionário, se tal pagamento se considerasse eficaz.[9]

No que tange à eficácia da cessão relativamente a terceiros, não prevalecem os mesmos princípios. Nesse caso, a cessão se subordina à observância da forma, de sorte que a sua eficácia perante terceiros está sempre sujeita à sua redução a instrumento público ou particular (CC art. 288). Por terceiros entende-se aqueles que não são partes na relação jurídica de crédito, sendo a ela totalmente estranhos (*os penitus extranei*, na tradição dogmática). Assim, são terceiros, para os efeitos do Código, os credores do cedente e do cessionário, e os credores do devedor[10].

Logo, a cessão de crédito produz os efeitos perante o cessionário e cedente no ato da celebração do contrato, mas somente será eficaz ao devedor mediante notificação, e aos terceiros a eficácia é atingida através do registro em instrumento público ou particular.

Diante disso, a cessão de crédito constitui-se como um negócio jurídico que visa a transmissão de um crédito, o qual passará do cedente ao cessionário e, como tal, segue os requisitos previstos no Código Civil.

---

8. Idem Ibidem. Citando Carvalho Santos, segundo o qual a sub-rogação consiste na operação por meio da qual uma pessoa paga uma dívida, substitui o credor primitivo, adquirindo os direitos e ações que a estes cabiam (SANTOS, J.M de Carvalho. *Direito das Obrigações* – Arts. 972-1.036. V. XIII. 9.ed. Rio de Janeiro: Freitas Bastos, 1964, p. 55-56).
9. BEVILÁQUA, Clóvis, *Código Civil comentado*. Francisco Alves, Paulo de Azevedo, Rio de Janeiro, 10. ed. 1955, atualizada por Achilles e Isaias Beviláqua, v. 4, p. 185.
10. LEAES, Luiz Gastão Paes de Barros. A cessão de créditos vencidos e não pagos. In: *Revista Brasileira de Direito Civil*. v. 08, abr.-jun 2016, p. 142/156.

2. A CESSÃO DE CRÉDITO NA RECUPERAÇÃO JUDICIAL E FALÊNCIA

A cessão de crédito no âmbito da recuperação judicial é negócio jurídico praticado pelo credor original e pelo cessionário. A recuperação judicial não limita o poder de disposição do credor em relação ao crédito; razão pela qual, basta que cedente e cessionário promovam a cessão pela forma consensual (CC, art. 286 ss.) para que seja alterada a titularidade do crédito[11].

Para melhor estudo sobre o tema debatido, o artigo abordará questões relevantes acerca da cessão de crédito na recuperação judicial, em especial, a verificação das razões pelas quais o cedente transmite o seu crédito, os motivos que levam o cessionário a adquiri-lo, identificando a figura do possível adquirente do crédito, além de pontuar as principais questões envolvendo o poder de voto do cessionário.

Na sequência, o artigo abordará as mudanças trazidas pela Lei 14.112/20 no que diz respeito às cessões de crédito, a fim de buscar aferir sua efetividade perante o processo de recuperação judicial.

2.1 Das razões para ceder o crédito

Não obstante o relevante papel atribuído aos credores no procedimento estruturado pela Lei 11.101/2005, ser credor de devedor em recuperação judicial representa estar sujeito ao risco do não recebimento do crédito[12], inerente à situação da crise empresarial e às incertezas em relação ao sucesso do procedimento[13].

O credor se depara com a modificação do tempo para recebimento do seu crédito, visto que, mediante o deferimento do pedido de recuperação judicial, todas as ações e execuções contra o devedor são suspensas pelo período de seis meses (art. 52, III da LRF). Além disso, o processo de recuperação judicial demanda a satisfação de créditos de forma coletiva entre os credores, seja com a aprovação do plano da recuperanda, seja com a sua rejeição, com a aprovação do plano apresentado pelos próprios credores, ou, ainda, com a sua rejeição convolando o processo em falência (art. 56, §4º, 8º da LRF), hipótese que prorrogará a data de início para recebimento do seu crédito.

---

11. BUSCHINELLI, Gabriel Saad Kik. Cessão de crédito na recuperação judicial. In: CEREZETTI, Sheila C. Neder; MAFFIOLETTI, Emanuelle Urbano (Coords.). *Dez anos da Lei n. 11.101/2005:* estudos sobre a Lei de Recuperação e Falência. São Paulo: Almedina, 2015, p. 320.
12. FRANÇA, Erasmo Valladão A. e Novaes. In: SOUZA JUNIOR, Francisco Satiro de; PITOMBO, Antônio Sérgio A. de Moraes. *Comentários à Lei de Recuperação de Empresas e Falência, Lei 11.101/2005* – Artigo por artigo. São Paulo: Revista dos Tribunais, 2007, p. 211.
13. ALEIXO, Ana Paula Martins. *A cessão de crédito da recuperação judicial:* Das "praxis" à teoria da deliberação sobre o plano de recuperação envolvendo a figura do credor cessionário. Dissertação de Mestrado. Universidade de São Paulo, São Paulo, 2018, p. 23.

O segundo fator relevante é o risco. Na recuperação judicial, os credores formam uma comunhão de interesses (art. 49 da LRF). Essa coletividade delibera por maioria acerca do plano de recuperação judicial proposto pelo devedor, o que poderá conduzir à novação do crédito com alteração[14]. Ainda, ao credor não é assegurado adimplemento do seu crédito, pois este não tem a certeza de que o plano será aprovado e quais as condições de recebimento do seu crédito, tampouco, tem condição de saber se o plano será aprovado ou se o processo será convolado em falência.

O terceiro elemento consiste nos custos que são despendidos ao credor para atuação no processo recuperacional. Isto porque os credores têm de gastar com a contratação de advogado para representação do credor no processamento, seja para habilitação do crédito, a apresentação de divergência ou eventual impugnação de crédito ao Juízo (art. 7º, § 1º e art. 8º da LRF).

E mais, "Os credores que se submetem aos efeitos da recuperação judicial não estão acostumados, no mais das vezes, a serem credores de longo prazo e tampouco possuem a *expertise* necessária para atuar ativamente na recuperação, o que implica custos elevados, tendo em vista a contratação de advogado e quiçá de outros profissionais que idealmente possam avaliar as reais perspectivas de recebimento do crédito e de viabilidade de superação da crise pelo devedor"[15].

Além disso, o crédito trabalhista reflete a necessidade do trabalhador de satisfazer suas necessidades básicas, podendo a cessão consistir na única forma que este tenha de obter a remuneração imediata[16].

Por fim, também é possível vislumbrar vantagens na transmissão do crédito por razões contábeis, tributárias e comerciais, na medida em a cessão poderá implicar em liberação da instituição financeira para manutenção de provisão e, por conseguinte, aumento da sua capacidade de concessão de financiamentos; auxiliará ao credor a contabilizar a perda incorrida, para redução do custo tributário do período e, ainda, conferirá aos comerciantes a oportunidade de transferir o crédito a terceiros, na tentativa de evitarem retaliação por parte dos demais integrantes do comércio, consoante explana Gabriel Buscchinelli:

> Regramentos contábeis podem exigir que entidades sujeitas a regulação como instituições financeiras realizem provisões muito elevadas, limitando sua capacidade de conceder crédito.9 Atualmente, no Brasil, a Resolução CMN n. 2.682/99 determina que as instituições financeiras provisionem o equivalente a 100% do valor contratado em caso de inadimplemento por prazo superior a 180 (cento e oitenta) dias. Nessa circunstância, a cessão a terceiro mediante obtenção de contraprestação libera a instituição financeira de manter provisão, aumentando a

14. BUSCHINELLI, Gabriel Saad Kik. Op. cit, p. 313.
15. ALEIXO, Ana Paula. Op. cit., p. 23.
16. BUSCHINELLI, Gabriel Saad Kik. Op. cit., p. 316.

capacidade de concessão de novos financiamentos. Ademais, a cessão pode ser realizada para que o credor contabilize definitivamente a perda incorrida, utilizando o prejuízo para reduzir seu lucro tributável no período. Finalmente, é possível que fornecedores que continuaram a manter relação comercial com o devedor em crise transfiram suas posições a terceiros com receio de serem comercialmente retaliados caso busquem a melhor satisfação de seu crédito no âmbito da recuperação judicial o que, por vezes, exige a adoção de posição adversarial estrategicamente inconveniente em uma relação de trato continuado[17].

Diante disso, o cenário da recuperação judicial apresenta diversos motivos para impulsionar o credor a ceder o seu crédito, seja: (*i*) pela suspensão do prazo para recebimento do seu crédito (art. 6º LRF); (*ii*) pela incerteza de adimplemento, tampouco, pela certeza de que o plano será aprovado e, ainda, se será rejeitado e posteriormente convolado em falência; (*iii*) pelos custos operacionais, tanto na contratação de advogado para representação do credor, como na hipótese de contratar especialistas para analisarem a viabilidade da empresa e a possibilidade de pagamento; (*iv*) ao credor trabalhista, poderá consistir na única forma imediata de satisfazer suas necessidades básicas e, por fim, (*v*) pelos demais fatores externos, denominados de fatores contábeis, tributários e comerciais.

Assim, o credor, ao se deparar com os motivos ora demonstrados, poderá optar por ceder o crédito a outro cessionário, hipótese na qual o cessionário irá pagar pelo crédito e assumirá a posição do antigo credor, na classe originária (art. 83, §5º da Lei 11.101/05).

2.2 Das razões para adquirir o crédito

Na visão do cessionário, a aquisição de créditos sujeitos ao processo de recuperação judicial poderá servir como uma forma de investimento, tendo os investidores geralmente os instrumentos necessários para identificar o potencial econômico do devedor de forma mais precisa, diminuindo os riscos de não recebimento do crédito, contando-se com equipes especializadas que atuam visando a recuperação dos créditos[18].

Além disso, ressalte-se que a postura do cessionário dependerá diretamente das motivações que o impulsionaram a adquirir o crédito, as quais se diferenciam mediante dois tipos de estratégias, denominadas de ativa e passiva[19].

O cessionário com a estratégia passiva visa como único objetivo o retorno financeiro, isto é, que este receba um valor maior do que aquele pago para aquisição do crédito, assumindo, por outro lado, os riscos inerentes à condição de credor

17. BUSCHINELLI, Gabriel Saad Kik. Op. cit., p. 331.
18. BUSCHINELLI, Gabriel Saad Kik. Op. cit., p. 316.
19. HERTZOG, Nathan A. Passive Claims Trading, the Unsophisticated Creditor, and Online Exchanges as a Market Remedy. *Rev. Banking e Fin.* L. 32, 2012, p 532.

no procedimento concursal e proporcionando a liquidez imediata almejada pelo alienante[20].

Por sua vez, a estratégia ativa não diz respeito, tão somente, ao fito de obter o lucro, mas também em avaliar as condições referentes ao crédito cedido, a identificar qual a posição do credor, e os seus direitos perante o procedimento recuperacional, de modo que não se persiga apenas a visão material do crédito, mas, de forma concomitante, se analise o crédito pela visão processual, ao identificar o modo como o credor tem poder de atuação na negociação com o devedor.[21]

Nesta estratégia ativa existem diversas formas que possibilitam ao credor o aumento de poderes para recuperação do crédito mediante o exercício dos poderes processuais, quais sejam: (*i*) a um acesso maior a informações por ostentar a condição de credor; (*ii*) ao poder de negociar diretamente com o devedor e influenciar na configuração do plano; ou (*iii*) ao exercício do direito de impugnar créditos de outros credores[22].

Outrossim, identifica-se o poder de bloqueio em uma classe, apto a permitir que o credor impeça a aprovação de qualquer plano que não atenda a seus interesses, tal direito é atribuído ao credor que obtenha 2/3 dos créditos da mesma classe (art. 46 da LRF).

Diante disso, a aquisição de créditos concursais é utilizada por investidores que visam a obtenção de lucro, sendo estes divididos de acordo com a estratégia empregada, quais sejam, a passiva, na qual o cessionário visa apenas lucrar com o crédito obtido, e a ativa, que engloba o intuito de lucro e os poderes processuais inerentes à posição de novo credor do crédito cedido, utilizando-se de mecanismos de negociação com o devedor e visando, sobretudo, maximizar a recuperação do crédito.

2.3 Do direito de voto do credor cessionário

O direito de voto consiste na principal ferramenta atribuída ao credor para tutelar o seu crédito[23], vindo a exercer influência no resultado da assembleia ao deliberar acerca da aprovação, rejeição ou modificação do plano de recuperação (art. 35, inc. I, alínea "a" da Lei 11.101/05).

20. ALEIXO, Ana Paula. Op. cit., p. 105.
21. BUSCHINELLI, Gabriel Saad Kik. Op. cit., p. 315.
22. HARNER, Michelle M. The Corporate Governance and Public Policy Implications of Activist Distressed Debt Investing. *Fodham Law Review*, v. 77, p. 731-734, 2008.
23. SCALZILLI, João Pedro; SPINELLI, Luis Felipe; TELLECHEA, Rodrigo. *Recuperação de Empresas e Falência*. Teoria e Prática na Lei 11.101/2005, São Paulo, Almedina, 2016, p. 323.

No tocante ao direito de voto do credor-cessionário, a doutrina[24] e jurisprudência[25] por vezes entendem como sendo um acessório do crédito, nos termos do art. 287 do Código Civil; de modo que, se o cedente tinha direito a voto na Assembleia, o cessionário assim o terá e, em caso de eventual impedimento daquele, também se estenderia referida restrição.

Em contraposição, Gabriel Buschinelli defende que o voto não se trata de acessório do crédito, mas sim de um "poder instrumental de ordem processual", na medida em que a habilitação do cessionário e o preenchimento dos requisitos legais confeririam ao cessionário o direito do voto em Assembleia[26].

Diante disso, a questão que vem assumindo relevância nos estudos sobre o tema se refere ao impedimento de voto do credor cessionário, tendo em vista que a Lei 11.101/05 prevê duas hipóteses de proibição, uma de caráter subjetivo e outra objetivo; a primeira se pautando em conflitos de interesses atinentes ao titular do crédito[27], e a segunda se referindo à ausência de interesse do credor em participar da deliberação[28].

O Tribunal paulista enfrentou referida questão. No âmbito da recuperação judicial da VarigLog S.A, alguns titulares de créditos impedidos de votar pretenderam o reconhecimento do direito de voto, alegando que não teriam relação societária com a devedora, o que foi indeferido pelo juízo concursal, tendo o Tribunal mantido a decisão, sob o fundamento de que o direito de voto é acessório ao crédito e, como tal, não haveria razão para autorizar o voto do cessionário[29]. De modo semelhante, o Tribunal assim decidiu no caso Schahin, ao manter a de-

24. COLOMBO, Giuliano; Paiva, Luiz Fernando Valente de. *Recuperação judicial e cessão de créditos: a polêmica do direito de voto*, Revista do Advogado 105, AASP, 2009, p. 111; e Erasmo Valladão A. e N. França, in SOUZA JR., Francisco Satiro de. Comentários ao art. 83, II. In: SOUZA JR., Francisco Satiro de; PITOMBO, Antônio S. A. de M. (Coord.). *Comentários à Lei de Recuperação de Empresas e Falência*. 2. ed. São Paulo: Revista dos Tribunais, 2007, p. 211.

25. Vide alguns precedentes do TJSP: AI 0287683-82.2009.8.26.0000; Relator: Lino Machado; Data do Julgamento: 01 jun. 2010; Data de Registro: 01 jul. 2010; AI 0271930- 51.2010.8.26.0000; Relator: Romeu Ricupero; Data do Julgamento: 01 fev. 2011; Data de Registro: 09 fev. 2011; AI 0126470-28.2013.8.26.0000; Relator (a): Lígia Araújo Bisogni; Órgão Julgador: 2ª Câmara Reservada de Direito Empresarial: 05 jul. 2013; Data de Registro: 05 jul. 2013.

26. BUSCHINELLI, Gabriel Saad Kik. Op. cit., p. 322.

27. Engloba os titulares de créditos não sujeitos aos efeitos da recuperação judicial (artigo 39, § 1º) e os credores cujos créditos não sofreram alteração, pelo plano de recuperação, nas condições originalmente pactuadas (artigo 45, § 3º, da Lei 11.101/2005).

28. O artigo 43 da Lei 11.101/05 prevê que estão impedidos de votar: (i) os sócios do devedor; (ii) as sociedades que figurem como sócias ou acionistas do devedor;(iii) e sociedades que tenham sócio ou acionista com participação superior a 10% do capital social do devedor ou em que o devedor ou algum de seus sócios detenham participação superior a 10% do capital social.

29. AI 994.09.287683, Rel. Lino Machado. Câmara Res. Falência. Data do Julgamento: 01 jun. 2010. Data de Registro: 01 jul. 2010.

cisão de primeiro grau que impossibilitou o voto do cessionário, sob os mesmos fundamentos[30].

Ainda, referido posicionamento também se fundamenta no caso de a cessão de crédito eventualmente vir a ser utilizada para burlar o impedimento ao direito de voto, com a probabilidade de que a orientação do voto continuasse a ser ditada pelo cedente[31].

Além disso, ressalte-se que já ocorreu na prática o inverso, isto é, anteriormente à cessão o cedido não era impedido de votar, mas em razão da alteração da titularidade do crédito foi declarado o impedimento do cessionário. No âmbito da recuperação judicial da Tntech S.A, não obstante inexistir qualquer impedimento legal em face do cedente, o cessionário de um dos créditos foi impedido de votar, pois havia subordinação entre este e o pai do sócio administrador da devedora, com fulcro no art. 43 da Lei 11.101/05[32].

Ademais, é oportuno pontuar sobre a cessão de crédito para fins de fraudar a deliberação dos credores, por meio da qual o cessionário não exerce o direito de voto em razão de legítimo interesse na melhor satisfação do seu crédito, mas sim por interesses da própria devedora, revelando-se situação de conflito de interesses e conduta abusiva por parte do cessionário[33].

A propósito, destaca-se a recuperação judicial da Novelprint, na qual foi apurado que a cessionária adquirira o crédito com recursos financeiros da própria recuperanda, sendo o voto anulado por influenciar diretamente a deliberação dos credores[34].

Passados tais esclarecimentos, o artigo passará a abordar especificamente as alterações na Lei 11.101/05 no âmbito das cessões de crédito.

2.4 Da cessão de crédito e a obrigatória comunicação aos autos da recuperação judicial, art. 39, § 7º da Lei 11.101/2005

Ao prever que se sujeita à recuperação o crédito existente no tempo do pedido, caso o credor transfira esse crédito a terceiro, por cessão de créditos ou por qualquer outro título, o novo credor receberá crédito sujeito à recuperação judicial.[35]

30. AI 2097667-93.2016.8.26.0000. Rel. Caio Marcelo Mendes de Oliveira; Órgão Julgador: 2ª Câmara Reservada de Direito Empresarial; Data do Julgamento: 13 mar. 2017; Data de Registro: 14 mar. 2017.
31. BUSCHINELLI, Gabriel Saad Kik *Abuso de Direito de Voto na Assembleia Geral de Credores*. São Paulo: Quartier Latin, 2014, p. 102-103.
32. Autos 1076019-02.2015.8.26.0100, distribuída à 2ª Vara de Falências, Recuperações Judiciais e Conflitos relacionados à Arbitragem da Comarca de São Paulo.
33. ALEIXO, Ana Paula Martins. Op. cit., p. 157.
34. Autos 0015390-50.2013.8.26.0100, distribuída à 2ª Vara de Falências, Recuperações Judiciais e Conflitos relacionados à Arbitragem da Comarca de São Paulo.
35. AYOUB, Luiz Roberto. *A construção jurisprudencial da recuperação judicial de empresas*. 4. ed. Rio de Janeiro: Forense, 2020, p. 36.

Neste contexto, anteriormente à Lei 14.112/2020, não se previa a obrigação de informar ao juízo concursal acerca da constituição de cessão de crédito (Lei 11.101/2005).

No caso, a cessão de crédito poderia ser noticiada nos autos da recuperação judicial de variadas formas, tais como, divergência dirigida ao administrador judicial (art. 7º, § 1º da LRF), mediante a apresentação de impugnação de crédito ao juízo (art. 8º da LRF), ou até por mero pedido de retificação do quadro geral de credores[36]; esse último com base em precedente jurisprudencial do Tribunal de Justiça de São Paulo, no qual entendeu-se que a cessão parcial de crédito demandava a simples retificação do quadro geral de credores[37].

Por sua vez, o sistema legal de reestruturação norte americano já previa como um dos requisitos para produção dos efeitos da cessão de crédito concursal a necessária entrega de documento perante à Corte, no qual contivessem as devidas informações atinentes à transmissão do crédito.

Neste sentido, o Chapter 11 do Bankuruptcy Code, que trata do procedimento coletivo de reestruturação[38], prevê a regra procedimental do art. 3001 para tratar da alienação de crédito, exigindo que, caso ocorra a cessão de crédito, o adquirente apresente o documento *Evidence of Transfer of Claim*[39], o qual consiste em um documento de evidências da transferência perante a corte; nesse caso, não havendo objeção, o adquirente passará a atuar como credor no procedimento recuperacional[40].

---

36. ALEIXO, Ana Paula Martins. Op. cit., p. 32.
37. Recuperação judicial. Parte do crédito relacionado na recuperação judicial foi objeto de endosso em favor da agravante. Mero pedido de retificação da titularidade do crédito que não se confunde com habilitação de crédito feita além do prazo estipulado no edital. Concordância do administrador que permite a singela alteração da titularidade do crédito, sem necessidade de alteração do valor ou do passivo da recuperanda. Recurso provido" (TJSP, Agravo de Instrumento 2032841-24.2017.8.26.0000, Relator: Francisco Loureiro; 1ª Câmara Reservada de Direito Empresarial do Tribunal de Justiça do Estado de São Paulo; data do julgamento: 19/04/2017).
38. Há cinco tipos de processos falimentares regulados na legislação estadunidense, usualmente identificados pelo número do capítulo em que se situam, quais sejam: (i) *Chapter 7*, que trata do processo de liquidação; (ii) *Chapter 11*, que regula o processo de reorganização; (iii) *Chapter 12*, relativo a processos envolvendo *family farmers* e *fishermen*; (iv) *Chapter 13*, relacionado às reorganizações de *consumer debtors* e (v) *Chapter 9*, que cuida da reestruturação de municípios. In: BATISTA, Carolina Soares João; Campana FILHO, Paulo Fernando; MIYAZAKI, Renata Yumi e CEREZETTI, Sheila C. Neder. A prevalência da vontade da assembleia-geral de credores em questão: o cram-down e a apreciação judicial do plano aprovado por todas as classes. *Revista de Direito Mercantil, Industrial, Econômico e Financeiro 143*. São Paulo, Malheiros, jul./set. 2006, p. 204.
39. No §101(5), o "Bankruptcy Code define "claim" como: (i) "a right to payment"; ou (ii) "a right to an equitable remedy for a failure of performance if the breach gives rise to a right to payment" (informação disponível em: http://www.uscourts.gov/services-forms/bankruptcy/bankruptcy-basics/chapter-11-bankruptcy-basics).
40. HERTZOG, Nathan. Op. cit., p. 521.

A regra procedimental 3001 do Chapter 11 disciplina especificamente a relação jurídica entre cedente e cessionário (*assignor* e *assignee*), bem como as eventuais disputas particulares que dela decorram. O objetivo desta consiste em evitar a ocorrência de fraude na atribuição da titularidade do crédito[41].

Em sentido análogo ao sistema norte americano, a Lei 14.112/2020 inseriu um novo dispositivo na legislação de recuperação e falências, na parte que elenca os habilitados para votarem o plano na Assembleia de credores, qual seja, o §7º do art. 39, que dispõe: "*A cessão ou a promessa de cessão do crédito habilitado deverá ser imediatamente comunicada ao juízo da recuperação judicial*".

Examinando referido dispositivo legal, observa-se que a nova legislação pátria passou a prever como obrigação a necessária comunicação ao juízo concursal acerca da cessão de crédito ou de promessa de cessão de crédito habilitado no procedimento concursal; de modo que, havendo a transmissão do crédito ou até mesmo a promessa deste, deverá o cessionário comunicar imediatamente o juízo concursal.

Em sua análise sobre o tema, Marcelo Sacramone evidencia que dita inovação servirá para garantir efetiva qualidade ao cessionário como detentor do crédito e, como tal, passará a exercer os direitos como detentor do crédito, entre estes, o de voto:

> Para se assegurar que o votante seja efetivamente o titular do crédito e, portanto, aquele que sofrerá o impacto financeiro da decisão e tenha mais incentivos para avaliar a viabilidade econômica do devedor na condução de sua atividade empresarial, determinou a Lei que a cessão ou promessa de cessão do crédito habilitado deverá ser imediatamente comunicada ao juízo da recuperação judicial.[42]

Portanto, através da inovação deste dispositivo, se tornou obrigatória a comunicação ao juízo concursal acerca da celebração da cessão de credito entre o cedente e o cessionário, tão logo seja transmitida a obrigação.

Pois bem, demonstrado o novo dispositivo legal e a posição da doutrina sobre o tema, passa-se agora à análise prática da notícia da cessão de crédito nos autos da recuperação judicial anteriormente à nova previsão legal, visando verificar se anteriormente à nova regra a cessão de crédito era costumeiramente comunicada nos autos. Para tanto, o trabalho aborda uma análise feita em 09 processos de recuperação judicial que tramitaram na capital paulista, consoante se demonstra adiante.

---

41. EISENBACH, Bob. *Selling a Bankruptcy Claim*: Opportunity and Risk, Business Bankruptcy Issues, 11 de Ago. 2006.
42. SACRAMONE, Marcelo Barbosa. *Comentários à Lei de recuperação de empresas e falência*. 2. ed. São Paulo: Saraiva Educação, 2021, p. 110.

2.4.1 Análise de casos práticos tramitados na Capital paulista: Notícia da cessão de crédito nos autos da Recuperação Judicial

Em uma análise de 09 recuperações judiciais das Varas da capital paulista, verificou-se que foram noticiadas cessões de crédito nos autos da recuperação judicial, contudo, não foi constatada equivalência na quantidade informada em cada caso, tanto no tocante ao número de cessões informadas, quanto com relação à classificação dos créditos cedidos, sendo divididas entre os créditos das classes I a IV.

1. Recuperação Judicial Grupo Atvus

Nos autos da recuperação judicial do Grupo Atvus, processo 1050977-09.2019.8.26.0100, que tramita na 1ª Vara de Falências e Recuperação Judicial de São Paulo, foram noticiadas 277 cessões de crédito, sendo os créditos cedidos divididos em: (a) 57 da classe I; (b) 73 da classe III e; (c) 117 da classe IV[43].

2. Recuperação Judicial Grupo Saraiva

Nos autos da recuperação judicial do Grupo Saraiva, processo n. 1119642-14.2018.8.26.0100, que tramita na 2ª Vara de Falências e Recuperação Judicial de São Paulo, identificou-se que foi noticiada nos autos somente uma cessão de crédito, em data anterior à Lei 14.112/20, na qual o crédito cedido pertencia à classe III[44].

3. Recuperação Judicial Grupo Abril

Nos autos da recuperação judicial do Grupo Abril, processo n. 1084733-43.2018.8.26.0100, que tramitou na 2ª Vara de Falências e Recuperação Judicial de São Paulo, identificou-se que foram noticiadas nos autos 05 cessões de crédito, em data anterior à Lei 14.112/20, nas quais os créditos cedidos eram da classe III[45].

4. Recuperação Judicial Concreserv Concreto e Serviços S.A

Nos autos da recuperação judicial da Concreserv Concreto e Serviços S.A, processo n. 1039842-97.2019.8.26.0100, que tramita na 1ª Vara de Falências e Recuperação Judicial de São Paulo, identificou-se que foram noticiadas nos autos 17 cessões de crédito, em data anterior à Lei 14.112/20, nas quais os créditos eram assim divididos: (a) 4 da classe I; (b) 4 da classe III e (c) 9 da classe IV[46].

5. Recuperação Judicial da Livraria Cultura S.A

---

43. Fls. 13.824/13.831 e Fls. 40.606/40632 dos autos de 1050977-09.2019.8.26.0100.
44. Fls. 36.149/36150 dos autos de n. 1119642-14.2018.8.26.0100.
45. Fls. 26265/26293; fls. 23385; fls. 24700/24701; fls. 24074/24108 e fls. 21679/21760 dos autos n. 1084733-43.2018.8.26.0100.
46. Fls. 21.144/21.167, fls. 21.337/21.492, fls. 21.492/21.950, fls. 21.972/21.973, fls. 22.120/22.159, fls. 22.160/22.233, fls. 22.234/22.234/22.300; fls. 9.650/9.679, fls. 11.181/11.185, fls. 20.885/20.931 dos autos n. 1039842-97.2019.8.26.0100.

Nos autos da recuperação judicial da Livraria Cultura S.A, processo n. 1110406-38.2018.8.26.0100, que tramita na 2ª Vara de Falências e Recuperação Judicial de São Paulo, identificou-se que foram noticiadas nos autos 02 cessões de crédito, em data anterior à Lei 14.112/20, nas quais os créditos cedidos eram originários da classe III[47].

6. Recuperação Judicial Sina Indústria de Alimentos Ltda

Nos autos da recuperação judicial da Sina Indústria de Alimentos Ltda, processo n. 1068954-53.2015.8.26.0100, que tramitou na 1ª Vara de Falências e Recuperação Judicial de São Paulo, identificou-se que foram noticiadas nos autos 06 cessões de crédito, em data anterior à Lei 14.112/20, nas quais os créditos eram assim divididos: (a) 3 da classe III; (b) 3 da classe IV[48].

7. Recuperação Judicial Tntech Indústria e Comércio Eireli ME

Nos autos da recuperação judicial da Tntech Indústria e Comércio Eireli ME, processo n. 1076019-02.2015.8.26.0100, que tramitou na 1ª Vara de Falências e Recuperação Judicial de São Paulo, identificou-se que foram noticiadas nos autos 33 cessões de crédito para o mesmo cessionário, em data anterior à Lei 14.112/20, nas quais os créditos cedidos eram da classe III[49].

8. Recuperação Judicial do Grupo Schahin

Nos autos da recuperação judicial do Grupo Schahin, processo n. 1037133-31.2015.8.26.0100, que tramitou na 2ª Vara de Falências e Recuperação Judicial de São Paulo, identificou-se que foram noticiadas nos autos 03 cessões de créditos concursais, em data anterior à Lei 14.112/20, nas quais os créditos eram assim divididos: (a) 1 da classe II; (b) 1 da classe III e; (c) 1 da classe IV[50].

9. Recuperação Judicial Biofast Medicina e Saude Ltda

Nos autos da recuperação judicial da Biofast e Saúde Ltda, processo n. 1074027-35.2017.8.26.0100, que tramitou na 2ª Vara de Falências, Recuperações Judiciais e Conflitos relacionados à Arbitragem da Comarca de São Paulo, identificou-se que não foram noticiadas nos autos cessões de crédito, em data anterior à Lei 14.112/20, tendo sido noticiadas novas cessões de crédito quando já em vigência a nova lei[51].

---

47. Fls. 21.181/21.184; 17871/17873 dos autos n. 1110406-38.2018.8.26.0100.
48. Fls. 9.497/9.607, Fls. 8121/8209, 8219/8222, 8220/8222, 7121/7132, fls. 6867/6868 dos autos n.1068954-53.2015.8.26.0100.
49. Fls. 535-753; fls. 758-773; fls. 783-790 dos autos n. 1076019-02.2015.8.26.0100.
50. Fls. 17923/17925; fls. 29756/29757; fls. 16716/16726 dos autos n. 1037133-31.2015.8.26.0100.
51. Fls. 16891/1892; fls. 16496; fl. 16.526; fl. 8432 dos autos n. 1074027-35.2017.8.26.0100.

2.4.2 Considerações da análise dos casos práticos

Diante da breve pesquisa exploratória, verificou-se que as cessões de crédito, embora sua ocorrência seja prática comum no processo de recuperação judicial e falências, pois, conforme explanado em tópico anterior, o cenário recuperacional propicia ao credor o desejo de transmitir o seu crédito atrelado ao interesse de investidores em adquiri-lo, aludidos negócios não eram noticiados com muita frequência nos autos da recuperação judicial.

A pesquisa observou que, dentre todos os nove casos analisados, apenas em dois deles foram noticiadas mais de 30 cessões, chegando-se ao número máximo de 277 cessões noticiadas, enquanto que nos sete demais casos variou-se o número de 0 a 17 cessões informadas diretamente nos autos da recuperação judicial, em uma média de 03 casos por ação.

Nestes termos, com base nos dados coletados, sem considerar as cessões eventualmente noticiadas em sede de divergência e impugnação de crédito, constatou-se que, anteriormente à inserção do novo dispositivo legal que tornou obrigatória informar nos autos a cessão de crédito tão logo seja celebrada, não obstante tenha se identificado um caso noticiando mais de 200 cessões nos autos, na maioria analisada, o número localizado foi bem baixo, chegando-se até a zero; sendo possível observar que não era tão comum informar cessões de crédito diretamente nos autos da recuperação judicial.

Assim sendo, anteriormente à inclusão do art. 39, §7º da lei 11.01/05, variava-se o número de cessões que eram informadas perante o Juízo recuperacional, tendendo-se a ser um baixo número noticiado, vindo a nova lei a dar um novo tratamento ao assunto, ao tornar obrigatória a imediata comunicação da cessão de crédito, o que provavelmente implicará no aumento de cessões a serem informadas nos autos de recuperação judicial.

2.4.3 Considerações sobre os casos práticos e o art. 39, § 7º da Lei 11.101/05

Diante disso, mediante a análise do novo dispositivo prevendo como obrigatória a informação da cessão de crédito perante o juízo recuperacional, verificou-se que aludida regra possibilitará a ciência imediata do negócio celebrado, tanto do Juiz como dos demais credores, evitando-se a ocorrência de eventual fraude na transmissão do crédito.

Além disso, dita inovação assegurará a concreta titularidade do crédito cedido, na medida em que, acolhendo-se a cessão de crédito perante o Juízo, ao cessionário será assegurado os legítimos direitos como credor.

Por outro lado, mediante a análise dos casos práticos, não foi possível aferir um número constante de cessões de credito frequentemente noticiadas nos autos da recuperação judicial anteriormente ao novo dispositivo e, mesmo se tendo uma probabilidade de que serão aumentadas as notícias de cessões nos autos da recuperação judicial, em razão da nova regra, não é crível afirmar, com exatidão, que todas as cessões passarão a ser devidamente informadas nos autos, sendo necessária uma posterior análise de casos tramitando durante um efetivo período de vigência da lei.

2.5 Da cessão de crédito e a manutenção da natureza do crédito cedido, art. 83, § 5º da Lei 11.101/2005

A Lei 11.101/05 assim previa em seu art. 83, § 4º: "*Os créditos trabalhistas cedidos a terceiros serão considerados quirografários*". Com a nova Lei 14.112/2020, a redação passou a ser a seguinte: art. 83, § 5º: "*Para os fins do disposto nesta Lei, os créditos cedidos a qualquer título manterão sua natureza e classificação*".

Para parte da doutrina, entendia-se que, com o dispositivo revogado, o legislador teria propositadamente desestimulado a aquisição de créditos trabalhistas, a fim de evitar um mercado de créditos dessa natureza, pois o cessionário possuía interesse estritamente pecuniário e não o interesse alimentar típico das relações trabalhistas[52].

Justificava-se, também, como medida de proteção aos direitos dos terceiros, pois a partir da transferência do crédito trabalhista para o cessionário, que o adquiriria apenas pelo interesse pecuniário, perderia o crédito a sua natureza alimentar e, por conseguinte, se fundamentaria o porquê do não tratamento diferenciado[53].

Por sua vez, em sentido contrário ao entendimento acima exarado, doutrinadores já defendiam a necessidade de manter o crédito trabalhista na mesma classe, conforme lição de Gabriel Buschinelli:

> Acredita-se que a melhor interpretação seja a de que o crédito mantenha a característica trabalhista caso cedido durante a recuperação judicial, diferente do que ocorre na falência. O argumento de que a reclassificação como quirografário protegeria os credores trabalhistas não pode ser compartilhado. Se é verdade que a reclassificação torna a cessão menos atrativa, potencialmente reduzindo o número total de cessões, por outro, nos casos em que

52. Nesse sentido, "Quando se trata, porém, de cessão de crédito trabalhista na falência do empregador, a Lei abre uma exceção. Nessa hipótese, o cessionário não conserva a preferência do cedente, mas adquire crédito reclassificado como quirografário. Ao excepcionar a regra geral da transmissão da preferência, a Lei quer, na verdade, proteger o empregado. Ao determinar a reclassificação para baixo do crédito, ela praticamente inviabiliza a formação do mercado de aquisição dos créditos trabalhistas devidos na falência". In: COELHO, Fábio Ulhoa. *Comentários à Lei de falências e de recuperação de empresas*. 8. ed. São Paulo, Saraiva, 2011, p. 323).
53. STJ, *AgInt no Ag. em REsp 818.764/SP*, rel. Min. Ricardo Villas Bôas Cueva, j. 07 jun. 2016.

efetivamente ocorrer, será realizada por um valor ainda inferior dada a reclassificação sofrida pelo cessionário.[54]

Nesta esteira, apontava Francisco Satiro que: "*ao se permitir a cessão, mas retirando-se do crédito seu caráter privilegiado, o legislador tão somente oferece a quem tem a força do capital um argumento a mais para impor um maior deságio ao trabalhador cedente, que em geral só cogita ceder seu crédito justamente por precisar de recursos imediatos*"[55].

Em acréscimo, ressalte-se a visão de Gabriel Buschinelli sob o ponto de vista finalístico:

> deve-se ter atenção ao fato que qualquer rebaixamento de privilégios ou garantias por meio do ato de cessão tem como consequência indireta restringir a possibilidade de obter liquidez imediata, o que pode ser especialmente prejudicial aos próprios trabalhadores. Dessa maneira, ao manter a classificação do crédito como integrante da classe I, permite-se que o trabalhador, que pode precisar de recursos com urgência para a satisfação de necessidades existenciais, disponha de um mercado com maior demanda no correr da recuperação judicial.[56]

A este respeito, em recente julgamento da ADI 3424, datado de 19/04/2021, de Relatoria do Ministro Edson Fachin, não obstante a perda do objeto recursal em razão da revogação do dispositivo na Lei, o Relator votou pela inconstitucionalidade do artigo 83, §4º da LRF, sob os seguintes fundamentos:

> O crédito trabalhista tem natureza alimentar. Serve, pois, a sua subsistência e de sua família. A sua dignidade. Se o trabalhador necessita cedê-lo é justamente para suprir essa necessidade. Retirar a preferência do seu crédito é retirar o seu valor de troca, submetendo-o a um deságio muito maior do que se o crédito mantivesse a preferência. Se, de outro modo, o cessionário mantiver a preferência, certamente o crédito será mais atrativo e o trabalhador poderá cedê-lo de forma menos prejudicial, mantendo-se, assim, o valor do seu bem, a sua livre disposição e a função social de satisfazer, preferencialmente, ainda que pela via da cessão, o credor trabalhista, o qual tem valor qualificado pela Constituição (CR, art. 170). (...) Cabe ao trabalhador livremente decidir. Não se protege a vulnerabilidade dos trabalhadores tornando-os ainda mais hipossuficientes. Assim, reputo inconstitucional o art. 83, §4º, da Lei n. 11.101/2005[57].

Nestes termos, à luz dos ensinamentos expostos, a legislação anterior, embora pretendesse não atribuir tratamento diferenciado aos novos cessionários do crédito trabalhista, acabava prejudicando ainda mais o direito do trabalhador,

---

54. BUSCHINELLI, Gabriel Saad Kik. Cessão de crédito na recuperação judicial. Op. cit., p. 339/340.
55. SOUZA JR., Francisco Satiro de. Comentários ao art. 83, II. In SOUZA JR., Francisco Satiro de; PITOMBO, Antônio S. A. de M. (Coord.). *Comentários à Lei de Recuperação de Empresas e Falência*. 2. ed. São Paulo: Revista dos Tribunais, 2007, p. 363.
56. BUSCHINELLI, Gabriel Saad Kik. Cessão de crédito na recuperação judicial. Op. cit., p. 340.
57. STF, *ADI 3424 DF 0000743-48.2005.1.00.0000*, Relator: Edson Fachin, Data de Julgamento: 19 abr. 2021, Tribunal Pleno, Data de Publicação: 30 jun. 2021.

pois este se deparava com um mercado ainda mais restrito que lhe exigia recursos rápidos para sua subsistência.

Em sentido contrário, segundo o entendimento exarado, a manutenção do crédito na classe dos trabalhadores permite ao trabalhador uma maior abertura para que os novos investidores possuam interesse pelo seu crédito, de modo a assegurar àquele credor melhores condições para a sua transmissão.

Com base nesse entendimento, Marcelo Sacramone leciona a respeito dos objetivos da inovação do art. 83, § 5º na referida Lei:

> Diante desse contexto, a alteração legislativa assegurou que a cessão do crédito trabalhista não desconfiguraria a sua natureza e classificação. Procurou a Lei gerar o estímulo para que o credor trabalhista, caso o desejasse, pudesse ceder o respectivo crédito mediante o pagamento de um preço, o qual poderia atender de maneira mais tempestiva às suas necessidades.[58]

Acrescenta, também, que caberá aos credores trabalhistas exercerem os critérios de conveniência e oportunidade perante as ofertas dos investidores interessados no seu crédito, o que aumentará a concorrência e valorizará o seu preço:

> Ainda que possa haver o assédio de investidores em relação ao crédito, cumpre ao credor trabalhista a apreciação da conveniência e oportunidade de preservá-lo ou cedê-lo a terceiro em razão de um preço. O estímulo traria concorrência aos pretendentes à cessão, aumentando o preço. Além da concorrência, para que o melhor preço fosse ofertado, a natureza e a classificação do crédito trabalhista deveriam ser preservadas em face do cessionário.[59]

Diante disso, nos termos da nova Lei 14.112/2020, todos os créditos cedidos serão mantidos em sua classe originária, inclusive o trabalhista, não mais vindo este a modificar sua classificação com a cessão do crédito, o que era anteriormente justificado pela doutrina como uma forma de não atribuir tratamento diferenciado ao cessionário.

Consoante demonstrado, parte da doutrina já defendia que os créditos trabalhistas também deveriam ser mantidos na classe originária, na medida em que permite ao credor trabalhista maior abertura para transmissão do seu crédito, proporcionando, assim, o melhor alcance na satisfação do seu caráter alimentar, tese confirmada pela Corte Suprema ao julgar inconstitucional o artigo revogado.

Feitos estes esclarecimentos, para fins de verificar como se constatavam na prática as cessões de créditos trabalhistas anteriormente à nova disposição legal, o trabalho buscou analisar a ocorrência destas nos processos recuperacionais. Para isto, a análise teve como base os nove processos já citados neste artigo, com intuito de verificar o número de cessões de crédito trabalhistas realizadas, conforme adiante se expõe.

58. SACRAMONE, Marcelo Barbosa. Op. cit., p. 228.
59. SACRAMONE, Marcelo Barbosa. Op. cit., p. 228.

2.5.1 *Análise dos casos práticos tramitados na capital paulista: Identificação do número de créditos trabalhistas cedidos*

Na análise das nove recuperações judiciais tramitadas na capital paulista, identificou-se que: (*i*) na recuperação judicial do Grupo Atvus (autos n. 1050977-09.2019.8.26.0100), das 277 cessões ali noticiadas, 57 eram de *créditos trabalhistas* cedidos[60]; (*ii*) na recuperação judicial do Grupo Saraiva (autos n. 1119642-14.2018.8.26.010), a cessão verificada não era proveniente de crédito trabalhista[61]; (*iii*) na recuperação judicial do Grupo Abril, das 05 cessões notificadas, nenhuma era de crédito trabalhista[62]; (*iv*) na recuperação judicial da Concreserv Concreto e Serviços S.A (autos n. 1039842-97.2019.8.26.0100), das 17 cessões de crédito informadas, apenas 04 eram *de créditos trabalhistas*[63].

Continuando, (*v*) na recuperação judicial da Livraria Cultura S.A(autos n.1110406-38.2018.8.26.0100, das 02 cessões informadas, nenhuma era de crédito trabalhista[64]; (vi) na recuperação judicial da Sina Indústria de Alimentos Ltda (autos n. 1068954-53.2015.8.26.0100), das 06 cessões de créditos noticiadas, nenhuma é de crédito trabalhista[65]; (*vii*) na recuperação judicial da Tntech (autos n. 1076019-02.2015.8.26.0100), das 33 cessões de crédito identificadas, nenhuma era de crédito trabalhista[66]; (*viii*) na recuperação judicial do Grupo Schahin (autos n. 1037133-31.2015.8.26.0100), das 03 cessões noticiadas, nenhuma era de crédito trabalhista[67]; e (*ix*) na recuperação judicial da Biofast Medicina Saúde Ltda, não verificou-se a notícia de cessões anteriormente ao advento da nova lei.

Diante desta breve pesquisa, sem considerar eventuais pedidos de divergência ou impugnação de crédito, verifica-se que, com base nas cessões de crédito noticiadas nas nove recuperações judiciais analisadas, apenas em dois processos é que foram verificadas cessões de créditos trabalhistas, sendo em um deles apenas 04 cessões e em outro 57, enquanto que nos demais casos não se identificou nenhuma notícia de cessão trabalhista.

Dito isto, a análise indicou que, não obstante tenham sido noticiadas cessões de créditos trabalhistas em dois dos casos averiguados, na maioria sequer houve

60. Fls. 13.824/13.831 e Fls. 40.606/40632 dos autos de 1050977-09.2019.8.26.0100.
61. Fls. 36.149/36150 dos autos de n. 1119642-14.2018.8.26.0100.
62. Fls. 26265/26293; fls. 23385; fls. 24700/24701; fls. 24074/24108 e fls. 21679/21760 dos autos n. 1084733-43.2018.8.26.0100
63. Fls. 21.144/21.167, fls. 21.337/21.492, fls. 21.492/21.950, fls. 21.972/21.973, fls. 22.120/22.159, fls. 22.160/22.233, fls. 22.234/22.234/22.300; fls. 9.650/9.679, fls. 11.181/11.185, fls. 20.885/20.931 dos autos n. 1039842-97.2019.8.26.0100.
64. Fls. 21.181/21.184; 17871/17873 dos autos n. 1110406-38.2018.8.26.0100.
65. Fls. 9.497/9.607, Fls. 8121/8209, 8219/8222, 8220/8222, 7121/7132, fls. 6867/6868 dos autos n.1068954-53.2015.8.26.0100.
66. Fls. 535-753; fls. 758-773; fls. 783-790 dos autos n. 1076019-02.2015.8.26.0100.
67. Fls. 17923/17925; fls. 29756/29757; fls. 16716/16726 dos autos n. 1037133-31.2015.8.26.0100.

a notícia de cessão trabalhista, fato este que pode vir a caracterizar ou a falta de notícia, ou mesmo a não ocorrência de diversas cessões trabalhistas anteriormente à nova lei.

2.5.2 Considerações sobre os casos práticos e o art. 83, § 5º da Lei 11.101/05

No tocante à análise do novo dispositivo legal envolvendo os casos práticos apresentados, infere-se que foram constatadas poucas cessões de créditos trabalhistas noticiadas nos processos de recuperação judicial.

Contudo, com o advento da nova lei e a manutenção do crédito trabalhista na classe originária, tudo indica que as ofertas a estes créditos tendem a aumentar, na medida em que os investidores, além de adquirirem os créditos visando ao lucro, serão agraciados com os privilégios da classe I; mas, para confirmar aludida previsão, será necessária uma análise atenta aos processos que tramitarem na vigência da nova lei.

3. CONSIDERAÇÕES FINAIS

Ante ao exposto, o estudo se norteou nas inovações trazidas pela Lei 14.112/2020 no que se refere às cessões de crédito, quais sejam, a obrigatoriedade de comunicação ao juízo concursal acerca da cessão do crédito e a nova disposição legal prevendo com que todos os créditos cedidos permaneçam em sua classe originária.

Para tanto, o estudo expôs os motivos que levam os credores a cederem os seus créditos e qual o perfil do cessionário que pretende adquiri-los, evidenciando que o cenário recuperacional propicia ao credor o interesse por cedê-lo, na medida em que este se depara com a incerteza acerca do adimplemento do crédito e ainda tende a despender custos para atuar no processo; ao passo que o perfil do adquirente é daquele investidor que visa lucrar com a cessão de crédito, possuindo uma equipe especializada para verificar a situação financeira do devedor.

Ademais, o artigo abordou sobre questões do direito de voto do cessionário, evidenciando como a doutrina e a jurisprudência, em sua maioria, vêm entendendo-o como sendo acessório ao crédito, de modo a implicar em efeitos no âmbito do impedimento legal. Ainda, pontuou que a cessão pode vir a ser utilizada para fraudar a deliberação dos credores.

No tocante às inovações da lei, o artigo evidenciou que a nova regra de comunicação imediata da cessão de crédito disciplinada no art. 39, § 7º da lei, poderá servir como uma forma de assegurar os direitos do cessionário que, como novo credor, os exercerá no processo de recuperação judicial. Contudo, na análise prática apresentada, constatou-se que, antes da nova lei, não era tão comum noticiar cessões de créditos diretamente nos autos de recuperação judicial, o que poderá vir a ser alterado com a vigência da nova lei.

Em relação à inovação trazida pelo § 5º do art. 83, prevendo que todos os créditos se manterão na classe originária quando cedidos, inclusive, os trabalhistas, evidenciou-se visões defendendo sua aplicação como benéfica ao trabalhador, ao maximizar as ofertas de crédito e, assim, aumentar as chances de satisfazê-lo. Quanto à análise prática, não foi identificado um número expressivo de cessões de créditos trabalhistas noticiadas antes da nova lei, indagação esta que poderá vir a ser respondida após a verificação de casos tramitando já em vigência desta lei.

Diante disso, pelo estudo apresentado, as ditas mudanças têm o objetivo de serem positivas para o processo de recuperação judicial e falências, com previsão de relevante papel nos processos. Todavia, ainda é preciso aguardar os próximos passos de vigência da lei, para fins de verificar se: (*i*) todas as cessões de crédito passarão a ser informadas nos autos e, se isto terá um efeito relevante nos processos de recuperação judicial; e (*ii*) se a nova regra aumentará as cessões de crédito trabalhista e, ainda, se tal medida será efetivamente benéfica ao processo, mas também ao credor trabalhista que cederá seu crédito a terceiro.

4. REFERÊNCIAS

ALEIXO, Ana Paula Martins. *A cessão de crédito da recuperação judicial:* Das "praxis" à teoria da deliberação sobre o plano de recuperação envolvendo a figura do credor cessionário. Dissertação de Mestrado. Universidade de São Paulo, São Paulo, 2018.

AYOUB, Luiz Roberto; CAVALLI, CÁSSIO. *A construção jurisprudencial da recuperação judicial de empresas*. 2. ed. Rio de Janeiro: Forense, 2016.

AZEVEDO, Álvaro Villaça. *Curso de direito civil*: teoria geral das obrigações e responsabilidade civil. 13. ed. São Paulo: Saraiva Educação, 2019.

BEVILÁQUA, Clóvis, *Código Civil comentado*. Francisco Alves, Paulo de Azevedo, Rio de Janeiro, 10. ed., 1955, atualizada por Achilles e Isaias Beviláqua, v. 4.

BUSCHINELLI, Gabriel Saad Kik. *Abuso de Direito de Voto na Assembleia Geral de Credores*, São Paulo, Quartier Latin, 2014.

BUSCHINELLI, Gabriel Saad Kik. Cessão de crédito na recuperação judicial. In: CEREZETTI, Sheila C. Neder; MAFFIOLETTI, Emanuelle Urbano (Coords.). *Dez anos da Lei n. 11.101/2005:* estudos sobre a Lei de Recuperação e Falência. São Paulo: Almedina, 2015.

COELHO, Fábio Ulhoa. *Comentários à Lei de falências e de recuperação de empresas*. 8. ed. São Paulo, Saraiva, 2011.

EISENBACH, Bob. *Selling a Bankruptcy Claim:* Opportunity and Risk, Business Bankruptcy Issues, 11 ago. 2006.

GIORGI, Giorgio. *Teoria delle Obbligazioni nel Diritto Moderno Italiano*. 3. ed. Firenze, Fratelli Cammelli, 1891.

HARNER, Michelle M.. The Corporate Governance and Public Policy Implications of Activist Distressed Debt Investing. *Fodham Law Review,* v. 77, 2008.

HERTZOG, Nathan A. Passive Claims Trading, the Unsophisticated Creditor, and Online Exchanges as a Market Remedy. *Rev. Banking e Fin.* L. 32, 2012.

LEAES, Luiz Gastão Paes de Barros. A cessão de créditos vencidos e não pagos. In: *Revista Brasileira de Direito Civil,* v. 08, abr.-jun 2016.

LOPES, M.M Serpa. *Curso de Direito Civil.* v. II. Rio de Janeiro: Freitas Bastos, 1955.

MIRAGEM, Bruno. *Direito das obrigações*. 3. ed. Rio de Janeiro: Forense, 2021.

NADER, Paulo. *Curso de direito civil:* obrigações. 9. ed. Rio de Janeiro: Forense, 2019.

PIVA, Fernanda Neves; SACRAMONE, M. B. O pagamento dos débitos da recuperanda: a sub-rogação e o direito de regresso na recuperação judicial. In: Guilherme Setoguti; Flávio Luiz Yarshell. (Org.). *Processo Societário III.* Sao Paulo: Quartier Latin, 2018, v. 1, p. 491-508.

SACRAMONE, Marcelo Barbosa. *Comentários à Lei de recuperação de empresas e falência.*2. ed. São Paulo: Saraiva Educação, 2021.

SCALZILLI, João Pedro; SPINELLI, Luis Felipe; TELLECHEA, Rodrigo. *Recuperação de Empresas e Falência*: Teoria e Prática na Lei 11.101/2005, São Paulo, Almedina, 2016.

SOARES, Carolina; BATISTA, João; CAMPANA FILHO, Paulo Fernando; MIYAZAKI, Renata Yumi; CEREZETTI, Sheila C. Neder. A prevalência da vontade da assembleia-geral de credores em questão: o cram-down e a apreciação judicial do plano aprovado por todas as classes. *Revista de Direito Mercantil, Industrial, Econômico e Financeiro 143.* São Paulo, Malheiros, jul./set. 2006.

SOUZA JR., Francisco Satiro de. Comentários ao art. 83, II: In SOUZA JR., Francisco Satiro de; PITOMBO, Antônio S. A. de M. (Coord.). *Comentários à Lei de Recuperação de Empresas e Falência*. 2. ed. São Paulo: Revista dos Tribunais, 2007.

RESPONSABILIDADE DO ADMINISTRADOR PELO PROLONGAMENTO DA CRISE ECONÔMICO-FINANCEIRA DA SOCIEDADE

Rafael Medeiros Mimica

Mestrando pela Pontifícia Universidade Católica de São Paulo.
Advogado.

1. INTRODUÇÃO

É sabido que os administradores de sociedades têm deveres fiduciários para com a sociedade. Mas isso não significa que eles não têm, também, obrigações para com aqueles que se relacionam com ela.

Nesse sentido, relevante constatar que, num cenário de crise econômico-financeira, que leva a um procedimento de recuperação judicial, os administradores da sociedade permanecem na condução do negócio (*debtor in possession*), mantendo os mesmos deveres fiduciários existentes em uma situação de normalidade. Mas isso não significa, como já tivemos a oportunidade de sugerir, que outros interesses não devam ser considerados pelos administradores no cumprimento das suas funções.[1]

Na redação original do art. 66 da Lei 11.101/05, aqui referida como LFR, o devedor ficava proibido de alienar ou onerar bens dos seu ativo permanente sem autorização prévia.

O referido artigo foi alterado pela Lei 14.112/20, tendo-se limitado a exigência de autorização prévia para a alienação ou oneração de bens ou direitos do ativo não circulante do devedor. No entanto, isso não prejudica a constatação de que, estando a sociedade em recuperação judicial, além de cumprir os seus de-

1. MIMICA, Rafael Medeiros. *A Condução da Sociedade em Recuperação Judicial. in* Direito Societário e Recuperação de Empresas – Estudos de Jurimetria. SACRAMONE, Marcelo Barbosa, NUNES, Marcelo Guedes. São Paulo: Foco, 2021.

veres fiduciários, o administrador também deverá atentar para os interesses dos credores, que têm no patrimônio social a garantia da satisfação dos seus créditos.

Para a hipótese de decretação de falência da sociedade, não há mais que se falar em deveres fiduciários dos administradores. Afinal, os atos subsequentes têm a finalidade de maximizar os ativos da falida, de modo que se liquide, tanto quanto possível, as suas dívidas.[2]

Nesse contexto, assume especial relevância examinar a responsabilidade, ou não, dos administradores das sociedades, com foco nas companhias, pelo prolongamento artificial da sociedade empresária em um cenário já identificado de crise econômico-financeira.

O presente trabalho não tem a pretensão de esgotar o assunto, mas fomentar a discussão, na medida em que a realidade brasileira demonstra que sociedades falidas não dispõem de bens suficientes para pagar o seus credores, sendo que a situação das sociedades em recuperação judicial também não se mostra muito melhor.[3]

Dito isso, cabe, aqui, a seguinte indagação: a administração de uma sociedade, identificada uma situação de crise, está obrigada a se valer de alguma medida de soerguimento, tal como a recuperação judicial ou a recuperação extrajudicial, ou, em um cenário crítico, a requerer a autofalência? Caso a administração não adote uma dessas providências, poderá ser responsabilizada pelo prolongamento da crise econômico-financeira da sociedade? São essas duas perguntas que buscaremos responder.

2. A NATUREZA DA RELAÇÃO ENTRE A SOCIEDADE E O ADMINISTRADOR

A definição da natureza da relação jurídica pela qual os administradores se vinculam à sociedade que administram é questão bastante debatida e contro-

---

2. "Em ambos os casos, seja da atividade de manter operacional (recuperação judicial) ou ser liquidada (falência), a legislação deve fornecer mecanismos para garantir que o valor dos ativos da empresa em dificuldades seja maximizado, em favor tanto dos credores quanto do próprio devedor. Inclusive, na visão de juristas, a efetividade de um sistema falimentar pode ser medida pela efetividade com que se consegue recuperar créditos e manter o valor da fonte produtiva, mesmo que na mão de novos agentes." (MATTOS, Eduardo da Silva, PROENÇA, José Marcelo Martins. *Recuperação de Empresas – (in) utilidade de Métricas Financeiras e Estratégias Jurídicas*. Rio de Janeiro: Lumen Juris, 2019, p. 30 e 31)

3. "A relação entre ativo e passivo das empresas em recuperação obedece a uma correlação linear positiva nos logaritmos muito forte, próxima de 1. Passivo e ativo das empresas nessa situação apresentam valores globais muito próximos em números absolutos, de tal forma que o seu patrimônio líquido tende a zero. (...) Pelos dados coletados, verifica-se que a medida do ingresso do pedido de recuperação pelos empresários em crise está na constatação de que a deterioração econômica da empresa a partir daquele ponto a colocará em uma situação na qual todo o ativo da sociedade não seria suficiente para pagar seus credores." (NUNES, Marcelo Guedes, WAISBERG, Ivo, SACRAMONE, Marcelo Barbosa, TRECENTI, Julio. *Observatório da Insolvência: Segunda Fase*. https://abjur.github.io/obsFase2/relatorio/obs_recuperacoes_abj.pdf. acessado em 02 out. 2021.

vertida. Existem diversas teorias que tratam do assunto, sendo que, para fins do presente estudo, destacamos três linhas principais: teorias unilateralistas, teorias dualistas e teorias contratualistas.

Pelas teorias unilateralistas, o vínculo jurídico existente entre o administrador e a sociedade seria o ato unilateral desta última consistente na nomeação daquele, com origem na assembleia ou em outro órgão da administração, ao passo que a aceitação manifestada conferiria eficácia à nomeação. Não haveria, pois, um contrato, mas atos jurídicos unilaterais contrapostos.

Para as teorias dualistas, haveria duas relações jurídicas. A primeira consistiria na nomeação do administrador, que, investido dos poderes necessários, passa a ter o direito de atuar como órgão da companhia e os deveres daí decorrentes. A segunda relação jurídica corresponderia a um contrato comum regulando a obrigação de administrar a sociedade e, em contrapartida, ser devidamente remunerado.[4]

Para os adeptos das teorias contratualistas, o vínculo jurídico existente entre a companhia e os administradores seria um contrato. Surge, aí, um questionamento: qual seria o tipo de contrato?

Durante muito tempo, entendeu-se que o contrato que uniria a sociedade aos administradores seria um mandato. Contudo, tal posicionamento é passível de críticas, na medida em que o administrador não apenas (re)presenta a sociedade em atos jurídicos, mas pratica atividade de gestão.[5]

4. "O ato de designação do eleito a desempenhar poderes de órgão na companhia não é autônomo e independente à relação subjacente, que disciplinaria a prestação de tal atividade. (...) Para que pudesse haver a existência de dois negócios jurídicos distintos em sua origem, seria necessário conceber-se uma deliberação de eleição que resultasse apenas na concessão de poderes ao eleito. No caso dos administradores, todavia, a designação não atribui apenas poderes, mas poderes-deveres e é impossível dissociar os poderes dos administradores dos deveres imanentes à função desempenhada no órgão, como o dever de diligência, de informação etc. (...) Logo, na ausência de determinação legal a exigir diferenciação entre as duas figuras, forçoso concluir que é inerente e incindível à atribuição de poderes de representação e de gestão ao administrador a titularidade de direitos e a sujeição dos deveres característicos desta função. Logo, o negócio jurídico celebrado pelas partes é uno." (SACRAMONE, Marcelo Barbosa. *Administradores de Sociedades Anônimas*: Relação Jurídica entre o Administrador e a Sociedade. São Paulo: Almedina, 2015, p. 121 e 125).

5. "Em síntese, o administrador pratica não só atos jurídicos, mas também atos materiais. Sua função não se restringe a representar a sociedade em atos jurídicos (até porque nem todo administrador tem esse poder), mas também praticar atividade de gestão. Ele investe na gestão econômico-patrimonial da sociedade. Os poderes próprios de sua função são privativos e não podem ser exercidos pela assembléia. A autonomia com que atua o administrador mal se concilia com as regras de mandato. Também não poderia ser considerado mandatário, porquanto a sua designação pode decorrer de ato da maioria dos acionistas – mas não obrigatoriamente de todos os acionistas, que podem até ter votado contra essa designação – e, ademais, nem mesmo a assembléia pode revogar os atos praticados pelos administradores. Por fim, a definição da extensão dos poderes dos dirigentes não depende propriamente da vontade do suposto mandante – a pessoa jurídica –, mas essencialmente da lei." (ADAMEK, Marcelo Vieira Von. *Responsabilidade dos Administradores de S/A e as ações correlatas*, São Paulo: Saraiva, 2009, p. 42).

Para outros, tratar-se-ia de um contrato de prestação de serviços. No entanto, é difícil aceitar tal posicionamento, na medida em que o administrador de uma sociedade pratica atos jurídicos e materiais, ao passo em que em um contrato de prestação de serviços há, tão somente, a prática de atos materiais.

Há, ainda, quem defenda se tratar de contrato de emprego, o que também está sujeito a diversas críticas. A principal delas corresponde ao fato de que o administrador de uma companhia não está sujeito a uma subordinação jurídica, o que é elemento essencial para a caracterização da relação de emprego.

O entendimento majoritário, no entanto, é de que a relação entre a sociedade e o administrador seria um contrato de administração *sui generis*, apresentando as seguintes características: (a) bilateralidade, (b) obrigação de meio e não de resultado, (c) há prática atos materiais e jurídicos, (d) o contrato é a favor da sociedade, (e) o administrador pode ter poderes de representação orgânica, (f) os poderes, as atribuições e a extensão de cada, em grande parte, decorrem da lei, (g) o administrador goza de grande autonomia, (h) a reparação de prejuízos causados a terceiros é por ato próprio.[6]

Independentemente da teoria a que se filie, é inegável que da relação jurídica existente entre os administradores e a companhia surgem deveres para aqueles, sendo que o seu descumprimento leva à sua responsabilização por prejuízos causados.

3. OS DEVERES DOS ADMINISTRADORES

Como bem observado por Waldirio Bulgarelli, *"Poder sem responsabilidade converte-se obviamente em arbítrio."*[7] Justamente para tentar mitigar os riscos de isso vir a acontecer, a legislação societária estabelece uma séria de deveres e responsabilidades a que os administradores das sociedades estão sujeitos.

Especificamente na Lei 6.404/76, que trata das sociedades anônimas, há diversos deveres a serem observados pelos administradores, podendo ser apontados, sem prejuízo de outras classificações que existam, dois tipos principais: os deveres gerais e os deveres específicos.

Os deveres gerais correspondem àqueles estabelecidos nos art. 153 a 158 da referida Lei 6.404/76, a saber: (a) o dever de diligência, que corresponde à obrigação do administrador observar, no desempenho das suas funções, o cuidado e a diligência que todo homem ativo e probo usualmente emprega na administração dos seus próprios negócios. Deve-se analisar se o comportamento do administrador

6. ADAMEK, Marcelo Vieira Von. Op. cit., p. 48 e 49.
7. BULGARELLI, Waldirio. *Manual das Sociedades Anônimas*. 10. ed. São Paulo: Atlas, 1998, p. 181.

seria aquele esperado em hipóteses semelhantes; (b) o dever de dar cumprimento às finalidades das atribuições do cargo; (c) o dever de lealdade do administrador para com a companhia, na medida em que o primeiro está diretamente obrigado para com a segunda, em que pese a designação do administrador decorrer da assembleia ou da nomeação por outro órgão de administração; (d) o dever de sigilo, na medida em que se impede que o administrador obtenha vantagem indevida com o uso de informações obtidas no exercício das suas funções; (e) os deveres relativos a conflitos de interesses, que impendem o administrador de intervir em qualquer negócio da companhia em que tiver interesse conflitante com o dela e na deliberação que a respeito tomem os demais administradores, bem como impõem a obrigação de divulgar a extensão do seu interesse conflitante com o da sociedade; (f) o dever de informar, que envolve a prestação de informações relativas a uma eventual participação do administrador no capital social da companhia por ele administrada, bem como a divulgação ao mercado de informações relevantes sobre os negócios da sociedade; e (g) o dever geral de vigilância sobre atos praticados por outros administradores.

Há, também, os deveres específicos que, exemplificativamente, são (a) o dever dos primeiros administradores de prontamente cumprirem as formalidades complementares à constituição da companhia (art. 99 da Lei 6.404/76); (b) o dever de manter a escrituração dos livros sociais e tempestivamente registrar os atos de emissão e substituição de certificados, e de transferência e averbações (art. 104, *caput* e parágrafo único, da Lei 6.404/76); (c) o dever de elaborar e apresentar o relatório e as demonstrações financeiras, e de publicá-los e colocá-los à disposição dos acionistas (art. 133 e 176 da Lei 6.404/76); (d) o dever de convocar a assembleia geral, nos casos e formas previstos em lei (art. 123 e 132 da Lei 6.404/76); (e) o dever de participar da assembleia geral (art. 134, § 1º, da Lei 6.404/76).

Confrontando-se os deveres dos administradores estabelecidos pela legislação, podem ser sugeridos dois critérios para a definição da responsabilidade deles: o critério sintético e o critério analítico.

Pelo critério sintético, a lei se limita a descrever, de forma abstrata e genérica, os deveres gerais dos administradores.

Esse critério de definição da responsabilidade é criticável na medida em que a sua adoção pura pode gerar insegurança jurídica, cabendo unicamente ao julgador apurar a licitude, ou não, do ato praticado pelo administrador.

Contrapondo-se ao critério sintético está o analítico, que sugere que os deveres e responsabilidades dos administradores devem ser tratados de forma detalhada e exaustiva pela legislação aplicável, criando-se, assim, um cenário de segurança jurídica.

Evidentemente que esse segundo critério também é passível de duras críticas, especialmente porque é difícil crer que o legislador consiga antever toda e qualquer situação que um administrador pode vir a enfrentar no desempenho das suas funções.

A lei brasileira, como se percebe do quanto anteriormente indicado, adotou um critério misto para a definição dos deveres e responsabilidades dos administradores, ora se valendo de conceitos mais genéricos e abrangentes, como é o caso do dever de diligência, ora se valendo de conceitos mais taxativos.

Evidentemente que a violação dos deveres pelos administradores gera a responsabilidade destes pelos prejuízos causados à companhia, aos acionistas e a terceiros. É do que se tratará no tópico seguinte.

4. PRESSUPOSTOS DA RESPONSABILIDADE CIVIL DOS ADMINISTRADORES DE COMPANHIAS

Não se ignora que parte respeitável da doutrina entende que a responsabilidade dos administradores perante a sociedade seria extracontratual ou aquiliana.[8] No entanto, filiamo-nos ao posicionamento de que liame jurídico existente entre o administrador e a sociedade é um contrato, de modo que a sua responsabilidade é contratual,[9] ainda que, como se verá a seguir, o elemento culpa se faça necessário para a sua responsabilização.[10]

Especificamente para as sociedades anônimas, dispositivo legal de grande relevância para a questão envolvendo a responsabilidade civil dos administradores

---

8. "Em face da sociedade, parte majoritária da doutrina sustenta que a responsabilidade dos administradores seria extra-contratual ou aquiliana, o que a diferenciaria da responsabilidade originada do contrato de mandato, prestação de serviço ou de trabalho. Por essa concepção, a caracterização do administrador como órgão da sociedade determina uma mudança da natureza de sua responsabilidade. A responsabilidade obrigacional, até então fundamentada no contrato de mandato, seria insuficiente a explicar o dever de indenização dos administradores." (SACRAMONE, Marcelo Barbosa. Op. cit., p. 199).
9. "No caso do administrador de sociedade, os deveres legais têm como antecedente lógico o preenchimento do órgão por um contrato entre as partes. É pelo contrato que o eleito vincula-se à sociedade e passa a desempenhar funções previstas para o órgão. Somente após a celebração do negócio jurídico bilateral, o eleito assume os deveres legais e passa a desempenhar os poderes recebidos pela Lei e regulados pelo estatuto social ou por deliberação do conselho de administração. O vínculo contratual prévio é o fundamento do descumprimento posterior. Sob esta perspectiva, a responsabilidade do administrador, ainda que decorra de um descumprimento de dever legal, tem como causa o vínculo contratual celebrado entre o eleito e a sociedade. Caracteriza-se, portanto, como responsabilidade contratual e, assim, não se diferencia da obrigação entre o mandante e o mandatário, entre o empregador e o empregado e entre o adquirente e o prestador de serviços." (SACRAMONE, Marcelo Barbosa. Op. cit., p. 201 e 202)
10. A rigor, a responsabilidade contratual independe do elemento culpa, sendo necessária a demonstração do inadimplemento, desde que, evidentemente, não se identifique alguma excludente de responsabilidade.

de companhias é o art. 158 da Lei 6.404/76. Extrai-se, desse dispositivo, relevantes conclusões que passam a ser apontadas.

A primeira observação que se faz é a de que o administrador não responde pessoalmente pelas obrigações que contrair em nome da sociedade com a prática de ato regular de gestão. E isso se justifica, na medida em que o administrador é a própria pessoa jurídica.[11]

Pode-se dizer que os parâmetros válidos para a verificação da regularidade do ato do administrador são a lei e o estatuto. Portanto, ainda que a obrigação tenha causado algum prejuízo à companhia, o administrador não poderá ser responsabilizado quando tenha praticado o ato dentro dos limites das suas atribuições e sem violação da lei ou do estatuto.

A segunda observação que se faz corresponde aos pressupostos estabelecidos pelo referido art. 158 para a responsabilização civil do administrador da sociedade anônima: (a) o administrador que, dentro de suas atribuições ou poderes, age com culpa ou dolo ou (b) o administrador que pratica o ato com violação da lei ou do estatuto. Necessário, portanto, a existência de uma conduta antijurídica por parte do administrador para que ele possa ser civilmente responsabilizado.

Em que pese, como sugerido neste artigo, que a relação entre o administrador e a companhia é de natureza contratual, a exigência legal de que o elemento culpa ou dolo esteja presente para a responsabilização civil do administrador se justifica na medida em que a sua obrigação é de meio e não de resultado.

Como se trata de obrigação de meio, o resultado final insatisfatório não configura, por si só, inadimplemento contratual do administrador, devendo, para que surja a obrigação de indenizar, ser demonstrada a ocorrência de ato, comissivo ou omissivo do administrador da companhia, caracterizado por erro culpável.

Disso decorre que o interessado terá o ônus de provar que aquele que se procura responsabilizar não agiu de acordo com o padrão ordinário de administrador diligente.

No caso da responsabilidade do administrador decorrente de violação da lei ou do estatuto, há quem defenda que a responsabilidade seria subjetiva, sendo necessária, portanto, a demonstração do elemento culpa.

---

11. "Os administradores, contudo, não são representantes voluntários da pessoa jurídica. Como já concluído no capítulo anterior, não existiria alteridade ou substituição de vontade entre a pessoa jurídica e o administrador. Este não atua no interesse da companhia, mas é a própria pessoa jurídica, presente na atuação do administrador, que manifesta sua vontade social. Não há representação, mas verdadeira presentação, em que os administradores figuram como órgãos da pessoa jurídica." (SACRAMONE, Marcelo Barbosa. Op. cit., p. 121).

Contudo, parece-nos que a culpa do administrador, nesse caso, seria presumida, cabendo a ele, portanto, o ônus de justificar a sua conduta e, a despeito de ter violado a lei ou estatuto, não agiu com imprudência, negligência ou imperícia, o que, de certa forma, soa estranho.

Pode-se dizer que as duas hipóteses legais de responsabilização do administrador anteriormente analisadas se complementam, na medida em que o administrador que age com dolo ou culpa viola os deveres legais de diligência e lealdade, e, por outro lado, verifica-se uma conduta culposa ou dolosa em qualquer violação da lei ou do estatuto praticada pelo administrador.

Além da conduta antijurídica do administrador judicial, necessário, ainda, a existência de um dano direto e o nexo de causalidade entre este e aquela.

O dano direto poderá ser suportado pela companhia, o que dará ensejo à ação social, por acionista ou por terceiro, cabendo, nestes dois últimos casos, a ação individual.

No nexo de causalidade, adotou-se a teoria da causalidade imediata, segundo a qual o nexo se estabelece entre o dano e o fato que foi sua causa necessária, isto é, direta, no sentido de que não pode ser atribuída a outra.

Na sistemática adotada pela lei societária vigente, há algumas causas que inviabilizam a responsabilização civil do administrador, destacando-se (a) a aprovação das demonstrações financeiras e contas pela assembleia geral de acionistas (art. 134, § 3º, da Lei 6.404/76), (b) a exclusão judicial da responsabilidade e (c) a prescrição.

No que toca à aprovação das demonstrações financeiras e contas como forma de exclusão da responsabilidade, ela sofre duras críticas de respeitosa doutrina.[12] Isso porque as demonstrações financeiras e contas nem sempre são precisas ou o acionista, muitas vezes, carece de conhecimentos técnicos que lhe permitam avaliar adequadamente as informações prestadas e, consequentemente decidir pela aprovação ou rejeição.

Quanto à exclusão judicial da responsabilidade civil do administrador, o art. 159, parágrafo sexto, da Lei 6.404/76, estabelece que *"O juiz poderá reconhecer a exclusão da responsabilidade do administrador, se convencido de que este agiu de boa-fé e visando a interesse da companhia."*

Trata-se de hipótese de exclusão de responsabilidade de dificílima aplicação prática e que sofreu diversas críticas da doutrina.

Há quem veja nessa previsão legal a *business judgement rule* consagrada pelo sistema norte-americano, mais adiante abordada.

---

12. ADAMEK, Marcelo Vieira Von. Op. cit., p. 255-257.

Contudo, não nos parecer ser o caso, na medida em que a exclusão judicial da responsabilidade pressupõe que o juiz tenha apurado a responsabilidade civil do administrador. No entanto, considerando os elementos informadores do ato lesivo, acaba por afastar a responsabilização do administrador.

No caso da *business judgement rule*, não haveria o ato antijurídico, não havendo que se falar, consequentemente, na responsabilização do administrador por eventuais prejuízos ou resultados insatisfatórios.

Por fim, quanto à prescrição, o art. 287, II, b, 2, da Lei 6.404/76, estabelece que o prazo prescricional da pretensão indenizatória da companhia contra o administrador será de 3 (três) anos, contados da publicação da ata que aprovar o balanço referente ao exercício em que a violação tenha ocorrido.

No entanto, o Código Civil estabelece, no art. 206, parágrafo 3, VII, b), que o prazo de 3 (três) anos para a demanda indenizatória contra o administrador se iniciaria quando da apresentação, aos sócios, do balanço referente ao exercício em que a violação da lei ou do estatuto tenha sido praticada, ou da reunião ou assembleia geral que dela deva tomar conhecimento.[13]

5. A *BUSINESS JUDGEMENT RULE* E A SUA APLICAÇÃO NO DIREITO BRASILEIRO

A *business judgement rule* corresponde a uma regra para a apuração da responsabilidade de administradores com origem na jurisprudência norte-americana. De acordo com ela, os tribunais devem verificar, diante das particularidades do caso concreto, se a decisão tomada pelo administrador resultou de um processo decisório razoável e bem informado (*reasonable decision making process*), mas sem se debruçar sobre o mérito da decisão em si, ou seja, sem verificar se a decisão tomada foi a mais consentânea.

Pode-se dizer que a razão da *business judgement rule* é proteger a discricionariedade decisória de administradores bem intencionados, eximindo-os do dever de indenizar por eventuais prejuízos gerados à companhia.

Tem-se admitido a utilização da *business judgment rule* no Brasil, tendo a Comissão de Valores Mobiliários – CVM se utilizado desse elemento para a verificação de responsabilidade de administradores em diversos casos.

---

13. Marcelo Vieira Von Adamek sustenta que o art. 287, II, *b*, 2, da Lei 6.404/76 teria sido revogado pelo atual Código Civil: "A nosso ver, porém, o art. 287, II, *b*, 2, da Lei das S/A foi revogado porque, embora a lei acionária seja especial, fato é que a lei geral regulou inteiramente a matéria e, aludindo o art. 206, § 3º, VII, *b*, do CC a 'estatutos', não há dúvida de que mirou as sociedades anônimas. A mesma inferência é reforçada pela utilização da expressão 'assembléia geral', visto que, nas limitadas, a assembléia não recebe a adjetivação de 'geral' (vide arts. 1.072 a 1.075, 1.078 e 1.079 do CC), e pela própria regra do art. 206, § 3º, VII, *a*, do CC, que expressamente se reporta à 'sociedade anônima'." (Op. cit., p. 294).

Em voto proferido no processo administrativo sancionador CVM 3/02, o então diretor Luiz Antonio de Sampaio Campos apontou que a *business judgement rule*, no Brasil, decorreria do parágrafo 6 do art. 159 da Lei 6.404/76.[14]

No processo sancionador CVM RJ2005/1443, o diretor Pedro Oliva Marcilio de Sousa apontou que a não responsabilização do administrador com base na *business judgement rule* dependeria de três princípios: (a) a tomada de uma decisão de maneira informada, ou seja, o administrador se baseou em informações razoavelmente necessárias para tomá-la; (b) a tomada de uma decisão refletida após a análise das diferentes alternativas ou possíveis consequências ou, ainda, em cotejo com a documentação que fundamenta o negócio; e (c) a tomada de uma decisão desinteressada por parte do administrador.[15]

---

14. "E vai além, ainda, a Lei n 6.404/76, que numa 'tropicalização' da business judgment rule permite inclusive que se exclua a responsabilidade dos administradores, quando se verificar que estes mesmo violando a lei agiram de boa-fé e no interesse da companhia, conforme diz expressamente o parágrafo 6º do art. 159. (...) A CVM, a meu ver, não deve se imiscuir nessa discricionariedade e, a bem dizer, nem tem este poder. Ou seja, optar entre declarar o dividendo obrigatório ou deixar de declará-lo por conta de incompatibilidade financeira, constituindo-se a reserva especial é decisão afeta à discricionariedade dos administradores e dos acionistas e não cabe à CVM se substituir ao juízo destas pessoas, principalmente após os fatos e sem qualquer responsabilidade sobre o êxito ou o fracasso de suas sugestões administrativas, que na altura ficará apenas na comodidade do plano teórico." http://conteudo.cvm.gov.br/export/sites/cvm/sancionadores/sancionador/anexos/2004/20040212_PAS_0302.pdf. acessado em 30 set. 2021.
15. "Para evitar os efeitos prejudiciais da revisão judicial, o Poder Judiciário americano criou a chamada "regra da decisão negocial" (business judgement rule), segundo a qual, desde que alguns cuidados sejam observados, o Poder Judiciário não irá rever o mérito da decisão negocial em razão do dever de diligência. A proteção especial garantida pela regra da decisão negocial também tem por intenção encorajar os administradores a servir à companhia, garantindo-lhes um tratamento justo, que limita a possibilidade de revisão judicial de decisões negociais privadas (e que possa impor responsabilidade aos administradores), uma vez que a possibilidade de revisão ex post pelo Poder Judiciário aumenta significativamente o risco a que o administrador fica exposto, podendo fazer com que ele deixe de tomar decisões mais arriscadas, inovadoras e criativas (que podem trazer muitos benefícios para a companhia), apenas para evitar o risco de revisão judicial posterior. Em razão da regra da decisão negocial, o Poder Judiciário americano preocupa-se apenas com o processo que levou à decisão e não com o seu mérito. Para utilizar a regra da decisão negocial, o administrador deve seguir os seguintes princípios:

    (i) Decisão informada: A decisão informada é aquela na qual os administradores basearam-se nas informações razoavelmente necessárias para tomá-la. Podem os administradores, nesses casos, utilizar, como informações, análises e memorandos dos diretores e outros funcionários, bem como de terceiros contratados. Não é necessária a contratação de um banco de investimento para a avaliação de uma operação;

    (ii) Decisão refletida: A decisão refletida é aquela tomada depois da análise das diferentes alternativas ou possíveis conseqüências ou, ainda, em cotejo com a documentação que fundamenta o negócio. Mesmo que deixe de analisar um negócio, a decisão negocial que a ele levou pode ser considerada refletida, caso, informadamente, tenha o administrador decidido não analisar esse negócio; e

    (iii) Decisão desinteressada: A decisão desinteressada é aquela que não resulta em benefício pecuniário ao administrador. Esse conceito vem sendo expandido para incluir benefícios que não sejam diretos para o administrador ou para instituições e empresas ligadas a ele. Quando o administrador tem interesse na decisão, aplicam-se os standards do dever de lealdade (duty of loyalty).

6. MEDIDAS JUDICIAIS PARA A REPARAÇÃO DE PREJUÍZOS CAUSADOS PELO ADMINISTRADOR

Nos termos do *caput* do art. 159 da Lei 6.404/76, compete à companhia, após prévia deliberação em assembleia geral, propor ação de responsabilidade civil contra o administrador, pelos prejuízos causados ao seu patrimônio. Está-se diante da chamada ação social *uti universi*, cuja legitimidade ordinária cabe à própria companhia.

No entanto, a legislação admite que, deliberada em assembleia a propositura da ação indenizatória contra o administrador, e a companhia nada fizer nos 3 (três) meses subsequentes, qualquer acionista, independentemente do capital por ele detido, poderá propor a demanda. É a chamada ação social *uti singuli*, na qual o acionista ou grupo de acionistas atuam por substituição processual, na medida em que o direito material defendido é titulado pela companhia e, apenas indiretamente, pelos acionistas.

Ainda existe a possibilidade de acionista ou grupo de acionistas detentores de 5% ou mais do capital social ajuizar a demanda indenizatória contra o administrador, quando se deliberar, em assembleia, por não se promover a ação. Trata-se de legitimação concorrente e originária desse acionista ou grupo de acionistas.

Nesses casos em que o acionista ou grupo de acionistas promove a ação indenizatória contra o administrador, eventual indenização obtida do administrador será revertida para a companhia, pois, como já dito, ela é a titular do direito material defendido.

Existe, ainda, a possibilidade de o acionista demandar contra o administrador quando estiver buscando a reparação de prejuízo diretamente suportado por conduta desse último.

Existem, no entanto, situações em que, além de operações em que se tenha interesse, o Poder Judiciário não aceita a aplicação da regra da decisão negocial. Por exemplo, não se aceita a completa alienação das decisões negociais, alegando-se falta de competência ou de conhecimento. Também não são protegidas pela regra da decisão negocial as decisões tomadas visando a fraudar a companhia, ou seus acionistas, ou aquelas que não tenham sido tomadas em boa fé.

A construção jurisprudencial norte-americana para o dever de diligência em nada discrepa do que dispõe o art. 153 da Lei 6.404/76, sendo possível utilizar-se, no Brasil, dos mesmos standards de conduta aplicados nos Estados Unidos. A utilização desses standards poderia fazer com que a aplicação do art. 153 fosse mais efetiva do que é hoje, pois poderíamos passar a observar o processo que levou à tomada da decisão para ver se os cuidados mínimos, que demonstram a diligência do administrador, foram seguidos, não nos limitando a simplesmente negar a possibilidade de re-análise do conteúdo da decisão tomada." http://conteudo.cvm.gov.br/export/sites/cvm/sancionadores/sancionador/anexos/2006/20060510_PAS_RJ20051443.pdf. acessado em 30 set. 2021.

7. O ADMINISTRADOR PODE SER RESPONSABILIZADO PELO PROLONGAMENTO DA CRISE ECONÔMICO-FINANCEIRA DA SOCIEDADE?

Traçados os principais aspectos relacionados aos deveres do administrador, cumpre-nos, agora, examinar se ele pode ser responsabilizado por um eventual prolongamento artificial da sociedade para além do seu estado de insolvência.

Originou-se, nos Estados Unidos, a teoria conhecida como *deepening insolvency*. Por meio dela, defende-se que os administradores podem ser demandados a reparar os prejuízos causados quando restar identificado que se prolongou, de forma artificial, a vida da sociedade, *"que se caracterizaria pelo contínuo crescimento dos débitos combinados com a impossibilidade de pagá-los face os ativos já não tão valiosos e a projeção minguada do fluxo de caixa para períodos futuros"*.[16]

O fundamento da teoria da *deepening insolvency* seria a mudança, ou ampliação, dos destinatários dos deveres fiduciários dos administradores, que passaria a contemplar os credores da sociedade, a partir do momento que esta ingresse numa zona de insolvência. [17] [18]

---

16. ARAGÃO, Leandro Santos de. *Deveres dos Administradores de Sociedades Empresárias em Dificuldade Econômico-financeira: A Teoria da* Deepening Insolvency *no Brasil*. In: CASTRO, Rodrigo R. Monteiro, ARAGÃO, Leandro Santos de. (Coords.). *Direito Societário*: Desafios Atuais. São Paulo: Quartier Latin, 2009, p. 180.
17. "Deepening insolvency is when a company enters what is known as the zone of insolvency, there is a theory developing, or has been developing, that the fiduciary duties are shifted from the sharedolders to the creditors." (GOLD, Andrew, SWINSON, Sidney, REICH, Iva. *In the Zone: Fiduciary Duties and the Slide Towards Insolvency*. 5 DePaul Bus. & Com. L. J. 667 (2007)
18. "While de coprporation is solvent, director and offices owe fiduciary duties only to the corporation and its shareholders. When the corporation becomes insolvent, fiduciary duties of directors and officers switch to cover the company's creditors. When the company moves into bankruptcy, the directors' and officers' fiduciary duties switch back and are once again owed to the corporation, creditors, and shareholders, with the goal to maximize the bankruptcy estate. Financial deterioration for a corporation is often a gradual process, and the courts have elected not to declare a "magic dividing line" between solvency and insolvency that would clarify when the recipients of the fiduciary duties of directors' and officers' switch in type or priority. Intead, the transition between solvency and insolvency, called the zone of insolvency, is a quantitatively and operationally undefined period when insolvency is a suspected outcome of continuing operations. (...) The rationale for expanding fiduciary duties to creditors during the insolvency is that creditors bear the brunt of damages for the conduct of diretors and officers, as contrasted to shreholders who have theoretically lost their investments. The extension of fiduciary duty to creditors is also justified by the difference of investment risk between shareholders and creditors. The shareholders invest by buying stock with hopes that the corporation will generate profit and increase the value of the shareholders' investment, while the creditors lend money to the corporation with hope that they will recover their money with interest. During insolvency, directors and officers must be concerned about another variant of the breach of fiduciary duties known as theory of deepening insolvency. Deepening insolvency results from prolonging an insolvent corporation's life by increasing its outstanding debts. It is an "injury to the Debtors' corporate property from the fraudulent expansion of corporate debt and prolongation of corporate life." (PEARCE II, John A., LIPIN, Ilya A. The Duties of Directors and Officers within the Fuzzy Zone of Insolvency. 9 Am. Bankr. Inst. L. Rev. at 382)

Cabe, aqui, indagar se o sistema legal brasileiro permite que o administrador seja responsabilizado pelo prolongamento artificial da vida da sociedade, tal como tem-se admitido no Estados Unidos.

Parece-nos que o administrador deverá ser responsabilizado não quando simplesmente houver o aumento das dívidas sociais em um cenário já existente de dificuldades econômico-financeiras ou até mesmo de insolvência. Isso pode ser consequência do fracasso da estratégia adotada e pensada, inclusive, para se buscar o soerguimento da sociedade. Evidentemente que as decisões tomadas pela administração deverão estar devidamente lastreadas nas informações disponíveis (*business judgement rule*) e com o objetivo de melhor atender os interesses sociais.

A responsabilização do administrador, entendemos, demandará a constatação da violação de algum daqueles deveres fiduciários anteriormente examinados. Em outras palavras, o agravamento da situação econômico-financeira da sociedade, com o aumento das suas dívidas, por si só, não nos parece ser suficiente para se impor ao administrador a obrigação de reparar os prejuízos decorrentes dos seus atos de gestão, se a isso não estiver associado, por exemplo, a quebra do dever de diligência ou do dever de lealdade. Afinal, o administrador não é pessoalmente responsável pelas obrigações que contrair em nome da sociedade ou em virtude de ato regular de gestão (art. 158 da Lei 6.404/76).

Ainda, e aqui entendemos ser a questão central, nos termos da Lei 6.404/76, compete privativamente à assembleia geral de acionistas autorizar os administradores a confessar falência ou a pedir recuperação judicial (art. 122). Mesmo diante de uma situação de urgência, a confissão de falência ou o pedido de recuperação judicial somente poderão ser apresentados pelo administrador com a concordância do acionista controlador, se houver, cabendo a imediata convocação de assembleia geral de acionistas para que se delibere a respeito da matéria.

Contudo, isso não significa que os credores não dispõem de mecanismos outros que, em tese, protegem os seus interesses frente a uma eventual crise econômico-financeira de uma dada sociedade.

Por exemplo, em uma situação em que a sociedade devedora não esteja em recuperação judicial ou falência, os credores contam com a possibilidade de examinar as demonstrações financeiras.[19]

Inclusive, verificada a distribuição irregular de dividendos, o caminho que se abre ao credor é a impugnação de tal deliberação e a possível busca da restituição

19. É certo que as demonstrações financeiras podem não refletir de forma adequada a efetiva situação da companhia. Deve-se, portanto, repensar se o sistema informacional hoje existente atinge a sua finalidade.

dos montantes recebidos de má-fé pelos acionistas,[20] na medida em que existe a obrigação de se assegurar a integridade do capital social,[21] sendo o patrimônio da companhia a garantia da satisfação das suas dívidas.[22]

Para o caso de recuperação judicial, como já apontado, a administração da sociedade recuperanda deve levar em consideração os interesses dos credores. Não à toa, como dito, o art. 66 da LFR exige autorização para que se aliene ou onere ativo não circulante da sociedade, sendo que atos da administração que atentem contra o patrimônio social podem levar à sua destituição (art. 64 da LFR) e também à sua responsabilização, nos termos da Lei 6.404/76.

Para a hipótese de falência, o art. 82 da LFR estabelece que a responsabilidade dos administradores será apurada nos termos das respectivas leis, o que significa dizer que, para os casos das sociedades anônimas, eles serão demandados quando tiverem violado os deveres decorrentes da Lei 6.404/76.

Parece-nos, aqui, ainda que o administrador possa ser responsabilizado por prejuízos causados à sociedade e que estejam ligados ao prolongamento artificial da mesma, será necessária a identificação da quebra de deveres. Não enxergamos como o aumento das dívidas sociais possam gerar automaticamente esse dever de indenizar.

Ainda para o caso de falência, apesar dos respeitáveis entendimentos contrários,[23] aderimos à posição de Sérgio Campinho, para quem o credor da massa falida

---

20. Ao tratarem da legitimidade ativa para a propositura de ação de restituição de dividendos, Luiz Alberto Colonna Rosman e Bernardo Alvarenga Bulhões-Arieira, apontam que os credores da companhia a teriam: *2. Legitimidade* – As pessoas com legitimidade ativa são os credores sociais e a companhia (v. sobre o assunto Vivante, 1906, v. II, n. 576)" (ROSMAN, Luiz Alberto Colonna, BULHÕES-ARIEIRA, Bernardo Alvarenga. In: LAMY FILHO, Alfredo, PEDEREIRA, José Luiz Bulhões (Coords.). *Direito das Companhias*. 2 ed. Rio de Janeiro: Forense, 2017, p. 1543).
21. "Nessas condições, o capital funciona, perante o patrimônio da sociedade, como uma "cifra de retenção", prendendo no ativo bens suficientes para equilibrá-la; os credores, com esse mecanismo, contam com um índice de garantia patrimonial, que mede a variação do patrimônio social em relação ao importe dos bens que os acionistas vincularam aos negócios que constituem o objeto social. Justamente para preservar essa "caixa de retenção" é que a companhia somente pode transferir bens dos seu patrimônio para os sócios nas hipóteses previstas na lei (redução de capital, pagamento de dividendos, reembolso de ações, liquidação etc.), sob pena de infração ao princípio da intangibilidade. A função do capital social é, pois, impedir que a companhia transfira livremente bens do seu patrimônio para os sócios em prejuízo dessa "caixa de retenção", garantia mínimo dos credores e pilar de sustentação da limitação da responsabilidade dos acionistas." (PENTEADO, Mauro Rodrigues. *Aumentos de Capital das Sociedades Anônimas*. 2. ed. atualizada e anotada por Alfredo Sérgio Lazzareschi Neto. São Paulo: Quartier Latin, 2012, p. 39 e 40)
22. "São radicalmente nulas, outrossim, as deliberações que infrinjam as disposições legais que têm por objeto a proteção de interesses de terceiros, tais como: (1º) As que visam a assegurar a *integridade do capital social*" (FRANÇA, Erasmo Valladão Azevedo e Novaes. *Invalidade das Deliberações de Assembleia das S/A e outros escritos sobre o tema da invalidade das deliberações sociais*. 2. ed., São Paulo: Malheiros, 2017, p. 121).
23. "Na omissão do administrador judicial, poderão os credores ou o Ministério Público requerer a destituição do administrador judicial, por desídia no exercício das suas funções. Não poderão os credores, entretanto, apresentarem-se como substitutos processuais da Massa Falida, pois a lei não lhes atribuiu legitimidade extraordinária." (SACRAMONE, Marcelo Barbosa. *Comentários à Lei de Recuperação de Empresas e Falência*. São Paulo: Saraiva, 2018, p. 322).

estará legitimado para a ação indenizatória, caso haja omissão do administrador judicial na adoção das medidas pertinentes.[24]

Por fim, cumpre registrar que ainda que se defenda a obrigatoriedade da sociedade apresentar autofalência, nos termos do art. 105 da LFR, não se pode perder de vista que a administração deve ser previamente autorizada pela assembleia geral de acionistas. Eventual demora na sua apresentação deve ser atribuída aos sócios, sendo que a administração pode ser responsabilizada quando a demora em submeter a questão à assembleia estiver associada à violação dos seus deveres fiduciários.

8. CONSIDERAÇÕES FINAIS

Procurou-se, aqui, analisar se os administradores de uma dada sociedade que enfrenta uma crise econômico-financeira podem ser responsabilizados por prejuízos por ela sofridos em razão do prolongamento das suas atividades.

Não nos parece que o aumento das dívidas da sociedade seja fundamento suficiente para se responsabilizar o administrador.

Para que o administrador seja obrigado a reparar prejuízos dessa natureza, entendemos que deverá ser identificada a violação de algum dos deveres fiduciários deles exigidos.

É certo que o aumento do passivo decorrente de atos praticados com violação dos deveres de diligência e lealdade e que tragam prejuízo ao patrimônio da sociedade podem e devem ser objeto de demanda própria. Contudo, novamente, a comprovação do descumprimento de algum dos deveres fiduciários, parece-nos, é requisito para a procedência do pedido, o que não se satisfaz com a simples demonstração do crescimento do endividamento da sociedade.

Portanto, a teoria da *deepening insolvency* que se desenvolve em outras jurisdições deve ser considerada, para a nossa realidade, com certas ressalvas e cuidados, não se recomendando a sua aplicação imediata e desatenta pelos tribunais brasileiros.

---

24. "A iniciativa de propositura da ação de responsabilidade cabe ao administrador judicial, na qualidade de administrador e representante da massa falida (Código de Processo Civil, artigo 12, inciso III). Todavia, o Tribunal de Justiça do Estado do Rio de Janeiro, a nosso ver acertadamente, já decidiu que a ação para tornar efetiva a responsabilidade das pessoas indicadas no antigo artigo 6º, do Decreto-Lei 7.661/45, hoje artigo 82, pode ter como legitimado ativo *ad causam* o credor habilitado no passivo falimentar, na hipótese de omissão do síndico, leia-se, administrador judicial, hodiernamente. O interesse jurídico, inclusive, desse credor, parece-nos incontestável, na medida em que a ação tem por escopo imediato a indenização da massa pelos prejuízos experimentados pela sociedade, ou apuração da responsabilidade patrimonial de algum ou alguns sócios, cujo valor ingressará como ativo social, servindo para o pagamento dos credores admitidos na falência." (CAMPINHO, Sérgio. *Falência e Recuperação de Empresa*: O Novo Regime da Insolvência Empresarial. 6. ed. Rio de Janeiro: Renovar, 2012, p. 229).

9. BIBLIOGRAFIA

ADAMEK, Marcelo Vieira Von. *Responsabilidade dos Administradores de S/A e as ações correlatas*, São Paulo: Saraiva, 2009.

ARAGÃO, Leandro Santos de. Deveres dos Administradores de Sociedades Empresárias em Dificuldade Econômico-financeira: A Teoria da Deepening Insolvency *no Brasil*. In: CASTRO, Rodrigo R. Monteiro, ARAGÃO, Leandro Santos de. (coords.). *Direito Societário*: Desafios Atuais. São Paulo: Quartier Latin, 2009.

BULGARELLI, Waldirio. *Manual das Sociedades Anônimas*, 10. ed. São Paulo: Atlas, 1998.

CAMPINHO, Sérgio. *Falência e Recuperação de Empresa*: O Novo Regime da Insolvência Empresarial. 6. ed., Rio de Janeiro: Renovar, 2012.

FRANÇA, Erasmo Valladão Azevedo e Novaes. *Invalidade das Deliberações de Assembleia das S/A e outros escritos sobre o tema da invalidade das deliberações sociais*. 2. ed. São Paulo: Malheiros, 2017.

GOLD, Andrew, SWINSON, Sidney, REICH, Iva. *In the Zone: Fiduciary* Duties and the Slide Towards Insolvency. 5 DePaul Bus. & Com. L. J. 667 (2007).

MATTOS, Eduardo da Silva, PROENÇA, José Marcelo Martins. Recuperação de Empresas – (in) utilidade de Métricas Financeiras e Estratégias Jurídicas. Rio de Janeiro: Lumen Juris,

MIMICA, Rafael Medeiros. A Condução da Sociedade em Recuperação Judicial. in Direito Societário e Recuperação de Empresas – Estudos de Jurimetria. SACRAMONE, Marcelo Barbosa, NUNES, Marcelo Guedes. São Paulo: Foco, 2021.

NUNES, Marcelo Guedes, WAISBERG, Ivo, SACRAMONE, Marcelo Barbosa, TRECENTI, Julio. *Observatório da Insolvência: Segunda Fase*. https://abjur.github.io/obsFase2/relatorio/obs_recuperacoes_abj.pdf.

PEARCE II, John A., LIPIN, Ilya A. The Duties of Directors and Officers within the Fuzzy Zone of Insolvency. 9 Am. Bankr. Inst. L. Rev. at 382.

PENTEADO, Mauro Rodrigues. *Aumentos de Capital das Sociedades Anônimas*. 2. ed. atualizada e anotada por Alfredo Sérgio Lazzareschi Neto. São Paulo: Quartier Latin, 2012.

ROSMAN, Luiz Alberto Colonna, BULHÕES-ARIEIRA, Bernardo Alvarenga. In: LAMY FILHO, Alfredo, PEDEREIRA, José Luiz Bulhões (coords.). *Direito das Companhias*. 2 ed. Rio de Janeiro: Forense, 2017.

SACRAMONE, Marcelo Barbosa. *Administradores de Sociedades Anônimas*: Relação Jurídica entre o Administrador e a Sociedade. São Paulo: Almedina, 2015.

SACRAMONE, Marcelo Barbosa. *Comentários à Lei de Recuperação de Empresas e Falência*. São Paulo: Saraiva, 2018.

A ILUSÃO DA RESPONSABILIDADE LIMITADA E O PROBLEMA DOS CRÉDITOS TRABALHISTAS NA RECUPERAÇÃO JUDICIAL

Luciana Celidonio

Mestranda em Direito Comercial pela USP. LL.M. em *Business and Economics* pela Georgetown University Law Center. Especialista em Direito Societário pela GV-Law. Advogada.

E-mail: lcdn@ bmalaw.com.br.

Rodrigo Saraiva Porto Garcia

Doutorando em Direito Comercial pela USP. Mestre em Direito da Empresa e Atividades Econômicas pela UERJ. Advogado.

E-mail: rgarcia@gc.com.br.

INTRODUÇÃO

Diante da situação de crise da empresa, credores, contratantes e sócios do devedor iniciam uma corrida em busca dos ativos para satisfazer seus interesses individuais – seja por meio da execução individual de um crédito pelo credor, da rescisão do contrato pelo contratante, ou da saída do sócio da companhia. É a conhecida tragédia dos comuns, que se observa quando diversos indivíduos têm acesso a um mesmo conjunto de bens, comuns a todos eles, mas que não são suficientes para satisfazer todos – trata-se do também conhecido problema do *common pool of assets*, apontado por Thomas H. Jackson.[1]

Se o acesso aos bens comuns fosse coordenado ou organizado, a quantidade ou o valor desses bens para os indivíduos poderia ser aumentado, o que importaria em uma melhoria do bem-estar da coletividade de indivíduos. Mas se não houver coordenação no acesso aos bens comuns, cientes de que não há bens para satisfazer todos, os indivíduos iniciarão uma corrida pelos ativos, orientando "seu

1. JACKSON, Thomas H. *The logic and limits of bankruptcy law*. Washington: BeardBooks, 2001, p. 12-14.

comportamento pelo ditado 'farinha pouca, meu pirão primeiro'".[2] Essa busca pela satisfação individual pode destruir o valor dos bens comuns, consequentemente reduzindo o bem-estar da coletividade de indivíduos – por isso a expressão "tragédia dos comuns".[3]

Essa corrida atrás dos bens da empresa em crise gera um problema de ação coletiva (*collective action*), na medida em que leva à destruição do valor do conjunto de ativos do devedor, em razão do incentivo individual para que credores, contratantes e sócios "abandonem o barco".[4] Em vez de promover a venda dos ativos por seu *going concern*,[5] os credores buscam a satisfação individual de seus créditos a partir da expropriação de bens específicos, individualmente considerados (ou *piecemeal*), consequentemente apagando o valor decorrente da organização dos bens de produção (o conhecido aviamento).[6] As regras de direito concursal objetivam a solução do problema de ação coletiva, de modo a maximizar o valor do conjunto de ativos da empresa em favor dos interesses dos credores, contratantes e sócios.[7]

A Lei 11.101/2005 enfrenta esse problema de ação coletiva ao permitir que o devedor se utilize da recuperação judicial para satisfazer a coletividade de credores, ao viabilizar a propositura e a execução de um plano para o soerguimento da empresa. O objetivo do instituto é preservar a "empresa como organismo vivo, com o que se preservaria a produção, mantendo-se os empregos e, com o giro empresarial voltando à normalidade, propiciando-se o pagamento de todos os credores".[8] Como contrapartida, sócios e administradores passam a se submeter à influência direta e relevante dos credores, os quais detêm o poder de aprovar ou rejeitar o plano de recuperação proposto pelo devedor, por meio de deliberação tomada em assembleia geral de credores. Não só isso, com a edição da Lei 14.112/2020, os credores passaram a ter a faculdade de apresentar plano de recuperação alternativo, sem a necessidade de concordância do devedor com seus termos, desde que observados os requisitos previstos no art. 56, §6º da Lei 11.101/2005.

---

2. CAVALLI, Cássio. Reflexões para reforma da lei de recuperação de empresas. In: WAISBERG, Ivo; RIBEIRO, José Horácio Halfeld Ribeiro (Coord.). *Temas de direito da insolvência*. São Paulo: IASP, 2017, p. 109.
3. A esse respeito, vale conferir: (i) CAVALLI, op. cit., p. 109; e (ii) SATIRO, Francisco. O "dinheiro novo" como elemento de interpretação do conceito de "crédito existente" na recuperação judicial. In: WAISBERG, Ivo; RIBEIRO, José Horácio Halfeld Ribeiro (Coord.). *Temas de direito da insolvência*. São Paulo: IASP, 2017, p. 267.
4. TRIANTIS, George G. Termination rights in bankruptcy: the story of Stephen Perlman v. Catapult Entertainment, Inc. In: RASMUSSEN, Robert K. (Coord.). *Bankruptcy law stories*. New York: Foundation Press, 2007, p. 56.
5. Sobre a noção de *going concern*, vale conferir: JACKSON, op. cit., 2001, p. 14.
6. SATIRO, op. cit., p. 266.
7. Ibidem, p. 267. Confira-se também: TRIANTIS, op. cit., p. 56.
8. BEZERRA FILHO, Manoel Justino. *Lei de recuperação de empresas e falência*. 15. ed. São Paulo: Revista dos Tribunais, 2021, p. 71.

Portanto, é válido sustentar que a submissão de uma empresa ao processo de recuperação judicial conduz à perda relativa de poder por parte dos sócios e, simultaneamente, ao aumento de poder dos credores. Surge aí um "estado de tensão" entre credores e sócios, em razão da natural disputa por espaços negociais, que podem vir a determinar os meios de recuperação da empresa. De um lado, os sócios pretendem reestruturar a empresa para receber dividendos e ver resguardados seus direitos patrimoniais. De outro lado, os credores buscam maximizar seu retorno e obter a satisfação dos seus créditos (ou até mesmo tomar o controle da empresa). Tanto uns, como outros (na maior parte das vezes) desejam evitar a falência, capaz de destruir valor para todos os *stakeholders*.

É exatamente nesse ambiente de embates e jogos de interesses que tanto credores, como devedor, buscam gerar (ou, ao menos, resguardar) valor para si durante o processo de reestruturação da empresa, com o propósito de evitar a falência. Um dos objetivos do direito concursal é criar um ambiente propício para essas negociações,[9] um fórum no qual devedor e credores se reúnem para decidir o futuro da empresa. Incentiva-se uma negociação coletiva, em vez de negociações individuais, consequentemente reduzindo custos de transação.[10] No entanto, a negociação para a elaboração de um plano de recuperação pode levar tempo, e, enquanto barganham e se digladiam, credores e devedores podem estar "deixando dinheiro na mesa".

Os percalços inerentes às negociações em prol da reestruturação da empresa são exacerbados quando existem credores titulares de dívidas sujeitas e que continuam a buscar a sua satisfação fora do processo de recuperação judicial, em face de administradores, sócios e outras empresas do mesmo grupo econômico. Isso pode desviar o foco de atenção das pessoas (e.g., diretores, acionista controlador) por trás do devedor para a sua proteção pessoal, bem como para evitar que seja bem-sucedida a tentativa de satisfação de credores sujeitos fora dos termos do plano de recuperação. Em vez de se concentrarem na disputa entre o devedor e os credores sujeitos pela alocação dos ativos via plano de recuperação, os administradores e o controlador acabam tendo que redirecionar seus esforços para impedir que determinados credores trabalhistas, por exemplo, consigam a sua satisfação individual em descompasso com a coletividade de credores inseridos na mesma classe.

---

9. WAISBERG, Ivo. O necessário fim dos credores não sujeitos à recuperação judicial. In: ELIAS, Luís Vasco (Coord.). *10 anos da lei de recuperação de empresas e falências:* reflexões sobre a reestruturação empresarial no Brasil. São Paulo: Quartier Latin, 2015, p. 200.
10. Na definição de N. Gregory Mankiw, custos de transação são "the costs that parties incur in the process of agreeing and following through on a bargain" (MANKIW, N. Gregory. *Principles of microeconomics*. 2 ed. [*S. l.*: *s. n.*], 2000, p. 214).

Se um número suficientemente grande de credores trabalhistas conseguir "fugir" do processo de recuperação, o próprio instituto pode ser inutilizado e inviabilizado, a depender do perfil de endividamento do devedor (e.g., dívida predominante na Classe I). O que deveria ser uma solução para o problema de ação coletiva e impedir a tragédia dos comuns pode acabar sendo a centelha para uma reação em cadeia, atingindo diversos outros indivíduos e agentes econômicos que deveriam estar protegidos pelo princípio da responsabilidade limitada.

Nesse cenário, o presente artigo visa a analisar o problema dos créditos trabalhistas no processo de recuperação judicial a partir da discussão sobre a extensão da responsabilidade limitada da sociedade empresária (e das suas muitas exceções), adotando-se uma abordagem positiva na primeira e na segunda partes e normativa na terceira parte.[11]

Na primeira parte, para a melhor contextualização do tema, aborda-se o princípio da responsabilidade limitada dos sócios nas sociedades empresárias, um dos pilares do direito comercial, e que vem sofrendo uma erosão ao longo dos últimos anos (ou seria melhor dizer décadas?) diante da criação de diversas exceções à regra no ordenamento jurídico brasileiro. Em outras palavras, no Brasil, a responsabilidade limitada é mesmo limitada?

Na segunda parte, ainda para permitir a contextualização do tema, trata-se da situação dos créditos trabalhistas no processo de recuperação judicial e suas tentativas (quase sempre sufragadas pela Justiça do Trabalho) de buscar sua satisfação em outras fontes, que não o devedor em recuperação. Para esclarecer este problema, analisa-se a discussão em torno da ausência de sucessão do adquirente de unidade produtiva isolada e a controvérsia em torno do reconhecimento de grupo econômico pela Justiça do Trabalho.

Por fim, na terceira parte, examina-se a recente alteração legislativa promovida pela Lei 14.112/2020, que incluiu o art. 6º-C na Lei 11.101/2005, propondo-se uma interpretação para o dispositivo capaz de solucionar o problema dos créditos trabalhistas na recuperação judicial, resguardando o princípio da responsabilidade limitada e evitando um desvio dos objetivos do direito concursal.

---

11. A análise normativa estuda como as normas devem ser, enquanto a análise positiva cuida das normas como elas são (CAVALLI, Cássio. Reflexões para reforma da lei de recuperação de empresas. In: WAISBERG, Ivo; RIBEIRO, José Horácio Halfeld Ribeiro (Coord.). *Temas de direito da insolvência*. São Paulo: IASP, 2017, p. 108; SZTAJN, Rachel. Direito e Economia. In: *Revista de Direito Mercantil, Industrial, Econômico e Financeiro*, São Paulo, v. 45, n. 144, p. 221-235, out.-dez. 2006, p. 221-235).

1. A RESPONSABILIDADE LIMITADA É MESMO LIMITADA?

Como bem apontado por Nicholas Murray Butler, "[t]he limited liability corporation is the greatest single discovery of modern times. Even steam and electricity are less important than the limited liability company".[12] A evolução do direito comercial culminou na criação de um sujeito de direito autônomo, distinto dos sócios, e titular de direitos e obrigações, o que decorre da necessidade de se limitar o risco empresarial para fomentar investimentos e, assim, o desenvolvimento econômico.[13] A personificação jurídica da empresa permitiu que indivíduos se reunissem para desenvolver atividades que ultrapassariam as suas vidas, tornando-se uma organização institucional autônoma, que não depende das pessoas dos seus sócios.[14]

A partir da personificação jurídica da sociedade, surgiu a noção de responsabilidade limitada, por meio da qual os sócios não seriam responsabilizados por dívidas da sociedade, nem a sociedade se responsabilizaria por dívidas pessoais dos sócios.[15] E como decorrência lógica da personalidade jurídica e da responsabilidade limitada, a empresa passa a deter autonomia patrimonial, ou seja, possui um patrimônio distinto e autônomo dos seus sócios, patrimônio este que se responsabiliza pelas obrigações sociais e que permite aos seus investidores, credores e *stakeholders* avaliar e alocar os riscos envolvidos na atividade empresária.[16]

Segundo Eduardo Secchi Munhoz, a "tríade personalidade jurídica, responsabilidade limitada e autonomia patrimonial foi construída a partir de uma longa evolução do direito comercial, voltada justamente a lidar com exigências

12. Citado por DIAMOND, Aubrey L. Corporate personality and limited liability. In: ORHNIAL, Tony (Coord.). *Limited liability and the corporation*. London: Croom Helm, 1982, p. 42.
13. A esse respeito, veja-se: MUNHOZ, Eduardo Secchi. Desconsideração da personalidade jurídica e grupos de sociedades. In: *Revista de Direito Mercantil, Industrial, Econômico e Financeiro*, São Paulo, v. 134, p. 25-47, abr.-jun. 2004, p. 38. Vale conferir também: (i) MUNHOZ, Eduardo Secchi. *Empresa contemporânea e direito societário*. São Paulo: Juarez de Oliveira, 2002, p. 16-21; e (ii) EASTERBROOK, Frank H.; FISCHEL, Daniel R. *The economic structure of corporate law*. Cambridge: Harvard University Press, 1996, p. 40-44.
14. MUNHOZ, Eduardo Secchi. A importância da sociedade personificada, com responsabilidade limitada e autonomia patrimonial para o desenvolvimento econômico: o ocaso de um truísmo. In: BARBOSA, Henrique; SILVA, Jorge Cesa Ferreira da (Coord.). *A evolução do direito empresarial e obrigacional*: 18 anos do Código Civil. São Paulo: Quartier Latin, 2021, v. 1, p. 106.
15. Nas palavras de Mariana Pargendler, "[t]he benefits of limited liability are well-known and manifold. It greatly relieves shareholders from the burden of monitoring managers and other shareholders, which encourages transferability and diversification" (PARGENDLER, Mariana. How universal is the corporate form? Reflections on the dwindling of corporate form in Brazil. In: *Columbia Journal of Transnational Law*, [*s. l.*], v. 58, p. 1-57, 2019, p. 19).
16. Dito de outra forma, a "autonomia patrimonial das pessoas jurídicas é um poderoso instrumento de investimentos. Por meio dele, riscos são alocados entre os agentes econômicos" (COELHO, Fábio Ulhoa. Novos contornos da desconsideração da personalidade jurídica no direito brasileiro. In: BARBOSA, Henrique; SILVA, Jorge Cesa Ferreira da (Coord.). *A evolução do direito empresarial e obrigacional*: 18 anos do Código Civil. São Paulo: Quartier Latin, 2021, v. 1, p. 537).

da vida econômica", a fim de alcançar "soluções mais adequadas para estimular o investimento, o financiamento, o empreendedorismo e, por consequência, o crescimento econômico".[17]

No entanto, com a criação da personalidade jurídica, da responsabilidade limitada e da autonomia patrimonial, abriu-se espaço para que abusos fossem praticados. A segurança jurídica e a confiabilidade que estimulariam o investimento, o financiamento e o empreendedorismo começaram a ser minados pela conduta de determinados indivíduos que passaram a utilizar o véu da pessoa jurídica para cometer ilícitos e fraudes.

Como forma de coibir abusos, a experiência estrangeira construiu a teoria da desconsideração da personalidade jurídica (também conhecida como "*disregard doctrine*" ou "*lifting of the corporate veil*") como o outro lado da moeda da responsabilidade limitada. Rubens Requião defendia, já nos anos de 1960, que o direito brasileiro comportava de forma plena a teoria da desconsideração, de modo a contrabalancear o outrora "véu impenetrável" da personalidade jurídica. Segundo o autor, se o "Estado concede e reconhece as sociedades comerciais a personificação segundo as regras normativas, pode ao mesmo tempo determinar os limites dessa concessão".[18] Pode-se dizer que a teoria da desconsideração surgiu para coibir o desvirtuamento do instituto da personalidade jurídica que, muitas vezes, passou a ser utilizado como anteparo para a prática de fraudes e ilícitos.

A desconsideração da personalidade jurídica, portanto, consiste em uma "técnica excepcional de modificação de centro de imputação".[19] Assim, desconsidera-se pontualmente a independência entre as personalidades da sociedade empresária e dos sócios, a fim de alcançar os membros que se valeram da sociedade empresária para prejudicar credores e terceiros.

Por essa definição, pode-se dizer que a desconsideração da personalidade jurídica diz respeito à limitação da responsabilidade dos sócios, e não necessariamente à desconstituição da sociedade empresária.[20] Ou seja, a desconsideração é

---

17. MUNHOZ, Eduardo Secchi. A importância da sociedade personificada, com responsabilidade limitada e autonomia patrimonial para o desenvolvimento econômico: o ocaso de um truísmo. In: BARBOSA, Henrique; SILVA, Jorge Cesa Ferreira da (Coord.). *A evolução do direito empresarial e obrigacional*: 18 anos do Código Civil. São Paulo: Quartier Latin, 2021, v. 1, p. 107. Veja-se também: PARENTONI, Leonardo Netto. *Desconsideração contemporânea da personalidade jurídica*. São Paulo: Quartier Latin, 2014, p. 44-46.
18. REQUIÃO, Rubens. Abuso de direito e fraude através da personalidade jurídica (disregard doctrine). In: *Revista dos Tribunais*, São Paulo, v. 803, p.751-764, set. 2002.
19. SZTAJN, Rachel. A desconsideração da personalidade jurídica. In: *Revista de Direito do Consumidor*, São Paulo, v. 2, p. 67-75, abr.-jun. 1992.
20. Sobre a distinção entre desconsideração e despersonalização, confira-se: COMPARATO, Fábio Konder; SALOMÃO FILHO, Calixto. *O poder de controle na sociedade anônima*. 4 ed. Rio de Janeiro: Forense, 2005, p. 353.

uma "técnica para suspender episodicamente o privilégio da limitação da responsabilidade, e não a personalidade jurídica".[21] Mas é importante deixar claro que a teoria da desconsideração não teve o propósito de enfraquecer a personalidade jurídica, a responsabilidade limitada, ou a autonomia patrimonial da empresa em relação aos seus sócios. Pelo contrário, o expediente tem por objetivo fortalecer a sociedade empresária, "buscando compatibilizar a importância da pessoa jurídica para o sistema econômico vigente, ao mesmo tempo em que coíbe fraudes e abusos que por seu intermédio são praticados".[22]

São várias as normas que tratam da desconsideração da personalidade jurídica ou da responsabilização de sócios e administradores da sociedade empresária no sistema normativo brasileiro, em diferentes esferas, como o art. 28 do Código de Defesa do Consumidor ("CDC"), o art. 4º da Lei 9.605/1998 (a Lei de Crimes Ambientais), o art. 34 da Lei 12.529/2011 (a Lei de Defesa da Concorrência), o art. 135 do Código Tributário Nacional ("CTN"), entre outros. Mas a sede normativa da desconsideração é o art. 50 do Código Civil ("CC"), por se tratar do "diploma legislativo que compõe a base do instituto da pessoa jurídica e cuja aplicação se justifica na ausência de norma específica disciplinando a matéria".[23]

Em razão da irrefutável relevância para o desenvolvimento econômico do país, é possível concluir que a aplicação da teoria da desconsideração deveria ser medida excepcional e episódica, visto que a regra é a independência entre as esferas patrimoniais da pessoa jurídica e de seus sócios. O problema é que a "falta de compreensão e consequente má aplicação desses institutos [personificação jurídica, responsabilidade limitada e autonomia patrimonial da sociedade] na realidade tem causado imprevisibilidade e insegurança", o que gera "consequências altamente negativas para o investimento, o financiamento e o empreendedorismo, cruciais para o desenvolvimento da economia".[24]

O que se verificou com o passar do tempo foi uma flexibilização demasiada na aplicação da teoria da desconsideração, sem a comprovação (ou mesmo alegação) de abusos e sem a observância dos requisitos legais. Em vez de ser um remédio utilizado apenas quando se observa a prática de ilícitos, fraudes ou abusos, o que

21. DIDIER JR., Fredie. *Curso de direito processual civil.* 19 ed. Salvador: JusPodivm, 2017, v. 1, p. 581.
22. PANTOJA, Teresa Cristina G. Anotações sobre as pessoas jurídicas. In: TEPEDINO, Gustavo (Coord.). *A parte geral do novo código civil*: estudos na perspectiva civil-constitucional. 2 ed. Rio de Janeiro: Renovar, 2003, p. 109.
23. RODRIGUES, Rodrigo Xavier; RODRIGUES JÚNIOR, Otávio Luiz. A desconsideração da pessoa jurídica – alteração do art. 50 do Código Civil: Art. 7º. In: MARQUES NETO, Floriano *et al.* (Coord.). *Comentários à lei da liberdade econômica.* São Paulo: Revista dos Tribunais, 2020, p. 271.
24. MUNHOZ, Eduardo Secchi. A importância da sociedade personificada, com responsabilidade limitada e autonomia patrimonial para o desenvolvimento econômico: o ocaso de um truísmo. In: BARBOSA, Henrique; SILVA, Jorge Cesa Ferreira da (Coord.). *A evolução do direito empresarial e obrigacional*: 18 anos do Código Civil. São Paulo: Quartier Latin, 2021, v. 1, p. 105.

se vê no Brasil é a utilização da desconsideração (e de outros meios de responsabilização de sócios e terceiros por obrigações sociais) de maneira frequente.[25] Aquilo que "era para ser medida excepcional, (...) passou a ser uma medida corriqueira, não raras vezes aplicada sem o devido cuidado com a presença de seus requisitos legais".[26]

Na seara trabalhista, objeto de estudo deste trabalho, a desconsideração da personalidade jurídica passou a ser utilizada não como instrumento excepcional, mas como regra de aplicação comum. Essa "tendência" surgiu com a Consolidação das Leis do Trabalho ("CLT") que, no §2º do art. 2º, ampliou a responsabilidade pelas dívidas trabalhistas a todas as sociedades integrantes do grupo econômico,[27] independentemente de qualquer conduta abusiva ou fraudulenta.[28] Para Rubens Requião, ao estender a responsabilidade aos integrantes de um grupo econômico de empresas, para os efeitos do direito social, a CLT nada mais fez do que admitir a aplicação da teoria da desconsideração da personalidade jurídica, visto que a aplicação às demais pessoas jurídicas do mesmo grupo "despreza e penetra o 'véu' que as encobre e individualiza, desconsiderando a personalidade independente

25. Como bem apontado por Eduardo Secchi Munhoz, "assistiu-se no Brasil a uma progressiva aplicação, de forma cada vez mais generalizada, do instituto da desconsideração da personalidade jurídica. Com isso, a imputação de responsabilidade por obrigações da sociedade a sócios ou administradores tem sido aplicada com enorme frequência". E o autor continua: "A ponto de gerar na realidade brasileira a percepção de que a responsabilização dos sócios ou administradores por obrigações da sociedade, em vez de exceção, transformou-se na regra. O remédio para a patologia – aplicação do instituto da desconsideração em situações de ilicitude ou abuso de direito – tornou-se uma panaceira, aplicada de forma indiscriminada" (MUNHOZ, Eduardo Secchi. A importância da sociedade personificada, com responsabilidade limitada e autonomia patrimonial para o desenvolvimento econômico: o ocaso de um truísmo. In: BARBOSA, Henrique; SILVA, Jorge Cesa Ferreira da (Coord.). *A evolução do direito empresarial e obrigacional*: 18 anos do Código Civil. São Paulo: Quartier Latin, 2021, v. 1, p. 108).

26. CRUZ, André Santa; MURRER, Carlos Augusto Motta. A desconsideração da personalidade jurídica no Código Civil: as evoluções empreendidas pela lei da liberdade econômica. In: BARBOSA, Henrique; SILVA, Jorge Cesa Ferreira da (Coord.). *A evolução do direito empresarial e obrigacional*: 18 anos do Código Civil. São Paulo: Quartier Latin, 2021, v. 1, p. 519.

27. A esse respeito, veja-se: VIVEIROS, Luciano. *CLT comentada*. 9. ed. Belo Horizonte: Fórum, 2018, p. 53.

28. De acordo com Bruno Meyerhof Salama, "[de] particular interesse foi a regra constante do art. 2º, § 2º, da CLT segundo o qual empresas do mesmo grupo econômico estariam obrigadas a responder solidariamente por dívidas surgidas em relações de emprego. Assim, se uma empresa inadimplisse suas obrigações de natureza trabalhista, as demais empresas integrantes do grupo econômico poderiam ser demandadas e responderiam solidariamente". O autor continua: "Trata-se, como se vê, de modalidade de responsabilização civil extracontratual objetiva: outras empresas do grupo arcam com dívidas trabalhistas de empresa inadimplente independentemente de terem realizado qualquer ação dolosa ou culposa. Consequentemente, na prática econômica, responder por dívidas trabalhistas de empresa do grupo passou a fazer parte do risco do negócio. Na doutrina jurídica, o tema foi entendidido como uma incorporação, pelo direito trabalhista, de um princípio da solidariedade entre empresas relacionadas a um memso grupo econômico" (SALAMA, Bruno Meyerhof. *O fim da responsabilidade limitada no Brasil*: história, direito e economia. São Paulo: Malheiros, 2014, p. 92-93).

de cada uma das subsidiárias".[29] Na verdade, o §2º do art. 2º da CLT criou uma exceção à responsabilidade limitada da sociedade empresária, permitindo sua responsabilização por dívidas de outras sociedades integrantes do mesmo grupo econômico, conforme definição da legislação trabalhista.

Apesar de a reforma promovida pela Lei 13.467/2017 ter buscado delimitar o conceito de grupo econômico para fins trabalhistas, incluindo o § 3º no art. 2º da CLT e exigindo a efetiva comunhão de interesses e a atuação conjunta das empresas integrantes do grupo, a fim de permitir a sua responsabilização solidária, nem sempre os juízes trabalhistas realizam uma análise dos referidos elementos, por vezes reconhecendo a existência de grupo econômico entre sociedades empresárias que não possuem nenhuma relação entre si (e.g., integrantes de um mesmo consórcio ou *joint venture* com o ex-empregador).[30-31]

Segundo Bruno Meyerhof Salama, a CLT trouxe regras de caráter geral que acabaram influenciando o regime societário como: (i) a admissão do contrato de trabalho tácito (art. 442, CLT); (ii) a irrelevância das alterações societárias para os contratos de trabalho (art. 10, CLT); e (iii) a criação de um regime específico para as cooperativas (art. 442, parágrafo único, CLT). Mas não é só: para o autor, a CLT cristalizou um "certo pensar que enxerga na relação de emprego um inerente perigo de exploração, senão a própria encarnação da exploração do mais fraco pelo mais forte", o que serviu de fundamento (equivocado, ao que parece) para afastar a personalidade jurídica, a responsabilidade limitada e a autonomia patrimonial.[32]

Embora trate da responsabilização das empresas integrantes do mesmo grupo econômico no art. 2º, §§2º e 3º, a CLT não tem um dispositivo que trate especificamente dos requisitos para a aplicação da teoria da desconsideração. Diante disso, e considerando que os arts. 8º, *caput* e parágrafo único, e 769 da CLT permitem o preenchimento de lacunas normativas com a aplicação das normas de direito comum, o art. 50 do CC deveria ser aplicado às relações trabalhistas,

---

29. REQUIÃO, Rubens. Abuso de direito e fraude através da personalidade jurídica (disregard doctrine). In: *Revista dos Tribunais*, São Paulo, v. 803, p. 751-764, set. 2002.
30. São diversos os casos nos quais a Justiça do Trabalho reconheceu o grupo econômico entre consorciadas, sem qualquer relação societária entre si, unicamente em razão da participação conjunta em um mesmo consórcio. A título exemplificativo: (i) TRT-1. AP nº 01003371020195010056. Relator: Des. José Nascimento Araújo Neto. 1ª Turma. Julgamento em 20.04.2021; (ii) TRT-1. AP nº 00111989520145010032. Relator: Des. Mario Sergio Medeiros Pinheiros. 1ª Turma. Julgamento em 23.07.2019; (iii) TRT-7. RO nº 00011804520165070010. Relatora: Des. Maria Roseli Mendes Alencar. 1ª Turma. Julgamento em 02.05.2019; entre outros.
31. Há julgados na Justiça do Trabalho que não exigem a instauração de incidente para o reconhecimento de grupo econômico: (i) TRT-1. AP nº 01011866820175010244. Relator: Des. Gustavo Tadeu Alkmim. 1ª Turma. Julgamento em 14.09.2021; (ii) TRT-2. AP nº 10011189820205020361. Relatora: Des. Maria de Fátima da Silva. 17ª Turma. Julgamento em 15.06.2021; entre outros.
32. SALAMA, Bruno Meyerhof. *O fim da responsabilidade limitada no Brasil*: história, direito e economia. São Paulo: Malheiros, 2014, p. 93-94.

de modo a possibilitar o decreto de desconsideração somente nas hipóteses de confusão patrimonial ou desvio de finalidade. Contudo, o que se vê na Justiça Trabalhista é a desconsideração da pessoa jurídica sem a observância do art. 50 do CC, buscando-se dar efetividade ao princípio da proteção integral do trabalhador e evitando qualquer obstáculo ao pagamento dos débitos trabalhistas. Ou seja, entende-se que "se a sociedade empresária não tiver patrimônio suficiente para suportar a execução de débitos trabalhistas, (...) deverão os sócios responder pelos débitos trabalhistas não pagos pela sociedade, devendo a execução recair no patrimônio particular dos respectivos sócios".[33]

Para desconsiderar a pessoa jurídica em caso de inadimplência do empregador,[34] a jurisprudência trabalhista tem aplicado a regra do §5º do art. 28 do CDC (embora se trate de norma de direito especial),[35] ao argumento de que se estaria protegendo a parte hipossuficiente na relação jurídica, no caso o empregado.[36] Dessa forma, para responsabilizar os sócios e administradores da sociedade empresária (e, por vezes, até mesmo terceiros que nada tem a ver com a empresa), bastaria a insuficiência do patrimônio da empresa.[37]

Até recentemente, os juízes trabalhistas decretavam a desconsideração da personalidade jurídica diretamente nos autos do processo trabalhista, sem nenhum contraditório, por vezes surpreendendo terceiros estranhos ao processo com ordens de bloqueio de bens. Com a edição da Lei 13.467/2017, o legislador inseriu na CLT o art. 855-A para exigir a prévia instauração de incidente de desconsideração, nos termos dos arts. 133 a 137 do Código de Processo Civil ("CPC"), com o objetivo de conferir a oportunidade de defesa aos terceiros cujo patrimônio se pretende alcançar para o pagamento dos débitos trabalhistas. Apesar disso, ainda é possível notar casos nos quais o juiz trabalhista levanta o véu da sociedade

---

33. CALÇAS, Manoel de Queiroz Pereira. *Sociedade limitada no novo código civil*. São Paulo: Atlas, 2003, p. 102-103.
34. BITTENCOURT, Flavia Belinger. Desconsideração da personalidade jurídica na justiça do trabalho à luz do direito civil constitucional e do código de defesa do consumidor. In: *Revista dos Tribunais – Rio de Janeiro*, São Paulo, v. 6-7-8, p. 211-242, jul.-dez. 2014.
35. BARBOSA, Marco Antonio. O novo código de processo civil: desconsideração da personalidade jurídica e a penhora on-line no processo do trabalho. In: *Revista de Direito do Trabalho*, São Paulo, v. 165, p. 197-213, set.-out. 2015.
36. A esse respeito, na jurisprudência trabalhista: (i) TRT-4. AP nº 00203108920175040003. Relatora: Des. Cleusa Regina Halfen. Seção Especializada em Execução. Julgamento em 24.08.2021; (ii) TRT-6. AGV nº 00003425820175060281. Relatora: Des. Virginia Malta Canavarro. 3ª Turma. Julgamento em 20.05.2021; (iii) TRT-1. AP nº 01007258420175010054. Relatora: Des. Dalva Amélia de Oliveira Munoz Correia. 8ª Turma. Julgamento em 16.09.2020; entre outros.
37. Nesse sentido, na jurisprudência trabalhista: (i) TRT-3. AP nº 0010379-04.2015.5.03.0054. Relator: Des. Marco Antonio Paulinelli Carvalho. 11ª Turma. Julgamento em 02.12.2021; (ii) TRT-1. AP nº 0100600-96.2020.5.01.0059. Relator: Des. Roberto Norris. 4ª Turma. Julgamento em 30.11.2021; (iii) TRT-1. AP nº 0101439-62.2016.5.01.0027. Relator: Des. Enoque Ribeiro dos Santos. 5ª Turma. Julgamento em 24.11.2021; entre outros.

empresária de sopetão, sem a instauração de incidente e sem a prévia oitiva dos interessados, em total desrespeito à própria lei trabalhista.[38]

Na contramão das recentes mudanças na legislação trabalhista, o que se observa é que existem juízes trabalhistas (não todos, obviamente) que continuam a privilegiar a satisfação do ex-empregado, em uma tentativa de proteger a parte hipossuficiente na relação jurídica, em detrimento de previsões legais expressas e em total desrespeito aos princípios da responsabilidade limitada e da autonomia patrimonial das sociedades empresárias. Isso se dá tanto por meio da responsabilização solidária via reconhecimento de grupo econômico, como via desconsideração da personalidade jurídica. Nesse cenário, para Eduardo Secchi Munhoz, "pode-se afirmar, sem exagero, que a realidade brasileira atual é de um surpreendente desprezo por institutos basilares do desenvolvimento do direito comercial e intrinsecamente relacionados com o estímulo ao investimento, ao financiamento e ao empreendedorismo", o que pode ter "impactos altamente negativos para o desenvolvimento econômico brasileiro".[39]

Embora pareça um contrassenso, esse problema se torna ainda mais grave quando o empregador passa por situação de crise econômico-financeira e precisa se utilizar do instituto da recuperação judicial para superar suas dificuldades.

2. O PROBLEMA DOS CRÉDITOS TRABALHISTAS NA RECUPERAÇÃO JUDICIAL

A Lei 11.101/2005 conferiu tratamento especial aos créditos trabalhistas, devido a sua situação de hipossuficiência e vulnerabilidade, quando comparados aos demais créditos submetidos ao processo de recuperação judicial. Em decorrência disso, a lei impõe algumas restrições ao devedor na elaboração do plano de recuperação judicial (e aos credores, em caso de plano alternativo), de modo a proteger interesses de trabalhadores e ex-trabalhadores: (i) os créditos trabalhistas de natureza estritamente salarial vencidos nos 3 meses anteriores ao pedido de recuperação devem ser pagos em até 30 dias, respeitado o limite de 5 salários-mínimos (art. 54, § 1º), (ii) os créditos trabalhistas devem ser pagos em período de até 1 ano (art. 54, *caput*), e (iii) o prazo de 1 ano de pagamento pode ser ampliado em até 2 anos se a classe de credores trabalhistas aprovar o plano,

38. Vale conferir: (i) TRT-4. AP nº 00203013220185040282. Relatora: Des. Lucia Ehrenbrink. Seção Especializada em Execução. Julgamento em 17.08.2020; (ii) TRT-12. AP nº 00001751820195120018. Relator: Des. Wanderley Godoy Junior. 1ª Câmara. Julgamento em 22.07.2020; entre outros.

39. MUNHOZ, Eduardo Secchi. A importância da sociedade personificada, com responsabilidade limitada e autonomia patrimonial para o desenvolvimento econômico: o ocaso de um truísmo. In: BARBOSA, Henrique; SILVA, Jorge Cesa Ferreira da (Coord.). *A evolução do direito empresarial e obrigacional*: 18 anos do Código Civil. São Paulo: Quartier Latin, 2021, v. 1, p. 110.

se forem oferecidas garantias julgadas suficientes pelo juiz e se for realizado o pagamento integral dos créditos, sem deságio (art. 54, §2º).[40]

Aliás, nesse ponto é importante destacar o estudo realizado pelo Observatório da Insolvência do Núcleo de Estudos de Processos de Insolvência ("NEPI") da Pontifícia Universidade Católica de São Paulo ("PUC-SP"), em conjunto com a Associação Brasileira de Jurimetria ("ABJ"), no qual foram analisadas diversas variáveis em 1194 processos de recuperação judicial em trâmite no Estado de São Paulo, entre janeiro de 2010 e julho de 2017. O estudo identificou 548 planos de recuperação judicial aprovados, com credores trabalhistas em 86,6% dos planos e a previsão de deságio em 12,4% dos casos, com desconto médio de 38,4%.[41]

No Observatório da Insolvência envolvendo os processos de recuperação judicial do Estado do Rio de Janeiro, os resultados não foram substancialmente diferentes. Foram analisados 208 processos de recuperação judicial, entre janeiro de 2010 e dezembro de 2018, dos quais 79 tiveram os planos de recuperação aprovados. Observou-se a presença de credores trabalhistas em 70,5% dos planos e a previsão de deságio em 21,3% dos casos, com desconto médio de 40,3%.[42]

Ou seja, antes mesmo da alteração legislativa promovida pela Lei 14.112/2020 no art. 54, já se podia observar a previsão de deságios para pagamento dos créditos trabalhistas. Com o novo § 2º do art. 54, agora também possível prever o pagamento dos credores trabalhistas em até 3 anos, mas sem desconto.

Além disso, a Lei 11.101/2005 confere tratamento especial aos credores trabalhistas ao prever a votação por cabeça na Classe I (art. 45, § 2º). Significa dizer que a maioria simples dos credores presentes na assembleia geral é suficiente para a aprovação do plano de recuperação, desconsiderando-se o volume de cada crédito. Trata-se de opção do legislador para promover o tratamento igualitário dos credores trabalhistas, que, independentemente do valor do seu crédito, terão direito a votar com o mesmo peso na deliberação acerca do plano.

Iniciado o processo de recuperação judicial, os credores trabalhistas titulares de créditos sujeitos, tanto empregados ativos como ex-empregados, devem ter seus créditos satisfeitos na forma do plano de recuperação, observando-se as

40. Controverte-se quanto à interpretação devida ao art. 54, §2º, da Lei nº 11.101/2005, se o prazo total seria de 2 anos (COELHO, Fabio Ulhoa. *Comentários a lei de falências e recuperação de empresas*. 15 ed. São Paulo: Revista dos Tribunais, 2021, p. 226) ou de 3 anos (SACRAMONE, Marcelo Barbosa. *Comentários à lei de recuperação de empresas e falência*. 2 ed. São Paulo: Saraiva, 2021, p. 318).

41. WAISBERG, Ivo; SACRAMONE, Marcelo Barbosa; NUNES, Marcelo Guedes; CORRÊA, Fernando. *Recuperação judicial no Estado de São Paulo – 2ª fase do Observatório da Insolvência*. São Paulo, maio 2021. Disponível em: <https://bit.ly/3fxCU1R>, p. 39-40.

42. WAISBERG, Ivo; BUMACHAR, Juliana; LOSS, Juliana; SACRAMONE, Marcelo Barbosa; NUNES, Marcelo Guedes. *Processos de recuperação judicial no Rio de Janeiro – Observatório da Insolvência*. São Paulo, jun. 2021. Disponível em: https://bit.ly/3iff64o, p. 40-41.

regras de direito concursal que objetivam resolver o problema de ação coletiva e a corrida desordenada pelos ativos da empresa.

O problema é que, como se viu anteriormente, a proteção trazida pela suspensão das execuções na recuperação judicial abrange tão somente a empresa recuperanda e as exceções à responsabilidade limitada e autonomia patrimonial da sociedade empresária, notadamente no que diz respeito aos créditos trabalhistas, permitem que o patrimônio de terceiros seja alcançado para satisfazer dívidas submetidas ao processo de recuperação.

Ou seja, na hipótese de uma empresa em recuperação judicial que possui relevante passivo trabalhista, assim que protocolado o pedido de recuperação, os credores trabalhistas se veem diante de um cenário de incerteza: não sabem quanto receberão (se haverá deságio, ou não), nem quando receberão (em 1 ano ou até 3 anos). Diante disso, os credores trabalhistas costumam modificar a estratégia nas reclamações e execuções trabalhistas e a buscar a satisfação de seus créditos perante os sócios e os administradores (via desconsideração da personalidade jurídica), outras empresas integrantes do mesmo grupo econômico (via reconhecimento de responsabilidade solidária das empresas do grupo econômico) e até mesmo terceiros que nenhuma relação têm com o devedor originário.

Isso significa que determinados credores trabalhistas podem receber os seus créditos antes dos demais credores situados na mesma posição jurídica, e podem ser satisfeitos integralmente enquanto seus pares recebem com deságio, caso o plano assim preveja. Isso também significa um desvio de atenção e foco do controlador e dos administradores, na medida em que envidarão esforços e gastarão tempo e recursos para que seus patrimônios não sejam atingidos, em vez de se concentrarem no projeto de soerguimento da empresa e na negociação com os credores. E mais, na hipótese em que se pretende atingir o patrimônio de terceiros que não integram o mesmo grupo econômico (a exemplo da empresa integrante de um mesmo consórcio ou *joint venture* com o devedor), gera-se insegurança jurídica e se sinaliza para o mercado um aumento no risco de contratação com a empresa em recuperação.

A preocupação dos sócios, controladores e terceiros que podem ser responsabilizados pelo pagamento do crédito trabalhista se agrava, visto que existe corrente de entendimento, ainda que não consolidada, reconhecendo a sub-rogação destes na posição do credor trabalhista. Para os adeptos dessa corrente, o credor sub-rogado deveria receber seu pagamento na forma do plano de recuperação, nas mesmas condições dos demais credores trabalhistas, vestindo os "sapatos" do empregado.[43] O problema, nesse caso, é que, como se viu, de uns tempos para cá

43. A esse respeito, vale conferir: SACRAMONE, Marcelo Barbosa; PIVA, Fernanda Neves. O pagamento dos débitos da recuperanda: a sub-rogação e o direito de regresso na recuperação judicial. In: YARSHELL,

as propostas de pagamento para a Classe I por vezes têm previsto deságio,[44] por vezes têm previsto um valor máximo (e.g., 150 salários mínimos) a ser pago como crédito trabalhista, com o saldo remanescente enquadrado e pago como crédito quirografário (i.e., com deságio, alongamento etc.).[45] Imagine-se a situação de um investidor estrangeiro que participa de uma *joint venture* com a empresa em recuperação, é obrigado a satisfazer a dívida de credores trabalhistas da recuperanda e não consegue reaver o valor integral pago aos referidos credores: tal investidor voltará a investir e a empreender no Brasil?

Não só isso, permitir que determinados credores trabalhistas recebam seus créditos de maneira diferente dos demais credores que se encontram na mesma situação representa uma subversão de um dos objetivos do direito concursal: o tratamento igualitário dos credores.

Além da superação da responsabilidade limitada e da autonomia patrimonial pela desconsideração da personalidade jurídica das empresas em recuperação judicial, ou pelo reconhecimento de grupo econômico, em linha com o que foi exposto anteriormente, os credores trabalhistas têm utilizado outros expedientes para burlar o princípio da responsabilidade limitada e perseguir a satisfação dos seus créditos, o que se passa a analisar na sequência.

2.1 A sucessão na venda de ativos e o reconhecimento de grupo econômico pela Justiça do Trabalho

O parágrafo único do art. 60 da Lei 11.101/2005 foi incluído pelo legislador com o objetivo de estimular a venda de filiais ou unidades produtivas isoladas em processos de recuperação judicial, ao afastar a sucessão do adquirente nas obrigações e dívidas da empresa em recuperação. Buscou-se criar um ambiente propício à continuidade da atividade empresária nas mãos de um novo empresário, em linha com o objetivo da lei de proteger a empresa, e não o empresário. Para Ivo Waisberg, "os objetivos centrais da norma são claros: incentivar a venda de bens da empresa em recuperação, protegendo o adquirente e fazendo com que a atividade econômica ligada àqueles bens prossiga, ao menos parcialmente".[46]

Flávio Luiz; PEREIRA, Guilherme Setoguti J. (Coord.). *Processo societário III*. São Paulo: Quartier Latin, 2018, p. 494-496.

44. A nova redação do art. 54 da Lei nº 11.101/2005, introduzida pela Lei nº 14.112/2020, permite extrair a interpretação de que a lei admite a imposição de deságio na Classe I, desde que aprovado pelos credores. Aliás, esse entendimento já podia ser visto na jurisprudência antes mesmo da alteração legislativa, a exemplo do caso do Grupo Somar: TJSP. AI nº 2141890-05.2014.8.26.0000. Relator: Des. Carlos Alberto Garbi. 2ª Câmara Reservada de Direito Empresarial. Julgamento em 21.10.2015.
45. Sobre a possibilidade de o plano de recuperação prever um limite para o pagamento na Classe I, veja-se: STJ. REsp nº 1.649.774/SP. Relator: Min. Marco Aurélio Bellizze. 3ª Turma. Julgamento em 12.02.2019.
46. WAISBERG, Ivo. Da não sucessão pelo adquirente por dívidas trabalhistas e tributárias na aquisição de unidades produtivas isoladas perante a lei 11.101/2005. In: *Revista de Direito Empresarial e Recupe-*

Essa regra de blindagem patrimonial visa a maximizar o valor dos ativos,[47] a reduzir custos de transação (e.g., deixa de ser necessária a auditoria das obrigações e dos passivos pretéritos do devedor) e a oferecer maior segurança jurídica aos compradores de *distressed assets*. Mas, mesmo diante da clareza do parágrafo único do art. 60, logo depois da edição da Lei 11.101/2005, alguns juízes do trabalho começaram a reconhecer a sucessão trabalhista pelos adquirentes de unidades produtivas isoladas, contrariando diretamente o comando legal.[48]

A constitucionalidade do art. 60 chegou a ser questionada na ADI 3.934/DF, o que levou o Supremo Tribunal Federal ("STF") a reconhecer a higidez da norma e a admitir a possibilidade de a lei afastar a sucessão do adquirente, principalmente com fundamento nos valores que norteiam a Lei 11.101/2005.[49] Ainda assim, a questão não foi inteiramente superada pelos Tribunais Regionais do Trabalho,[50] embora existam julgados do Tribunal Superior do Trabalho ("TST") seguindo a orientação do STF[51] e o Superior Tribunal de Justiça ("STJ") venha exercendo o seu papel ao decidir conflitos de competência afastando a possibilidade de a questão sequer ser discutida por juízes do trabalho.[52]

Firmou-se o entendimento de que a competência da Justiça do Trabalho se limita a decidir a reclamação trabalhista para reconhecer a existência do crédito e identificar o seu valor, sem a possibilidade de reconhecer a sucessão do adquirente da unidade produtiva e determinar que tal adquirente satisfaça o crédito trabalhista.[53] Caso o juiz trabalhista pratique (ou ao menos tente praticar) atos de constrição e expropriação patrimonial em face do terceiro adquirente, a jurisprudência

---

racional, São Paulo, v. 1, n. 0, p. 159-171, jan.-mar. 2010, p. 160. Confira-se também: BARROS NETO, Geraldo Fonseca de. *Reforma da lei de recuperação judicial e falência:* comentada e comparada. Rio de Janeiro: Forense, 2021, p. 97.

47. OLIVEIRA FILHO, Ivanildo de Figueiredo Andrade de. *Avaliação de resultados e efetividade nos processos de recuperação judicial de médias e grandes empresas (2005-2017):* análise de casos e pesquisa perceptiva com magistrados e operadores do direito. 2018. 169f. Relatório (Pós-Doutorado em Direito Comercial) – Faculdade de Direito, Universidade de São Paulo, São Paulo, 2018, p. 112.
48. A esse respeito, veja-se: WAMBIER, Teresa Arruda Alvim. A *vis attractiva* do juízo da vara empresarial. Créditos trabalhistas. Sucessão da empresa em regime de recuperação. In: WALD, Arnoldo. (Coord.). *Doutrinas essenciais de direito empresarial.* São Paulo: Revista dos Tribunais, 2010, v. 6, p. 873-894.
49. STF. ADI nº 3.934/DF. Relator: Min. Ricardo Lewandowski. Tribunal Pleno. Julgamento em 27.05.2009.
50. Para uma análise da discussão, confira-se: AMADO, Renata Martins de Oliveira; MAGGIO, Renato Gomes Ribeiro. Necessárias mudanças para alienação de ativos por empresas em recuperação judicial. In: *Revista de Direito Recuperacional e Empresa*, São Paulo, v. 6, out.-dez. 2017.
51. Vale conferir: (i) TST. ARR nº 104700-36.2007.5.05.0028. Relator: Min. Guilherme Augusto Caputo Bastos. 4ª Turma. Julgamento em 29.05.2019; (ii) TST. RR nº 204-92.2010.5.01.0017. Relator: Min. Guilherme Augusto Caputo Bastos. 4ª Turma. Julgamento em 18.12.2018; (iii) TST. RR nº 2128-81.2010.5.02.0318. Relatora: Des. Convocada: Cilene Ferreira Amaro Santos. 4ª Turma. Julgamento em 07.06.2017; entre outros.
52. Veja-se: STJ. AgRg no CC nº 93.778/RJ. Relator: Min. Massami Uyeda. 2ª Seção. Julgamento em 14.10.2009.
53. WAMBIER, op. cit., p. 873-894.

do STJ passou a admitir o conflito de competência para declarar a competência exclusiva do juízo da recuperação judicial para decidir sobre eventual sucessão.[54]

Diante da consolidação do entendimento do STJ, a Justiça do Trabalho alterou sua postura: em vez de reconhecer a sucessão do terceiro adquirente, alguns juízes trabalhistas passaram a reconhecer a existência de grupo econômico, nos termos do art. 2º, §2º, da CLT, e a afirmar a responsabilidade solidária do terceiro adquirente com a empresa recuperanda.[55] Como a CLT confere ao juiz trabalhista a competência para reconhecer a existência de grupo econômico, o STJ passou a entender que o juízo da recuperação não seria competente para decidir a matéria, ainda que implique em sucessão do terceiro adquirente por via transversa. Esse entendimento pode ser visto nos casos da Mobilitá Comércio, Indústria e Representações Ltda. ("Mobilitá"),[56] conhecida anteriormente pela operação da varejista Casa & Vídeo, e da Viação Aérea Rio-Grandense ("Varig"),[57] em razão da estrutura utilizada para a alienação da unidade produtiva isolada no curso do processo de recuperação judicial, por meio do *drop down* do ativo para uma nova sociedade e a sua alienação subsequente.[58]

Assim, por meio desse "expediente" da Justiça do Trabalho, possibilitou-se ao credor trabalhista satisfazer-se diretamente perante o terceiro adquirente, sem se sujeitar aos prazos e condições de pagamento previstos no plano de recuperação do devedor. Conquanto tal saída tenha o evidente propósito de contornar o entendimento do STJ sobre a competência do juízo da recuperação acerca da sucessão na venda de ativos, a Corte Superior admitiu essa nova qualificação jurídica, permitindo ainda que, indiretamente, a extensão da responsabilidade trabalhista ao adquirente da unidade produtiva isolada.

---

54. Nesse sentido: (i) STJ. CC nº 149.659/RJ. Relator: Min. Marco Buzzi. Julgamento monocrático em 17.02.2017; (ii) STJ. CC nº 148.768/SP. Relator: Min. Marco Aurélio Bellizze. Julgamento monocrático em 07.12.2016; entre outros.
55. A aplicação do conceito de grupo econômico ao adquirente de unidade produtiva isolada não encontra respaldo no já referido §3º do art. 2º da CLT, incluído no ordenamento trabalhista a partir da recente reforma promovida pela Lei nº 13.467/2017. Isso, porque tal norma exige a necessária e efetiva comunhão de interesses e a atuação conjunta das empresas integrantes do grupo. Como regra, não há nenhuma relação entre o adquirente e o devedor em recuperação judicial, nem menos há como se presumir a comunhão de interesses ou a atuação conjunta nessa hipótese.
56. Envolvendo a Mobilitá e a Casa & Vídeo, confira-se, entre outros: STJ. Rcl nº 28.515/RJ. Relator: Min. Paulo de Tarso Sanseverino. Julgamento monocrático em 16.02.2017.
57. A respeito da Varig, veja-se, entre outros: STJ. CC nº 146.844/RJ. Relator: Min. Marco Buzzi. Julgamento monocrático em 30.11.2016.
58. Essa operação é bastante comum, vale conferir: LUCCA, Newton de; DEZEM, Renata Mota Maciel. A venda de ativos na recuperação judicial e os reflexos no âmbito dos registros públicos. In: MENDES, Bernardo Bicalho Alvarenga (Coord.). *Aspectos polêmicos e atuais da lei de recuperação de empresas.* Belo Horizonte: D'Plácido, 2016, p. 387-388. Veja-se também: TEPEDINO, Ricardo. O trespasse para subsidiária (drop down). In: CASTRO, Rodrigo R. Monteiro de; ARAGÃO, Leandro Santos de (Coord.). *Direito societário e a nova lei de falências e recuperação de empresas.* São Paulo: Quartier Latin, 2006, p. 64-65.

Se parece com um pato, nada como um pato e grasna como um pato, então provavelmente se está diante de um pato, certo? No caso em análise, o STJ tem entendido que não. A verdade é que a responsabilização do terceiro adquirente por meio da caracterização de grupo econômico não passa de um expediente para burlar o sistema de proteção criado pela Lei 11.101/2005, para fomentar a competitividade na venda de ativos e propiciar ofertas maiores pelos ativos postos à venda. Trata-se de entendimento que faz letra morta de diversos dispositivos da Lei 11.101/2005, em especial ao parágrafo único do art. 60, já mencionado, e ao art. 141, § 2º, que dispõe que os "empregados do devedor contratados pelo arrematante serão admitidos mediante novos contratos de trabalho e o arrematante não responde por obrigações decorrentes do contrato anterior".

Tem-se, aqui, a esdrúxula situação em que um terceiro adquirente é responsabilizado por passivos trabalhistas simplesmente por ter arrematado uma sociedade empresária constituída nos termos do plano de recuperação, o qual foi aprovado pela assembleia geral de credores e referendado por decisão judicial. E o mais grave, tal venda é realizada com o objetivo específico de levantar recursos para garantir a continuidade da atividade empresária remanescente e para realizar o pagamento aos credores (inclusive os trabalhistas).

Recentemente, ao julgar recurso envolvendo a Varig, o TST não admitiu o reconhecimento da sucessão do adquirente de unidade produtiva e afirmou, em *obiter dictum*, que é "indevida a atribuição de responsabilidade solidária à empresa que adquiriu a unidade produtiva, livre de qualquer ônus por força de dispositivos legais, com base na existência de grupo econômico".[59] Embora o TST aparente adotar posição favorável à proteção do terceiro adquirente, inclusive quanto à declaração de grupo econômico, alguns juízes trabalhistas podem não acompanhar essa orientação em privilégio do entendimento mais favorável aos trabalhadores,[60] e pode ser que a reforma de eventuais decisões negativas demore tempo considerável. Isso, por si só, já é suficiente para gerar insegurança e incerteza, afastando investidores e potenciais interessados na aquisição de *distressed assets* no Brasil.

Dito de outro modo, o entendimento adotado por alguns órgãos da Justiça do Trabalho é diametralmente oposto ao objetivo perseguido pelo legislador ao prever a blindagem patrimonial do terceiro adquirente. Mina-se a segurança jurídica, impede-se a maximização do valor dos ativos e se aumentam os custos de transação, na medida em que os potenciais adquirentes terão que despender

---

59. TST. RR nº 96500-79.2008.5.01.0072. Relator: Min. Walmir Oliveira da Costa. 1ª Turma. Julgamento em 27.03.2019.
60. A título exemplificativo, no caso da Varig, confira-se: TRT-4. RO nº 00012307820135040004. Relator: Des. Cláudio Antônio Cassou Barbosa. 3ª Turma. Julgamento em 12.05.2015.

tempo e recursos para avaliar os passivos trabalhistas do devedor, consequentemente ocasionando uma oferta inferior pelo ativo, refletindo sua potencial exposição. Esses incentivos negativos acabam por desestimular a venda de ativos na recuperação judicial.[61]

Mas não é só. Ainda no caso da Mobilitá e da Casa & Vídeo, além de reconhecer a competência do juiz trabalhista para declarar a existência de grupo econômico, o STJ entendeu que a sentença de encerramento do processo de recuperação judicial inviabilizaria a instauração de conflito de competência com a Justiça do Trabalho, devido à ausência de perigo de decisões conflitantes.[62] Em outro caso, o STJ afirmou que o juízo da recuperação permaneceria competente apenas enquanto não houvesse o trânsito em julgado da sentença de encerramento.[63]

O entendimento é criticável do ponto de vista prático. Mesmo com o encerramento do processo, o juízo trabalhista não tem condições de apreciar a questão da sucessão do adquirente. Esse exame cabe ao juízo da recuperação, considerando sua especialização no assunto e a sua familiaridade com o processo. O entendimento adotado pelo STJ desestimula o devedor a requerer o encerramento do processo, como medida de proteção do terceiro adquirente, e incentiva a eternização da recuperação judicial. Isso, é claro, além de produzir os mesmos incentivos negativos mencionados anteriormente.

No fim das contas, vê-se um indevido alargamento das exceções à responsabilidade limitada e à autonomia patrimonial, por vezes com base em uma interpretação relaxada dos requisitos legais (i.e., caracterização de grupo econômico, independente dos requisitos dos §§2º e 3º do art. 2º da CLT), por vezes por uma interpretação *contra legem* (i.e., reconhecimento de sucessão do terceiro adquirente), de modo a estender a terceiros a responsabilidade por dívidas trabalhistas. Nunca é demais lembrar que é a transferência da atividade empresarial que, em última análise, permite a preservação dos postos de trabalho e da atividade econômica, de modo que a insegurança produzida por esse entendimento é contraditória com os próprios interesses dos trabalhadores.

---

61. Como dizia George A. Akerlof, se o comprador não tem condições de saber se um ativo é bom ou ruim, a tendência é que esteja disposto a pagar o preço de um ativo ruim, o que ocasiona a seleção adversa e os proprietários de ativos de boa qualidade são desestimulados a colocá-los à venda (AKERLOF, George A. The market for "lemons": quality uncertainty and the market mechanism. In: *The Quarterly Journal of Economics*, [*s. l.*], v. 84, n. 3, p. 488-500, ago. 1970, p. 489). Veja-se também: AYOUB, Luiz Roberto; CAVALLI, Cássio. *A construção jurisprudencial da recuperação judicial de empresas*. Rio de Janeiro: Forense, 2013, p. 94.
62. Veja-se, exemplificativamente: "Com o encerramento da recuperação judicial, não há que se falar em conflito de competência entre o juízo falimentar e o trabalhista a ser dirimido" (STJ. AgRg nos EDcl no CC nº 136.970/DF. Relator: Min. Moura Ribeiro. 2ª Seção. Julgamento em 08.06.2016).
63. STJ. AgInt no REsp nº 1.554.555/DF. Relator: Min. Marco Aurélio Bellizze. 3ª Turma. Julgamento em 25.10.2016.

Apesar desse cenário, pode-se vislumbrar na recente reforma introduzida pela Lei 14.112/2020 uma possível solução para o problema dos créditos trabalhistas na recuperação judicial, resguardando a responsabilidade limitada e a autonomia patrimonial da sociedade empresária devedora e evitando um desvio dos objetivos do direito concursal.

3. UMA POSSÍVEL SOLUÇÃO: A VEDAÇÃO À IMPUTAÇÃO DE RESPONSABILIDADE PREVISTA NO ART. 6º-C DA LEI 11.101/2005

A Lei 14.112/2020 teve por objetivo reformar a Lei 11.101/2005 e trazer diversos aprimoramentos ao regime de recuperação judicial, recuperação extrajudicial e falência. Entre as novidades está o art. 6º-C, segundo o qual é "vedada atribuição de responsabilidade a terceiros em decorrência do mero inadimplemento de obrigações do devedor falido ou em recuperação judicial, ressalvada a hipótese de prestação de garantia fidejussória".[64] Esse dispositivo estabelece que o simples inadimplemento de obrigações do devedor não é suficiente para estender a responsabilidade para terceiros.

A alteração legislativa é mais uma tentativa do legislador de revitalizar os institutos da personalidade jurídica, da responsabilidade limitada e da autonomia patrimonial.

Nos últimos anos, a edição do Novo CPC em 2015 trouxe os arts. 133 a 137 para exigir a prévia instauração de incidente de desconsideração da personalidade jurídica, com contraditório e ampla defesa, antes que se possa praticar atos constritivos e expropriatórios sobre o patrimônio de terceiros. Em 2017, a reforma trabalhista promovida pela já mencionada Lei 13.467 incluiu o art. 855-A na CLT para prever expressamente que a desconsideração na Justiça do Trabalho deve observar o procedimento previsto no Novo CPC. Em 2019, a Lei 13.874, conhecida como a Lei de Liberdade Econômica, inseriu dispositivos no Código Civil com o objetivo de "relembrar" aos operadores do direito que a pessoa jurídica tem patrimônio autônomo dos seus membros (art. 49-A) e que a responsabilidade limitada da sociedade empresária deve ser respeitada, ao buscar enrijecer as regras para a aplicação da teoria da desconsideração (art. 50, *caput*, e §§ 1º a 4º), inclusive afirmando, no §4º do art. 50, que a "mera existência de grupo econômi-

---

64. Segundo Marcelo Barbosa Sacramone, a "responsabilização secundária dos sócios e/ou administradores por dívidas contraídas pela pessoa jurídica, fora das hipóteses de fraude, resultaria em benefício de alguns credores em detrimento do restante da coletividade, o que os desincentivaria a negociar coletivamente. Mas não apenas. A desconsideração da personalidade jurídica em virtude do mero inadimplemento prejudicaria o próprio incentivo a empreender e a arriscar, o que comprometeria, de forma mediata, todo o desenvolvimento econômico nacional e o próprio interesse do microssistema que se procuraria proteger" (SACRAMONE, Marcelo Barbosa. *Comentários à lei de recuperação de empresas e falência*. 2 ed. São Paulo: Saraiva Educação, 2021, p. 113).

co sem a presença dos requisitos de que trata o *caput* deste artigo não autoriza a desconsideração da personalidade da pessoa jurídica". Recentemente, em 2020, a Lei 14.112 inseriu o art. 6º-C para criar uma limitação de responsabilidade ainda mais evidente para as empresas em recuperação judicial ou falidas.[65]

A regra do art. 6º-C é propositalmente genérica, sem mencionar a desconsideração da personalidade jurídica ou o reconhecimento de grupo econômico, justamente com o objetivo de se aplicar a toda e qualquer situação na qual se pretenda responsabilizar um terceiro pelo mero inadimplemento de dívidas da empresa em recuperação judicial.[66] Trata-se de norma especial que tem por objetivo regular especificamente a situação do devedor em recuperação judicial e evitar que os objetivos do direito concursal sejam subvertidos e, ainda, que o próprio instituto seja inutilizado. Além disso, busca-se minimizar o risco sistêmico que a crise econômico-financeira de uma empresa pode ocasionar, notadamente em relação aos seus parceiros comerciais (e.g., consórcios, *joint ventures*, franquias, ou outros acertos contratuais).[67]

As normas de direito comercial, e em especial de direito concursal, não podem ser dissociadas de sua função econômica. Como já dizia Tullio Ascarelli, "[n]ão será possível entender um instituto jurídico sem identificar a função que se destina a desempenhar, nem o avaliar criticamente sem identificar a função realmente desempenhada".[68] Desse modo, há que se "interpretar os institutos jurídicos a partir da sua instrumentalidade em relação a funções econômicas, pondo ênfase nas relações entre direito e economia".[69] Dito de outra forma, é

---

65. O art. 6º-C "insere-se em um movimento de política legislativa que busca resgatar o valor do instituto da limitação de responsabilidade no país, impedindo a atribuição a terceiros das dívidas de uma sociedade limitada, de modo arbitrário e irrazoável" (CAMILO JUNIOR, Ruy Pereira. In: TOLEDO, Paulo Fernando Campos Salles de (Coord.). *Comentários à lei de recuperação de empresas*. São Paulo: Revista dos Tribunais, 2021, p. 121).
66. É o que defende Ruy Pereira Camilo Junior: "A norma do artigo 6º-C complementa o artigo 50 CC, ao explicitar, relativamente às empresas em recuperação ou falidas, a absoluta ilegalidade de se pretender atribuir a terceiros – sejam eles sócios, ex-sócios, administradores, ex-administradores, empresas coligadas, controladas, controladoras ou consorciadas ou meras parceiras comerciais –, responsabilidade por dívidas concursais em decorrência do mero inadimplemento". E o autor continua, para afirmar que "[e]ssa norma se aplica a toda e qualquer obrigação do devedor em recuperação ou falido – inclusive as trabalhistas e fiscais [...]" (Ibidem, p. 122).
67. Outros comentários apenas mencionam a desconsideração da personalidade jurídica na forma da teoria menor, mas sem excluir outras formas de responsabilização do alcance do art. 6º-C: (i) COELHO, Fábio Ulhoa. *Comentários à lei de falências e de recuperação de empresas*. 15 ed. São Paulo: Revista dos Tribunais, 2021, p. 77; (ii) BEZERRA FILHO, Manoel Justino. *Lei de recuperação de empresas e falência*: Lei 11.101/2005: comentada artigo por artigo. 15 ed. São Paulo: Revista dos Tribunais, 2021, p. 113; e (iii) TOMAZETTE, Marlon. *Comentários à reforma da lei de recuperação de empresas e falência*. Indaiatuba-SP: Foco, 2021, p. 105.
68. ASCARELLI, Tullio. Funzioni economiche e istituti giuridici nella tecnica dell'interpretazione. In: ASCARELLI, Tullio (Coord.). *Saggi giuridici*. Milano: Giuffrè, 1949, p. 87
69. CAVALLI, Cássio. *Empresa, direito e economia*. Rio de Janeiro: Forense, 2013, p. 219.

necessário buscar a função econômica por trás das normas da Lei 11.101/2005 e do regime de insolvência empresarial como um todo.[70] Considerando o contexto de revitalização da responsabilidade limitada e da autonomia patrimonial em que se insere, pode-se dizer que o art. 6º-C tem o evidente objetivo de proteger e fomentar o investimento, o financiamento e o empreendedorismo – e, em última análise, o desenvolvimento econômico do país.[71-72]

Por se tratar de norma prevista na Lei 11.101/2005, e devido à sua natureza especial em relação a normas gerais de outras áreas do direito, faz sentido que o juízo da recuperação tenha a competência exclusiva para assegurar a sua observância, inclusive determinando expressamente que outros juízos se abstenham de responsabilizar terceiros pelo mero inadimplemento de obrigações e dívidas do devedor em recuperação. Caso a Justiça do Trabalho (ou qualquer outro juízo) decida de maneira diferente, caberia suscitar conflito de competência perante o STJ para que se reconheça a competência do juízo da recuperação.

Em uma primeira análise, à luz da jurisprudência do STJ firmada até o momento e mencionada ao longo deste trabalho, essa estratégia poderia ser prejudicada pelo encerramento do processo de recuperação judicial, o que tende ocorrer mais rapidamente com a nova redação do art. 61 da Lei 11.101/2005. O novo dispositivo permite o encerramento do processo de recuperação judicial de maneira concomitante com a homologação do plano, ou até o prazo de 2 anos, conforme faculdade conferida ao devedor e aos credores. Significa que, em certas situações, o processo de recuperação pode se encerrar antes mesmo da conclusão da venda de ativos. Haveria aqui o fim do exercício da atividade jurisdicional pelo juízo da recuperação?

A resposta, ao que parece, é negativa. Isso, porque a nova dinâmica do encerramento do processo de recuperação introduzida pela lei tornou evidente que a competência do juízo da recuperação, para determinados atos, permanece mesmo depois do trânsito em julgado da sentença de encerramento.

---

70. É o que diz Eduardo Secchi Munhoz: "A falta de compreensão quanto à finalidade econômica e social da norma jurídica, levando a uma interpretação baseada apenas em aspectos formais, baseada nas chamadas 'naturezas jurídicas', é incompatível com a própria evolução do direito comercial e seus objetivos. Por isso, essa visão há de ser superada por uma aplicação do direito comercial mais atenta às suas finalidades econômicas e sociais, que estão na raiz dos seus principais institutos jurídicos" (MUNHOZ, Eduardo Secchi. A importância da sociedade personificada, com responsabilidade limitada e autonomia patrimonial para o desenvolvimento econômico: o ocaso de um truísmo. In: BARBOSA, Henrique; SILVA, Jorge Cesa Ferreira da (Coord.). *A evolução do direito empresarial e obrigacional*: 18 anos do Código Civil. São Paulo: Quartier Latin, 2021, v. 1, p. 107).

71. Ibidem.

72. Sobre a crescente tendência de fundamentação econômica das decisões judiciais no Brasil, veja-se: PARGENDLER, Mariana; SALAMA, Bruno. Law and Economics in the Civil Law world: the case of Brazilian courts. In: *Tulane Law Review*, [*s. l.*], v. 90, p. 439-470, 2015.

Tome-se o exemplo da recuperação judicial do Grupo Abril: em 22 de fevereiro de 2022, o Juiz da 2ª Vara de Falências e Recuperações Judiciais da Comarca de São Paulo proferiu sentença para encerrar o processo, conquanto houvesse ainda uma unidade produtiva a ser vendida, a UPI Campos do Jordão. Qual a solução oferecida pelo magistrado para compatibilizar o encerramento do processo e a necessidade de venda judicial do ativo? A instauração de um cumprimento de sentença perante o juízo da recuperação. Além disso, entendeu-se que o juízo permanece competente para decidir os incidentes já instaurados e também é possível extrair da decisão que o juízo da recuperação poderia ser chamado a decidir discussões envolvendo o pagamento de credores, em situações excepcionais de desrespeito às normas de direito concursal e ao plano de recuperação.[73]

Diante disso, pode-se argumentar que, apesar do trânsito em julgado da sentença de encerramento do processo de recuperação, o juízo continua competente, excepcionalmente, para decidir questões que envolvem o plano de recuperação judicial e que demandam a observância da legislação concursal, os quais nem sempre são observados por outros juízes, em especial os trabalhistas. A partir dessa construção (a qual ainda depende da chancela dos Tribunais), a empresa em recuperação judicial pode buscar a proteção da sua responsabilidade limitada e autonomia patrimonial, ao mesmo tempo em que se resguardam os objetivos do direito concursal.

4. CONCLUSÃO

A erosão gradativa da personalidade jurídica, da responsabilidade limitada e da autonomia patrimonial, especialmente nas relações trabalhistas e consumeristas, tem provocado um movimento inverso por parte do legislador e dos estudiosos do direito comercial em prol da revitalização dos institutos, como se pode observar nas alterações legislativas e na produção acadêmica dos últimos anos.

Especificamente na recuperação judicial, a reestruturação dos créditos trabalhistas tem esbarrado nas tentativas dos credores (quase sempre sufragadas pela Justiça do Trabalho) de buscar sua satisfação perante terceiros, em vez de buscar a satisfação perante o devedor em recuperação. Tem se tornado comum responsabilizar pelos créditos trabalhistas os sócios e administradores (via desconsideração da personalidade jurídica), outras empresas integrantes do mesmo grupo econômico (via reconhecimento de responsabilidade solidária das empresas do grupo econômico) e até mesmo terceiros que não têm relação com o devedor originário. Isso tem gerado insegurança jurídica e incerteza, dificultando a avaliação

73. Vale conferir: TJSP. Processo nº 1084733-43.2018.8.26.0100. Juiz Paulo Furtado de Oliveira Filho. 2ª Vara de Falências e Recuperações Judiciais da Comarca da Capital. Decisão em 22.02.2022.

de riscos por investidores, financiadores e empreendedores, e consequentemente impactando o crescimento econômico.

A inclusão do art. 6º-C na Lei 11.101/2005 pode representar uma solução para o problema dos créditos trabalhistas na recuperação judicial, ao impedir a responsabilização de terceiros pelo simples inadimplemento da dívida pela recuperanda, independentemente da forma como se promove tal responsabilidade (via desconsideração ou reconhecimento de grupo econômico). Em caso de desrespeito à norma, deve-se admitir a instauração de conflito de competência perante o STJ, para reconhecer a competência do juízo da recuperação.

Pretende-se, assim, revitalizar os institutos da responsabilidade limitada e da autonomia patrimonial, ao mesmo tempo em que se evita um desvio de certos objetivos do direito concursal, quais sejam, resolver o problema de ação coletiva e maximizar o valor do conjunto de ativos da empresa em favor dos interesses dos credores, contratantes e sócios. Espera-se que essa proposta de interpretação da norma do art. 6º-C provoque maiores discussões sobre o tema, tanto na academia como no âmbito do Poder Judiciário – em especial no STJ, se e quando for instado a se manifestar em sede de conflito de competência.

5. REFERÊNCIAS BIBLIOGRÁFICAS

AKERLOF, George A. The market for "lemons": quality uncertainty and the market mechanism. In: *The Quarterly Journal of Economics*, [*s. l.*], v. 84, n. 3, p. 488-500, ago. 1970.

AMADO, Renata Martins de Oliveira; MAGGIO, Renato Gomes Ribeiro. Necessárias mudanças para alienação de ativos por empresas em recuperação judicial. In: *Revista de Direito Recuperacional e Empresa*, São Paulo, v. 6, out.-dez. 2017.

ARRUDA ALVIM WAMBIER, Teresa. A *vis attractiva* do juízo da vara empresarial. Créditos trabalhistas. Sucessão da empresa em regime de recuperação. In: WALD, Arnoldo. (Coord.). *Doutrinas essenciais de direito empresarial*. São Paulo: Revista dos Tribunais, 2010, v. 6.

ASCARELLI, Tullio. Funzioni economiche e istituti giuridici nella tecnica dell'interpretazione. In: ASCARELLI, Tullio (Coord.). *Saggi giuridici*. Milano: Giuffrè, 1949.

AYOUB, Luiz Roberto; CAVALLI, Cássio. *A construção jurisprudencial da recuperação judicial de empresas*. Rio de Janeiro: Forense, 2013.

BARBOSA, Marco Antonio. O novo código de processo civil: desconsideração da personalidade jurídica e a penhora on-line no processo do trabalho. In: *Revista de Direito do Trabalho*, São Paulo, v. 165, p. 197-213, set.-out. 2015.

BARROS NETO, Geraldo Fonseca de. *Reforma da lei de recuperação judicial e falência*: comentada e comparada. Rio de Janeiro: Forense, 2021.

BEZERRA FILHO, Manoel Justino. *Lei de recuperação de empresas e falência*. 15. ed. São Paulo: Revista dos Tribunais, 2021.

BITTENCOURT, Flavia Belinger. Desconsideração da personalidade jurídica na justiça do trabalho à luz do direito civil constitucional e do código de defesa do consumidor. In: *Revista dos Tribunais – Rio de Janeiro*, São Paulo, v. 6-7-8, p. 211-242, jul.-dez. 2014.

CALÇAS, Manoel de Queiroz Pereira. *Sociedade limitada no novo Código Civil.* São Paulo: Atlas, 2003.

CAMILO JUNIOR, Ruy Pereira. In: TOLEDO, Paulo Fernando Campos Salles de (Coord.). *Comentários à lei de recuperação de empresas.* São Paulo: Revista dos Tribunais, 2021.

CAVALLI, Cássio. *Empresa, direito e economia.* Rio de Janeiro: Forense, 2013.

CAVALLI, Cássio. Reflexões para reforma da lei de recuperação de empresas. In: WAISBERG, Ivo; RIBEIRO, José Horácio Halfeld Ribeiro (Coord.). *Temas de direito da insolvência.* São Paulo: IASP, 2017.

COELHO, Fábio Ulhoa. *Comentários à lei de falências e de recuperação de empresas.* 15 ed. São Paulo: Revista dos Tribunais, 2021.

COELHO, Fábio Ulhoa. Novos contornos da desconsideração da personalidade jurídica no direito brasileiro. In: BARBOSA, Henrique; SILVA, Jorge Cesa Ferreira da (Coord.). *A evolução do direito empresarial e obrigacional*: 18 anos do Código Civil. São Paulo: Quartier Latin, 2021, v. 1.

COMPARATO, Fábio Konder; SALOMÃO FILHO, Calixto. *O poder de controle na sociedade anônima.* 4 ed. Rio de Janeiro: Forense, 2005.

CRUZ, André Santa; MURRER, Carlos Augusto Motta. A desconsideração da personalidade jurídica no Código Civil: as evoluções empreendidas pela lei da liberdade econômica. In: BARBOSA, Henrique; SILVA, Jorge Cesa Ferreira da (Coord.). *A evolução do direito empresarial e obrigacional*: 18 anos do Código Civil. São Paulo: Quartier Latin, 2021, v. 1.

DIAMOND, Aubrey L. Corporate personality and limited liability. In: ORHNIAL, Tony (Coord.). *Limited liability and the corporation.* London: Croom Helm, 1982.

DIDIER JR., Fredie. *Curso de direito processual civil.* 19 ed. Salvador: JusPodivm, 2017, v. 1.

EASTERBROOK, Frank H.; FISCHEL, Daniel R. *The economic structure of corporate law.* Cambridge: Harvard University Press, 1996.

JACKSON, Thomas H. *The logic and limits of bankruptcy law.* Washington: BeardBooks, 2001.

LUCCA, Newton de; DEZEM, Renata Mota Maciel. A venda de ativos na recuperação judicial e os reflexos no âmbito dos registros públicos. In: MENDES, Bernardo Bicalho Alvarenga (Coord.). *Aspectos polêmicos e atuais da lei de recuperação de empresas.* Belo Horizonte: D'Plácido, 2016.

MANKIW, N. Gregory. *Principles of microeconomics.* 2 ed. [*S. l.: s. n.*], 2000.

MUNHOZ, Eduardo Secchi. *Empresa contemporânea e direito societário.* São Paulo: Juarez de Oliveira, 2002.

MUNHOZ, Eduardo Secchi. Desconsideração da personalidade jurídica e grupos de sociedades. In: *Revista de Direito Mercantil, Industrial, Econômico e Financeiro*, São Paulo, v. 134, p. 25-47, abr.-jun. 2004.

MUNHOZ, Eduardo Secchi. A importância da sociedade personificada, com responsabilidade limitada e autonomia patrimonial para o desenvolvimento econômico: o ocaso de um truísmo. In: BARBOSA, Henrique; SILVA, Jorge Cesa Ferreira da (Coord.). *A evolução do direito empresarial e obrigacional*: 18 anos do Código Civil. São Paulo: Quartier Latin, 2021, v. 1.

OLIVEIRA FILHO, Ivanildo de Figueiredo Andrade de. *Avaliação de resultados e efetividade nos processos de recuperação judicial de médias e grandes empresas (2005-2017)*: análise de casos e pesquisa perceptiva com magistrados e operadores do direito. 2018. 169f. Relatório (Pós-Doutorado em Direito Comercial) – Faculdade de Direito, Universidade de São Paulo, São Paulo, 2018.

PANTOJA, Teresa Cristina G. Anotações sobre as pessoas jurídicas. In: TEPEDINO, Gustavo (Coord.). *A parte geral do novo código civil*: estudos na perspectiva civil-constitucional. 2 ed. Rio de Janeiro: Renovar, 2003.

PARENTONI, Leonardo Netto. *Desconsideração contemporânea da personalidade jurídica*. São Paulo: Quartier Latin, 2014.

PARGENDLER, Mariana. How universal is the corporate form? Reflections on the dwindling of corporate form in Brazil. In: *Columbia Journal of Transnational Law*, [*s. l.*], v. 58, p. 1-57, 2019.

PARGENDLER, Mariana; SALAMA, Bruno. Law and Economics in the Civil Law world: the case of Brazilian courts. In: *Tulane Law Review*, [*s. l.*], v. 90, p. 439-470, 2015.

REQUIÃO, Rubens. Abuso de direito e fraude através da personalidade jurídica (disregard doctrine). In: *Revista dos Tribunais*, São Paulo, v. 803, p.751-764, set. 2002.

RODRIGUES, Rodrigo Xavier; RODRIGUES JÚNIOR, Otávio Luiz. A desconsideração da pessoa jurídica – alteração do art. 50 do Código Civil: Art. 7º. In: MARQUES NETO, Floriano et al. (Coord.). *Comentários à lei da liberdade econômica*. São Paulo: Revista dos Tribunais, 2020.

SACRAMONE, Marcelo Barbosa. *Comentários à lei de recuperação de empresas e falência*. 2 ed. São Paulo: Saraiva, 2021.

SACRAMONE, Marcelo Barbosa; PIVA, Fernanda Neves. O pagamento dos débitos da recuperanda: a sub-rogação e o direito de regresso na recuperação judicial. In: YARSHELL, Flávio Luiz; PEREIRA, Guilherme Setoguti J. (Coord.). *Processo societário III*. São Paulo: Quartier Latin, 2018.

SALAMA, Bruno Meyerhof. *O fim da responsabilidade limitada no Brasil*: história, direito e economia. São Paulo: Malheiros, 2014.

SATIRO, Francisco. O "dinheiro novo" como elemento de interpretação do conceito de "crédito existente" na recuperação judicial. In: WAISBERG, Ivo; RIBEIRO, José Horácio Halfeld Ribeiro (Coord.). *Temas de direito da insolvência*. São Paulo: IASP, 2017.

SZTAJN, Rachel. A desconsideração da personalidade jurídica. In: *Revista de Direito do Consumidor*, São Paulo, v. 2, p. 67-75, abr.-jun. 1992.

SZTAJN, Rachel. Direito e Economia. In: *Revista de Direito Mercantil, Industrial, Econômico e Financeiro*, São Paulo, v. 45, n. 144, p. 221-235, out.-dez. 2006.

TEPEDINO, Ricardo. O trespasse para subsidiária (drop down). In: CASTRO, Rodrigo R. Monteiro de; ARAGÃO, Leandro Santos de (Coord.). *Direito societário e a nova lei de falências e recuperação de empresas*. São Paulo: Quartier Latin, 2006.

TOMAZETTE, Marlon. *Comentários à reforma da lei de recuperação de empresas e falência*. Indaiatuba-SP: Foco, 2021.

TRIANTIS, George G. Termination rights in bankruptcy: the story of Stephen Perlman v. Catapult Entertainment, Inc. In: RASMUSSEN, Robert K. (Coord.). *Bankruptcy law stories*. New York: Foundation Press, 2007.

VIVEIROS, Luciano. *CLT comentada*. 9. ed. Belo Horizonte: Fórum, 2018.

WAISBERG, Ivo. Da não sucessão pelo adquirente por dívidas trabalhistas e tributárias na aquisição de unidades produtivas isoladas perante a lei 11.101/2005. In: *Revista de Direito Empresarial e Recuperacional*, São Paulo, v. 1, n. 0, p. 159-171, jan.-mar. 2010.

WAISBERG, Ivo. O necessário fim dos credores não sujeitos à recuperação judicial. In: ELIAS, Luís Vasco (Coord.). *10 anos da lei de recuperação de empresas e falências:* reflexões sobre a reestruturação empresarial no Brasil. São Paulo: Quartier Latin, 2015.

WAISBERG, Ivo; BUMACHAR, Juliana; LOSS, Juliana; SACRAMONE, Marcelo Barbosa; NUNES, Marcelo Guedes. *Processos de recuperação judicial no Rio de Janeiro – Observatório da Insolvência*. São Paulo, jun. 2021. Disponível em: https://bit.ly/3iff64o.

WAISBERG, Ivo; SACRAMONE, Marcelo Barbosa; NUNES, Marcelo Guedes; CORRÊA, Fernando. *Recuperação judicial no Estado de São Paulo – 2ª fase do Observatório da Insolvência*. São Paulo, maio 2021. Disponível em: https://bit.ly/3fxCU1R.

JURISPRUDÊNCIA

STF. ADI 3.934/DF. Relator: Min. Ricardo Lewandowski. Tribunal Pleno. Julgamento em 27 maio 2009.

STJ. AgRg no CC 93.778/RJ. Relator: Min. Massami Uyeda. 2ª Seção. Julgamento em 14 out. 2009.

STJ. AgRg nos EDcl no CC 136.970/DF. Relator: Min. Moura Ribeiro. 2ª Seção. Julgamento em 08 jun. 2016.

STJ. AgInt no REsp 1.554.555/DF. Relator: Min. Marco Aurélio Bellizze. 3ª Turma. Julgamento em 25 dez. 2016.

STJ. CC 146.844/RJ. Relator: Min. Marco Buzzi. Julgamento monocrático em 30 nov. 2016.

STJ. CC 148.768/SP. Relator: Min. Marco Aurélio Bellizze. Julgamento monocrático em 07.12 dez. 2016.

STJ. Rcl 28.515/RJ. Relator: Min. Paulo de Tarso Sanseverino. Julgamento monocrático em 16 fev. 2017.

STJ. CC 149.659/RJ. Relator: Min. Marco Buzzi. Julgamento monocrático em 17 fev. 2017.

STJ. REsp 1.649.774/SP. Relator: Min. Marco Aurélio Bellizze. 3ª Turma. Julgamento em 12 fev. 2019.

TJSP. AI 2141890-05.2014.8.26.0000. Relator: Des. Carlos Alberto Garbi. 2ª Câmara Reservada de Direito Empresarial. Julgamento em 21 out. 2015.

TJSP. Processo 1084733-43.2018.8.26.0100. Juiz Paulo Furtado de Oliveira Filho. 2ª Vara de Falências e Recuperações Judiciais da Comarca da Capital. Decisão em 22 fev. 2022.

TRT-1. AP 00111989520145010032. Relator: Des. Mario Sergio Medeiros Pinheiros. 1ª Turma. Julgamento em 23 jul. 2019.

TRT-1. AP 01007258420175010054. Relatora: Des. Dalva Amélia de Oliveira Munoz Correia. 8ª Turma. Julgamento em 16 set. 2020.

TRT-1. AP 01003371020195010056. Relator: Des. José Nascimento Araújo Neto. 1ª Turma. Julgamento em 20 abr. 2021.

TRT-1. AP 01011866820175010244. Relator: Des. Gustavo Tadeu Alkmim. 1ª Turma. Julgamento em 14 set. 2021.

TRT-1. AP 0101439-62.2016.5.01.0027. Relator: Des. Enoque Ribeiro dos Santos. 5ª Turma. Julgamento em 24 nov. 2021.

TRT-1. AP 0100600-96.2020.5.01.0059. Relator: Des. Roberto Norris. 4ª Turma. Julgamento em 30 nov. 2021.

TRT-2. AP 10011189820205020361. Relatora: Des. Maria de Fátima da Silva. 17ª Turma. Julgamento em 15 jun. 2021.

TRT-3. AP 0010379-04.2015.5.03.0054. Relator: Des. Marco Antonio Paulinelli Carvalho. 11ª Turma. Julgamento em 02 dez. 2021.

TRT-4. RO 00012307820135040004. Relator: Des. Cláudio Antônio Cassou Barbosa. 3ª Turma. Julgamento em 12 maio 2015.

TRT-4. AP 00203013220185040282. Relatora: Des. Lucia Ehrenbrink. Seção Especializada em Execução. Julgamento em 17 ago. 2020.

TRT-4. AP 00203108920175040003. Relatora: Des. Cleusa Regina Halfen. Seção Especializada em Execução. Julgamento em 24 ago. 2021.

TRT-6. AGV 00003425820175060281. Relatora: Des. Virginia Malta Canavarro. 3ª Turma. Julgamento em 20 maio 2021.

TRT-7. RO 00011804520165070010. Relatora: Des. Maria Roseli Mendes Alencar. 1ª Turma. Julgamento em 02 maio 2019.

TRT-12. AP 00001751820195120018. Relator: Des. Wanderley Godoy Junior. 1ª Câmara. Julgamento em 22 jul. 2020.

TST. RR 2128-81.2010.5.02.0318. Relatora: Des. Convocada: Cilene Ferreira Amaro Santos. 4ª Turma. Julgamento em 07 jun. 2017.

TST. RR 204-92.2010.5.01.0017. Relator: Min. Guilherme Augusto Caputo Bastos. 4ª Turma. Julgamento em 18 dez. 2018.

TST. RR 96500-79.2008.5.01.0072. Relator: Min. Walmir Oliveira da Costa. 1ª Turma. Julgamento em 27 mar. 2019.

TST. ARR 104700-36.2007.5.05.0028. Relator: Min. Guilherme Augusto Caputo Bastos. 4ª Turma. Julgamento em 29 maio 2019.

DA PROIBIÇÃO DE DISTRIBUIÇÃO DE LUCROS E DIVIDENDOS AOS SÓCIOS E ACIONISTAS DE EMPRESAS INSOLVENTES

Salo Scherkerkewitz

Mestrando em Direito Comercial pela Pontifícia Universidade Católica de S. Paulo (PUC-SP). Advogado. Sócio do escritório Scherkerkewitz Advogados Associados.

1. INTRODUÇÃO

A Lei 14.112, de 24 de dezembro de 2020, dentre suas inovações, incluiu na Lei 11.101/05 – a Lei de Recuperação e Falência, ou LRF – o artigo 6°-A, que proíbe o devedor, até a aprovação do plano de recuperação judicial, distribuir lucros ou dividendos a sócios, sujeitando-se o infrator ao disposto no artigo 168 da Lei.

Esse artigo (168 da LRF) regula o crime de fraude aos credores e prevê pena de reclusão, de 3 (três) a 6 (seis) anos, além de multa. Note-se que esta pena pode ser majorada de 1/6 (um sexto) a 1/3 (um terço), se o agente elabora escrituração contábil ou balanço com dados inexatos, omite, na escrituração contábil ou no balanço, lançamento que deles deveria constar, ou altera escrituração ou balanço verdadeiros, destrói, apaga ou corrompe dados contábeis ou negociais armazenados em computador ou sistema informatizado, simula a composição do capital social ou destrói, oculta ou inutiliza, total ou parcialmente, os documentos de escrituração contábil obrigatórios, como em qualquer outro caso de fraude aos credores.

Afora as hipóteses de majoração da pena supracitados, o artigo 168 também inclui uma qualificadora específica para o caso em que haja contabilidade paralela e distribuição de lucros ou dividendos a sócios e acionistas até a aprovação do plano de recuperação judicial, caso em que a pena é aumentada de 1/3 (um terço) até metade se o devedor manteve ou movimentou recursos ou valores paralelamente à contabilidade exigida pela legislação, inclusive na hipótese de violação do disposto no art. 6º-A supracitado.

O referido artigo, em seu parágrafo quarto, prevê a possibilidade de redução da pena de reclusão de 1/3 (um terço) a 2/3 (dois terços) ou substituição desta por penas restritivas de direitos, perda de bens e valores ou prestação de serviços à comunidade ou a entidades públicas, ao se tratar de falência de microempresa ou de empresa de pequeno porte, e não se constatando prática habitual de condutas fraudulentas por parte do falida.

Em relação a este ponto, teceremos um pequeno comentário.

Na literatura estrangeira[1] **consta que a maioria das empresas de pequeno porte não optam pelo processo de Recuperação Falimentar - vale** ressaltar que, em outras jurisdições, como a estadunidense, em geral, o próprio devedor pede a autofalência, de modo que ele é o responsável pela decisão se a empresa peticionara pelo Chapter 7, equivalente à Falência, ou pelo Chapter 11, relacionado à Recuperação da empresa –; no entanto, pesquisas empíricas nacionais[2] **demonstram como, no Brasil, apesar de em menor quantidade, também há uma quantidade relevante, proporcionalmente à quantidade de processos, de pedido de Recuperação Judicial por EPP e ME** (12,4% e 12,1%, respectivamente, o que equivale, em conjunto, a 24,5% de todos os processos), fato que torna tal parágrafo relevante.

Dito esta pequena introdução, voltemos a nosso principal tema.

O intuito deste trabalho é compreender a natureza e o fundamento da vedação, por intermédio do estudo da natureza jurídica da distribuição dos lucros e dos dividendos e da fiscalização estatal em empresas, além da natureza jurídica do crédito sujeito à Recuperação Judicial, bem como suas consequências.

Nunca podemos nos olvidar que a Recuperação Judicial é um procedimento de jurisdição voluntário, de modo que, o que a nova Lei dispõe é que, se alguma empresa ***optar* pelo pedido de Recuperação Judicial, *deverá* seguir as limitações impostas pela Lei.**

Em suma, o ponto principal de nosso estudo consiste em entender qual a base lógica-jurídica da Lei ao vedar a distribuição dos lucros e dividendos, da maneira que o fez, e qual a delimitação desta vedação.

Iniciaremos nossa análise com o estudo da natureza jurídica da intervenção estatal da empresa (quais os fundamentos e em que possibilidades pode o Poder Público dispor sobre o que uma empresa pode ou não fazer). Após estas primeiras considerações, partiremos para o estudo da natureza jurídica da distribuição

1. BRIS, Arturo; WELCH, Ivo; ZHU, Ning. The Costs of Bankruptcy: Chapter 7 Liquidation versus Chapter 11 Reorganization, The Journal of Finance, Vol. 61, No. 3 (Jun., 2006), Publ. Wiley for the American Finance Association, p. 1.261.
2. WAISBERG, Ivo; SACRAMONE, Marcelo Barbosa; NUNES, Marcelo Guedes; CORRÊA, Fernando; TRECENTI, Julio. *Recuperação Judicial no Estado de São Paulo – 2ª Fase do Observatório de Insolvência*, 08 Out. 2021, p. 4, disponível em: https://abjur.github.io/obsFase2/relatorio/obs_recuperacoes_abj.pdf..

de lucros e dividendos da empresa a seus acionistas e sócios, bem como para o estudo da natureza jurídica dos créditos em caso de insolvência da empresa e da finalidade do processo de insolvência, com suas respectivas consequências, de modo a entender o arcabouço jurídico que apoia a nova mudança da Legislação.

2. DA INTERVENÇÃO ESTATAL NA EMPRESA

Antes de estudarmos a vedação da distribuição de lucros e dividendos aos sócios e acionistas de uma empresa em Recuperação Judicial propriamente dita, necessitamos ter claro que esta disposição da nova Lei nada mais é que uma restrição do Estado sobre as atividades empresariais, o que, por via reflexa também implica na intervenção na Propriedade Privada.

Não custa explicar que os lucros e dividendos de uma sociedade são a modalidade de frutos que a propriedade de cotas da mesma (ou ações, no caso das S/As) acarreta, de modo que sua vedação, por intermédio de Lei, de sua distribuição aos quotistas ou acionistas, é um dos métodos de intervenção do Estado na propriedade.

Para tanto, encontraremos as bases, fundamentos e os consequentes desta intervenção no estudo do Direito Administrativo.

Como bem ensina a Prof. Maria Sylvia Zanella Di Pietro[3], **aos poucos, o Direito à** propriedade foi seguindo a tendência de, cada vez mais, ser condicionado ao bem-estar social, de modo que, com o passar do tempo, o princípio da função social da propriedade teve seu alcance alterado de maneira profunda.

A restrição ao direito da propriedade encontra suas bases no fato de a propriedade ser um direito individual, que assegura a seu titular uma série de poderes cujo conteúdo constitui objeto do direito civil, entre outros, o de usar, gozar e dispor da coisa, de modo absoluto, exclusivo e perpétuo. Sendo assim, caso tal direito individual acarrete um distúrbio aos direitos alheios, de igual natureza, nasce um interesse público maior, cuja tutela incumbe ao Poder Público exercer, ainda que em prejuízo de interesses individuais.

Nas palavras da autora, "entra-se aqui na esfera do poder de polícia do Estado, ponto em que o estudo da propriedade sai da órbita do direito privado e passa a constituir objeto do direito público e a submeter-se a regime jurídico derrogatório e exorbitante do direito comum."

Continua a autora com as palavras de José Cretella Júnior (in Revista de Direito Administrativo 112/51), "ao passo que o direito civil de propriedade confere ao titular cem por cento, vamos dizer, do *jus utendi, fruendi et abutendi,*

3. *Direito Administrativo*, Rio de Janeiro, Ed. Forense, 2021, p. 145-146.

o direito público da propriedade, que considera o bem dentro de um conjunto maior, vai reduzindo o *quantum* daquela fruição, porque observa a totalidade dos direitos de propriedade bem como a necessidade pública, a utilidade pública e o interesse social".

Com o intuito de melhor entender a função social da propriedade, que, em nosso caso se manifesta ao talharmos parte das consequências da propriedade, por intermédio da proibição do gozo dos proprietários de uma empresa a seus frutos, com a intenção de redistribui-los a seus credores (terceiros que têm seus direitos conturbados pela má administração da sociedade que acarretou em sua insolvência). Esta ação pode ser comparada a uma desapropriação parcial da empresa, para fins de promover o interesse social (anota-se que esta comparação é apenas para fins didáticos, uma vez que a desapropriação é um ato que prevê a perda da propriedade de um bem específico, enquanto nossa vedação é um ato geral e abstrato do Poder Público).

O Senador Ferreira de Souza, ao justificar a Emenda Constitucional que resultou na inovação desta modalidade de desapropriação – por interesse social – em 1946, ensina uma lição que veste como luva a nosso estudo. Ele diz que "o homem possua como seu, de forma absoluta, aquêles bens necessários à sua vida, à sua profissão, à sua manutenção e à da sua família, mesmo os que constituírem economias para o futuro, é perfeitamente lógico, mesmo de Direito Natural. Mas, além dêsse mínimo, ou a propriedade tem uma função social, ou o seu proprietário a explora ou a mantém dando-lhe utilidade, concorrendo para o bem comum, para o enriquecimento geral, ou ela não se justifica. Na hipótese, a Emenda não chega ao extremo de negá-la. Mas, superpondo o bem comum ao bem individual, admite a expropriação das propriedades inúteis, das que poderiam ser cultivadas e não o são, daquelas cujo domínio absoluto chega a representar um acinte aos outros homens". (Grafia original)

Também sobre a desapropriação, ensina Carlos Medeiros Silva[4]: **"O direito de desapropriar foi alçado à categoria constitucional como exceção à garantia da propriedade privada. Na Declaração de Direitos êle aparece como réplica ao conceito enunciado simultâneamente de que a propriedade era inviolável e sagrada. Nos tex**tos constitucionais brasileiros é também ao garantir o proprietário que se prescrevem os limites da desapropriação.

Propriedade e desapropriação são dois pratos da mesma balança cujo fiel é o interêsse público. Êste é que deverá ditar, em cada caso, a prepon-

4. SILVA, Carlos Medeiros. *A Desapropriação Por Interesse Social,* in https://webcache.googleusercontent.com/search?q=cache:FFlkhdsQONAJ:https://bibliotecadigital.fgv.br/ojs/index.php/rda/article/download/12441/11345+&cd=1&hl=pt-BR&ct=clnk&gl=br, p. 3.

derância de uma ou de outra. Mas a noção do interêsse público varia no tempo e no espaço.

À medida que o Estado liberal cede o lugar ao Estado intervencionista, à proporção em que é chamado a desempenhar tarefas até então deixadas à iniciativa privada, a noção do interêsse público se amplia." (Grafia original da obra)

Se assim é com uma propriedade que apenas não é bem aproveitada, quanto mais deve ser em nosso caso, no qual há uma verdadeira afronta a direitos alheios caso o direito à propriedade dos sócios e acionistas seja utilizado de maneira irrestrita.

Na realidade, o método de restrição que mais se assemelha à vedação é a Limitação Administrativa, que nos dizeres do argentino Rafael Bielsa[5], **ao fundamentar o motivo da falta do direito de indenização para esta modalidade de intervenção no fato de não ser, senão, uma carga geral imposta a todas as propriedades, uma condição inerente ao direito de propriedade, cujo conteú**do normal se limita pelas leis.

Como bem ensina Bielsa[6], **há três traços característicos, com os quais, podemos saber que estamos adiante de uma limitação administrativa.**

O primeiro é o fato de que estas impõem obrigação negativa, de não fazer ou deixar de fazer – no nosso caso, não distribuir lucros e dividendos; o segundo, há um limite à própria limitação, uma vez que esta visa conciliar o exercício do direito público com o privado, de modo que apenas cabe a limitação enquanto exija a necessidade administrativa (lembremo-nos que não estamos tratando da limitação administrativa propriamente dita, e sim, estamos estudando esta de modo a possibilitar uma interpretação por analogia de nossa inovação legal) – em nosso estudo, a vedação é limitada ao momento da aprovação do plano, a partir do qual, já não há mais sentido à limitação, pelos motivos que veremos adiante; e, o terceiro ponto consiste no fato de a limitação ser uma condição inerente ao direito da propriedade, como já explicamos acima.

Agora, falta delimitar, exatamente, qual o interesse social buscado por esta vedação, o que conseguiremos ao estudarmos qual a natureza jurídica da distribuição dos lucros e dividendos aos sócios e acionistas, bem como qual a natureza jurídica dos créditos sujeitos à Recuperação Judicial, o que faremos nos tópicos seguintes.

---

5. BIELSA, Rafael. *Derecho Administrativo*. Buenos Aires, Ed. La Ley, 1965, Tomo 4, p. 377.
6. Idem, fls. 375-376.

3. DA NATUREZA JURÍDICA DA DISTRIBUIÇÃO DE LUCROS E DIVIDENDOS AOS SÓCIOS E ACIONISTAS

Ao caracterizar o empresário, o Código Civil, em seu artigo 966 dita ser aquele que exerce profissionalmente atividade econômica organizada para a produção ou a circulação de bens ou de serviços.

Como bem ensina o renomado advogado hondurenho Laureano Falla[7], **o estudo de** qualquer instituição do Direito Mercantil deve se canalizar por meio da dupla vertente econômica e jurídica, uma vez que o direito comercial não deve ser mais que a tradução, o idioma e o sistema legal de uma realidade do mundo econômico.

Pode parecer óbvio, porém, não custa reiterar que o empresário, ao praticar os atos empresariais - exercício profissional de atividade econômica organizada para a produção ou a circulação de bens ou de serviços, como já explicado no começo do item – o faz com o intuito de auferir lucro.

Sendo assim, a distribuição dos lucros e dividendos (em situações comuns) consiste na alma da empresa, a força motriz, no sistema capitalista, que incentiva a continuação de seus serviços, e, finalmente, o bem-estar social que esta causa para a Sociedade como um todo, por intermédio de suas atividades.

Ao vermos a distribuição dos lucros e dividendos por este ponto de vista, além do benefício imediato, sentido pelos sócios e acionistas da empresa, por intermédio do recebimento de suas parcelas dos resultados da firma, percebemos um benefício mediato que extrapola as pessoas dos sócios e acionistas e atinge toda a Comunidade, uma vez que, com a correta distribuição dos proventos da empresa, esta tenderá ser mais efetiva e melhor servir à coletividade.

Mesmo se assim não fosse, o próprio fato de a sociedade ter por objeto a exploração de qualquer atividade com o intuito de obter lucro, indubitavelmente o direito aos lucros e dividendos não pode desconhecer a nenhum sócio ou acionista, como já diz o também renomado jurista portenho Farina[8].

No Brasil, a Lei é clara no sentido da obrigatoriedade dos dividendos, como podemos ver do artigo 1.008 do Código Civil, que prevê que "é nula a estipulação contratual que exclua qualquer sócio de participar dos lucros e das perdas."

A despeito do já explicado, com a intenção de abrir os horizontes para discussão, trazemos a observação do jurista italiano Antonio Brunetti[9] **referente à**

7. FALLA, Laureano F. Gutiárrez. *Derecho Mercantil*: Contrato Societario y Derechos individuales de los acionistas. Buenos Aires, Ed. Astrea, 1988, p. 3.
8. FARINA, Juan M.. *Derecho de las Sociedades Comerciales*. Buenos Aires, Ed. Astrea, 2011, Tomo 2, p. 377.
9. BRUNETTI, Antonio. *Tratado de derecho de las sociedades*. Trad. F. De Solá y Cañizares, Buenos Aiters, Editora Uteha, 1960, Tomo II, p. 535.

afirmação da doutrina alemã, que o direito ao dividendo não é essencial, por não ser intrínseco às sociedades, pois elas podem se constituir com o objeto de utilizar em comum determinados bens sociais, sendo possível que se acorde que não se distribuirá nenhum dividendo.

De qualquer maneira, não há dúvidas quanto à importância da distribuição de dividendos, pelo menos nos casos nos quais estes são obrigatórios, quer seja por força da Lei, quer seja por causa do Estatuto Social.

Agora, o que são os "lucros" passíveis à divisão?

Alfredo Sérgio Lazzareschi Neto, em suas anotações à obra do Professor Mauro Rodrigues Penteado "Aumento de Capital das Sociedades Anônimas"[10], **explica que "o capital social funciona como garantia dos credores porque a lei societária autoriza que se distr**ibua aos sócios somente aquilo que transbordar desta 'caixa de retenção' (daí os norte-americanos o designarem de 'measuring rod')". Tal limitação advém do princípio da intangibilidade do capital social.

O próprio Autor da obra supracitada[11]**, ao tratar sobre a função do capital social, aprofunda-se a ponto de discutir com a colocaç**ão geralmente adotada pelos juristas, mais simplista, que o capital social é um mero fundo de garantia, e diz que ele é, na verdade, um conjunto de valores predispostos pelos sócios para o exercício da atividade em comum, de cuja potencialidade de gerara lucros advém a efetiva garantia dos credores.

Com base nesta ideia, traz os ensinamentos de Vivante, segundo o qual o capital social cumpre, perante o patrimônio da sociedade, a função de um recipiente destinado a medir os grãos, que ora superam a medida e ora não chegam a alcançá-la, de modo que não é a capacidade do recipiente o fator determinante da possibilidade de a empresa fazer frente a suas obrigações e sim o conteúdo desse mesmo recipiente.

Ao juntarmos os dois ensinamentos acima, resta claro como o valor constante como capital social consiste no valor originário do investimento, de modo que, quando há um valor maior em posse da empresa, significa que o "conteúdo do recipiente" transbordou, uma vez que os créditos foram maiores que os débitos, o que acarreta na possibilidade de dizer que a empresa auferiu lucro, que deve ser dividido pelos sócios, na forma do convencionado.

10. PENTEADO, Mauro Rodrigues. *Aumento de Capital das Sociedades Anônimas*. 2. ed. – atualizada e anotada por Alfredo Sérgio Lazzareschi Neto. S. Paulo, Ed. Quarter Latin, 2012, p. 39.
11. Idem, p. 63-64.

Para um entendimento mais profundo, trazemos, a título de demonstração, os ensinamentos do professor argentino Carlos A. Molina Sandoval[12] **que define que para que haja ganhos que autorizem remunerar o diretório, tais ganhos devem ser líquidos e realizados, uma** vez que de outro modo não poderiam justificar uma distribuição de utilidades, resultar de um balanço (regularmente confeccionado de acordo com a Lei e o Estatuto Social, ser aprovado pelo diretório (usualmente na reunião que resolva seu submetimento à Assembleia de Acionistas), bem como pela própria Assembleia de Acionistas, que em geral, se trata à Assembleia Geral Ordinária.

Por lucros "realizados", entende-se como a utilidade líquida recebida – diferença entre perdas e ganhos – pela empresa. No entanto, não podemos, como em qualquer dispositivo, interpretar de maneira extremada a extensão deste conceito.

A doutrina, afirma o Autor, impôs o critério que mantem o princípio da rigidez do Capital Social, porém, é atenuada pela flexibilidade de considerar como líquida aquela utilidade que, sem haver materialmente entrado à caixa da sociedade, é suficientemente realizável a curto prazo e suficientemente segura a ponto de não significar uma "aventura comercial". Também se definiu que pouco importa se o ganho foi ordinário ou extraordinário, já que as utilidades devem ser tratadas de maneira uma, em relação aos dividendos.

Já com o conceito de "liquidez", exige-se que os valores estejam dentro do fluxo de caixa da empresa, ou seja, a diferença entre o ativo corrente e o passivo corrente, para, assim, ser possível que se chegue a não apenas uma análise econômica da empresa, mas, mais importante, uma análise financeira, o que permitirá demostrar quais são os ***recursos disponíveis*, sem que seja necessário um aporte imediato e efetivo de dinheiro.**

Não obstante o disposto acima, em relação à essencialidade ou não do direito aos dividendos, Brunetti nos ensina uma lição valiosa ao tratar deste assunto, ao dizer que devemos distinguir fundamentalmente entre direito à participação nos futuros lucros da Sociedade (direito aos dividendos) e o direito que nasce da determinação de um benefício suscetível de ser repartido, referente a um determinado exercício social (crédito dos dividendos). O primeiro é um direito potencial que responde ao objeto pelo qual a sociedade foi constituída, enquanto o segundo é um direito atual. Com anterioridade ao acordo que o atribui, existe apenas uma expectativa não tutelada; depois do acordo, há um direito incondicional, que não pode ser modificado ou limitado por sucessivos prejuízos ou por sucessivos balances fechados com débito.

12. SANDOVAL, Carlos A. Molina. *Tratado del Directorio y de la administración Societaria*. Buenos Aires, Ed. Abeledo Perrot, 2013, Tomo I, p. 614 e s.

Por todo o exposto, caso seja decretada a quebra da sociedade, os sócios e acionistas estão autorizados a solicitar, na qualidade de credores quirografários, a verificação de seus créditos provenientes de dividendos outorgados, porém não recebidos.

Como bem explica Farina[13], **o dividendo gera um crédito do acionista frente à Sociedade, e como tal, deve ser satisfeito seguindo-se todos as normas que regulam o cancelamento de obrigações desta natureza, como por exemplo, a necessidade de** pagamento em moeda de curso legal, no prazo e local definidos – interessante notar que, como consequência, o pagamento de dividendos em ações não pode ser considerado um pagamento propriamente dito, e sim, uma maneira que a Sociedade tem de apropriar-se do importe dos dividendos e converte-los em capital, mediante o não pagamento de sua obrigação. Nas palavras do autor "el accionista no recibirá tales acciones "em pago" de nada, sino por ser ése el derecho que tiene todo aquel que suscribe e integra acciones"[14].

Na doutrina nacional, Carvalhosa[15] também entende da mesma maneira o assunto, ao dizer que "a bonificação em ações é a própria negação do dividendo. Representa mera compensação ao acionista por uma expectativa de direito ao dividendo que não se materializou em crédito. Trata-se de uma subscrição forçada do aumento de capital com lucros não distribuídos, decorrentes da deliberação majoritária dos acionistas, a que todos devem se submeter igualmente."

Vemos de maneira cabal a verdade da premissa de Brunetti acima trazida, do artigo 201, §2º, da Lei das Sociedades por Ações, que prevê que, a partir do momento em que a Assembleia aprova a distribuição dos dividendos, estes pertencem aos acionistas, de modo que nenhuma Assembleia posterior poderá revoga-los sob nenhum pretexto, salvo se se prove que a Assembleia que aprovou a distribuição o fez de maneira ilegal:

"Art. 201. A companhia somente pode pagar dividendos à conta de lucro líquido do exercício, de lucros acumulados e de reserva de lucros; e à conta de reserva de capital, no caso das ações preferenciais de que trata o § 5º do artigo 17.

(...)

§ 2º Os acionistas não são obrigados a restituir os dividendos que em boa-fé tenham recebido. Presume-se a má-fé quando os dividendos forem distribuídos sem o levantamento do balanço ou em desacordo com os resultados deste."

13. Op. cit., p. 382.
14. Id. 383.
15. CARVALHOSA, Modesto. *Comentários à Lei de Sociedades Anônimas*. 3º Volume, 6ª ed. rev. e atual. S. Paulo: Ed. Saraiva, 2014, p. 1142/1143.

No caso específico da empresa insolvente, a nova alteração prevê que, caso a empresa esteja em processo de Recuperação Judicial, não poderá distribuir lucros e dividendos até a aprovação do plano de recuperação.

Falta entender o que a Lei quis dizer ao coibir a **distribuição** de lucros e dividendos. Qual o ato ao qual ela se referiu?

Poderíamos explicar que a distribuição dos lucros e dividendos nada mais é que a entrega destes valores, já aprovados em Assembleias Gerais anteriores, aos sócios, quitando, pois, seus créditos.

Ocorre que tal interpretação não pode ser a correta (pelo menos, não a única), caso contrários, a alteração da Lei é inócua.

Como já dito anteriormente, após a aprovação da distribuição de lucros e dividendos aos proprietários da empresa, nasce um crédito da empresa perante esses.

Se optarmos pelo caminho da interpretação mais simples da palavra "distribuição", referente à partilha dos valores com o intuito de quitar os créditos dos sócios, a repartição entre o pedido de Recuperação Judicial e aprovação do Plano de Recuperação Judicial nada mais é que uma fraude ao processo, algo já absolutamente proibido. Seria um caso em que uma classe de credores (os sócios e acionistas) receberiam seus créditos, de maneira integral, enquanto todos os demais aguardam o Plano de Recuperação Judicial.

Não somente isso. Esta fraude ao processo continua mesmo após a aprovação do Plano de Recuperação Judicial, de modo que, mesmo que, segundo o artigo 6-A da Lei de Recuperação e Falência, após a aprovação do Plano não haveria, em tese, problema na entrega dos dividendos, estes continuariam suspensos, para que não haja fraude aos demais credores.

Tal interpretação, tanto não está correta que, antes da Lei 14.112/20, Carvalhosa[16] **já tratava de maneira explícita sobre como fica automaticamente suspenso o dividendo obrigatório, a partir do *pedido* de recuperação judicial até seu *encerramento*, não podendo presumir boa-fé no caso de virem a embolsá-los.**

Estamos diante um caso claro do que o portenho Genaro R. Carrió chama de "zona de penumbra".

Como ele explica[17], **apesar do esforço que os juristas empenham em criar, de certo modo, artificialmente, um linguajar de contornos mais preciso, para**

16. CARVALHOSA, Modesto. *Comentários à Lei de Sociedades Anônimas*. 3º Volume, 6ª ed. rev. e atual. S. Paulo: Ed. Saraiva, 2014, p. 1086.
17. CARRIÓ, Genaro R. *Notas Sobre Derecho y Lenguaje*. 4. ed., Buenos Aires, Editorial Abeledo-Perrot, 1990, p. 51/52.

alcançar um maior rigor expositivo, os termos e conceitos jurídicos nunca se assemelharão com aqueles, por exemplo, da geometria, nos quais estão integrados por um número determinado de elementos necessários, que não podem ser tocados sem que a figura se desmorone (por exemplo, se tiramos um dos ângulos de um triangulo, obviamente, este não será mais um triangulo, e sim, outra forma geométrica).

Por outro lado, no Direito, as palavras que aparecem nas normas jurídicas para aludir a feitos, ocorrências ou qualquer atividade humana, e proporcionar pautas ou critérios para guiar ou julgar estas últimas, têm uma zona de penumbra, ou seja, são atual ou potencialmente vagas.[18]

Para tanto, a solução para aqueles casos que se encontram no que chamamos de zona de penumbra, não podem ser descritos como "descoberta" de um significado, uma vez que o intérprete pode ter esgotado todos os métodos de tipo cognitivo e sua dúvida seguir em pé. Esta não deriva da ignorância dos fatos, e sim, da ignorância do significado efetivo da regra relacionada a estes fatos.

Para resolver o problema, se vê forçado a decidir, sob sua responsabilidade, se esses fatos estão ou não compreendidos pelas expressões linguísticas, que, a esse respeito, são indeterminadas. Sua decisão, consequentemente, não está controlada por elas.

Para considerar o caso como incluído ou excluído, o intérprete se vê forçado a adjudicar à regra um sentido que, no que toca ao caso presente, até este momento não o tinha.

Continua o autor dizendo que, se a adjudicação de sentido não é arbitrária (e não tem por que ser), estará guiada por certos *standards* valorativos, sociais, políticos, econômicos etc., a luz dos quais se apreciam e sopesam as consequências da inclusão ou exclusão. Estes critérios adicionais são os que fundamentam a decisão.[19]

Após todo o exposto, nos resta entender qual o sentido que devemos adjudicar ao vocábulo "distribuir".

Já vimos que a explicação "entregar" não pode ser empregada, caso contrário, a Lei é inócua; para casos como este, veste como luva o brocardo "*Commodissimum est, id accipi, quo res de qua agitur, magis valeaut quam pereat*[20]", que Carlos

18. Idem, p. 55.
19. Ibid., p. 57.
20. Tradução literal, por Carlos Maximiliano: "É muitíssimo convinhável admitir-se, de preferência, o conducente a subsistir, ao invés do que leve a perecer, a coisa de que se trata".

Maximiliano[21] explica como "Prefira-se a inteligência dos textos que torne viável o seu objetivo, ao invés da que os reduza à inutilidade".

Agora, resta saber qual é o significado que deve prevalecer na interpretação.

A nosso ver, para que haja uma real alteração do ordenamento jurídico com o artigo 6-A da Lei de Recuperação e Falência, devemos interpretar o termo "distribuir" como a aprovação, em Assembleia Geral, de que os valores referentes aos lucros da empresa deverão ser distribuídos entre os sócios e acionistas.

Chama-se "distribuição", porque, como já dito anteriormente, o próprio ato da deliberação da Assembleia Geral já cria os créditos, que consistem em um direito dos sócios e acionistas, ante a empresa, de cobrar os valores distribuídos – mesmo que necessário vincular-se ao prazo convencionado – a título de dividendos. Tal crédito já é um direito em propriedade dos sócios e acionistas, já "distribuídos" para eles.

Sendo assim, a Lei não trata daqueles créditos da empresa ante seus proprietários, constituídos em momento anterior ao pedido de Recuperação Judicial, ainda que não foram percebidos.

O que a Lei veda é a aprovação de novas distribuições, após o pedido e enquanto ainda não haja um Plano de Recuperação Judicial, sendo que este será o foco das próximas linhas.

4. DA NATUREZA JURÍDICA DOS CRÉDITOS SUJEITOS À RECUPERAÇÃO JUDICIAL

Como já explicado no início do tópico anterior, a distribuição dos resultados entre os sócios e acionistas é uma das características principais e intrínsecas da constituição de uma empresa, não podendo, no Brasil, que algum sócio ou acionista tenha privado este direito, a princípio.

Desta maneira, resta entender quais são as bases jurídicas para a proibição desta distribuição, caso a empresa se encontre em processo de Recuperação Judicial.

Voltando ao que já foi exposto, a empresa tem como fundamento o exercício profissional de atividade econômica organizada para a produção ou a circulação de bens ou de serviços, o que faz com o intuito de auferir lucro.

Ocorre que, tal conceituação apenas é válida às empresas em pleno funcionamento, que exercem suas atividades por interesse puramente "egoístas"; já no caso da empresa insolvente, o cenário muda.

---

21. MAXIMILIANO, Carlos. *Hermenêutica e aplicação do Direito*. 20. ed., Rio de Janeiro, Ed. Forense, 2011, p. 203.

De acordo com Axel Flessner[22], **professor da Humboldt University, Berlim,** existem algumas questões básicas do sistema de insolvência que devem ser respondidas para que possamos traçar um caminho em todo o estudo do Direito da Insolvência, quais sejam, "Por que, para quem e para qual finalidade deve apontar o procedimento de insolvência no livre-mercado atual?". Para estas perguntas, há duas maneiras de responder.

Nas seguintes linhas, analisaremos cada uma destas vertentes de pensamento.

A primeira vertente, mais direcionada ao interesse particular das partes, entende que devemos sempre ater nosso foco nos bens do devedor. Segundo esta escola filosófica da Insolvência, os ativos são vistos como sujeitos às reivindicações dos credores (e de outros que forneceram capital) e, portanto, *são considerados, na verdade, como pertencentes a eles*. Em outras palavras, há uma transferência do direito aos frutos dos bens da empresa devedora, aos credores.

Sendo assim, a preocupação para que não ocorra uma execução individual e descoordenada de créditos advém do fato que esta destruiria o valor global desse conjunto comum de ativos, em detrimento não apenas do devedor, mas dos próprios credores. O procedimento de falência, ao contrário, permite que os requerentes liquidem os ativos coletivamente, "como um só homem" e, portanto, removendo a ameaça de execução de reivindicações destrutiva e descoordenada.

O Professor Thomas H. Jackson, presidente da Universidade de Rochester, em sua obra The Logics and Limits of Bankruptcy Law[23], **ao tratar deste ponto, vai mais além, ao afirmar que, além do perigo da autodestruição dos ativos do devedor de maneira ineficaz** proveniente de diversas reivindicações individuais, que acarretarão em uma corrida para que cada um dos credores receba antes, uma vez que não há bens para todos, os credores também perderão tempo, dinheiro e forças *próprias* em sua tentativa de minar os esforços dos outros credores em cobrar o valor antes.

A segunda vertente de pensamento sobre esse assunto foca no estudo da lógica do sistema de insolvência, com um viés mais voltado ao bem estar do mercado em geral, mais além do interesse dos credores e do proprietário da empresa, em que o foco principal do processo de insolvência é a proteção da própria empresa, como agente necessário para o bom andamento do mercado.

Tal escola de pensamento foca mais nas consequências que a insolvência da empresa acarreta para os empregados, clientes, fornecedores e Governo, caso a matéria não seja tratada por legislação específica.

22. Philosophies of Business Bankruptcy Law: An International Overview, p. 23.
23. *Harvard University Press*, 1986, p. 16.

Salientamos que ambos os pontos de vista, em diversos casos, se interligam, uma vez que, em geral, os agentes se confundem (os empregados e fornecedores também podem ser credores), o que faz com que a proteção do mercado também acarrete na proteção aos credores, bem como, da maneira já explicada no tópico anterior, a proteção aos credores e proprietários também proporciona um bom funcionamento do mercado.

Partindo destas premissas, analisaremos o tópico de nosso trabalho.

Consoante a primeira vertente, existe uma transferência do direito aos frutos dos bens da empresa devedora, aos credores. Enquanto a situação de insolvência persistir, os proprietários dos frutos da empresa – o lucro líquido – serão os credores, sendo que a empresa não trabalha mais com a propulsão egoísta de trazer lucro aos sócios e acionistas.

Os proprietários da empresa não recebem os frutos da mesma porque eles não lhes pertencem mais. Após a constatação da insolvência, a empresa deverá trabalhar para arrecadar os valores necessários para a quitação da dívida, sendo que, caso haja uma distribuição dos lucros e dividendos, esta será uma dilapidação ilícita do patrimônio da empresa, que deveria, exclusivamente, servir aos credores.

Ou seja, os lucros e dividendos nunca deixam de ser distribuídos, apenas que sua titularidade passa, dos detentores originários, que são os detentores da empresa, os sócios e acionistas, aos credores.

Ocorre que, se esta é a base lógica e legal para a proibição de percepção de lucro e dividendos dos sócios de empresa insolvente, por que tal proibição persiste apenas até o momento da aprovação do plano de recuperação judicial? Não seria mais lógico continuar a proibição todo o momento enquanto a fase de insolvência não houver sido, efetivamente, superada?

Para responder a tal questionamento, devemos voltarmos às bases da Recuperação Judicial.

A Recuperação Judicial pressupõe um estado de insolvência da empresa, no qual, "as contas não fecham", uma vez que a empresas deve mais do que pode pagar; para tanto, com o intuito de que os credores não comecem uma corrida desenfreada em busca dos ativos da empresa, a Lei decidiu por bem juntá-los em um único processo, que decidirá de maneira una como cada uma das classes de credores receberá seu crédito, com uma novação da dívida, nos moldes do que foi aprovado pela Assembleia Geral de Credores.

Desta maneira, resta claro como, após a aprovação do Plano de Recuperação Judicial e a consequente novação das dívidas, a empresa não se encontra mais em um estado de insolvência, de modo que não subsiste mais o motivo para transferir a propriedade do direito aos lucros e dividendos, que originalmente era do sócio ou acionista, aos credores.

Em outras palavras, o estado de insolvência apenas subsiste enquanto não for aprovado ainda o Plano de Recuperação Judicial, porque, com as dívidas novadas nos moldes aprovados, "as contas da empresa já fecham", e a titularidade do direito aos lucros e dividendos volta a seu detentor originário, o sócio ou o acionista.

Já, consoante a segunda vertente da doutrina filosófica para explicar a base do processo de Insolvência, nos parece que o principal argumento para a vedação de distribuição de lucros e dividendos das empresa em Recuperação Judicial consiste no fato de a distribuição do lucro acarretar em uma diminuição na capacidade da empresa em pagar os outros agentes, que a Legislação entende como preferenciais em relação aos sócios e acionistas, de modo a permitir uma exceção à regra geral no sistema jurídico brasileiro, de modo a haver empresa em que os sócios e acionistas são privados dos lucros e dividendos.

Todavia, nos questionamos, se o principal foco, segundo esta vertente, consiste no bem-estar da Sociedade, acarretado pelo bom funcionamento da empresa, não seria melhor permitir a percepção de lucros e dividendos pelos acionistas e sócios, como um incentivo para o bom desempenho de sua função administrativa? Ora, nunca podemos nos olvidar que a realidade do Brasil consiste em um mercado no qual as empresas, em sua grande maioria, têm a administração na pessoa de seus sócios e acionistas... Se a Lei já se preocupa tanto com a continuidade do bem social acarretado pelo funcionamento da empresa, por que minar um ponto tão importante para que a empresa consiga continuar exercendo suas funções de maneira eficiente?

A nosso ver, apesar de tamanha importância e bem estar social acarretado pela distribuição de lucros e dividendos, obviamente, a vedação à tal distribuição também possui seu efeito positivo, enquanto ainda não haja a aprovação do Plano de Recuperação Judicial; até a aprovação do Plano, os administradores não desleixarão de suas atividades apenas por não receberem os proventos das ações ou quotas, uma vez que está em jogo a própria sobrevivência da empresa.

Caso não cumpram bem com suas funções, os credores podem simplesmente não acatar ao Plano de Recuperação Judicial, uma vez que não tem fé no soerguimento da empresa.

Por outro lado, se os sócios e acionistas continuam recebendo os lucros e dividendos mesmo antes da aprovação do Plano de Recuperação Judicial, estes não tem nenhuma urgência em apresentar o Plano de Recuperação, ou de contribuir com o andamento do processo recuperacional; muito pelo contrário, a partir do Pedido de Recuperação Judicial, já inicia o *Stay Period*, que, na maioria das vezes, é prorrogado diversas vezes, e a direção da empresa não tem nenhum motivo para apressar-se em sair desta situação de proteção acarretada pela própria morosidade do Poder Judiciário.

Sendo assim, a vedação à distribuição dos lucros e dividendos serve como uma técnica utilizada para apurar a Apresentação do Plano de Recuperação Judicial.

5. CONCLUSÕES

Por todo o exposto, vemos como as alterações da Lei de Recuperação e Falência, ao vedar a distribuição de lucros e dividendos aos sócios, têm duas principais finalidades: (a) a redistribuição dos proventos da empresa a seus proprietários de Direito, uma vez que, com a vedação da distribuição aos sócios, tais valores não saem do caixa da empresa e se incluem no fluxo de pagamentos previsto pelo Plano de Recuperação Judicial, de modo que a empresa terá um valor maior para redistribuir entre seus credores, que agora, sofrerão um sacrifício menor; e, (b) os administradores, que são os responsáveis pela apresentação do Plano de Recuperação Judicial, serão forçados a apresentar um plano mais justo e de maneira mais célere, uma vez que sabem que, enquanto o Plano não for aprovado, não receberão seus lucros e dividendos.

Voltando aos ensinamentos de Bielsa ao estudar a Limitação Administrativa à Propriedade, que define os três traços característicos, com os quais, podemos saber que estamos adiante de uma limitação administrativa, restou claro o motivo da limitação à vedação da distribuição ao tempo da aprovação do Plano de Recuperação Judicial, preservando a função social da empresa em detrimento de eventual ganância ilícita de administradores mal intencionados.

Sendo assim, as duas motivações para a limitação convergem na proteção da sociedade como um todo, tanto pelo fato que os lucros e dividendos da empresa serão destinados a seus merecedores titulares, como pelo fato que os planos apresentados tenderão a ser mais equilibrados e os administradores terão mais incentivos para que este seja aprovado de maneira mais célere.

Da mesma maneira, restou claro como a inovação legal consiste na vedação da distribuição daqueles lucros e dividendos que ainda não foram aprovados até o momento do Pedido de Recuperação Judicial, tornando todo este momento entre o Pedido de Recuperação e a Aprovação do Plano não rentável aos sócios e acionistas, o que, justamente, acarreta nas consequências acima citadas.

6. BIBLIOGRAFIA

BIELSA, Rafael. *Derecho Administrativo*. Buenos Aires, Ed. La Ley, 1965, Tomo 4.

BRIS, Arturo; WELCH, Ivo; ZHU, Ning. The Costs of Bankruptcy: Chapter 7 Liquidation versus Chapter 11 Reorganization. In: *The Journal of Finance*, v. 61, n. 3 (jun. 2006), Publ. Wiley for the American Finance Association.

BRUNETTI, Antonio, *Tratado de derecho de las sociedades*. Trad. F. De Solá y Cañizares. Buenos Aires: Ed. Uteha, 1960.

CARRIÓ, Genaro R. *Notas Sobre Derecho y Lenguaje*. 4. ed. Buenos Aires, Editorial Abeledo-Perrot, 1990.

CARVALHOSA, Modesto, *Comentários à Lei de Sociedades Anônimas*. 3º v. 6. ed. rev. e atual. S. Paulo: Ed. Saraiva, 2014.

DI PIETRO, Maria Sylvia Zanella. *Direito Administrativo*. Rio de Janeiro: Ed. Forense, 2021.

FALLA, Laureano F. Gutiárrez. *Derecho Mercantil*: Contrato Societario y Derechos individuales de los acionistas. Buenos Aires: Ed. Astrea, 1988.

FARINA, Juan M.. *Derecho de las Sociedades Comerciales*. Buenos Aires: Editorial Astrea, 2011.

FLESSNER, Axel. *Philosophies of Business Bankruptcy Law*: An International Overview.

JACKSON, Thomas H. *The Logics and Limits of Bankruptcy Law*. Cambridge, Harvard: University Press, 1986.

MAXIMILIANO, Carlos. *Hermenêutica e aplicação do Direito*. 20. ed., Rio de Janeiro: Ed. Forense, 2011

PENTEADO, Mauro Rodrigues. *Aumento de Capital das Sociedades Anônimas*. 2. ed. – atualizada e anotada por Alfredo Sérgio Lazzareschi Neto. S. Paulo, Ed. Quarter Latin, 2012.

SANDOVAL, Carlos A. Molina, *Tractado del Directorio y de la administración Societaria*. Buenos Aires: Ed. Abeledo Perrot, 2013.

Sites:

SILVA, Carlos Medeiros. *A Desapropriação Por Interesse Social*, in: https://webcache.googleusercontent.com/search?q=cache:FFlkhdsQONAJ:https://bibliotecadigital.fgv.br/ojs/index.php/rda/article/download/12441/11345+&cd=1&hl=pt-BR&ct=clnk&gl=br.

WAISBERG, Ivo; SACRAMONE, Marcelo Barbosa; NUNES, Marcelo Guedes; CORRÊA, Fernando; TRECENTI, Julio. *Recuperação Judicial no Estado de São Paulo* – 2ª Fase do Observatório de Insolvência, 08 de Outubro de 2021, in: https://abjur.github.io/obsFase2/relatorio/obs_recuperacoes_abj.pdf.

LIQUIDAÇÃO DA EMPRESA NA RECUPERAÇÃO JUDICIAL

Fernando Lima Gurgel do Amaral

Doutorando e Mestre em Direito Comercial pela Pontifícia Universidade Católica de São Paulo. Bacharel em Direito pela Pontifícia Universidade Católica do Rio de Janeiro. Advogado em São Paulo. São Paulo, SP. E-mail: fernando.lima.amaral@gmail.com

Arthur Fernandes Guimarães Rodriguez

Pós-graduado em Direito Empresarial pela Fundação Getulio Vargas em São Paulo/SP e em Processo Civil pela Pontifícia Universidade Católica de São Paulo. Bacharel em Direito pela Universidade Presbiteriana Mackenzie. Advogado em São Paulo. E-mail: arthurfgr@hotmail.com

Lucas Santos Pereira

Bacharelando do Curso de Direito pela Universidade Presbiteriana Mackenzie. E-mail: lucassantpereira@hotmail.com

Rodrigo Oliveira Giestas Paione

Bacharelando do Curso de Direito pela Universidade Presbiteriana Mackenzie. E-mail: rodrigopaione@gmail.com

1. INTRODUÇÃO

Este artigo tem como objeto de estudo as alterações legislativas na Lei 11.101/2005, promovidas pela Lei 14.112/2020, que autorizaram a liquidação da empresa como meio de recuperação judicial, diferenciando a hipótese de liquidação substancial e integral de ativos.

Também será averiguado através de pesquisa acadêmica os casos fáticos em que ocorreram liquidação integral ou substancial de ativos como meio de reestruturação empresarial no bojo de um plano de recuperação judicial, por meio de venda de unidades produtivas isoladas ("UPI") para alienação dos ativos (na forma do artigo 60 da Lei 11.101/2005)[1], especificamente no Estado de São Paulo, com base nos dados da Associação Brasileira de Jurimetria ("ABJ").

Não foram analisadas hipóteses de liquidação integral ou substancial de ativos por meio de venda direta (art. 66 da Lei 11.101/2005), sem utilização de plano de recuperação judicial e formação de UPIs. Embora não seja ilegal assim proceder, se supõe ser menos provável a liquidação integral ou substancial de ativos por meio de venda direta, dada a inexistência de proteção de não sucessão de dívidas em benefício do adquirente.

Os critérios utilizados para verificação de liquidação da empresa por meio de recuperação judicial mostram-se relevantes não só para fins acadêmicos, mas também práticos, considerando a possibilidade tanto de controle de legalidade do plano de recuperação judicial aprovado nos casos de liquidação integral, como também a possibilidade de convolação da recuperação judicial em falência em caso de liquidação substancial e não pagamento dos credores não sujeitos.

2. ALTERAÇÕES NA LEI FALIMENTAR: LIQUIDAÇÃO SUBSTANCIAL E LIQUIDAÇÃO INTEGRAL

Com o advento da Lei 14.112/2020, tornou-se relevante o estudo e a diferenciação entre as hipóteses de liquidação integral e liquidação substancial dos ativos da empresa em recuperação judicial.

Antes mesmo da reforma em 2020, já se defendia a liquidação da empresa dentro do contexto da recuperação judicial.[2] Para tanto, defendia-se a necessidade de satisfação dos credores não sujeitos para sua devida utilização, sob pena de violação aos princípios da legislação falimentar.[3]

---

1. Art. 60. Se o plano de recuperação judicial aprovado envolver alienação judicial de filiais ou de unidades produtivas isoladas do devedor, o juiz ordenará a sua realização, observado o disposto no art. 142 desta Lei.
2. SACRAMONE, Marcelo; AMARAL, Fernando Lima Gurgel do; MELLO, Marcos Vinicius Ramon Soares de.

   Recuperação Judicial como forma de Liquidação Integral dos Ativos. *Revista de Dir. Empresarial – RDEmp*, Belo Horizonte, ano 17, n. 3, p. 155-168, set./dez. 2020.
3. "A venda integral dos bens, contudo, não pode ser utilizado como mecanismo para satisfação de apenas alguns credores e em detrimento de outros, em violação aos princípios da lei nº 11.101/2005 que assegura que a recuperação judicial foi concebida como melhor solução negocial para superação da crise econômico-financeira e satisfação em melhor medida dos interesses de todos os envolvidos. Sequer a aprovação do plano de recuperação judicial pelos credores é suficiente para assegurar a satisfação conforme a respectiva ordem de prioridades, na medida em que nem todos os credores estão submetidos ao procedimento de recuperação Judicial." SACRAMONE, Marcelo Barbosa. *Comentários à lei de recuperação de empresas e falência*. São Paulo: Saraiva Educação, 2021. p. 287.

Quanto à liquidação integral da empresa, a possibilidade desta medida agora está prevista no inc. XVIII no art. 50 da Lei n. 11.101/2005,[4] que estabeleceu a venda integral da empresa devedora como meio de recuperação judicial, desde que credores não submetidos e não aderentes tenham condições equivalentes àquelas que teriam na falência. Trata-se de um critério de legalidade do plano de recuperação judicial. O juiz não deveria homologar um plano, mesmo que aprovado, nestas condições, por ferir direito dos credores não sujeitos que não participaram da votação. Entretanto, provar que uma empresa está sendo esvaziada em prejuízo dos credores não sujeitos, antes do efetivo acontecimento dos fatos, poderá ser uma prova de difícil produção.

Ademais, embora pareça incompatível com o procedimento recuperacional, a liquidação integral de ativos por meio da recuperação judicial pode trazer muito mais benefícios do que a liquidação em falência. Isso porque, na recuperação judicial, os sócios e administradores continuam a exercer suas competências e funções na empresa recuperanda,[5] os quais detém maiores informações das atividades da empresa e possuem interesse em realizar a alienação de ativos pelo maior valor possível, podendo inclusive seguir de alguma forma trabalhando na atividade empresarial após a venda.

Embora não haja previsão legal neste sentido, espera-se que o adquirente da totalidade dos ativos continue a exercer a atividade produtiva, em harmonia com o princípio de preservação da empresa.[6]

Já a liquidação substancial seria a hipótese na qual a recuperanda vende parte substancial de seus bens, mas permanece com ativos suficientes para exercer atividade empresarial, ainda que substancialmente reduzida.

A distinção entre a liquidação substancial e a integral é justamente que na primeira a recuperanda ainda continua a desenvolver ao menos parte da atividade

4. Art. 50. Constituem meios de recuperação judicial, observada a legislação pertinente a cada caso, dentre outros: (...) XVIII - venda integral da devedora, desde que garantidas aos credores não submetidos ou não aderentes condições, no mínimo, equivalentes àquelas que teriam na falência, hipótese em que será, para todos os fins, considerada unidade produtiva isolada.
5. SACRAMONE, Marcelo; AMARAL, Fernando Lima Gurgel do; MELLO, Marcos Vinicius Ramon Soares de. Recuperação Judicial como forma de Liquidação Integral dos Ativos. *Revista de Dir. Empresarial - RDEmp*, Belo Horizonte, ano 17, n. 3, p. 155-168, set./dez. 2020.
6. "Outra inovação trazida pela reforma da lei é a previsão de venda integral da devedora, o que acarretará a continuidade das atividades, com a gerência de novos empresários. Nesse caso, deverá ser garantido aos adquirentes que não haverá qualquer sucessão de débitos, liberando-os integralmente das obrigações e ônus, da mesma forma que ocorre quando da aquisição de UPIs. Sendo assim, como haverá dissociação entre o ativo negociado e o passivo da empresa devedora, devem ser garantidas – aos credores não submetidos e aqueles que não tenham aderido ao Plano de Recuperação Judicial – ao menos condições semelhantes àquelas que esses credores teriam em caso de falência." COSTA, Daniel Carnio; MELO, Alexandre Correa Nesser de. *Comentários à Lei de Recuperação de Empresas e Falência, Lei 11.101, de 09 de fevereiro de 2005, de acordo com a Lei 14.112, 2020.* São Paulo: Ed. Juruá, 2021, p. 154.

empresarial, ao contrário da liquidação integral, em que a recuperanda transfere toda sua atividade empresarial e patrimônio a um terceiro adquirente.

A distinção é importante.

Se na liquidação integral a solução é o pagamento imediato dos credores não sujeitos com o produto da venda, como critério de legalidade do plano de recuperação judicial, na liquidação substancial não é necessário o pagamento imediato dos credores não sujeitos.

Isso porque na liquidação substancial parte-se do pressuposto que haverá uma atividade empresarial remanescente que fará frente aos créditos não novados com o plano de recuperação judicial.

A liquidação substancial está prevista indiretamente no art. 73, inc. VI, da Lei n. 11.101/2005. Trata-se de uma possibilidade de convolação da recuperação judicial em falência, nos termos do art. 73, inc. VI, da Lei 11.101/2005.[7]

O conceito de liquidação substancial foi descrito no § 3º do art. 73, ao prever a convolação em falência "*quando não forem reservados bens, direitos ou projeção de fluxo de caixa futuro suficientes à manutenção da atividade econômica para fins de cumprimento de suas obrigações*", devendo ser considerado casuisticamente se a liquidação substancial afetou o pagamento de credores não sujeitos.[8]

Interessante destacar que a hipótese do art. 73, inc. VI, não restringe o pedido de convolação somente para os casos de pagamento em condições piores que as da falência, tal como indicado no critério de controle de legalidade do inc. XVIII no art. 50. Por esta perspectiva, a previsão do art. 73, inc. VI é mais ampla que aquela indicada como controle de legalidade.

Para se valer deste pedido de convolação da recuperação judicial em falência, deve-se entender que o mero inadimplemento das obrigações perante credores não sujeitos não enseja à convolação em falência. Precisa-se estar configurado que houve a liquidação substancial da empresa – caso contrário, qualquer inadimplemento de crédito não sujeito ensejaria a convolação em falência –, bem como que o crédito não sujeito existia à época da aprovação e homologação do plano.

---

7. Art. 73. O juiz decretará a falência durante o processo de recuperação judicial:
VI - quando identificado o esvaziamento patrimonial da devedora que implique liquidação substancial da empresa, em prejuízo de credores não sujeitos à recuperação judicial, inclusive as Fazendas Públicas.
8. "O esvaziamento patrimonial pode não ser absolutamente evidente. Sua avaliação deverá ser casuística e apreciar se houve a majoração do risco de recebimento pelos credores não sujeitos à recuperação judicial em razão da liquidação substancial dos bens do devedor, sem assegurar o adimplemento desses, ou a reserva de bens, direitos ou projeção de fluxo de caixa futuro suficiente para o desenvolvimento da atividade e satisfação das obrigações não sujeitas" SACRAMONE, Marcelo Barbosa. *Comentários à lei de recuperação de empresas e falência*. São Paulo: Saraiva, 2021. p. 399/400.

Créditos não sujeitos cujos fatos geradores sejam posteriores à aprovação e homologação do plano são frutos de negócios jurídicos realizados por partes cientes da nova situação patrimonial da Recuperanda, não tendo estes credores legitimidade para postular a convolação da recuperação judicial em falência.

Portanto, havendo somente um inadimplemento comum dos créditos não sujeitos, sem a presença da liquidação substancial, ou o inadimplemento de créditos posteriores não sujeitos à recuperação, estes credores devem valer-se dos procedimentos do requerimento de falência previsto no art. 94 e seguintes da Lei 11.101/2005.

Todas as hipóteses de convolação da recuperação judicial em falência somente possuem cabimento até o encerramento do processo. Após o chamado período de fiscalização, caberá ao credor submetido ao plano ou ao credor não sujeito somente a utilização da via individual.

A questão ganha relevância quando se percebe que o art. 61,[9] com a nova redação conferida pela Lei n. 14.112/2020, deixou vaga a obrigatoriedade do período de fiscalização pelo prazo de dois anos, como previsto antes da reforma da Lei n. 11.101/2005. Embora haja discussão sobre o tema,[10] mostra-se adequado manter sempre o período de fiscalização integral quando houver alegação de venda integral de ativos, para que os credores não sujeitos possam valer-se da convolação da recuperação judicial em falência.

Portanto, caberá ao judiciário verificar a ocorrência de liquidação integral ou substancial, podendo deixar de homologar o plano aprovado ou convolar a recuperação judicial em falência, a depender de cada caso.

Veja-se que simplesmente delegar esse tema à assembleia geral de credores será ineficiente. Isso porque os próprios credores sujeitos à recuperação judicial teriam o incentivo para aprovar planos desta natureza, na medida em que poderiam ser beneficiados em detrimento dos credores não sujeitos.

Destaca-se a dificuldade que terá o juízo em apurar objetivamente a ocorrência de liquidação integral ou substancial. Especificamente no caso de apuração de liquidação substancial para convolação em falência, há previsão para que se verifique a projeção de caixa futuro ou mesmo a reserva de bens suficientes para

9. Art. 61. Proferida a decisão prevista no art. 58 desta Lei, o juiz poderá determinar a manutenção do devedor em recuperação judicial até que sejam cumpridas todas as obrigações previstas no plano que vencerem até, no máximo, 2 (dois) anos depois da concessão da recuperação judicial, independentemente do eventual período de carência.

10. A este respeito, vide Marcelo Barbosa Sacramone defendendo a obrigatoriedade de fixação integral do período de fiscalização, mesmo após a alteração do art. 61: "Como poder dever, a fiscalização do plano de recuperação judicial é obrigação do Juízo da Recuperação Judicial e não poderá ser por este disposta conforme o seu juízo de conveniência e oportunidade." SACRAMONE, Marcelo Barbosa. *Comentários à lei de recuperação de empresas e falência*. São Paulo: Saraiva, 2021, p. 349.

satisfazer os credores não sujeitos,[11] tanto que o § 3º do inc. IV do art. 73 da Lei 11.101/2005, admite a possibilidade de "*a realização de perícia específica para essa finalidade*", o que somente indica a pertinência de manutenção integral do período de fiscalização nestas hipóteses.

3. METODOLOGIA E RESULTADOS

Para este artigo, foram utilizados os dados da Associação Brasileira de Jurimetria, referentes aos processos de recuperação judicial do Estado de São Paulo, distribuídos entre os anos de 2011 e 2017, cujos andamentos processuais estão atualizados até setembro de 2020.[12]

Na base da ABJ encontra-se um total de 1194 (mil cento e noventa e quatro) recuperações judiciais analisadas no Estado de São Paulo. Destas, somente 548 (quinhentos e quarenta e oito) processos tiverem o plano de recuperação judicial aprovado em juízo.[13]

Da quantidade de casos em que há planos de recuperação judicial aprovados, os dados da ABJ apontam 93 (noventa e três) processos com previsão de constituição de UPI.[14]

Explica-se que nestes 93 (noventa e três) casos havia previsão de constituição de UPI, mas isso não significa que a recuperanda efetivamente constituiu a UPI, a despeito da autorização dada pelos credores quando da votação do plano.

O presente artigo não tem como objeto de estudo a venda direta de bens sem a proteção da UPI (art. 66 da Lei n. 11.101/2005). Inexistem dados de fácil acesso sobre vendas diretas fora de contexto de um plano aprovado pelos credores. Além

11. "(...) f) Esvaziamento patrimonial. Caracteriza-se quando o devedor está se valendo da suspensão temporária da exigibilidade de suas obrigações (art. 6º) e da exceção de sucessão na alienação de UPIs (art. 60) não como medidas destinadas à superação da crise, mas com o objetivo diverso de proceder à liquidação de seu negócio em condições mais vantajosas. Em relação a última hipótese, ao tentar tipificá-la o legislador não poderia ter se atrapalhado mais. De um lado proceder a "reserva de bens" é a própria negação da exploração de qualquer atividade econômica de modo racional, que pressupõe exatamente o inverso: otimizar o emprego de todos os ativos como fonte de geração de valor. Por outro lado, a "reserva de projeção de fluxo de caixa futuro" é um requisito etéreo, por ser a mera quantificação unilateral, feita pelo próprio devedor, de suas expectativas de rentabilidade, ou seja, um palpite altamente subjetivo." COELHO, Fábio Ulhoa. *Comentários à Lei de Falências e de Recuperação de Empresas*. São Paulo: Revista dos Tribunais, 14. ed. 2021, p. 285.
12. WAISBERG, Ivo; SACRAMONE, Marcelo Barbosa; NUNES, Marcelo Guedes; CORRÊA, Fernando. *Recuperação judicial no Estado de São Paulo, 2ª Fase do Observatório de Insolvência*. abj.org.br/wp-content/uploads/2019/04/Recuperacao_Judicial_no_Estado_de_Sao_Pa.pdf. Acesso: 03 set. 2021.
13. Dados da Associação Brasileira de Jurimetria. https://abjur.github.io/obsFase2/relatorio/index.html. Acesso 03 set. 2021.
14. WAISBERG, Ivo; SACRAMONE, Marcelo Barbosa; NUNES, Marcelo Guedes; CORRÊA, Fernando. *Recuperação judicial no Estado de São Paulo, 2ª Fase do Observatório de Insolvência*. abj.org.br/wp-content/uploads/2019/04/Recuperacao_Judicial_no_Estado_de_Sao_Pa.pdf. Acesso: 03 set. 2021.

disso, para o tema deste artigo, presume-se que na liquidação da empresa, integral ou substancial, será feita por meio de venda de UPI prevista em um plano de recuperação judicial, dada a proteção de não sucessão nesta hipótese específica (art. 60 da Lei 11.101/2005).[15]

Destaca-se ainda que, dos 93 (noventa e três) casos observados, 9 (nove) deles tramitavam em autos físicos e, portanto, não foram objetos de análise para este artigo.

Assim, dos 84 (oitenta e quatro) casos em questão, os dados da ABJ indicam que em apenas 30 (trinta) observou-se a constituição e alienação efetiva de UPIs.

Com base em todas essas premissas, dos 30 (trinta) casos em que a ABJ identificou a alienação de UPIs, os autores confirmaram a venda efetiva de UPI em somente 10 (dez) destes casos.

Os autores deste artigo analisaram a documentação destes 10 (dez) casos com indicação de alienação efetiva de ativos. Nesta análise individualizada, buscaram as seguintes informações: ***(i)*** Identificação do plano de recuperação judicial e eventuais aditivos; nestes documentos, buscaram previsão de constituição e alienação de seus ativos na forma de UPI; ***(ii)*** Identificação dos ativos da recuperanda com base nos laudos de viabilidade econômico-financeira e de avaliação de bens (art. 53, inc. III da Lei n. 11.101/2005).[16]

Além disso, no intuito de obter o maior número de informações e na busca de obtenção de um cenário mais completo acerca destes 10 casos nos quais tiveram indicação de alienação de ativos também foram buscados dados como: (i) grupo no polo ativo; (ii) atividade empresarial de cada empresa dentro do polo ativo; (iii) segmento. A análise desses critérios mostrou-se importante para apurar, na hipótese de liquidação substancial, se houve a manutenção das empresas no mesmo ramo empresarial.

15. Neste sentido, o Superior Tribunal de Justiça entendeu ser possível a proteção da sucessão em caso de vendas diretas, mas não excepcionou a necessidade de estar a venda prevista no plano de recuperação judicial: "(...) 3. A alienação de unidades produtivas isoladas prevista em plano de recuperação judicial aprovado deve, em regra, se dar na forma de alienação por hasta pública, conforme o disposto nos artigos 60 e 142 da Lei nº 11.101/2005. 4. A adoção de outras modalidades de alienação, na forma do artigo 145 da Lei 11.101/2005, só pode ser admitida em situações excepcionais, que devem estar explicitamente justificadas na proposta apresentadas aos credores. Nessas hipóteses, as condições do negócio devem estar minuciosamente descritas no plano de recuperação judicial que deve ter votação destacada deste ponto, ser aprovado por maioria substancial dos credores e homologado pelo juiz. (...) REsp 1689187/ RJ, Rel. Ministro Ricardo Villas Bôas Cueva, Terceira Turma, julgado em 05 maio 2020, DJe 11 maio 2020.

16. Art. 53. O plano de recuperação será apresentado pelo devedor em juízo no prazo improrrogável de 60 (sessenta) dias da publicação da decisão que deferir o processamento da recuperação judicial, sob pena de convolação em falência, e deverá conter: (...) III – laudo econômico-financeiro e de avaliação dos bens e ativos do devedor, subscrito por profissional legalmente habilitado ou empresa especializada.

Concluída a filtragem inicial, estabeleceu-se critérios objetivos para constatar a ocorrência ou não de liquidação substancial ou integral nos casos individualmente analisados. Para tanto, comparou-se o valor da UPI em relação ao valor total dos ativos da recuperanda.

Por valor total de ativos, foi utilizado como único critério o valor total indicado nestes mesmos laudos do art. 53, inc. III. Por valor da UPI, foram utilizados dois critérios: *(i)* o valor da UPI extraído manualmente pelos autores dos laudos de viabilidade econômico-financeira e de avaliação de bens do art. 53, inc. III da Lei n. 11.101/2005; *(ii)* o valor atribuído pela recuperanda para cada UPI.

Entre os critérios *(i)* e *(ii)* acima, para verificação do valor da UPI, o primeiro critério mostrou-se mais adequado e foi utilizado sempre que possível. O valor atribuído à UPI pela recuperanda no seu plano de recuperação judicial, o critério *(ii)*, pode ter sido estimado valendo-se de outros parâmetros em relação aos utilizadas nos laudos do art. 53, inc. III. Em outras palavras, o laudo financeiro pode estar indicando o valor contábil dos ativos, enquanto o valor atribuído à UPI na Plano ter considerado o valor de mercado, por exemplo.

O critério *(i)* não sofre deste problema, isso porque, por tal critério, o valor da UPI foi extraído manualmente do próprio laudo do art. 53, inc. III, do qual também foi extraído o valor total de bens utilizado na comparação. Esta tarefa foi possível em somente alguns casos. Em outros, os bens que compunham a UPI não estavam individualizados nos laudos, e nesses casos os autores consideraram o valor atribuído pela recuperanda para a UPI, o critério *(ii)*.

O valor de venda efetiva da UPI não foi utilizado como critério. Foi observado que o valor de venda efetiva da UPI não se mostra um critério adequado. Isso porque o bem pode ser alienado por um valor menor que o de mercado, o que indica uma eventual inadequada avaliação inicial, mas não serve de parâmetro para verificação de liquidação de bens.

Por exemplo, uma recuperanda com bens avaliados em 2 milhões de reais conforme laudos do art. 53, inc. III, constitui uma UPI com valor de avaliação de um milhão de reais. Metade de seu patrimônio conforme a sua própria avaliação. Esta UPI é vendida efetivamente por 300 mil reais. Neste caso, a despeito do baixo valor de venda efetiva, ainda assim deve-se concluir que metade da empresa foi liquidada. Seria incorreto comparar o valor de venda efetiva com o valor total de bens, concluindo que somente 15% da empresa teria sido liquidada. Isso porque o valor total de bens levou em consideração o valor de avaliação dos bens, incluindo os bens da UPI.

Não há um parâmetro objetivo para atestar que uma liquidação foi substancial. Liquidação de mais de 70% seria substancial? Ou só acima de 90%? Não há esse parâmetro na legislação.

Dos dez casos analisados, pode-se fazer uma análise comparativa e dividi-los em grupos. Esses 10 (dez) casos foram divididos em três diferentes grupos de acordo com o racional Valor Ativos, extraídos dos laudos do art. 53, inc. III, *versus* Valor da UPI, extraído sempre que possível dos laudos do art. 53, inc. III, ou quando necessário segundo a indicação da própria recuperanda por meio do Plano de Recuperação Judicial.

Assim, os casos foram divididos nos seguintes grupos: ***(i)*** Baixa (B) incidência de alienação de ativo (até 1/3 do patrimônio – 33%: 5 casos); ***(ii)*** Média (M) incidência de alienação de ativo (de 1/3 até 2/3 do patrimônio – entre 33% ~ 66%: 2 casos); e ***(iii)*** Alta (A) incidência de alienação de ativo (superior a 2/3 do patrimônio – <66%: 3 casos). Vide o infográfico abaixo:

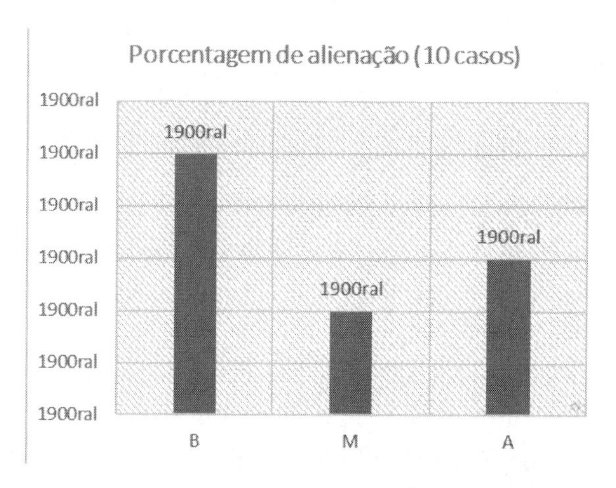

Ressalta-se que os 3 casos com alienação de ativos superior ao percentual de 66% correspondem às respectivas porcentagens: ***(i)*** 70.15%; ***(ii)*** 98,81% e ***(iii)*** 100%.

Embora não haja parâmetro legal para definir liquidação substancial, valendo-se apenas deste critério de comparação de relação total de ativos disponibilizada pela Recuperanda (inciso III do art. 53 da lei n. 11.101/2005) e do total de ativos alienados por UPI, pode-se considerar, em termos comparativos, que houve alienação substancial de ativos em um caso e alienação integral em dois casos.[17]

Especificamente nesses três casos, para apurar se ocorreu de fato a liquidação substancial ou integral, como sugere a análise comparativa, os autores verificaram ***(i)*** o relatório mensal de atividades apresentado pelo Administrador Judicial; ***(ii)*** se os arrematantes continuaram exercendo atividade empresarial por meio dos ativos adquiridos; ***(iii)*** se a dívida extraconcursal fiscal foi satisfeita (apenas com

17. Para fins deste artigo, considerou-se "98,81%" de alienação ativos como uma venda integral, diante da irrisória permanência na empresa de apernas 1,19% dos ativos.

base na existência de execuções fiscais em trâmite); *(iv)* se a recuperanda continuou exercendo alguma atividade empresarial; *(v)* se havia no plano de recuperação judicial a previsão de liquidação substancial ou integral, ou ainda indicação de qual atividade empresarial remanesceria.

Quanto aos itens *(i)* e *(ii)* acima, as atividades continuaram a ser exercidas pela recuperanda somente no caso que ocorreu alienação substancial de 70,15%. Nos outros dois casos, a atividade continuou a ser exercida pelos adquirentes na mesma modalidade empresarial que da empresa em recuperação judicial. No caso que ocorreu alienação de 98,81% dos ativos, houve incorporação da empresa pela adquirente, ou seja, de maneira transversa continuou a exercer suas atividades em conjunto com sua incorporadora. No caso que ocorreu alienação de 100% dos bens, a sociedade foi dissolvida em razão de distrato dos sócios quotistas, nos termos do inciso II, do art. 1.033[18], do Código Civil, após três anos, aproximadamente, da aprovação do plano. O desfecho fático da situação destes três casos aponta para a conclusão intuitiva: na hipótese de liquidação substancial, a recuperanda continuou exercendo atividade empresarial, e nos dois casos de liquidação substancial, a sociedade foi incorporada ou dissolvida.

Os autores verificaram que a dívida fiscal foi satisfeita somente no caso que ocorreu a alienação integral de 100%. Quanto aos dois outros casos, existem ainda tramitação de execuções fiscais.

Por fim, em nenhuma das hipóteses, havia previsão expressa no plano de recuperação judicial indicando a intenção de alienação substancial ou integral de ativos, tratando-se apenas de uma consequência fática da venda dos ativos.

Entretanto, os autores destacam que o critério utilizado na pesquisa é insuficiente. Tem como objeto de análise a redução patrimonial da recuperanda. O que pode se mostrar adequado em determinadas situações, mas insuficiente em outras. Por exemplo, caso a recuperanda seja uma empresa de serviços, há elementos que não seriam adequadamente verificados somente pela análise da redução patrimonial, tal como a clientela, relacionamento com investidores e fornecedores, marca, posição de mercado etc.

É relevante estar ciente dessas diferentes possibilidades de valoração da empresa. Assim, na verificação efetiva de liquidação da empresa é recomendável o auxílio de um expert que deverá verificar qual o método mais apropriado para apurar o valor real de mercado da empresa e verificar o impacto da venda dos ativos alienados.

---

18. Código Civil. Art. 1.033. Dissolve-se a sociedade quando ocorrer: II - o consenso unânime dos sócios;

Ilustrativamente, a apuração do valor da empresa[19] pode ser realizada de diversas formas,[20] pode-se utilizar, por exemplo: *(i)* método contábil puro, que seria basicamente verificar o patrimônio líquido no balanço patrimonial, o que se mostra o mais próximo do método utilizado por estes autores; *(ii)* para empresa de capital aberto listada em Bolsa, bastaria verificar valor total das suas ações listadas em Bolsa; *(iii)* avaliação por liquidação, no qual se considera a venda dos bens listados no balanço, somando-os ao dinheiro disponível, do qual desconta-se todas as dívidas para obter o valor da empresa; todavia, tal método limita-se aos imobilizados e não considera outras informações como, por exemplo, a carteira atual de clientes da empresa; *(iv)* avaliação por múltiplos, pelo qual se estima o valor por meio da aplicação de um fator de referência, tendo como base empresas já avaliadas que atuam no mesmo segmento de mercado, sendo tal fator multiplicado pelo lucros, receitas ou EBITDA, mas não contempla as possibilidades de crescimentos futuros do segmento; *(v)* avaliação por fluxo de caixa descontado, no qual valor é mensurado com base em benefícios futuros que a empresa poderá gerar; contempla a previsão do ambiente externo (consumidores, concorrência, conjuntura econômica) o qual irá impactar na estimativa futura do crescimento das receitas, dos custos e das despesas num prazo predeterminado; este método também considera o risco de acordo com o segmento que a empresa está inserida e o custo do capital no tempo para os acionistas e para terceiros.[21]

A jurisprudência adota comumente o critério do fluxo de caixa descontado para verificar o valor de uma empresa.[22] [23] De qualquer modo, parece não haver

---

19. Ou *valuation*, no jargão do mercado: "*Valuation* é um termo de origem inglesa que significa, adaptado ao português, avaliação de empresas. Ao trabalhar com as percepções que a empresa possui dos investidores e clientes, o valuation envolve o julgamento da posição que ocupa no mercado e a previsão do retorno de investimento nas ações da empresa." SEBRAE. https://www.sebrae.com.br/sites/PortalSebrae/artigos/conheca-o-valuation-e-saiba-quanto-vale-sua-empresa,290732f8d0cbf410VgnVCM1000004c00210aRCRD. Acesso 08 set. 2021.

20. DE LIMA, Jaziel Pavine. *Avalição de Empresas (Valuation)*. São Paulo: Valore Brasil, 2020, *ebook*: https://ebookvaluation.com.br/. Acesso 03 set. 2021.

21. https://www.valorebrasil.com.br/conheca-os-metodos-para-a-avaliacao-de-uma-empresa-e-a-importancia-do-valor-para-o-empresario-2/. Acesso 03 set. 2021.

22. "Direito empresarial. Dissolução parcial de sociedade por quotas de responsabilidade limitada. Sócio dissidente. Critérios para apuração de haveres. Balanço de determinação. Fluxo de caixa. 1. Na dissolução parcial de sociedade por quotas de responsabilidade limitada, o critério previsto no contrato social para a apuração dos haveres do sócio retirante somente prevalecerá se houver consenso entre as partes quanto ao resultado alcançado. 2. Em caso de dissenso, a jurisprudência do Superior Tribunal de Justiça está consolidada no sentido de que o balanço de determinação é o critério que melhor reflete o valor patrimonial da empresa. 3. O fluxo de caixa descontado, por representar a metodologia que melhor revela a situação econômica e a capacidade de geração de riqueza de uma empresa, pode ser aplicado juntamente com o balanço de determinação na apuração de haveres do sócio dissidente. 4. Recurso especial desprovido." STJ. REsp: 1335619 SP 2011/0266256-3, Relator: Ministra Nancy Andrighi, Data de Julgamento: 03 mar. 2015, T3 - Terceira Turma, Data de Publicação: DJe 27 mar. 2015.

23. "Para efeitos do art. 861, o órgão judiciário mandará intimar a pessoa jurídica, na pessoa do representante legal, fluindo o prazo ordinariamente (art. 2019, caput, c/c art. 224), para no prazo assinado: (a)

necessariamente um método correto para avaliação empresarial generalizada. Cada caso deverá ser avaliado pelo critério que se mostrar mais adequado para a situação específica da recuperanda, a depender de seu segmento e natureza empresarial.

Assim, para verificar a ocorrência de liquidação integral ou substancial, poderá o juiz determinar a perícia prevista no art. 73, §3º, Lei 11.101/05. Embora prevista para convolação da recuperação em falência, nos casos de liquidação substancial que credores não sujeitos não sejam pagos, parece ser adequada utilizar tal perícia quando houver controvérsia nos casos de controle de legalidade na liquidação integral.

Ante a todo o exposto, em que pese existirem diversas formas para se apurar o valor real de uma empresa e de relacionar com o valor de seus bens em alienação, pelos critérios objetivos utilizados neste artigo, verificou-se que a venda substancial e integral de ativos por UPI ainda é medida excepcional.

4. CONCLUSÃO

A liquidação substancial ou integral dos bens em processos de recuperação judicial, agora expressamente estabelecidas nos arts. 50, inc. XVIII e art. 73, inc. VI, ambos da Lei n. 11.101/2005, devem ser consideradas como alternativa à manutenção da atividade empresarial do devedor.

A liquidação integral está condicionada à satisfação dos credores não aderentes e não sujeitos em condições no mínimo equivalentes às que teriam em caso falência. No caso da liquidação substancial, a admissão está atrelada à satisfação dos credores não sujeitos à recuperação judicial durante o período de fiscalização, sob pena de convolação da recuperação judicial em falência.

Portanto, a liquidação substancial ou integral dos bens em prejuízo à atividade e em detrimento da satisfação dos credores não aderentes e não sujeitos deverá ser considerada abusiva.

Pelo controle de legalidade, o juiz deverá deixar de homologar o plano de recuperação judicial, ainda que aprovado, caso os credores não aderentes e não sujeitos venham a receber menos do que receberiam em caso de falência. Também deverá a recuperação judicial ser convolada em falência no caso de liquidação da empresa e não pagamento dos credores não sujeitos dentro do período de fiscalização.

apresentar em juízo balanço especial (inc. I), na forma da lei, especificando o valor da(s) quota(s) ou da(s) ação(ões), sendo que o balanço especial, ou o balanço de determinação, há de utilizar os critério de fluxo de caixa descontado, segundo a jurisprudência do STJ." ASSIS, Araken de. *Manual de Execução*. São Paulo: Revista dos Tribunais, 21. ed., 2020. p. 1006.

Todavia, verifica-se que não são todos casos em que objetivamente será possível apurar de maneira simples a ocorrência de liquidação da empresa. Em algumas situações poderá ser utilizado critérios mais objetivos, como o estabelecido no presente artigo, mas possivelmente em outros casos que o juízo terá que solicitar o auxílio de um perito para apurar o real valor da empresa, utilizando o método mais apropriado para o determinado tipo de empresa e sua atividade empresarial.

Pelos critérios utilizados neste artigo, analisando somente a redução patrimonial, verificou-se que no Estado de São Paulo, a alienação substancial e integral de ativos por meio UPIs não são frequentes, conforme análise dos dados relacionados pelo Observatório de Insolvência.[24]

5. REFERÊNCIAS BIBLIOGRÁFICAS

ASSIS, Araken de. *Manual de Execução*. São Paulo: Revista dos Tribunais, 2020.

COELHO, Fábio Ulhoa. *Comentários à Lei de Falências e de Recuperação De Empresas*. São Paulo: Revista dos Tribunais, 14. ed. 2021.

COSTA, Daniel Carnio e MELO, Alexandre Correa Nesser de. *Comentários à Lei de Recuperação de Empresas e Falência - Lei 11.101, de 09 de fevereiro de 2005 - de acordo com a Lei 14.112, ano 2020*. São Paulo: Juruá, 2021.

DE LIMA, Jaziel Pavine. *Avalição de Empresas (Valuation)*. São Paulo: 2020, Valore Brasil, ebook: https://ebookvaluation.com.br/. Acesso 03 set. 2021.

SACRAMONE, Marcelo Barbosa. *Comentários à lei de recuperação de empresas e falência*. 2. ed. São Paulo: Saraiva Educação, 2021.

SACRAMONE, Marcelo; AMARAL, Fernando Lima Gurgel do; MELLO, Marcos Vinicius Ramon Soares de. Recuperação Judicial como forma de Liquidação Integral dos Ativos. In: *R. de Dir. Empresarial – RDEmp. BeloHorizonte*, ano 17, n. 3, p. 155-168, set./dez. 2020.

WAISBERG, Ivo; SACRAMONE, Marcelo Barbosa; NUNES, Marcelo Guedes; CORRÊA, Fernando. *Recuperação Judicial no Estado de São Paulo, 2ª Fase do Observatório de Insolvência*. Disponível em: abj.org.br/wp-content/uploads/2019/04/Recuperacao_Judicial_no_Estado_de_Sao_Pa.pdf. Acesso em 03 set. 2021.

24. Iniciativa do Núcleo de Estudos de Processos de Insolvência (NEPI) da Pontifícia Universidade Católica de São Paulo e da Associação Brasileira de Jurimetria (ABJ).

O ABUSO DE DIREITO DE VOTO NA ASSEMBLEIA GERAL DE CREDORES: UMA ANÁLISE JURIMÉTRICA DOS PROCESSOS DE RECUPERAÇÃO JUDICIAL DO ESTADO DE SÃO PAULO

Daniel Souza Araújo

Advogado no Galdino, Coelho Sociedade de Advogados, graduado em Direito pela Universidade Federal do Rio de Janeiro (UFRJ).

Flaviane Nunes

Advogada, graduada em Direito pela Pontifícia Universidade Católica de São Paulo (PUC-SP).

Julia Hermesdorffe

Advogada, graduada em Direito pela Universidade Federal do Rio de Janeiro (UFRJ).

Juliana Bumachar

Sócia do Bumachar Advogados Associados, Conselheira Federal da OAB, Pres. da Com. Especial de Rec. Judicial, Extrajudicial e Falência da OAB/RJ, Profª. da Pós-Graduação Lato Senso da FGV Direito Rio, Membro do Grupo de Trabalho do CNJ para modernização da atuação do Judiciário nos processos de Rec. e Falência.

Marcella Moreira

Advogada no Bumachar Advogados, graduada em Direito pela Universidade Federal do Rio de Janeiro (UFRJ) e pós-graduada em Direito Empresarial pela Fundação Getúlio Vargas (FGV Rio).

Rodrigo D'Orio Dantas

Advogado, Administrador Judicial, Mediador e Árbitro. Professor de Direito em cursos de pós-graduação. Especialista, mestre e doutor em direito pela PUC-SP. Psicanalista com mestrado na UK John Kennedy, pós-doutorando em psicanálise na USP (IPUSP).

1. INTRODUÇÃO

O presente artigo tem como finalidade realizar um estudo acerca da aplicação do instituto do abuso de direito de voto, especificamente, no cenário de deliberação assemblear do plano de recuperação judicial.

Como se sabe, as discussões de abuso de direito de voto envolvem a aprovação do plano de recuperação judicial, de modo que, uma análise sedimentada sobre o tema é garantia de maior segurança jurídica a todas as partes do procedimento recuperacional.

Nessa linha, a metodologia de pesquisa adotada no presente ensaio foi a jurimetria, que nada mais é do que aplicação de dados estatísticos a estudos jurídicos. Para essa análise, utilizou-se o método para apurar de que forma prática o instituto vem sendo aplicado pelo tribunal objeto de análise e sob quais hipóteses.

A partir de métodos quantitativos, foram analisados 1.344 casos de recuperação judicial em trâmite no Tribunal de Justiça do Estado de São Paulo, de 2010 a 2020, para uma aferição mais fiel à realidade, acerca da votação abusiva na Assembleia Geral de Credores ("AGC") e seus reflexos práticos.

Sendo assim, foi feita uma breve exposição do conceito do instituto do abuso de direito a partir de doutrina basilar, para compreensão dos princípios norteadores para sua aplicação em processos de recuperação judicial.

Em seguida, os dados são apresentados de maneira descritiva, para uma compreensão do objeto do estudo e seus resultados objetivos, de modo que possam ser obtidas conclusões em relação a esses dados.

Por fim, é realizada uma análise da compreensão trazida pelos dados levantados, analisando em especial as diferenças entre a previsão legal, a doutrina e a aplicação fática nos processos, e, subsequente, considerações finais a respeito do estudo.

2. ABUSO DO DIREITO DE VOTO NA RECUPERAÇÃO JUDICIAL

A assembleia geral de credores é o principal veículo de atuação dos credores na recuperação judicial, órgão pelo qual se manifesta vontade coletiva dos credores, por meio do voto. A regra geral é a de que todos os credores constantes do quadro ou relação de credores têm legitimidade para votar em assembleia, à exceção das hipóteses legais de impedimento[1]. O exercício de voto, contudo, está

1. A lei exclui o direito de voto aos credores em determinadas hipóteses: (i) credores retardatários, exceto os trabalhistas (art. 10, § 1º da LRF); (ii) sócios do devedor, sociedades coligadas, controladoras ou as que tenham sócio ou acionista com a participação superior a 10% do capital social do devedor ou em

sujeito ao controle judicial, pois seu conteúdo pode extrapolar os limites legais e acarretar abuso de direito.

Quando da publicação da Lei de Recuperação e Falências[2] – Lei. 11.101/205 ("LRF"), antes da alteração da Lei 14.112/2020, o legislador não estabeleceu qualquer definição de exercício abusivo do direito de voto, e tampouco impôs consequências. Por meio de interpretação teleológica, recorre-se à teoria do abuso de direito na forma estatuída pelo art. 187[3] do Código Civil, segundo a qual comete ato ilícito o titular de um direito que, ao exercê-lo, excede manifestamente os limites impostos pelo seu fim econômico ou social, pela boa-fé ou pelos bons costumes. No âmbito do direito societário, o art. 115[4] da Lei da S.A. considera abusivo o voto do acionista que age com a finalidade de causar dano à companhia ou de obter vantagem pessoal que possa resultar em prejuízo para a sociedade.

Em que pese a escassa positivação do instituto, Gabriel Saad Kik Buschinelli[5] entende não haver lacuna no ordenamento jurídico que justifique a aplicação analógica das regras societárias de impedimento de voto, uma vez que o art. 187, constante da parte geral do Código Civil, é diretamente aplicável em todas as situações jurídicas, incluindo-se a de voto proferido pelo credor no ambiente da assembleia geral.

A transposição do instituto para o sistema de insolvência confere-lhe contornos próprios. Pretendendo trazer parâmetros mais seguros para a definição do conceito de voto abusivo, a Lei n. 14.112/2020 estabeleceu que *"o voto será exercido pelo credor no seu interesse e de acordo com o seu juízo de conveniência e poderá*

---

que o devedor ou algum de seus sócios detenham participação superior a 10% do capital social, bem como cônjuge ou parente, consanguíneo ou afim, colateral até o 2° grau, ascendente ou descendente do devedor, de administrador, do sócio controlador, de membro dos conselhos consultivo, fiscal ou semelhantes da sociedade devedora e à sociedade em que quaisquer dessas pessoas exerçam essas funções (art. 43 e parágrafo único da LRF); (iii) credores titulares de créditos não sujeitos à recuperação judicial, como credor fiduciário, arrendador mercantil, negociante de imóvel como vendedor, compromitente vendedor ou titular de reserva de domínio se houver cláusula de irrevogabilidade ou irretratabilidade contratual, instituições financeiras credoras por adiantamento aos exportadores (art. 39, § 1° c/c art. 49, §§ 3° e 4° da LRF); (iv) credores que não tiverem as condições originais de pagamento do seu crédito alteradas pelo plano (art. 45, § 3° da LRF).

2. Lei 11.101/2005. Regula a recuperação judicial, a extrajudicial e a falência do empresário e da sociedade empresária.
3. Art. 187, CC/02. Também comete ato ilícito o titular de um direito que, ao exercê-lo, excede manifestamente os limites impostos pelo seu fim econômico ou social, pela boa-fé ou pelos bons costumes.
4. Art. 115 da Lei 6.404/1976: "Art. 115. O acionista deve exercer o direito a voto no interesse da companhia; considerar-se-á abusivo o voto exercido com o fim de causar dano à companhia ou a outros acionistas, ou de obter, para si ou para outrem, vantagem a que não faz jus e de que resulte, ou possa resultar, prejuízo para a companhia ou para outros acionistas".
5. BUSCHINELLI, Gabriel Saad Kik. *Abuso do direito de voto na assembleia geral de credores*. São Paulo: Quartier Latin, 2014, p. 99.

ser declarado nulo por abusividade somente quando manifestamente exercido para obter vantagem ilícita para si ou para outrem"[6].

Apesar de reconhecer o esforço normativo, Manoel Justino[7] entende que o dispositivo não supera a necessidade de análise casuística da situação, para aferir em que medida a obtenção de vantagem individual pelo credor constitui ato ilícito ou prejudicial à preservação da empresa e ao interesse da comunidade de credores.[8]

Marcelo Sacramone[9] ressalta que a busca pela satisfação do próprio crédito, conforme entenda mais conveniente, constitui exercício regular do direito do credor. Nesse contexto, somente deve ser considerado abusivo o voto proferido manifestamente de má-fé, que não leva em consideração o seu interesse como credor na recuperação judicial, mas apenas a proteção de seus interesses exclusivamente particulares.

Ainda sob a perspectiva de Sacramone, deve ser dado destaque ao fato de que ao plano de recuperação judicial é atribuída natureza contratual, de modo que as partes envolvidas em sua elaboração e aprovação devem respeitar os princípios de probidade e boa-fé, conforme disposto no art. 422 do Código Civil[10].

De acordo com Fábio Ulhoa Coelho[11], a abusividade ocorre quando a vontade declarada no voto do credor não lhe traz benefício e prejudica o devedor, os demais credores e a própria finalidade da recuperação judicial[12]. Ressalta, ainda, que nem todo voto contrário à aprovação do plano de recuperação é abusivo[13]. Se a falência do devedor representar a melhor alternativa de satisfação do seu

---

6. Art. 39, § 6º, da Lei 11.101/05, incluído pela Lei 14.112/2020: "§ 6º. O voto será exercido pelo credor no seu interesse e de acordo com o seu juízo de conveniência e poderá ser declarado nulo por abusividade somente quando manifestamente exercido para obter vantagem ilícita para si ou para outrem".
7. BEZERRA FILHO, Manoel Justino. *Lei de recuperação de empresas e falência*. 15. ed. São Paulo: Thomson Reuters Brasil, 2021. p. 195.
8. Nesse mesmo sentido, Marcelo Barbosa Sacramone afirma que "As hipóteses de abuso devem ser aferidas no caso concreto." (SACRAMONE, Marcelo Barbosa. *Comentários à Lei de Recuperação de Empresas e Falência*. 2. ed. São Paulo: Saraiva, 2021. p. 220).
9. SACRAMONE, Marcelo Barbosa. *Comentários à Lei de Recuperação de Empresas e Falência*. 2. ed. São Paulo: Saraiva, 2021. p. 220.
10. "Art. 422. Os contratantes são obrigados a guardar, assim na conclusão do contrato, como em sua execução, os princípios de probidade e boa-fé".
11. COELHO, Fábio Ulhoa. *Comentários à lei de falência e recuperação de empresas*. 14. ed. São Paulo: Thomson Reuters Brasil, 2021. p. 148.
12. No mesmo sentido, entende Alberto Camina Moreira: "Uma das vertentes para a caracterização do abuso é o 'cálculo econômico, inspirado em um crédito de tipo paretiano. Em extrema síntese, quem piora a situação de um outro sujeito, sem com isso melhorar a sua própria, realiza uma situação que não satisfaz de eficiência paretiana, e, portanto, tal conduta é abusiva". (MOREIRA, Alberto Camina. Abuso do credor e do devedor na recuperação judicial. In: *Dez anos da Lei 11.101/2005*. CEREZZETI, Sheila Christina Neder; MAFFIOLETTI, Emanuelle Urbano (Coord.). São Paulo: Medina, 2015. p. 180).
13. COELHO, Fábio Ulhoa. *Comentários à lei de falência e recuperação de empresas*. 14. ed. São Paulo: Thomson Reuters Brasil, 2021. p. 148-149.

crédito, o voto contrário ao plano, por si só, não será abusivo — salvo se houver desvio de finalidade.[14]

A discussão a respeito das premissas que poderiam ser adotadas para a configuração do voto abusivo está bem longe de um consenso. Na literatura jurídica sobre o tema, parte dos autores assume postura mais favorável à defesa do interesse individual do credor, ao passo que outra parte advoga em prol da preservação da empresa e do interesse da coletividade de credores.

De um lado, Francisco Satiro[15] entende que o voto do credor deve refletir seu interesse individual legítimo. Dessa forma, a preservação da empresa ou o interesse comum da coletividade de credores não poderiam ser utilizados como referência para configuração de abusividade, haja vista que o credor já está sujeito ao princípio da maioria no processo de recuperação judicial. Nesse sentido, o voto somente pode ser exercido pelo credor no seu próprio interesse e de acordo com o seu juízo de conveniência, primando pela boa-fé.[16]

Por outro lado, parte dos autores entende que os credores, ao exercerem o seu direito de voto, devem levar em consideração não apenas os seus interesses, mas os interesses dos demais credores e da sociedade, de modo a analisar o impacto do seu voto na preservação da empresa, com a manutenção da fonte produtiva e dos empregos dos trabalhadores.[17] Dessa forma, pode haver abuso do direito de voto quando o credor descumprir o seu dever de lealdade para com a comunhão de credores.[18] Assim, poderíamos encarar a recuperação judicial como um jogo cooperativo, em que cada parte abre mão de parte do seu crédito em benefício da coletividade.[19]

14. A finalidade do voto assume particular relevância para os autores Luiz Ernesto Aceturi de Oliveira e Marcelo Guedes Nunes: "o abuso se dá no momento em que o direito é exercido fora dos limites previstos em lei, extrapolando a sua finalidade essencial. Assim, quem abusa de um direito utiliza a ferramenta jurídica fora dos propósitos a que o ordenamento destina". (OLIVEIRA, Luiz Ernesto Aceturi de. In: CASTRO, Rodrigo R. Monteiro de; ARAGÃO, Leandro Santos de (Coord.) *Reorganização Societária*. São Paulo: Quartier Latin, 2005. p. 215).
15. Credores não votam pelo bem comum dos demais credores, nem vinculados pelo princípio da preservação da empresa, ainda que possam eventualmente cooperar durante o processo na busca de uma solução mais eficiente. (SOUZA JUNIOR, Francisco Satiro. Autonomia dos credores na aprovação do plano de Recuperação Judicial. In: CASTRO, Rodrigo Rocha Monteiro; WARDE JUNIOR, Walfrido Jorge; GUERREIRO, Carolina Dias Tavares (Coord.). *Direito Empresarial e outros estudos em homenagem ao Professor José Alexandre Tavares Guerreiro*. São Paulo: Quartier Latin, 2013. p. 113.
16. COSTA, Daniel Carnio; MELO, Alexandre Correa Nasser de. *Comentários à lei de recuperação de empresas e falência*. Curitiba: Juruá, 2021. p. 132.
17. BASTOS, Joel Luís Thomaz. Considerações sobre o exercício do direito de voto na Assembleia Geral de Credores. In: MENDES, Bernardo Bicalho de Alvarenga (Coord.). *Aspectos polêmicos e atuais da lei de recuperação de empresas*. Belo Horizonte: D'Plácido, 2016. p. 600.
18. SCALZILLI, João Pedro; SPINELLI, Luis Felipe; TELLECHEA, Rodrigo. *Recuperação de empresas e falência*. São Paulo: Almedina, 2016. p. 323.
19. A aplicação da Teoria dos Jogos no âmbito da recuperação judicial é benéfica para todos os envolvidos, haja vista a possibilidade manutenção de toda uma cadeia produtiva e seus reflexos na economia e sociedade De acordo com o equilíbrio Nash para jogos sequenciais, os credores aceitarão um plano de

Nesse sentido, Sheila Cerezetti[20] afirma que o voto do credor em assembleia geral deve observar as suas finalidades econômica e social, a boa-fé e os bons costumes. Ainda que não seja possível exigir que um credor vote sempre a favor da recuperação da empresa, a autora não descarta que este princípio poderia ser utilizado como parâmetro ao exercício regular do direito de voto.[21] Nesse mesmo sentido entende Alberto Camina Moreira[22], para quem *"o exercício do direito excede manifestamente os limites impostos pelo fim social."*

Sobre o tema, a doutrina adverte que a caracterização do abuso de direito de voto demanda uma análise fática da situação específica na qual a deliberação foi tomada. Na tentativa de sistematizar a questão, João Pedro Scalzilli, Luis Felipe Spinelli e Rodrigo Tellechea já apresentavam alguns critérios para caracterizar o voto abusivo, tomando por inspiração o direito americano:

> entende-se que são possíveis critérios para averiguar o abuso do voto de credor na deliberação acerca do plano de recuperação judicial: (i) a exequibilidade dos seus termos e condições e, a partir daí, a probabilidade de superação da crise; (ii) a comparação entre a posição do credor na recuperação judicial e em uma eventual falência da recuperanda (*best-interest-of-creditors test*, na expressão utilizada nos Estados Unidos).[23]-[24]

---

recuperação do devedor que lhes dê um retorno minimamente maior do que o valor esperado com a decretação da falência. O devedor deve calcular qual é a melhor alternativa do credor caso não ocorra a aprovação do plano e oferecer algo um pouco mais vantajoso do que essa escolha. Sobre o tema, confira-se: (i) BARBOSA, Leonardo Garcia. Teoria dos jogos e fechamento de empresas. In: *Revista de Informação Legislativa*. ano 50, n. 197, jan./mar. 2013 [S.l.: s. n.]; (ii) BAROSSI-FILHO, Milton. As assembleias de credores e plano de recuperação de empresas: uma visão em teoria dos jogos. In: *Revista de Direito Mercantil, Industrial, Econômico e Financeiro*. n. 137. São Paulo: Malheiros, 2005. p. 233-238; (iii) SZTAJN, Rachel. Notas sobre as assembléias de credores na Lei de Recuperação de Empresas. In: *Revista de Direito Mercantil, Industrial, Econômico e Financeiro*. v. 44. São Paulo: USP, 2005.

20. CEREZETTI, Sheila Christina Neder. *A recuperação judicial de sociedade por ações*. São Paulo: Melhoramentos, 2012. p. 299.
21. No mesmo sentido, entende Alberto Camina Moreira: (MOREIRA, Alberto Camina. Abuso do credor e do devedor na recuperação judicial. In: *Dez anos da Lei 11.101/2005*. CEREZZETI, Sheila Christina Neder; MAFFIOLETTI, Emanuelle Urbano (Coord.). São Paulo: Medina, 2015. p. 182).
22. MOREIRA, Alberto Camina. Abuso do credor e do devedor na recuperação judicial. In: CEREZZETI, Sheila Christina Neder; MAFFIOLETTI, Emanuelle Urbano (Coord.). *Dez anos da Lei 11.101/2005*. São Paulo: Medina, 2015. p. 182.
23. SCALZILLI, João Pedro; SPINELLI, Luis Felipe; TELLECHEA, Rodrigo. *Recuperação de empresas e falência*. São Paulo: Almedina, 2016. p. 324.
24. Na mesma linha de raciocínio, Daltro de Campos Borges Filho, fundado em ensinamento de Eduardo Secchi Munhoz: "Nessa linha, recorde-se o conselho de Eduardo Munhoz de que, para dirimir esses conflitos de interesses entre devedor e credores, como também dos credores entre si, deveriam ser utilizados critérios, ou requisitos usualmente aceitos no direito comparado (em especial, o direito norte-americano), no sentido de que (i) o plano aprovado pela assembleia não pode contemplar um credor com menos do que ele receberia na hipótese de falência (*best-interest-of-creditors*) e de que (ii) o credor dissidente não pode se opor ao plano aprovado na assembleia, se tiver direito a receber montante proporcionalmente igual ao dos demais credores da sua mesma classe (*unfair driscrimination*)" (BORGES FILHO, Daltro de Campos. A eficiência da Lei 11.101 e os enunciados 44, 45 e 46 da 1ª Jornada de Direito Comercial. In: CEREZETTI, Sheila C. Neder; MAFFIOLETTI, Emanuelle Urbano (Coord.). *Dez anos da lei nº 11.101/2005*: Estudos sobre a lei de recuperação e falência. São Paulo: Almedina, 2015. p. 260).

Em orientação distinta, Gabriel Saad Kik Buschinelli elenca outros critérios de aferição do exercício abusivo do direito de voto:

> As hipóteses de abuso do direito de voto foram separadas em hipóteses de abuso positivo e de abuso negativo do direito de voto. O abuso positivo ocorre quando o credor se vale do seu direito de voto para a obtenção de vantagem particular estranha à sua condição de credor. O abuso negativo ocorre quando adota comportamento obstrutivo, rejeitando um plano de recuperação judicial sem fundamento legítimo.[25]

Diante da ausência de um consenso bem delineado sobre os critérios necessários para a configuração do voto abusivo, e em decorrência da complexidade da sua verificação no caso concreto, Rodrigo D'Orio Dantas[26] sugere que pode ser imputado ao credor o ônus de demonstrar que agiu em prol de um interesse legítimo e assumiu postura cooperativa, ainda que tenha assumido posição contrária à aprovação do plano, sob pena de invalidade de seu voto.

Nesse sentido, se restar constatado que o credor votou de modo abusivo, há duas consequências cabíveis: (i) a desconsideração do voto, conforme dispõe o Enunciado nº 45[27] da I Jornada de Direito Comercial do Conselho da Justiça Federal; e (ii) a responsabilização civil do credor que abusa do direito de voto[28].

Da mesma forma como falta um consenso quanto ao conceito e requisitos da configuração do voto abusivo nas deliberações assembleares, não haveria ainda uma uniformidade na doutrina quanto a qual espécie de invalidade o abuso de voto implicaria no plano do direito: se uma nulidade, ou anulabilidade[29].

Nesse sentido, o voto proferido abusivamente seria inválido (nulo/anulável) e deveria ser excluído do computo do quórum de aprovação, declarando-se o novo resultado obtido. Caso o exercício abusivo resulte em prejuízo ao devedor, a outros credores ou a terceiros, o credor pode ter de indenizar os danos causados, a título de responsabilidade civil subjetiva.[30]

---

25. BUSCHINELLI, Gabriel Saad Kik. *Abuso do direito de voto na assembleia geral de credores.* São Paulo: Quartier Latin, 2014. p. 176-177.
26. DANTAS, Rodrigo D'Orio. Reflexões sobre o voto abusivo nas assembleias gerais de credores.
27. Enunciado n. 45. "O magistrado pode desconsiderar o voto de credores ou a manifestação de vontade do devedor, em razão de abuso de direito."
28. Art. 39, § 3º, da Lei 11.101/05: "§ 3º. No caso de posterior invalidação de deliberação da assembléia, ficam resguardados os direitos de terceiros de boa-fé, respondendo os credores que aprovarem a deliberação pelos prejuízos comprovados causados por dolo ou culpa".
29. Boa parte da doutrina esclarece que a deliberação decorrente de voto abusivo implicaria em sua anulabilidade. Dessa forma, a deliberação é tida por não ocorrida e deixa de gerar efeitos, retornando as partes ao status quo ante. Neste sentido: FRANÇA, Erasmo Valladão Azevedo e Novaes. In: SOUZA JUNIOR, Francisco Satiro de; PITOMBO, Antônio Sérgio A. de Moraes (Coord.). Comentários à Lei de recuperação de empresas e falência. São Paulo: Revista dos Tribunais, 2007. p. 193-194.
30. BUSCHINELLI, Gabriel Saad Kik. *Abuso do direito de voto na assembleia geral de credores.* São Paulo: Quartier Latin, 2014. p. 177.

Destaca-se que, tendo em vista que a realização de nova deliberação pode atravancar todo o procedimento recuperacional, observa-se pela prática dos tribunais a tendência da declaração positiva do conteúdo assemblear.[31] Nesse caso, se a desconsideração do voto abusivo do credor alterar o resultado da votação, o juiz da recuperação pode acertar a decisão assemblear, de modo a refletir a vontade dos credores que votaram regularmente.[32]

Outra forma de minimizar o atraso no procedimento recuperacional é a coleta de votos em separado pelo administrador judicial, de modo a, caso venha a ser declarado nulo o voto do credor que tenha incorrido em abuso do seu direito, seja possível computar o resultado com a exclusão do voto impugnado, facilitando assim, a decisão judicial, sem necessidade de designação de novo conclave.[33]

Tendo em vista que o legislador optou por conferir aos credores a análise sobre a viabilidade econômico-financeira do plano de recuperação judicial, cabendo ao Judiciário realizar apenas o controle de legalidade sobre os termos e as condições do plano de recuperação aprovado, a sanção da invalidade do voto do credor deve ser adotada com parcimônia pelo magistrado.

3. ANÁLISE DOS DADOS: O VOTO ABUSIVO NA ASSEMBLEIA GERAL DE CREDORES SOB A ÓPTICA DA JURIMETRIA

Por meio do método de jurimetria, foi executada uma análise objetiva de processos de recuperação judicial que tramitaram no Estado de São Paulo onde, ao deliberar sobre concessão da recuperação judicial, o magistrado desconsiderou voto de determinado credor por reputá-lo abusivo.

---

31. BUSCHINELLI, Gabriel Saad Kik. *Abuso do direito de voto na assembleia geral de credores*. São Paulo: Quartier Latin, 2014. p. 178.
32. De acordo com João Pedro Scalzilli, Luis Felipe Spinelli e Rodrigo Tellechea, ainda seria possível procurar responsabilizar o credor que votou abusivamente pelos danos porventura causados: "Caso seja verificado o abuso no exercício do direito de voto por parte de credor em assembleia geral (ato ilícito na forma do art. 187 do CC), duas podem ser as consequências: (i) o voto pode ser invalidado (limite objetivo ao exercício da posição jurídica) e (ii) o credor pode ter de indenizar os danos causados (responsabilidade civil objetiva); e se o voto dos demais credores for suficiente para aprovar a matéria, o magistrado deve, além de anular o voto abusivo, proceder ao acertamento da declaração assemblear, declarando o novo resultado (desconsiderando o voto abusivo, inclusive para o cômputo dos quóruns de aprovação)" (SCALZILLI, João Pedro; SPINELLI, Luis Felipe; TELLECHEA, Rodrigo. *Recuperação de empresas e falência*. São Paulo: Almedina, 2016. p. 325).
33. Nesse sentido: (i) Processo 1117030-11.2015.8.26.0100. Juiz de Direito Daniel Carnio Costa. 1ª Vara de Falências E Recuperações Judiciais da Comarca da Capital do TJSP. Decisão 24.07.2017; (ii) Processo 1110037-15.2016.8.26.0100. Juiz de Direito João de Oliveira Rodrigues Filho. 1ª Vara de Falências E Recuperações Judiciais da Comarca da Capital do TJSP. Decisão em 15.05.2018; (iii) Processo 1025034-75.2015.8.26.0602. Juiz de Direito Marcio Ferraz Nunes. 5ª Vara Cível da Comarca de Sorocaba do TJSP. Decisão em 01 nov. 2017.

Em primeira análise, com o apoio da colaboradora Michele Calil[34], foram estudados 913 (novecentos e treze) processos de recuperação judicial de 2011 a julho de 2017. Cada um deles foi consultado para avaliar se qualquer das decisões presente trazia discussão sobre abuso de direito de voto. A partir disso, foram levantados 16 (dezesseis) casos nos quais o juízo reconheceu a existência de voto abusivo no cenário de deliberação assemblear do plano de recuperação judicial.

Objetivando aumentar o escopo da primeira análise, foram consultados 1.344 processos de recuperação judicial, dessa vez no período de 2010 a 2020. A pesquisa booleana no foi realizada no *site* do Tribunal de Justiça do Estado de São Paulo de forma a encontrar menção a 11 (onze) diferentes termos que, possivelmente, indicariam algum tipo de discussão sobre abuso de direito de voto. Os referidos termos eram: "Abuso", "Abusividade", "Abuso de direito", "Abuso de voto", "Votação abusiva", "Voto abusivo", "Abusivo", "Abusiva", "Conflito de interesse", "Conflito" e "*Cram Down*".

Em 278 (duzentos e setenta e oito) processos havia alguma menção a qualquer um desses termos em ao menos uma decisão desses processos. Dentre essas meras menções, 216 (duzentos e dezesseis) casos não possuíam efetiva discussão de abuso.

Tratava-se de processos nos quais os julgados colacionados para embasar o mérito decisório citavam as palavras buscadas ou casos de *Cram Down* puro, sem reconhecimento de abuso. Vale destacar também que, na maioria dos casos, esses termos se encontravam em decisões que homologavam ou não o plano de recuperação judicial.

Foram encontrados 62 (sessenta e dois) processos que possuíam uma efetiva discussão sobre abuso de direito de voto. Em 41 (quarenta e um) casos, o abuso foi efetivamente reconhecido, ao menos em primeira instância.

Partindo para uma análise dos responsáveis por esses votos, por quantidade, foram encontrados 50 (cinquenta) votos abusivos, ressaltando que, dentre os 41 (quarenta e um) casos encontrados, em alguns deles, houve mais de um voto no qual foi reconhecido o abuso. Tem-se que, em 72% dos casos, o comportamento abusivo em assembleia geral de credores partiu das instituições financeiras, sendo o Banco do Brasil S.A o que mais teve seus votos anulados, seguido do Banco Bradesco S.A e do Itaú Unibanco S.A.

Dos 28% de votos abusivos que não partiram de instituição financeira há casos de credores trabalhistas, credores fornecedores, fundos de investimento, credores concorrentes interessados na quebra, acionistas ou credores com proximidade

34. Advogada. Graduada pela Pontifícia Universidade Católica de São Paulo (PUC-SP).

com as recuperandas que os qualificavam como suspeitos para votar, como por exemplo, parentesco direto com o Sócio Administrador.

A Classe III, dos credores quirografários, representa 66% dos votos anulados pelo judiciário. Logo em seguida está a Classe II, com 30% dos votos anulados; enquanto as Classes I e IV representam cada uma 2% das nulidades configuradas. Em determinados casos, foi reconhecida a nulidade do voto abusivo em mais de uma classe, por isso, essa estatística foi apurada a partir da quantidade de votos que foram contabilizados como abusivos, ou seja, 50 (cinquenta) votos.

Destaca-se ainda que, em 19,5% dos casos nos quais o voto foi desconsiderado para aprovação do plano de recuperação judicial em vista de abusividade reconhecida, o credor votante figurava como credor único na classe, possuindo, nesse sentido, um grande poder decisório dentro do âmbito da Assembleia Geral de Credores.

Em sequência, ao analisar de quem partiu a alegação que objetivava ver reconhecido o abuso de direito de voto para aprovação do plano de recuperação judicial, tem-se apenas três figuras do procedimento recuperacional: a empresa recuperanda, o Administrador Judicial e o Ministério Público. Em nenhum dos casos estudados a alegação de abuso partiu de qualquer credor que tenha sido prejudicado.

Dessa forma, tem-se que em 70,4% dos casos, quem provocou o judiciário para tanto foi a Recuperanda. Em sequência, em 15,9% das hipóteses, esse papel foi exercido pelo Administrador Judicial e em 6,8% dos casos, pelo Ministério Público. Em 6,8% das vezes não foi possível identificar de quem partiu a alegação de abuso, podendo ainda considerar a possibilidade de o voto do credor ter sido anulado de ofício pelo juízo dessas recuperações judiciais.

Há cômputo de votos em duplicidade, pois em alguns casos a alegação de abuso de voto partiu de mais de um ator do procedimento recuperacional. Ressalta-se também que, nas hipóteses que o Ministério Público fez alegações não foi possível identificar como argumento as questões de matéria de ordem pública.

O resultado das desconsiderações dos votos abusivos também foi apurado e o que se constatou é que nem sempre culminam em aprovação do Plano de Recuperação Judicial.

Em 82,9% dos processos analisados, a anulação por abuso de direito de voto culminou na concessão da recuperação judicial e em 17,1% dos casos, mesmo com essa ocorrência, o plano não chegou a ser homologado.

Nos processos nos quais não houve a concessão da recuperação judicial aconteceram resultados como a convolação em falência, visto que a exclusão do voto abusivo ainda assim não importava em aprovação numérica do plano; a suspensão da assembleia geral de credores; a determinação em segunda instância de elaboração de um novo plano de recuperação judicial e reconhecimento do abuso após aditivo ser apresentado, ocorrendo a retomada da discussão a partir do plano de recuperação judicial aditado.

Passando a uma análise do comportamento da segunda instância, em 85% dos casos em que o abuso foi reconhecido, houve recurso do credor cujo voto foi invalidado. Da totalidade de casos analisados, 19,5% tiveram decisões reformadas pelo Tribunal de Justiça do Estado de São Paulo e 7,3% ainda pendem de julgamento.

O fundamento utilizado pela 2ª Instância para reformar decisões, em sua maioria, se deu em razão do não alcance dos requisitos previstos na Lei 11.101/2005 para concessão da RJ por meio de Cram Down. Além disso, houve decisões que foram modificadas no sentido de suspender a Assembleia Geral de Credores e determinar apresentação de um novo Plano de Recuperação Judicial. Há também recursos que apenas anulam cláusulas do Plano aprovado, mas mantém o abuso decretado. Por fim, aguarda-se o julgamento dos casos mais recentes, nos quais a discussão prossegue no Tribunal.

Passando à análise das hipóteses de desconsideração, é necessário ressaltar como o instituto do *cram down* se faz presente em muitos processos de recuperação judicial nos quais o abuso de direito de voto foi reconhecido. Em uma análise da totalidade dos casos, em 87,9% deles a concessão foi fundamentada nesse argumento.

Já quando analisada a forma que se deu a concessão com fundamento no *cram down*, precedida da desconsideração de voto por abusividade, em 30,5% dos processos analisados não havia os requisitos objetivos para concessão[35], considerando o que preceitua a Lei 11.101/2005.

Quanto às hipóteses gerais utilizadas pelos juízes como fundamentação da decisão que reconhece o abuso foi possível encontrar sete argumentos padrões utilizados nos casos analisados. Importante frisar que, por vezes, mais de um argumento está presente em um caso.

35. Art. 58. § 1º da Lei 11/101/2005. O juiz poderá conceder a recuperação judicial com base em plano que não obteve aprovação na forma do art. 45 desta Lei, desde que, na mesma assembleia, tenha obtido, de forma cumulativa: I – O voto favorável de credores que representem mais da metade do valor de todos os créditos presentes à assembleia, independentemente de classes; II - A aprovação de 3 (três) das classes de credores ou, caso haja somente 3 (três) classes com credores votantes, a aprovação de pelo menos 2 (duas) das classes ou, caso haja somente 2 (duas) classes com credores votantes, a aprovação de pelo menos 1 (uma) delas, sempre nos termos do art. 45 desta Lei; III – Na classe que o houver rejeitado, o voto favorável de mais de 1/3 (um terço) dos credores, computados na forma dos §§ 1º e 2º do art. 45 desta Lei.

Nos 41 (quarenta e um) casos foram levantadas as seguintes hipóteses: Abuso de voto com racionalidade econômica como fundamento, presente em 21 (vinte e um) casos encontrados; Ausência do dever de negociação por parte do credor, presente em 13 (treze) casos; desconsideração do voto e consequente aplicação do *cram down*, presente em 36 (trinta e seis) casos; desconsideração do voto do credor com base no princípio da preservação da empresa, presente em 13 (treze) casos; desconsideração do voto pelo fato do credor possuir interesse direto na concessão da recuperação judicial, presente em 3 (três) casos; voto abusivo do credor concorrente que tem interesse na falência, presente em 1 (um) caso; e voto abusivo do credor que aprova o Plano de recuperação judicial, presente em 3 (três) casos.

Como se observa, as primeiras hipóteses tratam de situações de abuso negativo do direito de voto, caracterizada pela postura obstrutiva do credor sem fundamento legítimo em prejuízo a comunhão de credores. Por sua vez, a última hipótese revela um cenário de abuso positivo de direito de voto, quando o credor adota conduta ativa para perseguir objetivos particulares, estranhos à sua condição de credor.[36]-[37]Por fim, quanto aos 21 (vinte e um) casos nos quais o abuso foi discutido, porém não foi reconhecido, cabe comentar os resultados objetivos desses processos. Em 11 (onze) casos a falência foi decretada; em 9 (nove) casos foi facultado a Recuperanda a possibilidade de apresentar um novo plano de recuperação judicial e 1 (um) caso a decisão foi reformada em segunda instância para reconhecer o abuso.

Tendo em vista os dados levantados, passa-se a discorrer sobre as conclusões objetivas as quais os números levantados levam sobre o tema.

4. BREVES REFLEXÕES

A primeira consideração a ser feita a respeito do abuso de direito de voto nas deliberações sobre o plano de recuperação judicial consiste no reduzido número de casos em que houve o efetivo reconhecimento do abuso de direito por parte de credores votantes em assembleia. Como visto, dos mais de 1344 (hum

36. BUSCHINELLI, Gabriel Saad Kik. *Abuso do direito de voto na assembleia geral de credores*. São Paulo: Quartier Latin, 2014, p. 107.
37. "São exemplos de situações que podem caracterizar abuso positivo de direito de voto, entre outras, (i) pelo credor concorrente da empresa em recuperação, com o objetivo de decretar a falência desta; (ii) o exercício do voto mediante contraprestação; (iii) venda de voto; (iv) celebração de contrato preliminar entre a empresa em recuperação e o credor; (v) plano de recuperação que prevê celebração de negócio jurídico entre devedora e credor; (vi) perspectiva de celebração de novos contratos entre devedora e credor; e (vii) hipóteses específicas de cessão de crédito que podem redundar em situações de abuso de direito." (CORRÊA, Rapahel Nehin. Voto abusivo do credor ou abuso de direito do devedor? Uma análise crítica sobre a preservação da empresa economicamente viável em contraponto à preservação dos interesses do empresário (acionista controlador). *Revista de Direito Recuperacional e Empresa*, São Paulo, v. 6, out.-dez. 2017).

mil trezentos e quarenta e quatro) processos analisados, em apenas 62 (sessenta e dois) houve discussão sobre o abuso de direito de voto, dentre os quais houve o reconhecimento do ilícito em somente 41 (quarenta e um) processos.

Uma das possíveis razões para o baixo número de votos considerados abusivos reside no fato de que a análise do abuso de direito de voto perpassa, necessariamente, uma apreciação dos aspectos econômicos do plano de recuperação judicial e da racionalidade econômica adotada pelos agentes envolvidos na restruturação das dívidas.

Conforme abordado nos capítulos anteriores, a assembleia geral de credores é o órgão ao qual a lei confere competência exclusiva para deliberar sobre a viabilidade econômica do plano de recuperação, e tanto a doutrina quanto a jurisprudência costumam a reforçar a validade da decisão assemblear.

Nesse cenário, os magistrados encarregados de homologar os planos de recuperação judicial tendem a adotar uma postura mais cautelosa na análise da aprovação do plano sob um aspecto econômico, já que, geralmente, a eles incumbe tão somente decidir sobre a legalidade dos termos aprovados pela assembleia geral de credores e não sobre os aspectos econômicos e financeiros do plano, conforme definido pelo Enunciado 44 da I Jornada de Direito Comercial do Conselho da Justiça Federal[38].

Quando confrontados, portanto, com alegações de abusividade de votos durante a deliberação assemblear, não raro os magistrados se veem diante de alegações que tratam do aspecto negocial e da racionalidade econômica do plano de recuperação judicial, um território nem sempre explorado e que deve ser adentrado com cautela para evitar incursões indevidas sobre a deliberação assemblear.

Um segundo ponto de atenção extraído dos dados obtidos na pesquisa de jurimetria é que, dentre os casos em que foi constatado o exercício abusivo do direito de voto na assembleia geral de credores, 72% dos votos partiram de instituições financeiras.

A concentração dos votos abusivos nas instituições financeiras denota a grande influência que esses agentes possuem sobre os processos de recuperação judicial, muitas vezes sendo capazes de ditar os rumos da classe quirografária ou com privilégio de garantias reais.

Não se ignora, nesse ponto, a importância das instituições financeiras para o fomento da atividade econômica, mas a análise casuística revela que, no intuito cada vez maior de reduzir as perdas incorridas na restruturação de seus créditos,

38. Enunciado 44 da I Jornada de Direito Comercial do Conselho da Justiça Federal: "A homologação do plano de recuperação judicial aprovado pelos credores está sujeita ao controle de legalidade".

muitas vezes os votos feitos por instituições financeiras nas deliberações assembleares parecem fugir da real capacidade de pagamento da Recuperanda.

É necessário, como visto nos capítulos anteriores, que a recuperação judicial estimule um ambiente negocial até que se alcance uma composição capaz de preservar a empresa e o interesse dos demais credores envolvidos no processo. Do contrário, o cenário de decretação de falência da recuperanda, embora possa ser enxergado sob a ótica de retirada do empresário inviável do mercado, também significa dizer que mais um agente econômico deixará de tomar crédito por situações de crise que, muitas das vezes, seriam facilmente solucionadas por um período de negociação sem o risco de adentrar um estado pré-falimentar.

Ainda por reflexo do grau de influência de determinados credores sobre os rumos da deliberação assemblear, constatou-se que 30% dos votos anulados pelo Poder Judiciário partiram de credores inseridos nas Classes II (credores com garantia real), enquanto 66% partiram de credores listados na Classe III (quirografários) e apenas 2% dos votos anulados estão contidos nas classes I e IV.

A discrepância entre os percentuais constatados nos votos anulados de credores com garantia real e credores quirografários nos parece decorrer do simples fato de que, como a recuperação do valor do crédito e irrisória, os credores da Classe II tornam-se menos beligerantes que o usual. Por outro lado, o reduzido número de credores com garantia real abre margem para uma grande – e talvez excessiva – influência deles na aprovação do plano, já que eventual reprovação pela Classe II pode levar à decretação de quebra ou, alternativamente, à análise da aprovação por *cram down*, cujos requisitos nem sempre são atingidos pelos devedores.

Tanto é que em 19,5% dos casos nos quais o voto foi desconsiderado para aprovação do plano de recuperação judicial o credor votante figurava como credor único na classe. Ou seja, a deliberação assemblear toma contornos cada vez mais democráticos na medida em que há mais credores por cabeça na mesma classe, que fazem valer, ao fim, o princípio majoritário que norteia os quóruns legais de aprovação.

Ademais, a baixa influência dos credores trabalhistas nas decisões sobre abusividade de voto nos trouxe duas reflexões. A primeira é que o tratamento preferencial conferido pela lei aos credores trabalhistas, com condições de pagamento mais benéficas que aquelas dispensadas aos credores quirografários, aparentemente faz com que haja um baixo interesse de credores trabalhistas na anulação de votos, sobretudo porque as maiores disputas são travadas sobre as condições de pagamento dispensadas às outras classes de credores.

Em segundo lugar, a baixa influência dos credores trabalhistas também decorre da baixa expressividade da maioria dos créditos relacionados na classe. Não raro, os únicos participantes da classe trabalhista que costumam protagonizar disputas em recuperações judiciais são escritórios de advocacia, já que a jurisprudência equiparou os honorários advocatícios às verbas de caráter alimentar e passou a dispensá-los o tratamento privilegiado destinado originalmente apenas aos créditos oriundos de relações empregatícias[39]. E, tratando-se de créditos de baixa expressividade, os planos de recuperação judicial costumam dispor de condições de pagamento menos sacrificantes aos credores, o que reduz a animosidade das disputas oriundas da classe.

O mesmo raciocínio se atribui aos credores da Classe IV (Microempresas e Empresas de Pequeno Porte). São raros os casos que credores desse porte econômico sejam listados por valores expressivos, o que revela o acerto do legislador ao prever o cômputo em separado dos votos desses credores, protegendo-os das disputas travadas pelos credores de maior porte econômico na classe dos créditos quirografários, nas quais há pouca ou nenhuma atenção dada aos pagamentos de pequena monta.

Passando à análise da iniciativa para o reconhecimento do abuso de direito de voto, nada mais natural que sejam as próprias Recuperandas quem mais provocou o Poder Judiciário em busca da anulação de votos, como constatado em 70,4% dos casos. Afinal, são as Recuperandas as maiores interessadas na homologação de seus planos de recuperação judicial e, consequentemente, quem suportaria mais intensamente os prejuízos causados pela reprovação da proposta, seja pela necessidade de convocação de nova assembleia, seja pela convolação do processo em falência, com sua retirada do mercado.

Há uma concentração considerável de casos em que a iniciativa pelo reconhecimento do voto abusivo partiu do Administrador Judicial, ao qual, por ser uma figura imparcial, não se pode atribuir um interesse direto na aprovação ou rejeição do plano de recuperação judicial. No entanto, as iniciativas adotadas tendem a se justificar tanto pela sua ativa participação na condução da assembleia geral de credores, quanto pela sua função como auxiliar do Juízo, o que explica a frequente colaboração do Administrador Judicial para que as e deliberações ocorram dentro dos limites da legalidade.

De igual modo, nos casos em que a iniciativa partiu do Ministério Público (6,8%), embora não seja possível apontar um interesse do órgão no desfecho da assembleia geral de credores, fato é que o exercício da função de fiscal da lei pressupõe que sejam impugnados os votos proferidos em abuso de direito, já que, como visto, representam uma violação direta ao art. 187 do Código Civil.

Além disso, nos processos em que não foi possível identificar de quem partiu a alegação de abuso, deve ser considerado que a análise da legalidade do voto também pode ser feita de ofício pelo magistrado por se tratar de matéria de ordem pública.

39. STJ. Recurso Especial Repetitivo 1.152.218/RS. Rel. Min. Luis Felipe Salomão. Corte Especial. Julgado em 07 maio 2014.

Dinamarco[40] leciona que as regras processuais de ordem pública são aquelas voltadas a assegurar o correto exercício da jurisdição pelo magistrado, transbordando os interesses particulares das partes conflitantes.

Nesse sentido, a análise de eventual abusividade de votos pode ser um fator crucial na formação do resultado da deliberação da assembleia geral de credores, ao qual o correto exercício da jurisdição pelo magistrado está diretamente condicionado. Isso porque a rejeição do plano de recuperação judicial apresentado pela recuperanda – e de eventual plano alternativo apresentado pelos credores na forma do art. 56, § 4º da LRF[41] – resultará na convolação do processo em falência conforme o comando do art. 58-A da LRF[42], ao passo em que a aprovação do plano ensejará o exercício do controle de legalidade e a posterior homologação da proposta, conforme o comando do art. 58, *caput* da LRF[43].

Ou seja, a análise de eventual abuso de direito de voto consiste em matéria de ordem pública porque precede a formação do cenário fático que formará a convicção do magistrado, necessariamente e sem nenhuma margem para discricionariedade[44], pela homologação do plano de recuperação judicial ou pela convolação do processo em falência, transbordando os interesses particulares do credor votante e da recuperanda e influenciando diretamente no exercício correto da jurisdição.

Passando a uma análise do desfecho dos processos após o reconhecimento da abusividade dos votos, apurou-se que em 82,9% dos casos a anulação de um ou mais votos resultou na concessão da recuperação judicial, ao passo que em 17,1% não houve a homologação do plano.

O percentual de casos em que não houve homologação do plano (17,1%) foi considerado elevado, pois geralmente as alegações de abusividade de voto são ventiladas em cenários que a anulação do voto resultaria na inversão do resultado da assembleia para aprovar o plano de recuperação judicial, ainda que pela aplicação do instituto do *cram down*.

---

40. DINAMARCO, Candido *Rangel. Instituições de direito processual civil.* 4. ed. São Paulo: Malheiros. 2004. v. 1. p. 69-70.
41. Art. 56, § 4º da Lei 11.101/2005: "Rejeitado o plano de recuperação judicial, o administrador judicial submeterá, no ato, à votação da assembleia-geral de credores a concessão de prazo de 30 (trinta) dias para que seja apresentado plano de recuperação judicial pelos credores".
42. Art. 58-A da Lei 11.101/2005: "Rejeitado o plano de recuperação judicial proposto pelo devedor ou pelos credores e não preenchidos os requisitos estabelecidos no § 1º do art. 58 desta Lei, o juiz convolará a recuperação judicial em falência".
43. Art. 58, *caput* da Lei 11.101/2005: "Cumpridas as exigências desta Lei, o juiz concederá a recuperação judicial do devedor cujo plano não tenha sofrido objeção de credor nos termos do art. 55 desta Lei ou tenha sido aprovado pela assembleia-geral de credores na forma dos art. 45 ou 56-A desta Lei".
44. MUNHOZ, Eduardo Secchi. *Comentários à Lei de Recuperação de Empresas e Falência.* In: SOUZA JÚNIOR, Francisco Satiro de; PITOMBO, Antônio Sérgio A. de Moraes (Coord.). 2. ed. São Paulo: Ed. RT, 2007. p. 287.

Muito embora, pela letra fria da lei, a rejeição do plano apresentado pela recuperanda, bem como de eventual plano alternativo proposto pelos credores, deva resultar na convolação do processo em falência, apurou-se que nos processos nos quais não houve a concessão da recuperação judicial também houve determinações alternativas, seja pela suspensão da assembleia geral de credores, seja pela apresentação de um novo plano de recuperação judicial pela Recuperanda ou, ainda, seja mesmo pelo aditamento àquela proposta votada anteriormente pelos credores.

Em que pese o benefício dessas alternativas sob o ponto de vista de preservação da empresa, há o risco de se instaurar uma certa insegurança jurídica ao se admitir decisões que contrariem as disposições legais que determinam a convolação do processo em falência.

No que se refere à revisão das decisões que declararam a abusividade de votos na assembleia geral de credores, foi constatado um baixo percentual (19,5%) de reversão delas no primeiro grau, mesmo quando considerado que um elevado número (85%) dessas decisões é atacado pelos credores cujo voto foi declarado abusivo.

Nesse sentido, um fator que parece ser importante para a manutenção da maior parte das decisões de primeiro grau é que, como a análise da abusividade é casuística e muitas vezes requer uma compreensão extensa do contexto das negociações travadas entre o devedor e seus credores, bem como sobre a racionalidade econômica do plano e eventual cenário de falência, é certo que os magistrados de primeiro grau, responsáveis diretos pela condução do processo e das medidas necessárias à proteção da empresa, possuem maior proximidade com as partes e domínio das particularidades dos casos concretos.

Ainda sob esse ponto de vista é que se justifica que a maior parte dos fundamentos adotados em segunda instância para reformar decisões em que houve o reconhecimento da abusividade de votos com a posterior aprovação do plano se sustenta em um argumento formal, consistente no não preenchimento dos requisitos para a homologação judicial por meio do instituto do *cram down*, previstos no art. 58, § 1º, incisos I a III da LRF[45-46].

45. Art. 58, § 1º da Lei 11.101/2005: "O juiz poderá conceder a recuperação judicial com base em plano que não obteve aprovação na forma do art. 45 desta Lei, desde que, na mesma assembleia, tenha obtido, de forma cumulativa:

I – o voto favorável de credores que representem mais da metade do valor de todos os créditos presentes à assembleia, independentemente de classes;

II – a aprovação de 3 (três) das classes de credores ou, caso haja somente 3 (três) classes com credores votantes, a aprovação de pelo menos 2 (duas) das classes ou, caso haja somente 2 (duas) classes com credores votantes, a aprovação de pelo menos 1 (uma) delas, sempre nos termos do art. 45 desta Lei;

III - na classe que o houver rejeitado, o voto favorável de mais de 1/3 (um terço) dos credores, computados na forma dos §§ 1º e 2º do art. 45 desta Lei.

46. Nesse sentido: TJSP, AI 627.497-4/3-00, Câm. Esp. de Fal. e Rec. Jud., rel. Des. Romeu Ricupero, j. 30 jun. 2009; TJSP, AI 638.631-4/1-00, Câm. Esp. de Fal. e Rec. Jud., rel. Des. Romeu Ricupero, j. 18 ago.

Essa constatação pode, contudo, muito bem ser uma simples consequência do fato de que a esmagadora maioria (87,9%) das decisões de primeiro grau que reconheceu o abuso de direito de voto se valeu da aplicação do *cram down* para homologar o plano de recuperação judicial, sendo que em 30,5% delas apurou-se que, de fato, não houve o preenchimento dos requisitos legais imprescindíveis à aplicação do instituto.

Em que pese a importância do *cram down* como uma relativização legal da deliberação assemblear para mitigar os prejuízos da concentração de poder deliberativo nas mãos de poucos credores[47], a aplicação do instituto sem o preenchimento dos requisitos legais em mais de trinta por cento das decisões que se valeram do instituto após reconhecer a abusividade de algum voto denota uma certa insegurança jurídica na aplicação do instituto, havendo até mesmo decisões tratando a hipótese como um tipo de *cram down* relativo[48].

Quanto às hipóteses nas quais os 41 (quarenta e um) casos foram enquadrados, ressalta-se, inicialmente, que foram extraídas diretamente das decisões judiciais analisadas. A racionalidade econômica como fundamento é muito utilizada quando, conforme as lições de Sacramone[49], se constata uma conduta economicamente irracional por parte de credores que relutam em aprovar um plano que lhes proporciona mais vantagens do que na falência.

A hipótese de ausência do dever de negociar por parte do credor, por sua vez, ocorre quando o credor comprovadamente resiste, de maneira injustificada, a negociar termos de pagamento capazes de atender aos seus interesses, sobretudo nas hipóteses em que o volume de crédito lhe confere grande influência sobre o desfecho da deliberação assemblear. Essa postura contraria o aspecto negocial da recuperação judicial e poderia resultar na apresentação de planos excessivamente onerosos às Recuperandas, justificando a declaração de abusividade do voto.

2009; TJSP, AI 649.192-4/2-00, Câm. Esp. de Fal. e Rec. Jud., rel. Des. Romeu Ricupero, j. 18 ago. 2009; TJSP, AI 0155523-54.2013.8.26.0000, 1ª Câm. Res. Dir. Emp., rel. Des. Teixeira Leite, j. 06 fev. 2014; TJSP, AI 0106661-86.2012.8.26.0000, 1ª Câm. Res. Dir. Emp., rel. Des. Francisco Loureiro, j. 03 jul. 2014; TJRS, AI 70045411832, 5ª Câm. Cív., rel. Des. Romeu Marques Ribeiro Filho, j. 29 fev. 2012; TJRJ, AI 0037321-84.2011.8.19.0000, 5ª Câm. Cív., rel. Des. Milton Fernandes de Souza, j. 13 dez. 2011.

47. AYOUB, Luiz Roberto; CAVALLI, Cássio. *A construção jurisprudencial da recuperação judicial de empresas*. Rio de Janeiro: Forense, 2013. p. 290-291.
48. Nesse sentido: (i) TJSP. AI nº 0106661-86.2012.8.26.0000, 1º Câmara Reservada de Direito Empresarial, Rel. Des. Francisco Loureiro, j. 03 jul. 2014; (ii) TJSP. AI 0155523-54.2013.8.26.0000. 1º Câmara Reservada de Direito Empresarial, Rel. Des. Teixeira Leite, j. 06 fev. 2014; e (iii) TJSP. AI 2050098-67.2014.8.26.0000, 2º Câmara Reservada de Direito Empresarial, Des. Rel. Ramon Mateo Júnior, j. 16 mar. 2014.
49. SACRAMONE, Marcelo Barbosa. *Comentários à Lei de Recuperação de Empresas e Falência*. 2. ed. São Paulo: Saraiva, 2021. p. 339. *E-book*.

No que se refere à terceira hipótese, observa-se também que, em muitos casos, a preservação da empresa é utilizada como razão para reconhecimento da abusividade do voto. Ainda que esse princípio deva nortear todo processo de recuperação judicial, não deve ser considerado um argumento isolado para anular o voto de um credor, visto que votar contrariamente ao plano não necessariamente traz ao credor, por si só, um comportamento abusivo.

Já o voto abusivo do credor concorrente que tem interesse na falência da Recuperanda, demonstra, por vezes, que a atuação no mesmo mercado, pode levá-lo a uma possível intenção de prejudicar a recuperação da empresa, de modo a obter benefícios em seus próprios negócios. Oposto é o voto abusivo do credor que aprova o plano – caso do abuso positivo – nos quais se observa que a intenção do credor é obter algum tipo de vantagem além da quitação do seu crédito, por meio da concessão da recuperação judicial.

As decisões enquadradas nas hipóteses elencadas acima foram, em sua grande maioria, proferidas antes do início dos efeitos da Lei 14.112/2020, que trouxe mudanças significativas tanto para a caracterização do abuso de direito de voto quanto para as consequências de eventual declaração de voto abusivo, seja em função da apresentação de novo plano alternativo pelos credores, seja pela aplicação do instituto do *cram down*.

Nesse sentido, nos parece que a simples positivação da caracterização de voto abusivo em assembleia, prevista no art. 39, § 6º[50] da LRF, tem o potencial de aumentar a análise de discussões nesse sentido, as quais tenderão a se restringir às hipóteses de racionalidade econômica, ausência do dever de negociar, credores concorrentes e abuso positivo, os quais gravitam em torno da vantagem ilícita pretendida pelo credor; por outro lado, a redação do novel dispositivo tende a reduzir o número de decisões pela abusividade de votos fundamentadas no princípio da preservação da empresa, as quais são mais discricionárias e não necessariamente abordam algum tipo de vantagem ilícita pelos credores.

5. CONSIDERAÇÕES FINAIS

Dessa maneira, o estudo realizado pretendeu aclarar a forma de aplicação do instituto do abuso de direito no âmbito das recuperações judiciais, em deliberações assembleares. Assim, com a utilização do método da jurimetria, foi possível realizar uma análise objetiva dos dados, a partir do estudo caso a caso

50. Art. 39, § 6º da Lei 11.101/2005: "O voto será exercido pelo credor no seu interesse e de acordo com o seu juízo de conveniência e poderá ser declarado nulo por abusividade somente quando manifestamente exercido para obter vantagem ilícita para si ou para outrem".

dos processos nos quais essa discussão se deu, considerando o lapso temporal no qual se deu a análise.

Cabe destacar a relevância da matéria debatida em razão do fato da legislação pouco discorrer sobre o tema, ao passo que exige do judiciário rigor técnico para avaliar a possibilidade de aplicá-la ou não. Isso porque, o abuso de direito de voto, quando reconhecido, implica ao juízo recuperacional a necessidade de enfrentar alguns princípios basilares do procedimento recuperacional, tal como a soberania da assembleia geral de credores ou a análise da viabilidade econômica não ser realizada pelo judiciário.

Dessa forma, é importante o levantamento de dados como os que são mostrados nessa pesquisa para conferir mais respaldo aos atores dos procedimentos recuperacionais para avaliar de que forma o abuso vem sendo reconhecido nessa situação, se isso leva a resultados benéficos a todos e se vem ocorrendo na forma da legislação e da construção doutrinária existente.

O presente estudo comprova sua pertinência em vista da insuficiência da legislação, mesmo com a edição da Lei 14.112/2020, acerca de eventual comportamento abusivo por parte do credor da recuperação judicial em âmbito assemblear – na maioria das vezes, deliberando o plano de recuperação judicial.

Como se sabe, a mais importante decisão acerca da sobrevivência da recuperanda no mercado, quando parte de uma recuperação judicial, envolve a aprovação de seu plano. Por isso, a discussão da abusividade de votos na deliberação assemblear é de extrema importância ao exercício correto da jurisdição pelo magistrado, já que possui impacto direto na formação do cenário fático do qual deverá ser extraído o desfecho do processo de recuperação judicial.

6. REFERÊNCIAS

AYOUB, Luiz Roberto; CAVALLI, Cássio. *A construção jurisprudencial da recuperação judicial de empresas*. Rio de Janeiro: Forense, 2013.

BARBOSA, Leonardo Garcia. Teoria dos jogos e fechamento de empresas. In: *Revista de Informação Legislativa*, ano 50, n. 197, jan./mar. 2013. [S.l.: s. n.].

BAROSSI FILHO, Milton. As assembleias de credores e plano de recuperação de empresas: uma visão em teoria dos jogos. In: *Revista de Direito Mercantil, Industrial, Econômico e Financeiro*, n. 137, São Paulo: Malheiros, 2005.

BASTOS, Joel Luís Thomaz. Considerações sobre o exercício do direito de voto na Assembleia Geral de Credores. In: MENDES, Bernardo Bicalho de Alvarenga (Coord.). *Aspectos polêmicos e atuais da lei de recuperação de empresas*. Belo Horizonte: D'Plácido, 2016.

BEZERRA FILHO, Manoel Justino. *Lei de recuperação de empresas e falência*. 15. ed. São Paulo: Thomson Reuters Brasil, 2021.

BORGES FILHO, Daltro de Campos. A eficiência da Lei 11.101 e os enunciados 44, 45 e 46 da 1ª Jornada de Direito Comercial. In: CEREZETTI, Sheila C. Neder; MAFFIOLETTI, Emanuelle Urbano (Coord.). *Dez anos da lei nº 11.101/2005*: Estudos sobre a lei de recuperação e falência. São Paulo: Almedina, 2015.

BUSCHINELLI, Gabriel Saad Kik. *Abuso do direito de voto na assembleia geral de credores*. São Paulo: Quartier Latin, 2014.

CEREZETTI, Sheila Christina Neder. *A recuperação judicial de sociedade por ações*. São Paulo: Melhoramentos, 2012.

COELHO, Fábio Ulhoa. *Comentários à lei de falência e recuperação de empresas*. 14. ed. São Paulo: Thomson Reuters Brasil, 2021.

COSTA, Daniel Carnio; MELO, Alexandre Correa Nasser de. *Comentários à lei de recuperação de empresas e falência*. Curitiba: Juruá, 2021.

DINAMARCO, Candido Rangel. *Instituições de direito processual civil*. 4. ed. São Paulo: Malheiros, 2004. v. 1.

FRANÇA, Erasmo Valladão Azevedo e Novaes. In: SOUZA JUNIOR, Francisco Satiro de; PITOMBO, Antônio Sérgio A. de Moraes (Coord.). *Comentários à Lei de recuperação de empresas e falência*. São Paulo: Revista dos Tribunais, 2007.

MOREIRA, Alberto Camina. Abuso do credor e do devedor na recuperação judicial. In: *Dez anos da Lei 11.101/2005*. CEREZZETI, Sheila Christina Neder; MAFFIOLETTI, Emanuelle Urbano (Coord.). São Paulo: Medina, 2015.

MUNHOZ, Eduardo Secchi. In: *Comentários à Lei de Recuperação de Empresas e Falência*. SOUZA JÚNIOR, Francisco Satiro de; PITOMBO, Antônio Sérgio A. de Moraes (Coord.). 2. ed. São Paulo: Ed. RT, 2007.

SACRAMONE, Marcelo Barbosa. *Comentários à Lei de Recuperação de Empresas e Falência*. 2. ed. São Paulo: Saraiva, 2021.

SCALZILLI, João Pedro; SPINELLI, Luis Felipe; TELLECHEA, Rodrigo. *Recuperação de empresas e falência*. São Paulo: Almedina, 2016.

SOUZA JUNIOR, Francisco Satiro. Autonomia dos credores na aprovação do plano de Recuperação Judicial. In: CASTRO, Rodrigo Rocha Monteiro; WARDE JUNIOR, Walfrido Jorge; GUERREIRO, Carolina Dias Tavares (Coord.). *Direito Empresarial e outros estudos em homenagem ao Professor José Alexandre Tavares Guerreiro*. São Paulo: Quartier Latin, 2013.

SZTAJN, Rachel. Notas sobre as assembléias de credores na Lei de Recuperação de Empresas. In: *Revista de Direito Mercantil, Industrial, Econômico e Financeiro*. v. 44, São Paulo: USP, 2005.

LEGISLAÇÃO:

BRASIL. Lei 6.404, de 15 de dezembro de 1976. *Lei de Sociedade por Ações*. Brasília, DF.

BRASIL. Lei 10.406, de 10 de janeiro de 2002. *Código Civil*. Brasília, DF.

BRASIL. Lei 11.101, de 9 de fevereiro de 2005. *Lei de Recuperação de Empresas e Falência*. Brasília, DF.

7. GRÁFICOS

Em quantas recuperações judiciais houve desconsideração do voto do credor sob o fundamento de abuso do voto?

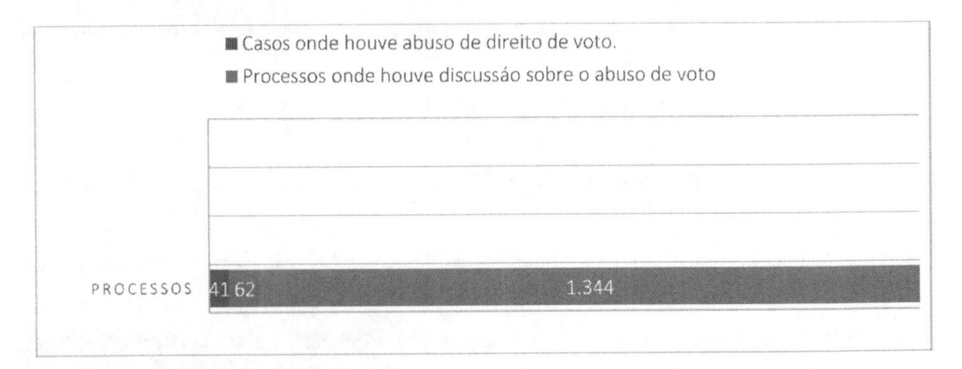

Quais credores mais votaram de maneira abusiva?

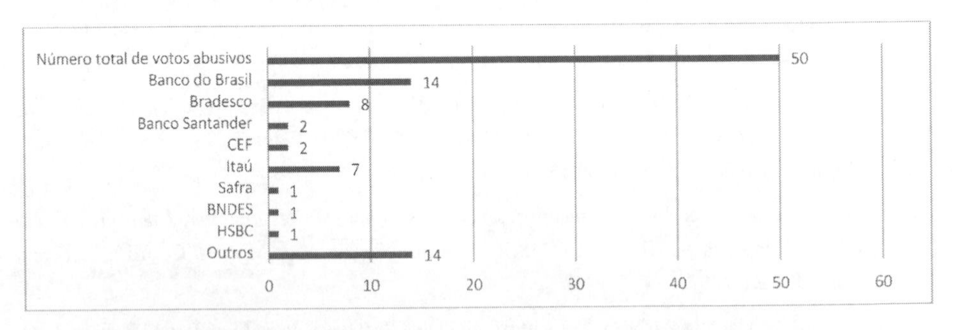

Qual a classe de credor que votou de forma abusiva?

De quem partiu a alegação de voto abusivo?

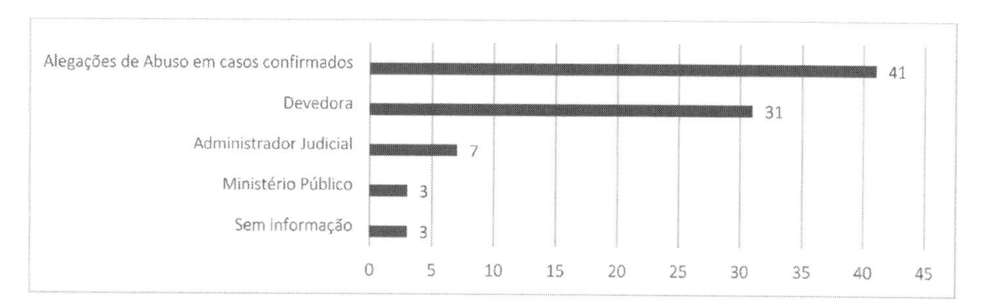

A desconsideração do voto implicou na concessão da recuperação judicial?

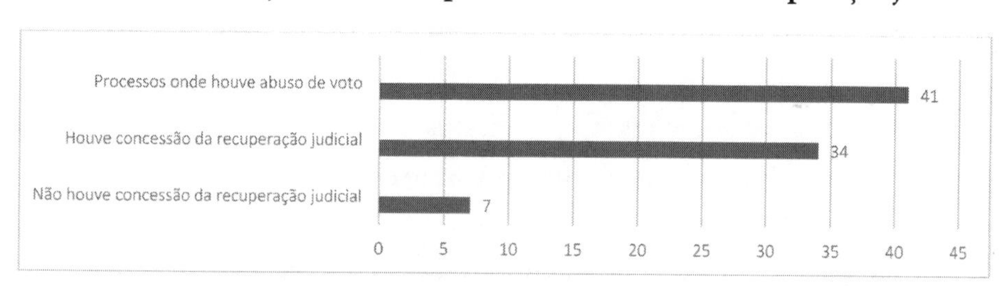

Decisões reformadas pelo TJSP:

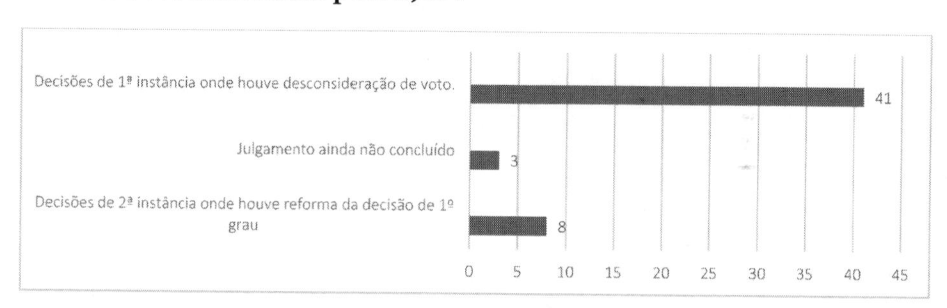

Casos em que houve desconsideração do voto do credor por abusividade e recuperação judicial foi concedida com fundamento no *cram down*:

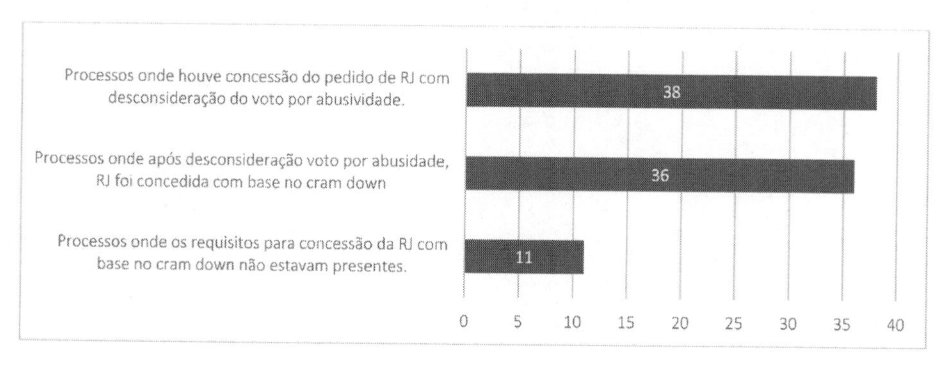

Hipóteses consideradas pelo Judiciário para consideração de voto abusivo:

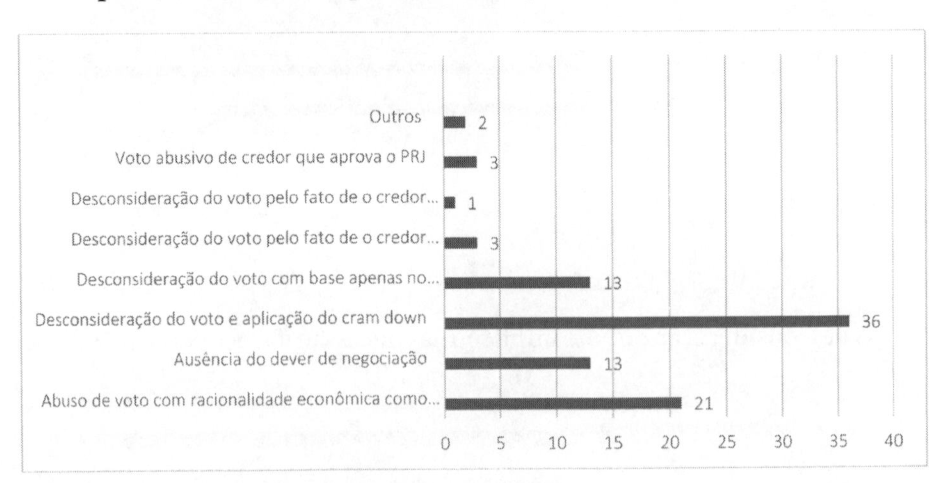

Casos em que não foi reconhecido o abuso:

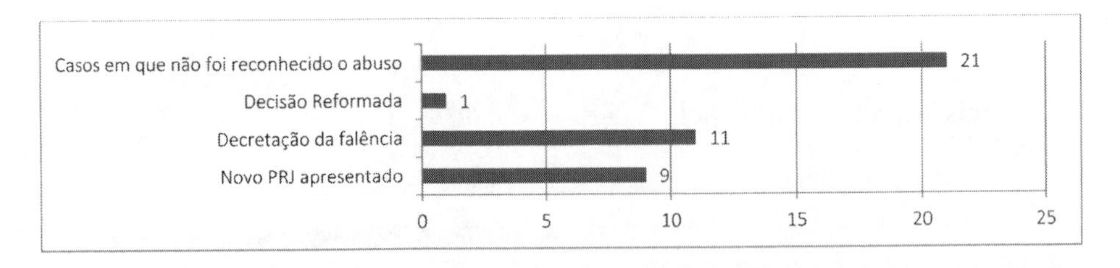

ACELERAÇÃO DA LIQUIDAÇÃO[1] DOS BENS NA FALÊNCIA

Diomar Taveira Vilela

Mestrando em Direito Comercial pela Pontifícia Universidade Católica de São Paulo (PUC-SP); com especialização Executive LL.M. em Direito Empresarial, pelo *CEU LAW SCHOOL*, especialista em Direito Tributário pelo Instituto Brasileiro de Direito Tributário (IBDT); com Pós-MBA em Análise e Gestão Tributária pela Fundação Instituto de Pesquisas Econômicas (FIPE) e MBA em Contabilidade e Controladoria pela Trevisan Escola de Negócios; membro da Associação Brasileira da Propriedade Industrial. Advogado.

1. INTRODUÇÃO

O presente trabalho tem por objetivo analisar a liquidação dos bens na falência, sob a ótica do princípio da celeridade, considerando os meios que garantem a sua tramitação célere, como os prazos processuais, a atuação do administrador judicial na arrecadação dos bens, a imediata identificação da necessidade de venda dos bens, seja em razão dos custos de conservação, seja pela deterioração, seja pela insuficiência de custear o processo, visando a liquidação e evitando a desvalorização dos bens, ou ainda, com o encerramento da falência no caso de inexistência de bens e, consequente, baixa do CNPJ e extinção das obrigações do falido, além das formas possíveis de alienação diante das circunstâncias.

1. Liquidação significa a extinção da empresa; envolve a venda dos ativos por seu valor residual. O resultado da venda, menos os custos de venda, são distribuídos aos credores de acordo com prioridades preestabelecidas, conforme lição de Stephen Ross, Randolph W. Westerfield, Jeffrey F. Jaffe, tradução de Antonio Zoratto Sanvicente. In:Administração Financeira, 2. ed. São Paulo, Atlas, 2011, p. 686. Liquidação é a conversão em dinheiro das coisas e dos direitos do falido, arrecadados pelo administrador judicial, e que objetiva a satisfação dos créditos habilitados e das despesas e encargos da Massa Falida, conforme Marcelo Barbosa Sacramone. In:Comentários à Lei de Recuperação de Empresas e Falência, 2. ed. São Paulo, Saraiva Educação, 2021, p. 567.

Na falência, os atos são praticados visando a preservação e otimização produtiva dos bens, dos ativos e dos recursos produtivos, inclusive os intangíveis, da empresa, com o sentido conotativo de estabelecimento empresarial, além de permitir a liquidação célere das empresas, considerada como atividades econômicas inviáveis, com vistas à realocação eficiente de recursos na economia, ou seja, o pagamento dos credores do falido e, fomentar o empreendedorismo, inclusive por meio da viabilização do retorno célere do empreendedor falido à atividade econômica, atendendo aos princípios da celeridade e da economia processual, além dos princípios do contraditório, da ampla defesa e dos demais princípios previstos no Código de Processo Civil.

Fazendo uma analogia entre o significado de logos realizado por **Martin Heidegger**[2], a liquidação, pode ser tomada, não apenas como um conjunto de atos para que os bens sejam arrecadados e liquidados, de forma eficiente, para satisfação dos credores, mas, deve ser compreendida antes como, identificação e seleção dos bens, quer dizer que guarda na sua estrutura, uma escolha prévia que definirá a necessidade de armazenamento, a escolha do local, o tipo de venda: antecipada, imediata, ordinária ou extraordinária, além da melhor forma e da melhor modalidade para alienação dos bens.

Para fins dogmáticos a Ciência do Direito utiliza a classificação como método para melhor conhecer seus institutos, assim, a fase de conhecimento ou informativa, começa com a imediata arrecadação dos bens, passando pelo depósito em cartório dos seus livros obrigatórios, além da oposição dos embargos de terceiros e o pedido de restituição, além da definição do passivo do falido opera-se pela verificação dos créditos, que compreende a publicação e

2. Heidegger empreende um estudo etimológico da palavra *logos*. Para ele, o que é *logos* pode ser encontrado no verbo *légein*, que significa *dizer, falar, enunciar, narrar*. Mas, em um sentido mais arcaico, *légein* significa também *pousar, deitar e estender diante* ou *colher no sentido de ir pegar, recolher e apresentar o que se recolhe*. *Légein* significa propriamente o pensar e apresentar o que recolhe. Heidegger pergunta se é lícito ignorar o sentido próprio de *légein* como *pousar, deitar*, em favor da significação predominante e comum de *légein* como *dizer, falar*. Para ele é necessário descobrir como se processa esta passagem de *légein* (com a significação de pousar, estender) para *légein* (com a significação de dizer e falar). Heideger diz que essa passagem se faz pela linguagem, ou seja, a linguagem desvela uma verdade que se vela. *Ser* e *linguagem* se interpenetram. Nessa trilha, Heidegger especifica que pousar significa colher (recolher) no sentido de: *trazer-junto-para-o-estender-adiante*. Colher e apanhar (por exemplo: as espigas, os cachos de uva) implica ajuntar, guardar e conservar as coisas, levando-as para um abrigo. O proteger e o abrigar ocupam o primeiro lugar na estrutura essencial da colheita, que é em si e previamente um selecionar daquilo que exige abrigo. A seleção, por sua vez, é determinada por aquilo que, no seio do que pode ser selecionado, se mostra como o escolhido. Para Heidegger, o que vem absolutamente em primeiro lugar em face do abrigar, na estrutura essencial da colheita, é a escolha (escolha prévia) que subordina a si todo o trabalho de ajuntar, levar para um lugar e abrigar. Assim pensado, o colher já está inserido no pousar (estender). Colher já é sempre um pousar. Todo pousar já é, a partir de si, colher, como se extrai de Os Pré-Socráticos: Fragmentos, Doxografia e Comentários, Seleção de Textos e Supervisão do Prof. José Cavalcante de Souza: dados biográficos de Remberto Francisco Kuhnen. Trad. José Cavalcante Souza (et al.), 3. ed. São Paulo, Abril Cultural, 1985, p. 111-136.

republicação da relação de credores, a apresentação de divergência, habilitação, impugnação de créditos, e termina com a consolidação do quadro-geral de credores. Sinteticamente é a apuração do ativo e do passivo. Enquanto, que na fase de liquidação, os atos praticados têm por finalidade a realização do ativo e o pagamento do passivo, isso significa converter em dinheiro, por meio de alienação dos bens e direitos arrecadados, que pode ser de forma imediata, em razão dos custos; antecipada, nos casos de bens perecíveis ou de difícil conservação; sumária, quando os bens arrecadados forem insuficientes para as despesas do processo; ordinária, seguindo os parâmetros estabelecidos na lei, ou extraordinária, sem essa observância, para efetuar o pagamento dos credores, observando a ordem de preferência.

Parte significativa desses atos praticados na falência, constituem dever do Administrador Judicial, portanto, ele não é um expectador, mas um protagonista que atua visando a maximização do ativo, diante das várias alternativas para a alienação dos bens, nos termos dos *artigos 139 a 148, da Lei 11.101/2005*, que devem ser realizados no menor espaço de tempo, em cumprimento do princípio da celeridade, insculpido no *artigo 5º LXXVIII, da Constituição Federal de 1988*, com previsão expressa no *artigo 75, II, III, § 1º e 2º, da Lei 11.101/2005*. Essa aceleração no procedimento guarda relação de pertinência com a eficiência e eficácia, no tratamento dos bens arrecadados pela massa, diante da escassez que geralmente atinge o devedor.

2. LINGUAGEM, NORMA JURÍDICA, FATOS JURÍDICOS E PROVAS

O Direito é linguagem e linguagem hoje não é mais um instrumento, ela é a própria realidade, pois os dados brutos do "mundo da vida" só são apreendidos pela nossa consciência quando atribuímos significado a esses dados, num processo de construção de sentido, por meio de interpretação. **Aurora Tomazini de Carvalho**[3], diz que as coisas não precedem à linguagem, pois só se tornam reais para o homem depois de terem sido, por ele, interpretadas. Algo só tem significado, isto é, só se torna inteligível, a partir do momento em que lhe é atribuído um nome.

Isso é de fundamental importância para o Direito diante do problema dos universais e dos particulares, na medida que os universais são nomes, portanto, são conceitos. O Direito está repleto deles, como empresa, empresário, estabelecimento, que são conceitos e integram o ordenamento jurídico como normas jurídicas em sentido amplo, aqui consideradas conteúdos significativos das frases do direito posto, ou seja, os enunciados prescritivos.

3. Carvalho, Aurora Tomazini de. In: Curso de *Teoria Geral do Direito, O Construtivismo Lógico-Semântico*. São Paulo: Noeses, 2009, p. 16.

A norma jurídica em sentido estrito, pode ser compreendida como composição articulada das significações construídas a partir dos enunciados prescritivos, na forma hipotético-condicional (H→C), de tal sorte que produza mensagens com sentido deôntico-jurídico completo, que constitui a estrutura mínima necessária, pois está é a fórmula lógica das ordens, portanto, da linguagem prescritiva, o mínimo necessário para que a comunicação jurídica seja bem sucedida, ou seja, "se ocorrer o fato x, então deve ser a relação intersubjetiva y", de tal forma que na hipótese ou pressuposto, tem como função descrever a situação de possível ocorrência, enquanto que o consequente ou tese, tem a função de prescrever uma relação entre sujeitos modalizados em obrigatório (O), permitido (P) e proibido (V), ambos ligados por um vínculo implicacional → deôntico D, representativo do ato de autoridade que a constitui.

As normas jurídicas, também são expressas em palavras (símbolos linguísticos), cujo *sentido* deve ser estabelecido pela doutrina. Todavia, o *significado* não é algo que se imprime à palavra e que fica com ela em qualquer emprego. Os símbolos linguísticos nada significam isoladamente, o que lhes confere significado é o seu uso e uma língua admite usos diversos para os símbolos.

Paulo de Barros Carvalho[4], adota a posição de Edmund Husserl, de signo como uma relação triádica, um suporte físico, significação e significado. Disso resulta que no estudo da *significação*, alguns teóricos diferenciam *significado* e *sentido*. O *significado* pode ser captado pela análise da palavra de forma isolada e geralmente com a ajuda de um dicionário (denotação), já o *sentido (significação)* só pode ser captado numa perspectiva mais ampla que envolve a análise da frase ou enunciado (conotação). Assim, por exemplo, na frase "*Amanhã vai ser outro dia*", a palavra *amanhã* pode ser entendida de duas maneiras: a) *primeiro*: do ponto de vista cronológico, o significado da palavra *amanhã* indica que se trata de um dia diferente de *hoje* ou de *ontem*, portanto, o complemento "*vai ser outro dia*" até seria desnecessário para evitar redundância ou tautologia; b) *segundo*: numa perspectiva mais ampla, a palavra *amanhã* indica um *alento*, a crença de que será um dia melhor do que o dia de hoje e o de ontem, portanto, este significado só é captável a partir da análise da frase ou do texto completo, e não apenas da palavra *amanhã* de forma isolada.

Percebe-se, portanto, que o significado de uma palavra depende do uso, dos discursos ou falas possíveis. No discurso normativo, a palavra "*empresa*", por exemplo, é usada na *Lei 11.101/05*, com vários sentidos (significação): **a)** com sentido de *atividade econômica*: "A recuperação judicial tem por objetivo viabilizar a superação da situação de crise econômico-financeira do devedor, a

4. CARVALHO, Paulo de Barros. *Direito Tributário, Linguagem e Método*. 2. ed. São Paulo: Noeses, p. 34.

fim de permitir a manutenção da fonte produtora, do emprego dos trabalhadores e dos interesses dos credores, promovendo, assim, a preservação da *empresa*, sua função social e o estímulo à atividade econômica.", como se extrai do artigo 47 ou "A constatação prévia consistirá, objetivamente, na verificação das reais condições de funcionamento da *empresa* e da regularidade documental, vedado o indeferimento do processamento da recuperação judicial baseado na análise de viabilidade econômica do devedor.", como se verifica do artigo 51-A, § 5º; **b)** com sentido de *pessoa jurídica* (sociedade): "a verificação dos créditos será realizada pelo administrador judicial, com base nos livros contábeis e documentos comerciais e fiscais do devedor e nos documentos que lhe forem apresentados pelos credores, podendo contar com o auxílio de profissionais ou *empresas* especializadas, nos termos do artigo 7º; **c)** com sentido de *estabelecimento*: "alienação da empresa, com a venda de seus estabelecimentos em bloco ou com a venda de suas filiais ou unidades produtivas isoladamente", nos termos artigo 140, I e II. Uma mesma palavra adquire uma multiplicidade de usos, portanto, muitas coisas diferentes podem ser ditas com uma mesma palavra.

A construção da norma jurídica em sentido estrito e seu consequente desfecho na aplicação do caso individual e concreto, pressupõe a existência do fato jurídico e sua respectiva prova, pois a decisão não surge instantaneamente da subsunção, depende do reconhecimento do nexo causal entre o fato jurídico e o direito. Por isso, é importante destacar no que consiste o fato jurídico, apontando sua distinção com o evento e o fato.

Fabiana Del Padre Tomé[5], chama de Evento, o acontecimento do mundo fenomênico, despido de qualquer relato linguístico, e Fato, o enunciado denotativo de uma situação, delimitada no tempo e no espaço. Registra Tercio Sampaio Ferraz Jr., que "Fato não é pois algo concreto, sensível, mas um elemento linguístico capaz de organizar uma situação existencial como realidade." O fato refere-se sempre ao passado, a algo já sucedido que se esvaiu no tempo e no espaço. Daí, termos acesso apenas ao fato, jamais ao evento. O evento é pressuposto do fato, ou seja, constitui-se o fato "em nome de" relatar um evento supostamente ocorrido. Sendo que Fato Jurídico, na lição de **Paulo de Barros Carvalho**[6], é aquele, e somente aquele, que puder expressar-se em linguagem competente, isto é, segundo as qualificações estipuladas pelas normas do direito positivo. E continua, ou a mutação ocorrida na vida real é contada, fielmente, de acordo com os meios de prova admitidos pelo sistema positivo, consubstanciando categoria dos fatos jurídicos (lícitos ou ilícitos, pouco importa) e da eficácia que deles se irradia; ou

5. TOMÉ, Fabiana Del Padre. *A Prova no Direito Tributário: de acordo com o Código de Processo Civil de 2015*. 4. ed. São Paulo: Noeses, 2016, p. 48.
6. CARVALHO, Paulo de Barros. *Direito Tributário, Linguagem e Método*. 2. ed. São Paulo: Noeses, p. 34.

nada terá acontecido de relevante para o direito, em termos de propagação de efeitos disciplinadores de condutas. Transmitindo de maneira mais direta, isto é, linguagem as provas, sem o que será mero evento, a despeito do interesse que possa suscitar no contexto da instável e turbulenta vida social. E, complementa, fato jurídico é a parte do suporte fático que o legislador, mediante a expedição de juízos valorativos, recortou do universo social para introduzir no mundo jurídico. Os fatos jurídicos são aqueles enunciados que puderem sustentar-se em face de provas em direito admitidas.

Dito isso, então, somente os casos de insolvências formalizados em pedidos de falência e amparados pela devida documentação que comprove essa situação, são relevantes para o Direito.

Os fatos jurídicos que caracterizam a situação de crise econômico-financeira para a decretação da falência do devedor, são aqueles descritos no *artigo 94, da Lei 11.101/05*[7] e as provas e suas condições (tempo, prazos, requisitos, formas etc.), são estabelecidas pelo próprio sistema processual, que consequentemente, serão analisadas pelo Administrador Judicial, a quem compete dentre outras coisas, examinar a escrituração do devedor, bem como apresentar relatório sobre as causas e circunstâncias que conduziram à situação de falência, para posterior decisão judicial, de forma que todas as circunstâncias reunidas, apontam para a causalidade probabilística, como ensina **Marcelo Guedes Nunes**[8], com a decretação da falência. Por isso, no tópico seguinte, suscintamente, serão analisados os riscos a que a atividade econômica está submetida, a importância do conteúdo das informações e a atuação do Administrador Judicial, voltada para o cumprimento da celeridade processual.

7. Art. 94. Será decretada a falência do devedor que: I – sem relevante razão de direito, não paga, no vencimento, obrigação líquida materializada em título ou títulos executivos protestados cuja soma ultrapasse o equivalente a 40 (quarenta) salários-mínimos na data do pedido de falência; II – executado por qualquer quantia líquida, não paga, não deposita e não nomeia à penhora bens suficientes dentro do prazo legal; III – pratica qualquer dos seguintes atos, exceto se fizer parte de plano de recuperação judicial: a) procede à liquidação precipitada de seus ativos ou lança mão de meio ruinoso ou fraudulento para realizar pagamentos; b) realiza ou, por atos inequívocos, tenta realizar, com o objetivo de retardar pagamentos ou fraudar credores, negócio simulado ou alienação de parte ou da totalidade de seu ativo a terceiro, credor ou não; c) transfere estabelecimento a terceiro, credor ou não, sem o consentimento de todos os credores e sem ficar com bens suficientes para solver seu passivo; d) simula a transferência de seu principal estabelecimento com o objetivo de burlar a legislação ou a fiscalização ou para prejudicar credor; e) dá ou reforça garantia a credor por dívida contraída anteriormente sem ficar com bens livres e desembaraçados suficientes para saldar seu passivo; f) ausenta-se sem deixar representante habilitado e com recursos suficientes para pagar os credores, abandona estabelecimento ou tenta ocultar-se de seu domicílio, do local de sua sede ou de seu principal estabelecimento; g) deixa de cumprir, no prazo estabelecido, obrigação assumida no plano de recuperação judicial.
8. NUNES, Marcelo Guedes. *Jurimetria*: Como a estatística pode reinventar o Direito. 2. ed. São Paulo: Thomson Reuters Brasil, 2019, p. 131.

Além da possibilidade de convolação da recuperação judicial em falência, caso os objetivos traçados no plano de recuperação apresentado pelo devedor, não sejam cumpridos, nos termos dos *artigos 61, § 1º, 73 e 94, III, "g", da Lei 11.101/2005*, e se verifique a impossibilidade da manutenção da atividade produtiva e dos interesses correlatos (trabalhistas, fiscais, creditícios etc.), a própria Lei impõe a promoção imediata de sua liquidação - sem que isso implique violação ao princípio da preservação empresa, inserto em seu art. 47 – mediante um procedimento que se propõe célere e eficiente, no intuito de se evitar o agravamento da situação, sobretudo, dos já lesados direitos de credores e empregados, como consignado do aresto publicado no *REsp. 1.299.981-SP*, Rel. Ministra Nancy Andrighi, Terceira Turma, publicado no DJe, de 16 set. 2013.

3. RISCOS, ANÁLISE DA DOCUMENTAÇÃO, CONTEÚDO DA INFORMAÇÃO E ADMINISTRADOR JUDICIAL

Quando uma empresa está em processo de recuperação ou falência, uma das primeiras perguntas que podemos fazer é: Como isso aconteceu? Qual foi a causa? A atividade econômica é praticamente uma atividade de risco. Digo de risco, porque ela está submetida a diversos tipos de riscos, assim entendido como "a ameaça de que um evento afete de forma adversa o cumprimento da missão organizacional", como definido pela primeira norma de gestão de riscos empresariais, AS/NZS 4360, de 1995. E a situação de insolvabilidade, o descompasso financeiro, é o último capítulo desse filme, por isso seria necessária uma análise anterior, na busca de um diagnóstico para além da situação de dificuldades financeiras[9].

Os riscos podem ser classificados de acordo com as fontes de incertezas que possam afetar a empresa, em *financeiros* (mercado, liquidez e crédito), *estratégicos* (mudanças nos cenários econômicos ou políticos; risco político; competição; concorrência; alterações nos hábitos e características dos clientes) e *operacionais* (fraudes internas; fraudes externas; demandas trabalhistas e segurança no local de trabalho; práticas ligadas a clientes, produtos e serviços; danos a ativos físicos; interrupção de atividades, falhas em tecnologia de informação, telecomunicações; falhas em execução, cumprimentos de prazos e gestão dos processos da instituição), sendo que "todos os riscos que envolvem a empresa impactam

9. Diz-se que uma empresa enfrenta dificuldades financeiras quando os fluxos de caixa gerados pelas operações da empresa não são suficientes para cobrir as obrigações correntes (tais como pagamentos devidos a fornecedores ou despesas financeiras), e a empresa é forçada a tomar providências corretivas. Dificuldades financeiras podem levar uma empresa a deixar de cumprir um contrato, e podem envolver uma reestruturação de obrigações da empresa com seus credores e acionistas. Geralmente, a empresa é forçada a tomar providências que não utilizaria se tivesse fluxo de caixa suficiente, conforme lição de Stephen Ross, Randolph W. Westerfield, Jeffrey F. Jaffe, trad. Antonio Zoratto Sanvicente. In: *Administração Financeira*. 2. ed. São Paulo: Atlas, 2011, p. 683.

os resultados. Portanto, o efeito da exposição da empresa aos diversos riscos é mensurado normalmente pela Contabilidade, por meio da demonstração dos resultados e do Balanço Patrimonial", segundo Clóvis Luís Padovese[10]. Certamente a análise desses riscos, pode contribuir para a elaboração do relatório sobre as causas e circunstâncias que conduziram à situação de falência, no qual apontará a responsabilidade civil e penal dos envolvidos, como se depreende do *artigo 22, III, "e", e 186, da Lei Federal 11.101/05.*

Edward I. Altman, apud **Ross**[11], destaca que os modelos de previsão de dificuldades financeiras têm interessado aos pesquisadores e profissionais há mais de 50 anos. Os modelos evoluíram, desde simples índices financeiros univariados a modelos estatísticos multivariados de classificação, a enfoques apoiados na teoria de opções e em valores de mercado, e finalmente ao uso de técnicas de inteligência artificial. A maioria das instituições financeiras de grande porte utiliza um ou mais de um dos tipos de modelo mencionados, ao mesmo tempo em que vão sendo introduzidos esquemas cada vez mais sofisticados de gestão de risco de crédito, às vezes combinados a estratégias agressivas de gestão de carteiras de crédito. Os ativos gerados por operações de crédito estão sendo cada vez mais tratados como títulos, usando-se as estimativas de inadimplência e recuperação, em caso de inadimplência, como dados essenciais para sua avaliação.

A análise e controle desses riscos visa a proteção dos ativos das empresas; a certificação das informações contábeis e a promoção da eficiência e eficácia da empresa. Dessa forma, é imprescindível que as informações contábeis, estejam revestidas dos seus atributos: **a)** confiabilidade, **b)** tempestividade, **c)** verificabilidade **d)** compreensibilidade e **e)** comparabilidade, com objetivo de melhor atender ao usuário das informações contábeis, de acordo com a *Resolução 750/1993* e pelo Comitê de Pronunciamentos Contábeis (CPC)[12].

10. PADOVEZE, Clóvis Luíz. In: *Controladoria Estratégica e Operacional, Conceitos, Estrutura e Aplicação.* 3. ed. São Paulo: Cengage Learning, 2012, p. 137.
11. ROSS, Stephen; WESTERFIELD, Randolph W.; JAFFE, Jeffrey F. In: *Administração Financeira.* 2. ed. Trad. Antonio Zoratto Sanvicente. São Paulo: Atlas, 2011, p. 689.
12. Sobre os atributos das informações contábeis destacamos:

a) Confiabilidade: A característica qualitativa *confiabilidade* foi redenominada de *representação fidedigna*; conforme consta das justificativas das Bases para Conclusões do CPC. Os relatórios contábil-financeiros representam um fenômeno econômico em palavras e números. Para ser útil, a informação contábil-financeira não tem só que representar um fenômeno relevante, mas tem também que representar com fidedignidade o fenômeno que se propõe representar. Para ser representação perfeitamente fidedigna, a realidade retratada precisa ter três atributos. Ela tem que ser *completa, neutra* e *livre de erro.* É claro, a perfeição é rara, se de fato alcançável. O objetivo é maximizar referidos atributos na extensão que seja possível. Nesse sentido o Conselho Fiscal pode e deve garantir que os negócios sejam conduzidos de acordo com os procedimentos de governança, as leis aplicáveis, os princípios éticos e os controles internos. Acompanhar e avaliar as atividades de auditoria independente e a elaboração das demonstrações financeiras e que as Demonstrações Contábeis sejam precedidas pela análise dos auditores independentes, e, ainda, que a verificar e acompanhar se a empresa adota os Códigos de Melhores

Esses atributos das informações contábeis estão ligados a Governança Corporativa[13][14], na medida em que esta é estruturada segundo os princípios da transparência, da equidade, da prestação de contas e da responsabilidade corporativa[15] (fiscal, social, trabalhista, comunitária, ambiental, societária etc.) e devem estar presentes na vida da empresa, pois constitui obrigação do empresário e da

---

Práticas do IBGC e o Código de Conduta Empresarial, a fim de que os lançamentos representem com fidedignidade os fenômenos econômicos.

b) Comparabilidade: Comparabilidade é a característica qualitativa que permite que os usuários identifiquem e compreendam similaridades dos itens e diferenças entre eles. Diferentemente de outras características qualitativas, a comparabilidade não está relacionada com um único item. A comparação requer no mínimo dois itens. Nesse sentido o Conselho Fiscal pode e deve zelar para que as demonstrações permitam a comparação entre anos anteriores.

c) Verificabilidade: A verificabilidade ajuda a assegurar aos usuários que a informação representa fidedignamente o fenômeno econômico que se propõe representar. A verificabilidade significa que diferentes observadores, cônscios e independentes, podem chegar a um consenso, embora não cheguem necessariamente a um completo acordo, quanto ao retrato de uma realidade econômica em particular ser uma representação fidedigna. Informação quantificável não necessita ser um único ponto estimado para ser verificável. Uma faixa de possíveis montantes com suas probabilidades respectivas pode também ser verificável.

d) Tempestividade: Tempestividade significa ter informação disponível para tomadores de decisão a tempo de poder influenciá-los em suas decisões. Em geral, a informação mais antiga é a que tem menos utilidade. Contudo, certa informação pode ter o seu atributo tempestividade prolongado após o encerramento do período contábil, em decorrência de alguns usuários, por exemplo, necessitarem identificar e avaliar tendências. Nesse sentido, o Conselho Fiscal pode e deve verificara se as declarações atendem ao atributo, ou seja, se foram divulgadas dentro dos prazos, inclusive as declarações trimestrais, o que possibilita a análise das pessoas interessadas.

e) Compreensibilidade: Tornar compreensível significa classificar, caracterizar e apresentar a informação com clareza e concisão. Certos fenômenos são inerentemente complexos e não podem ser facilmente compreendidos. A exclusão de informações sobre esses fenômenos dos relatórios contábil-financeiros pode tornar a informação constante em referidos relatórios mais facilmente compreendida. Contudo, referidos relatórios seriam considerados incompletos e potencialmente distorcidos (*misleading*). Nesse sentido o Conselho Fiscal deve zelar para que as demonstrações atendam ao atributo, posto que as informações precisam ser disponibilizadas com clareza e concisão e, ainda, considerando a necessidade de conhecimento técnico à devida análise das demonstrações.

13. Governança Corporativa é "todo processo de gestão e monitoramento desta que leva em consideração os princípios da responsabilidade corporativa (fiscal, social, trabalhista, comunitária, ambiental, societária), interagindo com o ambiente e os públicos estratégicos, os chamados stakeholders, em busca da sustentabilidade para ser longeva.", conforme Roberto Souza Gonzalez. In: *Governança Corporativa:* O Poder de Transformação das Empresas, São Paulo, Trevisan, 2012, p. 46.

14. Governança Corporativa "é o sistema pelo qual as empresas e demais organizações são dirigidas, monitoradas e incentivadas, envolvendo os relacionamentos entre sócios, conselho de administração, diretoria, órgãos de fiscalização e controle e demais partes interessadas. As boas práticas de governança corporativa convertem princípios básicos em recomendações objetivas, alinhando interesses com a finalidade de preservar e otimizar o valor econômico de longo prazo da organização, facilitando seu acesso a recursos e contribuindo para a qualidade da gestão da organização, sua longevidade e o bem comum.", de acordo com a definição extraída do site do IBGC.

15. de acordo com o IBGC, **a)** *princípio da transparência*: segundo o qual a obrigação de informar é mais abrangente, portanto, as corporações devem cultivar o desejo de informar, a fim de buscar um clima de confiança, tanto interno, quanto nas relações com terceiros, comtemplando outros fatores, além do desempenho econômico-financeiro, inclusive, intangíveis que norteiam a ação empresarial e criam valor, ressalvados as questões relativas a restrições legais e estratégicas.

sociedade empresária, seguir um sistema de contabilidade, como determina o artigo 1.172, do Código Civil, desde a sua constituição até o seu encerramento, seja de forma regular pela dissolução da sociedade empresária ou pelas vias do processo falimentar, ocasião na qual o Administrador Judicial deve examinar os

---

Quando falamos em informação, devemos lembrar que o esquema de qualquer informação parece ser constituído, essencialmente, por três elementos: a mensagem emitida, a transmissão e a mensagem recebida. Mas, na realidade, as coisas são bem mais complicadas, porque a mensagem emitida (p. ex., uma frase em italiano ou um conjunto de pontos e linhas que constituem uma mensagem telegráfica) já é a expressão, a tradução ou, como também se diz, a codificação daquilo que quem emite (emissor) pretende transmitir. Por outro lado, a mensagem recebida deve ser entendida, ou seja, retraduzida ou descodificada, para ser registrada pelo receptor e guiar sua conduta, conforme Nicola Abbagnano, In: *Dicionário de Filosofia*. Tradução da 1. ed. brasileira coordenada e revista por Alfredo Bosi e Revisão da tradução e tradução dos novos textos Ivone Castilho Benedetti. São Paulo: Martins Fontes, 2007, p. 154.

Dessa forma, mais do que informar ou do desejo de informar, é fazer com que a informação seja inteligível e compreensível e possa conduzir a conduta do receptor, no caso, por todos aqueles envolvidos com a empresa, portanto, o princípio da transparência deve ser adotado pela empresa, para divulgação de informações inteligíveis nos pareceres, opiniões e análises para a divulgação de Relatórios Anuais da Administração e Demonstrações Financeiras, com uma linguagem acessível, divulgação de fatos relevantes e com partes relacionadas e Contratação de empresa de auditoria independente para a análise de balanços e demonstrações.

b) *pelo princípio da equidade*: que caracteriza-se pelo tratamento justo de todos os sócios e demais partes interessadas (stakeholders). Atitudes ou políticas discriminatórias, sob qualquer pretexto, são totalmente inaceitáveis.

Cabe, aqui, também, destacar que o princípio da igualdade toma um novo perfil, levando em consideração a desigualdade formal entre os agentes econômicos, de modo a atenuar as diferenças reais existentes entre eles. As diferenças de que falamos são as existentes entre empregado e empregador, pela hipersuficiência deste último; empresário e consumidor, pela sua vulnerabilidade e entre controlador e minoritário. E nessa tentativa de criar uma harmonia, que surge como um diapasão, o resgate da noção aristotélica de igualdade como proporcionalidade. Portanto, a noção de igualdade revela-se por tratar igualmente os iguais e desigualmente os desiguais, como podemos depreender da lição de Fabio Ulhoa Coelho. In: *Curso de Direito Comercial*, v. 2. São Paulo: Saraiva, 2005, p. 11.

c) *princípio da prestação de contas*: segundo o qual os agentes de governança devem prestar contas de sua atuação, assumindo integralmente as consequências de seus atos e omissões, que podem ser percebidos: a) pela divulgação de Relatórios Anuais da Administração e Demonstrações Financeiras, b) pela adoção de código de conduta aprovado pelo Conselho de Administração, entregue e divulgado a todos os funcionários, c) pela existência de um Comitê de Ética e de um canal direto para denúncias, comentários e sugestões, d) pela Avaliação formal anual da Diretoria pelo Conselho, e) pela Avaliação anual de desempenho do Conselho de Administração como órgão, f) pela análise do relatório anual da administração, pela análise das demonstrações financeira e todas as providências que proporcionam maior segurança, seja na proteção do patrimônio e rentabilidade dos acionistas, seja para os fornecedores e empregados e todos aqueles envolvidos no processo da empresa.

d) *princípio da Responsabilidade Corporativa*: segundo o qual os agentes de governança devem zelar pela sustentabilidade das organizações, visando a sua longevidade, incorporando considerações de ordem social e ambiental na definição dos negócios e operações. Considerando que a Responsabilidade Corporativa envolve questões relacionadas às áreas fiscal, social, trabalhista, comunitária, ambiental, societária etc., pode e deve atuar fiscalizando o cumprimento desses projetos com a finalidade de manter padrões socioambientais de Qualidade, Meio Ambiente e de Saúde e Segurança, de diretrizes relativas a direitos humanos, do trabalho e de serviços prestados à sociedade, atendendo à legislação vigente no País, bem como o cumprimento de acordos sindicais e de adesão voluntária a iniciativas de responsabilidade social.

livros comerciais, contábeis, fiscais, dentre outros documentos, a fim de prestar inúmeras informações, emitir parecer e relatórios, que não podem ser mera narração, mas devem ser fundamentados, a exemplo do que se exige nos laudos periciais, com exposição do objeto, análise técnica ou científica realizada pelo administrador, a indicação do método utilizado, esclarecendo-o e demonstrando ser predominantemente aceito pelos especialistas da área do conhecimento da qual se originou; respondendo as especificidades exigidas por cada ato; com fundamentação em linguagem simples e com coerência lógica, indicando como alcançou suas conclusões, sendo vedado ultrapassar os limites de sua designação, bem como emitir opiniões pessoais que excedam o exame técnico ou científico do objeto da administração judicial, como se verifica pelo disposto no *artigo 473, do Código de Processo Civil*, combinado com o *artigo 7º, § 2º, 12, § único, 18, § único, 22, da Lei Federal 10.101/05*, razão pela qual sustentamos que esses princípios contábeis e de governança corporativa, podem ser aplicados aos procedimentos falimentares, a fim de atender a determinação de preservação da empresa ou de maximização dos ativos.

Dito isso, o Administrador Judicial, na qualidade de auxiliar da justiça, como mencionado por **Trajano de Miranda Valverde**[16] **e Joice Ruiz Bernier**[17], *e*, por força do *artigo 149, do Código de Processo Civil*, tal como o perito e outros auxiliares, examina sob a ótica da sua ciência as questões posta na recuperação e na falência, descrevendo os fatos apreendidos pelo exame dos livros comerciais, contábeis, fiscais, dentre outros documentos, viabilizando a todos os envolvidos no processo o conhecimento necessário para a tomada de decisão, especialmente o juiz, como podemos extrair da lição de Antônio Dall'Agnol[18]. Por isso, como auxiliar da justiça, tem o dever de verdade, o de exatidão nas considerações que faça, o de ser diligente nos atos que forem necessários ou úteis ao exame e às conclusões, como se extrai da lição de Pontes de Miranda[19], portanto, os requisitos de confiabilidade, tempestividade, verificabilidade, compreensibilidade e comparabilidade, devem estar presentes nos atos, em sintonia com os princípios da transparência, da equidade, da prestação de contas e da responsabilidade corporativa.

O Administrador Judicial, no processo de recuperação judicial ou de falência, tem a função de administrar esse processo, os atos que devem ser praticados e a massa falida, mas não faz as vezes do administrador da empresa, ou seja, a administração da sociedade empresária continua sendo exercida pelos sócios ou

16. VALVERDE, Trajano de Miranda. In: *Comentários à Lei de Falências (Decreto-Lei n 7.661/1945)*. 4. ed. Rio de Janeiro: Ed. Forense, 2001, p. 446/447.
17. BERNIER, Joice Ruiz. In: *Administrador Judicial*. São Paulo: Quartier Latin, 2016, p. 52.
18. DALL'AGNOL, Antônio. In: *Comentários ao Código de Processo Civil, v. 2, Do Processo de Conhecimento*. São Paulo: RT, 2000, p. 145.
19. Pontes De Miranda. In: *Comentários ao Código de Processo Civil, Tomo II*. Forense, 1973, p. 429.

administradores, conforme mensagem do *artigo 1.060 e 1.061, do Código Civil e artigo 138, da Lei 60404/76*, combinado com o *artigo 64, da Lei 11.101/05*, salvo no caso de afastamento. Caso isso ocorra, o juiz convocará a assembleia-geral de credores para deliberar sobre o nome do gestor judicial que assumirá a administração das atividades do devedor, conforme *artigo 65, da Lei 11.101/05*.

Como auxiliar da justiça e no desempenho de suas funções, o Administrador Judicial tem o dever de ser diligente, como se extrai do *artigo 157, do Código de Processo Civil*, isso significa que apesar de sua atuação consistir em atividade de meio, deve empregar todos os meios legais necessários, a fim de atingir os objetivos do processo falimentar, de forma que sua administração seja eficiente e eficaz, pois muito da sua experiência e atuação, dependerá o êxito na realização do ativo.

A eficiência pode ser definida, segundo Clóvis Luís Padovese[20], como a "relação existente entre o resultado obtido e os recursos consumidos para conseguir aquele resultado" ou como "relação entre recursos e saídas, que, no enfoque sistêmico, são relacionadas pelo elemento processamento." "A eficiência está relacionada com a otimização do uso dos recursos. De acordo com Bio (p. 21) "... eficiência diz respeito a método, a modo certo de fazer as coisas. É definida pela relação entre volumes produzidos/recursos consumidos."[21], portanto, o Administrador Judicial para ser eficiente no processo de falência, precisa promover a realização do ativo, arrecadando a totalidade dos bens do devedor e recebendo os créditos, bem como promovendo a liquidação do ativo pelo melhor valor, visando o pagamento dos credores, ou seja, é o cumprimento do princípio da maximização do ativo.

Eficácia, por sua vez, segundo Horngren, Foster e Datar, apud Clóvis Luís Padovese[22], "é o grau de que um predeterminado objetivo ou meta é atingido", e continua, "do ponto de vista da sociedade, a eficácia é o grau segundo o qual as organizações atingem suas missões, metas e objetivos – dentro das restrições de recursos limitados (...) nesse sentido, devemos introduzir o conceito de eficiência; ele se refere ao processo pelo qual a organização maximiza seus fins com um uso mínimo de recursos", por isso, a combinação entre o levantamento das informações, relatórios, arrecadação adequada e escolha da melhor forma de liquidação dos bens, permitem ao Administrador Judicial pagar o maior número de credores,

---

20. PADOVEZE, Clóvis Luíz. In: *Controladoria Estratégica e Operacional, Conceitos, Estrutura e Aplicação*. 3. ed. São Paulo: Cengage Learning, 2012, p. 14/15.
21. BIO, Sérgio Rodrigues. In: *Sistemas de Informações: um enfoque gerencial*. São Paulo: Atlas, 1985, p. 21 apud PADOVEZE, Clóvis Luíz. In: *Controladoria Estratégica e Operacional, Conceitos, Estrutura e Aplicação*. 3. ed., Cengage Learning, São Paulo, 2012, p. 15.
22. Horngren, Foster e Datar. In:Cost Accounting: a managerial emphasis. 8. ed., Englewood Cliffs, New Jersey: Prentice-Hall, 1994, p. 237, apud, Clóvis Luíz Padoveze. In: Controladoria Estratégica e Operacional, Conceitos, Estrutura e Aplicação, 3. ed. Learning, São Paulo, 2012, p. 15.

o que reflete em um processo mais célere, como um desdobramento do princípio constitucional da razoável duração do processo.

4. PRINCÍPIO DA CELERIDADE NA FALÊNCIA

A celeridade é um direito fundamental, um princípio insculpido no *artigo 5º, LXXVIII, da Constituição Federal de 1988*, garantindo a todos no âmbito judicial e administrativo, a razoável duração do processo e os meios que garantam a celeridade de sua tramitação. Como os princípios constitucionais são vetores, são balizas, são regras de condutas constituídas de forte conteúdo axiológico, na lição de **José Eduardo Soares de Melo** e **Luiz Francisco Lippo**[23], consequentemente, irradiam efeitos sobre todo o sistema jurídico e devem orientar os atos processuais praticados na falência, sob pena de caracterizar uma violação do princípio constitucional, subvertendo seus valores fundamentais e abalando as estruturas do sistema, como se extrai da lição de **Celso Antonio Bandeira de Mello**[24].

Para **Ingo Wolfgang Sarlet, Luiz Guilherme Marinoni e Daniel Mitidiero**[25], o direito fundamento à duração razoável do processo constitui princípio redigido como cláusula geral. Ele impõe um estado de coisas que deve ser promovido pelo Estado – a duração razoável do processo. Ele prevê no suporte fático termo indeterminado – duração razoável –, e não comina consequências jurídicas ao seu não atendimento. Seu conteúdo mínimo está em determinar: (i) ao legislador, a adoção de técnicas processuais que viabilizem a prestação da tutela jurisdicional dos direitos em prazo razoável (por exemplo, previsão de tutela definitiva, para parcela incontroversa da demanda no curso do processo), a edição de legislação que reprima o comportamento inadequado das partes em juízo (litigância de má-fé e *contemptf court*) e regulamente minimamente a responsabilidade civil do Estado por duração não razoável do processo; (ii) ao administrador judiciário, a adoção de técnicas gerenciais capazes de viabilizar o adequado fluxo dos atos processuais, bem como organizar os órgãos judiciários de forma idônea (número de juízes e funcionários, infraestrutura e meios tecnológicos); e (iii) ao juiz, a condução do processo de modo a prestar a tutela jurisdicional em prazo razoável.

Certamente que o legislador, na lei de falência, adotou técnica mais célere em relação a legislação pretérita, tais como:

---

23. MELO, José Eduardo Soares de; LIPPO, Luiz Francisco. In: *A Não-Cumulatividade Tributária*. Dialética, 1998, p. 92.
24. BANDEIRA DE MELLO, Celso Antonio. In: *Curso de Direito Administrativo*. 14. ed. Malheiros Editores, 2002, p. 808.
25. SARLET, Ingo Wolfgang; MARINONI, Luis Guilherme e MITIDIERO, Daniel. In: Curso de Direito Constitucional, 2. ed., Editora Revista dos Tribunais, São Paulo, 2013, p. 762.

1) com previsão expressa no **artigo 75, II, III, § 1º e 2º, da Lei 11.101/2005**, de tal modo que na falência, os atos são praticados visando a preservação e otimização produtiva dos bens, dos ativos e dos recursos produtivos, inclusive os intangíveis, da empresa, além de permitir a liquidação célere das empresa, considerada como atividades econômicas inviáveis, com vistas à realocação eficiente de recursos na economia, ou seja, o pagamento dos credores do falido e, fomentar o empreendedorismo, inclusive por meio da viabilização do retorno célere do empreendedor falido à atividade econômica, atendendo aos princípios da celeridade e da economia processual, além dos princípios do contraditório, da ampla defesa e dos demais princípios previstos no Código de Processo Civil.

2) com a realização do ativo, logo após a arrecadação dos bens, com a juntada do respectivo auto ao processo de falência, atendendo ao princípio da celeridade. Isso significa um avanço em relação a previsão contida no artigo 114 e 115, do Decreto-Lei 7.661/1945 legislação anterior, pois os bens arrecadados só podiam ser vendidos depois do relatório do síndico, conforme artigo 63, XIX, relatório este que só era apresentado depois da publicação do Quadro Geral dos Credores – QGC, nos termos do artigo 96, § 2º, o que fazia com que o início da alienação dos bens fosse moroso, acarretando a deterioração dos bens do ativo, invasão de propriedades, dentre outras situações que inviabilizavam a realização do ativo.

Com a nova sistemática, a realização do ativo implica atos de alienação dos bens, logo após a sua arrecadação, com a juntada do respectivo auto ao processo de falência, nos termos do **artigo 139, da Lei 11.101/05**, portanto, independem da consolidação ou homologação do quadro-geral de credores e deverá ocorrer no prazo máximo de 180 (cento e oitenta) dias, contado da data da lavratura do auto de arrecadação, como orienta o **artigo 140, § 2º e 142, § 2º, IV, da Lei 11.101/05.**

3) com a determinação de que as alienações serão realizadas pelas seguintes modalidades: **a)** leilão eletrônico, presencial ou híbrido; **b)** por processo competitivo organizado promovido por agente especializado e de reputação ilibada, cujo procedimento deverá ser detalhado em relatório anexo ao plano de realização do ativo ou ao plano de recuperação judicial, conforme o caso; ou **c)** qualquer outra modalidade, desde que aprovada nos termos da *Lei.*, revogando as modalidades de propostas fechadas e pregão, bem como a publicação de anúncio em jornal de ampla circulação, situações que despendiam muito tempo para a realização do ativo.

4) com a decretação sumária da falência, diante da inexistência de bens, ocasião na qual o Administrador Judicial informará imediatamente o juiz que ouvirá o Ministério Público, sendo, posteriormente, outorgado prazo de 10 dias para manifestação dos interessados, com o encerramento da falência por sentença e determinação da baixa da falida no CNPJ, conforme mensagem do **artigo 114-A e 156, da Lei 11.101/05.**

É certo que o processo falimentar se desenvolve em torno da capacidade de pagamento dos bens do devedor para solver suas dívidas. Entretanto, inúmeras empresas que não possuem bens ou cujos bens não são suficientes nem para pagar as despesas do processo, acabavam ficando em situação irregular, sem baixa no CNPJ, sem extinção das obrigações, portanto, a alteração trazida pela Lei 14.112/2020, veio proporcionar a essas empresas em crise financeira, a possibilidade de recorrer ao judiciário para pedir a sua falência, mesmo diante da inexistência de bens.

Essa situação se enquadra na hipótese jurídica de extinção das obrigações do falido e permite requerer a declaração de extinção das obrigações por sentença, nos termos do **artigo 158, VI e 159, da Lei 11.101/05.** Essa hipótese, revela a possibilidade de encerramento da falência e extinção das obrigações do falido de forma mais célere, atendendo a prescrição legal e o mandamento constitucional, com o retorno do falido a atividade econômica, o que aponta para a redução das instabilidades sociais, pela redução do desemprego, geração de tributos, e melhora do desenvolvimento econômico, além de oferta de novo produtos aos consumidores, o que estimula a concorrência.

Esse procedimento sumário, poderia ser ainda mais célere, com a declaração do contador habilitado, sob pena de responsabilidade civil e criminal, acompanhada da documentação contábil demonstrando a inexistência de bens na abertura do pedido de falência, nos termos do **artigo 105, da Lei 11.101/05,** dispensando a nomeação do Administrador Judicial, pois não haveria necessidade de arrecadação e liquidação diante da inexistência de bens. Sendo que o empresário ou os sócios da sociedade falida, ficam sujeitos as penas do **artigo 171, da Lei 11.101/05**, no caso de prestar informações falsas no processo, pois os agentes dependem da veracidade das informações contábeis para tomada de decisão.

5) com a contagem dos prazos em dias corridos, como reflexo do princípio da celeridade, pois é o que melhor preserva a unidade lógica do microssistema falimentar: alcançar, de forma célere, econômica e efetiva, o regime da crise empresarial, pela liquidação dos ativos e satisfação dos credores, na falência, como se extrai do acórdão proferido no *AgInt no REsp.* **1.774.998-MG**, publicado no *DJe, de 24 set. 2019.* Nesse microssistema a celeridade e a efetividade se impõem, com prazos próprios e específicos, que, via de regra, devem ser breves, peremptórios, inadiáveis e, dessa forma, contados de forma contínua, como se extrai dos acórdãos proferidos no *AgInt no AREsp 1.548.027-MT*, publicado no *DJe, de 31 ago. 2020* e *AgInt nos EDcl no REsp. 1.914.050-DF*, publicado no *DJe, de 08 out. 2021.*

Importante destacar que o princípio da duração razoável do processo, não significa que o processo será rápido, na medida que a processo parece conter o tempo no seu arquétipo constitucional com o devido processo legal e a ampla defesa, como forma de garantir a realização da Justiça.

Marinoni e Mitidiero[26], ressaltam que a natureza necessariamente temporal do processo constitui imposição democrática, oriunda do direito das partes de nele participarem de forma adequada, donde o direito ao contraditório e os demais direitos que confluem para organização do processo justo ceifam qualquer possibilidade de compreensão do direito ao processo com duração razoável simplesmente como direito a um processo célere. O que a Constituição determina é a eliminação do tempo patológico – a desproporcionalidade entre a duração do processo e a complexidade do debate da causa que nele tem lugar. Nesse sentido, a expressão *processo sem dilações indevidas*, utilizada pela Constituição espanhola (art. 24, segunda parte), é assaz expressiva. O direito ao processo justo implica sua duração em "tempo justo", por isso, destacam que o pressuposto para a aferição da duração razoável do processo é a definição do seu *spatium temporis* – o *dies a quo* e o *dies ad quem* entre os quais o processo se desenvolve, que podem ser aferidos segundo os critérios: (i) complexidade da causa; (ii) o comportamento das partes; (iii) o comportamento do juiz na condução do processo, (iv) relevância do direito reclamado em juízo.

A aferição do processo de falência sob a ótica desses critérios, afigura-se: **1)** *quanto à complexidade da causa:* de alta complexidade, quando considerado o volume de documentação a ser analisado, o número de credores, o tamanho do devedor (Micro, Pequeno, Médio ou Grande); **2)** *quanto ao comportamento das partes:* de um lado, o devedor, demonstrando e comprovando adequadamente a situação de crise financeira, com a relação dos credores e bens, e de outro, os credores, na evidente tentativa de receber seus créditos na fase de realização do ativo, após a alienação dos bens, diante da possibilidade de ser apresentada impugnações; **3)** *quanto ao comportamento do juiz na condução do processo:* o comportamento do juiz e podemos incluir os órgãos auxiliar, como o administrador judicial, a quem compete dentre outras obrigações, praticar os atos necessários à realização do ativo e ao pagamento dos credores, bem como proceder à venda de todos os bens da massa falida no prazo máximo de 180 (cento e oitenta) dias, contado da data da juntada do auto de arrecadação, sob pena de destituição, salvo por impossibilidade fundamentada, reconhecida por decisão judicial, visando a venda mais favorável aos credores; e **4)** *quanto à relevância do direito reclamado em juízo:* mostra-se altamente relevante pois envolve a preservação da atividade econômica, com o fornecimento de bens e serviços necessários à população, a manutenção do emprego, geração de tributos, portanto, tem uma conotação social, pela redução das instabilidades sociais causadas pela falta de emprego, além de viabilizar o desenvolvimento econômico.

---

26. SARLET, Ingo Wolfgang, Marinoni, Luis Guilherme e Mitidiero, Daniel. In: *Curso de Direito Constitucional.* 2. ed. São Paulo: Editora Revista dos Tribunais, 2013, p. 763.

Os critérios acima, permitem um desdobramento para uma análise jurimétrica, como realizado pelo Observatório da Insolvência, uma iniciativa do Núcleo de Estudos de Processos de Insolvência - NEPI da PUCSP e da Associação Brasileira de Jurimetria – ABJ[27], tanto para os casos de recuperação judicial como para os casos de falência, que permitem extrair:

1) Quanto a recuperação judicial:

1.1) complexidade da causa, considerando o tamanho da empresa, "do total de 1194 processos, 145 (12,1%) recuperações judiciais foram requeridas exclusivamente por Microempresas (ME), 148 (12,4%) recuperações judiciais foram requeridas exclusivamente por Empresas de Pequeno Porte (EPP), 270 (22,6%) por grupos societários, ainda que envolvessem EPP e ME, e 629 (52,7%) exclusivamente por sociedades isoladas não classificadas como EPP ou ME. Também foram encontrados 2 casos envolvendo produtores rurais que acabaram não formando uma empresa e, por isso não puderam ser classificados em nenhuma categoria.

1.2) comportamento das partes, considerando o número de assembleias de credores, pois um fator relacionado a alta duração dos processos é a presença de inúmeras suspensões da AGC ao longo do processo de negociação. Ainda que a AGC seja una, ela poderá ser suspensa para que os credores possam continuar negociando deliberar sobre o plano de recuperação judicial em outro momento mais maduro. Tipicamente, caso haja AGC, há ao menos uma suspensão assemblear até que ocorra a deliberação sobre o plano de recuperação judicial. De forma que de 602 processo, 39 (6,5%) não tiveram AGC, 102 (16,9%) tiveram 1 AGC, 223 (37,0%), tiveram 2 AGC, 91 (15,1%) tiveram 3 AGC, 70 (11,6%) tiveram 3 AGC e 77 (12,8%), tiveram 5 ou mais AGC. Além disso, esses números aumentam de acordo com o faturamento da empresa e se houver litisconsórcio ativo. Porém, deve-se considerar que das que submeteram os seus planos de recuperação judicial à deliberação assemblear dos credores, 509 (ou 88,4%), tiveram seus planos de recuperação judicial aprovados.

1.3) o comportamento do juiz e dos auxiliares da justiça, na condução do processo, considerando o número e o tempo de deferimento, de 818 processos, a mediana do prazo de deferimento é 58 dias e que o tempo mediano até a deliberação definitiva sobre o plano de recuperação judicial foi de 506 dias. O tempo mediano até a deliberação definitiva sobre o plano de recuperação judicial é, nas varas especializadas, menor do que o tempo mediano nas varas comuns. Na especializada, o prazo mediano é de 384 dias, enquanto na comum a mediana é de 553.

27. Relatório do Observatório da Insolvência é uma iniciativa do Núcleo de Estudos de Processos de Insolvência – NEPI da PUCSP e da Associação Brasileira de Jurimetria – ABJ, datado de 20 maio 2021.

1.4) relevância do direito reclamado em juízo, considerando a preservação da atividade econômica (venda integral da empresa, filiais ou unidade produtiva), o número de recuperação ou liquidação do ativo, em relação ao encerramento sem convolação em falência é de 54,4% (81 encerramentos sem falência de 149 recuperações judiciais encerradas no período de acompanhamento).

2) **Quanto à falência:**

2.1) complexidade da causa, considerando o tipo da empresa, "do total de 2316 processos, 1445 (62,4%) dos pedidos de falências envolvem Sociedades Empresárias Limitadas, 402 (17,4%) pedidos de falências envolvem Empresas Individuais de Responsabilidade Limitada, 299 (12,9%) envolvem Sociedades Anônimas Fechadas, 101 (4,4%) pedidos envolvem Empresários Individuais, 25 (1,1%) envolvem Sociedades Anônimas Abertas, 19 (0,8%) correspondem a Estabelecimentos no Brasil de Sociedades Estrangeiras, 17 (0,7%) são casos de falências de Consórcios de Sociedades, 8 (0,3%) são outros tipos.

2.2) o comportamento do juiz e dos auxiliares da justiça, na condução do processo, considerando o número e o tempo de deferimento da falência, de 2316 processos, o tempo mediano entre a distribuição e o evento de interesse (decretação de falência, ou extinção do processo caso a falência não tenha sido decretada) é de aproximadamente 11 meses. O tempo mediano até a primeira avaliação de bens é de aproximadamente 8 meses e, para processos que não tiveram, é de aproximadamente 29 meses. O tempo mediano entre a primeira avaliação e o primeiro edital de leilão é de aproximadamente 11 meses. O tempo mediano entre o último edital de leilão e o encerramento da falência é de 7 anos e 8 meses, considerando que dos 204 casos que tiveram algum leilão, somente 16 processos tiveram a falência encerrada, o que dificulta afirmar com precisão o tempo estimado desta etapa. Considerando as etapas acima, o tempo estimado de duração de um processo de falência é de 10 anos e 2 meses.

2.3) relevância do direito reclamado em juízo, considerando a preservação da atividade econômica (venda integral da empresa, filiais ou unidade produtiva), não foi encontrado um caso em que houvesse a venda integral da empresa. Portanto, o padrão dos processos é a venda de bens individuais ou em blocos, o que supostamente daria mais celeridade e efetividade aos leilões, uma vez que a venda da empresa integral levaria mais tempo e reduziria o número de interessados, uma realidade que contraria a própria pretensão principal da lei de falências, a preservação da atividade econômica.

Fernanda Karoliny Nascimento Jupetipe[28], quando analisou o espaço tempo em que o processo de falência se desenvolve, concluiu que em relação ao tempo

28. JUPETIPE, Fernanda Karoliny Nascimento. In: Custos de falência no Brasil comparativamente aos estudos norte-americanos. *Revista Direito GV*, São Paulo, v. 13 n. 1, 20-48, jan.-abr. 2017, p 30.

despendido nos processos, o período médio de duração das falências dessa amostra foi de *9,2 anos*. O processo mais célere durou apenas 1,2 ano, muito provavelmente por se tratar de uma falência frustrada (quando a falida não possui ativos para saldar as dívidas). Enquanto o mais moroso durou 36,3 anos.

Se considerarmos a complexidade do processo de falência, pelo volume de documentação, número de credores, tamanho do devedor (Micro, Pequeno, Médio ou Grande), com um período médio de duração das falências de *9,2 anos*, quando comparado com *9,5 anos* de duração na fase de execução nos juizados especiais e de *11,5 anos* de duração na fase de execução na justiça comum, ambos do Tribunal de Justiça de São Paulo, referentes ao ano de 2015, conforme dados do Conselho Nacional de Justiça, Relatório Justiça em números 2016 e análise de **Erik Navarro Wolkart**[29], afigura-se, ainda mais célere do que os processos de execuções singulares, mas isso está longe de ser considerado uma duração razoável, do ponto de vista constitucional e da efetiva prestação jurisdicional, pois a longa duração dos processos, por si só já não é efetividade.

Com as devidas restrições e diferenças populacionais e números de processos, comparando o tempo médio de duração do processo em primeiro grau, em alguns países europeus, temos o seguinte: *376 dias na Itália, 304 dias na França, 242 dias na Espanha e 192 dias na Alemanha*, conforme análise de **Erik Navarro Wolkart**[30], o que demonstra maior celeridade e efetividade na prestação jurisdicional.

Feitas essas observações, no tópico seguinte possamos a analisar as várias alternativas para alienação dos bens.

5. ALTERNATIVAS PARA A ALIENAÇÃO DOS BENS

A alienação dos bens da massa falida tem início logo após a arrecadação, com a juntada do respectivo auto ao processo falimentar e considerando que a falência tem por finalidade preservar e otimizar a utilização produtiva dos bens, ativos e recursos produtivos da empresa, portanto, os atos relacionados à venda dos bens do empresário falido devem se submeter a essa orientação, motivo pelo qual o administrador judicial deve identificar e selecionar os bens, verificando o estado em que se encontram os bens arrecadados e, consequentemente, propor medidas considerando o estado de conservação dos bens, tais como: **a)** venda imediata de todos os bens ou de apenas uma parte deles; **b)** locação dos bens ou

29. WOLKART, Erik Navarro. In: *Análise econômica do processo civil [livro eletrônico]*: como a economia, o direito e a psicologia podem vencer a tragédia da justiça. São Paulo: Thomson Reuters Brasil, 2019, p. 56/57 e 77.
30. WOLKART, Erik Navarro. In: *Análise econômica do processo civil [livro eletrônico]*: como a economia, o direito e a psicologia podem vencer a tragédia da justiça. São Paulo: Thomson Reuters Brasil, 2019, p. 78.

outro tipo de contrato com a finalidade de gerar renda para a massa falida; e **c)** remoção dos bens, se houver necessidade de armazenamento e ou conservação.

Visando cumprir o princípio da celeridade e considerando o caso concreto, a lei estabelece as seguintes alternativas para a alienação dos bens, de acordo com o *artigo 111, 113, 140, 142, 144 e 145, da Lei 11.101/05*: **a)** venda imediata dos bens; **b)** venda antecipada; **c)** venda sumária, **d)** venda ordinária; e **e)** venda extraordinária.

5.1 Venda imediata dos bens

Para a autorização da venda imediata dos bens arrecadados, é imprescindível a verificação do cálculo econômico racional, pois sempre que os custos com os procedimentos forem maiores que os valores dos bens, ou seja, quando o Administrador Judicial apurar que o valor dos bens é inferior aos custos para o procedimento, deverá requer a venda de forma imediata, a fim de evitar prejuízos à massa falida, permitindo, assim, a aquisição ou adjudicação pelo valor da avaliação, observada a classificação de preferência entre os credores, nos termos do *artigo 111, da Lei 11.101/05.*

Como lembra **Fábio Ulhoa Coelho**[31], essa situação não é rara, de os bens encontrados pelo administrador judicial no estabelecimento empresarial do falido, quando da arrecadação, serem de valor irrisório, não se justificando a adoção dos relativamente custosos procedimentos de leilão, propostas ou pregão.

Note que a venda imediata é dirigida aos próprios credores da falência, assim, o administrador judicial deve adotar os meios de comunicação mais viáveis e de menor custo, como e-mail e a divulgação no site, nos termos do *artigo 22, I, "k", da Lei 11.101/05*, a fim de divulgar a venda entre os credores, que poderão de forma individual ou coletiva, adquirir ou adjudicar, os bens arrecadados, pelo valor da avaliação, devendo ser respeitada a regra de classificação e preferência dos créditos.

Segundo **Marcelo Barbosa Sacramone**[32], a Lei 11.101/05 permitiu que, nessas situações peculiares, a regra de liquidação da falência fosse abreviada. Presentes a dificuldade de liquidação, os custos altos do pregão, proposta fechada ou leilão se comparados ao pequeno valor dos ativos, a Lei autoriza a alienação ou adjudicação imediata dos bens aos próprios credores, desde que no interesse da Massa Falida e ouvido o Comitê de Credores. Essa especial forma de liquidação, contudo, deverá respeitar o valor de avaliação e a ordem de preferência de pagamento dos credores (83).

31. COELHO, Fábio Ulhoa. In: *Comentários à Lei de Falências e de Recuperação de Empresas*. 14. ed. São Paulo: Thomson Reuters Brasil, 2021, p. 386.
32. SACRAMONE, Marcelo Barbosa. In: *Comentários à Lei de Recuperação de Empresas e Falência*. 2. ed. São Paulo: Saraiva Educação, 2021, p. 509.

5.2 Venda antecipada

A venda antecipada pode ocorrer após a arrecadação e avaliação, mediante autorização judicial, ouvidos o Comitê e o falido no prazo de 48 (quarenta e oito) horas, relativa aos bens perecíveis, deterioráveis, sujeitos a considerável desvalorização ou que sejam de conservação arriscada ou dispendiosa, conforme prescreve o *artigo 113, da Lei 11.101/05.*

Marcelo Sacramone[33], enfatiza que os bens perecíveis, deterioráveis, sujeitos a considerável desvalorização ou que sejam de conservação arriscada ou dispendiosa são bens que poderão exigir a venda antecipada. Bens perecíveis são os que, em razão do tempo, perderão as qualidades ou características essenciais. Bens deterioráveis, os que, em razão de sua própria natureza, perderão sua utilidade. Sujeitos a considerável desvalorização são os que, em razão de avanços tecnológicos, perdem rapidamente o valor. De conservação arriscada são os bens que exigem medidas de conservação especiais, sob pena de danificarem outros bens, ou os bens que se perder, por atraírem a atenção de furtadores etc. De conservação dispendiosa, os bens que exigem alto custo para a sua guarda, sob pena de perderem a qualidade, as características ou de se perderem.

Para essa modalidade, a lei não estabelece uma forma específica para a venda dos bens, razão pela qual observada a necessidade de acordo com o tipo de bens previstos, o Administrador Judicial deverá propor a forma que entender ser a mais favorável aos interesses da massa falida, inclusive a modalidade sumária ou extraordinária, como orienta **Fabio Ulhoa Coelho**[34], e considerando a observação de **Marcelo Sacramone**[35], a despeito de se caracterizar modalidade excepcional, pois impede a concorrência para a obtenção do maior preço para a Massa Falida, a natureza perecível ou deteriorável do bem poderá ser a tal ponto de impedir, inclusive, a formalização de um procedimento de alienação público. Nessa hipótese, como única forma de a Massa Falida obter recursos e liquidar os ativos, a venda direta poderá ser realizada, mediante requerimento fundamentado do administrador judicial e decisão judicial.

5.3 Venda sumária

Verifica-se a venda sumária, na hipótese dos bens arrecadados serem insuficientes para as despesas do processo, fato que autoriza o administrador judicial, após informar ao juiz, que ouvido do Ministério Público que fixará prazo de 10 dias para os interessados se manifestarem, e decorrido esse prazo, a promover a

33. SACRAMONE, Marcelo Barbosa. Ibidem, p. 511.
34. COELHO, Fabio Ulhoa. Ibidem, p. 387.
35. SACRAMONE, Marcelo Barbosa. Ibidem, p. 511/512.

venda dos bens arrecadados no prazo de 30 dias em se tratando de bens móveis e de 60 dias em se tratando de bens imóveis, com posterior apresentação de relatório, com o posterior encerramento da falência, conforme prescreve o *artigo 114-A, § § 2º e 3º, da Lei 11.101/05.*

5.4 Venda ordinária

Tirante as alternativas de venda imediata dos bens de forma sumária, em razão dos custos e a venda antecipada, relativa aos bens perecíveis, deterioráveis, sujeitos a considerável desvalorização ou que sejam de conservação arriscada ou dispendiosa, a alienação dos ativos deverá observar a ordem de preferência, estabelecidas no *artigo 140, da Lei 11.101/05*, ou seja, *primeiro*, a alienação da empresa, com a venda de seus estabelecimentos em bloco; *segundo*, alienação da empresa, com a venda de suas filiais ou unidades produtivas isoladamente; *terceiro*, a alienação em bloco dos bens que integram cada um dos estabelecimentos do devedor; e *quarto*, a alienação dos bens individualmente considerados.

Salvo a alienação da totalidade da empresa, de acordo com os tipos de bens arrecadados, mesmo seguindo a ordem de preferência de alienação, é possível efetuar a alienação por mais de uma forma, se isso for conveniente e oportuno, para a Massa Falida, na forma do *artigo 140, § 1º, da Lei 11.101/05.*

Visivelmente a ordem de preferência, está em sintonia com o princípio da preservação da empresa e com o princípio da venda mais favorável aos credores, isto porque, na primeira hipótese, além de preservar a empresa como um todo, gera mais recursos para a falência, pois a venda completa, em princípio, agrega mais valor, pois inclui o fundo de comércio, marcas, patentes, tecnologia, dentre outros. A segunda hipótese, ainda conserva a orientação de preservação da empresa, na medida em que autoriza a alienação de suas filiais ou unidades produtivas isoladamente. Entretanto, as duas últimas hipóteses, caracterizam a desestruturação da empresa, pela venda dos bens em blocos ou isoladamente.

5.4.1 Formas de Alienação Ordinária

Após a arrecadação dos bens, com a juntada do auto ao processo falimentar, a alienação seguirá a ordem de preferência estabelecida no artigo 140, porém, caso seja conveniente à realização do ativo ou em razão de oportunidade, podem ser adotadas mais de uma forma de alienação.

Sendo que em quaisquer das formas, a alienação deverá ocorrer no prazo máximo de 180 (cento e oitenta) dias, contado da data da lavratura do auto de arrecadação, pelas seguintes modalidade, que serão consideradas para todos os fins e efeitos, alienações judiciais: **a)** leilão eletrônico, presencial ou híbrido;

b) por processo competitivo organizado promovido por agente especializado e de reputação ilibada, cujo procedimento deverá ser detalhado em relatório anexo ao plano de realização do ativo ou ao plano de recuperação judicial, conforme o caso; ou **c)** qualquer outra modalidade, desde que aprovada nos termos da *Lei*.

5.4.1.1 Alienação da empresa, com a venda de seus estabelecimentos em bloco

Na venda ordinária, os órgãos da falência estão limitados a determinadas balizas legais no que diz respeito à ordem e a forma de alienação. Como dito, a venda do estabelecimento em bloco, ou seja, a venda total da empresa, incluindo o fundo de comércio, marcas, patentes, tecnologia, dentre outros, de forma a assegurar a operação comercial, representa a melhor alternativa para a otimização do patrimônio.

Como dito anteriormente, o termo empresa pode ser empregado com vários sentidos, e neste item, é utilizado no sentido de *estabelecimento*, por isso, aponta para a ideia de alienação integral do estabelecimento.

Como observa Marcelo Sacramone[36], além de maximizar o valor dos bens, a alienação do conjunto de ativos pretende preservar a empresa e sua função social, de modo que não fique adstrita à recuperação judicial. Concebida preponderantemente como atividade empresarial no perfil funcional de Asquini, a empresa poderia ser preservada mesmo diante da decretação da falência do empresário. Adquiridos os bens em conjunto, o empresário adquirente poderá continuar a desenvolver a atividade empresarial, agora de forma mais eficiente, com a preservação dos postos de trabalho, da concorrência, dos interesses dos consumidores e do desenvolvimento econômico nacional.

Os bens em conjunto, mais especificamente o estabelecimento, assim considerado, todo complexo de bens organizado, para exercício da empresa, por empresário, ou por sociedade empresária, nos termos do *artigo 1.142, do Código Civil* e que na lição de **Oscar Barreto Filho**[37], é o complexo de bens, materiais e imateriais, que constituem o instrumento utilizado pelo comerciante para a exploração de determinada atividade mercantil.

36. SACRAMONE, Marcelo Barbosa. In: *Comentários à Lei de Recuperação de Empresas e Falência*. 2. ed. São Paulo: Saraiva Educação, 2021, p. 569.
37. BARRETO FILHO, Oscar. In: *Teoria do Estabelecimento Comercial, Fundo de Comércio ou Fazenda Mercantil*. 2. ed. São Paulo: Saraiva, 1988, p. 75.

5.4.1.2 *Alienação da empresa, com a venda de suas filiais ou unidades produtivas isoladamente*

Na impossibilidade de alienação do estabelecimento integral da empresa, pode ocorrer a venda de suas filiais ou unidades produtivas isoladamente, caso isso seja conveniente e oportuno, sendo certo que isso ainda preserva a atividade econômica e a função social da empresa.

Neste item, o termo empresa, também é utilizado no sentido de *estabelecimento*, porém, com a ideia de alienação parcial do estabelecimento, seja das filiais ou de unidades produtivas isoladas.

Apesar do estabelecimento considerar o complexo de bens organizado, a ideia de estabelecimento principal e de filiais, tem sua importância para a falência, pois estabelece a competência do juízo em razão do local do principal estabelecimento ou da filial, de empresa que tenha sede fora do Brasil, nos termos do *artigo 3º, da Lei 11.101/05*, e por outro lado permite a alienação do estabelecimento de forma parcial, considerando a existência de filiais ou unidades produtivas isoladamente.

Para **Oscar Barreto Filho**[38], deve, portanto, preponderar na conceituação do estabelecimento principal o critério quantitativo do ponto de vista econômico, qual seja, aquele em que o comerciante exerce maior atividade mercantil, e que, portanto, é mais expressivo em termos patrimoniais, ou, como preconiza o prof. *Sylvio Marcontes*, o do lugar onde melhor se atendem os fins da falência, quais sejam a liquidação do ativo e do passivo do patrimônio do devedor. E, ainda, que à parte da questão da fixação do domicílio do comerciante, para a determinação do juízo da falência, a classificação dos vários estabelecimentos do mesmo titular, em principal e secundários, é despicienda de interesse jurídico. A hierarquia que o comerciante adota para os seus estabelecimentos é matéria de administração interna, sem reflexos no campo do direito. Isto porque, por força da alienação, verifica-se apenas a transferência de mãos do complexo de bens constitutivos do estabelecimento, ou seja, a mudança de titular da *universitas facti*.

Apesar da unidade produtiva isolada, abranger bens, direitos ou ativos de qualquer natureza, tangíveis ou intangíveis, isolados ou em conjunto, incluídas participações dos sócios, tal como definido no *artigo 60-A, da Lei 11.101/05*, parece que o conceito legal, acabou por anular a própria ideia de unidade produtiva isolada, na medida que considera bens de qualquer natureza, em conjunto ou isolados, o que acaba por confundir com os bens em bloco do item III ou os bens individualmente considerados do item IV ou, ainda, anula as alternativas do item III e IV, uma vez que já considerados no conceito de unidade produtiva isolada.

38. BARRETO FILHO, Oscar. In: *Teoria do Estabelecimento Comercial, Fundo de Comércio ou Fazenda Mercantil*. 2. ed. São Paulo: Saraiva, 1988, p. 145/147.

Principalmente, quando considerado que a alienação da empresa terá por objeto o conjunto de determinados bens necessários à operação rentável da unidade de produção, ou seja, a unidade produtiva, precisa levar em consideração o conjunto de bens necessários para a continuidade da produção, por isso, permitir a alienação isolada de bens como unidade produtiva, seria uma contradição, pois isso não permite a continuidade da produção da unidade.

A própria ideia de Unidade Produtiva, considerando a análise dos seus termos, revela essa contradição, pois unidade, pressupõe a qualidade de não poder ser dividido, e produtiva, aponta para a aquilo que produz, que gera resultados, ou seja, aponta para uma universalidade de fato, um estabelecimento, de tal forma que bens isolados, seria uma outra forma de alienação, ou seja, dos elementos que compõem o estabelecimento. Como leciona **Oscar Barreto Filho**[39], o estabelecimento permanece, portanto, até final liquidação da massa; então, se extinguirá por força da venda separada dos seus elementos, caso não haja opção por uma das alternativas legais para a preservação da sua unidade.

Manoel Justino Bezerra Filho[40], afirma que a filial é o estabelecimento não sede; unidade produtiva não é conceito jurídico e sim econômico. De qualquer forma, é possível apreender a vontade da Lei, no sentido de que se tente a alienação das filiais como um todo. Novamente faz-se aqui presente, de forma clara, a intenção de permitir que a filial, a unidade produtiva, adquirida como um todo, propicie um melhor valor de venda, ao mesmo tempo em que possibilita, em tese, a continuidade da atividade.

A Unidade Produtiva Isolada, mais se aproxima daquelas situações de verticalização da produção, pela qual a empresa integra a produção dos seus suprimentos total ou parcialmente, seja dentro do próprio parque industrial, mas destacada da produção principal, ou em unidade isolada, com essa finalidade específica, ampliando as atividades exercidas pela empresa, com alteração do CNAE.

5.4.1.3 *Alienação em bloco dos bens ou individualmente considerados, que integram cada um dos estabelecimentos do devedor*

A alienação separada dos elementos do estabelecimento, seja em bloco ou individual acontecem quando o estabelecimento é totalmente desestruturado, seja pela impossibilidade de venda integral, seja pela obsolescência dos bens, atraso tecnológico ou por falta de valor de mercado.

39. BARRETO FILHO, Oscar. In: *Teoria do Estabelecimento Comercial, Fundo de Comércio ou Fazenda Mercantil.* 2. ed. São Paulo: Saraiva, 1988, p. 148.
40. BEZERRA FILHO, Manoel Justino. In: *Lei de Recuperação de Empresas e Falência: Lei 11.101/2005*: Comentada artigo por artigo, 15. ed. São Paulo: Thomson Reuters Brasil, 2021, p. 491.

Essa alternativa de alienação, em bloco de bens, aponta para uma universalidade de fato, tal como definida pelo *artigo 90, do Código Civil*, ou seja, a pluralidade de bens singulares que, pertinentes à mesma pessoa, tenham destinação unitária. Segundo **Sylvio Marcondes**[41], os requisitos básicos da universalidade de fato, são: 1º, trata-se de um conjunto de coisas autônomas, simples ou compostas, materiais ou imateriais; 2º, formado pela vontade do sujeito; 3º, para uma destinação unitária.

Paulo Fernando Campos Salles de Tolledo e Adriana V. Pugliesi[42], destacam, que a atuação do administrador judicial será fundamental para a organização e avaliação dos ativos em bloco, de modo que possa, verdadeiramente, despertar interesse de compra no mercado, com sua realocação eficiente. Será exatamente sua capacidade de coordenar a organização dos bens para venda, daí obtendo um valor agregado, correspondente ao *going concern value*, superior ao da somo dos ativos individualmente considerados, o que resulta em evidente benefício aos credores.

Importante dizer que cabe aos órgãos da falência a escolha da melhor alternativa dentro da ordem legal oferecida, sendo que, para tanto, o administrador judicial pode elaborar uma proposta, devidamente fundamentada, dirigida à Assembleia de Credores. Se existente, o Comitê deverá exarar seu parecer, concordando ou discordando da indicação do administrador judicial.

A deliberação adotada servirá de base para a manifestação do administrador judicial e do Comitê de Credores (CC), quando o juiz for ouvir esses órgãos antes de decidir sobre a alternativa a ser adotada na venda ordinária.

Por fim, nunca é demais lembrar que a realização do ativo terá início independentemente da formação do QGC, conforme visto no capítulo antecedente.

5.5 Alienação Extraordinária dos Bens

Além das modalidades ordinárias de alienação, previstas no artigo 142, havendo motivos justificados o juiz poderá autorizar, mediante requerimento fundamentado do administrador judicial ou do Comitê de Credores, modalidades de alienação judicial diversa, nos termos do *artigo 144, da Lei 11.101/05.*

Nessa linha, observado o quórum de aprovação do artigo 42, os credores poderão adjudicar os bens alienados na falência ou adquiri-los por meio de constituição de sociedade, de fundo ou de outro veículo de investimento, com a

41. MARCONDES, Sylvio. In: *Problemas de Direito Mercantil*. São Paulo, Max Limonad, 1970, p. 79.
42. TOLLEDO, Paulo Fernando Campos Salles de; PUGLIESI, Adriana V. In: *Tratado de Direito Empresarial, v. V. Recuperação Judicial e Falência*. CARVALHOSA, Modesto (Coord.). São Paulo: Editora Revista dos Tribunais, 2016, p. 472/473.

participação, se necessária, dos atuais sócios do devedor ou de terceiros, ou mediante conversão de dívida em capital, nos termos do *artigo 145, da Lei 11.101/05*, aplicando-se de forma irrestrita os termos do artigo 141 aos casos de adjudicação e aquisição acima mencionados.

6. CONCLUSÃO

Como salientamos no presente artigo, na falência, os atos são praticados visando a preservação e otimização produtiva dos bens, dos ativos e dos recursos produtivos, inclusive os intangíveis, da empresa, com o sentido conotativo de estabelecimento empresarial, além de permitir a liquidação célere das empresas, considerada como atividades econômicas inviáveis, com vistas à realocação eficiente de recursos na economia, ou seja, o pagamento dos credores do falido e, fomentar o empreendedorismo, inclusive por meio da viabilização do retorno célere do empreendedor falido à atividade econômica, atendendo aos princípios da celeridade e da economia processual, além dos princípios do contraditório, da ampla defesa e dos demais princípios previstos no Código de Processo Civil, conforme prescreve o *artigo 75, II, III, § 1º e 2º, da Lei 11.101/2005.*

A celeridade prescrita na lei é um desdobramento do direito fundamental, insculpido no *artigo 5º, LXXVIII, da Constituição Federal de 1988*, pelo qual é garantido a todos no âmbito judicial e administrativo, a razoável duração do processo e os meios que garantam a celeridade de sua tramitação, que pode ser observado no processo falimentar, seja pela realização do ativo, logo após a sua arrecadação, no prazo máximo de 180 dias, nos termos do *artigo 139, 140, § 2º e 142, § 2º, IV, da Lei 11.101/05*, seja pela determinação de que as alienações serão realizadas pelas modalidades: **a)** leilão eletrônico, presencial ou híbrido; **b)** por processo competitivo organizado; ou **c)** qualquer outra modalidade, desde que aprovada nos termos da *Lei*, seja pela decretação sumária da falência, diante da inexistência de bens, nos termos do *artigo 114-A e 156, da Lei 11.101/05*, ou com a contagem dos prazos em dias corridos, como reflexo do princípio da celeridade, pois é o que melhor preserva a unidade lógica do microssistema falimentar: alcançar, de forma célere, econômica e efetiva, o regime da crise empresarial, pela liquidação dos ativos e satisfação dos credores, na falência.

Destacamos que o princípio da celeridade no processo de falência pode ser aferido, sob a ótica dos seguintes critérios: **1)** *quanto à complexidade da causa*: de alta complexidade, quando considerado o volume de documentação a ser analisado, o número de credores, o tamanho do devedor (Micro, Pequeno, Médio ou Grande); **2)** *quanto ao comportamento das partes:* de um lado, o devedor, demonstrando e comprovando adequadamente a situação de crise financeira, com a relação dos credores e bens, e de outro, os credores, na evidente tentativa de receber seus créditos na fase de realização do ativo, após a alienação dos bens, diante da possibilidade de ser apresentada impugnações; **3)** *quanto ao comportamento do juiz na condução do processo:* o comportamento do juiz e podemos incluir os órgãos auxiliar, como o administrador judicial, a quem compete dentre outras obrigações, praticar os atos necessários à realização do ativo e ao pagamento dos credores, bem como proceder à venda de todos os bens da massa falida no prazo máximo de 180 (cento e oitenta) dias, contado da data da juntada do auto de arrecadação, sob pena de destituição, salvo por impossibilidade fundamentada, reconhecida por decisão judicial, visando a venda mais favorável aos credores; e **4)** *quanto à relevância do direito reclamado em juízo:* mostra-se altamente relevante pois envolve a preservação da atividade econômica, com o fornecimento de bens e serviços necessários à população, a manutenção do emprego, geração de tributos, portanto, tem uma conotação social, pela redução das instabilidades sociais causadas pela falta de emprego, além de viabilizar o desenvolvimento econômico.

Apesar do princípio da duração razoável do processo, isso não significa que o processo será rápido, na medida que o processo contém o tempo no seu arquétipo constitucional com o devido processo legal e a ampla defesa, como forma de garantir a realização da Justiça, mas também não se pode admitir a duração longínqua, pois não haveria efetividade na prestação jurisdicional, como se verifica com o período médio de duração das falências de *9,2 anos,* considerando que o processo mais célere durou apenas 1,2 ano, muito provavelmente por se tratar de uma falência frustrada (quando a falida não possui ativos para saldar as dívidas), enquanto o mais moroso durou 36,3 anos, conforme apurado por **Fernanda Karoliny Nascimento Jupetipe**[43].

Se considerarmos a complexidade do processo de falência, pelo volume de documentação, número de credores, tamanho do devedor (Micro, Pequeno, Médio ou Grande), com um período médio de duração das falências de *9,2 anos*, quando comparado com *9,5 anos* de duração na fase de execução nos juizados especiais e de *11,5 anos* de duração na fase de execução na justiça comum, ambos do Tribunal de Justiça de São Paulo, referentes ao ano de 2015, conforme dados do Conselho Nacional de Justiça, Relatório Justiça em números 2016 e análise de **Erik Navarro Wolkart**[44], afigura-se, ainda mais célere do que os processos de execuções singulares, mas isso está longe de ser considerado uma duração razoável, do ponto de vista constitucional e da efetiva prestação jurisdicional, pois a longa duração dos processos, por si só já não é efetividade.

---

43. JUPETIPE, Fernanda Karoliny Nascimento. In: Custos de falência no Brasil comparativamente aos estudos norte-americanos. *Revista Direito GV*, São Paulo, v. 13, n. 1, 20-48, jan.-abr. 2017, p. 30.
44. WOLKART, Erik Navarro. In: *Análise econômica do processo civil [livro eletrônico]*: como a economia, o direito e a psicologia podem vencer a tragédia da justiça. São Paulo: Thomson Reuters Brasil, 2019, p. 56/57 e 77.

Em que pese, a duração média das falências por um período de 9,2 anos, considerando que parte significativa dos atos praticados na falência, constituem dever do Administrador Judicial, como ele não é um expectador, mas sim um protagonista, deve atuar visando a maximização do ativo, diante das várias alternativas para a alienação dos bens, nos termos dos *artigos 139 a 148, da Lei 11.101/2005*, que devem ser realizados no menor espaço de tempo, em cumprimento do princípio da celeridade, insculpido no *artigo 5º LXXVIII, da Constituição Federal de 1988*, com previsão expressa no *artigo 75, II, III, § 1º e 2º, da Lei 11.101/2005*, o que poderia colaborar para a redução do tempo de duração do processo falimentar. Essa aceleração no procedimento guarda relação de pertinência com a eficiência e eficácia, no tratamento dos bens arrecadados pela massa, diante da escassez que geralmente atinge o devedor, além disso, está em sintonia com o princípio da preservação da empresa e com o princípio da venda mais favorável aos credores, isto porque, na hipótese de venda em bloco, além de preservar a empresa como um todo, gera mais recursos para a falência, pois a venda completa, em princípio, agrega mais valor, pois inclui o fundo de comércio, marcas, patentes, tecnologia, dentre outros. Na segunda hipótese, ainda conserva a orientação de preservação da empresa, na medida em que autoriza a alienação de suas filiais ou unidades produtivas isoladamente. Entretanto, as duas últimas hipóteses, caracterizam a desestruturação da empresa, pela venda dos bens em blocos ou isoladamente.

7. REFERÊNCIAS BIBLIOGRÁFICAS

ABBAGNANO, Nicola. *Dicionário de Filosofia*. Trad. 1ª edição brasileira coordenada e revista por Alfredo Bosi e Revisão da tradução e tradução dos novos textos Ivone Castilho Benedetti. São Paulo: Martins Fontes, 2007.

BANDEIRA DE MELLO, Celso Antonio. In: *Curso de Direito Administrativo*, 14. ed. Malheiros Editores, 2002.

BARRETO FILHO, Oscar. In: *Teoria do Estabelecimento Comercial, Fundo de Comércio ou Fazenda Mercantil*. 2. ed. São Paulo: Saraiva, 1988.

BERNIER, Joice Ruiz. *Administrador Judicial*. São Paulo: Quartier Latin, 2016.

BEZERRA FILHO, Manoel Justino. *Lei de Recuperação de Empresas e Falência*: Lei 11.101/2005: comentada artigo por artigo. 15. ed. São Paulo: Thomson Reuters Brasil, 2021.

CARVALHO, Paulo de Barros. *Direito Tributário, Linguagem e Método*. 2. ed. São Paulo: Noeses.

CARVALHO, Aurora Tomazini de. In: *Curso de Teoria Geral do Direito, O Construtivismo Lógico-Semântico*. São Paulo: Noeses, 2009.

COELHO, Fabio Ulhoa. *Curso de Direito Comercial*. v. 2. São Paulo: Saraiva, 2005.

COELHO, Fabio Ulhoa. *Comentários à Lei de Falências e de Recuperação de Empresas*. 14. Ed. São Paulo: Thomson Reuters Brasil, 2021, p. 386.

COMITÊ de Pronunciamentos Contábeis (CPC).

DALL'AGNOL, Antônio. In: *Comentários ao Código de Processo Civil, v. 2, Do Processo de Conhecimento*. São Paulo: RT, 2000.

GONZALEZ, Roberto Souza. *Governança Corporativa:* O Poder de Transformação das Empresas. São Paulo: Trevisan, 2012.

HEIDEGGER, Martin. *Os Pré-Socráticos*: Fragmentos, Doxografia e Comentários, Seleção de Textos e Supervisão do Prof. José Cavalcante de Souza: dados biográficos de Remberto Francisco Kuhnen. Trad. José Cavalcante Souza (et al.). 3. ed. São Paulo, Abril Cultural, 1985.

JUPETIPE, Fernanda Karoliny Nascimento. In: Custos de falência no Brasil comparativamente aos estudos norte-americanos. *Revista Direito GV*, São Paulo, v. 13, n. 1, 20-48, jan.-abr, 2017, p. 30.

MARCONDES, Sylvio. In: *Problemas de Direito Mercantil*. São Paulo: Max Limonad, 1970.

MATTOS, Eduardo da Silva; PROENÇA, José Marcelo Martins. *Recuperação de Empresas*: (in) utilidade de métricas financeiras e estratégias jurídicas. Rio de Janeiro: Lumen Juris, 2019.

MELO, José Eduardo Soares de; LIPPO, Luiz Francisco. In: *A Não-Cumulatividade Tributária, Dialética*, 1998.

NUNES, Marcelo Guedes, Jurimetria: Como a estatística pode reinventar o Direito, 2ª Ed., São Paulo, Thomson Reuters Brasil, 2019.

PADOVEZE, Clóvis Luíz, Controladoria Estratégica e Operacional, Conceitos, Estrutura e Aplicação. 3. ed., Cengage Learning, São Paulo, 2012.

PONTES de Miranda. *Comentários ao Código de Processo Civil*, Tomo II. Forense, 1973.

RELATÓRIO do Observatório da Insolvência é uma iniciativa do Núcleo de Estudos de Processos de Insolvência – NEPI da PUCSP e da Associação Brasileira de Jurimetria – ABJ, datado de 20 maio 2021.

ROSS, Stephen; WESTERFIELD, Randolph W.; JAFFE, Jeffrey F. Trad. Antonio Zoratto Sanvicente. In: *Administração Financeira*. 2. ed. São Paulo: Atlas, 2011.

SACRAMONE, Marcelo Barbosa. *Comentários à Lei de Recuperação de Empresas e Falência*. 2. ed. São Paulo: Saraiva Educação, 2021.

SACRAMONE, Marcelo Barbosa. Governança Corporativa como Meio de Recuperação Judicial. In: Cunha, Fernando Antonio Maia da; LAZZARESCHI NETO, Alfredo Sérgio (Coord.). *Direito Empresarial Aplicado*. São Paulo: Quartier Latin, 2021.

SARLET, Ingo Wolfgang; MARINONI, Luis Guilherme e MITIDIERO, Daniel. In: *Curso de Direito Constitucional*. 2. ed. São Paulo: Editora Revista dos Tribunais, 2013.

TOLEDO, Paulo Fernando Campos Salles de; PUGLIESI, Adriana V. *Tratado de Direito Empresarial, v. V, Recuperação Judicial e Falência*. CARVALHOSA, Modesto (Coord.). São Paulo: Editora Revista dos Tribunais, 2016.

TOMÉ, Fabiana Del Padre. *A Prova no Direito Tributário: de acordo com o Código de Processo Civil de 2015*. 4. ed. São Paulo, Noeses, 2016.

VALVERDE, Trajano de Miranda. In: *Comentários à Lei de Falências (Decreto-Lei n 7.661/1945)*. 4. ed. Rio de Janeiro: Ed. Forense, 2001.

WAISBERG, Ivo. A Desburocratização dos Meios de Vendas dos Ativos na Falência e na Recuperação Judicial, p. 643/652. In: Costa, Daniel Carnio; TARTUCE, Flávio; SALOMÃO, Luis Felipe (Coord.). *Recuperação de Empresas e Falência: Diálogo ente a doutrina e a jurisprudência*. Barueri: Atlas, 2021.

WAISBERG, Ivo. *Transformações no Direito de Insolvência*: Estudos sob a Perspectiva da Reforma da Lei 11.101/2005, São Paulo: Quartier Latin, 2021.

WOLKART, Erik Navarro. In: *Análise econômica do processo civil [livro eletrônico]*: como a economia, o direito e a psicologia podem vencer a tragédia da justiça. São Paulo: Thomson Reuters Brasil, 2019.

ANÁLISE EMPÍRICA DA ALEGAÇÃO DE INEFICÁCIA OBJETIVA NOS PROCESSOS DE FALÊNCIA: UM INSTRUMENTO SUBUTILIZADO?

Barbara Gadig

Doutoranda em Direito Comercial pela Universidade de São Paulo. Doutoranda em Direito Civil pela Universidade de Lisboa. Mestre em Direito Comercial. Curso de Extensão em *International and Comparative Business Law* pela Bucerius Law School. Advogada e Professora. E-mail: bgadig@usp.br

Marcus Carvalho

Graduado em Direito e Mestrando em Direito Comercial pela Universidade de São Paulo. Advogado com atuação nas áreas de insolvência, arbitragem e direito societários em Satiro Advogados Associados. Integrante do TMA-Brasil. E-mail: mcarvalho@satiro.adv.br

Raquel Vedovello

Graduada em Direito pela Universidade Presbiteriana Mackenzie em dezembro de 2013, com pós-graduação pela Fundação Getulio Vargas concluída em junho de 2017 e experiência em insolvência desde setembro de 2014. E-mail: raquelvedovello@yahoo.com.br.

Luis Saboya

Graduado, Pós-Graduado e Mestre em Direito pela Universidade de Fortaleza. Advogado em TWK Advogados. E-mail: luissaboya@hotmail.com.

Juliane Lima

Graduada em Direito pela Universidade Presbiteriana Mackenzie [1999] com pós-graduação em Direito Processual Civil Individual e Coletivo pela Faculdade Max Planck-Ductor Campinas [2006]. Pós-graduanda em Direito Empresarial pela Escola Paulista da Magistratura [2021]. Advogada e Administradora Judicial. Sócia de Ari Torres Advogados Associados. E-mail: juliane.lima@aritorres.com.br

INTRODUÇÃO

Em linhas gerais, os processos de falência implicam um problema de execução coletiva. O fenômeno é tratado à luz da par conditio creditorum, princípio que norteia os procedimentos falimentares e que pressupõe a implementação de um mecanismo coletivo e eficiente para arrecadação e liquidação dos ativos da empresa falida, a fim de pagar os credores em igualdade de condições.[1] Diante disso, um dos principais problemas de falência é garantir que todos os ativos do devedor possam ser efetivamente liquidados, de modo a se possibilitar o pagamento dos credores da massa falida. É por essa razão que atos de diminuição patrimonial ou que possam interferir na ordem legal de pagamento da massa falida praticados pelos devedores são coibidos por meio de regras próprias de revogação, previstas nos artigos 129 e seguintes da LREF.[2]

A racionalidade destas regras, sob bases próprias e distintas do que ocorre nos processos de execução individual, fundamenta-se em dois propósitos essenciais: de um lado, [i] evitar a dilapidação patrimonial do devedor com a redução dos ativos que serão liquidados para pagamento dos credores, possibilitando, assim, a maximização do procedimento falimentar; e, ao mesmo tempo[3], [ii] garantir a preservação do tratamento igualitário entre os credores, expressada pelo princípio da *par conditio creditorum*[4], evitando que certos credores possam se beneficiar de forma exclusiva do resultado de negócios realizados em detrimento dos demais credores da massa falida.

Apesar do nítido propósito de prevenir e coibir atos de diminuição patrimonial prejudiciais aos credores, o instituto da revogação de atos na falência tem se mostrado pouco eficiente sob o ponto de vista prático. Embora essa intuição estivesse subjacente por meio do estudo de casos e da doutrina especializada no tema, os resultados da amostra analisada nesta pesquisa empírica corroboram com tal percepção.

---

1. SATIRO, Francisco. Autonomia dos Credores na Aprovação do Plano de Recuperação Judicial. In: MONTEIRO DE CASTRO, Rodrigo Rocha et al. [Org.]. *Direito Empresarial e Outros Estudos de Direito em Homenagem ao Professor José Alexandre Tavares Guerreiro*. São Paulo: Quartier Latin, 2013, p. 103-104.
2. Sobre as razões para o tratamento específico da questão da fraude contra credores no processo de falência, ver: CARVALHO DE MENDONÇA. *Tratado de Direito Comercial Brasileiro*. 7 ed. São Paulo: Freitas Bastos, 1964, v. VII, p. 508.
3. "Central to liquidators acting efficiently is the effective protection of the entitlements of creditors in the gathering together if the insolvency estate. In such endeavours, liquidators are assisted by the Insolvency Act 1986 which seeks to avoid a number of transactions that might defeat creditors, notably actions involving: dispositions after presentation of the winding-up petition; late executed floating charges; transactions at undervalue; preferences; and transactions defrauding creditors." Cf.: FINCH, Vanessa. *Corporate Insolvency Law – Perspectives and Principles*. Cambridge: Cambridge University Press, 2002, p. 382.
4. GOODE, Roy. *Principles of Corporate Insolvency Law*. 4. ed. Londres: Sweet and Maxwell, 2011, § 7-03.

Diante desse contexto, este estudo tem como propósito investigar uma amostra de processos de falência no Estado de São Paulo, a fim de analisar aspectos próprios dos pedidos de ineficácia objetiva fundamentados no artigo 129 da LREF. A pesquisa é inédita e se justifica pela relevância do tema, ainda escasso em análises desta natureza. O resultado da investigação, por meio dos números apresentados, buscará evidenciar possíveis problemas na aplicação do instituto, lacunas legais e dificuldades implícitas no que diz respeito a este procedimento. Os dados apresentados poderão contribuir para o avanço de estudos sobre o tema da presunção legal de atos prejudiciais à massa falida. O que se busca, prioritariamente, é provocar uma reflexão sobre a efetividade e função do art. 129 da LREF no ordenamento jurídico, assim como no procedimento falimentar, na expectativa de que os dados a seguir discutidos possam dar ensejo a novas investigações sobre o assunto, que levem a compreender *se* e *por que* os meios de alegações de ineficácia objetiva são subutilizados no processo de falência.

1. REFERENCIAL TEÓRICO

A seção IX, da Lei 11.101/2005, que trata da Recuperação de Empresas e Falências ["LREF"], cuida da ineficácia dos atos praticados antes da falência que possam interferir ou prejudicar o concurso de credores. O legislador, pelo artigo 129, trata da hipótese de ineficácia objetiva, trazendo um rol descritivo dos atos que foram presumidos prejudiciais à massa falida.[5] Os casos ali elencados dispensam a prova do conhecimento ou ignorância das partes no negócio jurídico. Isso se dessume textualmente da leitura do artigo 129, que indica que "São ineficazes em relação à massa falida, tenha ou não o contratante conhecimento do estado de crise econômico-financeira do devedor, seja ou não intenção deste fraudar credores".

Por efeito da lei, portanto, os negócios jurídicos elencados no rol do art. 129 são reputados ineficazes perante a massa falida, o que pressupõe a existência e validade[6], ou seja, o plano da eficácia coloca em causa os efeitos produzidos pelo negócio perante a massa falida, mas os planos da existência e da validade permanecem hígidos.[7] Os efeitos da declaração de ineficácia são, principalmente, de caráter patrimonial, possibilitando à massa falida, alheia ao negócio firmando

5. Para uma análise comparativa das hipóteses de ineficácia objetiva e ineficácia subjetiva, ver: AZZONI, Clara Moreira. *Fraude contra Credores no Processo Falimentar.* Curitiba: Juruá Editora, 2017, p. 363-381.
6. Nas palavras de Menezes Cordeiro "na ineficácia em sentido estrito, o negócio, em si, não tem vícios; apenas se verifica uma conjunção com fatores extrínsecos que conduz à referida não-produção". CORDEIRO, António Menezes. *Tratado de Direito Civil Português. Parte Geral:* Negócio Jurídico. 4. ed. Reformulada e atualizada. 2º. v. Coimbra: Almedina, 2014, p. 919.
7. SACRAMONE, Marcelo. *Comentários à Lei de Recuperação de Empresas e Falência.* Curitiba: Saraiva, 2021, p. 812.

entre o devedor e terceiro nas condições do art. 129, arrecadar e liquidar determinado ativo e reverter o seu produto em benefício da coletividade de credores.

A principal função desse dispositivo é prevenir que o devedor, diante do estado de crise financeira, pratique ações que possam prejudicar os interesses da coletividade de credores por meio de atos de disposição patrimonial. A ineficácia, prevista no art. 129, e a ação revocatória, prevista no art. 130 da LREF, são meios para que os credores possam reagir contra ações praticadas pelo devedor. A razão fundamental dos institutos, portanto, é tutelar os credores com relação a atos de diminuição patrimonial ou que possam interferir na *par conditio creditorum* praticados pelo devedor em estado de insolvência.[8]

A natureza jurídica do instituto sempre foi objeto de discussão pela doutrina, que busca compreender a *ratio* da declaração de ineficácia de um negócio jurídico praticado pelo devedor que, a princípio, é livre para dispor do patrimônio, assim como o envolvimento do terceiro que adquiriu um bem sem ônus ou gravames.[9] Essa questão ilumina alguns dos problemas que são enfrentados numa falência.

Vale dizer que o papel da ação revocatória não é assegurar a satisfação integral do credor, mas ser um mecanismo para que o ativo indevidamente retirado seja arrecadado e recomponha o patrimônio da massa falida, conferindo aos credores um instituto que lhes permita insurgir contra atos praticados pelo devedor.[10]

As regras do processo de falência, em geral, buscam implementar um sistema coletivo e obrigatório de execução coletiva. Essa explicação é baseada na noção de que o conjunto de direitos e deveres previstos numa lei de falências deve visar à preservação do valor dos ativos, que, presume-se, seja o interesse supremo do conjunto de credores racionais numa falência.[11] Essa abordagem da falência como um procedimento de cobrança coletiva foi amplamente discutida por Thomas Jackson.[12] Nesse ponto, o autor destaca três objetivos principais para a lei de falências, quais sejam: [i] redução dos custos estratégicos; [ii] aumento do valor dos ativos como um conjunto agregado; [iii] procedimento mais eficiente sob o aspecto administrativo.[13]

De modo a garantir a eficácia desse procedimento coletivo, um dos efeitos que a decretação da falência acarreta é a presunção legal, *iure et de iure*, de que alguns atos praticados pelo devedor são considerados ineficazes em relação à

8. RAGO, Geppino. *Manualle della revocatória fallimentare*. 2 ed. Padova: Cedam, 2006, p. 2.
9. NICOLÒ, Rosario. *Tutela dei diritti*. Bologna, 1953, p. 188.
10. BIANCA, Massimo. *Diritto Civile*, Milano, 1994, v. V, p. 436; MINOLI, Eugenio. Il fondamento dell´azione revocatoria. *Riv. Dir. proc. civ.*, 1953, I, p. 105 e ss.
11. JACKSON. Thomas H. Avoiding Powers in Bankruptcy. *Stanford Law Review*, v. 36, n. 3, pp. 725-787, feb. 1984, p. 728.
12. JACKSON. Thomas H. *Logic and Limits of Bankruptcy Law*. Harvard University Press, 1984, p. 7 e ss.
13. JACKSON. Thomas H. *Logic and Limits of Bankruptcy Law*. Harvard University Press, 1984, p. 21-57.

massa falida. Percebe-se que a medida tem o propósito de evitar que os credores sejam ainda mais prejudicados num cenário de falência.

Com esse contexto em mente, percebe-se que o elo entre a declaração de ineficácia dos atos de disposição patrimonial praticados pelo devedor antes da decretação da falência e o escopo do procedimento falimentar é estreito. É nessa medida que o presente trabalho se propõe a analisar se os objetivos do artigo 129, à luz da lógica e dos limites do procedimento falimentar, estão sendo alcançados.

Com base na avaliação empírica da base de dados da Associação Brasileira de Jurimetria, foram analisados todos os pedidos de falência do Tribunal de Justiça do Estado de São Paulo dos anos de 2015 a 2018. Foram categorizados e analisados os seguintes dados: [i] número de processos com falências decretadas e extintas por falta de pagamento da caução, por ano e local de tramitação – capital ou interior; [ii] processos em que houve alegação de ineficácia objetiva com base no artigo 129 da LREF; [iii] análise pontual dos processos com alegação de ineficácia para identificar fatores específicos dessa alegação como: o percentual geral das alegações de ineficácia nos processos de falência e sua distribuição por ano; o fundamento legal dos pedidos; a referência aos termos "fraude" ou "intenção" como fundamento primário ou secundário das alegações de ineficácia; a procedência das alegações; a origem dos processos de falência; o tempo médio na tramitação dos pedidos de ineficácia; quem suscitou a alegação de ineficácia; os meios utilizados para demonstrar a alegação e a forma pela qual a alegação foi trazida aos autos.

Os resultados obtidos sugerem um quadro de dificuldade de percepção e comprovação dos requisitos da ineficácia objetiva. Há, normalmente, uma investigação prévia com relação à estrutura contábil e às operações financeiras praticadas pelos falidos que demanda esforço do administrador judicial no sentido de diligenciar junto a instituições financeiras, cartórios de registro de imóveis, bancos de dados públicos para obter informações e dados e, a partir daí, analisar a documentação disponibilizada – se e quando disponibilizada. Nos casos analisados, esse esforço foi verificado por meio de ofícios às instituições financeiras – que nem sempre são respondidos adequadamente –, busca pelos livros contábeis e sociais (que em alguns casos não foram arrecadados). O cenário evidencia uma relevante deficiência na documentação apresentada.

Os resultados sugerem que o instituto da ineficácia é ainda pouco utilizado nos processos de falência, tanto em juízos especializados quanto em varas do interior. Além do mais, alegações baseadas em fraude, ainda que sem correspondência sob o ponto de vista normativo, estão presentes em parte considerável dos pedidos de ineficácia fundamentados no art. 129 da LREF. Por fim, não se verificou, via de regra, conexão lógica entre as operações questionadas e as causas específicas que levaram às falências.

2. METODOLOGIA

Para desenvolver a análise empírica pretendida neste artigo, foram analisados os dados da base de pesquisa disponibilizados pela Associação Brasileira de Jurimetria – ABJ[14], que incluem todos os processos com pedido de falência ajuizados entre os anos de 2015 e 2018. Porém, analisou-se os pedidos de ineficácia (assim como os casos em que foi declarada de ofício) apresentados até o dia 12 de setembro de 2021, por meio do sistema eletrônico do Tribunal de Justiça de São Paulo, incluindo pedidos de recuperações judiciais ajuizadas neste período e posteriormente convoladas em falência.

Sob a perspectiva desta pesquisa, o período acima delimitado, além de ser compatível com os limites da análise proposta, justifica-se por motivos de ordem prática: antes de 2015 ainda se tem uma grande quantidade de processos de falência que não tramitaram em autos digitais. Disso decorre, de um lado, a dificuldade na compilação e análise dos dados relevantes desses processos, o que acabaria estendendo o escopo desta investigação para além daquilo que é visado. Ademais, aspectos relativos ao tempo de trâmite processual da falência poderiam apresentar divergência conforme se tratasse de autos digitais ou físicos, dadas as peculiaridades que tendem a levar a uma maior demora na tramitação destes últimos (carga dos autos, remessas ao Ministério Público, consulta em cartório, dentre outros).

Na outra ponta, com relação aos processos iniciados a partir de 2019, há quantidade ainda considerável de processos aguardando análise do pedido de falência ou em grau de recurso, sem que as diligências de arrecadação tenham sido iniciadas. Ademais, do que se observou nos casos analisados nesta pesquisa, a alegação de ineficácia toma razoável tempo para ser suscitada nos processos de falência, 22 meses após a decretação da quebra[15], o que também poderia comprometer uma análise quantitativa ampla dos dados referentes aos processos com falências recém-decretadas.

Uma vez justificado e delimitado o período de análise, foram mapeados todos os processos de falência ajuizados neste período (2015 a 2018), o que correspondeu a um total de 2738 processos, que foram divididos por ano e por local de tramitação (varas do interior ou da capital do Estado de São Paulo).

---

14. Os números apresentados estão baseados na base de dados que foi fornecida pela Associação Brasileira de Jurimetria "ABJ", enviada exclusivamente para auxiliar esta pesquisa, no dia 22 de Julho de 2021. Portanto, ressalvamos que eventuais pedidos de falência decididos após esta data não foram objeto desta investigação. A base está em construção, de modo que é possível haver divergência de dados. A pesquisa buscou sanar eventuais desvios pela complementação da metodologia com uma pesquisa *booleana*, como será esclarecido.
15. Conforme apresentado no item 3f, abaixo.

Desse total, foram filtrados os casos em que houve decretação de falência, que totalizam 476 processos ou 17% do total de processos analisados, tendo sido esta a base de dados considerada para investigação das alegações de ineficácia no período analisado.

Dentro desse universo, foram também apuradas as falências decretadas e extintas por falta do depósito da caução dos honorários do administrador judicial, na forma do art. 114-A, § 1º, da LREF, hipóteses nas quais, a despeito do decreto de quebra, as providências para arrecadação de ativos não foram efetivamente iniciadas. Esse recorte permitiu apurar outros 115 processos de falência decretadas e extintas por falta de pagamento da caução no período analisado. As respectivas proporções estão refletidas nos gráficos apresentados a seguir:

Gráfico 1 – Distribuição Pedidos de Falência no Estado de São Paulo – 2015/2018

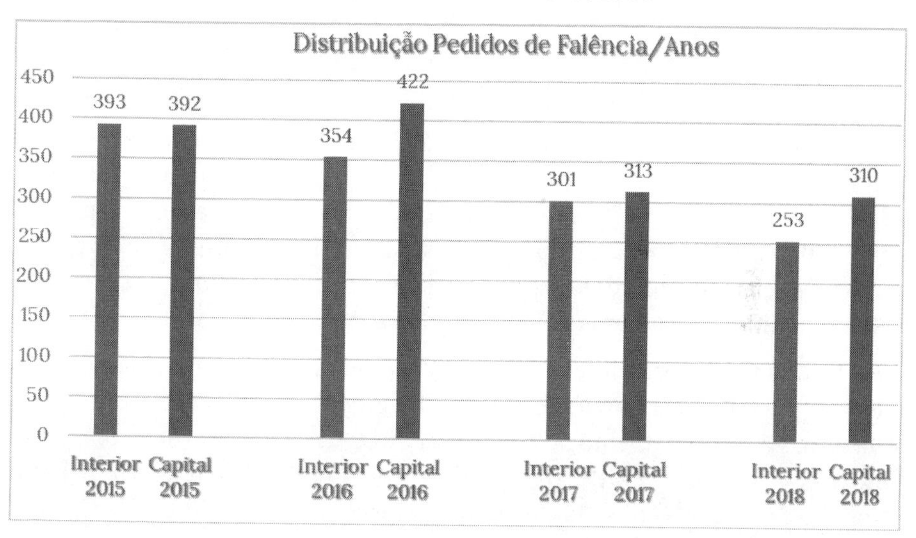

Fonte: Os Autores, 2022.

Gráfico 2 – Resultado dos Pedidos de Falência no Estado de São Paulo – 2015/2018

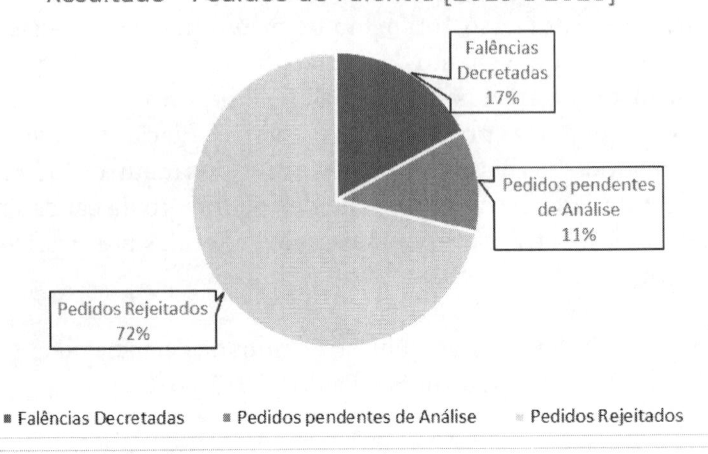

Fonte: Os Autores, 2022.

Destaca-se, nesse ponto, o alto número de pedidos de falência rejeitados no período, que abrange tanto as hipóteses de improcedência do pedido falimentar (72% do total de pedidos), quanto eventuais acordos entre as partes, extinção por falta de documentos, inépcia e outros casos. Não há grande discrepância proporcional na rejeição de pedidos entre os processos que tramitaram na capital (962 em 1437 pedidos) e nas varas do interior (995 em 1301 pedidos).

De todo modo, partindo do universo dos processos com falências decretadas nesse período, refletido na figura II acima, a seleção dos casos relevantes, com alegação de ineficácia com fundamento no art. 129, da LREF, desenvolveu-se em duas etapas: primeiro, em relação ao ano de 2017, todos os processos de falência foram analisados caso a caso, por meio de consulta ao sistema digital do Tribunal de Justiça de São Paulo, com uma primeira etapa na qual foi feita a segregação das falências decretadas para posterior busca por alegações de ineficácia tanto nos autos principais, quanto nos incidentes de cada processo com falência decretada. Identificados os processos com alegação de ineficácia, buscou-se a identificação, quando possível, do fundamento jurídico da alegação em correspondência com os incisos do artigo 129 da LREF.

Após essa primeira delimitação, que se deu de forma individualizada – por leitura dos autos – no ano de 2017, foi realizada uma nova pesquisa, relativa aos anos de 2015, 2016 e 2018, já considerando a base de dados fornecida pela "ABJ"[16], já com

16. Ver infra nota 19.

o recorte da base da "ABJ" dos processos com falências decretadas. Desse modo, foram analisados todos os casos envolvendo falências já decretadas, para encontrar possíveis alegações de ineficácia nos autos principais ou incidentes de cada processo. Os dados de 2017, anteriormente analisados, foram confrontados com o recorte de falências decretadas da base de dados da ABJ, consolidando as bases de análise.

Por fim, foi realizada uma nova pesquisa, para maior acurácia sobre a quantidade de processos identificados, por meio de busca booleana no repositório de decisões do sítio eletrônico do Tribunal de Justiça de São Paulo[17], tendo sido usados como referência os termos "*ineficácia*", "*falência*", "*massa falida*" "*art. 129*" e "*falência*", adotado o período de referência entre 2015 e 2021[18], ano de conclusão deste artigo, para a data em que foram proferidas as decisões, restringindo-se a análise aos processos de falência ajuizados entre 2015 e 2018, tal como explicado anteriormente. Foram identificadas, assim, decisões prolatadas em incidentes específicos e ações conexas a processos de falência, em que foram decididas questões atinentes a alegações de ineficácia objetiva. Dessa forma, essa parte da análise, por meio da busca *booleana*, complementou o conjunto de processos de falência identificado na etapa anterior.

A partir disso, foram identificados 12 processos pela base de dados da ABJ[19] e outros 5 (cinco) por meio da busca *booleana*, totalizando 17 processos de falência instaurados entre os anos de 2015 e 2018 em que foi suscitada alegação de ineficácia com fundamento no art. 129 da LREF, seja nos autos principais, seja em incidentes ou ações conexas ao processo de falência. Esse número corresponde a 3,57% do total de falência decretadas no período (476) ou 4,71% das falências decretadas e não extintas por falta de pagamento da caução (361). Os 17 processos de falência identificados compõem o conjunto μ dos casos que foi objeto de análise específica nesta pesquisa.

Em dois desses processos havia mais de um incidente ou ação conexa com discussão de ineficácia. Tais incidentes foram catalogados em separado, tendo sido considerados ou não na análise conforme a natureza do recorte que se buscava

17. SÃO PAULO. Tribunal de Justiça de São Paulo. Disponível em: https://esaj.tjsp.jus.br/cjpg/. Acesso em: 12 set. 2021.
18. A pesquisa booleana no sítio eletrônico do Tribunal de Justiça de São Paulo usa, como referência, a data em que são proferidas as decisões sobre os temas delimitados e não de ajuizamento dos processos. Por esse motivo, considerando o tempo médio para que sejam analisadas e proferidas as decisões sobre os pedidos de ineficácia, o período de análise foi estendido até 2021, sendo analisadas, contudo, apenas as decisões originárias de processos ajuizados entre 2015 e 2018.
19. Esclarece-se que o proc. nº 1000164-36.2017.8.26.0071, categorizado na base de dados de consulta como falência, corresponde a ação revocatória distribuída por dependência a processo autônomo de falência (n. 1000164-36.2017.8.26.0071. Optou-se, contudo, por mantê-lo na base de análise tal como categorizado para preservar a integridade e correspondência dos dados gerais referentes aos processos de falência analisados.

analisar. Em regra, nos pedidos que tratam de questões específicas da própria falência (termo legal, origem da falência etc.), foram considerados apenas os dados do processo principal; nas questões referentes às alegações de ineficácia (tempo de duração, fundamento legal etc.), os incidentes foram considerados para a análise específica quando aplicável.

A partir da delimitação do conjunto μ de casos, a pesquisa se voltou à análise de aspectos quantitativos e qualitativos dos processos de falência em que houve alegação de ineficácia.

Para tanto, foi elaborado e preenchido um questionário-padrão de análise empírica, abrangendo aspectos que seriam submetidos à análise específica conforme o escopo desta pesquisa, tais como **[i]** a distribuição dos processos com alegação de ineficácia por ano; **[ii]** a possibilidade de identificação e o fundamento legal dos pedidos de ineficácia; **[iii]** os meios a que os interessados recorreram para demonstrar a situação ensejadora do pedido de ineficácia; **[iv]** o período de tempo, em meses, entre [a] a decretação da falência e a alegação de ineficácia, [b] a alegação de ineficácia e a posterior decisão sobre o pedido, ou, [c] nos casos em que a ineficácia foi reconhecida de ofício, o tempo entre a decretação de falência e a decisão de ofício que declara a ineficácia; **[v]** a parte ou o interessado que suscitou a alegação de ineficácia; **[vi]** a referência linguística ou como fundamento do pedido das palavras "*fraude*" ou "*intenção*", bem como eventual referência ao art. 130, da LREF; **[vii]** a origem do processo de falência; **[viii]** a forma por meio da qual o pedido foi formulado, se nos autos principais por meio de simples petição ou em algum incidente específico; **[ix]** a forma de fixação do termo legal da falência nos processos com alegação de ineficácia com fundamento no art. 129.

Os dados extraídos dos formulários foram consolidados, tendo sido analisadas as características relacionadas aos pedidos de ineficácia formulados com fundamento no art. 129 da LREF, dentro do conjunto μ. Os resultados constam dos Itens 3[a] a 3[k] abaixo, em números absolutos e comparativos, conforme as especificidades de cada situação analisada, a fim de refletir um diagnóstico amplo das características do processamento dos pedidos de ineficácia.

Paralelamente, as informações compiladas nos questionários também subsidiaram uma análise qualitativa dos processos identificados, com o objetivo de definir elementos-chave que levam à alegação de ineficácia e ao seu posterior reconhecimento na falência. Dessa forma, em complemento à avaliação quantitativa, este artigo também analisa aspectos qualitativos dos mecanismos por meio dos quais os pedidos de falência foram processados dentro do conjunto acima delimitado, tendo por referência as respostas colhidas dos respectivos questionários e a posterior complementação pela análise de caso.

O resultado dessa análise é trazido no Capítulo 3, com a identificação de elementos específicos que influenciaram no processamento das alegações de ineficácia e no seu resultado prático e efetividade.

A análise é apresentada, ao final, no Capítulo 4, no qual são examinados criticamente os resultados obtidos à luz dos propósitos visados pelo instituto no direito falimentar.

3. SÍNTESE DOS RESULTADOS

A partir do método acima delineado e da base de dados fornecida pela Associação Brasileira de Jurimetria, apresenta-se a seguir os resultados da análise quantitativa e descritiva das causas dos pedidos de ineficácia, com fundamento no art. 129, da LREF, identificados no universo μ acima delimitado, com base nos processos de 2015 a 2018 com falências decretadas no Estado de São Paulo.

a) Percentagens de pedidos por inciso do art. 129

Com diversas formas, as causas de ineficácia que têm por fundamento o art. 129 da LREF contemplam presunção *iure et de iure* com relação às hipóteses previstas nos incisos I a VII, *in verbis*: I – o pagamento de dívidas não vencidas realizado pelo devedor dentro do termo legal, por qualquer meio extintivo do direito de crédito, ainda que pelo desconto do próprio título; II – o pagamento de dívidas vencidas e exigíveis realizado dentro do termo legal, por qualquer forma que não seja a prevista pelo contrato; III – a constituição de direito real de garantia, inclusive a retenção, dentro do termo legal, tratando-se de dívida contraída anteriormente; se os bens dados em hipoteca forem objeto de outras posteriores, a massa falida receberá a parte que devia caber ao credor da hipoteca revogada; IV – a prática de atos a título gratuito, desde 2 (dois) anos antes da decretação da falência; V – a renúncia à herança ou a legado, até 2 (dois) anos antes da decretação da falência; VI – a venda ou transferência de estabelecimento feita sem o consentimento expresso ou o pagamento de todos os credores, a esse tempo existentes, não tendo restado ao devedor bens suficientes para solver o seu passivo, salvo se, no prazo de 30 (trinta) dias, não houver oposição dos credores, após serem devidamente notificados, judicialmente ou pelo oficial do registro de títulos e documentos; VII – os registros de direitos reais e de transferência de propriedade entre vivos, por título oneroso ou gratuito, ou a averbação relativa a imóveis realizados após a decretação da falência, salvo se tiver havido prenotação anterior.

Considerando que todas essas hipóteses podem se dar de diversas formas, neste momento apresentam-se percentagens concretas de cada um dos incisos do art. 129, tendo por referência o que consta de cada pedido. Além do mais, identificou-se que alguns pedidos não mencionam inciso específico, de modo que nestes casos se cria uma categoria para os pedidos de ineficácia formulados sem o devido enquadramento legal, denominada "genérica".

Nos casos em que se pode, ainda que sem referência nominal ao inciso específico do art. 129, identificar o fundamento legal, o pedido de ineficácia foi enquadrado na respectiva categoria. Portanto, para esta análise, foram criadas oito *proxies*, sendo uma para cada inciso do art. 129 e uma "*genérica*" para os processos em que não foi possível identificar o fundamento do pedido, ou quando a alegação ocorreu de modo genérico.

Além do mais, como houve casos em que o pedido de decretação de ineficácia com fundamento no artigo 129 continha mais do que um fundamento legal, cada hipótese legal foi enquadrada na *proxy* específica, de modo que em alguns casos o mesmo processo ou incidente foi considerado em mais de uma *proxy* para os fins desta análise.

Nessa pesquisa, foram considerados 15 processos com falências decretadas no período delimitado, além dos 24 incidentes com pedidos de ineficácia que se referem ao mesmo processo.[20] Cada um dos incidentes foi considerado de forma autônoma para fins de análise do fundamento legal do pedido de ineficácia. Por essa razão, o número de casos analisados com relação ao "fundamento do pedido" tem como referência o número de incidentes e processos de falência com alegação de ineficácia, o que forma um conjunto de 39 casos analisados, excluídos os dois processos principais com múltiplos incidentes para evitar repetição.

O resultado da análise mostra a dificuldade de enquadramento do fundamento legal do pedido. Identificou-se em um dos processos analisados que a alegação de ineficácia ocorreu por meio de ação revocatória com fundamento no artigo 130, embora o fundamento legal fosse o art. 129.[21] No entanto, no caso analisado, a falta de adequação entre o fundamento do pedido e a causa não obstou a procedência da ação, com fundamento no art. 129, VI. Nesse caso específico, diante da inadequação do manejo da ação revocatória, enquadrou-se a hipótese do pedido, para os fins da análise a que aqui se propõe, na categoria "art. 129, inciso VI", reconhecida pela sentença que acolheu o pedido inicial. Com isso, a análise se aproxima do fundamento do pedido de ineficácia por meio da decisão que o reconheceu.

---

20. Por exemplo, no processo 1132473-02.2015.8.26.0100 foram encontrados 22 incidentes/ações conexas com pedido de reconhecimento de ineficácia e no processo 1108283-38.2016.8.26.0100 foram encontrados 02 incidentes/ações conexas. Cada incidente foi analisado isoladamente, e os números compõem a base dos dados sobre fundamento da ineficácia objetiva [Anexos I e II), não sendo considerados os 2 processos principais na apuração dos percentuais. No entanto, para os dados que consideram números absolutos dos processos de falência [termo legal, origem da falência etc.], consideramos apenas os processos principais na contagem.
21. Situação encontrada na ação revocatória 1000164-36.2017.8.26.0071.

Outro detalhe que chamou a atenção foi o número de processos em que a alegação de ineficácia ocorreu de forma genérica, sem menção a inciso, ou por meio de diversos incisos nem sempre adequados à causa de pedir. Nesses casos, enquadrou-se cada inciso na *proxy* específica – quando há mais de uma no fundamento do pedido – de acordo com o teor dos pedidos formulados. Em alguns casos, os pedidos não trouxeram nenhum fundamento, razão pela qual foram considerados na variável "genérica".

Os fundamentos mais recorrentes envolvem o pagamento de dívidas vencidas e exigíveis durante o termo legal da falência de forma diversa do contrato, hipótese prevista nos incisos II do art. 129, da LREF, além de haver relevante número de alegações genéricas, sem nenhuma especificação do fundamento.

Portanto, os fundamentos mais indicados foram inciso II (41% das alegações), alegações genéricas (26%), inciso III (11%), inciso I (9%), inciso VI (9%) e inciso IV (4%). Não se identificou nos anos pesquisados pedidos de ineficácia fundamentados nos incisos V e VII.

No entanto, um dos casos analisados se tratava da alienação de um veículo durante o termo legal. Embora nem o pedido nem a decisão tenham fundamentado a decretação de ineficácia em dispositivo específico do art. 129, razão pela qual o caso foi tratado como alegação genérica, parece que este não seria, em princípio, sequer um caso próprio de ineficácia objetiva, uma vez que a transferência de propriedade apenas configura a hipótese do inciso VII se realizada após a decretação de quebra – e não durante o período suspeito, como teria ocorrido no caso.

b) Percentagem das expressões "*fraude*", "*intenção*" e "*conhecimento*" como fundamento do pedido de ineficácia ou recurso linguístico

Embora as hipóteses de ineficácia do art. 129 dispensem a prova do dano e da existência de fraude, um aspecto que chama a atenção é a quantidade relevante de pedidos que fazem referência à existência de "fraude", inclusive por expressões como "intuito fraudatório", "*consilium fraudis*", ou que justifiquem o pedido no "conhecimento da insolvência" por parte de terceiros.

Nos casos analisados, identificou-se o uso dessas expressões tanto como recurso argumentativo primário – ou seja, quando fundamento principal do pedido é a fraude, e também como recurso secundário, ou seja, quando subsidiariamente o pedido é reforçado com argumentos como "fraude" ou "conhecimento". Assim, por exemplo, em um dos casos analisados, o Administrador Judicial busca sustentar alegação de ineficácia sob a premissa de que "qualquer adquirente de boa-fé teria se certificado da possibilidade e regularidade da venda, incluindo a deliberação de sócios e demais certidões de praxe, especialmente em venda de oportunidade [...], com imóvel por 1/3 do valor de compra, mesmo após grande e nova edificação".

Chama a atenção, nesse sentido, a observação de que 19% dos pedidos fizeram menção a *fraude*, e/ou da *intenção* ou *conhecimento* do devedor ou dos terceiros da crise financeiro como recurso argumentativo, na forma acima delimitada. Esse percentual diminui, mas as mesmas expressões foram ainda encontradas em 9% das decisões que declararam a ineficácia, e de alguma forma fizeram menção a *fraude*, *conhecimento* ou *intenção* como recurso linguístico no fundamento da decisão.

c) Percentual de Procedência das Alegações de Ineficácia

Outra categoria analisada foi o percentual de "procedência" das alegações de ineficácia. Dos 39 procedimentos analisados, 79% foram julgados "procedentes", em 5% ainda não há decisão[22], 13% foram improcedentes[23], e 3%, representados por apenas um caso, houve acordo.

Apesar do acordo ser gênero distinto, por não ser causa de procedência ou improcedência do pedido de ineficácia, estabeleceu-se essa categoria para dimensionar a solução do litígio por uma via que atualmente tende a crescer com a promulgação da Lei n. 14.112/2020, que instituiu a Seção II-A da LREF, com regras próprias para a mediação e conciliação no âmbito da recuperação judicial e que, a nosso ver, aplicam-se também aos procedimentos falimentares por extensão, diante da inclusão do 22, I, *j* da LREF, que traz ao administrador judicial a incumbência de também na falência, "estimular, sempre que possível, a conciliação, a mediação e outros métodos alternativos de solução de conflitos relacionados à recuperação judicial e à falência, respeitados os direitos de terceiros, na forma do § 3º do art. 3º da Lei 13.105".

Ressalva-se apenas, nesse ponto, a possibilidade de se discutir a adequação desse meio para solução de questões envolvendo alegações de ineficácia objetiva, uma vez que, a despeito de se tratar de questão patrimonial, o interesse em questão toca à coletividade de credores e à higidez do processo de arrecadação de ativos. Dessa forma, é questionável, a nosso ver, a possibilidade jurídica de se dispor do interesse subjacente ao pedido de decretação de ineficácia por eventual transação, não obstante a previsão geral do art. 22, I, *j*, da LREF. A existência de um caso concreto, contudo, antes mesmo da reforma da lei falimentar, aponta para uma repercussão prática importante dessa possível discussão.

d) Origem da falência nos pedidos de ineficácia

Na variável "origem da falência", foram analisadas quatro *proxies* para identificar a possível incidência de mais casos de ineficácia em alguma origem específica. Os dados apresentados não surpreendem, sendo que as alegações de

---

22. Aqui foi considerada como data base da análise o dia 30 de agosto de 2021.
23. O dado de "improcedência" considerou também as decisões que reconheceram a ineficácia e posteriormente foram reconsideradas ou modificadas em grau de recurso.

ineficácia incidiram mais em [i] falência iniciada a pedido do credor [41%] e [ii] convolação da recuperação judicial em falência [35%], havendo ainda situações de [iii] Autofalência [24%], englobando também dois processos oriundos de prévia liquidação extrajudicial perante o Banco Central.

e) Definição do termo legal

Analisou-se também a forma pela qual o termo legal foi definido nos processos com pedidos de ineficácia. Com alguma distância, a maioria dos processos com alegação de ineficácia o termo legal foi definido na forma do art. 99, II, da LREF, sendo [i] 90 dias contados da data do primeiro título protestado por falta de pagamento [64%], [ii] 90 dias da data do pedido de falência [12%]; 90 dias da liquidação extrajudicial [12%] e [iv] 90 dias do pedido de recuperação judicial [12%].

Nesse aspecto, não se encontrou qualquer correlação entre a definição do termo legal e os pedidos de ineficácia. A pesquisa buscou analisar a possibilidade de uma maior incidência de pedidos de ineficácia em alguma definição de termo legal específica, o que não ocorreu.

f) Tempo médio transcorrido entre a decretação da falência e o pedido de ineficácia

Na sequência, outra análise importante foi sobre o tempo médio entre os pedidos de ineficácia e a decisão de primeiro grau que acolheu ou rejeitou o pedido. Considerando os processos que tramitam no interior e na capital (nas varas especializadas), o tempo médio nos processos analisados, entre a decretação da falência e o pedido de ineficácia, foi de 22 meses. Nos casos do interior, o tempo médio foi de 18 meses, enquanto nos processos da capital esse tempo foi de 25 meses.

É interessante destacar que nesse aspecto processos do interior e da capital não tiveram uma diferença considerável de tempo, sendo que a média dos processos da capital é de que as alegações tardam aproximadamente 7 (sete) meses a mais para serem suscitadas do que nos processos que tramitam no interior.

g) Tempo médio entre o pedido de ineficácia e sua apreciação pelo juízo de primeiro grau

Analisou-se também o tempo médio entre os pedidos de ineficácia e a decisão de primeiro grau que acolheu ou rejeitou o pedido. Considerando os processos que tramitam no interior e na capital (varas especializadas), o tempo médio nos processos analisados é de 14 meses. Nos casos do interior, o tempo médio foi de 11 meses, enquanto nos processos da capital esse tempo foi de 15 meses.

Na média de tempo, nota-se que as decisões são proferidas com maior celeridade nos processos do interior do que na capital [nas varas especializadas], sendo que as decisões tardam aproximadamente 4 (quatro) meses a mais para serem proferidas do que nos processos da capital em comparação com aqueles que tramitam no interior.

h) Tempo – médio geral

Por fim, uma análise geral sobre a média de tempo revelou que os processos na capital demoram em média 40 meses entre a decretação da falência e a posterior decisão sobre o pedido de ineficácia pelo juízo de 1º grau. Nos processos de falência em trâmite nas varas do interior esse tempo foi menor, resultando no tempo total médio de 29 meses, 11 meses a menos do que o tempo total decorrido na capital para se constatar a ineficácia. Por fim, a média global de tempo, entre processos da capital e do interior, foi de 36 meses.

Esse dado é relevante sob o ponto de vista qualitativo. Analisados, ademais, os processos em que houve reconhecimento de ofício da ineficácia – considerados em apartado para os fins desta análise, vê-se que o Juízo da Falência tardou em média 42 meses para declarar a ineficácia sem a prévia suscitação da questão por qualquer dos interessados. Esse dado demonstra que o reconhecimento da ineficácia de ofício tarda 6 (seis) meses a mais do que a média de tempo entre a decretação da falência e a decisão nas demais hipóteses.

Importante destacar que o dado apresentado sobre o reconhecimento de ofício teve por base a análise de processos da capital. Não se identificou a hipótese de reconhecimento de ofício da ineficácia nos processos que tramitam no interior. Portanto, esse dado deve ser considerado à luz dos processos da capital.

i) Parte ou interessado que suscitou a alegação de ineficácia

Também se analisou quem formulou o pedido de ineficácia. Nessa categoria, estão englobadas quatro possibilidades, conforme o rol de legitimados pelo art. 132 da LREF: [i] administrador judicial, que corresponde a 72% dos pedidos; [ii] em um dos casos, o Ministério Público que provocou o Administrador Judicial[24], porém, considerou-se a variável "administrador judicial" neste caso – em outros dois casos, correspondentes, a 5% dos pedidos, o próprio Ministério Público suscitou a alegação de ineficácia na forma do art. 129; [iii] pedido formulado por credores corresponde a 5% dos pedidos; [iv] reconhecimento de ofício pelo magistrado de primeiro grau, que correspondeu a 18% dos casos.

j) Meios utilizados para demonstrar a ineficácia

Outro ponto relevante para a análise geral diz respeito a *due diligence*[25] feita, na maioria dos casos, pelo administrador judicial, para investigação de ativos que possam ser reintegrados à massa falida. Assim, dentre as variáveis, separaram-se as seguintes

24. Processo 1004118-92.2016.8.26.0114, pedido foi formulado pelo AJ, mas após provocação do MP. Portanto, esse processo entrou na variável de pedidos formulados pelo AJ.
25. *Due diligence* aqui deve ser entendido no sentido das buscas feitas por meio de ofícios aos bancos, cartórios, ARISP, Banco Central, e qualquer outro meio intermediado pelo Juízo (ou não) para identificar atos que tenham sido praticados em prejuízo da massa falida.

categorias: [i] não foi possível identificar como surgiu a informação que levou ao reconhecimento da ineficácia; [ii] informações trazidas pelos credores; diligências do juízo provocadas pelo [iii] administrador judicial ou [iv] Ministério Público; [v] análise dos livros contábeis; [vi] depoimento dos sócios da empresa falida.

Dentre as categorias selecionadas, percebe-se que não há uma grande disparidade dentre os meios utilizados. Em dois processos, identificou-se mais de uma variável, de modo que os números foram contabilizados em cada uma das categorias separadamente.

Assim, na maioria dos casos, representada por 67%, o pedido de ineficácia surge por meio da análise das informações obtidas pelo Administrador Judicial, em decorrência das diligências por ele empreendidas nos processos de falência, tais como solicitação de ofício, dados bancários, consulta e perícia de sistemas de informação da falida etc.; a seguir, em 16% dos casos as informações foram trazidas diretamente por credores da massa falida; 5% as informações foram obtidas por meio de depoimento dos sócios da falida; 5% por meio da análise da documentação contábil e social arrecadada; em 5% dos casos não foi possível identificar a origem das informações, tendo sido suscitadas apenas no próprio pedido, pela primeira vez; e, por fim, em 1 caso, que representa 2% do total, o Ministério Público solicitou as diligências que resultaram em posterior alegação de ineficácia.

k) Forma da alegação de ineficácia

Um último aspecto relevante da análise compreende a verificação da forma pela qual os interessados suscitaram a alegação de ineficácia, tendo em conta que o parágrafo único do art. 129 não estabelece, em princípio, mecanismo único para tanto, ao prever que "A ineficácia poderá ser declarada de ofício pelo juiz, alegada em defesa ou pleiteada mediante ação própria ou incidentalmente no curso do processo."

Observou-se, assim, que a maior parte das alegações de ineficácia é aventada como matéria de defesa em incidentes e/ou ações ajuizadas por credores ou terceiros adquirentes de bens da falida (41%), aí se incluindo impugnações de crédito (26%), pedidos de restituição (3%), ações com pedido de obrigação de fazer (5%) e embargos de terceiro (8%).[26] Em segundo lugar, apenas, tem-se pedidos formulados em incidentes próprios para declaração de ineficácia, todos manejados pelo Administrador Judicial (21%), seguido de relevante percentual de decisões de ofício (18%), petições nos autos da falência (15%) e dois pedidos impropriamente formulados via ação revocatória (5%).

26. O número total de 42% considera os arredondamentos dos percentuais relativos de cada hipótese.

4. ANÁLISE DOS RESULTADOS

Os resultados apresentados permitem traçar algumas conclusões e possíveis novas hipóteses para estudos acerca da aplicação do instituto da ineficácia objetiva nos processos de falência. Como antecipado, nota-se, em princípio, que a quantidade de processos com alegação de ineficácia ainda é pouco representativa em números gerais, estando presente em menos de 4% do total de falências decretadas no período analisado, sendo ainda que, em parte relevante dos casos (41%), a discussão sobre ineficácia foi suscitada como matéria de defesa em ações ou incidentes ajuizados por credores ou terceiros adquirentes, de forma reativa, em sede de embargos de terceiro, pedidos de restituição, impugnações de crédito e outras ações conexas, não decorrendo de análise ativa dos interessados (credores, administrador judicial etc.).

Um primeiro óbice relevante a ser considerado toca às próprias limitações e custos atrelados aos processos de falência. Nota-se, assim, que numa parte expressiva (quase 25 %) as falências decretadas foram encerradas antes mesmo do início efetivo das providências de arrecadação de bens pelo Administrador Judicial, em razão da recusa do credor ou de qualquer interessado em depositar valor a título de caução dos honorários do auxiliar do Juízo. Essa situação sugere, na prática, que os custos econômicos envolvidos no processo de falência tendem a superar a expectativa de recebimento de qualquer valor pelos credores, de modo que não se justificaria arcar com valores mínimos dos honorários do Administrador Judicial.[27]

Uma investigação mais específica poderá contribuir para esclarecer as causas que levam a essa situação, sendo possível cogitar desde os custos elevados com a identificação e busca de ativos dos devedores, leilões judiciais e com o acompanhamento do processo de falência pelos interessados, até o fato de que a decretação de falência atinge a empresa já em grave situação de penúria, com mínima perspectiva de liquidação eficiente.

Contudo, notar que em parte expressiva das falências não há sequer análise documental e contábil de operações em que se poderia verificar qualquer das hipóteses do art. 129 da LREF é um ponto relevante. Isso significa dizer que na prática, tal como apresentado pelo número dos casos extintos por falta de pagamento da caução, os custos da falência inviabilizam, em parte relevante dos casos, que se iniciem as investigações de hipóteses de ineficácia objetiva, o que tende a dificultar as investigações necessárias para demonstrar a ineficácia do ato. Com

27. Sobre os custos de falência no Brasil ver o estudo de JUPETIPE, Fernanda Karoliny Nascimento, *et al.* Custos da falência no Brasil comparativamente aos estudos norte-americanos. *Revista Direito GV*, v. 13, n. 1, 2017.

isso, ousa-se dizer que essa dificuldade contribui para um cenário permissivo à realização de operações vedadas por lei.

De toda maneira, mesmo quando são superados os custos iniciais e é iniciada a fase de arrecadação dos ativos, a alegação de ineficácia ainda é rara. Foram apurados apenas 17 processos de falência com alegações baseadas no art. 129 da LREF, dentro de um universo total de 361 falências decretadas que não foram extintas por falta de depósito da caução no período analisado, de 2015 a 2018.

Os dados acima analisados ajudam a esclarecer as possíveis razões dessa baixa incidência, sugerindo novas hipóteses de análise a serem consideradas. Em primeiro lugar, verifica-se que o reconhecimento das hipóteses do art. 129 depende da efetividade das diligências promovidas pelo Administrador Judicial na falência, pela verificação do resultado de diligências e informações solicitadas nos autos da falência a terceiros, em especial ofícios de instituições financeiras e cartórios de imóveis [67%].

Nesse sentido, dois pontos chamam atenção: em primeiro lugar, da análise dos processos de falência em geral, é comum notar que tanto livros e documentos contábeis, quanto informações financeiras e patrimoniais das empresas falidas, ou são disponibilizados de forma incompleta ou não são disponibilizadas. Nesse sentido, tal como se observou, são necessárias diligências complementares na maioria dos casos empreendidas pela Administração Judicial para apurar dados relevantes. Essa dificuldade de acesso a tais documentos pode ser uma das causas para o baixo número de alegações de ineficácia nas falências analisadas[28]. Junto a isso, a restrita disponibilidade de informações da falida impõe custos relevantes com a implementação de medidas para busca de dados. Além destes custos, essa busca demanda ainda, na maioria das vezes, comprometimento e expertise, que podem não ser compatíveis com os valores a serem arrecadados, especialmente em falências com passivo reduzido.

Também chama a atenção a participação bastante reduzida dos credores (16% dos casos) na obtenção e disponibilização de informações relevantes e também na formulação dos pedidos de ineficácia (5%). Ainda que os credores não tenham as mesmas condições de empreender diligências e dispor dos meios de acesso à informação que possui o Administrador Judicial, é preciso ter em conta que os credores seriam, em princípio, os maiores interessados em obter a declaração de ineficácia de operações abrangidas pelo art. 129 da LREF.

28. Conforme apresentado no ponto 3d deste estudo, um percentual relevante das alegações de ineficácia (35%) ocorreu nos processos em que houve convolação da recuperação judicial em falência. Isto pode ser um indício que corrobora com a análise de que a precariedade da documentação nos processos de falência prejudica a alegação de ineficácia. No entanto, a pesquisa precisa ser ampliada para o número total de processos para que a análise seja feita de forma proporcional.

Vale destacar ainda que alguns credores, especialmente os credores financeiros, podem dispor de informações próprias (*due diligence*, análises de crédito, pesquisas de bens e ativos etc.) que poderiam contribuir para identificar atos irregulares praticados pela falida, e que poderiam se enquadrar em qualquer das hipóteses do art. 129.

Aqui, novamente, os dados observados parecem sugerir que o alto custo atrelado a *due diligence* e a pouca perspectiva de recuperação de ativos desestimula a participação do credor na identificação dessas operações, o que fica ainda mais evidente ao se notar que os casos em que essa participação foi verificada envolviam falências com passivos relevantes. Além do mais, o custo da *due diligence* não se reverte necessariamente em um benefício direto para um credor específico – no caso aquele que arcou com os custos, mas sim um benefício em proveito da massa falida, já que o benefício será dividido para pagamento de todos os credores. Essa pode ser também uma possível causa para a falta de incentivo dos credores.

Um outro aspecto importante das dificuldades em torno da alegação de ineficácia se reflete no tempo até a sua análise no processo de falência. O prazo médio de 40 meses decorrido entre a decretação da falência e a decisão de 1º grau sobre o tema é considerável, principalmente ao se levar em consideração a possível deterioração e perda de valor dos ativos envolvidos nas operações questionadas, assim como a possibilidade de sucessivas alienações e desvios de patrimônio pelo terceiro beneficiado, o que poderia tornar inefetiva a alegação do artigo 129 da LREF.

Além disso, o prazo médio de 22 meses para alegação de ineficácia no processo de falência é muito superior ao prazo máximo de 80 dias para apresentação do relatório do art. 22, III, *e*, da LREF, no qual já caberia ao Administrador Judicial elencar fatos que poderiam levar à declaração de ineficácia objetiva. Isso reforça, portanto, a dificuldade *a priori* de acesso a informações contábeis e patrimoniais relevantes pelo *expert* do Juízo, o que tende a inviabilizar essa análise no prazo para submissão do relatório circunstanciado e culmina na alegação tardia no procedimento falimentar.

Em acréscimo às dificuldades práticas na obtenção de informações, também se observou, do ponto de vista normativo, subsistir um percentual relevante de casos em que a incidência das hipóteses do art. 129 é referida, ao menos do ponto de vista argumentativo, como hipótese de *fraude*, associada às noções de *consilium* ou *scientia fraudis*, a demandar a colaboração subjetiva do terceiro envolvido no negócio jurídico contestado, confundindo-se com a situação que dá ensejo à ação revocatória do art. 130 da LREF. Essa noção é reforçada pela identificação de casos em que a discussão sobre ineficácia foi tratada em sede de ação revocatória, a evidenciar a confusão de conceitos.

Essa confusão, para além das implicações teóricas, também sugere uma causa possível para a incidência reduzida das alegações de ineficácia. Ainda que esse fator não tenha sido determinante para a improcedência dos pedidos, é razoável supor que o equivocado entendimento de haver necessidade de apurar elementos de fraude e/ ou ciência prévia do terceiro adquirente aumente desnecessariamente as dificuldades e incertezas sobre o pedido, tendo em conta que, no caso do art. 129 a verificação de hipóteses objetivas de ineficácia não demandam a análise desse requisito.

5. CONCLUSÃO

Neste artigo, buscou-se analisar alguns pontos fundamentais para a compreensão das hipóteses de ineficácia objetiva trazidas no art. 129 da LREF e os reflexos de sua aplicação prática nos processos de falência.

Primeiro, apresentou-se análise dos números de falências no Estado de São Paulo, estruturada com base nas informações fornecidas pela Associação Brasileira de Jurimetria. A seguir, foi possível identificar, por meio da análise dos processos com falências decretadas e de seus incidentes, os casos em que houve alegação ou menção à ineficácia objetiva. Dessa análise bruta dos dados, chama a atenção o reduzido número de alegações de ineficácia, representados nesta pesquisa por pouco mais do que 3,5% do número total de falências decretadas ou do que 4,7% das falências que não foram extintas por falta de depósito de caução.

Dada a relevância do instituto para o processo de falência, o número apresentado nos leva a refletir sobre duas possíveis vertentes para sua utilização limitada nos processos de falência: [i] os devedores falidos não praticam atos prejudiciais à massa falida; [ii] o instituto possui deficiências e lacunas que dificultam sua utilização e tornam-no custoso para os seus potenciais interessados.

Esse artigo não tem pretensão de responder a essas perguntas, mas de sugerir, com base nos dados empíricos observados, os possíveis problemas que podem contribuir para a pouca efetividade desse meio de coibir devedores de praticarem atos prejudiciais à massa falida nas proximidades da insolvência. Diante das evidências apresentadas, percebe-se que pressupostos fundamentais do processo de falência, *i.e.* a confiança no tratamento igualitário entre os credores e a proteção eficiente ao crédito, podem não estar sendo tutelados adequadamente.

O número reduzido de alegações observado nesta pesquisa pode sugerir que a dificuldade e os custos para diligenciar documentos contábeis e bens, além da morosidade, podem ser fatores relevantes de desincentivo para os interessados buscarem ativos dispersados indevidamente pelas empresas falidas.

Além do mais, o número de alegações genéricas de ineficácia, somado ao número das que enquadraram incorretamente o fundamento legal além do esforço em argumentar o fundamento da ineficácia objetiva na fraude também sugere que o instituto é pouco utilizado em razão da falta de conhecimento e operabilidade. Dessa maneira, cogita-se tanto relevantes dificuldades práticas na aplicação do instituto, associadas aos custos a ele atrelados, quanto possíveis limitações teóricas que contribuam para sua baixa incidência nos processos de falência. Esses pontos poderão ser desenvolvidos em pesquisas futuras, para as quais se espera contribuir com os dados e hipóteses apresentados nesta análise inicial.

RELAÇÃO DE ANEXOS – DADOS DE ANÁLISE EMPÍRICA

Anexo I – Processos de Falência Analisados	
1021515-18.2015.8.26.0562	1031263-34.2017.8.26.0100
1097277-68.2015.8.26.0100	1066800-91.2017.8.26.0100
1132473-02.2015.8.26.0100	1070865-32.2017.8.26.0100
1071548-40.2015.8.26.0100	1010909-88.2015.8.26.0348
1015586-72.2016.8.26.0625	1010201-75.2015.8.26.0562
100411892-2016.8.26.0114	1017667-88.2016.8.26.0529
110828338-2016.8.26.0100	1028949-81.2017.8.26.0564
1012031-36.2016.8.26.0564	1004958-98.20178.26.0201
100016436-2017.8.26.0071	

Anexo II – Incidentes Vinculados ao Mesmo Processo de Falência	
Falência 11324730220158260100	Falência 11082833820168260100
0039281-61.2017.8.26.0100	0005217-54.2019.8.26.0100
0065086-16.2017.8.26.0100	1025258-25.2019.8.26.0100
0029686-38.2017.8.26.0100	
0031268.73.2017.8.26.0100	
0081436-45.2018.8.26.0100	
0055787-15.2017.8.26.0100	
0029677-76.2017.8.26.0100	
0065079-24.2017.8.26.0100	
0092151-49.2018.8.26.0100	
0065208-92.2018.8.26.0100	
0065086-16.2017.8.26.0100	
0079009-75.2018.8.26.0100	
0080707-19.2018.8.26.0100	
1010637-28.2016.8.26.0100	

0004102-95.2019.8.26.0100	
0013687-74.2019.8.26.0100	
0081436-45.2018.8.26.0100	
1004622-19.2016.8.26.0011	
1106493-53.2015.8.26.0100	
0046177-57.2016.8.26.0100	
0031268-73.2017.8.26.0100	
0045481-21.2016.8.26.0100	

Anexo III – Distribuição Processos/Ano		
2015	2016	2017
1021515-18.2015.8.26.0562	1015586-72.2016.8.26.0625	1000164-36.2017.8.26.0071
1097277-68.2015.8.26.0100	1004118-92.2016.8.26.0114	1031263-34.2017.8.26.0100
1132473-02.2015.8.26.0100	1108283-38.2016.8.26.0100	1066800-91.2017.8.26.0100
1071548-40.2015.8.26.0100	1012031-36.2016.8.26.0564	1070865-32.2017.8.26.0100
1010909-88.2015.8.26.0348	1017667-88.2016.8.26.0529	1028949-81.2017.8.26.0564
1010201-75.2015.8.26.0562		1004958-98.2017.8.26.0201

Anexo IV – Origem Falência		
Pedido do Credor	Convolação em RJ	Autofalência
1021515-18.2015.8.26.0562	1132473-02.2015.8.26.0100	1071548-40.2015.8.26.0100
1097277-68.2015.8.26.0100	1000164-36.2017.8.26.0071	1004118-92.2016.8.26.0114
1015586-72.2016.8.26.0625	1031263-34.2017.8.26.0100	1066800-91.2017.8.26.0100
1108283-38.2016.8.26.0100	1017667-88.2016.8.26.0529	10102011-75.2015.8.26.0562
1012031-36.2016.8.26.0564	1028949-81.2017.8.26.0564	.
1070865-32.2017.8.26.0100	1004958-98.2017.8.26.0201	
1010909-88.2015.8.26.0201		

Anexo V – Quem Formulou Pedido de Ineficácia			
Administrador Judicial	Ex-Officio	Credor	Ministério Público
1021515-18.2015.8.26.0562	0065086-16.2017.8.26.0100	1071548-40.2015.8.26.0100	0065208-92.2018.8.26.0100
1097277-68.2015.8.26.0100	0031268.73.2017.8.26.0100	1004958-98.2017.8.26.0201	0046177-57.2016.8.26.0100
1015586-72.2016.8.26.0625	0065086-16.2017.8.26.0100		
1004118-92.2016.8.26.0114	0079009-75.2018.8.26.0100		
1012031-36.2016.8.26.0564	0080707-19.2018.8.26.0100		
1000164-36.2017.8.26.0071	1004622-19.2016.8.26.0011		
1031263-34.2017.8.26.0100	1106493-53.2015.8.26.0100		

Anexo V – Quem Formulou Pedido de Ineficácia			
1066800-91.2017.8.26.0100			
1070865-32.2017.8.26.0100			
1010909-88.2015.8.26.0348			
1010201-75.2015.8.26.0562			
1017667-88.2016.8.26.0529			
1028949-81.2017.8.26.0564			
0039281-61.2017.8.26.0100			
0029686-38.2017.8.26.0100			
0081436-45.2018.8.26.0100			
0055787-15.2017.8.26.0100			
0029677-76.2017.8.26.0100			
0065079-24.2017.8.26.0100			
0092151-49.2018.8.26.0100			
1010637-28.2016.8.26.0100			
0004102-95.2019.8.26.0100			
0013687-74.2019.8.26.0100			
0081436-45.2018.8.26.0100			
0031268-73.2017.8.26.0100			
0045481-21.2016.8.26.0100			
0005217-54.2019.8.26.0100			
1025258-25.2019.8.26.0100			

Anexo VI – Fundamento do Pedido de Ineficácia		
I	II	III
1071548-40.2015.8.26.0100	1021515-18.2015.8.26.0562	1071548-40.2015.8.26.0100
1010201-75.2015.8.26.0562	1097277-68.2015.8.26.0100	1031263-34.2017.8.26.0100
0065079-24.2017.8.26.0100	1071548-40.2015.8.26.0100	0029686-38.2017.8.26.0100
0092151-49.2018.8.26.0100	1010201-75.2015.8.26.0562	0055787-15.2017.8.26.0100
	0039281-61.2017.8.26.0100	0029677-76.2017.8.26.0100
	0065086-16.2017.8.26.0100	
	0031268.73.2017.8.26.0100	
	0081436-45.2018.8.26.0100	
	0065208-92.2018.8.26.0100	

Anexo VI – Fundamento do Pedido de Ineficácia		
	0065086-16.2017.8.26.0100	
	0079009-75.2018.8.26.0100	
	0080707-19.2018.8.26.0100	
	0004102-95.2019.8.26.0100	
	0013687-74.2019.8.26.0100	
	0081436-45.2018.8.26.0100	
	1004622-19.2016.8.26.0011	
	1106493-53.2015.8.26.0100	
	0046177-57.2016.8.26.0100	
	0045481-21.2016.8.26.0100	
IV	VI	Genérico
1071548-40.2015.8.26.0100	1021515-18.2015.8.26.0562	1015586-72.2016.8.26.0625
1025258-25.2019.8.26.0100	1097277-68.2015.8.26.0100	1004118-92.2016.8.26.0114
	1000164-36.2017.8.26.0071	1012031-36.2016.8.26.0564
	1010201-75.2015.8.26.0562	1066800-91.2017.8.26.0100
		1070865-32.2017.8.26.0100
		1010909-88.2015.8.26.0348
		1017667-88.2016.8.26.0529
		1028949-81.2017.8.26.0564
		1004958-98.2017.8.26.0201
		1010637-28.2016.8.26.0100
		0031268-73.2017.8.26.0100
		0005217-54.2019.8.26.0100

Anexo VII – Relação de Processos com Alegação de Fraude	
No Pedido	Na Decisão
1021515-18.2015.8.26.0562	1017667-88.2016.8.26.0529
1097277-68.2015.8.26.0100	1028949-81.2017.8.26.0564
1071548-40.2015.8.26.0100	0039281-61.2017.8.26.0100
1000164-36.2017.8.26.0071	
1017667-88.2016.8.26.0529	
1025258-25.2019.8.26.0100	

Anexo VIII – Forma Alegação de Ineficácia		
Pedido Falência	Ação Revocatória	Ex-Officio
1015586-72.2016.8.26.0625	1021515-18.2015.8.26.0562	0065086-16.2017.8.26.0100
1004118-92.2018.8.26.0114	1000164-36.2017.8.26.0071	0031268.73.2017.8.26.0100
1031263-34.2017.8.26.0100		0065086-16.2017.8.26.0100
1070865-32.2017.8.26.0100		0079009-75.2018.8.26.0100
1028949-81.2017.8.26.0564		0080707-19.2018.8.26.0100
1004958-98.2017.8.26.0201		1004622-19.2016.8.26.0011
		1106493-53.2015.8.26.0100
Incidente Instaurado pelo AJ	Incidente ou Ação de Credor ou Adquirente	
1097277-68.2015.8.26.0100	1012031-36.2016.8.26.0564	
1071548-40.2015.8.26.0100	1010909-88.2015.8.26.0348	
1066800-91.2017.8.26.0100	1010201-75.2015.8.26.0562	
0039281-61.2017.8.26.0100	1017667-88.2016.8.26.0529	
0029686-38.2017.8.26.0100	0081436-45.2018.8.26.0100	
0055787-15.2017.8.26.0100	0065079-24.2017.8.26.0100	
0029677-76.2017.8.26.0100	0092151-49.2018.8.26.0100	
0005217-54.2019.8.26.0100	0065208-92.2018.8.26.0100	
	1010637-28.2016.8.26.0100	
	0004102-95.2019.8.26.0100	
	0013687-74.2019.8.26.0100	
	0081436-45.2018.8.26.0100	
	0046177-57.2016.8.26.0100	
	0031268-73.2017.8.26.0100	
	0045481-21.2016.8.26.0100	
	1025258-25.2019.8.26.0100	

Anexo IX – Anexo Termo Legal			
Protesto do 1º Título	Decreto de Falência	Pedido de RJ	Liquidação Extrajudicial
1021515-18.2015.8.26.0562	1015586-72.2016.8.26.0625	1017667-88.2016.8.26.0529	1071548-40.2015.8.26.0100
1097277-68.2015.8.26.0100	1031263-34.2017.8.26.0100	1004958-98.2017.8.26.0201	1066800-91.2017.8.26.0100
1132473-02.2015.8.26.0100			
1004118-92.2016.8.26.0114			
1108283-38.2016.8.26.0100			

Anexo IX – Anexo Termo Legal			
1012031-36.2016.8.26.0564			
1000164-36.2017.8.26.0071			
1070865-32.2017.8.26.0100			
1010909-88.2015.8.26.0348			
1010201-75.2015.8.26.0562			
1028949-81.2017.8.26.0564			

Anexo X – Prazo			
Decretação da Falência – Pedido de Ineficácia		Pedido de Ineficácia – Decisão de 1º Grau	
Processo	Tempo	Processo	Tempo
1021515-18.2015.8.26.0562	44 meses	1021515-18.2015.8.26.0562	5 meses
1097277-68.2015.8.26.0100	12 meses	1097277-68.2015.8.26.0100	33 meses
1071548-40.2015.8.26.0100	36 meses	1015586-72.2016.8.26.0625	27 meses
1015586-72.2016.8.26.0625	25 meses	1004118-92.2016.8.26.0114	1 mês
1004118-92.2016.8.26.0114	33 meses	1012031-36.2016.8.26.0564	20 meses
1012031-36.2016.8.26.0564	11 meses	1000164-36.2017.8.26.0071	15 meses
1000164-36.2017.8.26.0071	15 meses	1031263-34.2017.8.26.0100	2 meses
1031263-34.2017.8.26.0100	59 meses	1010909-88.2015.8.26.0348	26 meses
1066800-91.2017.8.26.0100	3 meses	1010201-75.2015.8.26.0562	4 meses
1070865-32.2017.8.26.0100	23 meses	1017667-88.2016.8.26.0529	2 meses
1010909-88.2015.8.26.0348	14 meses	1028949-81.2017.8.26.0564	10 meses
1010201-75.2015.8.26.0562	3 meses	1004958-98.2017.8.26.0201	1 mês
1017667-88.2016.8.26.0529	2 meses	0039281-61.2017.8.26.0100	19 meses
1028949-81.2017.8.26.0564	13 meses	0029686-38.2017.8.26.0100	21 meses
0039281-61.2017.8.26.0100	5 meses	0081436-45.2018.8.26.0100	10 meses
0029686-38.2017.8.26.0100	4 meses	0055787-15.2017.8.26.0100	34 meses
0081436-45.2018.8.26.0100	33 meses	0029677-76.2017.8.26.0100	19 meses
0055787-15.2017.8.26.0100	7 meses	0065079-24.2017.8.26.0100	11 meses
0029677-76.2017.8.26.0100	4 meses	0092151-49.2018.8.26.0100	11 meses
0065079-24.2017.8.26.0100	28 meses	0065208-92.2018.8.26.0100	3 meses
0092151-49.2018.8.26.0100	29 meses	1010637-28.2016.8.26.0100	22 meses
0065208-92.2018.8.26.0100	38 meses	0004102-95.2019.8.26.0100	10 meses
1010637-28.2016.8.26.0100	20 meses	0013687-74.2019.8.26.0100	9 meses
0004102-95.2019.8.26.0100	32 meses	0081436-45.2018.8.26.0100	10 meses
0013687-74.2019.8.26.0100	33 meses	0046177-57.2016.8.26.0100	3 meses
0081436-45.2018.8.26.0100	33 meses	0031268-73.2017.8.26.0100	11 meses
0046177-57.2016.8.26.0100	39 meses	0045481-21.2016.8.26.0100	11 meses

Anexo X – Prazo			
0031268-73.2017.8.26.0100	30 meses	0005217-54.2019.8.26.0100	30 meses
0045481-21.2016.8.26.0100	33 meses	1025258-25.2019.8.26.0100	24 meses
0005217-54.2019.8.26.0100	21 meses		
1025258-25.2019.8.26.0100	25 meses		

Anexo XI – Resultado do Pedido			
Procedente	**Improcedente**	**Acordo**	**Pendente de Decisão**
1021515-18.2015.8.26.0562	1012031-36.2016.8.26.0564	1066800-91.2017.8.26.0100	1071548-40.2015.8.26.0100
1097277-68.2015.8.26.0100	1031263-34.2017.8.26.0100		1070865-32.2017.8.26.0100
1015586-72.2016.8.26.0625	1004958-98.2017.8.26.0201		
1004118-92.2016.8.26.0114	0005217-54.2019.8.26.0100		
1000164-36.2017.826.0100	1025258-25.2019.8.26.0100		
1010909-88.2015.8.26.0348			
1010201-75.2015.8.26.0562			
1017667-88.2016.8.26.0529			
1028949-81.2017.8.26.0564			
0039281-61.2017.8.26.0100			
0065086-16.2017.8.26.0100			
0029686-38.2017.8.26.0100			
0031268.73.2017.8.26.0100			
0081436-45.2018.8.26.0100			
0055787-15.2017.8.26.0100			
0029677-76.2017.8.26.0100			
0065079-24.2017.8.26.0100			
0092151-49.2018.8.26.0100			
0065208-92.2018.8.26.0100			
0065086-16.2017.8.26.0100			
0079009-75.2018.8.26.0100			
0080707-19.2018.8.26.0100			
1010637-28.2016.8.26.0100			
0004102-95.2019.8.26.0100			
0013687-74.2019.8.26.0100			

Anexo XI – Resultado do Pedido			
0081436-45.2018.8.26.0100			
1004622-19.2016.8.26.0011			
1106493-53.2015.8.26.0100			
0046177-57.2016.8.26.0100			
0031268-73.2017.8.26.0100			
0045481-21.2016.8.26.0100			

6. REFERÊNCIAS

AZZONI, Clara Moreira. *Fraude contra Credores no Processo Falimentar*. Curitiba: Juruá Editora, 2017.

BIANCA, Massimo. *Diritto Civile*, Milano, 1994, v. V, p. 436; MINOLI, Eugenio. Il fondamento.

CARVALHO DE MENDONÇA. *Tratado de Direito Comercial Brasileiro*. 7. ed. São Paulo: Freitas Bastos, 1964, v. VII, p. 508.

CORDEIRO, António Menezes. *Tratado de Direito Civil Português. Parte Geral:* Negócio Jurídico. 4. ed. Reformulada e atualizada. 2º. v. Coimbra: Almedina, 2014.

FINCH, Vanessa. *Corporate Insolvency Law – Perspectives and Principles*. Cambridge: Cambridge University Press, 2002.

GOODE, Roy. *Principles of Corporate Insolvency Law*. 4. ed., Londres: Sweet and Maxwell, 2011.

JACKSON. Thomas H. *Logic and Limits of Bankruptcy Law*. Harvard University Press, 1984.

JUPETIPE, Fernanda Karoliny Nascimento et al. Custos da falência no Brasil comparativamente aos estudos norte-americanos. *Revista Direito GV*, v. 13, n. 1, 2017.

NICOLÒ, Rosario. *Tutela dei diritti*. Bologna, 1953.

RAGO, Geppino. *Manualle della revocatória fallimentare*. 2 ed. Padova: Cedam, 2006.

SACRAMONE, Marcelo. *Comentários à Lei de Recuperação de Empresas e Falência*. Curitiba: Saraiva, 2021.

SÃO PAULO. Tribunal de Justiça de São Paulo. Disponível em: https://esaj.tjsp.jus.br/cjpg/. Acesso em: 12 set. 2021.

SATIRO, Francisco. Autonomia dos Credores na Aprovação do Plano de Recuperação Judicial. In: MONTEIRO DE CASTRO, Rodrigo Rocha et al. [Org.], *Direito Empresarial e Outros Estudos de Direito em Homenagem ao Professor José Alexandre Tavares Guerreiro*. São Paulo: Quartier Latin, 2013.

A CONVOLAÇÃO DA RECUPERAÇÃO JUDICIAL EM FALÊNCIA: UMA PESQUISA EMPÍRICA

Bruno Nazih Nehme Nassar

Especialista em Direito Penal pela Escola do Ministério Público de São Paulo. Bacharel em Direito pela Pontifícia Universidade Católica de São Paulo. Advogado.

Giuliana Vitor Tadeucci

Bacharel em Direito pela Universidade Presbiteriana Mackenzie. Advogada.

Gustavo Carneio de Albuquerque

Mestrando em Economia pelo IDP. Bacharel em Direito pela Universidade Presbiteriana Mackenzie. Procurador-Geral da Agência Nacional de Aviação.

Ronaldo Vasconcelos

Doutor e Mestre em Direito Processual pela Universidade de São Paulo. Professor Doutor da Faculdade de Direito da Universidade Presbiteriana Mackenzie. Membro do Instituto Brasileiro de Direito Processual – IBDP. Advogado em São Paulo, sócio de VH Advogados.

Thais D'Angelo da Silva Hanesaka

Bacharel em Direito pela Universidade Presbiteriana Mackenzie. Advogada.

1. INTRODUÇÃO

Convolar é, por definição, passar de um estado para outro, modificar, substituir.[1] A própria recuperação judicial não deixa de ser uma tentativa de convolação, de empresa em crise para empresa recuperada. No entanto, a convolação em sentido jurídico, tal como empregada pela Lei 11.101/2005, se refere a outro tipo de mudança,

1. Definição da palavra convolar: https://michaelis.uol.com.br/busca?id=l1wd. Acesso em: 10.10.2021.

esta, no mais das vezes, evitada pelas recuperandas, qual seja, a falência. Cuida-se de mudança de *status*, de recuperanda para falida, de esperança para o epílogo.[2]

O presente artigo possui como objetivo principal a análise empírica do instituto da convolação na recuperação judicial em falência. O tema é tratado pela Lei 11.101/05 em seu art. 73 e foi objeto de alterações pela Lei 14.112/2020.

O estudo aqui realizado foi conduzido com base na análise dos processos distribuídos entre 2010 a 2017, nos Foros das Comarcas do Estado de São Paulo, totalizando 1.195 processos. A relevância e atualidade do tema se justifica em razão as mudanças trazidas pela alteração da Lei 11.101/05, de forma que verificar a aplicabilidade do instituto no decorrer dos anos é a melhor forma de vislumbrar o seu comportamento para os próximos anos.

Destarte, para fundamentar a análise que se propõe, o presente trabalho conta com a análise das hipóteses de convolação em recuperação judicial em seu Capítulo 1. Já no Capítulo 2, são trazidas as informações da coleta e análise dos dados estatísticos e, por fim, no Capítulo 3 são expostas as conclusões e sugestões para as problemáticas apuradas.

2. FUNDAMENTOS ABSTRATOS À CONVOLAÇÃO

O instituto da recuperação judicial se presta a preservar atividades econômicas viáveis. Essa viabilidade é colocada à prova no processo recuperacional, sobremaneira ritualístico e singularmente complexo, com um encadeamento de passos que devem ser rigidamente cumpridos para efetivar a almejada reorganização, somado ao consenso obtido entre o devedor e seus credores. O benefício social da recuperação de uma atividade viável é inexorável. Atividades viáveis contribuem ao sistema gerando empregos, estimulando a circulação de riquezas, servindo à arrecadação de tributos, estimulando a concorrência etc. No entanto, tornando-se a atividade inviável, é necessária a retirada célere e eficaz do agente econômico do mercado, o que se atinge por meio da decretação de sua falência. Atividades inviáveis perdem sua função social e se tornam verdadeiro ônus aos credores e à coletividade, que passam a suportar, sem nenhuma contrapartida, os prejuízos advindos dessa inviabilidade.[3]

---

2. Nesse sentido, vale conferir o entendimento de Manoel Justino Bezerra Filho "convolar, do latim, convolo-as-are-avim-atum, com o sentido original de "vir depressa juntamente" (FARIA, p. 226), tem, entre outros, o significado de "transformar", ou seja, "algo que vem junto com outra coisa", e é neste sentido que deve ser entendida, ou seja, a transformação da recuperação judicial em falência: a falência que 'vem juntamente' com a recuperação. A Lei anterior também falava em rescindir a concordata, com o mesmo significado de convolar a concordata em falência" BEZERRA FILHO, Manoel Justino. *Lei de Recuperação de Empresas e Falência* – Lei 11.101/05 comentada artigo por artigo. 15. ed. São Paulo: Ed. RT, 2021, p. 342-343.
3. SACRAMONE, Marcelo Barbosa. *Comentários à Lei de Recuperação de Empresas e Falência*. 2. ed. São Paulo: Saraiva, 2021, p. 396.

O legislador, essencialmente, arquitetou duas formas de inaugurar um processo falimentar: (i) através da convolação da recuperação judicial em falência, nos moldes do rol taxativo de hipóteses exposto no art. 73 da LRF;[4] ou (ii) mediante um processo autônomo de falência, no mais das vezes impulsionado pelas hipóteses do art. 94 da LRF,[5] mas que também pode ser requerido pelo próprio devedor, sob a chamada autofalência, na forma dos arts. 105 a 107 dessa lei (art. 97, I).

A convolação é um dos meios mais eficazes de mediar a entropia no processo de recuperação judicial, que faz com que ele se desmantele, convertendo-se em falência. É o ponto de inflexão crucial que revela ter a tentativa de soerguimento falhado, provavelmente para além de reparação. Portanto, trata-se de momento decisivo, que identifica não só a inaptidão da recuperanda de retornar à arena do livre mercado, como também a causa para tanto. E conhecer a causa da mazela é essencial para definir o tratamento.

Apesar de o resultado prático final ser o mesmo, as vias falimentares, por convolação ou por processo autônomo, não se confundem, dada a disparidade entre os regimes jurídicos que definem cada uma. A lógica de ambas é distinta e, nesse sentido, devem ser manuseadas com esse devido cuidado e atenção na prática forense.

---

4. "Art. 73. O juiz decretará a falência durante o processo de recuperação judicial: I – por deliberação da assembleia-geral de credores, na forma do art. 42 desta Lei; II – pela não apresentação, pelo devedor, do plano de recuperação no prazo do art. 53 desta Lei; III – quando não aplicado o disposto nos §§ 4º, 5º e 6º do art. 56 desta Lei, ou rejeitado o plano de recuperação judicial proposto pelos credores, nos termos do § 7º do art. 56 e do art. 58-A desta Lei; V – por descumprimento de qualquer obrigação assumida no plano de recuperação, na forma do § 1º do art. 61 desta Lei. V – por descumprimento dos parcelamentos referidos no art. 68 desta Lei ou da transação prevista no art. 10-C da Lei 10.522, de 19 de julho de 2002; e VI – quando identificado o esvaziamento patrimonial da devedora que implique liquidação substancial da empresa, em prejuízo de credores não sujeitos à recuperação judicial, inclusive as Fazendas Públicas".
5. Art. 94. Será decretada a falência do devedor que: I – sem relevante razão de direito, não paga, no vencimento, obrigação líquida materializada em título ou títulos executivos protestados cuja soma ultrapasse o equivalente a 40 (quarenta) salários-mínimos na data do pedido de falência; II – executado por qualquer quantia líquida, não paga, não deposita e não nomeia à penhora bens suficientes dentro do prazo legal; III – pratica qualquer dos seguintes atos, exceto se fizer parte de plano de recuperação judicial: a) procede à liquidação precipitada de seus ativos ou lança mão de meio ruinoso ou fraudulento para realizar pagamentos; b) realiza ou, por atos inequívocos, tenta realizar, com o objetivo de retardar pagamentos ou fraudar credores, negócio simulado ou alienação de parte ou da totalidade de seu ativo a terceiro, credor ou não; c) transfere estabelecimento a terceiro, credor ou não, sem o consentimento de todos os credores e sem ficar com bens suficientes para solver seu passivo; d) simula a transferência de seu principal estabelecimento com o objetivo de burlar a legislação ou a fiscalização ou para prejudicar credor; e) dá ou reforça garantia a credor por dívida contraída anteriormente sem ficar com bens livres e desembaraçados suficientes para saldar seu passivo; f) ausenta-se sem deixar representante habilitado e com recursos suficientes para pagar os credores, abandona estabelecimento ou tenta ocultar-se de seu domicílio, do local de sua sede ou de seu principal estabelecimento; g) deixa de cumprir, no prazo estabelecido, obrigação assumida no plano de recuperação judicial.

Os incisos do art. 73 revelam situações que, sob um raciocínio apriorístico, já indicam com segurança a inviabilidade econômica do devedor. Por outro lado, os incisos do art. 94 pressupõe uma liturgia própria para serem aplicados, oportunizando amplo contraditório ao devedor e possibilidade de dilação probatória para demonstrar fato impeditivo, modificativo ou extintivo do ato falimentar apontado pela parte autora do processo de falência (assumindo que esta não é o próprio devedor).[6]

Nesse diapasão, o art. 73, §1º (antes parágrafo único, previamente às alterações promovidas pela Lei 14.112/2020), segundo o qual o disposto nesse dispositivo não impede a decretação da falência por quaisquer das causas do art. 94, apenas deixa claro que as duas sistemáticas coexistem, mas não que se confundem ou se sobrepõe. E como bem coloca Sacramone:

> A falência, com base no parágrafo único do art. 73, contudo, não poderá ser reconhecida no próprio processo de recuperação, nem de ofício pelo juiz. O descumprimento dessas obrigações ou a prática de ato falimentar deverá ser deduzido pelo credor legitimado por processo autônomo, cuja distribuição ocorrerá por prevenção ao juiz da recuperação judicial (art. 6º, § 8º), mas que exigirá todo o trâmite pelo procedimento dos arts. 94 e seguintes, com direito a amplo contraditório e dilação probatória se necessária.[7]

Desde a Lei 14.112/2020, o legislador, em abstrato, compreende ser cabível ao magistrado decretar a falência no bojo do processo de recuperação judicial em apenas seis situações, tidas como taxativas:[8] (i) deliberação da assembleia-geral de credores (inciso I); (ii) não apresentação do plano de recuperação judicial, pelo devedor, no prazo legal de 60 dias após a publicação do edital que deferiu o processamento da recuperação judicial (inciso II); (iii) rejeição do plano pelos credores e não apresentação ou rejeição do plano alternativo (inciso III); (iv) descumprimento do plano de recuperação judicial aprovado (inciso IV); (v)

6. SACRAMONE, Marcelo Barbosa. *Comentários à Lei de Recuperação de Empresas e Falência*. 2. ed. São Paulo: Saraiva, 2021, p. 396.
7. Ibidem, p. 399. Ver também: TJSP, Câmara Reservada à Falência e Recuperação, AI 0414780-31.2010, Rel. Des. Romeu Ricupero, j. 29.03.2011.
8. Apesar dessa taxatividade e da locução utilizada pelo art. 73, *caput*, ser peremptória ("o juiz decretará". Não se verifica faculdade nessa escolha de palavras), durante o período de vigência da Lei de Recuperação Judicial e Falência, se verificou na prática forense a relativização de sua aplicação em determinadas situações, preferindo a instrumentalidade e busca da eficiência do procedimento. É o que ocorre, por exemplo, nos casos de concessão de prazos adicionais, tolerância a descumprimento de obrigações assumidas no plano, oportunizando prazos para regularização ou autorização de apresentação de plano aditivo para nova deliberação (mesmo sem previsão expressa na legislação), dentre outros. MARTINS, Aline de Toledo; CARNAÚBA, César Augusto Martins; HANESAKA, Thais D'Angelo da Silva. A venda integral da devedora e a convolação da recuperação judicial em falência. In: VASCONCELOS, Ronaldo; PIVA, Fernanda Neves; BRAGANÇA, Gabriel José de Orleans; HANESAKA, Thais D'Angelo da Silva; SANT'ANA, Thomaz Luiz (Coord.). *Reforma da Lei de Recuperação e Falência* (Lei 14.112/20). São Paulo: IASP, 2021, p. 875 e ss.

descumprimento dos parcelamentos tributários ou da transação tributária (inciso V); (vi) esvaziamento patrimonial da devedora (inciso VI).

A reforma da Lei 14.112/2020, em síntese, adicionou os incisos V e VI, bem como modificou o inciso III para prever, como causa para a convolação, a inovadora hipótese na qual será convolada a recuperação em falência se os credores não apresentam plano de recuperação judicial alternativo ou, apresentando-o, ele é rejeitado. Dessa maneira, sob a sistemática atual, a rejeição do plano proposto pelo devedor, por si só, não ocasiona a convolação em falência, devendo se oportunizar aos credores apresentarem eles próprios plano alternativo.[9]

De outro lado, conforme já referenciado, não fica obstado o pedido de falência por prática de ato falimentar ou descumprimento de obrigação não submetida à recuperação judicial (art. 73, §1º, c/c art. 94), no entanto, esse pedido não deveria ser realizado ou concedido no contexto do processo de recuperação judicial, senão através de um processo autônomo de falência, que seguirá sistemática própria.[10]

Destarte, alguns breves apontamentos são cabíveis sobre os incisos do art. 73. Quanto ao inciso I, trata-se de ênfase do legislador sobre o inovador racional da Lei 11.101/2005, ao substituir o Decreto-Lei 7.661/1945, no sentido de que o destino do devedor deve estar nas mãos dos credores. Nessa toada, a decretação da falência do devedor pode ser deliberada pelos credores, em assembleia, a qualquer momento no curso do processo recuperacional, sequer sendo imposto requisito ou motivação específica pela lei para que essa deliberação seja convocada. No entanto, alerta uma vez mais Sacramone que: "(...) como essa deliberação ocorrerá em momento diverso da apreciação do plano de recuperação judicial, deverão os credores se fundar em irregularidades praticadas pelo devedor que justifiquem a inviabilidade do desenvolvimento de sua atividade empresarial".

9. Embora não seja o escopo da pesquisa em mãos, é pertinente referenciar como um dos grandes méritos da Lei 14.112/2020 é tentar agilizar o processo falimentar, historicamente tido como moroso e ineficaz. O fez de diversas maneiras, como incentivando a arrecadação e liquidação dos bens de forma célere (art. 114-A), pela regulamentação de novas formas de alienação e dos valores de venda (art. 142), e pelo procedimento de verificação de crédito mais efetivo (art. 7º). Nesse sentido, o instituto da falência, tipicamente tido como algo a ser evitado, poderá reaver (ou finalmente conquistar) a virtude que a lei dele espera, preservando a atividade econômica ou os meios de produção nas mãos de outro empresário com maiores condição de gerar riquezas, tecnologia e tributos. Nesse sentido, conferir: CARNAÚBA, César Augusto Martins; HANESAKA, Thais D'Angelo da Silva; VASCONCELOS, Ronaldo. A reforma da Lei de Falências e o Curioso Caso de Benjamin Button. *Exame*, 10.12.2020. Disponível em: https://exame.com/blog/opiniao/a-reforma-da-lei-de-falencias-e-o-curioso-caso-de-benjamin-button/. Acesso em: 21.09.2021.

10. "Observe-se, porém, que, para os casos previstos neste art. 73, a falência será decretada por sentença prolatada nos próprios autos nos quais está sendo processada a recuperação. Já no caso deste parágrafo único, o credor deverá ajuizar pedido regularmente instruído, distribuindo-o normalmente, sendo os autos remetidos para o juiz da recuperação, já prevento na forma do § 8º do art. 6º". BEZERRA FILHO, Manoel Justino. *Lei de Recuperação de Empresas e Falência* – Lei 11.101/05 comentada artigo por artigo. 15. ed. São Paulo: Ed. RT, 2021, p. 345.

Apesar do sobredito inciso, há espaço para que a convolação em falência seja decretada de ofício pelo juiz. É o que ocorre no inciso II, quando da não apresentação do plano de recuperação judicial no prazo. Isso porque a não apresentação ou apresentação intempestiva do plano revela de início a inabilidade do devedor de honrar suas obrigações, inaugurando o processo comprometendo as negociações com seus credores e, por conseguinte, sua própria tentativa de soerguimento. Nesse sentido, diante da intempestividade do plano, não só os credores deixaram de ter conhecimento da proposta realizada, como trata-se de descumprimento de norma de ordem pública, de modo que a decretação da falência sequer depende de provocação de interessados, podendo o juiz fazê-lo de ofício.[11]

Já o inciso IV é outro que espera provocação do credor ou do administrator judicial para desencadear a convolação. Trata-se da convolação "por descumprimento de qualquer obrigação assumida no plano de recuperação, na forma do § 1º do art. 61 desta Lei". Esse descumprimento, logicamente, se refere ao plano de recuperação judicial aprovado, ocorrendo dentro do período de fiscalização judicial, iniciado após a concessão da recuperação judicial e que pode durar até 2 anos (art. 61). Descumprimentos do plano ocorridos após o prazo de fiscalização apenas podem ser causa de falência através de processo autônomo, sendo exatamente essa a hipótese do art. 94, III, "g".

Os incisos V e VI, em derradeiro, são novidades introduzidas pela Lei 14.112/2020. Será caso de convolação quando descumpridos os parcelamentos tributários ou a transação tributária, bem como quando houver esvaziamento patrimonial da devedora, mas especificamente quando implicar liquidação substancial da empresa, em prejuízo de credores não sujeitos à recuperação judicial, inclusive as Fazendas Públicas.[12]

É de se notar, entretanto, que não há uma causa de convolação da recuperação judicial em falência que contemple situações nas quais o devedor, entre a apresentação do plano de recuperação e antes de sua aprovação, se torna inativo, efetivamente inviabilizando o prosseguimento de sua recuperação. Cuida-se de evidente lacuna legal, mas que não passa despercebida para qualquer advogado,

---

11. "O art. 53 estabelece que o devedor terá prazo de 60 dias, contados a partir da decisão que deferir o processamento da recuperação judicial (art. 52), para apresentar o plano de recuperação, em juízo. Vencido este sem a apresentação o plano, será decretada a falência do devedor." BEZERRA FILHO, Manoel Justino. *Lei de Recuperação de Empresas e Falência* – Lei 11.101/05 comentada artigo por artigo. 15. ed. São Paulo: Ed. RT, 2021, p. 343.
12. "Quando há vendas, judiciais ou não, pode ocorrer da sociedade empresária esvaziar-se de tal forma que embora entre nos autos o produto da venda, ainda assim os credores não sujeitos nada recebem. (...) Nesses casos, agora será decretada a falência, o que porém talvez não deve a qualquer resultado prático. Isso, porque, se não há mais bens a em decorrência do esvaziamento, nada haverá a ser arrecadado para pagamento dos credores." BEZERRA FILHO, Manoel Justino. *Lei de Recuperação de Empresas e Falência* – Lei 11.101/05 comentada artigo por artigo. 15. ed. São Paulo: Ed. RT, 2021, p. 346.

magistrado, administrador judicial ou promotor que atua em recuperações judiciais, conforme será explorado no capítulo seguinte.

Deveras, apenas um olhar amplo permite diagnosticar eventuais anomalias na aplicação de normas jurídicas. O recurso é o instrumento por excelência para fazer frente a uma anomalia no processo individual, no entanto, apenas uma observação global de um conjunto de processos permite apurar se a anomalia é isolada ou endêmica. Eis, portanto, a aplicabilidade da Estatística no Direito, o papel da Jurimetria. Se utilizam técnicas da estatística de controle de incertezas e mensuração de variabilidades para investigar conhecimento, "(...) não para o estudo exato de um único indivíduo, mas para a descrição aproximada de populações inteiras".[13] Dessarte, deixa o operador do direito de trabalhar no improviso e na intuição. A pesquisa empírica almeja conhecer a realidade para resolver problemas, mormente porque antes é preciso saber qual a causa, para depois propor soluções.

Medir o grau de aderência à sistemática legal esculpida pelo legislador ordinário para a convolação de recuperações judiciais em falência, especialmente se conformando às suas eventuais restrições, foi o escopo da coleta empírica desenvolvida na pesquisa em mãos, tendo a Jurimetria como ferramenta e a dúvida sobre a eficácia da norma como fio condutor.

É de se notar, porém, que o recorte temporal da coleta é limitado aos processos distribuídos entre 2010 e 2017, de modo que foram julgados sob a égide da sistemática anterior à Lei 14.112/2020 e as pontuais alterações promovidas no art. 73 da LRF. Nada obstante, os pontos focais de análise não foram alterados substancialmente pela Lei 14.112/2020, de modo que as conclusões remanescem válidas.

3. EM FAVOR DA PRATICIDADE: FUNDAMENTAÇÃO CONCRETA À CONVOLAÇÃO

A fim de proporcionar uma visão amplificada das maiores facetas da aplicação do dispositivo legal que se debate no presente estudo científico, se demanda a abordagem de seus principais problemas. Isso porque, novas ideias surgem da utilização de um instituto no caso concreto ou da sua inutilidade, quando necessário.

Nesse sentido, o objetivo do presente artigo não é o de criticar o intuito do legislador no ato de criação do instituto, e muito menos a dos Magistrados na sua aplicação. O que se busca é encontrar a lacuna – ou possível desvio – na aplicação de uma teoria que (ao que tudo indica) não segue a sua *mens legis*.

Portanto, não se trata de reduzir a aplicação às mazelas impostas pela situação econômico-financeira do mercado, mas sim de analisar os dados estatísticos

13. NUNES, Marcelo Guedes. *Jurimetria*. São Paulo: Ed. RT, 2016, p. 26.

obtidos mediante condução da pesquisa empírica realizada, a fim de que novos caminhos sejam vislumbrados para a aplicação do dispositivo que carrega elevado arcabouço histórico e demanda a sua utilização de forma a melhor aproveitar o seu fim.

3.1 A metodologia da pesquisa empírica

Em um primeiro momento, para guiar o leitor ao longo da pesquisa empírica conduzida, impõe-se a delimitação do objeto de estudo. A partir da fixação de um ponto de partida, serão expostas as conclusões casuísticas relacionadas aos desvios de aplicação identificados ao longo da coleta de dados.

Partindo de uma universalidade composta por todos os processos de recuperação judicial distribuídos entre 2010 a 2017, nos Foros das Comarcas do Estado de São Paulo, totalizando 1.195 processos, foram isolados apenas aqueles que tiveram como resultado a convolação da recuperação judicial em falência, somando casos que faliram antes da primeira AGC, que faliram durante as negociações, que tiveram o plano de recuperação judicial rejeitado e não houve *cram down*, e que tiveram o plano de recuperação judicial aprovado (com ou sem *cram down*), mas faliram depois. Dessa operação, foram segregados 223 processos, ou seja, cerca de 18,8% da base completa resultou em convolação.

Sobre esse recorte de 223 processos foi realizada análise individual adicional dos casos a fim de apurar as especificidades da convolação, reunindo dados como comarca, datas relevantes (data da sentença e datas de acórdãos), fundamento jurídico da decretação de falência, existência de fase recursal e eventual encerramento da falência.

Aqui cumpre realizar uma breve ressalva: a análise dos processos cuja convolação em falência tenha se dado em momento anteiro à promulgação da alteração da lei de falências nos parece de extrema relevância para o cenário transitório que se figura no momento, principalmente em razão dos novos incisos inseridos na sistemática do art. 73.

Com isso, conclui-se que a presente crítica se mostrará adequada para a realização de complementação futura e para que novas conclusões sobre os rumos da aplicação do instituto possam se mostrar ainda mais fidedignas à sua evolução, que caminha lado a lado da reforma legislativa.

3.2 Análise estatística dos dados coletados

Tendo delimitado o universo de processos sujeitos à análise, passa-se ao segundo passo do presente estudo, que corresponde à apreciação dos resultados em si.

Em um primeiro momento, foi possível notar que dos 223 casos constates da base original de dados, (i) 13,5% são casos de convolação que decorrem de planos reprovados em Assembleia Geral de Credores e sem a concessão de *cram down* pelo juízo da causa (art. 58, §§ 1º e 2º, LRF); (ii) 36% tiveram a convolação em falência durante a fase de cumprimento do plano de recuperação judicial; e (iii) 48,9% convolaram em falência antes mesmo da aprovação do plano em Assembleia Geral de Credores.

Em outras palavras, 111 dos 223 processos examinados sequer passaram pela votação do plano de recuperação judicial. Praticamente metade dos processos de recuperação judicial que convolam em falência não chegaram ao momento de aprovação do plano pelos seus credores e não foram capazes de superar a fase da fase inicial do processo de recuperação judicial (fase postulatória).

Considerando esse dado, buscou-se a análise depurada da fundamentação utilizada nos casos concretos para a convolação em falência, para que fosse possível mensurar as principais causas que levavam referidos processos a chegar a essa medida extrema ainda em sua fase inicial.

Repisa-se que, acordo com a melhor doutrina sobre o tema, os fundamentos para a convolação da recuperação judicial em falência apresentam-se em forma de hipóteses taxativas no art. 73 da LRF. No entanto, o sentido da lei, tal qual definido nos manuais e extraído após multifacetado labor exegético, é apenas um dos fatores que interferem na conformação do Direito concreto. Significa que, por vezes, verifica-se um descompasso entre o teor abstrato da norma e sua vida nos corredores forenses. Nesse sentido, Nunes coloca que for considerada, por exemplo, uma sentença judicial:

> (...) é razoável assumir que seu sentido último é produto não só do que a lei diz, mas também de um intrincado e complexo conjunto de fatores sociais, econômicos e culturais envolvidos em um elaborado processo psicossocial de convencimento, influenciável por fatores como os valores políticos e pessoais do magistrado, a empatia com as partes, a linha de argumentação escolhida por estas, a experiência de vida do juiz, a pressão institucional exercida por órgãos de controle do Poder Judiciário, o sentido dos precedentes proferidos em casos análogos, dentre inúmeros outros. (...)[14]

Os resultados colhidos a partir do levantamento empírico realizado devem ser compreendidos precisamente sob essa ótica, porquanto a pesquisa demonstrou elevado desvio nas variáveis possíveis de convolação da recuperação judicial em falência. Foi constatado, em uma análise inicial, que as hipóteses trazidas pela Lei em seu art. 73 acabavam por ser utilizadas com certa margem de manobra, com

14. NUNES, Marcelo Guedes. *Jurimetria*. São Paulo: Ed. RT, 2016, p. 27.

vistas a enquadrar hipóteses – defendidas como taxativas – às questões fáticas do caso concreto.

Assim, com um olhar diverso daquele adotado na condução inicial do presente estudo, voltou-se à análise de fundamentos que levaram à convolação da recuperação judicial em falência – ainda que diversos daqueles constantes no rol do art. 73 da LRF. Constatada a aplicação do direito como ela é, não como ela devia ser. Com isso, apurou-se a utilização de amplo leque de fundamentos para além do art. 73, conforme Gráfico 1 abaixo:

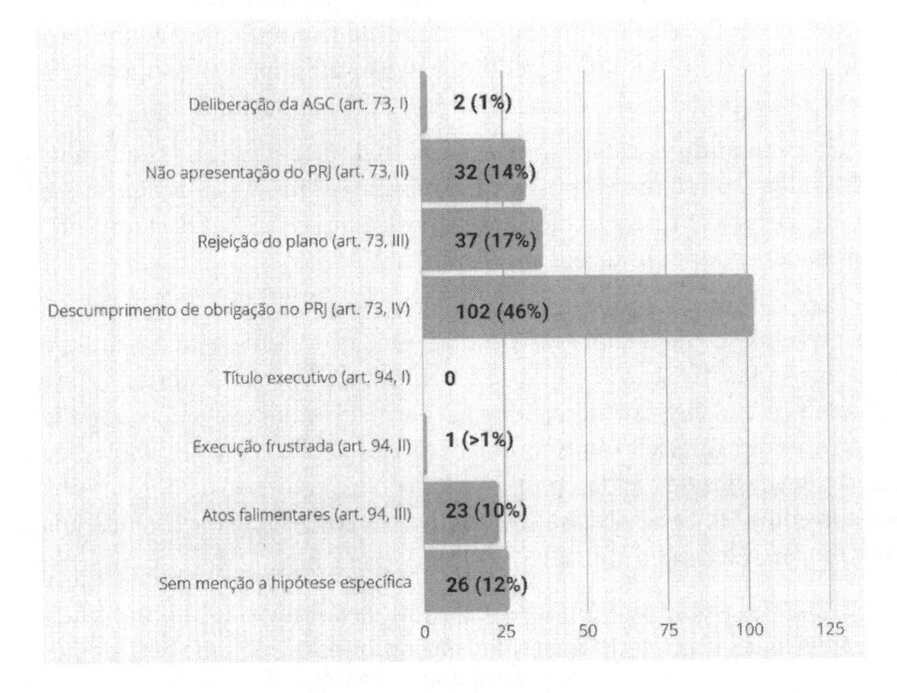

Gráfico 1

Em ao menos 10% dos casos, a convolação foi fundamentada unicamente com base na aplicação de uma das hipóteses do art. 94, especialmente de seu inciso III. Mais do que isso, em 12% dos casos sequer foi utilizada menção específica a dispositivo para fundamentar a decisão.

Porém, mesmo nos casos que se ativeram ao art. 73, foram encontrados desvios não antevistos. Primeiramente, percebe-se que a grande maioria dos procedimentos de convolação da recuperação judicial em falência decorrem da aplicação do art. 73, IV, que consiste no descumprimento de alguma obrigação do plano de recuperação judicial, com 46% do total dos 223 casos, seguidos pelo incido III do art. 73, com 17%, e do inciso II do art. 73, com 14%. Enfim, em contraposição à alta incidência do inciso IV, do art. 73, observa-se que a convolação em base no inciso I do art. 73, qual seja, a deliberação em Assembleia Geral de Credores se deu apenas em 1% dos casos, correspondente a dois processos.

Sob o olho nu, não se percebe vício no dito acima. Afinal, trata-se de processos que se ativeram ao rol taxativo do art. 73. O desvio na fundamentação, porém, foi percebido na subsunção do dispositivo ao caso concreto.

Em análise aprofundada dos termos de cada decisão, chegou-se à conclusão de que, em verdade, algumas sentenças que possuíam fundamentações anômalas. O termo "fundamentações anômalas" foi definido no escopo do presente estudo como aqueles processos nos quais a fundamentação para a convolação da recuperação judicial em falência se deu fora daquelas hipóteses elencadas no art. 73 da LRF (utilizando o art. 94 como fundamento ou sem menção a hipótese específica) ou, com o uso das hipóteses do art. 73, mas flexibilizando sua exegese ao espírito do dispositivo, apenas como forma de viabilizar a convolação.

Em síntese, as sentenças que continham fundamentações anômalas foram enquadradas em variáveis diversas daquelas propostas no início do estudo em razão de (i) não apresentarem fundamentação específica; (ii) apresentarem hipóteses do art. 73 aplicadas de forma descompassada ao caso concreto; ou (iii) possuírem como fundamento para a convolação em falência algum inciso do art. 94.

Sob tais critérios, restou verificado que, da base total de 223 recuperações judiciais convoladas em falência, 90 casos (ou 40,3%) possuíam algum tipo de fundamentação anômala. Foram identificados oito conjuntos de anomalias:

(i) Aparente erro material: trata-se de casos nos quais a convolação se deu em conformidade com algum fundamento taxativo do art. 73, porém, foi indicado o inciso errado no dispositivo da sentença. O conteúdo estava correto, mas o dispositivo indicado não. Em suma, não são vícios no conteúdo, mas no dispositivo indicado e, portanto, não graves;[15]

(ii) Convolou com base no art. 73, II, apesar de o plano ter sido apresentado;

(iii) Convolou com base no art. 73, IV, apesar de o plano ainda não ter sido apreciado pelos credores em sede de Assembleia;

(iv) Convolou apenas com base no art. 94, fora das hipóteses taxativas do art. 73;

15. Foram identificados erros nesse sentido, em tese embargáveis, como: a sentença indicou o art. 73, II, mas era sim caso de convolação através do art. 73, IV; indicou o art. 73, III, mas era caso de convolação pelo art. 73, IV; indicou o art. 73, IV, mas era caso de convolação pelo art. 73, III; indicou o art. 94, mas era caso de convolação pelo art. 73, IV; e indicou o art. 94, mas era caso de convolação pelo art. 73, III.

(v) Convolou unicamente pelo fato de a empresa encontrar-se inativa, sendo esse fato apurado após deferimento do processamento da recuperação judicial, mas antes da apreciação do plano pelos credores;

(vi) O plano foi aprovado pelos credores em Assembleia, mas o Tribunal reverteu a decisão em sede recursal, entendendo ser a atividade inviável;

(vii) Não houve menção a hipótese específica e a decisão não foi suficientemente fundamentada a fim de identificar qual a causa da convolação;

(viii) Convolou com base no art. 105, depois de a recuperanda postular pela decretação da falência no processo de recuperação.

Em recorte territorial, também foi apurada que dessas 90 decisões, 20 delas advieram de Varas Especializadas da Capital e 70 de Varas do Interior do Estado de São Paulo. Conforme o Gráfico 2 abaixo, verifica-se a proporção de sentenças sem anomalia em relação às sentenças com anomalia nas varas especializadas da Capital em contraposição às Varas do Interior do Estado:

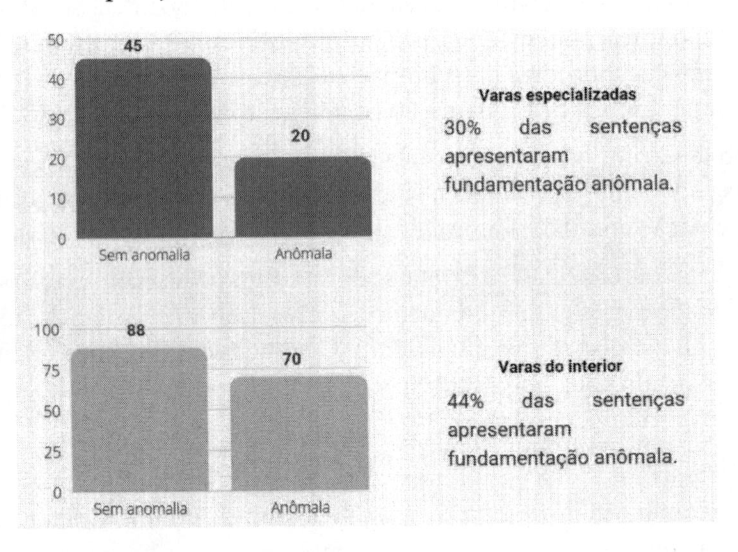

Gráfico 2

Considerando o grau de especialização e o número de processos existente nas Varas Especializadas da Capital de São Paulo e nas Cidades do Interior do Estado de São Paulo, reputou-se pertinente a segregação da análise dos dados para que não houvesse uma distorção nos resultados avaliados. Das sentenças consideradas anômalas e proferidas nas Varas Especializadas da Capital do Estado de São Paulo (20 sentenças), no que se refere à fundamentação utilizada, tem-se o seguinte cenário, conforme Gráfico 3 abaixo:

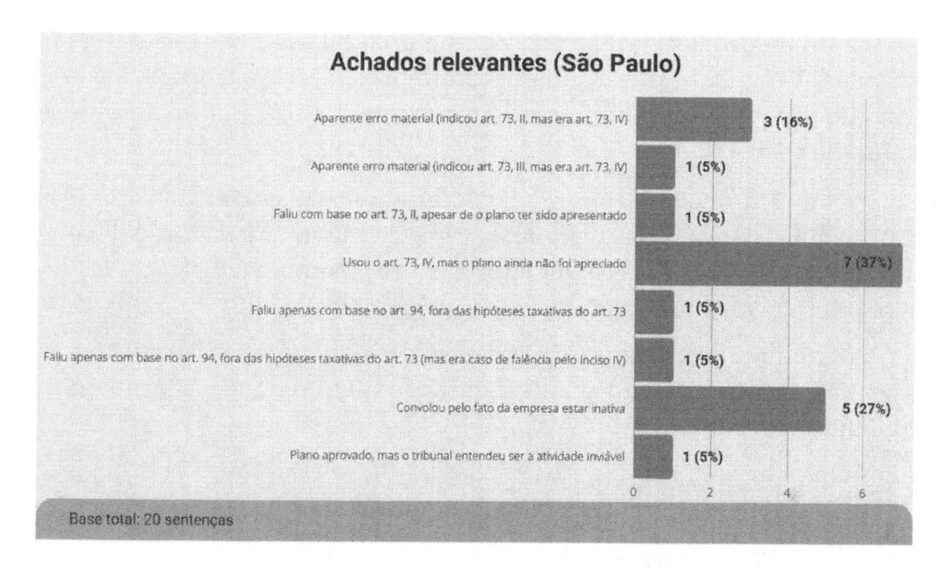

Gráfico 3

Observa-se que grande parte das sentenças, precisamente 37% delas (correspondentes a 7 casos), decorrem de hipóteses nas quais o art. 73, IV é aplicado sem a ocorrência da apreciação do plano de recuperação judicial pelos credores mediante votação em Assembleia Geral. Ou seja, processos nos quais a convolação em falência se deu com base no dispositivo de lei referente ao descumprimento de obrigações do plano de recuperação judicial, mas sem que ainda existisse efetivamente o descumprimento do plano aprovado.

No mais, também se verificam 27% de processos que foram convolados em falência unicamente em razão de a empresa recuperanda encontrar-se inativa. A inatividade da empresa, tal como apurado nos processos, no mais das vezes, corresponde a situações nas quais o administrador judicial diligência na sede da empresa e verifica que ela se encontra abandonada.

O mesmo pode ser dito sobre casos nos quais a própria recuperanda vem à frente nos autos e se declara inapta a honrar com suas obrigações, praticamente requerendo uma autofalência, porém, incorretamente no contexto do processo recuperacional. Fato é, entretanto, que o art. 73 não autoriza expressamente ao Judiciário convolar a recuperação em falência, muito menos de ofício, unicamente pelo fato de a recuperanda encontrar-se inativa. De outro lado, autoriza que os credores deliberem, a qualquer tempo, a respeito da convolação, em sede de Assembleia Geral (art. 73, I), hipótese praticamente ignorada na prática, conforme já apurado através do Gráfico 1.

Há, outrossim, os já referenciados casos nos quais o art. 94 foi utilizado como fundamento para a convolação, sem que houvesse hipótese taxativa do art.

73 presente, o que não é possível na sistemática legal. Ocorre que essa hipótese foi rara nas Varas Especializadas da Capital, representando apenas 5% dos casos. O mesmo não pode ser dito sobre as Varas do interior do Estado, conforme será esmiuçado abaixo.

Por fim, um único caso se deu no sentido de que, o plano havia sido aprovado em primeira instância, mas o Tribunal de Justiça entendeu pela inviabilidade da atividade empresarial e optou por convolar a recuperação judicial em falência, em sede de julgamento do recurso.[16]

Ocorre que a investigação se torna mais intrincada quando isolados os casos de sentenças proferidas em Varas do interior do Estado de São Paulo, nos termos do Gráfico 4 abaixo:

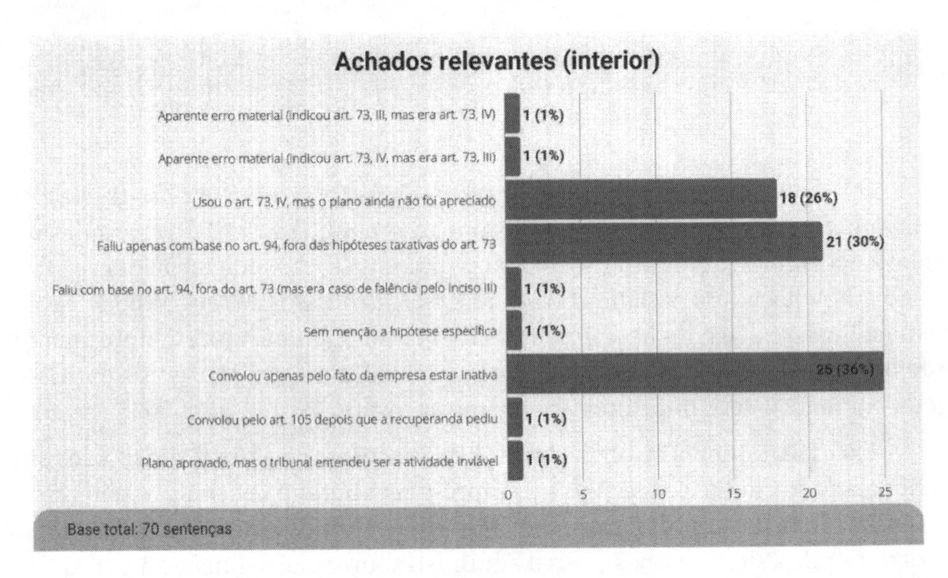

Gráfico 4

De pronto, é perceptível que se trata de realidade diversa dos processos oriundos das Varas Especializadas da Capital. De uma base total de 70 sentenças com fundamentação tida como anômala: (i) 36% delas decorreram de convolações em razão da inatividade da empresa *recuperada* (ii) 30% decorrem de convolações com fundamento apenas em hipóteses do art. 94, sem qualquer menção às hipóteses do art. 73; e (iii) 26% delas decorrem do uso do art. 73, IV de forma diversa daquela prevista no texto do inciso.

Além disso, também pode ser verificada alta incidência de sentenças de convolação da recuperação judicial em falência com base tão somente em fun-

16. Processo 00135734820138260100, Comarca de São Paulo, distribuído em 05.03.2013.

damentos contidos no art. 94 da LRF. Portanto, ainda que a previsão específica para convolação se dê tão somente para os casos elencados do art. 73 da LRF, os Magistrados, em 30% dos casos, valeram-se de fundamentos contidos no art. 94, que regula o pedido autônomo de falência quando requerido por terceiro.

Diante disso, é importante reforçar que a menção específica ao (atual) § 1º do art. 73 não abre margem para a aplicação dos dispositivos do art. 94 no contexto do processo recuperacional, uma vez que o procedimento contido para a realização de pedido de falência em procedimento próprio demanda cognição exauriente, com efetivo contraditório e direito de defesa pela parte devedora.

Porém, é crucial perceber que o vício identificado não está no fato da falência em si ter ocorrido. Isso porque o art. 73, IV, e o art. 94 c/c o art. 73, parágrafo único, passaram a ser aplicados sob uma questionável exegese que flexibiliza ao máximo o sentido das normas para viabilizar a fundamentação de convolações em falências, mas falências que realmente se mostravam necessárias.

A prática forense identificou uma lacuna no art. 73 que, hermeticamente fechado em suas hipóteses taxativa, efetivamente impede o Magistrado de convolar a recuperação em falência de ofício quando a empresa estiver inativa, quando deixar de apresentar documentação contábil para dar prosseguimento ao processo, quando a própria recuperanda se declara incapaz de dar continuidade ao processo etc. Destarte, as decisões analisadas estão corretas em seu conteúdo, que foi decretar a quebra, porém, anômalas na via utilizada para tanto.

A utilização do art. 73, § 1º, para viabilizar a fundamentação da convolação em falência em hipóteses do art. 94 não parece se mostrar como medida adequada para o saneamento da lacuna criada pelas hipóteses taxativas. Nesse sentido, nas Comarcas do interior de São Paulo, de um total de 158 sentenças proferidas, 70 contam com fundamentação anômala e a maior parte delas (36%) rementem a sentenças em que não houve alternativa ao juízo de primeira instância senão a convolação em razão da inexistência de uma devedora com atividade empresarial para ser preservada nos termos do art. 47 da LRF.

Isso é efetivamente comprovado a partir do momento grande parte das sentenças com fundamentações anômalas apenas urgem pela convolação da recuperação judicial em falência em razão da inexistência de uma devedora participativa, com atividade empresarial e que ainda cumpre a sua função social. Em vista disso, o juízo não vislumbra outra saída senão a convolação em falência. Não havia mais atividade para ser preservada e a situação do dia a dia modulou a aplicação do instituto às necessidades do caso concreto.

Ainda assim, outro fato curioso constatado, e que reforça a necessidade de adequação da aplicação do instituto às situações rotineiras, é que apesar de elevado número de sentenças com fundamentações anômalas, também se verificou uma baixa incidência recursal em face de referidas sentenças.

A apuração nesse sentido foi de que a interposição de recurso em face de sentenças de convolação em falência (dos 223 casos) foi de apenas 27,3%, podendo caracterizar o fato de que, mesmo que eivadas de anomalias, as sentenças se faziam necessárias diante da realidade enfrentada pela empresa. As próprias recuperandas concordam, em maior parte, com a convolação, porquanto reconhecem sua inviabilidade.

E entrando de forma mais aprofundada na análise recursal: do universo total dos casos em que houve recurso (61 casos), 77% deles apresentaram como julgamento final a manutenção da convolação em falência, 5% deles reverteram a convolação em falência e 18% ainda pendem de julgamento perante os Tribunais Superiores. Ou seja, ainda nos casos em que houve a interposição, os casos de reversão da convolação em falência são raros, conforme Gráfico 5 abaixo:

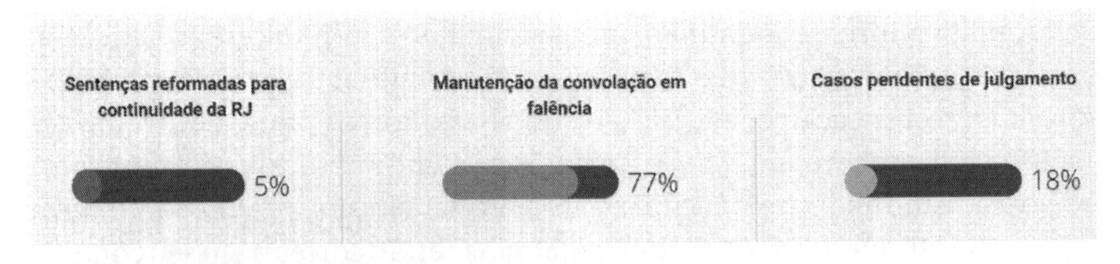

Gráfico 5

Além disso, em um viés de exame ainda mais restrito, no tocante às sentenças com fundamentações anômalas originadas de Varas do interior, houve interposição de recurso em apenas 13% dos casos, ou seja, 10 casos. Destes 10 casos, em 7 deles foi mantida a convolação em falência, em 1 delas foi revertida a decisão e 2 deles se encontram pendentes de julgamento perante os Tribunais Superiores, conforme Gráfico 6 abaixo:

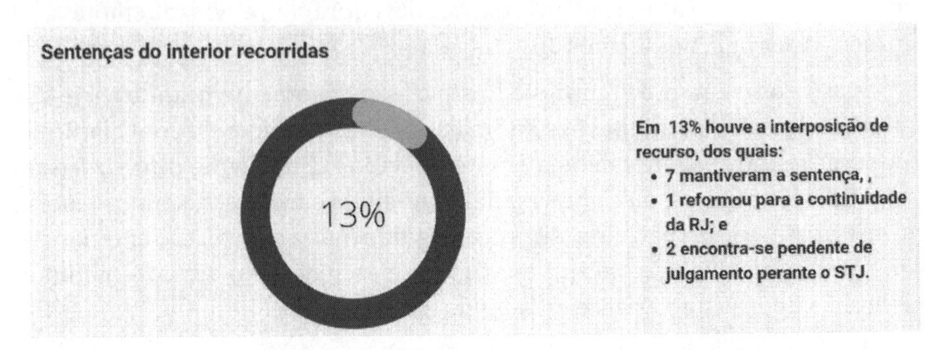

Gráfico 6

Já no tocante às 20 sentenças com fundamentação anômalas das Varas Especializadas da Capital, houve a interposição de recurso em 33% dos casos, ou seja, 5 casos, sendo que em 4 deles foi mantida a convolação em falência e 1 se encontra pendente de julgamento pelo STJ. Portanto, em nenhum dos casos houve a reforma para prosseguimento da recuperação judicial, nos termos do Gráfico 7:

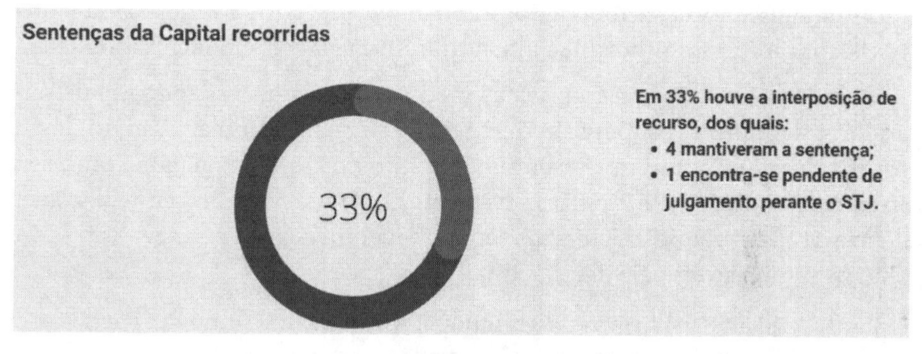

Gráfico 7

Portanto, as convolações dessas recuperações judiciais, mesmo com a identificação das anomalias referenciadas, ocorreram por circunstâncias do caso concreto que tornam insustentável o prosseguimento do feito, sendo adequado o encerramento da atividade empresarial.

Nesse sentido, o desvio na aplicação no instituto revela-se, em tese, como medida de necessidade, uma vez que a convolação se mostra aparentemente como a única saída para empresas que se valem da recuperação judicial sem a possibilidade de preservação de uma empresa minimamente viável. Por uma questão de praticidade, instrumentalidade das formas e eficiência, as sentenças anômalas se desviaram do espírito da norma e da sistemática do legislador. Porém, se acredita que existem alternativas viáveis já encontradas no ordenamento jurídico atualmente, que oferecem maior resguardo aos Magistrados e fortalecem a participação dos credores na convolação.

4. VIAS DE RESGUARDO: CONCILIANDO O ABSTRATO E O CONCRETO

A Lei 11.101/2005 representou ponto de inflexão na ordem jurídica brasileira no que se refere à relação entre o Poder Judiciário e a saúde da ordem econômica. O revogado Decreto Lei 7.661/45 partia de um racional que colocava o Magistrado no centro de poder, verdadeiramente munindo-o do domínio sobre o destino da empresa em crise.[17]

A concordata, no entanto, se provou instituto extremamente pernicioso, possibilitando que mesmo atividades flagrantemente inviáveis gozassem do benefício. As radicais reformas legislativas em 2005, nesse diapasão, desviaram a competência para decidir sobre os rumos da empresa das mãos do Magistrado para os credores, presumidamente aqueles mais aptos a tomar essa decisão, detendo o *know-how* necessário e interesse suficiente para apurarem a real viabilidade da atividade.

Ainda assim, a norma comporta vias de resguardo ao poder do Magistrado para decidir sobre a recuperação ou a falência e conservar a adoção do devido processo legal, tal como ocorre com o instituto do *cram down* para conceder a recuperação (art. 58, 1º e 2º, LRF) ou no art. 73, II, que permite a convolação em falência de ofício pelo juiz. A regra, contudo, é inequivocamente eleger os credores como os responsáveis pela decisão final.

Ainda que enrustido de boas intenções, o sistema esculpido pelo legislador se revelou lacunoso. Isso ocorre, pois, diante de situações graves, tal como (i) resistência da devedora em apresentar documentação contábil para o administrador judicial avaliar sua situação financeira após a apresentação do plano e antes de sua apreciação, (ii) inatividade da empresa apurada antes da apreciação do plano pelos credores ou (iii) mesmo quando a própria devedora vem à frente no processo recuperacional e se declara incapaz de honrar suas obrigações, até mesmo requerendo sua falência, o Magistrado, em regra, não estaria autorizado a convolar a recuperação judicial em falência.

No entanto, todas essas situações são graves e deveriam poder ser controladas pelo Magistrado responsável pelo processo recuperacional sem a necessidade de se socorrer dos credores, permitindo uma convolação em falência célere e precisa, conforme já faz o exato racional do art. 73, II.

Nada obstante, o legislador criou verdadeira encruzilhada, já que o Magistrado não poderia convolar de ofício em razão desses fatos, ou melhor, não pode fazê-lo sem deliberação da Assembleia Geral de Credores nesse sentido.

Em favor da praticidade, celeridade e eficiência, verificou-se expressiva quantidade de decisões em processos recuperacionais que preferiram se afastar do rigor da forma, por vezes até mesmo aportando hipóteses do art. 94 como

17. "Contudo, bem ora diretamente afetados pela crise da empresa, os credores não tinham voz nos procedimentos que visavam a superação da crise. Na concordata, os instrumentos de soerguimento limitavam-se à concessão de prazos para pagamento da dívida. Aos credores restava aguardar o pagamento, nos prazos previstos na lei, ou esperar o descumprimento das obrigações concordatárias e a consequente decretação da falência". FONSECA, Geraldo. *Manual de Recuperação Judicial*. Rio de Janeiro: Forense, 2021, p. 5.

fundamento para a decisão de convolação, situação que causa ainda mais espécie, na medida em que tais hipóteses apenas poderiam ser analisadas por um Magistrado no contexto de um processo autônomo de falência, jamais no bojo de uma recuperação judicial. O devido processo legal, em tais decisões carregadas de fundamentações anômalas, cedeu espaço à intenção de conferir maior eficiência à travessia da recuperanda ao estado de falida.

Apesar de desviar do espírito da lei e do devido processo legal, não deixa também de ser defensável (ou até mesmo nobre) o raciocínio adotado pelos Magistrados responsáveis por esses casos. A análise individual dos processos trouxe ao lume não só a anomalia nas decisões, como também as razões que conduziram a esse desfecho. Nesse sentido, se verificou que, no mais das vezes, a recuperanda realmente está inativa, fato constatado *in loco* pelo administrador judicial. Outrossim, uma recuperanda que torna expresso que não mais é capaz de seguir com sua recuperação, comprova sua crise insuperável e deseja falir, deveria ter seu processo convertido em falência de plano.

A inviabilidade da atividade se torna patente nesses casos e, como é bem sabido, o fator tempo é crucial para a liquidação de bens na maior quantidade e melhor valor, de modo que não deveria ser preciso tergiversar sobre a convolação.

Soma-se a isso que os dados revelam ser baixíssimo o grau de oposição dos devedores às decisões com fundamentações tidas como anômalas. Há uma conformação com a convolação que significa a concordância com a conclusão, apesar da inadequação da via.

Em verdade, o cenário ideal seria o legislador incluir novos incisos no rol taxativo do art. 73, permitindo a convolação em falência quando verificada a inatividade da empresa ou mesmo quando não cumpridos deveres acessórios no curso do processo recuperacional que asseguram sua efetividade (como apresentação de documentação contábil ou cumprimento de outras determinações reputadas imprescindíveis pelo administrador judicial), entre o deferimento do processamento da recuperação e a Assembleia Geral de Credores.

Enquanto não comovido o legislador para criar tais hipóteses (como já não o fez na redação da Lei 14.112/2020), já se encontram no ordenamento vias de resguardo que permitem ao Magistrado conduzir o processo à convolação diante da comprovada inviabilidade da atividade.

A solução, enfim, é simplória, porém pouco valorizada na prática: convocar uma Assembleia Geral de Credores com o único objetivo de decidir sobre a falência. Ou seja, reunir os credores para deliberarem sobre os fatos trazidos aos autos capazes de ensejar a convolação, tal como a inatividade do devedor. Trata-se, sim, de via mais morosa em comparação com o Magistrado decidir sobre o tema apenas com base em um pedido do administrador judicial ou do *Parquet*, no entanto, é a única saída atualmente alinhada à lógica da Lei 11.101/2005.

Convocados os credores para deliberarem quanto à falência, o que pode ocorrer a qualquer tempo no curso do processo, se decidirem no sentido da convolação, bastaria o magistrado aplicar o art. 73, I. No entanto, não se trata de medida popular, conforme revelam os dados. Apenas em 1% de todos os 223 casos analisados foi a decisão fundamentada nesse dispositivo.

Ainda assim, importante lembrar que não se demanda o maciço comparecimento dos credores na Assembleia convocada, basta que a votação seja tomada com base na maioria dos credores presentes, nos termos do art. 42 da LRF. Por conseguinte, se demandaria o engajamento de ao menos alguns credores para que a decisão fosse legitimada pela representatividade da maioria dos credores.[18]

Dessa forma, ainda que mais trabalhosa, a via da Assembleia ensejaria a legitimação da convolação da recuperação judicial em falência pelas vias formais e adequadas. Felizmente, a Lei 14.112/2020 facilitou sobremaneira a convocação e a realização de Assembleia Geral de Credores, de forma que a adoção dessa forma de legitimação pelo procedimento pode se dar de forma ainda mais eficaz. Uma das alterações mais significativas trazidas foi o fato de que qualquer deliberação que seria tomada em Assembleia Geral de Credores pode ser substituída pela apresentação do que a Lei chamou de "termos de adesão", nos termos do art. 39, § 4º, I, da LRF.[19]

Para a adoção desse procedimento a Lei 14.112/2020 forneceu um procedimento por meio do qual, nos termos do art. 45-A, a aprovação deve ser comprovada pela adesão de mais da metade do valor dos créditos sujeitos à recuperação judicial. Portanto, apesar de referida medida facilitar a sistemática de voto por não demandar a convocação de uma Assembleia (que clama por diversas providências a nível formal), também transporta a necessidade de aprovação da proposta colocada por mais da metade de todos os créditos sujeitos ao procedimento.

Sob essa ótica, o desgaste eventualmente economizado pela não convocação da Assembleia pode ser compensado pela necessidade de contato a credores que

18. Nesse sentido, Manoel Justino discorre sobre o quórum de aprovação "Este artigo estabelece como regra geral que qualquer deliberação será aprovada desde que obtenha a metade mais um dos votos dos créditos presentes, ou seja, maioria simples dos presentes." BEZERRA FILHO, Manoel Justino. *Lei de Recuperação de Empresas e Falência* – Lei 11.101/05 comentada artigo por artigo. 15. ed. São Paulo: Ed. RT, 2021, p. 200.

19. "§ 4º Qualquer deliberação prevista nesta Lei a ser realizada por meio de assembleia-geral de credores poderá ser substituída, com idênticos efeitos, por: I – termo de adesão firmado por tantos credores quantos satisfaçam o quórum de aprovação específico, nos termos estabelecidos no art. 45-A desta Lei (...)".

muitas vezes sequer se apresentaram no processo de recuperação judicial por meio de patrono constituído.

Também foi trazida pelo legislador a possibilidade de a votação ser realizada por meio eletrônico que reproduza as condições de tomada de voto da assembleia-geral de credores, prevista no art. 39, § 4º, II, da LRF.

Essa modalidade ganhou elevada popularidade durante a pandemia COVID-19 e se mostrou como forma viável de votação de plano de recuperação judicial. Nessa nova possibilidade, as formalidades da Assembleia Geral de Credores são mantidas, mas realizadas por meio de plataformas *online*.

Em certa medida, a convocação de Assembleia na modalidade eletrônica pode se mostrar como meio hábil a permitir a participação de credores que não residem na comarca na qual foi requerida a recuperação judicial da devedora, de forma que o alcance e participação pode vir a ser relevante e, atualmente, comprovadamente se mostra uma saída promissora (ainda que sujeita aos meios tecnológicos).[20]

E, ainda, a assembleia-geral de credores poderá ser substituída por qualquer outro mecanismo que o Magistrado reputar suficiente, ou seja, o Magistrado analisando o caso concreto poderá decidir por qual desses institutos seguir para dar poderes aos credores.

Assim, a despeito das facilidades trazidas pelas alterações da Lei 14.112/2020, também não se pode perder de vista a necessidade de preservação dos direitos dos credores quando na busca pela celeridade de procedimentos já estabelecidos pela Lei. Destarte, a necessidade de divulgação das informações pertinentes, ritos e procedimentos especiais a serem adotados é imprescindível para que o procedimento de tomada de decisões (com base nas maiorias estabelecidas em Lei) seja preservado em sua essência. Não se pode deturpar a essência do procedimento coletivo em favor do uso indiscriminado de meios céleres de votação. A representatividade é medida imperativa e deve ser respeitada.[21]

---

20. Sobre este ponto, vale conferir a matéria que informa sobre a regulamentação do Tribunal de Justiça do Estado de São Paulo sobre a convocação da Assembleia Geral de Credores, com a ressalva de que foi editada antes da alteração da Lei 11.101/05 em dezembro de 2020. Disponível em: https://www.conjur.com.br/2020-ago-26/tj-sp-padroniza-assembleia-geral-credores-forma-virtual Acesso em: 10.10.2021.
21. "Para se evitar a supressão de direitos tão essenciais, a voz e o poder persuasivo, recomenda-se que o mesmo diante da coleta de votos, se dê ampla publicidade a "ordem do dia" e possibilidade de manifestação com prazo razoável dos credores quanto às propostas". DE MELO, Cinira Gomes Lima. BUSHATSKY, Daniel. Assembleia Geral de Credores: Novos desafios e perspectivas. In: VASCONCELOS, Ronaldo; PIVA, Fernanda Neves; BRAGANÇA, Gabriel José de Orleans; HANESAKA, Thais D'Angelo da Silva; SANT'ANA, Thomaz Luiz (coord.). *Reforma da Lei de Recuperação e Falência* (Lei 14.112/20). São Paulo: IASP, 2021, p. 508.

Não obstante, quando respeitadas todas as formalidades e prerrogativas inseridas pelo rito trazido em Lei, a deliberação para convolação em falência pelos credores (maiores interessados no recebimento de valores) se mostra como medida adequada para o procedimento até então estabelecido pelo Legislador.

Assim, a produção de uma decisão coletiva, dotada de soberania em suas decisões se mostra como excelente via de resguardo, tendo em vista juíza possibilidade de preservação do Magistrado e estrita observância aos termos do art. 73 da LRF se preserva dentro da sistemática legal e não substitui os credores na decisão que a eles caberia.

5. CONCLUSÃO

A falência, historicamente, é percebida como uma punição direcionada àqueles que não têm condições de se manter no mercado. Falir seria aversivo, pejorativo, um desfecho a ser evitado.

Porém, tal raciocínio não faz justiça ao instituto.[22] Em realidade, apesar de o procedimento falimentar no Brasil ainda demandar ajustes procedimentais, a falência (caso alcance seus fins em celeridade e eficiência) deveria ser mais bem vista, e talvez até como uma recompensa. No Brasil, apenas o empresário tem direito à falência.[23] Em respeito aos benefícios que traz à sociedade, os riscos do insucesso de sua atividade são relativizados e coletivizados, recompensados na forma de um processo especial para tornar o adimplemento de suas dívidas ordeiro, eficaz e breve.

Deveras, como dito, as imperfeições no instituto não podem ser ignoradas, de modo que nem sempre esses escopos são alcançados, no entanto, a valorização e aperfeiçoamento da falência é o atalho ideal, não seu estorvo. Essa consciência e sensibilidade coletiva apenas podem ser atingidas através de uma mudança cultural e a Lei 14.112/2020 decerto rema nesse sentido.

22. Importante mencionar o novo instituto do "fresh start" trazido pela redação da Lei 14.112/2020 "é nesse contexto que se insere o instituto do fresh start, ou extinção das obrigações do falido. Sabe-se que a falência é o instrumento jurídico definitivo para se lidar com a falha no exercício da atividade empresarial, consistente basicamente na entrega de todos os ativos detidos pelo empresário falido para a liquidação e pagamento dos créditos por ele devidos. E se admite, ao mesmo tempo que não é razoável que o empresário permaneça eternamente vinculado à falência e a uma dívida que não pode ser paga, nem com seus ativos presentes, nem sua força de trabalho futura. O fresh start consiste exatamente na liberação (perdão) do empresário em relação às dívidas da falência" COSTA, Thiago Dias. AZZONI, Clara Moreira. O Fresh Start Empresarial – A extinção das Obrigações d Falido na Lei 14.112/2020. In: coord. VASCONCELOS, Ronaldo; PIVA, Fernanda Neves; BRAGANÇA, Gabriel José de Orleans; HANESAKA, Thais D'Angelo da Silva; SANT'ANA, Thomaz Luiz. Reforma da Lei de Recuperação e Falência (Lei 14.112/20). São Paulo: IASP, 2021, p. 1113

23. A despeito de eventuais discussões no tocante à possibilidade do pedido de recuperação judicial/falência de associações civis.

Confiando o devedor, os credores e o Judiciário na falência como solução viável ao problema posto, há espaço para a transição racional da recuperação à falência, por meio do instituto da convolação.

Na análise estatística dessa travessia, percebe-se uma flexibilização impraticável do processo recuperacional e das causas taxativas existentes para a convolação, aparentando inclusive existirem resquícios do racional do já revogado Decreto Lei 7.661/45 na prática forense, de maneira que esse alinhamento entre o direito em abstrato e o direito encontrado nos processos examinados talvez esteja distante.

Contudo, espera-se, que o momento atual permita que se realize um rito de passagem, e que se dê a verdadeira *convolação* dos impasses na aplicação do instituto aqui tratado. Tudo isso com um rumo à harmonia entre os fins e os meios adotados para selar o destino de atividades economicamente inviáveis, mantendo o pretendido protagonismo dos credores nesse cenário.

6. REFERÊNCIAS

BEZERRA FILHO, Manoel Justino. *Lei de Recuperação de Empresas e Falência* – Lei 11.101/05 comentada artigo por artigo. 15. ed. São Paulo: Ed. RT, 2021.

CARNAÚBA, César Augusto Martins; HANESAKA, Thais D'Angelo da Silva; VASCONCELOS, Ronaldo. A reforma da Lei de Falências e o curioso caso de Benjamin Button. *Exame*, 10.12.2020. Disponível em: https://exame.com/blog/opiniao/a-reforma-da-lei-de-falencias-e-o-curioso-caso-de-benjamin-button/. Acesso em: 21.09.2021.

COSTA, Thiago Dias. AZZONI, Clara Moreira. O Fresh Start Empresarial – A extinção das Obrigações d Falido na Lei 14.112/2020. In: VASCONCELOS, Ronaldo; PIVA, Fernanda Neves; BRAGANÇA, Gabriel José de Orleans; HANESAKA, Thais D'Angelo da Silva; SANT'ANA, Thomaz Luiz (Coord.). *Reforma da Lei de Recuperação e Falência* (Lei 14.112/20). São Paulo: IASP, 2021

DE MELO, Cinira Gomes Lima. BUSHATSKY, Daniel. Assembleia Geral de Credores: Novos Desafios e Perspectivas. In: VASCONCELOS, Ronaldo; PIVA, Fernanda Neves; BRAGANÇA, Gabriel José de Orleans; HANESAKA, Thais D'Angelo da Silva; SANT'ANA, Thomaz Luiz (Coord.). *Reforma da Lei de Recuperação e Falência* (Lei 14.112/20). São Paulo: IASP, 2021.

FONSECA, Geraldo. *Manual de recuperação judicial.* Rio de Janeiro: Forense, 2021.

MARTINS, Aline de Toledo; CARNAÚBA, César Augusto Martins; HANESAKA, Thais D'Angelo da Silva. A venda integral da devedora e a convolação da recuperação judicial em falência. In: VASCONCELOS, Ronaldo; PIVA, Fernanda Neves; BRAGANÇA, Gabriel José de Orleans; HANESAKA, Thais D'Angelo da Silva; SANT'ANA, Thomaz Luiz (Coord.). *Reforma da Lei de Recuperação e Falência* (Lei 14.112/20). São Paulo: IASP, 2021.

NUNES, Marcelo Guedes. *Jurimetria.* São Paulo: Ed. RT, 2016.

SACRAMONE, Marcelo Barbosa. *Comentários à Lei de Recuperação de Empresas e Falência.* 2. ed. São Paulo: Saraiva, 2021.

ANÁLISE COMPARATIVA ENTRE OS PLANOS DE RECUPERAÇÃO JUDICIAL DE PRODUTOR RURAL E DAS DEMAIS ATIVIDADES EMPRESARIAIS NO ÂMBITO DO TRIBUNAL DE JUSTIÇA DE SÃO PAULO

Alessandra Monteiro Araujo Lima

Pós-Graduada pela Escola Paulista de Direito (ênfase em contratos, obrigações, responsabilidade civil e relações de consumo). Formada pela Universidade Presbiteriana Mackenzie. Advogada.

Aluísio de Freitas Miele

Mestre em Direito pela USP. Graduado em direito pela Unesp. Advogado e professor em cursos de Graduação e Pós-Graduação em direito. Mediador e árbitro.

Ana Lívia Carvalho Silva

Especialista em Direito Empresarial. Coordenadora do Núcleo de Direito Empresarial do IEAD. Coordenadora do Núcleo de Reestruturação e Insolvência Empresarial da Cames Brasil. Advogada, mediadora e administradora judicial.

Filipe Denki

Especialista em Direito e Processo Civil pela Pontifícia Universidade Católica de Goiás. Especialista em Direito Empresarial e Advocacia Empresarial pela Universidade Anhanguera. Advogado, Administrador Judicial, professor e árbitro.

Sumário:

1. INTRODUÇÃO E CAMINHO METODOLÓGICO

O Agronegócio[1] e a produção rural no Brasil têm uma expressiva participação na economia do país e representou aproximadamente 26,6% do PIB (Produto Interno Bruto) brasileiro em 2020 e 21,4% em 2019 (CNA, 2020).

Apesar da crise econômica enfrentada pelo Brasil nos últimos anos, agravada pela pandemia que acometeu a economia em escala global, o agronegócio cresce a cada ano, o que pode contribuir e amenizar os efeitos da crise e auxiliar no crescimento do país. Em 2020, segundo o Comunicado Técnico da Confederação da Agricultura e Pecuária do Brasil (CNA) e do Centro de Estudos Avançados em Economia Aplicada (Cepea), o PIB do agronegócio cresceu 2,06% em dezembro e fechou o ano de 2020 com uma expansão recorde de 24,31% em comparação com 2019.

Todos os segmentos da cadeia produtiva do agronegócio brasileiro, no geral, tiveram alta em 2020, com destaque para o setor primário (56,59%), seguido por agros serviços (20,93%), agroindústria (8,72%) e insumos (6,72%). O desempenho do PIB do agronegócio reflete a evolução da renda real do setor, em que são consideradas as variações tanto de volume quanto de preços reais.

Ainda que o desenvolvimento e o comportamento do mercado do agronegócio brasileiro sejam positivos, bem como diante da sua incontestável importância na economia, os seus agentes econômicos estão suscetíveis as mais diversas dificuldades financeiras, principalmente diante da dependência de inúmeros fatores extrínsecos como clima, pragas, logística, armazenagem, políticas econômicas, vulnerabilidade acentuada em relação às questões cambiais, a complexidade das obrigações contratuais no agronegócio[2] e os próprios riscos inerentes a qualquer atividade econômica.

Tão logo, com a finalidade de superar os momentos de crise econômico-financeira, a recuperação judicial se torna um importante instrumento para que os empresários possam se reestruturar, reorganizar, manter a atividade empresarial, o emprego dos trabalhadores, o interesse dos credores, de forma a funcionalizar

1. O agronegócio é "[...] o conjunto organizado de atividades econômicas que envolve todas as etapas compreendidas entre o fornecimento dos insumos para produção até a distribuição para consumo final de produtos, subprodutos e resíduos de valor econômico relativos a alimentos, fibras naturais e bioenergia. [...] o termo agronegócio é delineado pelo que temos chamado de complexo agroindustrial, ou conjunto geral dos sistemas agroindustriais, consideradas todas as empresas que fornecem os insumos necessários, produzem, processam e distribuem produtos, subprodutos e resíduos de origem agrícola, pecuária, de reflorestamento ou aquicultura. (Buranello, 2018). Sobre o conceito do agronegócio e a sua cadeia produtiva, cf. BURANELLO; LEIRIÃO FILHO, 2018, p. 7-8).
2. Acerca do financiamento e da complexidade das obrigações contratuais no agronegócio, cf. cf. BURANELLO; LEIRIÃO FILHO, 2018).

o alcance do objetivo primevo consubstanciado pela Lei 11.101/2005 (LRF): a preservação da empresa.

Nesse sentido, exatamente em função da importância econômica mencionada, o tema da recuperação judicial relacionada especificamente ao produtor rural pessoa natural[3] ganhou um altíssimo relevo, tanto no que tange aos pedidos quanto no que diz respeito às controvérsias jurídicas que o circundam.

O número dos pedidos de recuperação judicial de produtor rural tem crescido no judiciário brasileiro.[4] Este cenário está intrinsecamente relacionado ao entendimento jurisprudencial do Superior Tribunal de Justiça (STJ)[5] e, provavelmente permanecerá em crescimento devido às alterações na LRF proporcionada pela Lei 14.112/2020. Esta estabeleceu a possibilidade de o produtor rural requerer a recuperação judicial quando comprovado o exercício regular da atividade por mais de 02 (dois) anos,[6] independentemente do período de efetivo registro no Registro Público de Empresas Mercantis da respectiva sede. A inscrição do produtor rural continua como requisito obrigatório para requerer a recuperação judicial, contudo pode ser obtida no dia anterior ao pedido.[7]

3. Tanto a doutrina quanto a legislação adotam conceitos de produtor rural bastante aproximados. Na Instrução Normativa n.º 971/2019 a Receita Federal considera "produtor rural, a pessoa física ou jurídica, proprietária ou não, que desenvolve, em área urbana ou rural, a atividade agropecuária, pesqueira ou silvicultural, bem como a extração de produtos primários, vegetais ou animais, em caráter permanente ou temporário, diretamente ou por intermédio de prepostos".
4. O aumento do número de pedidos de recuperação judicial de produtor rural, por exemplo, cresceu no Rio Grande do Sul (COPETTI, 2020) e no Mato Grosso (RDNEWS, 2021). A presente pesquisa comprova também o aumento do pedido de recuperação judicial de produtor rural pessoa física no estado de São Paulo.
5. A 4ª Turma do Superior Tribunal de Justiça (Recurso Especial 1.800.032/MT), em julgamento ocorrido em 05/11/2019, deu provimento ao recurso de produtor rural reconhecendo a regularidade da atividade antes do registro na Junta Comercial. Já a 3ª Turma (Recurso Especial 1.811.953), em 06 de outubro de 2020, deu provimento ao recurso especial ajuizado por produtor rural que com menos de 02 (dois) anos de inscrição no Registro Público de Empresas Mercantis realizou pedido de recuperação judicial que, anteriormente, foi indeferido pelo Tribunal de Justiça do Mato Grosso.
6. A comprovação do prazo ocorre por meio do Livro Caixa Digital do Produtor Rural (LCDPR), por meio de obrigação legal de registros contábeis que venha a substituir o LCDPR (§ 3º do art. 48), Declaração do Imposto de Renda sobre a Renda da Pessoa Física (DIRPF) ou balanço patrimonial.
7. Neste sentido, Marcelo Sacramone (2021, p. 196) afirma que "[...] caso opte pelo registro, o produtor rural torna-se empresário. Sua atividade econômica desenvolvida durante pelo menos dois anos, entretanto, será regular mesmo antes desse registro e poderá ser demonstrada pela pessoa física não apenas com a certidão de inscrição na Junta Comercial, mas também com a Declaração de Informações Econômico-Fiscais da Pessoa Jurídica. Assim, permite-se ao produtor rural que tenha se registrado como empresário antes do pedido de recuperação judicia, mas cuja atividade tenha desenvolvido pelo período de dois anos mesmo que ainda antes do registro, pretender a recuperação judicial". Ademais, diante da reforma, somente estarão sujeitos à recuperação judicial os créditos decorrentes exclusivamente da atividade rural e devidamente comprovados nos registros e os não-vencidos. As dívidas oriundas do crédito rural poderão ser abrangidas, desde que não tenham sido objeto de renegociação entre o devedor e a instituição financeira, antes do pedido de recuperação judicial. Já as dívidas contraídas com a finalidade de aquisição de propriedades rurais, bem como as suas respectivas garantias, constituídas nos 3 últimos anos anteriores ao pedido de recuperação judicial, não poderão ser incluídas no processo.

Para além da importância dos requisitos para que o produtor rural pessoa natural possa requerer a sua recuperação judicial e de outros temas debatidos acerca da recuperação judicial do produtor rural pessoa natural, não se vislumbrou na academia pesquisa que possa trazer um comparativo entre os planos de recuperação judicial de produtores rurais com os planos de recuperação judiciais relacionados às demais atividades.

Dessa feita, o presente estudo tem como objetivo apresentar e analisar os aspectos e pontos mais relevantes, semelhantes, divergentes e controvertidos advindos da comparação entre os Planos de Recuperação Judicial de Produtor Rural (PRJ PR) pessoa natural ou com registro com menos de 2 (dois) anos e todos os Planos de Recuperação Judicial relacionados às outras atividades ("Planos Gerais") de todos os processos do Tribunal de Justiça do Estado de São Paulo entre os anos de 2015 a julho de 2017.

Para tanto, em que pese a presença de uma abordagem metodológica qualitativa e de análise documental indireta por meio de revisão bibliográfica, a presente pesquisa traz um racional metodológico predominantemente empírico ao utilizar a jurimetria[8] como método de pesquisa e de interpretação quantitativa.

Ainda acerca do caminho metodológico, foram utilizadas duas bases de dados fornecidas pela Associação Brasileira de Jurimetria (ABJ). A primeira trouxe a lista de processos de recuperação judicial do Tribunal de Justiça do Estado de São Paulo (TJSP) de agosto de 2017 até dezembro de 2020. A segunda trouxe a lista de processos de recuperação judicial do TJSP, bem como os dados referente ao plano de todas as recuperações judiciais, ambos entre janeiro de 2010 até julho de 2017.

Em primeiro lugar, diante do universo dos processos de recuperação judicial entre janeiro de 2010 até dezembro de 2020, houve a identificação de quais e quantos deles eram relacionados à recuperação judicial de produtor rural pessoa natural (doravante produtor rural). Dentre os processos de produtor rural foram excluídos os físicos e aqueles com sentença de extinção do feito.

8. Marcelo Guedes Nunes (2019, p. 111-112) conceitua jurimetria "como a disciplina do conhecimento que utiliza a metodologia estatística para investigar o funcionamento de uma ordem jurídica [...] o objetivo da Jurimetria não é a norma jurídica isoladamente considerada, mas sim a norma jurídica articulada, de um lado, como resultado (efeito) do comportamento dos reguladores e, de outro, como estímulo (causa) no comportamento dos seus destinatários. [...] De uma perspectiva metodológica, a Jurimetria usa a estatística para restabelecer um elemento de causalidade e investigar os múltiplos fatores (sociais, econômicos, empíricos, geográficos, éticos etc.) que influenciam o comportamento dos agentes jurídicos". O autor também afirma que "[a] metodologia da jurimetria corresponde a um conjunto de métodos estatísticos capaz de angariar informações objetivas sobre o funcionamento de uma ordem jurídica, bem como efetuar previsões a respeito de seu comportamento futuro" (p. 118, 2019).

Em segundo lugar, da base de dados fornecida pela ABJ, que trouxe a análise dos planos de todas as recuperações judiciais entre janeiro de 2010 a julho de 2017 do TJSP, foram excluídos: i. todos os processos judiciais relativos à recuperação judicial de produtor rural; e ii. todos os processos entre janeiro de 2010 e dezembro de 2014. Assim, obtivemos uma "Base Geral" contendo a análise dos planos de recuperação judicial de todas as recuperações judiciais do TJSP entre janeiro de 2015[9] a julho de 2020 (um total de 229 processos), excluindo os processos de recuperação judicial de produtor rural pessoa natural ou com registro com menor de 02 (dois) anos.

Em um terceiro momento houve análise de todos os planos de recuperação judicial relacionados a produtor rural.

Em um quarto momento, foram organizadas duas bases de dados relacionadas a análise de planos de recuperação judicial envolvendo produtor rural. Uma base contendo os processos de janeiro de 2015 a julho de 2017 (Base PR 01) e outra base reunindo os processos de agosto de 2017 até dezembro de 2020 (Base PR 02).

Por fim, foram concretizados o estudo e a análise comparativa entre a Base Geral e a Base PR 01, bem como um estudo das Bases PR 01 e PR 02.

O quadro abaixo representa a quantidade de processos analisados em cada uma das bases:

Bases	Processos	Frequência
Base PR 01 (PR - jan. 2015 - jul. 2017)	4	2%
Base PR 02 (PR - ago. 2017- dez. 2020)	21	8%
Base Geral (jan. 2015 - jul. 2017)	229	90%
Total Geral	**254**	**100%**

Portanto, foram 25 planos de recuperação judicial de produtor rural analisados,[10] dos quais, adianta-se, todos processados em vara comum (não especializada) e apenas 04 (quatro) ainda estão em fase de negociação e não possuem plano de recuperação judicial aprovado. Todos os demais foram aprovados por meio de Assembleia Geral de Credores.

9. A chamada "Base Geral" inicia-se em janeiro de 2015 porque o primeiro pedido de recuperação judicial de produtor rural no TJSP foi neste mesmo ano. Assim, para uma análise comparativa adequada entre os planos de recuperação judicial da "Base Geral" com os planos de recuperação judicial de produtor rural, impreterível analisar o mesmo período.

10. É preciso ressaltar que os dados acerca dos planos de recuperação judicial de produtor rural foram reunidos até a data de 23 de agosto de 2021, o que significa que foram considerados os andamentos processuais até esta data.

Para muito além da verificação de que houve um aumento significativo do número de processos de produtor rural durante o período de janeiro de 2015 a dezembro de 2020, foi possível analisar diversos pontos acerca dos planos de recuperação judicial relacionados com produtor rural com enfoque no objetivo mencionado.

2. ANÁLISE COMPARATIVA DOS PLANOS DE RECUPERAÇÃO JUDICIAL ENVOLVENDO PRODUTOR RURAL COM OS PLANOS DE RECUPERAÇÃO JUDICIAL DAS DEMAIS ATIVIDADES

2.1 Quantidade de processos distribuídos por ano

Antes mesmo de se adentrar à análise comparativa entre a Bases Geral e a Base PR 01, primeiramente o olhar se volta ao número de processos de recuperação judicial distribuídos por ano.

Verifica-se no gráfico abaixo uma maior proporção de processos no ano de 2016, ano este em que se apurou a maior quantidade de pedidos de recuperação judicial (SERASA, 2021).[11]

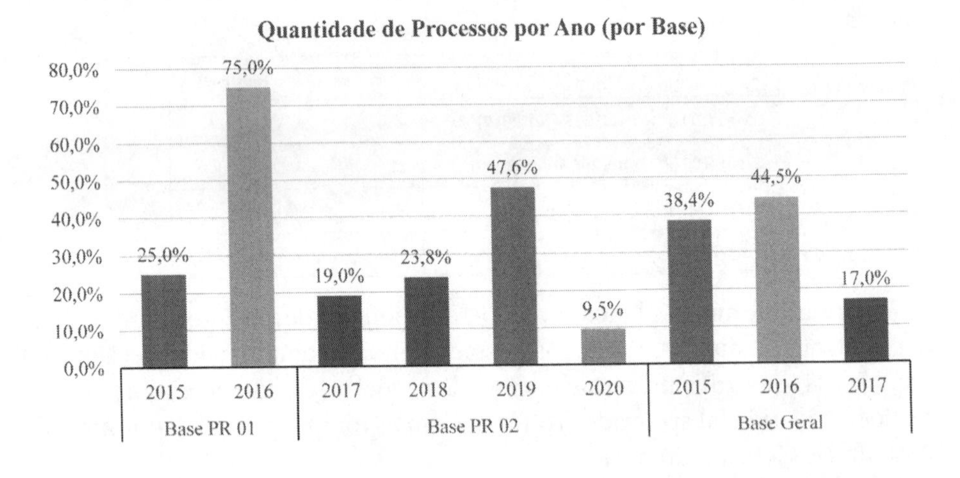

11. Em 2016, 1.863 empresas pediram recuperação judicial no Brasil, segundo dados da *Serasa Experian*. O número representa aumento de 44,7% frente a 2015. É também o maior da série histórica iniciada em 2005. Os micros e pequenos negócios responderam por 60,9% dos pedidos (1.134). Na sequência, aparecem as médias (470) e grandes empresas (259). De acordo com a Serasa, o total de pedidos de recuperação judicial deferidos cresceu 45,0% de 2015 a 2016. Passou de 1.044 a 1.514. Os pedidos concedidos saltaram 61,5%, para 470 e grandes empresas 259. (SERASA, 2021).

Já nos processos de recuperação judicial envolvendo produtor rural, a figura acima elucida que o maior número ocorreu no ano de 2019, o que coincide com o período de debates ocorridos no STJ no julgamento do "Caso J Pupin".[12]

Naquela oportunidade, em 2019, a Quarta Turma do Superior Tribunal de Justiça (STJ) firmou o entendimento de que o empresário rural, embora precise estar registrado na Junta Comercial para requerer a recuperação judicial, pode computar o período anterior à formalização do registro para cumprir o prazo mínimo de dois anos exigido pelo artigo 48 da Lei 11.101/2005.

Com efeito, entendeu-se que a inscrição do empresário rural na Junta Comercial apenas formaliza a qualificação jurídica de empresário, presente em momento anterior ao registro, o que fez com que vários produtores rurais pudessem se valer desse novo entendimento, passando a fazer jus às benesses da Lei, o que corrobora o efetivo aumento no número de pedidos e deferimentos de processamentos dos processos de recuperação judicial de produtores rurais.

2.2 Premissas importantes a respeito das análises que envolvem as classes de credores

Ainda antes de adentrar a análise, importante destacar as premissas adotadas para o levantamento das bases de produtor rural em cada classe de credores, a fim de sanar qualquer dúvida quanto à coleta realizada dos respectivos dados.

Em relação à Classe I – trabalhista, na Base PR 01, do total de 4 processos (a) em 01 deles não houve credor trabalhista. Já na Base PR 02, do total de 21 processos, (b) em 02 deles não houve credor trabalhista e (c) 04 processos estão em negociação e não foram considerados.

Já na Classe II – garantia real, do total de 21 processos na Base PR 02, temos (a) 04 processos em negociação, (b) 02 processos em que não houve credor Classe II e (c) 02 processos em que há previsão de pagamento com a venda de UPI ou ativos, mas que no PRJ não foi estipulado o prazo para a respectiva venda, sendo considerado para a apuração como prazo indeterminado.

Na Classe III – quirografária, do total de 21 processos na Base PR 02, temos (a) 04 processos em negociação e (b) 01 processo em que há previsão de pagamento com a venda de UPI ou ativos, mas que no PRJ não foi estipulado o prazo para a respectiva venda, sendo considerado para a apuração como prazo indeterminado.

12. Em que pese o caso já ter sido objeto de menção na introdução do artigo, pode-se relembrar que o voto que do Ministro Raul Araújo, favorável ao produtor rural, ocorreu em 04/06/2019 (REsp 1.800.032).

Por fim, para fins do presente estudo comparativo não se considerou a Classe IV – ME e EPP, uma vez que a Base Geral (ABJ) não analisou os critérios do Plano de Recuperação Judicial envolvendo a respectiva Classe.

2.3 A utilização do *cram down*

Um ponto importante a ser analisado com relação às aprovações dos Planos de Recuperação Judicial (PRJ) é a significativa presença de Planos de Produtor Rural aprovados pela modalidade Cram Down.

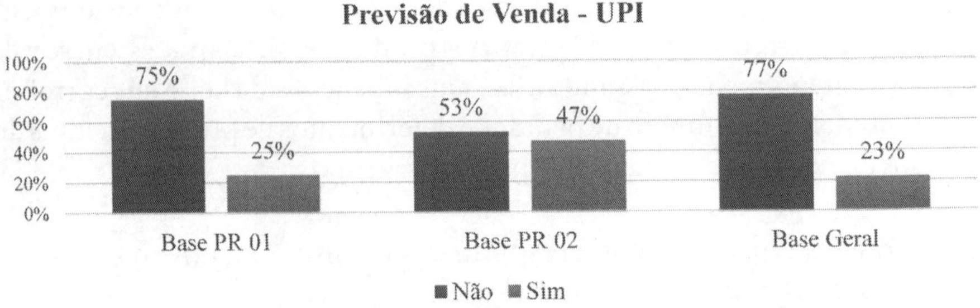

Comparando a Base PR 01 com a Base Geral, verifica-se que há presença de *cram down*, mas prepondera-se a sua existência nas Recuperações Judiciais de Produtor Rural, dado que corresponde a 50% frente a 7,5% da Base Geral.

A análise comparativa entre as bases de PR 01 e PR 02 apresenta uma redução a partir de 2017, ainda assim o percentual de aprovação por *cram down* nas RJs de produtor rural é representativa ante o percentual de 29,4%.

Em uma análise comparativa da ocorrência *cram down* com a aplicação dos deságios em suas respectivas classes (que será à frente mais bem elucidado), verificamos que nos 04 casos em que houve a aplicação de deságio entre 40% e 60%, todas as aprovações do Plano de Recuperação Judicial ocorreram via *cram down* ante a rejeição pela Classe II. Com aplicação de deságios entre 60% e 80% (seis casos), em 03 casos a aprovação também foi via *cram down* devido à rejeição da Classe com Garantia Real.

Em paralelo à análise das classes, verifica-se que por ter poucos ou únicos credores especialmente na Classe II, a modalidade do *cram down* foi amplamente utilizada, forçando-se a aprovação do Plano, o que denota uma distinção significativa para os demais processos de Recuperação Judicial, em que o número de planos aprovados por essa modalidade é consideravelmente menor, o que implica dizer que a ausência de negociação entre as partes, tanto pela irredutibilidade do credor, como pela expectativa do devedor de ver seu plano aprovado já que com os demais credores conseguiria aprovação, não os leva a negociarem antes do Plano.

2.4 PREVISÃO DE VENDA POR UNIDADES PRODUTIVAS ISOLADAS (UPI)

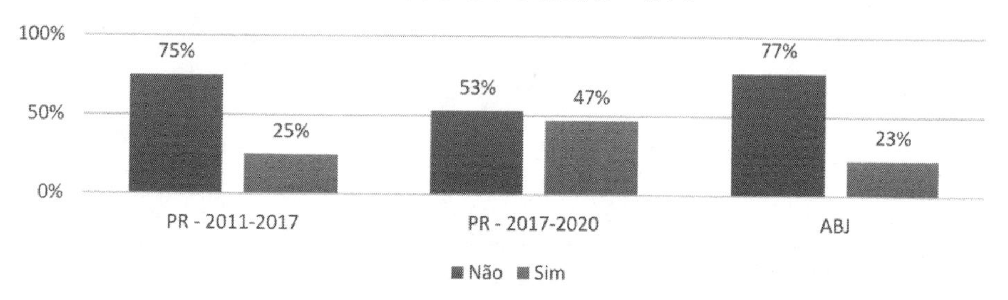

A partir da análise a respeito da previsão de vendas de UPI Comparando a Base PR 01 com a "Base Geral", concluímos que a previsão de vendas de UPIs não possui alterações relevantes e não demonstra ser uma previsão preponderante nos PRJs do período, já que sua existência se limita ao percentual de 25% dos processos.

Comparando-se a Base PR 01 com Base PR 02, verificamos o aumento de previsão de venda de UPI dentro dos processos de produtor rural dos últimos anos. O que nos leva a considerar a importância de venda de UPI para produtor rural, como forma de gerar renda para conseguir cumprir o plano, sendo levado aos credores para votação em Assembleia Geral de Credores.

Contudo, não se vislumbra diferenças significativas nas cláusulas de vendas por UPI em processos de Produtor Rural, o que ensejaria um tratamento diferenciado à essa modalidade de Devedores. Portanto, em que pese extremamente relevantes referidas cláusulas em um Plano de Recuperação Judicial, com os dados levantados, não se justifica comportamento especial à referida classe de Produtor Rural.

2.5 Renúncias de cobrança de coobrigados

Da análise comparativa entre a Base PR 01 e Base Geral, verifica-se a ausência de cláusula de renúncia de cobrança em face dos Coobrigados. Noutro giro, quando analisada as Bases PR 01 e 02, nota-se uma tendência de aumento no período 2017-2020 na utilização de cláusulas de renúncia nos processos envolvendo Produtor Rural, já que a existência da cláusula passa a ser de 0% para 59% nos PRJ's, enquanto na Base Geral (ABJ), há 11% de casos em que existem disposições acerca da renúncia de cobrança por coobrigados.

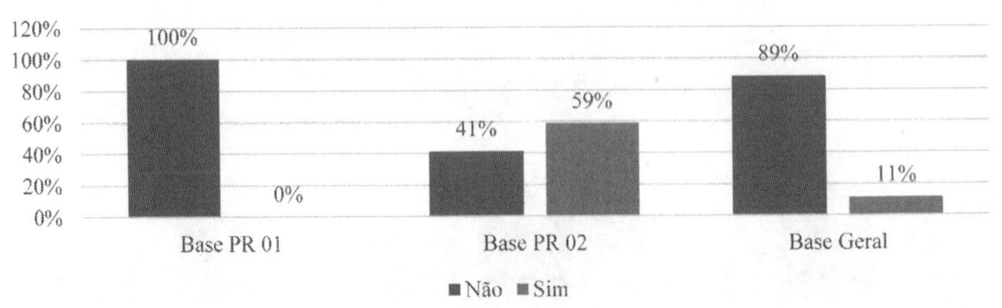

Os números acima corroboram que, mesmo diante da tendência jurisprudencial de eficácia de cláusulas de renúncia apenas em face dos credores que anuíram ao Plano de Recuperação Judicial, identifica-se uma significativa presença de cláusula de renúncia de cobrança de coobrigados nos processos envolvendo recuperação de Produtor Rural, notadamente após julgamento do REsp 1.700.487 (DJ 02/04/2019), o qual inovou ao trazer o entendimento de que o PRJ aprovado com essas cláusulas vincularia todos os demais credores, independentemente do seu voto contrário.

> Na hipótese dos autos, a supressão das garantias real e fidejussórias restou estampada expressamente no plano de recuperação judicial, que contou com a aprovação dos credores devidamente representados pelas respectivas classes, o que importa na vinculação de todos os credores, indistintamente.

Referido entendimento avigorou a utilização de cláusulas de renúncia de coobrigados nos Planos de Recuperação Judicial, conforme denota-se do quadro acima, tendo em vista que citada decisão deu amparo às estratégias de soerguimento das empresas em Recuperação Judicial.

Imperioso ressaltar, contudo, que a segunda turma do STJ no recente julgamento do REsp 1.794.209, DJ 29/06/2021, decidiu que o plano de recuperação não pode suprimir garantias sem autorização do credor. Dessa feita, depreenderam que a anuência do titular da garantia real ou fidejussória é indispensável para que o plano de recuperação judicial possa estabelecer a sua supressão ou substituição.

De acordo com a decisão, a cláusula que estende a novação aos coobrigados só tem efeito para os credores que aprovaram o plano de recuperação sem nenhuma ressalva, não sendo eficaz, portanto, em relação aos que não participaram da assembleia geral, que se abstiveram de votar ou se posicionaram contra tal disposição. Os reflexos advindos dessa decisão poderão ser analisados e verificados apenas na análise dos novos processos.

Citado comportamento (previsão expressa de cláusulas contendo Renúncias de Cobrança de Coobrigados) se estende tanto à Produtores Rurais, como aos demais processos de Recuperação Judicial. Não havendo, neste momento, justificativas à um tratamento especial.

2.6 Prazo de pagamento *vs.* planos aprovados

Em relação aos prazos de pagamento previstos nos planos aprovados, após a análise por meio de um comparativo entre Bases e Classes, apura-se apenas uma distinção na Classe III (quirografária) entre os processos em geral constantes na Base Geral (ABJ) e os processos que envolvem especificamente produtor rural (Bases PR 01 e PR 02).

2.6.1 Prazo de pagamento na Classe III

Isso porque, em um comparativo entre a Base PR 01 e Base Geral, constata-se que apesar de na Base Geral apresentar período de aprovação menor que 5 anos, distinto da Base PR 01 em que este período não está presente, apura-se preponderância de processos com previsão de pagamento entre 5 e 10 anos na respectiva Classe, sendo o segundo período preponderante entre 10 e 15 anos.

No entanto, em um comparativo entre as Bases de produtor rural a preponderância se inverte, na medida em que se destaca o período entre 10 e 15 anos. Já o período entre 5 e 10 anos passa a ser o segundo período preponderante, mas, identifica-se uma redução deste período a partir de agosto/17, pois os Planos de Recuperação Judicial passam a abranger prazo de pagamento *(a)* inferior a 5 anos e *(b)* superior a 15 anos.

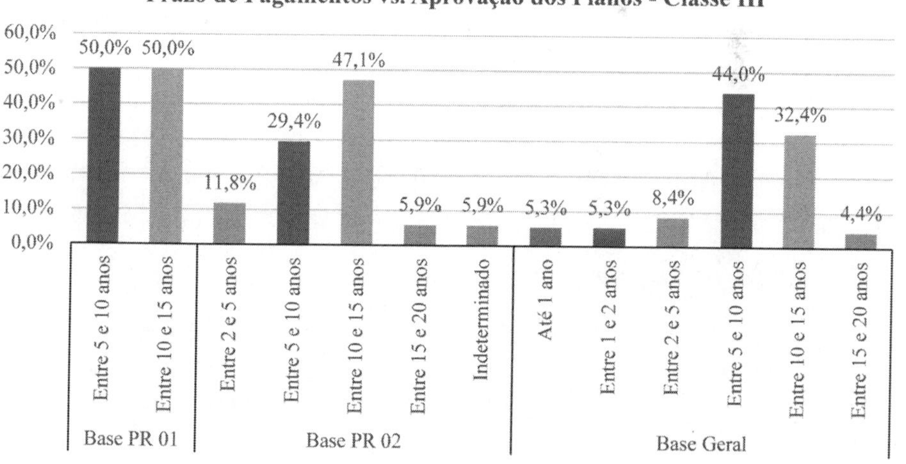

Apesar da distinção e da inversão acima apontadas, não se identificou uma efetiva justificativa no prazo superior de pagamento para a Classe III nas recuperações judiciais de produtor rural.

Isso porque, na tentativa de identificar o motivo de preponderância do período de pagamento entre 10 e 15 anos na Classe III envolvendo produtor rural, realizou-se uma análise comparativa nas Bases PR 01 e PR 02 entre os créditos inicialmente listados pela Recuperanda em cada Classe e os prazos de pagamento fixados, sendo apurado que do total de 10 casos que existe o mencionado período de pagamento: (a) 40% dos casos o passivo quirografário é superior às demais Classes, (b) 40% dos casos há um equilíbrio entre as Classes II e III e (c) 20% da Classe III possui passivo inferior à Classe II.

O fator de 40% dos casos analisados possuir o passivo da Classe III superior às demais Classes poderia ser considerado como justificativa para o alongamento da dívida, já que nesta Classe não há garantias reais atreladas que possam ser consideradas para pagamento do crédito.

A fim de demonstrar que a ausência de garantia real impacta diretamente no alongamento da dívida seria necessário que o prazo de pagamento da Classe II fosse inferior ao prazo entre 10 e 15 anos previsto nestes casos na Classe III.

Ocorre que, nestes casos em que o passivo da Classe quirografária se mostra superior, quando comparados os prazos de pagamento entre as Classes II e III, apura-se que em nenhum caso a Classe II possui prazo inferior. Pelo contrário, em apenas um caso a Classe II possui prazo de pagamento superior à Classe III, e, nos demais casos ambas as Classes possuem o mesmo prazo de pagamento entre 10 e 15 anos.

Da mesma maneira, realizada a comparação nos casos em que o passivo da Classe II e III são semelhantes, apura-se que em apenas 01 caso houve distinção de pagamento, sendo a Classe II com prazo de pagamento inferior, correspondente a entre 5 e 10 anos. Já nos demais casos em ambas as Classes permanece o mesmo prazo de pagamento entre 10 e 15 anos.

Portanto, não se pode justificar o prazo superior de pagamento na Classe III pela ausência de garantia real ou pelo passivo desta Classe ser superior às demais, e, consequentemente, não se justifica um tratamento diferenciado para os produtores rurais.

2.6.2 Prazo de pagamento na Classe I

Já na análise dos prazos de pagamento na Classe I – Trabalhista se constata um equilíbrio entre a Base Geral e as Bases de Produtor Rural, não se justificando, neste ponto, distinção para os procedimentos recuperacionais envolvendo os produtores rurais.

Isso porque, na Classe I, em todas as bases apura-se preponderância no prazo de pagamento de até 1 ano, justamente porque nesta Classe a Lei 11.101/2005 é expressa em seu artigo 54 quanto à obrigatoriedade de pagamento em até 12 meses. Nesse contexto, vale apenas destacar que em produtor rural houve 100% do cumprimento do respectivo prazo, enquanto se constata que em 5,4% da Base Geral possuem prazo de pagamento que ultrapassa o disposto na Lei. De todo modo, o equilíbrio permanece na medida em que há o cumprimento do prazo por, pelo menos, 94,6% dos processos em todas as Bases.

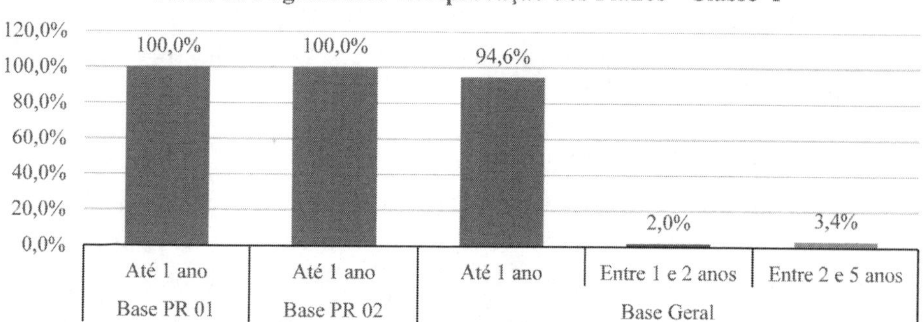

2.6.3 *Prazo de pagamento na Classe II*

Na Classe II, também se apura um equilíbrio entre a Base Geral e as Bases de Produtor Rural, não se justificando distinção para os procedimentos recuperacionais envolvendo os produtores rurais.

Em um comparativo entre a Base PR 01 e a Base Geral, bem como entre a Base PR 01 e PR 02, identifica-se que permanece a preponderância de Planos de recuperação judicial com previsão de pagamento entre 5 e 10 anos, sendo o segundo período preponderante entre 10 e 15 anos. A única distinção é que na Base PR 01 não há prazo inferior a 5 anos ou superior a 15 anos como se identifica nas demais Bases, no entanto, tal ponderação não justifica eventual tratamento específico aos produtores rurais, na medida em que a partir de agosto/2017 tais períodos estão presentes e não altera os períodos preponderantes na Classe.

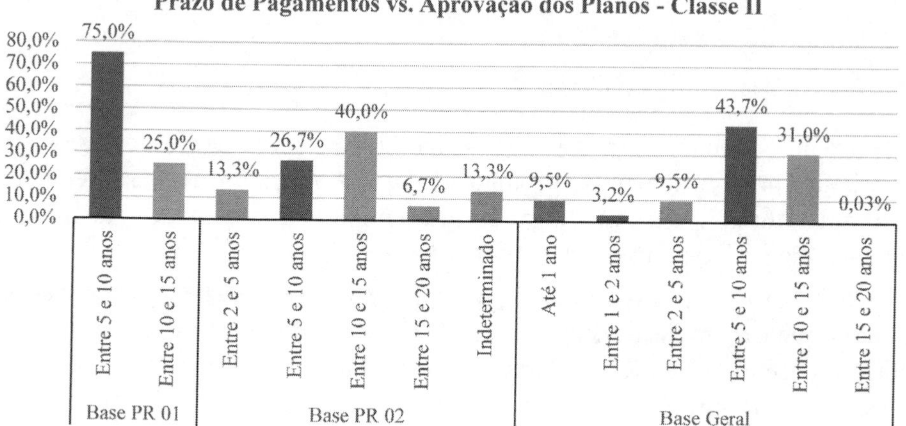

2.7 Juros ao ano *vs.* planos aprovados

No que diz respeito aos juros ao ano previstos nos planos de recuperação judicial aprovados, da análise realizada por meio de um comparativo entre as Bases de produtor rural e a Base Geral, bem como as previsões em cada Classe, conclui-se que em nenhuma das Classes se identificou distinção nos juros fixados que justifique tratamento diferenciado ao produtor rural.

2.7.1 Juros ao ano na classe I

Na Classe I, apura-se que em todas as Bases permanecem a preponderância de não aplicação dos juros ("sem juros"). Tal justificativa, tem por premissa o prazo previsto no artigo 54 da Lei 11.101/2005 que obriga o pagamento no prazo de até 1 ano.

Quando realizado comparativo entre as Bases de PR 01 e 02, apesar de a partir de agosto/17 ocorrer uma redução de 40% no "sem juros" e um aumento mais representativo de juros entre 0% e 1%, não se constata uma distinção entre os percentuais existentes nos Planos de produtores rurais frente à Base Geral, de modo a se justificar um tratamento específico.

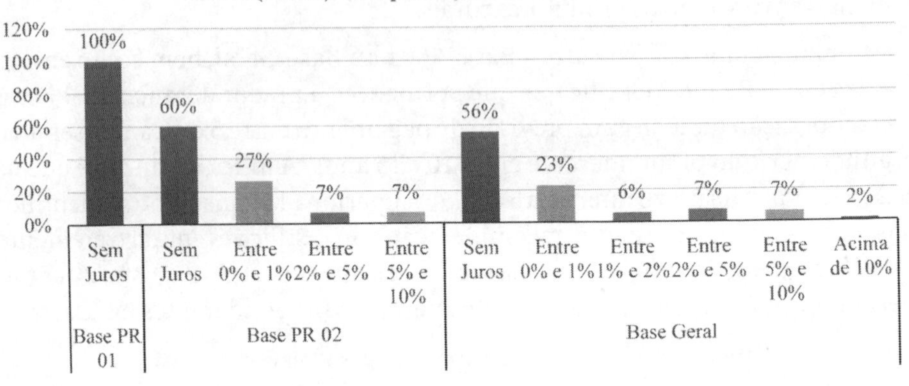

2.7.2 Juros ao ano na Classe II

Da mesma maneira, na Classe II – Garantias Reais apesar de na Base PR 01 existir uma predominância de juros entre 5% e 10%, enquanto, na Base Geral prevalecem os juros acima de 10%, não se pode entender que a distinção justificaria um tratamento específico ao produtor rural.

Isso porque, apura-se que tal distinção decorre da existência de novas hipóteses que variam desde sem juros a até 2%, e, quando realizado comparativo entre as Bases PR 01 e PR 02, constata-se que a partir de agosto/2017 ocorrem as mesmas novas hipóteses de juros, ao passo que não se apura distinção entre os processos envolvendo produtor rural e os processos da Base Geral.

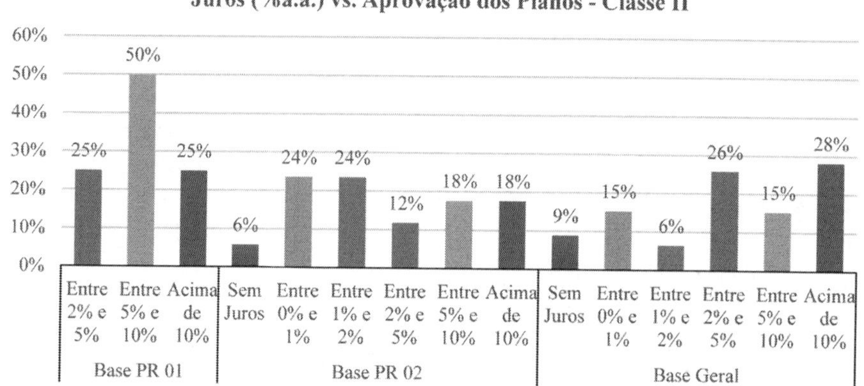

2.7.3 *Juros ao ano na Classe III*

Na Classe III, no comparativo entre a Base PR 01 e a Base Geral, apesar de se constatar que a Base PR 01 apresenta um equilíbrio entre os percentuais, enquanto, a Base Geral há uma preponderância dos juros entre 0% e 1% e entre 2% e 5%, não se pode entender pelo tratamento diferenciado dos produtores rurais.

Isso porque, apesar da distinção dos percentuais entre as duas Bases acima, quando analisados os juros previstos envolvendo apenas produtor rural (Bases PR 01 e PR 02), apura-se preponderância dos mesmos percentuais da Base Geral, correspondente aos juros entre 0% e 1% e entre 2% e 5%.

Além disso, a partir de agosto/2017, na Base PR 02, constata-se que há um aumento de 4% nos juros entre 0% e 1%, bem como o surgimento de juros entre 0% e 1% correspondente a 29% e "acima de 10%" correspondente a 6%.

Assim, os juros previstos nos planos de recuperação judicial na Classe III envolvendo produtor rural, apresentam uma similitude entre os percentuais praticados nos processos em geral, não sendo identificada distinção que justifique um tratamento específico.

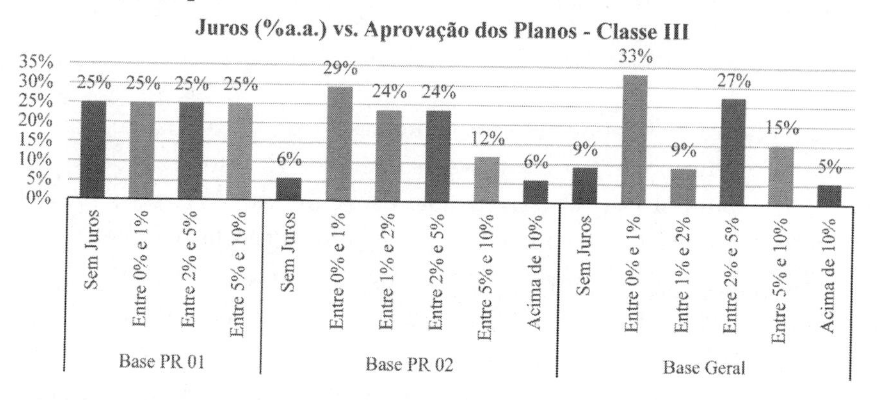

2.8 Deságio *vs.* planos aprovados

Quando analisado o deságio aplicado nos planos aprovados, por meio de comparativo entre as Bases e Classes, identifica-se que nas 03 Classes analisadas há distinção na aplicação de deságio entre os processos em geral constantes na Base Geral (ABJ) e os processos que envolvem especificamente produtor rural (Bases PR 01 e PR 02).

2.8.1 Deságio na Classe I

Na Classe I, quando comparada a Base PR 01 com a Base Geral, apesar de em ambas a ausência de deságio ser preponderante, constata-se que na Base Geral há a existência de deságio a partir de 0% e 80%, os quais não se encontram previstos na Base de produtor rural.

Em um comparativo entre os processos de produtor rural, constata-se que a predominância da ausência de deságio permanece, sendo que, até julho/17 esse percentual era de 100% e, a partir de agosto/17 apura-se que este percentual em 93,3% e os 6,7% remanescentes encontram-se concentrados no deságio entre 0% e 20%.

Portanto, apura-se que na Classe I em recuperações judiciais de produtor rural, predomina-se a ausência de deságio e limita-se em até 20%, enquanto, as demais recuperações judiciais possuem deságio de até 80%.

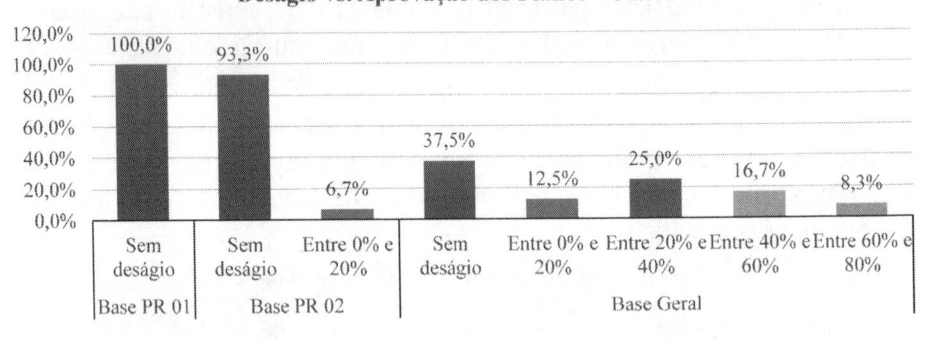

Na tentativa de se apurar o motivador para a distinção nas recuperações judiciais de produtor rural, procedeu-se a análise de 17 casos de PR em que não há deságio e apura-se que o passivo trabalhista é inferior às Classes II e a III, o que, justificaria o baixo percentual de deságio aplicado à Classe I.

Além disso, considerando que o objetivo da recuperação judicial é a continuidade das atividades das empresas, presume-se pela necessidade de mão de obra, o que justificaria a redução de deságio daqueles que podem ser considerados, em sua maioria, como um dos credores com importância para o prosseguimento das atividades da Recuperanda, especialmente dependendo do nível de atividade agrícola desenvolvida, e que, nestes casos, não se apurou um passivo representativo que teria gerado a dificuldade financeira da empresa.

Além disso, nos casos de produtor rural tem se constatado um aumento na mecanização das atividades que tem otimizado todo o processo da produção e proporcionado economia nos custos (MATROGIACOMO, 2020). Consequentemente, há uma substituição da mão de obra manual e uma redução na quantidade de funcionários, o que justificaria um passivo pequeno e a respectiva quitação sem deságio ou com até 20%.

Apesar do acesso as máquinas agrícolas ainda ser restrito por conta do alto custo tanto na compra quanto na manutenção, desde 2013 o Governo Federal tem criado programas para o desenvolvimento da agricultura.[13]

De todo modo, considerando a ausência de apuração da Base Geral quanto aos créditos inicialmente inscritos pela Recuperanda, não é possível afirmar que essa justificativa se aplicaria apenas aos produtores rurais e, consequentemente, se justificaria um tratamento específico para este devedor.

2.8.2 Deságio na Classe II

Ao contrário do que ocorre na Classe I, em que o produtor rural aplica menor deságio, nas Classes II e III constata-se que os planos de recuperação judicial apresentados em processos de produtor rural apresentam maior deságio do que os processos em geral.

Explica-se. Na Classe II comparadas a Base PR01 com a Base Geral apura-se uma preponderância nos deságios entre 40% e 60% seguidos por 20% e 40%. Já as Bases de Produtor Rural, apesar de permanecer a mencionada preponderância do deságio entre 40% e 60%, a partir de agosto/17 identifica-se um significativo aumento nos deságios entre 60% e 80%, passando este percentual ser o segundo em preponderância.

Assim, analisada a média, em Produtor Rural há uma prevalência de deságio entre 40% e 60%. Já nas recuperações judiciais da Base Geral, ainda que haja uma prevalência de um deságio entre 40% e 60%, há uma proximidade com a previsão de deságio entre 20% e 40%. Desse modo, é possível observar que os planos de Produtor Rural aplicam maior deságio.

---

13. Pode-se mencionar o Plano Safra que é um importante instrumento de incentivo e planejamento para o produtor rural, elaborado anualmente pelo governo, no qual são estabelecidos os regramentos válidos e é apresentada a estimativa dos montantes de financiamento disponíveis para os doze meses seguintes para investir ou custear sua produção de forma sustentável e eficiente. Disponível em: http://repositorio.ipea.gov.br/bitstream/11058/9286/1/cc_43_nt_evolu%C3%A7%C3%A3o%20do%20cr%C3%A9dito_rural.pdf. Acesso em: 05.10.2021.

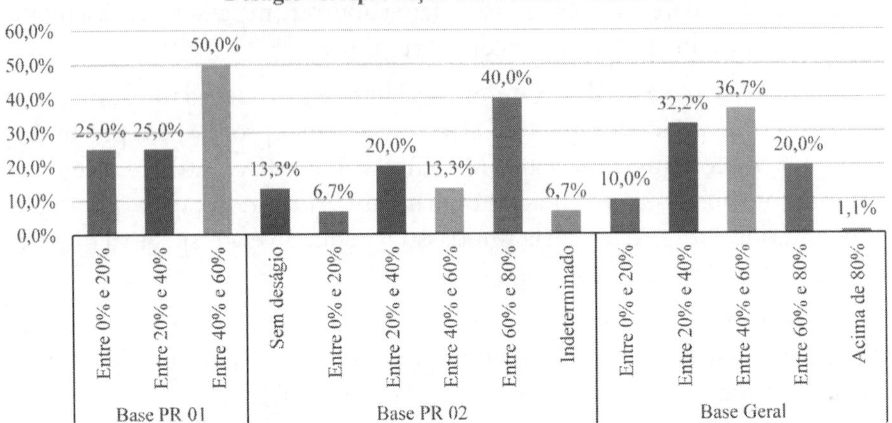

Na tentativa de identificar o motivador da preponderância do deságio de 40% e 60%, seguido por 60% e 80% nas recuperações judiciais de produtor rural, realizou-se uma análise comparativa nas Bases PR entre o percentual de deságio e o passivo inicialmente listado na respectiva Classe.

Com deságio entre 40% e 60% apuraram-se 04 casos, sendo que em apenas 01 caso o crédito da Classe II é superior ao crédito na Classe III e nos 03 casos restantes a Classe II possui passivo inferior à Classe Quirografária.

Já com deságio entre 60% e 80% constatam-se 06 casos, sendo em 03 casos o passivo da Classe II também é inferior às demais Classes, em 02 casos o passivo similar ao da Classe III e apenas 01 caso o passivo da Classe Real é superior à Classe III.

Portanto, não se pode imputar o valor do passivo da Classe II ser superior aos demais como justificativa para a aplicação de deságio nos percentuais acima descritos à Classe II nas recuperações judiciais de produtor rural. Da mesma maneira, considerando a ausência de apuração da Base Geral quanto aos créditos inicialmente inscritos pela Recuperanda, não é possível afirmar que essa justificativa se aplicaria apenas aos produtores rurais e, consequentemente, se justificaria um tratamento específico para este devedor.

Outra hipótese de justificativa para a aplicação do deságio é a previsão de venda de ativos por meio de Unidade Produtiva Isolada – UPI e a tentativa de incorporar novos créditos para pagamento por meio da venda de bens que podem ter sido dados em garantia aos credores da Classe II. Ou seja, com o maior percentual de deságio à Classe II o bem poderá ser vendido e destinado ao pagamento de outros credores, além daquele credor que possuiria o respectivo bem como garantia de sua operação, em que pese a necessidade de autorização expressa do credor titular da garantia para alienação, supressão ou substituição da respectiva garantia, nos termos do artigo 50, § 1º, da Lei 11.101/2005.

No entanto, essa hipótese apenas poderia ser aplicada aos casos em que há deságio entre 60% e 80%, já que em 04 dos 06 casos analisados há previsão de cláusula de venda de bens por UPI. Já no deságio entre 40% e 60%, apenas em 01 caso dos 04 casos há a mencionada previsão.

Ademais, analisada a Base Geral, apura-se que nos casos com deságio entre 40% e 60% apenas em 11 dos 33 casos analisados possuem a respectiva previsão de venda por UPI. No mesmo entendimento, dos 18 casos de deságio entre 60% e 80% apenas 05 possuem a previsão.

Assim, constata-se que na maioria dos casos, independentemente de ser produtor rural, não há previsão de venda dos ativos por UPI para tentar justificar a utilização dos recursos da venda para pagamento de outros credores e, consequentemente, não se apura justificativa para tratamento diferenciado ao produtor rural que apresenta pedido de recuperação judicial.

Contudo, um dado que pode ser considerado como motivador de tratamento diferenciado é a necessidade de prestação de garantia associadas à propriedade ou aos maquinários, a fim de assegurar as operações para concessão de crédito.

Inclusive, em um estudo recente, apurou-se que a taxa de inadimplência da carteira, com exceção do segmento da agricultura familiar, nas linhas de crédito rural tem registrado patamares inferiores quando comparadas ao do crédito total do SFN, sendo atribuído, em parte, à qualidade das garantias ofertadas (IPEA, 2021).

Em março de 2019, enquanto o crédito total à pessoa física registrava inadimplência de 3,4%, o crédito rural apontava 2,7% para taxas reguladas, 3,0% para taxas de mercado e 0,8% para o BNDES. No caso da pessoa jurídica, a diferença é ainda mais expressiva, com o crédito total em inadimplência de 2,5% da carteira em março de 2019 e o crédito rural registrando 1,8% para taxas reguladas; 0,2% para taxas de mercado; e 0,4% para o BNDES (IPEA, 2021).

Assim, apesar de a concessão de garantias pelo produtor rural poder ser considerada como justificativa para a relevância da Classe II, e, consequentemente, justificar um deságio maior e um tratamento específico para este segmento nas recuperações judiciais, em contrapartida, o dado acima releva que o incentivo para um tratamento diferenciado ao produtor rural pode impactar diretamente em um aumento na taxa de inadimplência e risco de aumento nos pedidos de recuperação judicial.

Consequentemente, poderá gerar um efeito cascata com impacto direto aos demais produtores, considerando o risco de gerar aumento das taxas, nas exigências e nas garantias solicitadas pelas Cooperativas de Crédito e pelas Instituições Financeiras, a fim de assegurar os financiamentos a serem concedidos.

De todo modo, a fim de corroborar a relevância da Classe II nas recuperações judiciais de produtor, vale ponderar que no levantamento realizado junto à Base PR 01 e PR 02, constata-se que nos 04 casos em que houve a aplicação de deságio entre 40% e 60% em todos a aprovação do Plano de Recuperação Judicial ocorreu via *cram down* ante a rejeição pela Classe II. E nos 06 casos em que houve a aplicação de deságio entre 60% e 80% em 03 a aprovação também foi via *cram down* devido à rejeição da Classe Real. Ou seja, além da maioria dos Planos de Recuperação Judicial deste percentual de deságio ter sido aprovado via *cram down*, constata-se ainda que a rejeição se deu apenas pela Classe II o que demonstra a relevância da Classe em procedimento recuperacional neste segmento.

2.8.3 *Deságio na Classe III*

Na Classe III apura-se que nas recuperações judiciais de produtor rural se aplica maior deságio, pois, apesar de em todas as Bases se identificar uma preponderância do deságio entre 40% e 60%, quando se analisa a Base Geral, o segundo maior deságio é entre 20% e 40%, enquanto, nas Bases PR 01 e PR 02 é o deságio entre 60% e 80%.

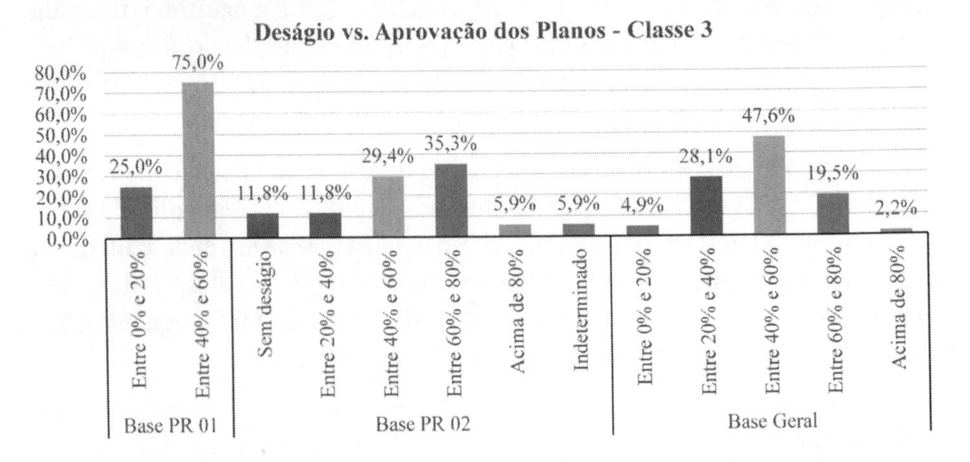

A fim de identificar o motivador do percentual de deságio ser maior em produtor rural constata-se que dos 08 casos da Base PR 01 e PR 02 com deságio entre 40% e 60%, em 05 casos o passivo da Classe III é superior às demais Classes e em 02 casos o passivo é similar ao da Classe II, podendo ser considerado este um fator para o deságio ser maior.

Ocorre que, nestes casos em que o passivo é superior na Classe Quirografária, quando procedida análise comparativa do deságio aplicado entre as Classes II e III, apura-se que em 04 casos, apesar do passivo da Classe II ser inferior, ambas as Classes tiveram deságio entre 40% e 60%.

Portanto, não se pode justificar o maior percentual de deságio na Classe III pelo passivo desta Classe ser superior as demais, e, consequentemente, não se justifica um tratamento diferenciado para os produtores rurais.

Da mesma maneira, considerando a ausência de apuração da Base Geral quanto aos créditos inicialmente inscritos pela Recuperanda, não é possível afirmar que essa justificativa se aplicaria apenas aos produtores rurais e, consequentemente, se justificaria um tratamento específico para este devedor.

2.9 Periodicidade de Pagamento

2.9.1 Periodicidade de Pagamento na Classe I

O gráfico abaixo demonstra a periodicidade de pagamentos na classe I (trabalhista). Em uma análise comparativa da Base PR 01 com a Base Geral, é possível verificar que em ambas prevalece a periodicidade de pagamento mensal.

Muito embora, ao analisar a evolução nos planos de recuperação judicial dos produtores rurais, ainda que prevaleça a periodicidade de pagamento mensal, há também presença considerável de pagamento anual e em parcela única.

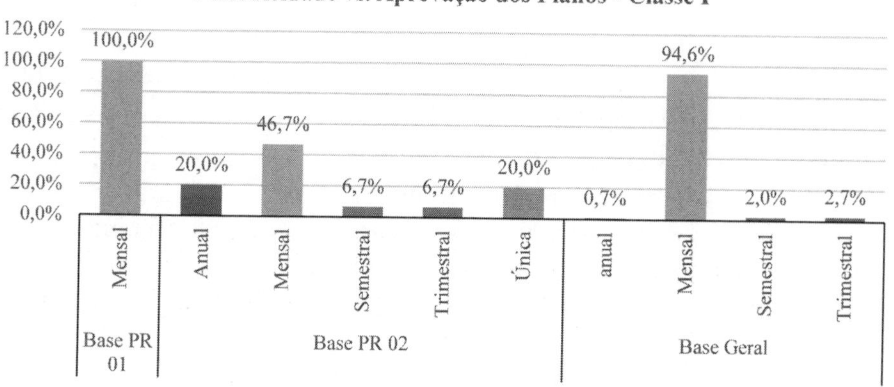

Portanto, o estudo aponta que, tanto nos planos envolvendo produtores rurais quanto nos planos envolvendo as demais atividades, prevalece a periodicidade do pagamento mensal para os credores trabalhistas.

2.9.2 Periodicidade de pagamento na Classe II

Em relação a periodicidade de pagamento da Classe II (garantia real), comparando a Base PR 01 com a Base Geral, é possível observar que nos planos de produtor rural prevalece a periodicidade anual, enquanto nos demais planos prevalece a periodicidade mensal.

Nos planos de produtor rural, foram identificados 08 processos com periodicidade de pagamento anual (42%), 07 processos com periodicidade mensal (37%) e 04 processos com periodicidade semestral (21%). Dessa feita, há um equilíbrio entre a forma de pagamento anual e mensal. Se comparar com a Base Geral, nesta verifica-se a prevalência da periodicidade mensal bastante superior as demais periodicidades de pagamento.

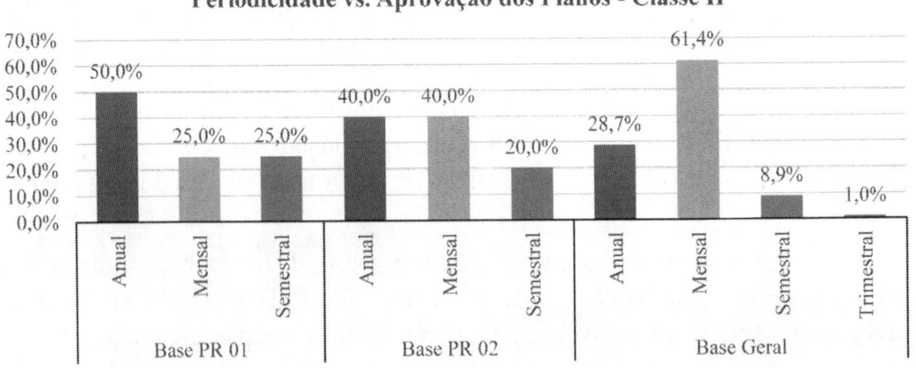

Como observamos nas três classes na base produtor rural há uma grande incidência de pagamento com periodicidade anual e semestral. Este cenário pode estar vinculado as safras que podem ser anuais ou semestrais a depender da cultura e da forma de cultivo do produtor rural.

O método contábil utilizado no agronegócio é bem específico em contraste com as demais atividades empresárias (indústria, comércio e prestadora de serviço), devido às suas particularidades: sazonalidade, safra e entressafra, entre outros. A produção agrícola ocorre em algumas épocas do ano, como o café que tem sua colheita no início do inverno. Esta característica, chamada de sazonalidade[14], é

14. Acerca da sazonalidade Varejão Neto (2021) afirma que as causas da sazonalidade dos preços agropecuários é que este episódio é um resultado da otimização das decisões dos agentes desse mercado, agricultores e consumidores, e não por deficiências de mercado ou irracionalidade dos agentes. Sendo assim o motivo principal para esse mercado agropecuário se diferenciar dos outros mercados da economia e apresentar sazonalidade nos preços é que nesse o insumo principal é a terra, e esta é altamente dependente da natureza, como chuvas, temperatura, umidade, qualidade do solo etc. Por isso, é imprescindível analisar a natureza ao tratar do setor agropecuário. (VAREJÃO NETO, 2021).

determinada basicamente do comportamento dos preços desses produtos, ponto este que pode justificar a distinção de periodicidade de pagamento nas recuperações judiciais envolvendo produtor rural.

2.9.3 Periodicidade de pagamento na Classe III

Acerca da periodicidade de pagamento na classe III (quirografária), comparando a Base PR 01 com a Base Geral, a figura abaixo demonstra a predominância em ambos de pagamento de periodicidade mensal, apesar de a Base Geral ter uma representatividade de 11,4% maior quando comparado com produtor rural.

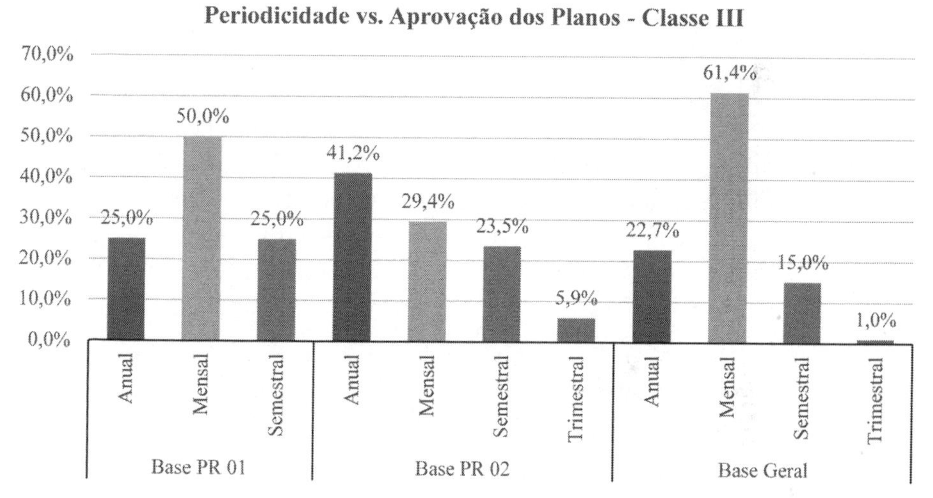

Ao analisar apenas as bases de produtor rural, temos 21 processos (excluindo os 04 em negociações): 08 anual (38%), 07 mensal (33%), 05 semestral (24%) e 01 trimestral (5%) com prevalência de periodicidade mensal e anual. Ademais, constata-se que a partir de 2017 houve uma redução de 20,6% na periodicidade mensal e de 2% na periodicidade semestral, diante do aumento de 16,2% na periodicidade anual e o surgimento da periodicidade trimestral de 5,9%.

Assim, apura-se que nos casos de produtor rural prepondera-se a periodicidade de pagamento anual, mas, não há relevante distinção com a periodicidade mensal. Quanto ao pagamento anual, a justificativa pode ser a mesma na Classe II diante da sazonalidade. De todo modo, considerando que os percentuais da periodicidade anual e mensal nesta Classe são próximos, não se identifica distinção a ponto de se justificar um tratamento diferenciado ao produtor rural.

2.10 Índice de correção utilizado nos PRJs por classe de credores

2.10.1 Índice de correção na Classe I

A partir da análise da figura abaixo, observa-se que nos planos de recuperação judicial de produtor rural há apenas a aplicação da taxa referencial TR.

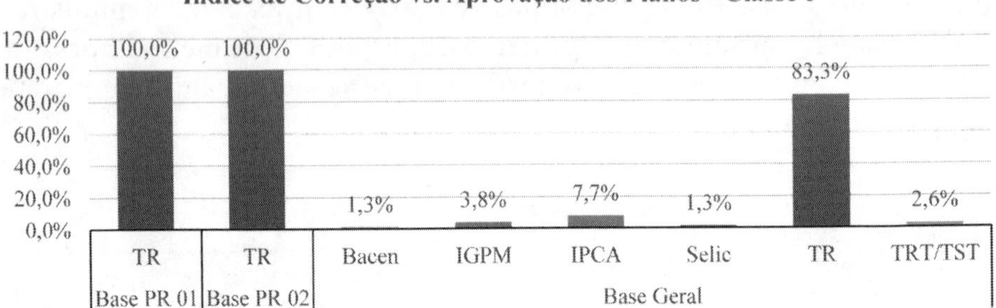

De outro modo, ao comparar a Base PR01 com a Base Geral na Classe I, é possível verificar que há prevalência da TR em ambas. Entretanto, importante mencionar que na Base Geral há a incidência de outros índices de correção, mas a incidência destes outros índices é bastante baixa se comparada com a incidência da TR.

2.10.2 Índice de correção na Classe II

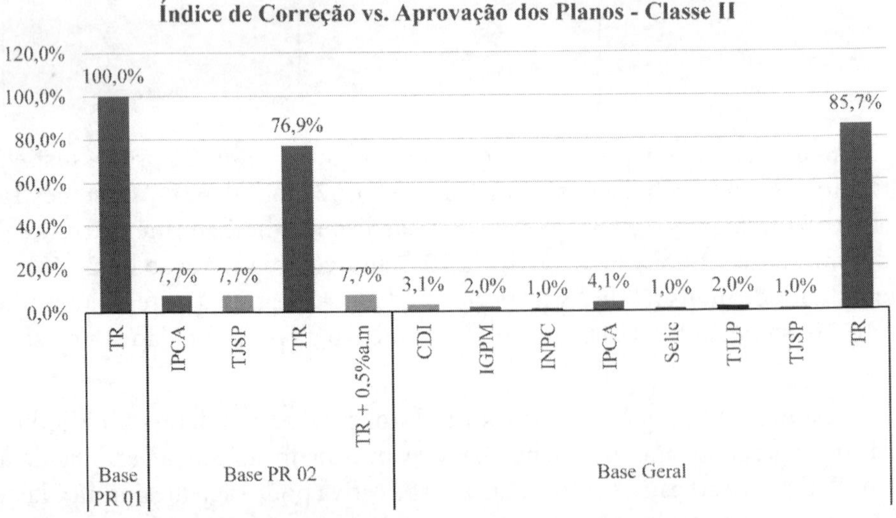

Comparando a Base 01 de Produtor Rural com a Base Geral, temos que a TR prevalece em ambos de forma bastante superior na classe II.

Apesar de se concluir pela prevalência da TR quando comparada as Bases PR 01 e Base PR 02, a partir de agosto de 2017 identifica-se um aumento na indicação de outros índices.

2.10.3. *Índice de correção na Classe III*

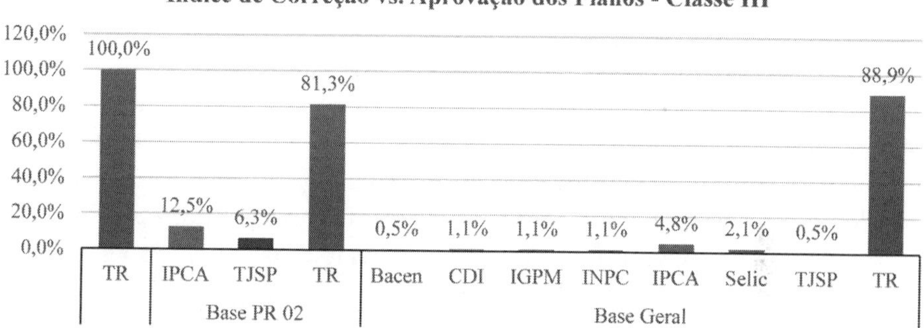

Na classe III identificamos uma prevalência da TR em todas as bases. Já especificamente nas recuperações judiciais de produtor rural, a partir de agosto de 2017, identifica-se um aumento na indicação de outros índices, mantendo-se a hipótese quanto à divergência jurisprudencial quanto a aplicação da taxa TR.

É importante destacar que há divergência jurisprudencial no TJSP quanto à possibilidade ou não de fixação do TR como índice de correção do plano de recuperação judicial.

A corrente contrária afirma que a TR não pode ser utilizada como indexador tendo em vista que implica nenhuma atualização, pois apresenta zerada a vários anos.[15]

Por sua vez, a corrente favorável a possibilidade de utilização da TR como indexador de planos de recuperação judicial afirma que não a ilegalidade em sua utilização e se aprovada em assembleia trata-se da expressão da vontade privada dos interessados, ademais por se referir a aspecto econômico do plano de é passível de controle judicial[16]).

De todo modo, independentemente da divergência de entendimentos, apura-se preponderância de utilização do índice de TR em todas as Bases, não havendo distinção entre produtor rural e a Base Geral.

15. TJSP, Agravo de Instrumento 2171930-91.2019.8.26.0000, Rel. Des. Azuma Nishi, 11.03.2020
16. TJSP, Agravo de Instrumento 2069194-24.2021.8.26.000, Rel. Des. Grava Brazil, 16.09.2021

3. CONSIDERAÇÕES FINAIS

Pelo presente estudo, por meio de um comparativo entre as Bases de produtor rural e a Base Geral, bem como as previsões em cada Classe, não se apurou distinção nos planos envolvendo produtores rurais quanto nos planos envolvendo as demais atividades quando analisado o prazo de pagamento nas Classes I e II., a periodicidade de pagamento na Classe I, os juros ao ano nas Classes I, II e III e o índice de correção nas Classes I, II e III.

Em contrapartida, a primeira distinção entre a Base de Produtor Rural e a Base Geral que se denota é a significativa presença de Planos de Produtor Rural aprovados pela modalidade Cram Down, sendo que todos os casos aprovados nesta modalidade decorreram da rejeição pela Classe II, o que pode ser justificável considerando a prestação de garantia associadas à propriedade ou aos maquinários, a fim de assegurar as operações para concessão de crédito.

A segunda distinção que se identifica é a significativa presença de cláusula de renúncia dos coobrigados, a qual pode estar relacionada com a divergência existente nos Tribunais quanto à possibilidade ou não de pedido de recuperação judicial por produtor rural pessoa natural e/ou com registro inferior ao prazo de 2 anos e a tentativa de assegurar que a nova forma de pagamento prevista no PRJ também vinculasse suas obrigações na qualidade de coobrigado, ainda que não houvesse decisão favorável quanto à possibilidade do pedido recuperacional pelo produtor rural.

A terceira distinção é em relação ao prazo de pagamento na Classe III na medida em que a Base de produtor rural apresenta um prazo maior de pagamento, visto que se prepondera o período entre 10 e 15 anos e, em segundo, o período entre 5 e 10 anos. Apesar da distinção, não se vislumbrou diferença quando comparado com as demais Classes o passivo e o prazo de pagamento, e, consequentemente, um tratamento diferenciado para os produtores rurais.

A quarta distinção está relacionada ao deságio aplicado havendo distinção nas 03 Classes.

Na Classe I, em produtor rural predomina-se a ausência de deságio e limita-se em até 20%, enquanto, as demais recuperações judiciais possuem deságio de até 80%, sendo sugerido que a distinção estaria atrelada à necessidade de mão de obra, especialmente dependendo do nível de atividade agrícola desenvolvida, bem como ao fato do passivo desta Classe não ser tão expressivo em produtor rural.

De todo modo, considerando a ausência de apuração da Base Geral quanto aos créditos inicialmente inscritos pela Recuperanda, não é possível afirmar que essa justificativa se aplicaria apenas aos produtores rurais e, consequentemente, se justificaria um tratamento específico para este devedor.

Já nas Classes II e III, constata-se que os planos de recuperação judicial de produtor rural possuem maior deságio do que os processos em geral.

Na Classe II em Produtor Rural há uma prevalência de deságio entre 40% e 60%, considerando-se a média. Já nas recuperações judiciais da Base Geral, ainda que haja uma prevalência de um deságio entre 40% e 60%, há uma proximidade com a previsão de deságio entre 20% e 40%.

Dentre os motivadores possíveis para a respectiva distinção, concluiu-se que não se pode imputar o valor do passivo da Classe II ser superior aos demais, apesar da Base Geral não ter apurado este dado, ou ainda a previsão de venda de ativos por UPI.

Contudo, um dado que pode ser considerado como motivador de tratamento diferenciado é a necessidade de prestação de garantia associadas à propriedade ou aos maquinários, a fim de assegurar as operações para concessão de crédito.

Ademais, a maioria dos PRJs deste percentual de deságio foi aprovado via *cram down* e a rejeição se deu apenas pela Classe II o que demonstra a relevância da Classe em procedimento recuperacional neste segmento.

Já na Classe III apura-se que nas recuperações judiciais de produtor rural se aplica maior deságio, pois, apesar de em todas as Bases se identificar uma preponderância do deságio entre 40% e 60%, o segundo maior deságio na Base Geral é entre 20% e 40%, enquanto, nas Bases PR 01 e PR 02 é o deságio entre 60% e 80%.

No entanto, não se apurou motivador justificável para tratamento diferenciado ao produtor rural, pois nos casos em que o passivo desta classe se mostrou superior às demais apurou-se um equilíbrio no deságio aplicado à Classe II e nos demais casos, o passivo se mostrou similar entre as Classes II e III.

Em relação a periodicidade de pagamento apura-se que na Classe II nos planos de produtor rural prevalece a anual, enquanto, nos demais planos prevalece a mensal. Este cenário pode estar vinculado a sazonalidade das safras que podem ser anuais ou semestrais, a depender da cultura e da forma de cultivo do produtor rural.

Constatação semelhante se obteve na Classe III, pois apesar de na Base Geral se preponderar a periodicidade mensal e, nos casos de produtor rural a periodicidade de pagamento anual, apura-se que não há relevante distinção com a periodicidade mensal, a ponto de se justificar um tratamento diferenciado ao produtor rural.

Assim, pela presente análise, identifica-se que o produtor rural apresenta distinções nos planos de recuperação judicial quando comparado às demais atividades, sendo algumas delas atreladas à atividade desenvolvida.

No entanto, pelos levantamentos realizados, constata-se que na maioria das hipóteses, em que pese a existência de distinção, não foi possível se apurar o motivador característico para justificar um tratamento diferente ao produtor rural frente às demais atividades.

Além disso, assim como as demais atividades desenvolvidas, não se pode ignorar que a depender do segmento e local de desenvolvimento da atividade, cada agente econômico terá sua especificidade, mas, não necessariamente se justifica um tratamento distinto para cada uma delas, especialmente para o procedimento recuperacional.

Em que pese compreender a sensibilidade envolvendo os produtores rurais, especialmente porque alguns desenvolvem sua atividade na qualidade de pessoa natural, o presente trabalho também pondera o impacto que pode ser gerado ao se conceder um tratamento específico buscando resguardar um segmento dada sua relevância econômica.

Isso porque, como apurado junto ao IPEA, a taxa de inadimplência da carteira, com exceção do segmento da agricultura familiar, nas linhas de crédito rural tem registrado patamares inferiores quando comparadas ao do crédito total do SFN.

Assim, importante se ponderar o risco de ao ser concedido um tratamento diferenciado ao produtor rural impactar diretamente no aumento da taxa de inadimplência no segmento, bem como das taxas de mercado e exigência a serem solicitadas na concessão de crédito novo a fim de resguardar o adimplemento das obrigações.

Desse modo, pelo presente levantamento, apura-se que assim como os demais segmentos o produtor rural apresenta algumas distinções em seus planos de pagamento, mas apesar da existência de distinção, não foi possível se apurar, em sua maioria, o motivador específico para justificar um tratamento diferenciado ao produtor rural frente às demais atividades.

4. REFERÊNCIAS

BRASIL. Código Civil. Disponível em: http://www.planalto.gov.br/ccivil_03/leis/2002/l10406compilada.htm. Acesso em: 29.06.2020.

BRASIL. Instituto de Pesquisa Econômica Aplicada. Disponível em: http://repositorio.ipea.gov.br/bitstream/11058/9286/1/cc_43_nt_evolu%C3%A7%C3%A3o%20do%20cr%C3%A9dito_rural.pdf. Acesso em: 05.10.2021.

BRASIL. Lei de Falência e Recuperação de Empresas: http://www.planalto.gov.br/ccivil_03/_ato2004-2006/2005/lei/l11101.htm. Acesso em: 29.06.2020.

BRASIL. Projeto de Lei 6.303, de 2019. Disponível em: https://www25.senado.leg.br/web/atividade/materias/-/materia/140079. Acesso em 29.06.2020.

BRASIL. Projeto de Lei 4.458, de 2020. Disponível em: https://www25.senado.leg.br/web/atividade/materias/-/materia/144510. Acesso em: 29.06.2020.

BRASIL. Receita Federal do Brasil. Instrução Normativa RFB 971/2009. Disponível em: http://normas.receita.fazenda.gov.br/sijut2consulta/link.action?idAto=15937. Acesso em: 25.09.2021.

BRASIL. Superior Tribunal de Justiça. Disponível em: https://scon.stj.jus.br/SCON/. Acesso em: 29.09.2021.

BRASIL. Tribunal de Justiça do Estado de São Paulo. Disponível em: https://esaj.tjsp.jus.br/esaj/portal.do?servico=190090. Acesso em: 29.09.2021.

BURANELLO, Renato. *Manual do direito do agronegócio*. 2. ed. São Paulo: Saraiva Educação, 2018.

BURANELLO, Renato; LEIRIÃO FILHO, José Afonso. Financiamento do agronegócio e a recuperação de crédito no novo regime processual. *Revista Brasileira de Direito Comercial*, n. 20, p. 5-22, dez.-jan. 2018.

CNA. PIB do agronegócio tem crescimento recorde de 24,31% em 2020. 2020. Disponível em: https://www.cnabrasil.org.br/noticias/pib-do-agronegocio-tem-crescimento-recorde-de--24-31-em-2020. Acesso em: 03.10.2021.

COPETTI, Thiago. Pedidos de recuperação judicial por produtores rurais crescem no Rio Grande do Sul. Jornal do Comércio, 07/09/2020. Disponível em: https://www.jornaldocomercio.com/_conteudo/agro/2020/09/755522-pedidos-de-recuperacao-judicial-por-produtores-rurais-crescem-no-rio-grande-do-sul.html. Acesso em: 26.11.2021.

MASTROGIACOMO, Sandra. *Agricultura familiar*: porquê a mecanização é tão importante. CHBAgro, 04.11.2020. Disponível em: https://blog.chbagro.com.br/agricultura-familiar-porque-a-mecanizacao-e-tao-importante. Acesso em: 05.10.2021.

NUNES, Marcelo Guedes. *Jurimetria*: como a estatística pode reinventar o direito. 2. ed. São Paulo: Thomson Retuters Brasil, 2019.

RDNEWS. *Agronegócio lidera número de processos de recuperação judicial em Mato Grosso*. 05 maio 2021. Disponível em: https://www.rdnews.com.br/economia/conteudos/143902. Acesso em: 26.029.2021.

SACRAMONE, Marcelo Barbosa. *Comentários à lei de recuperação de empresas e falência*. São Paulo: Saraiva, 2021.

SERASA. Indicadores Econômicos. 2021. Disponível em: https://www.serasaexperian.com.br/conteudos/indicadores-economicos/. Acesso em: 29.09.2021.

VAREJÃO NETO, Edmilson de Siqueira. *Análise teórica e empírica da sazonalidade na agropecuária brasileira*. Dissertação (Mestrado em Economia) – Fundação Getúlio Vargas. Rio de Janeiro, p. 38, 2008. Disponível em: http://bibliotecadigital.fgv.br/dspace/handle/10438/786. Acesso em: 07.10.2021.

ANOTAÇÕES